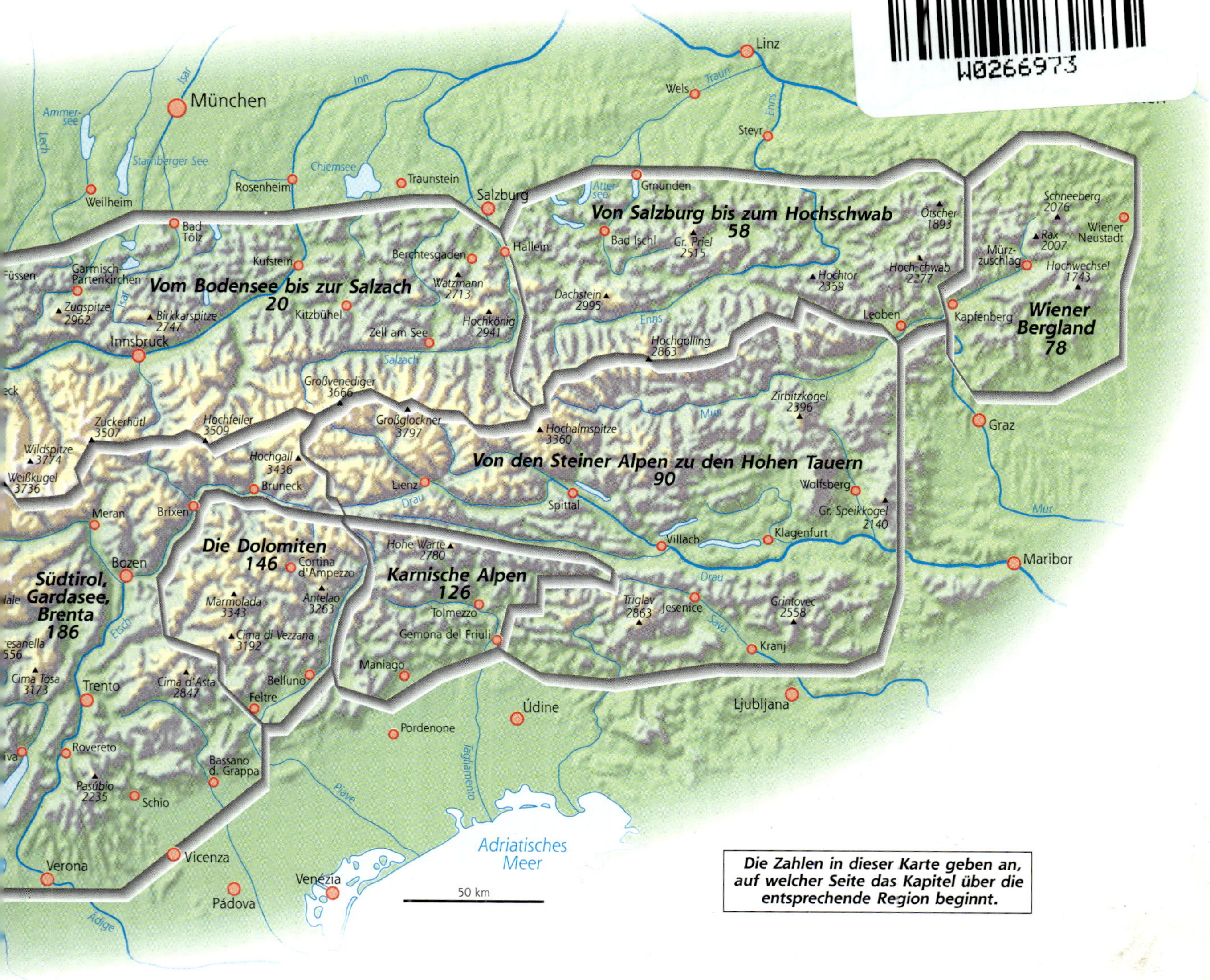
Vom Bodensee bis zur Salzach
20
Von Salzburg bis zum Hochschwab
58
Wiener Bergland
78
Von den Steiner Alpen zu den Hohen Tauern
90
Karnische Alpen
126
Die Dolomiten
146
Südtirol, Gardasee, Brenta
186
München
Linz
Wels
Steyr
Salzburg
Rosenheim
Traunstein
Weilheim
Bad Tölz
Kufstein
Garmisch-Partenkirchen
Füssen
Innsbruck
Kitzbühel
Zell am See
Berchtesgaden
Hallein
Gmunden
Bad Ischl
Leoben
Kapfenberg
Mürzzuschlag
Wiener Neustadt
Graz
Maribor
Lienz
Spittal
Villach
Klagenfurt
Wolfsberg
Bruneck
Brixen
Meran
Bozen
Cortina d'Ampezzo
Tolmezzo
Gemona del Friuli
Maniago
Belluno
Feltre
Trento
Rovereto
Schio
Bassano d. Grappa
Vicenza
Verona
Pádova
Venézia
Pordenone
Údine
Jesenice
Kranj
Ljubljana
Zugspitze 2962
Birkkarspitze 2747
Watzmann 2713
Hochkönig 2941
Dachstein 2995
Gr. Priel 2515
Ötscher 1893
Hochschwab 2277
Hochtor 2369
Schneeberg 2076
Rax 2007
Hochwechsel 1743
Hochgolling 2863
Großvenediger 3666
Großglockner 3797
Hochalmspitze 3360
Zirbitzkogel 2396
Gr. Speikkogel 2140
Zuckerhütl 3507
Hochfeiler 3509
Wildspitze 3774
Weißkugel 3736
Hochgall 3436
Hohe Warte 2780
Marmolada 3343
Antelao 3263
Cima di Vezzana 3192
Cima d'Asta 2847
Cima Tosa 3173
Pasúbio 2235
Triglav 2863
Grintovec 2558
Inn
Isar
Lech
Salzach
Enns
Traun
Mur
Drau
Sava
Etsch
Piave
Tagliamento
Ádige
Ammersee
Starnberger See
Chiemsee
Attersee
Adriatisches Meer
50 km
Die Zahlen in dieser Karte geben an, auf welcher Seite das Kapitel über die entsprechende Region beginnt.

HÜSLERS

KLETTERSTEIG-ATLAS

HÜSLERS KLETTERSTEIG ATLAS ALPEN

Über 600 Klettersteige

Anstiegsskizzen Schwierigkeitsgrade
Übersichtskarten 200 Farbfotos

Bruckmann

Einband-Titel:
Bert-Rinesch-Steig am Großen Priel, Einstieg.

Einband-Rückseite:
Eine tolle Route: der »Tajakante-Klettersteig« am Vorderen Tajakopf.

Seite 2:
Neues Dorado für Klettersteigfans: die französischen Alpen.

Umschlaggestaltung: Kommunikation & Design, Andrea Pfeifer
Layout & Satz: AVAK Publikationsdesign, München
Lektorat: Dr. Helmut Kremling, Dr. Gerhard Hirtlreiter
Herstellung: Peter Schneider

Bildnachweis: Bernhard Barlage, Holzkirchen: 75; Edgar Falterer, München: 180; Jürgen Frank, Freiburg: 236, 243, 246, 254; Peter Hoff, Dietramszell: 57, 262 oben; Franz Hofstätter, München 35, 56; Manfred Kostner, Percha: 169; Arne Nordin, Frösön: 63; Theo Pfarr, Wien: 81 oben, 84, 86, 88, 89; Bernd Ritschel, Kochel: 17, 43 unten, 58; Christian Rolle, Holzkirchen: 237. Alle übrigen Fotos Hildegard und Eugen E. Hüsler.

Übersichtskarten: Ingenieurbüro für Kartographie
Christian Rolle, Holzkirchen
Detailkarten: Ingenieurbüro für Kartographie
Heidi Schmalfuß, München
Geländedarstellung in den Detailkarten sowie Anstiegsskizzen und Zeichnungen: Eugen E. Hüsler, Dietramszell

Alle Angaben dieses Werkes wurden vom Autor sorgfältig recherchiert und auf den aktuellen Stand gebracht sowie vom Verlag auf Stimmigkeit geprüft. Für die Richtigkeit der Angaben kann jedoch keine Haftung übernommen werden. Für Hinweise und Anregungen sind wir jederzeit dankbar. Bitte richten Sie diese an den Autor: Eugen E. Hüsler, Ostener Straße 5, 83623 Dietramszell; Tel./Fax: 08027/1369

Gedruckt auf chlorfrei gebleichtem Papier

Die Deutsche Bibliothek – CIP-Einheitsaufnahme

Hüsler, Eugen E.:
[Klettersteig-Atlas Alpen]
Hüslers Klettersteig-Atlas Alpen : über 600 Klettersteige; Anstiegsskizzen, Schwierigkeitsgrade, Übersichtskarten. – 3., aktualisierte und erw. Aufl. – München : Bruckmann, 1999
ISBN 3-7654-3465-5

3., aktualisierte und erweiterte Auflage 1999

ISBN 3-7654-3465-5

Vorwort

Meinem ersten Klettersteig bin ich Ende der sechziger Jahre begegnet, auf einer Tour in den Dolomiten. Da führte der Zufall Regie, später suchte ich dann diese »eisernen« Wege, die für mich eine große Erlebniswelt aufschlossen: hinauf, senkrecht. Klettersteige als Passion? Nein, nicht ganz, aber immerhin eine von mehreren Möglichkeiten, die Berge, Natur zu erleben: mit dem Radl, beim Wandern, auf Hochtouren und eben auf den Vie ferrate.

Klettersteige, Vie ferrate: Faszination für die einen, Reizworte für andere, seit jeher umstritten, aber zunehmend populärer, fast schon eine eigenständige Art des Bergsteigens. Da helfen auch »offizielle« Beschlüsse alpiner Organisationen wenig (keine neuen Klettersteige mehr!), es wurde und wird weiter gebohrt, montiert in den achtziger und neunziger Jahren; so manche gesicherte Route in diesem Atlas hat das Baujahr 1998 oder 1999; zwei Steige werden gerade zum Erscheinen des Buches eröffnet.

Sie ist ganz klar ungebrochen, die Popularität der Klettersteige. (Enthusiasten behaupten, sie würde sogar noch zunehmen!) Dabei hatten sie nie eine Lobby, die »Eisenwege«, schon gar nicht in der alpinen Szene, wo man sie eher widerwillig zur Kenntnis nahm. Dem Ferratisten – so heißt es abwertend – fehle das Können zum (Kletter-)Artisten, sein Erlebnis sei ein geborgtes und schließlich: Da wird die Natur verkabelt, versaut, mit Eisen bestückt ...

Wenn's denn so einfach wäre – hier gut, dort schlecht! Doch die (Berg-)Welt ist nicht mehr heil, der Kommerz hat sie längst erobert. Klettern ist zum Wettkampf- und Showsport mutiert, Skipisten walzen die Natur nieder, Liftmasten stecken wie riesige Nägel im Gelände, Straßenwürmer winden sich hinauf zu den EU-subventionierten Almen. Und mittendrin die Alpingemeinde als multiple Freizeit- und Sportgesellschaft, der Leistung verpflichtet: durch die Lüfte schwebend, in die Pedale tretend, mit Seil und Pickel unterwegs, auch am Drahtseil und auf der Eisenleiter – just for fun!

Doch hier ist nicht der Platz, um über Für und Wider zu räsonieren; mein Klettersteig-Buch ist Atlas, ein Nachschlagewerk also, darin sind sie alle versammelt (hoffe ich doch!), die großen Routen und kleinen Steige, »Antiquitäten« und neueste Anlagen: viele Daten, Zahlen, Namen. Erleben wird sie jeder auf seine Art; ich weiß nur, daß mir die Natur, der Berg stets mindestens so wichtig war wie das bißchen Eisen auf seiner zerfurchten, uralten Steinhaut. Aber Spaß macht's allemal, das Klettersteiggehen!

Und last but not least: ein Danke an die Leser, von denen zahlreiche meinem Aufruf (»Wanted!«, siehe Seite 67) gefolgt sind, mir Infos aus erster Hand zukommen ließen. So konnten Ungenauigkeiten ausgebügelt, auch der eine oder andere Fehler korrigiert werden.

Dietramszell, Sommer 1999 *Eugen E. Hüsler*

Inhalt

Im Westen viel Neues! Klettersteigboom in den Französischen Alpen.

Die Klettersteige der Alpen

Fast noch ein Geheimtip für Klettersteigler: die Julischen Alpen.

»Eiserne« Historie

Hier ist weder von Erzgruben und Hochöfen noch von vergangenen Zeiten der Industrialisierung die Rede, der Handlungsort liegt auch nicht zwischen Liverpool und Manchester, sondern in den Alpen. Eine »eiserne« Geschichte der besonderen Art, die nichts mit der Eisenbahn, dennoch aber viel mit Fortbewegung zu tun hat. Einer speziellen Art mithin: am Drahtseil, auf der Eisenleiter im steilen Fels.
Ein kurzer Blick zurück kann da nicht schaden, denn bekanntlich soll man aus der Geschichte lernen. Uns lehrt die »Ferrata-Historie« vor allem, daß es nur wenig Neues gibt unter der (Alpen-)Sonne: Bereits im 19. Jahrhundert wurde in Bayern, in Tirol, am Dachstein und in der Wiener Gegend emsig gehämmert und gebohrt. Es war die Zeit der Erschließung, und neben dem Hüttenbau galt es, im alpinen Gelände neue Wege anzulegen. So erhielt mancher Dreitausender seinen gesicherten Anstieg. Relikte aus jener Epoche, als es noch jede Menge alpines Neuland gab, kann man beispielsweise am Hohen Dachstein bewundern; andere Routen, wie der »Stüdlgrat« am Großglockner, sind längst wieder verfallen.
Um echte Klettersteige handelte es sich dabei ohnehin nicht; die wurden weder in Tirol noch in den Dolomiten »erfunden«, sondern weitab der großen Alpengipfel. Die Wiener waren es, die in ihren Hausbergen mehrere Kletterrouten ausbauten, schwierige Führen mit Eisen gangbar machten: Der Weg als Ziel ...

Um die Jahrhundertwende entstanden auch einige mittlerweile berühmte Wege, der »Heilbronner« in den Allgäuer Alpen beispielsweise oder der »Eggersteig« im Wilden Kaiser. Dabei wurden auch bereits kritische Stimmen laut; als der Grat vom Hochblassen zur Zugspitze – heute als »Jubiläumsweg« bekannt – gesichert werden sollte, sprach man von einer Entweihung der Bergnatur. Und Julius Kugy, Pionier in den Julischen Alpen, war sehr verstimmt, als er von der Absicht erfuhr, »seine« Nordwandroute am Montasch (Jôf di Montasio) in einen Klettersteig zu verwandeln.
In den Schreckensjahren 1915–1917 war vor allem der Krieg Baumeister in den Südalpen; die Soldaten auf beiden Seiten der Front lieferten – eher unfreiwillig – ihren Beitrag zum Wegenetz. Viele dieser Steige sind längst verfallen, andere zu Touristenattraktionen geworden. Man denke nur an den legendären »Alpinisteig« in den Sextener Dolomiten oder an die »Alta via Bepi Zac«, die ehemaligen Frontsteigen südlich der Marmolada folgt.

Einen Markstein in der kleinen »Storia del ferro« bildet das Jahr 1936: Damals begann die Società degli Alpinisti Trentini« (SAT) mit dem Bau des vielleicht schönsten Höhenweges der Alpen, der »Via delle Bocchette«. Heute, ein Vierteljahrhundert nach Fertigstellung des letzten Teilstücks (»Sentiero Benini«), läßt sich die gesamte Brentagruppe auf gesicherten Steigen durchwandern – ein Traumpfad für jeden Bergfreund!
In den sechziger Jahren setzte dann der eigentliche »Ferrata-Boom« ein. Besonderen Fleiß legten die Cortineser Bergführer an den Tag – die Dolomiten entwickelten sich zum Mekka der Klettersteigler. Heute gibt es zwischen Eisack und Piave etwa hundert gesicherte Routen! Doch auch in anderen Regionen der italienischen Ostalpen wurde mehr und mehr gehämmert, gebohrt und montiert: am Gardasee, in den Monti Lessini, in den Karnischen und Julischen Alpen, am Comer See. Und wenig später waren auch diesseits des Alpenhauptkamms entsprechende Aktivitäten zu registrieren: In Tirol entstand in den siebziger und achtziger Jahren eine ganze Reihe mittlerweile schon fast »klassischer« Klettersteige: »Schlicker«, »Arlberger«, »Kaiser Max«.
Nur nach Westen mochte sich der »Virus« Klettersteig nicht so recht ausbreiten. Die Schweiz, dem »echten« Bergsteigen besonders verbunden, blieb verläßliches Bollwerk – bis vor kurzem. 1993 wurde der erste Klettersteig Helvetiens eingeweiht. Zu diesem Zeitpunkt war noch weiter westlich die »Révolution française« bereits in vollem Gang. Inzwischen gibt es in den Bergen Savoyens, des Dauphiné, in der Haute Provence und in den Seealpen gegen fünfzig Klettersteige – »Via ferrata« heißt das in bestem Französisch. Es handelt sich dabei mehrheitlich um Sportklettersteige, talnah, sehr spektakulär im Verlauf, aber komfortabel gesichert. Von der Exposition her lassen sich manche ohne weiteres mit dem »Kaiser-Max-Steig« oder mit der »Ferrata Pisetta« vergleichen, nicht aber von der Schwierigkeit. Es scheint immerhin, als ob dem (sehr fragwürdigen) Trend zum reinen »Kraft-Sport-Klettersteig« die Spitze gebrochen wäre, Ausnahmen (»Seewand-Klettersteig«) bestätigen eher die Regel. Die schönsten neuen Vie ferrate sind fast durchwegs richtig alpine Routen: »Egesengrat«, »Leukerbadner«, »Titlis«, »Dachstein-Südwand«.

Die schönste Ferrata der Gardasee-Region führt auf den Monte Casale.

Sicher ist sicher – die Ausrüstung

Auf den Vie ferrate, den »Eisenwegen«, braucht man zwar weder Schweißbrenner noch Drahtzange, aber in jedem Fall die richtige Ausrüstung. Das ist einerseits mehr, als Bergwanderer in ihrem Rucksack haben, aber erheblich weniger, als der Kletterer zum Einstieg schleppt (nur kein Neid!). Geht man beispielsweise auf die Marmolada, ist der Ballast natürlich ungleich größer als beim Training am kurzen Sportklettersteig. Da wird dann der Biwaksack verstaut, werden Pickel und Leichtsteigeisen aufgepackt. Taschenlampe und Handschuhe sind ohnehin im Rucksack.
Auch das »Outfit« (so nennt sich das heute) hängt weitgehend von der Jahreszeit und vom Tourenziel ab. Klar, daß im Sommer das Beinkleid eher kurz ausfällt (die Zeiten der Kniebundhose sind lange vorbei ...), daß die Trinkflasche dafür etwas größer sein darf. Auf den »Kaiser-Max-Steig« etwa braucht's kein großes Gepäck, dafür aber die richtigen Schuhe: Kletterpatschen mit elastischer Sohle, die maximale Reibung im Steilfels garantieren. Schwere Bergstiefel, im Hochgebirge auch auf gesicherten Steigen durchaus passend, schneiden hier natürlich schlecht ab. Für talnahe Sportklettersteige à la française eignen sich auch Laufschuhe mit griffiger Gummisohle.
Also wichtig: unten die richtigen Schuhe – und oben eine Kopfbedeckung, für alle Fälle. Auf Gratrouten darf man ja durchaus auf das schweißtreibende Utensil verzichten (ein fesches Stirnband gefällt ohnehin besser), doch in Rinnen und Schluchten, unter Felswänden und auf Bändern gibt man sich doch gerne bedeckt, weiß man den Helm schon zu schätzen. Und dann sind da noch jene Bergkameraden, die sich gerne als »Abräumer« betätigen. Das ist allerdings ein anderes Kapitel (»Achtung: Steinschlag!«).

Was Hänschen nicht lernt ...

Natürlich will auch Klettersteiggehen gelernt sein, wie überhaupt der »Umgang« mit der (Berg-)Natur. Alpenvereine und Kletterschulen bieten gute Ausbildungsmöglichkeiten; für die Theorie gibt's bewährte Lehrschriften. Eine kleine Auswahl:

- »Bergsteigen« von Pepi Stückl und Georg Sojer (Bruckmann, München)
- »Sicherheit und Risiko in Fels und Eis« von Pit Schubert (Bergverlag Rother)
- »Alpine Seiltechnik« von Pit Schubert (Bergverlag Rother)

Gesichert, versichert – oder aus Eisen?

Klettersteig, Via ferrata, gesicherter oder gar versicherter Steig? Die Verwirrung ist offensichtlich. Handelt es sich bei der »Steiganlage« (noch eine Bezeichnung) denn nun um einen Klettersteig (obwohl der »Steig« gerade das verhindert) oder um einen versicherten Steig? Letzteres darf wohl ausgeschlossen werden, zumal sich kaum jemand finden wird, der die fälligen Prämien zu bezahlen bereit ist. Doch gesichert ist der Steig ja eigentlich auch nicht, wo er doch erst durch das Anbringen von Drahtseilen und Leitern überhaupt zum »Steig« wird. Mir scheint, die Franzosen haben recht: »Via ferrata« (nicht etwa »Voie ferrée«) heißt es neuerdings zwischen Rhone und Mittelmeer in bestem Französisch, und ich kann diese Wahl nur weiterempfehlen: ein Fremdwort zwar, aber es benennt den Kern der Sache: das Eisen. Allerdings, um Straßen handelt es sich dabei ja auch wieder nicht ...

Die Selbstsicherung – Situation und Trends

Sicherheit vermittelt dem »Akrobat schööön« am Drahtseil vor allem sein »Klettersteig-Set«, das aus einem Sitz- und Brustgurt (oder Kombigurt), zwei je etwa einen Meter langen Seilstücken, einer Sturzbremse und zwei Schnappkarabinern mit großer Öffnung besteht. Diese Sets werden von mehreren Herstellern angeboten, in unterschiedlichen Standards. Die sogenannte V-Form (bei der man jeweils nur einen Karabiner einhängt) wird wegen der umständlichen Handhabung mehr und mehr durch die neue Y-Form ersetzt, die doppelte Sicherheit bietet (beide Karabiner eingehängt). Eine zukunftsweisende Neuerung bilden Sets mit eingenähter Bandschlinge.

Knoten: eine Schwach- und Gefahrenstelle

Dadurch ist die Gefahr durch »selbsttätiges« Knotenlösen beseitigt. Und was noch wichtiger ist: Das umständliche Anseilen am Einstieg entfällt. Wer viel auf Klettersteige geht, wird bestätigen, daß gerade dies ein neuralgischer Punkt ist. Ein unsachgemäß angelegter Knoten bildet eine echte Gefahrenquelle, weil er nicht vorhandene Sicherheit suggeriert. Es haben sich auch schon mehrere schwere Unfälle ereignet.

Es gilt zu berücksichtigen, daß Ferratisten meistens keine Kletterer sind, viele auch nur gelegentlich auf einen Klettersteig gehen, und während der langen Winterpause vergißt man halt leicht, wie's geht. Also auf jeden Fall vor der ersten Tour die Ausrüstung ein paarmal anprobieren, Knoten üben!
Ein Risiko bilden auch die oft nur unzureichend festgezogenen Knoten an den Karabinern. Am besten hängt man sich mit dem ganzen Körpergewicht in jeden der beiden Stränge und ruckt einige Male kräftig. So ziehen sich die Knoten dermaßen fest, daß man sie schlicht nicht mehr aufkriegt.

Karabiner

Auch bei den Karabinern sind neue Entwicklungen zu beobachten; wer es sicher und komfortabel mag, greift hier mit Vorteil zum Modell »Attac« von Salewa mit seiner komfortablen Verschlußsicherung. Um ihn einzuhängen, drückt man den Karabiner einfach gegen das Drahtseil oder die Verankerung. Sehr praktisch auch, daß der Karabiner durch eine Öse eingebunden wird; eine Querbelastung ist dadurch unmöglich (Bruchrisiko).

Partnersicherung

Auf steilen bis senkrechten Steigen, die nur mit einem durchlaufenden Drahtseil ausgestattet sind, gewährleistet diese Selbstsicherung keinen optimalen Schutz mehr. Versuche haben gezeigt, daß bei Stürzen von nur wenigen Metern bereits Kräfte freiwerden, die zu Karabinerbruch oder Seilabriß führen können. Und sogar wenn die Sicherungen halten, muß man bei solchen Stürzen mit bösen Verletzungen rechnen. Wirkliche Sicherheit bietet da nur die konventionelle Partnersicherung – man begeht die Via ferrata wie eine Kletterroute. Seilverankerungen, Eisenbügel oder Haken dienen als Sicherungspunkte. Vor allem in Frankreich sind an zahlreichen Klettersteigen die Fixpunkte so gestaltet, daß bei einer Begehung als Seilschaft jeweils bequem Zwischensicherungen gesetzt werden können.

Zukunft

Sie gehört ganz klar der sicheren, aber gleichzeitig einfach zu handhabenden Ausrüstung. Denkbar wäre etwa ein Gurt, der fix mit den beiden Seilschwänzen verbunden ist und den man an der Brust mit einer Schnalle schließt: keine Knoten – keine Sicherheitsrisiken. Der Klettersteigler von heute – das darf man nicht vergessen – ist nicht mehr unbedingt jener Bergsteiger von gestern, den es Woche für Woche in sein Gebirge zog, der sich souverän im weglosen Gelände bewegte, auch Wetterrisiko und Terrain einzuschätzen wußte.

Sicher ist sicher: Auf die richtige Ausrüstung kommt es (auch am Klettersteig) an!

Muß es wirklich das Auto sein? Eine umweltfreundliche Alternative

Urlaub, Ferien – das bedeutet auch Entspannung, streßfreie Tage, erholsames Erleben. Und auf vielbefahrenen Straßen ist so etwas ja nur bedingt möglich, oft mit nerviger Parkplatzsuche und Kolonnenfahren verbunden. Also warum nicht ab und zu auf das eigene Vehikel verzichten, die Möglichkeiten des öffentlichen Verkehrs nutzen? Ganz leicht geht das in der Schweiz (die Eidgenossen sind ein Volk von Bahnfahrern), wo Eisenbahn- und Busfahrpläne bestens aufeinander abgestimmt sind, man selbst das kleinste Bergnest noch rechtzeitig für die Tour per Postauto (Linienbus) erreicht. Manche Regionen bieten Urlaubsabonnements, die beliebig viele Fahrten mit Schiff, Bahn, Bus und Bergbahn einschließen.

Nachahmenswerte Initiativen gibt es auch in Österreich; hier ist beispielsweise der Lungauer Tälerbus zu nennen. Manche Ferienorte, aber auch viele Hotels organisieren Busfahrten für ihre tourenden Gäste (Radler, Wanderer, Bergsteiger); bei der DB und den ÖBB bekommt man Infoblätter zum Thema »Wandern mit der Bahn«.

Gleich geht's los!
Am Einstiegsband der »Ferrata Costantini«.

Ein Wort zum Umweltschutz

Über die enormen Belastungen, denen die Alpen als »Playground of Europe« ausgesetzt sind, muß an dieser Stelle nichts weiter gesagt werden. Von den Besuchermassen darf man wohl nur bedingt erwarten, daß sie – entgegen sonstiger Gewohnheiten – das Naturwunder Alpen nicht bloß konsumieren, sondern als Individuum sinnvoll erleben. Diese traurige Erkenntnis entbindet aber gerade den Bergsteiger keineswegs von der Mitverantwortung gegenüber seinen Bergen. Also zumindest dafür sorgen, daß der Müllhaufen nicht weiter anwächst! Was bereits herumliegt, braucht nicht ansteckend zu wirken, im Gegenteil: Ich habe es mir zur Gewohnheit gemacht, nicht nur die eigenen Abfälle, sondern auf jeder Tour auch ein zurückgebliebenes Exponat unserer Wegwerfgesellschaft wieder hinab ins Tal mitzunehmen. Diese kleine »Mühe«, von all jenen praktiziert, die sich als Berg- und Naturfreunde fühlen, müßte eigentlich eine erfreulich reinigende Wirkung auf Gipfel und Wegränder zeitigen …

Achtung: Steinschlag!

Wenn das Leben gefährlich ist (wie der Volksmund behauptet), dann ist es das Herumsteigen im Gebirge sowieso. Das wissen die Bergbauern (sofern sie noch nicht Hoteliers geworden sind), und sie begegnen dem Berg mit Respekt, meiden unnötige Risiken. Der moderne Mensch dagegen, der Natur im Alltag entfremdet, an Computer und Telefon gefesselt, meist auch sitzend unterwegs (im Zug, im Auto), er sucht das Abenteuer, den (spannend-entspannenden) Kontrast zu seiner Alltags-Arbeitswelt. Er begibt sich bewußt auf unbekanntes Terrain – in Gefahr also. Und die kommt im Gebirge meist von oben: Regen, Schnee, Gewitter, Steinschlag. Wer sich gar aufs Gletschereis traut, muß auch mit der Gefahr aus der Tiefe rechnen: Spalten, oft unsichtbar unter dünnem Firn lauernd.

Steinschlag. Er steht in der Liste möglicher Unfallursachen ganz oben; die Statistiken beweisen es. Schuld daran sind leider auch unfreundliche »Bergkameraden«, die durch unsauberes Gehen für gefährlichen »Beschuß« von oben sorgen. In so einem Fall hilft nur: Helm auf und in Deckung gehen. Steilrinnen und Geröllschluchten sollte man nach Möglichkeit ohnehin nur betreten, wenn sie »frei« sind. Natürlich wird man in diesen kritischen Bereichen selber keine Steine lostreten ... Grundsätzlich gilt: Lieber einmal zuviel den Helm aufsetzen. Nur, in der Praxis sieht das halt manchmal etwas anders aus, ich weiß schon. Wie mache ich Hildegard klar, daß Sicherheit vor Schönheit kommt, wo sie den »Kübel« doch so furchtbar häßlich findet?

Wetter. Immer wieder ist zu beobachten, wie sträflich die Wetterentwicklung von den Bergsteigern (nicht nur von Ferratisten) unterschätzt wird. Wer einmal ein richtiges Gewitter in den Alpen erlebt hat oder bei einem Temperatursturz mit Schneefall über einen Klettersteig abgestiegen ist, wird in Zukunft entschieden vorsichtiger sein. Doch besser ist allemal, sich rechtzeitig über die Wetteraussichten zu informieren. Ein strahlend schöner früher Morgen bietet keinerlei Gewähr, daß es den ganzen Tag über sonnig bleibt, daß weder Gewitter noch Regen oder Schnee drohen. Als Vorboten einer Wetterverschlechterung gelten Morgenrot, fallender Luftdruck (läßt sich am Höhenmesser ablesen), bestimmte Wolkenbilder (z.B. Schäfchenwolken nach längerem Schönwetter, Föhnfische und von Westen aufziehende Federwolken). Bilden sich bereits am Vormittag Haufenwolken, die dann rasch zu mächtigen Türmen anwachsen, sind Schauer, Blitz und Donner zu erwarten. Und das muß jeden Klettersteiggeher ganz besonders interessieren, ist sein liebstes Sportgerät doch ein gigantischer Blitzableiter

Besonders gefährlich ist das auf »eisernen« Überschreitungen, bei denen man auch den Abstieg über eine Ferrata nehmen muß. Also unbedingt stets auf die Wetterentwicklung achten, rechtzeitig umkehren. Wird man trotzdem von einem Gewitter erwischt, heißt die Devise: weg von Eisenleitern und Drahtseilen (aber natürlich nur, wenn das ohne Absturzgefahr geht)! Zu

Alpines Notsignal

In einer ernsten Notlage kann mit diesem Signal Hilfe herbeigerufen werden: sechs akustische oder optische Zeichen pro Minute. Antwort: drei Signale pro Minute.

Jeder Wanderer oder Bergsteiger, der das »Alpine Notsignal« vernimmt, ist im Rahmen seiner Möglichkeiten zur Hilfeleistung verpflichtet. Muß die Bergrettung auf der Hütte oder im Tal alarmiert werden, sind präzise Angaben von größter Wichtigkeit:

- Was ist passiert (Art des Unfalls, Zahl der Verletzten, evt. Art der Verletzungen)?
- Wo ist es passiert (genaue Ortsangabe)?
- Wann war der Unfall (Zeitpunkt des Unglücks)?
- Wie sieht es am Unfallort aus (Wetter, Gelände, Sichtweite)?
- Wer macht Meldung (Personalien)?

Nicht immer sind die Drahtseile so sauber befestigt.

meiden sind herausragende Geländepunkte wie Gipfel, Grate oder isoliert stehende Bäume. Auch Felsnischen bieten keinen sicheren Schutz, da ein Blitzschlag sich über die Wand entladen kann.

Bin nicht schwindelfrei … Der Blick in die bodenlose Tiefe, er gehört auf Klettersteigen natürlich dazu, macht ja (für manche) ihren besonderen Reiz aus: sicher am Abgrund, das kleine Abenteuer, wohliges Kribbeln im Bauch. Doch die Vorstellung, hoch über dem (sicheren) Boden auf ein paar Eisenklammern zu stehen, kann auch ganz andere Reaktionen auslösen: Bin ich schwindelfrei?
Natürlich gibt es organisch bedingte Störungen des Gleichgewichtssinns, doch wesentlich häufiger ist ein Schwindelgefühl, dessen Wurzeln psychisch bedingt sind: Angst. Und die kann man (manchmal) besiegen, mit viel Geduld und beharrlichem Training. Allmähliche Gewöhnung an die Höhe (bzw. die Tiefe), verbunden mit der langsam wachsenden Gewißheit: Ich schaff's!

Selbstüberschätzung. Bergsteigen lernt man nicht von heute auf morgen, und das gilt auch für Klettersteiggehen. Es ist ein verhängnisvoller Irrtum, zu glauben, das (sichernde) Eisen wäre Versicherung gegen menschliche Unzulänglichkeit; im Gegenteil: Manchmal verleitet es zu gefährlichen Fehleinschätzungen. Deshalb der Rat: klein anfangen, allmählich steigern, nicht zuviel Ehrgeiz entwickeln. Und auf keinen Fall vergessen: Der Spaß an der Sach' ist wichtiger als ein (vielleicht zu hoch gestecktes) Ziel.

Eine Wiener Spezialität: eiserne Steigbäume.

Glück gehabt

Spätsommer 1988. Ein traumhaft schöner Tag in den Dolomiten. Wir sind über die »Via degli Alleghesi« zur Civetta aufgestiegen, sitzen am Gipfel, knabbern an einer trockenen Semmel und genießen die Aussicht. Bald gesellt sich eine kleine Gruppe von Bergsteigern zu uns, aus Salzburg sind sie, auf der »Tissi« hat's einen kleinen Zwischenfall gegeben. Steinschlag, aber nichts Schlimmes. Das Mädchen hatte den Helm auf, doch ein Stein, vom Fels abgelenkt, traf sie trotzdem am Kopf – nur eine Platzwunde, beschwichtigt ihr Vater. Ja, Kopfweh hat sie auch und etwas schwindlig ist ihr halt.
Wir überreden die Fünf zum Abstieg, verständigen den Hüttenwirt im Rif. Torrani – er hat ein Funktelefon, für Notfälle. Dann gehen wir weiter zur Tissi. »Horch!«, sagt Hildegard, wir sind mitten in der Wand. Ein Hubschrauber, im Anflug zur Torranihütte.

PS: Die »Via ferrata Tissi« war im unteren Teil stark beschädigt; Steinschlag hatte ein Dutzend Eisenklammern weggeschlagen, ein provisorisch angebrachtes Drahtseil half über die glatte, wasserüberronnene Wandstelle hinweg. Ein Jahr später wurde die Route behördlich gesperrt; mittlerweile gibt es eine völlig neu trassierte »Tissi«.

Leicht zu merken – 10 Regeln für Klettersteigler

- Vor der Tour: Sich über die Wetteraussichten informieren; bei Gewitterneigung möglichst früh starten, besser Tour verschieben.
- Tourenplanung dem eigenen Können und Konditionsstand anpassen. Nicht gleich mit der schwierigsten Ferrata beginnen!
- Rucksack sorgfältig packen: Nichts vergessen?
- Ausrüstung nicht nur mitnehmen, sondern auch benützen. Der Steinschlaghelm im Rucksack nützt recht wenig ...
- Am Klettersteig nach Möglichkeit klettern; das Drahtseil dient in erster Linie der Sicherung. Wo das nicht mehr möglich ist, darauf achten, daß ein Seilabschnitt jeweils nur von einem Bergsteiger benützt wird.
- Sorgfältig gehen, Steinschlag vermeiden. In Rinnen und Schluchten nach Möglichkeit nur einsteigen, wenn das Gelände über einem »frei« ist, also keine anderen Bergsteiger unterwegs sind.
- Stets aufs Wetter achten. Bei Gewittergefahr weg von Graten und Eisenteilen – wer geht schon gerne an einem riesigen Blitzableiter entlang spazieren?
- Bei einem Wettersturz umdrehen! Selbst nur mäßig schwierige Klettersteige verwandeln sich bei Regen oder Schneefall, bei einem Temperatursturz (Vereisung) rasch in gefährliche Fallen.
- Kein blindes Vertrauen in Drahtseile, Haken und Verankerungen; sie können beschädigt sein. Drahtseile nicht unnötig auf Zug belasten.
- Defekte Sicherungen stets in der Hütte oder im Talort (bei der Polizei oder im Verkehrsbüro) melden!

Am dicken Drahtseil durch die Dachstein-Südwand.

Objektiv – subjektiv: Die Schwierigkeit mit den Schwierigkeiten

Es ist fast wie in der Schule: Noten müssen her, Bewertungen, ein System halt, das den Klettersteigler informiert: leicht, mittel, schwierig, sehr schwierig.
Das hört sich ganz einfach an, ist in Wirklichkeit aber ziemlich kompliziert (siehe Schule). Nur ein Beispiel: Was hat der »Jubiläumsweg« mit der »Via ferrata Pisetta« gemeinsam? Die Eisenteile, richtig. Aber das ist auch schon alles; beim ersteren handelt es sich um eine hochalpine, mehrstündige Gratüberschreitung, während an der »Pisetta« vor allem ein kräftiger Bizeps und absolute Immunität gegen schwindelnde Tiefblicke verlangt werden. Die Begehung des »Jubigrates« setzt alpine Erfahrung voraus, sicheres Gehen in ungesichertem Gelände, etwas Klettererfahrung und eine tadellose Kondition. All das ist auf der Ferrata am Dain Picol überflüssig, noch mehr an den neuen Sportklettersteigen in den Französischen Alpen, die sich jeder angehen-

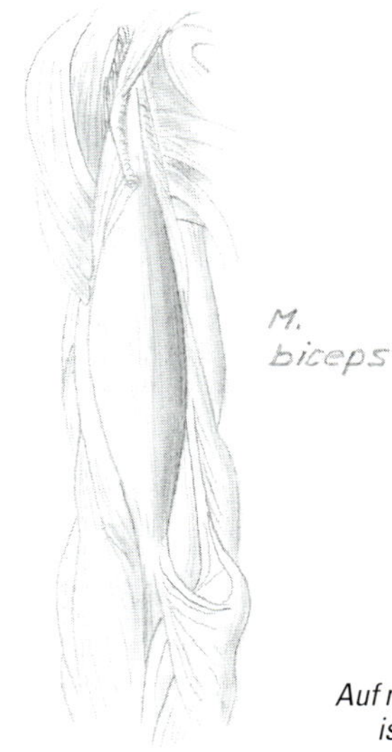

Auf manchen Klettersteigen ist er besonders wichtig: ein starker Bizeps!

Eine Vier-Klassen-»Gesellschaft«

Den sehr unterschiedlichen Anforderungen (siehe oben) entsprechen neu vier Kategorien: **Gesicherte Steige**, **Klettersteige**, **Alpine Steige**, **Sportklettersteige**. Sie unterscheiden sich im Buch durch die Farbe der Kopfzeile.

Gesicherte Steige Hier handelt es sich um Wege/Steige, die in der Regel nur kürzere gesicherte Passagen aufweisen, z.B. Normalwege auf Gipfel, Gratrouten oder Übergänge von Hütte zu Hütte. Bergerfahrung ist entschieden wichtiger als ein dicker Bizeps.

Beispiele: Liechtensteiner Höhenweg (006), Heilbronner Weg (016), Freiungen-Höhenweg (037), Bergwerkskogel – Rettenkogel (101), Ojstrica (184), Alpinsteig (264), Sentiero Corbellini (297), Sentiero delle Scalette (318), Sentiero Bonacossa (382), Cima Dodici (428), Sentiero Antonio Curo (476), Direttissima (487), Römerweg (524), Aeugiweg (525), Passage du Derochoir (551), Grand Som (581)

Klettersteige Die klassische Via ferrata, meistens eine mehr oder weniger aufwendig »aufgerüstete« Kletterroute.

Beispiele: Alpspitz-Ferrata (029), Ilmspitz-Klettersteig (064), Stodertaler Klettersteig (128), Via ferrata Norina (247), Weg ohne Grenzen (281), Ferrata dei Cinquanta (298), Pößnecker Klettersteig (325), Ferrata Bolver-Lugli (345), Ferrata Tissi (402), Bocchette Centrali (463), Ferrata Diavolo (520), Tälli-Klettersteig (522), Ferrata Béthaz-Bovard (557), Ferrata des Mines du Grand Clot (586)

Alpine Routen Mit den »Gesicherten Steigen« vergleichbar, nur kommt hier anspruchsvollerers ungesichertes Gelände dazu. Die alpine Route weist leichtere Kletterstellen (bis maximal II) auf, sie führt über Eis (Gletscherausrüstung) oder in heikles Schrofen- und Felsgelände. Routen für Bergsteiger mit entsprechender Erfahrung.

Beispiele: Augsburger Höhenweg (010), Jubiläumsweg (027), Mooshammersteig (085), Königschußwand-Steig (160), Kugy-Weg (245), Percorso Osvaldo Zandonella (304), Hoher Angelus (411), Sentiero Claudio Costanzi (459), Ferrata Pierredar (537)

Sportklettersteige Meistens in Talnähe angelegte Routen, bei denen es mehr um Spektakel als um den Berg geht: senkrechte bis überhängende Wandstellen, maximal exponierte Querungen, dazu Gags wie Hängebrücken. Vielfach mit Klettergartencharakter.

Beispiele: Schiestl-Klettersteig (055), HTL-Steig (165), Ferrata del Canalone (353), Ferrata Rio Secco (425), Colodri (453), Ferrata Gruppo Alpini (490), Via ferrata les Plates de la Daille (565), La Passerelle-Le Bastion (568, 569), Via ferrata de St-Pierre (574)

Die Schwierigkeitskriterien sind bei allen vier Kategorien die gleichen (Leicht/Mittel/Schwierig/Sehr schwierig, nur in wenigen Ausnahmefällen Extrem schwierig); bei den »Alpinen Routen« und den »Sportklettersteigen« fließen spezifische Faktoren wie Gelände (Fels, Eis) und psychische Belastung durch extreme Ausgesetztheit ein.

Die Hüsler-Schwierigkeitsskala

Leicht Selbstverständlich handelt es sich auch hier nicht um einen simplen Wanderweg, der Steig ist aber in der Regel trassiert, die Sicherungen sind in Relation zum Gelände komfortabel. Durchwegs große natürliche Tritte; wo sie fehlen, werden sie durch Leitern, Stege, Eisenbügel und Haken ersetzt. Nur kürzere exponierte (und stets bestens gesicherte) Passagen. Für geübte Bergsteiger ist noch keine Selbstsicherung erforderlich.

Beispiele: Mittenwalder Höhenweg (037), Warscheneck-Südostgrat (130), Hochstuhl-Klettersteig (205), Rudl-Eller-Weg (254), Peitlerkofel (308), Sentiero Buzzati (351), Leiferer Höhenweg (420), Tovel-Waalwege (469), Sentiero del Fiume (485), Piz Güglia (507), Albinenleitern (532), Lac Blanc (552), Mont Chétif (555), Ferrata degli Alpini (589)

Mittel Hier bewegt man sich abschnittweise bereits im Steilfels; die Routen sind recht aufwendig gesichert. Senkrechte Passagen mit Eisenbügeln und/oder Leitern, Drahtseilsicherungen auch in weniger schwierigem Gelände. Selbstsicherung auch für routinierte Bergsteiger empfehlenswert.

Beispiele: Mindelheimer Klettersteig (015), Wildental-Klettersteig (083), Ramsauer Klettersteig (118), Jubiläumsweg in den Julischen Alpen (220), Hohe Warte (277), Pisciadù-Klettersteig (324), Ferrata Michielli »Strobel« (375), Ferrata Angelo Viali (441), Ferrata »Che« Guevara (456), Ferrata CAI Mandello (483), Tälli-Klettersteig (522), Aiguillette du Lauzet (587)

Schwierig Das Gelände wird steiler, schwieriger; oft finden sich nurmehr kleine Tritte und Griffe. Dafür sind die Sicherungen sparsamer gesetzt. Auch an exponierten Stellen hilft oft bloß ein Drahtseil; künstliche Haltepunkte (Haken, Eisenbügel) nur an den schwierigsten Stellen.
Eine Ausnahme bilden die französischen Sportklettersteige, die in der Regel weit aufwendiger gesichert sind, aber auch exponiertere Passagen aufweisen. Hier fließt der Faktor »Mut/Angst« ein.

Beispiele: Arlberger Klettersteig (009), Tiroler Weg (050), Hans-von-Haid-Steig (159), Prisojnik-Nordwand (219), Via Italiana (231), Via ferrata dei Cinquanta (298), Ferrata delle Trincee (330), Ferrata Lipella (365), Ferrata Alleghesi (401), Sass Brusai (430), Ferrata Gruppo Alpini (490), Baltschieder Klettersteig (531), Ferrata Yves Pollet-Villard (546), Via ferrata du Télégraphe (572), Ferrata de Freissinières (594)

Sehr schwierig Klettersteige in extremem Felsgelände, nur für Experten. Senkrechte bis überhängende Passagen, vielfach bloß mit Drahtseilen gesichert. Nur für sehr erfahrene Klettersteiggeher!

Beispiele: Imster Klettersteig (011), Bert-Rinesch-Klettersteig (127), Via ferrata Cesare Piazzetta (326), Ferrata Stella Alpina (355), Ferrata Costantini (404), Monte Albano (442), Ferrata Rebuzzini (481), Ferrata Dente del Resegone (500), Ferrata de la Tour de Jalouvre (545), Ferrata de St-Pierre (574)

Extrem schwierig Hier sind wenige »Gänsehautrouten« versammelt; etwas für die Extremen unter den Ferratisti. Fast ausschließlich mit Fixseilen versehene Routen in senkrechtem bis leicht überhängendem Fels. Bizeps!

Beispiele: Kaiser-Max-Klettersteig, zweiter Teil (041), Seewand-Klettersteig (112), Ferrata Pisetta (457)

de Feuerwehrmann zutrauen darf. Doch spätestens auf der »passage de pleins gaz«, an den Bügelreihen der »Ferrata de St-Pierre«, stellt sich beim Blick nach unten erneut die Frage: schwierig, sehr schwierig?
Angst vor der Tiefe. Wer kennt es nicht, das leichte Kribbeln, das einen an sehr ausgesetzten Passagen beschleicht, bei manchen panische Reaktionen auslöst, während es andere als emotionales »Highlight« empfinden – das kalkulierte Risiko, das »sichere« Abenteuer. Wer's ganz extrem auskosten will, springt gleich am Gummiseil von der Brücke. Alles subjektiv, sagt der Verstand – doch das Gefühl?
Klettersteigler sind in der Regel Hobbybergsteiger, keine Profis, auch keine Kletterer. Ihr alpines Rüstzeug variiert mindestens so stark wie die Qualität des Frühstückskaffees auf Berghütten: miserabel bis sehr gut. Manche, die sich am Drahtseil und auf der Leiter völlig sicher fühlen, bekommen bereits im ungesicherten Schrofengelände Schwierigkeiten.
Dennoch, eine Skala muß natürlich her, Noten sind wichtig (nicht nur in der Schule). Also nochmals von vorn. Eine »Via ferrata« ist als Kletterroute mit fest installierten Sicherungen und künstlichen Haltepunkten zu definieren. Entsprechend hängt ihre Bewertung vor allem von zwei Faktoren ab: dem Schwierigkeitsgrad der naturbelassenen Route (nach der Alpenskala) und der Art beziehungsweise dem Umfang der angebrachten Eisenteile (Drahtseile, Haken, Leitern). Mit zwei Ziffern ließe sie sich verhältnismäßig leicht klassifizieren, beispielsweise V/D (eine Route im V. Schwierigkeitsgrad mit Drahtseilsicherungen) oder III/DL (ein »Dreier«, ausgerüstet mit Drahtseilen und Leitern).
Zu kompliziert? Also doch: leicht, mittel, schwierig und sehr schwierig.

Zur Erläuterung

Die Beschreibung der Klettersteige besteht aus drei Teilen: Im Tourenkopf sind die wichtigsten Angaben zusammengefaßt, der anschließende Text charakterisiert die Route. Im Kasten findet man alle Angaben zur Tour, von der Lage des Steiges bis zu seiner Einstufung. Ein **grüner** Balken steht für gesicherte Steige, ein **roter** Balken für klassische Klettersteige bzw. Vie ferrate, ein **blauer** Balken für alpine Routen und ein **schwarzer** Balken für Sportklettersteige.

Name des Steiges/ der Ferrata

Gipfel bzw. Endpunkt der Ferrata, bei Überschreitungen auch Ausgangs- und Zielpunkt

Steignummer fortlaufend, findet sich in den Übersichts- und in den Detailkarten wieder

Goldenes Leiterchen für die schönsten Klettersteige

Einstufung in vier Kategorien

308 Via ferrata Cesco Tomaselli

Südliche Fanisspitze, 2980 m

Schwierig

Groborientierung zur Lage des Klettersteigs (vgl. auch Kopfzeile)

Markante Wegpunkte mit Höhenzahlen

Gesamt- und Abschnittszeiten

Zusätzliche Infos zum Klettersteig: alternative Zustiege, Bergbahnen, Gipfel am Weg usw.

Wo? Die Häuser von Listolade (683 m) liegen am Eingang ins Val Corpassa, 4 km von Agordo, 16 km von Alleghe.
Ausgangspunkt Rif. Trieste (1135 m) im Val Corpassa, 4 km ab Listolade.
Wegverlauf Rif. Trieste – Rif. Vazzoler (1714 m) – Van delle Sasse (Einstieg ca. 2600 m) – »Ferrata Tissi« – Rif. Torrani.
Gehzeiten Insgesamt 11 Std.; Rif. Trieste – Rif. Vazzoler 2 Std., Rif. Vazzoler – Van delle Sasse 3 Std., »Ferrata Tissi« – Rif. Torrani 1½ Std., Abstieg auf dem gleichen Weg 4½ Std.
Hinweise Natürlich wird man bei ordentlichem Wetter den Gipfel der Civetta (3220 m) nicht auslassen; ¾ Std. vom Rif. Torrani auf markierter Geröllspur. Nächtigung im Rif. Vazzoler.
Tip Günstiger Ausgangspunkt für die Civetta-Tour, vor allem bei einer Überschreitung »Tissi-Alleghesi«, ist die Alpe della Grava (1627 m); Zufahrt von Chiesa (1242 m) an der Ostrampe der Duran-Paßstraße, 3,5 km (Fahrverbot ein paar hundert Meter nach der Abzweigung, Zufahrt zur Alm wird aber toleriert). Aufstieg über die Forcella delle Sasse (2476 m) ins Van delle Sasse, Markierung 558, knapp 3 Std. bis zum Einstieg der »Ferrata Tissi«.
Hütte Rif. Torrani (2984 m). Rif. Vazzoler (1714 m), bewirtschaftet 15. Juni bis 20. September, Tel. (0437) 660008.
Orientierung CAI-Wege 556, 558 ins Van delle Sasse, Einstieg zur »Tissi« nicht zu übersehen.
Einstufung Schwierig.

Varianten, Tourenziele im Bereich des Klettersteigs, Kombinationsmöglichkeiten mit anderen gesicherten Steigen

Schutzhütten, Biwaks. Öffnungszeiten und Telefon nur im Zusammenhang mit Touren, bei denen eine Nächtigung angezeigt ist.

Markierung, Wegnummern, Hinweise auf mögliche Orientierungsprobleme

Schwierigkeit des Klettersteigs; dazu routenspezifische Hinweise wie Sicherungsart, besondere Gefahren, aktueller Zustand.

Da lacht das Herz des Klettersteiglers! An der Tajakopf-Westkante.

Bestens gesichert: der »Südwand-Klettersteig« am Persailhorn.

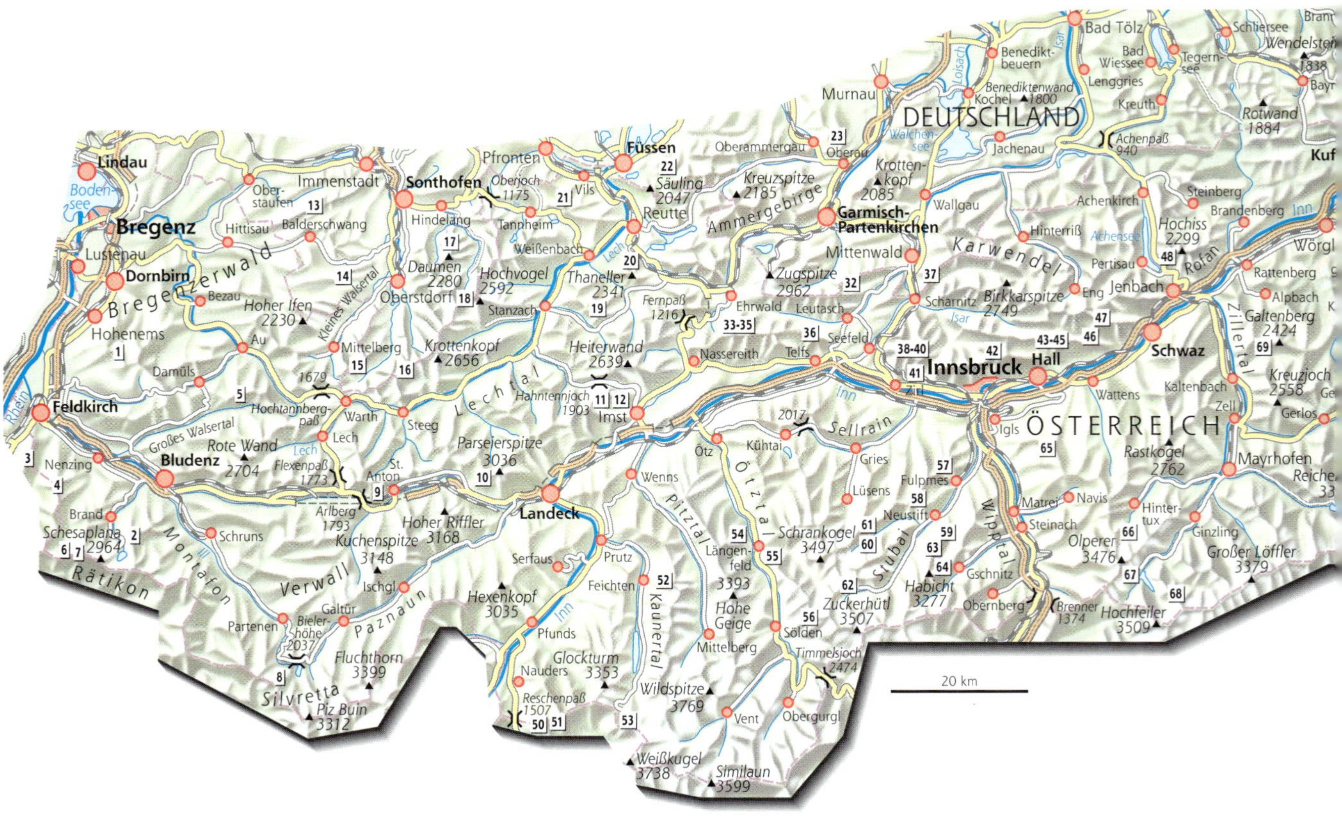

Vom Bodensee bis zur Salzach

Ein weites Feld! Vom Schwäbischen Meer bis zur Mozartstadt sind es fast 250 Kilometer, München ist über 100 Kilometer vom Brennerpaß entfernt – immer in der Luftlinie gemessen. Da hat viel Gebirge Platz, stehen die Dreitausender gleich in mehreren Reihen, ist die ganze nord- und zentralalpine Geologie versammelt, zu deren Erbe auch die vielen Seen vor den Bergen gehören. Eiszeit, am Tegernsee, am Chiemsee ist sie längst Geschichte, in den Ötztaler, Stubaier und Zillertaler Alpen Gegenwart, hat so mancher Gipfel (noch) seinen dicken Eispanzer, greifen Gletscherzungen in die Täler hinab.

Was für eine Vielfalt an Landschaften! Entsprechend weitgespannt ist das »eiserne« Angebot, ein Mix aus Alt und Neu. Da gibt es Wege, die noch im ausgehenden 19. Jahrhundert angelegt wurden (z.B. Zugspitze, »Heilbronner Weg«), aber auch moderne Sportklettersteige (»Kaiser-Max-Steig«), da entdeckt man Höhenwege, bei denen das Landschaftserlebnis die (wenigen) gesicherten Passagen fast vergessen läßt (»Augsburger Höhenweg«), aber auch das Gegenteil: zuviel Eisen, wie beispielsweise an der »Alpspitz-Ferrata«. Das Stubai bietet echte Dolomitenkulisse samt entsprechenden Klettersteigen, und über dem Reschenpaß kann man im dunklen Granit klettern, Gletscherblick inklusive. Und da ist noch der »Jubigrat«, ein absoluter Klassiker (und mehr als nur ein Klettersteig); gesicherte Aussichtspromenaden gibt's im Karwendel (z.B. »Innsbrucker« und »Mittenwalder«), recht viel Eisen auch in den Berchtesgadener Alpen, zwischen Watzmann und Persailhorn. Ein weites Feld.

Meine Favoriten

- »Jubiläumsweg« – oben sein, stundenlang (27)
- »Tiroler Weg« – der schönste Klettersteig am Alpenhauptkamm (50)
- »Schlicker Klettersteig« – Traumroute im Stubai (58)
- Überschreitung der Loferer Steinberge: nirgends ist man dem Mond näher (79, 80, 81)

Karten und Führer

Führerliteratur in Hülle und Fülle (z.B. AV-Führer im Bergverlag Rother); die Klettersteige »Bayern-Vorarlberg-Tirol-Salzburg« beschreibt Paul Werner in seinem Spezialführer, erschienen beim Bergverlag Rother. Der »Tiroler Klettersteigeführer« ist bei Denzel, Innsbruck, erschienen, verfaßt von Eugen E. Hüsler. Detaillierte Infos über die Eisenwege der Region bieten »Klettersteige & Leichter Fels – Österreich West + Süd« von Kurt Schall (Verlag Kurt Schall, Wien).
Auch das Angebot an Wanderkarten kann sich sehen lassen; neben den AV-Karten, vielfach im Maßstab 1:25 000, sind vor allem die amtlichen Kartenwerke zu empfehlen, herausgegeben vom Bayerischen Landesvermessungsamt in München (u.a. Blätter »Allgäuer Alpen«, »Karwendel«) bzw. vom Bundesamt für Eich- und Vermessungswesen in Wien. Die gibt es (neben den Normalausgaben 1:50 000) auch als Vergrößerungen im Maßstab 1:25 000 mit Wegmarkierungen.

Eine Buchempfehlung

»Grundwissen in Geologie« von Martin Stirrup und Hans Heierli, erschienen im Ott Verlag Thun. Es kann ja nicht schaden, wenn man weiß, worauf man Jahr für Jahr so herumtrampelt …

001 Hoher Freschen, Gratwege

Hoher Freschen, 2004 m

Leicht

Erster Zweitausender östlich des Rheintals ist der Hohe Freschen, ein mächtiges Bergmassiv mit ausladenden Graten. Die erlauben aussichtsreiche Überschreitungen; vom Gipfel bietet sich eine immense Rundschau. Sehr stimmungsvoll ist der Blick zum Bodensee. Als günstiger Ausgangspunkt für die Tour gilt das Ebniter Tal; sowohl der Nord- als auch der Westgrat sind an einigen wenigen, etwas ausgesetzten Stellen gesichert. Bestiegen wurde der Berg bereits in frühchristlicher Zeit; an seinen Flanken sind mehrere Almen seit mindestens 1500 Jahren nachgewiesen. Der Name taucht urkundlich 1417 als »Froechßen«, 1426 als »Fröschenspitz« auf.

Wo? Der Hohe Freschen erhebt sich östlich von Rankweil; ins Ebniter Tal führt von Dornbirn eine Straße.
Ausgangspunkt Ebnit (1088 m), kleine Walsersiedlung im gleichnamigen Tal, 12 km von Dornbirn.
Wegverlauf Ebnit – Valorsalpe (1302 m) – Valüragrat – Hoher Freschen – Binnelgrat – Binnelalpe (1724 m) – Ebnit.
Gehzeiten Insgesamt 7½ Std.; Ebnit – Hoher Freschen 4¾ Std., Hoher Freschen – Binnelalpe – Ebnit 2¾ Std.
Hütte Freschenhaus (1840 m), gut 20 Min. südlich unterhalb des Gipfels.
Orientierung Markierte Wege.
Einstufung Leicht, einige Sicherungen an den Graten. Bei Nässe nicht ratsam!

002 Alpin live-Übungsklettersteig

Seetal, ca. 1680 m

Mittel bis sehr schwierig

Vorarlberg als Dorado für Klettersteigler zu bezeichnen, wäre eine gelinde Übertreibung. Umso mehr überrascht es, daß man ausgerechnet im Brandner Tal auf die (gute) Idee gekommen ist, einen Übungsklettersteig zu bauen, der in drei übereinander angeordneten Abschnitten vom geneigten ins leicht überhängende Gelände führt. Zwei Querverbindungen erlauben ein »Auskneifen« nach 40 bzw. 60 Metern; abgestiegen wird ebenfalls an Sicherungen. Die gesamte Anlage ist etwa 80 Meter hoch – eine ideale Trainingsferrata, erbaut von »Alpin live« (Brand). Jetzt fehlt halt bloß noch der richtige Klettersteig in der Region. Aber steile Kalkfelsen gibt's zwischen Zimba und Drusenfluh ja genug …

Wo? Ins Brandner Tal führt von Bludenz (588 m) eine ordentliche Straße.
Ausgangspunkt Talstation Schattenlagant (1566 m) der Lüner-See-Seilbahn, 17 km von Bludenz via Brand (1037 m). Großer Parkplatz.
Wegverlauf Immer den Sicherungen nach …
Gehzeiten 10 Min. zum Einstieg.
Orientierung Problemlos.
Einstufung Mittel bis sehr schwierig. Die Route hat naturbelassen die Schwierigkeit IV bis VIII+ (puhh!).

Eine Etage höher: Lüner See und Drusenfluh.

003 Drei-Schwestern-Steig

Drei Schwestern, 2052 m

Leicht

Den fotogen-alpinen Hintergrund zum fürstlichen Schloß über Vaduz liefert das Drei-Schwestern-Massiv: eine breite Bergfront, zerfurcht von steilen Gräben. Höchster Punkt ist der Kuhgrat (2123 m), interessant für Klettersteigler sind die drei steinernen Mädels, von denen der Bergstock seinen Namen hat. Der Weg vom Feldkircher Haus bzw. vom Saroyasattel (1628 m) herauf ist nämlich gesichert, ein zwar leichter, landschaftlich aber recht abwechslungsreicher Anstieg. Das mit zwei Leitern und ein paar Drahtseilen ausgestattete Steiglein schlängelt sich durch ein Felslabyrinth bergan zum Gipfel der Großen Schwester. Und da ist die Überschreitung keineswegs zu Ende; vielmehr kann man die Tour über den Kuhgrat fortsetzen und hinter dem Gafleispitz (2000 m) über den »Fürstensteig« zum liechtensteinischen Gaflei absteigen.

Wo? Feldkirch (455 m) liegt am Rand des Rheintals an der Ill, die etwas unterhalb in den Rhein mündet.
Ausgangspunkt Amerlügen (779 m), Zufahrt über Frastanz bis zur Talststation der Materialseilbahn des Feldkircher Hauses (856 m). Parkplatz.
Wegverlauf Amerlügen – Feldkircher Haus (1204 m) – Saroyasattel (1628 m) – Drei Schwestern – Garsella-Alp (1759 m) – Saroyasattel – Feldkircher Haus – Amerlügen.
Gehzeiten Insgesamt 6¾ Std.; Amerlügen – Feldkircher Haus 1 Std., Feldkircher Haus – Saroyasattel 1¾ Std., Saroyasattel – Große Schwester 1¼ Std., Abstieg über die Garsella-Alp 2¾ Std.
Tip Besonders lohnend ist natürlich die Überschreitung des gesamten Drei-Schwestern-Massivs, von Amerlügen bis Gaflei etwa 7 Std.
Hütte Feldkircher Haus (1204 m) am Vorderälpele.
Orientierung Problemlos, die Wege sind bestens markiert.
Einstufung Leicht.

Höhenweg mit felsigen Einlagen: der »Drei-Schwestern-Steig«.

004 Hohe Köpfe, gesicherter Steig

Hohe Köpfe, ca. 2045 m

Leicht

Ganz im Schatten der großen Berge des Rätikon stehen die »Hohen Köpfe«, ein mehrgipfliger, recht schroffer Grat über den Tälern der Samina und der Galina mit der Gurtisspitze (1778 m) als nördlichem Eckpfeiler. Ihre Besteigung ist Teil der großen und ziemlich anstrengenden Runde, die mit einer recht spektakulären seilgesicherten Passage aufwartet. Sie ist allerdings bloß Marginalie; hier sind jene Bergsteiger gefordert, die Touren nach dem Motto »rauh, aber herzlich« mögen: schmale, verschlungene Pfade, Latschendickicht, Geröllreißen, viel auf und ab. Zur Belohnung gibt's zweimal – von der Gurtisspitze und vom südlichen der Hohen Köpfe (ca. 2045 m) – eine stimmungsvolle und kontrastreiche Rundschau. Besonders schön der Blick durchs Rheintal zum Bodensee.

Wo? Frastanz (509 m) ist ein stattlicher Ort im Walgau, 11 km von Feldkirch, 8 km von Bludenz.
Ausgangspunkt Gurtis (904 m), Dörfchen in hübscher Lage über dem Tal der Ill. Zufahrt ab Bludenz 6 km.
Wegverlauf Gurtis – Bazoraalm – Gurtisspitze – Hohe Köpfe – Galinascharte (1884 m) – Galinaalpe (1566 m) – Sattelalpe (1383 m) – Gurtis.
Gehzeiten Insgesamt 8 Std.; Gurtis – Bazoraalm 1½ Std., Bazoraalm – Gurtisspitze 1 Std., Gurtisspitze – Hohe Köpfe 2½ Std., Hohe Köpfe – Galinaalpe 1¼ Std., Galinaalpe – Gurtis 1¾ Std.
Orientierung Markierte Wege.
Einstufung Leicht, nur kurze gesicherte Passage.

005 Zitterklapfen, AV-Steig

Zitterklapfen, 2403 m

Mittel

Wo? Au (791 m) liegt im vorderen Bregenzerwald, 44 km von Dornbirn.
Ausgangspunkt Auer Ortsteil Argenau links der Bregenzerach.
Wegverlauf Argenau – Tobelalpe (1247 m) – Annalper Aualpe (1364 m) – »AV-Steig« – Ostgrat – Zitterklapfen.
Gehzeiten Insgesamt 10 Std.; Aufstieg 6 Std., Abstieg 4 Std. auf dem gleichen Weg.
Orientierung Zugang und »AV-Steig« markiert.
Einstufung Mittel, Kletterstellen I und II, gute Kondition unerläßlich.

Zitterklapfen. Was für ein Name! Und ein schöner Gipfel dazu, felsig-steil über dem Großen Walsertal thronend. Von Norden, aus dem Bregenzerwald, zeigt er sich als hoher Kamm über dem Dürrenbachtal, der nach rechts zum Hauptgipfel des »Klapf« (Glattecker, 2403 m) ansteigt. Dem Ostgrat folgt auch der »AV-Steig«, ein interessanter, trotz einiger Drahtseilsicherungen aber nicht ganz einfacher Anstieg. Neben den Kletterstellen (I, II) darf vor allem auch die Länge der Tour (bei gleichzeitigem Fehlen eines bewirtschafteten Stützpunktes) nicht unterschätzt werden. Im Dürrenbachtal artenreiche Flora, vom Gipfel Fernsicht bis in die Schweizer Alpen. Genau im Süden steht wuchtig die Rote Wand (2704 m).

006 Liechtensteiner Höhenweg
007 Straußsteig

Schesaplana, 2965 m

Leicht

Ganz oben, ganz hinten, zwischen Fels und Firn gibt es am »Liechtensteiner Höhenweg« eine kurze gesicherte Passage. Wer da hinaufsteigt, ist kein »Ferrata-Freak«, sondern in erster Linie Bergsteiger, Naturfreund sicher auch und einer mit Ausdauer dazu. Die Tour beginnt originellerweise im »Himmel«, im Nenzinger Himmel, und sechs Stunden später ist man dann dem Bergsteigerhimmel recht nahe, oben auf der Schesaplana. Am Rückweg, das sei Klettersteiglern verraten, wartet der »Straußsteig« nochmals mit ein paar wenigen eisenbestückten Passagen auf. Ungleich beeindruckender ist natürlich das hochalpine Szenario, und die Aussicht vom höchsten Gipfel des Rätikons braucht man nicht weiter anzupreisen. Die muß man bei Schönwetter allerdings mit vielen Gipfelstürmern (die in Scharen vom Lünersee heraufkommen) teilen; daß es nicht noch mehr sind, ist den Naturschützern in Vorarlberg zu verdanken. Sie haben erfolgreich gegen ein Sommerskigebiet am Brandner Gletscher gekämpft. Den (harmlosen) Gletscherboden quert man beim Abstieg zur Mannheimer Hütte, wo dann – spätestens – eine Brotzeit fällig ist.

Wo? Nenzing (510 m) liegt im Walgau, unmittelbar an der Mündung des Gamperdonatals, etwa auf halber Strecke zwischen Feldkirch und Bludenz.
Ausgangspunkt Nenzinger Himmel (1370 m), Jeep-Taxi von Nenzing.
Wegverlauf Nenzinger Himmel – Salarueljoch (Chlei Furgga, 2243 m) – »Liechtensteiner Höhenweg« – Schaflochsattel (2713 m) – Brandner Gletscher – Schesaplana – Brandner Gletscher – Mannheimer Hütte (2679 m) – »Straußweg« – Spusagangscharte (2237 m) – Nenzinger Himmel.
Gehzeiten Insgesamt 9¼ Std.; Nenzinger Himmel – Salarueljoch 2¾ Std., Salarueljoch – »Liechtensteiner Höhenweg« – Schaflochsattel (2713 m) 1¾ Std., Schaflochsattel – Schesaplana 1¼ Std., Abstieg über die Mannheimer Hütte und den »Straußsteig« 3½ Std.
Tips Statt der Schesaplana kann man auch den Panüelerkopf (2859 m) besteigen: 15 Min. auf Geröllspur vom »Straußsteig«, prächtige Aussicht – und jede Menge Ruhe.
Als alternativer Ausgangspunkt für die Tour bietet sich die Bergstation der Niggenkopf-Sesselbahn bei Brand (1037 m) an, Zugang über das Amatschonjoch (2028 m) zum Spusagang.
Hütte Mannheimer Hütte (2679 m) am Brandner Gletscher.
Orientierung Wege sind gut markiert, Orientierung am Brandner Gletscher bei Nebel problematisch (meistens ausgetretene Spur).
Einstufung Gesicherte Passagen leicht, insgesamt aber anspruchsvolle Bergtour mit Gletscherbegehung.
Am »Liechtensteiner Höhenweg« ist die Querung unter dem Salaruelkopf gesichert, am »Straußsteig« eine Leiter, Drahtseile.

008 Kleinlitzner-Südgrat

Kleinlitzner, 2783 m

Mittel

Natürlich wirkt er ziemlich »klein« neben dem Großlitzner (3109 m), der zusammen mit dem eleganten Seehorn (3121 m) das schönste Gipfelduo der Silvretta bildet; recht felsig gibt sich der Kleinlitzner aber auch, und seine Mini-Ferrata ist nicht ohne Pfiff.

Wo? Die Silvretta-Hochalpenstraße verbindet das Montafon mit dem Paznaun, 45 km von Bludenz, 49 von Landeck bis zur Bieler Höhe (2036 m).
Ausgangspunkte Am oberen Ende des Vermunt-Stausees (1747 m) bzw. an der Scheitelhöhe der Hochalpenstraße (Madlener Haus, 1986 m).
Wegverlauf Vermunt-Stausee – Saarbrücker Hütte (2538 m) – Kleinlitzner.
Gehzeiten Insgesamt 5 Std., Hüttenzugang 2½ Std., Kleinlitzner hin und zurück 1 Std., Abstieg 1½ Std.
Hütte Saarbrücker Hütte (2538 m).
Orientierung Leicht; erst kurz Richtung Kromerlücke, dann rechts zum Einstieg.
Einstufung Mittel, nur kurz.

Die guten Tips für Imst

Imst (827 m) liegt im Inntal, etwa auf halbem Weg von Innsbruck zum Arlberg.

Anreise Mit der Bahn über die Arlberglinie Innsbruck – Feldkirch (– Schweiz), mit dem Auto über die Inntal-Autobahn oder von Garmisch-Partenkirchen bzw. Reutte über den Fernpaß.

Infos Tourismusverband Imst – Umgebung, Johannesplatz 4, A-6460 Imst; Tel. (0 54 12) 6 91 00, Fax 69 10 08.

Unterkunft Gut untergebracht ist man im »Romantik Hotel Post«, 6460 Imst; Tel. (0 54 12) 6 65 55.

Sehenswert Gotische Pfarrkirche mit dem höchsten Kirchturm Tirols, einige stattliche Bürgerhäuser. Das Imster Heimatmuseum ist Juni bis September Mo. – Do. 10–12 Uhr, Fr. 10–12, 17–19 Uhr geöffnet.

Nur kurz ist die gesicherte Strecke am Westgratsteig der Hohen Munde.

Bahn- und Busverbindungen »Bummelzug« vom Ortszentrum zur Talstation der Bergbahnen (Hochimst), Bus- bzw. Bahnverbindungen mit den Tälern der Umgebung.

Autovermietung Eisenriegler, Th.-Walch-Straße 43; Tel. (0 54 12) 6 64 10.

Bergrettung Imster Bergbahnen, Tel. (0 54 12) 6 63 22; Gendarmerie, Tel. (0 54 12) 6 62 29.

Wetter Alpiner Wetterdienst Mo.–Sa. 13–18 Uhr, Tel. (05 12) 29 16 00.

Radl-Verleih Camping am Schwimmbad, Schwimmbadweg 10, Imst; Tel. (0 54 12) 6 66 12.

Führer Führer über die Lechtaler Alpen, das Wettersteingebirge und die Ötztaler Alpen sind im Bergverlag Rother erschienen. Im Ort bekommt man das »Imster Wanderbuch«.

Landkarten Karten des Bundesamtes für Eich- und Vermessungswesen, Blätter 115, 116, 145, 146 (1:50 000, auch als Vergrößerungen im Maßstab 1:25 000). Überall erhältlich sind die Kompass-Wanderkarten.

009 Arlberger Klettersteig

Weißschrofenspitze, 2752 m

Schwierig

Jeder Klettersteig hat bekanntlich, wie die Wurst, zwei Enden, und wenn beide in Sichtweite einer Bergbahnstation liegen, ist Skepsis angebracht: Etwas fürs Sommergeschäft … Nun, diese Überlegung dürfte auch beim »Arlberger« im Spiel gewesen sein, doch das Ergebnis kann sich durchaus sehen lassen: eine ebenso lange wie anspruchsvolle Gratroute, bestens gesichert, aber mit Gefühl fürs Gelände angelegt, ohne »Durchhänger« (wie am »Innsbrucker«), dafür mit einigen Passagen, die das Herz eines Ferrata-Liebhabers schon höher schlagen lassen, etwa jener maximal ausgesetzten Querung in der Südwand der Koppenjochspitze (2680 m), der lustig-luftigen Kraxelei an den »Haizähnen« oder dem kleinen Überhang (nur Mut!) am Ein- bzw. Ausstieg oberhalb von Kapall.
Natürlich bietet die Genußroute der gehobenen Klasse (versteht sich, bei dem Nobelort …) auch jede Menge Aussicht, und wenn's mit dem Wetter (oder der Kondition) mal nicht klappt, bieten Notabstiege die Möglichkeit, den Blitzableiter am Grat rechtzeitig zu verlassen.

Lustige Kletterei am »Arlberger«: die »Haizähne«

Wo? St. Anton (1284 m) bildet zusammen mit Zürs und Lech das »magische« Skidreieck am Arlberg.
Ausgangspunkt Seilbahnstation Vallugagrat (2664 m). Wer nichts von »Aufstiegshilfen« hält, beginnt die Tour wenig westlich der Arlberg-Paßhöhe (1793 m) an der Wegtafel »Ulmer Hütte« mit dem Aufstieg zum Valfagehrjoch.
Wegverlauf Vallugagrat – Valfagehrjoch (2543 m) – »Arlberger Klettersteig« – Lorfekopf (2689 m) – Lisunspitze (2667 m) – Weißschrofenspitze (2752 m) – Kapall (2333 m).
Gehzeiten Insgesamt 5¼ Std.; Vallugagrat – Weißschrofenspitze 4 Std., Abstieg nach Kapall 1¼ Std.
Hinweis: Startet man am Arlbergpaß, ergibt sich eine Gesamtgehzeit von etwa 8½ Std.
Hütte Ulmer Hütte (2279 m) am Weg zum Valfagehrjoch.
Orientierung Bietet kaum Probleme.
Einstufung Schwierig; die Route ist sehr gut, aber eher sparsam gesichert (Drahtseile, einige wenige Haken), gute Kondition erforderlich. Für den Abstieg Helm!

010 Augsburger Höhenweg
Dawinkopf, 2968 m

Mittel

Eisen in Form von Drahtseilen, Haken und dergleichen gibt's am »Augsburger Höhenweg« nicht viel, gerade genug, um ihm das Prädikat eines »gesicherten Steigs« zu sichern. Dafür kommt an der Parseierscharte eine Eisenspitze (2859 m) ins Bild: Bergbau. Und daß es in den Lechtalern erzführende Gesteinsschichten gibt, verwundert kaum, hat die Geologie hier doch ohnehin ein paar Purzelbäume geschlagen und eine Landschaft geschaffen, die einem gelegentlich wie eine »erdgeschichtliche Baustelle« vorkommt. Doch gerade diese wilde Kulisse ist es, die den unverwechselbaren Reiz des »Augsburger Höhenweges« ausmacht: kaum das Richtige für »Ferrata-Fans«; hier wird alpine Erfahrung verlangt, kein dicker Bizeps. Die Verhältnisse an der extrem langen Route sind starken Schwankungen unterworfen, Eis und Schnee können sie auch im Sommer unpassierbar machen. Besonders heikel ist der Wegabschnitt von der Dawinscharte (2650 m) hinüber zur Parseierscharte (2604 m): Steinschlaggefahr, abschüssige Hartschneefelder, oft beschädigte Sicherungen.

Wo? Zum »Augsburger Höhenweg« kommt man aus dem Stanzer Tal. Schnellstraße Landeck – Arlbergtunnel, Bahnlinie.
Ausgangspunkt Grins (1106 m), Zufahrten von Landeck bzw. Pians (856 m). Parkplatz oberhalb des Dorfes, in der Nähe des Schwimmbads.
Wegverlauf Grins – Augsburger Hütte (2289 m) – »Augsburger Höhenweg« – Dawinkopf (2968 m) – Parseierscharte (2604 m) – Winterjoch (2528 m) – Ansbacher Hütte (2376 m) – Flirsch (1154 m).
Gehzeiten Insgesamt 15 Std.; Grins – Augsburger Hütte 3½ Std., »Augsburger Höhenweg« 9 Std. (bis zur Parseierscharte 5 Std.), Abstieg nach Flirsch 2½ Std.
Hütten Augsburger Hütte (2289 m), Anfang Juli bis Ende September bewirtschaftet, Tel. (05442) 63604. Ansbacher Hütte (2376 m), Anfang Juli bis Ende September bewirtschaftet, Tel. (0663) 54282. In der Parseierscharte Notbiwak, stets zugänglich.
Orientierung Der »Augsburger Höhenweg« ist gut bezeichnet, AV-Nummern 634, 633. Aus der Dawinscharte Notabstieg südlich zur Dawinalpe (1819 m), nicht markiert!
Einstufung Mittel. Hochalpine Überschreitung, gesicherter Steig, kein Klettersteig; Pickel, Steigeisen und Helm gehören zur Ausrüstung, evtl. auch ein Seil. Ohne Hüttenübernachtung ist die Tour nicht zu machen.

011 Imster Klettersteig
Maldonkopf, 2632 m

Sehr schwierig

Seit ein paar Jahren ist die Muttekopfhütte eine gute Adresse für Klettersteigler: Es lockt der 1989 eingeweihte »Imster«, eine Route der Spitzenklasse, aber nur etwas für Könner (obwohl die völlig trittlose Platte im obersten Teil der Route mit ein paar Eisenbügeln entschärft wurde), ein zweistündiger Kletterspaß am straff gespannten Seil, steil bis (fast) senkrecht. Nur einen Schönheitsfehler hat die Ferrata: der Abstieg, über einen sehr »beweglichen« Schutthang in einen Trichter mündend. Da ist Steinschlag durch Nachfolgende fast unvermeidlich. Ansonsten hält der »Imster Klettersteig« wirklich, was die Spezln in der Wirtschaft nach dem zweiten Bier erzählt haben …

Wo? Das Marktstädtchen Imst (827 m) liegt im Oberinntal, Zufahrt nach Hochimst (1050 m).
Ausgangspunkte Vorderes Alpjoch (2050 m), mit dem Sessellift von Hochimst (1050 m) aus bequem erreichbar. Alternativ kann man auch zur Obermarkter Alm hinauffahren (während des Bahnbetriebs von 7.45 bis 17.45 Uhr gesperrt), 8 km von Imst. Kleiner Parkplatz (ca. 1560 m) etwa 10 Min. unterhalb der Latschenhütte (1623 m).
Wegverlauf Vorderes Alpjoch – Muttekopfhütte – Guggersattele (ca. 2095 m) – »Imster Klettersteig« – Maldonkopf – Engelkar – Muttekopfhütte – Vorderes Alpjoch.
Gehzeiten Insgesamt 5¼ Std.; Vorderes Alpjoch – Muttekopfhütte ½ Std., »Imster Klettersteig« – Maldonkopf 2¾ Std., Maldonkopf – Engelkar – Muttekopfhütte – Vorderes Alpjoch 2 Std.
Hinweis Startet man auf der Obermarkter Alm, erhöht sich die Gesamtgehzeit auf etwa 6¼ Std.
Hütte Muttekopfhütte (1934 m).
Orientierung Problemlos.
Einstufung Sehr schwierig, optimal gesichert. Abstieg stark steinschlaggefährdet (Helm)!

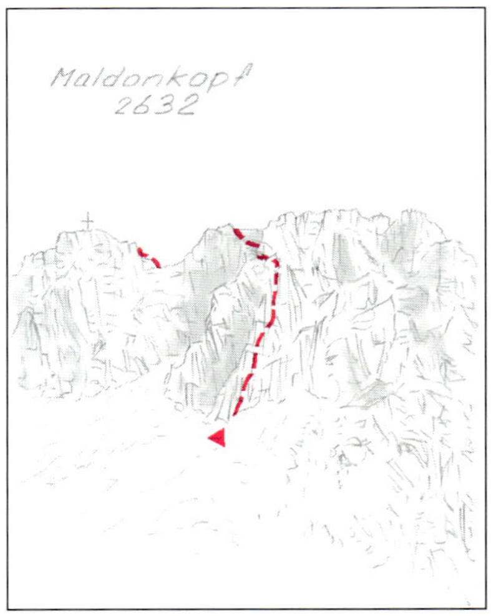

012 Platteinspitz-Steig
Vordere Platteinspitze, 2562 m

Leicht

Im Vergleich mit dem »Imster Klettersteig« nehmen sich die Drahtseile am Gipfelaufbau der Vorderen Platteinspitze recht mickrig aus. Wer aber nicht nur aufs Eisen guckt, wird an der Tour trotzdem seine Freude haben, bietet der Weg doch viel Abwechslung: die blumigen Platteinwiesen, bizarre Felsformationen aus rötlichem Konglomerat, dann der Schlußanstieg, steil, mit Drahtseilsicherungen zum kreuzgeschmückten Gipfel leitend, eine stimmungsvolle Rundschau. Und wem das nicht reicht, der kann auf markiertem Weg von den Platteinwiesen zur Muttekopfhütte hinüberqueren und gleich noch den »Imster Klettersteig« anhängen. Das ergibt dann einen garantiert ausgefüllten Tag!

➡

012

Wo? Das Marktstädtchen Imst (827 m) liegt im Oberinntal, Zufahrt nach Oberimst (1050 m).

Ausgangspunkt Untermarkter Alm (1491 m), Sessellift von Hochimst. Alternativ kann man auch zur Obermarkter Alm hinauffahren (während des Bahnbetriebs von 7.45 bis 17.45 Uhr gesperrt), 8 km von Imst. Parkplatz (ca. 1560 m) etwa 10 Min. unterhalb der Latschenhütte (1623 m).

Wegverlauf Untermarkter Alm – Latschenhütte – Platteinspitze.

Gehzeiten Insgesamt 5½ Std.; Untermarkter Alm – Latschenhütte ½ Std., Latschenhütte – Platteinwiesen 1¼ Std., Platteinwiesen – Platteinspitze 1¾ Std., Abstieg auf dem gleichen Weg 2 Std.

Hütte Latschenhütte (1623 m) auf der Obermarkter Alm.

Orientierung Problemlos, gut bezeichnete Wege.

Einstufung Leicht, am Gipfelaufbau etwa 60 m gesichert, Steinschlaggefahr durch Voraussteigende.

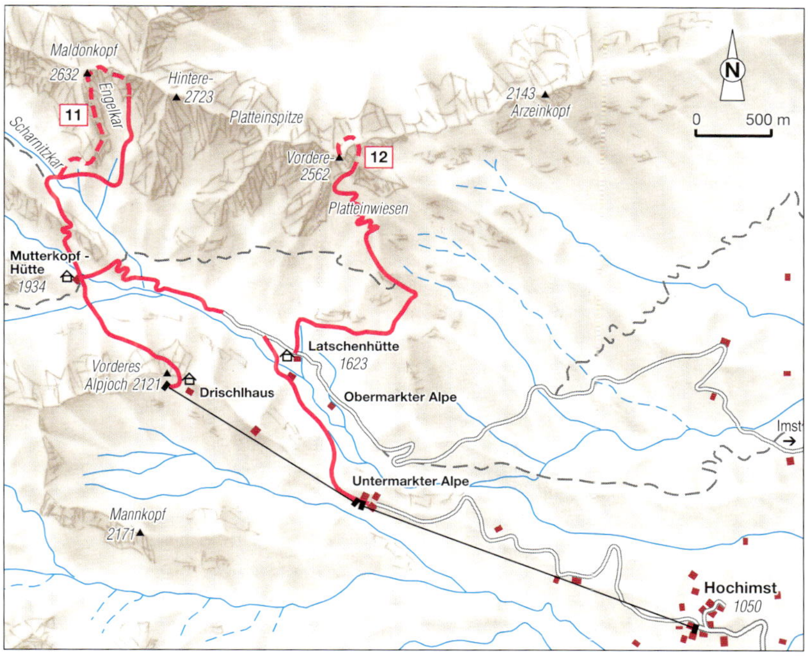

Mehr Landschaftserlebnis als Klettersteig ist die Platteinspitz-Tour.

013 Hochgrat – Mittag, Höhenweg

Hochgrat, 1832 m

Leicht

Wie ein langgestreckter, hoher Balkon liegt die aus Ablagerungen der Eiszeit bestehende Nagelfluhkette vor den Zweitausendern der Allgäuer Alpen. Ihre Überschreitung gilt als eine der schönsten Unternehmungen der Region, vor allem im Frühsommer, wenn es an den steilen Grashängen üppig blüht, und im Spätherbst, wenn die Luft glasklar ist und die Gipfel im Süden schon weiße Häubchen aufhaben. Klettersteigcharakter hat der Höhenweg natürlich nicht; einen sicheren Tritt braucht's auf dem teilweise schmalen Grat aber schon, dazu sind ein paar Passagen mit Drahtseilen gesichert.

Wo? Die gut 20 km lange Nagelfluhkette erstreckt sich zwischen dem Vorarlberger Hittisau und dem Allgäuer Immenstadt.
Ausgangspunkt Bergstation der Hochgrat-Seilbahn (1706 m); zur Talstation kommt man von Oberstaufen (791 m) auf guter Straße, etwa 10 km . Großer Parkplatz.
Wegverlauf Seilbahnstation – Hochgrat (1834 m) – Rinderalphorn (1821 m) – Gündleskopf (1748 m) – Buralpkopf (1772 m) – Stuiben (1749 m) – Steineberg (1660 m) – Mittag (1451 m).
Gehzeiten Insgesamt 6 bis 7 Std.
Hütten Staufner Haus (1706 m) an der Seilbahnstation.
Hinweis Natürlich sind auch Teilbegehungen möglich; verschiedene markierte Zwischenabstiege.
Orientierung Problemlos, markierte Wege.
Einstufung Leicht, einige gesicherte Gratpassagen, vor allem am Stuiben.

014 Besler, gesicherter Steig

Besler, 1679 m

Leicht

Auf der Fahrt über den Riedbergpaß (1440 m) ist es nicht zu übersehen, das schroffe Kalkriff des Besler. Jäh ragen die Felsen aus dem sanftgewellten Grün: ein kleiner Gipfelabstecher, mit einem 30-Meter-Drahtseil garniert. Vom Gipfel genießt man eine überraschend weite, stimmungsvolle Rundschau. Ein Tip: Die Tour in Obermaiselstein (859 m) starten und hinterher die Sturmannshöhle besuchen.

Wo? Der Riedbergpaß verbindet das Allgäuer Schneeloch Balderschwang (1044 m) mit dem Tal der Iller, 10 km von Fischen.
Ausgangspunkt Riedbergpaß (1440 m), Parkplatz.
Wegverlauf Riedbergpaß – Schönbergalp (1335 m) – Steilrinne – Besler – Schönbergalp – Riedbergpaß.
Gehzeiten Insgesamt 2½ Std.; Aufstieg 1½ Std., Abstieg 1 Std.
Orientierung Markierte Wege.
Einstufung Leicht.

015 Mindelheimer Klettersteig

Fiderepaß – Mindelheimer Hütte

Mittel

Es gibt ihn immer noch, den »Mindelheimer«, auch wenn finstere Gesellen der Ferrata wiederholt per (Eisen-)Säge zu Leibe rückten. Und beim Publikum ist er nach wie vor sehr beliebt; an sommerlichen Schönwettertagen herrscht an der bestens gesicherten Gratroute viel Betrieb, und natürlich sind auch immer Anfänger unterwegs (nicht gleich ungeduldig werden, schließlich hat jede/r einmal angefangen!). Die Überschreitung der Schafalpenköpfe, von der Fiderescharte zur Mindelheimer Hütte immerhin gut zwei Stunden lang, ist recht abwechslungsreich, überall gut gesichert und nur mäßig schwierig, aber nie langweilig. Hübsche Kraxelpassagen wechseln ab mit Gehgelände, die Kulisse wirkt eher heiter denn dramatisch; höchster Punkt ist der Nördliche Schafalpenkopf (2320 m), insgesamt werden vier kleine Gipfel überschritten, doch das Auf und Ab hält sich in Grenzen. Sehr schön im Osten der felsige Hauptkamm der Allgäuer Alpen.

Wo? Ins Kleine Walsertal kommt man von Sonthofen über Oberstdorf auf guter Straße, 28 km bis Mittelberg (1215 m).
Ausgangspunkte Schwendle (ca. 1230 m), Ortsteil von Mittelberg, Zufahrt. Als Ausgangspunkte kommen auch die beiden Seilbahnstation am Fellhorn (1967 m) und an der Kanzelwand (1949 m) in Frage; die Zugänge/Rückwege sind aber, bedingt auch durch Zwischenabstiege, insgesamt länger.
Wegverlauf Schwendle – Fiderepaß-Hütte (2067 m) – Fiderescharte (2214 m) – »Mindelheimer Klettersteig« – Mindelheimer Hütte (2013 m) – Schwendle.
Gehzeiten Insgesamt 7 Std.; Schwendle – Fiderepaß-Hütte 2¾ Std., Fiderepaß – »Mindelheimer Klettersteig« – Mindelheimer Hütte 2¾ Std., Abstieg nach Schwendle 1½ Std.
Hütten Fiderepaß-Hütte (2067 m), Mindelheimer Hütte (2013 m).
Orientierung Problemlos, bestens markierte Wege.
Einstufung Mittel, der Steig ist mit Drahtseilen, Klammern, Leitern und einer Eisenbrücke bestens gesichert.

Viel »Verkehr« am Mindelheimer Klettersteig.

016 Heilbronner Weg
Rappenseehütte – Östliche Bockkarscharte

Leicht

Wer kennt sie nicht, die klassische »Haute Route« der Allgäuer Alpen? Generationen von Bergfreunden war sie ein Begriff, unzählige Nagelschuhe, Bergstiefel und Trekking-Boots haben den Weg kennengelernt, Steine rundgeschliffen. Und um die lange Leiter am Grat des Steinschartenkopfs (2615 m), der den höchsten Punkt am Weg markiert, ranken sich kleine Legenden, galt sie doch einst als veritables Hindernis, eigentliche »Schlüsselstelle« des Steiges und kleine Mutprobe für ambitionierte Bergwanderer. Als der Steig um die Jahrhundertwende gebaut wurde, gab's »Klettersteigler« noch nicht, nur Bergsteiger. Der »Heilbronner« ist auch keine Ferrata, aber nach wie vor ein großer Höhenweg, da und dort mit Drahtseilsicherungen und halt lang: Ausdauer wird verlangt, unter Umständen auch gute Nerven. Aber nicht auf dem »Heilbronner«, sondern in der Nacht zuvor: die Rappenseehütte (2091 m) ist trotz der Kapazität eines Großhotels gelegentlich rappelvoll, und das bekommt dann den chronischen Leichtschläfern nicht besonders gut … Ein Tip: Man kann ja auch im Waltenberger Haus übernachten; da ist es in der Regel etwas weniger voll.

Wo? Oberstdorf (815 m) ist Basisort für die Zwei-Tage-Unternehmung.
Ausgangspunkt Die nach Einödsbach (1114 m) führende Straße ist für den öffentlichen Verkehr gesperrt; Pendelbus bis Birgsau.
Wegverlauf Birgsau – Einödsbach – Rappenseehütte – Große Steinscharte (2262 m) – Kleine Steinscharte (2541 m) – Steinschartenkopf (2615 m) – Socktalscharte (2446 m) – Bockkarkopf (2609 m) – Westliche Bockkarscharte – Östliche Bockkarscharte – Waltenberger Haus (2084 m) – Einödsbach – Birgsau.
Gehzeiten Insgesamt 10¾ Std.; Birgsau – Einödsbach ¾ Std., Einödsbach – Rappenseehütte 3 Std., »Heilbronner Weg« 3 Std., Östliche Bockkarscharte – Waltenberger Haus 1 Std., Waltenberger Haus – Einödsbach – Birgsau 3 Std.
Hinweise In seiner gesamten Länge (5½ Std.) verbindet der »Heilbronner Weg« die Rappenseehütte mit der Kemptner Hütte; der Abschnitt zwischen Östlicher Bockkarscharte und Kemptner Hütte weist keine Sicherungen mehr auf, die Begehung des Schwarzmilzferners kann heikel sein. Vom »Heilbronner Weg« aus läßt sich das Hohe Licht (2651 m) in etwa 1 Std. besteigen.
Hütten Enzianhütte (1710 m). Rappenseehütte (2091 m), Mitte Juni bis Mitte Oktober bewirtschaftet. Waltenberger Haus (2084 m), bewirtschaftet Mitte Juni bis Anfang Oktober, Tel. (im Tal) (08379)7486.
Orientierung Leicht, bei Schlechtwetter (Nebel, Eis) ist besondere Vorsicht geboten.
Einstufung Leicht.

017 Hindelanger Klettersteig
Nebelhorn – Großer Daumen – Hohe Gänge

Mittel

Der »Hindelanger« bietet – so paradox das klingen mag – beides: Seilbahnanschluß und Einsamkeit. Am Grat vom Nebelhorn zum Großen Daumen ist an Schönwettertagen viel Betrieb, weil die Seilbahn hier für bequemen »Anstieg« sorgt: aus dem Lift, hin zum Drahtseil. Die meisten begehen den aufwendig mit fast einem Kilometer Drahtseil und 100 Leitermetern ausgestatteten, recht zerklüfteten Kamm bis in die Senke vor dem Großen Daumen, drehen dann rechts ab und nehmen den gut markierten Wanderweg zurück zur Nebelhorn-Seilbahn. So fristet das nördliche Teilstück des Klettersteig-Höhenwegs ein Mauerblümchendasein, und in der Gegenrichtung, von Hinterstein herauf, macht ihn fast niemand. Dabei ist die Tour vom Breitenberg (1893 m) über die Hohen Gänge und den Kleinen Daumen zum Großen Daumen sehr abwechslungsreich, mit ein paar gesicherten Passagen und viel Aussicht.

Wo? Oberstdorf (815 m) ist Ausgangspunkt für die Tour. Mit Seilschwebebahn und Gondellift kommt man bequem zum Gipfel des Nebelhorns.
Ausgangspunkt Nebelhorn (2224 m), Bergstation der Gipfelbahn.
Wegverlauf Nebelhorn – »Hindelanger Klettersteig« – Wengenköpfe (2235 m) – Sattel (2170 m) vor dem Großen Daumen – Koblat – Nebelhorn-Seilbahn (Probst-Haus, 1929 m).
Gehzeiten Insgesamt 5¼ Std.; »Hindelanger Klettersteig« 3½ Std., Rückweg über das Koblat 1¾ Std.
Hinweis Für den Weiterweg über den Großen Daumen (2280 m), den Kleinen Daumen (2197 m) und die Hohen Gänge bis zum Breitenberg (1893 m) muß man mit etwa 4 Std. rechnen, bis hinab nach Hinterstein 5¾ Std. Sehr lohnend ist die folgende Runde: Hinterstein – Breitenberg – »Hindelanger Klettersteig« – Kleiner Daumen – Engeratsgundsee – Möslealpe (1134 m) – Hinterstein, etwa 7½ Std.
Hütte Edmund-Probst-Haus (1929 m) an der Bergstation der Nebelhornbahn.
Orientierung Leicht, gut bezeichnete Wege.
Einstufung Mittel, Nordabschnitt (Großer Daumen – Breitenberg) leicht.

Sie brauchen garantiert keine Sicherungen! Gemsen am »Hindelanger Klettersteig«.

018 Bäumenheimer Weg
Hochvogel, 2592 m

Leicht

Scheinbar schwerelos schwebt das elegante Felsdreieck über dem Gipfelgewirr der Allgäuer Alpen, das »idealste Gebilde eines Kalkberges«, wie der »Hochtourist« einst pathetisch formulierte. Beim Aufstieg über den »Bäumenheimer« fühlt sich allerdings manch einer überhaupt nicht »schwerelos«, wird der Schritt immer schwerer, brennt die Sonne doch gnadenlos in die steile Südflanke. Fliegen tun höchstens die Steine; der Hochvogel ist berüchtigt für schlechten Fels, und so sind auch die Drahtseilsicherungen oft defekt. Dafür entschädigen die Tiefblicke, und oben am Gipfel genießt man eine große Rundschau. Was für ein toller Startplatz wäre der Hochvogel, doch fünf Stunden Aufstieg sind für moderne Ikarusse mit ihren bunten Schirmen wohl zuviel … Den Abstieg nimmt man dann »hintenherum«, über den Nordwestrücken und durch das Fuchsenkar zum Fuchsensattel (2039 m).

Wo? Hinterhornbach (1101 m) liegt in einem Seitental des Lech. Zufahrt von Reutte über Vorderhornbach, 26 km.
Ausgangspunkt Hinterhornbach, bei Gh. Adler. Parkmöglichkeiten im Ort.
Wegverlauf Hinterhornbach – Schwabegghütte (1699 m) – »Bäumenheimer Weg« – Hochvogel – Fuchsenkar – Fuchsensattel (2039 m) – Schwabegghütte – Hinterhornbach.
Gehzeiten Insgesamt 8¾ Std.; Hinterhornbach – Schwabegghütte 1½ Std., Schwabegghütte – »Bäumenheimer Weg« – Hochvogel 3¼ Std., Hochvogel – Fuchsensattel – Schwabegghütte – Hinterhornbach 4 Std.
Orientierung Oberhalb von Hinterhornbach, wo der Weg mehrfach Forststraßen kreuzt, gut auf Markierungen achten.
Einstufung Leicht, Steinschlaggefahr am »Bäumenheimer Weg«.

019 Reuttener Höhenweg
Knittelkarspitze, 2376 m

Leicht

Höhenwege, das sind meist »Schmankerl« im Tourenangebot, sie versprechen viel Aussicht, man wandert oben, hoch über dem Tal, oft sogar auf schmalen Graten, Tiefe links wie rechts. Wie am »Reuttener« in den nordöstlichen Lechtaler Alpen. Er startet bei der Reuttener Hütte und führt über das Galtjoch und die beiden Steinkarspitzen bis zur Knittelkarspitze. Und da schaut man dann ins weite Bergrund, hinüber zur Zugspitze, hinein in die zentralen Lechtaler Ketten – und fragt sich, wieso der schöne Steig keine Fortsetzung hat, immer am Grat entlang …

Wo? Berwang (1342 m) ist ein Ferienort am Südfuß des Thaneller, Zufahrt von Reutte über Bichlbach etwa 15 km.
Ausgangspunkt Rinnen (1262 m), Weiler gut 2 km westlich von Berwang an der Straße nach Namlos.
Wegverlauf Rinnen – Rauth – Reuttener Hütte (1715 m) – Raazalpe – Galtjoch (2109 m) – Vordere Steinkarspitze (2181 m) – Hintere Steinkarspitze (2215 m) – Knittelkarspitze – Kelmer Jöchl (1852 m) – Kelmen (1358 m).
Gehzeiten Insgesamt 7½ Std.; Rinnen – Reuttener Hütte 2 Std., »Reuttener Höhenweg« – Knittelkarspitze 3½ Std., Abstieg nach Kelmen 2 Std.
Hütte Reuttener Hütte (1715 m).
Hinweis Einen direkten Abstieg von der Knittelkarspitze nach Namlos gibt es nicht; man muß auf dem Höhenweg zurückgehen bis zum Grat über dem Steinkar, wo rechts der Weg zum Kelmer Jöchl abzweigt.
Orientierung Gut bezeichnete Wege.
Einstufung Leicht, am Grat einige Drahtseile sowie eine etwa 10 m hohe Eisenleiter.

020 Thaneller, Werner-Ritzler-Steig
Thaneller, 2341 m

Leicht

Wie eine Inselberg steht der Thaneller zwischen Heiterwang, Berwang und Lechtal. Von Süden ein breiter, bis hinauf zum Grat grüner Rücken, ausladend, im Hochsommer (Hitze!) aber nicht unbedingt einladend, zeigt er sich von Norden als wildzerfurchter Koloß, mit auffallend gebändertem Fels über düsteren Karwinkeln. Durch diese fast schon dolomiteske Kulisse schlängelt sich der »Rietzlersteig« zum Gipfel, das Terrain (Bänder!) optimal nutzend und nur an ganz wenigen Stellen gesichert. Ein Klettersteig fast ohne Eisen, aber ein intensives Bergerlebnis mit großem Panorama als Sahnehäubchen obendrauf.

Der Thaneller von Norden.

Wo? Heiterwang (994 m) liegt an der Strecke Reutte – Lermoos.
Ausgangspunkt Heiterwang bzw. Liftparkplatz etwa 1 km westlich vom Ort am Kälberangerle.
Wegverlauf Heiterwang – »Rietzlersteig« – Berwang.
Gehzeiten Insgesamt 5¾ Std.; Aufstieg 4 Std., Abstieg 1¾ Std.
Hinweis Wer gut drauf ist, wandert gleich über die Heiterwanger Hochalm (1605 m) und den aussichtsreichen »Geißsteig« nach Heiterwang zurück; Gesamtgehzeit dann knapp 9 Std.
Orientierung Problemlos, gut bezeichnete Steige.
Einstufung Leicht; am Einstieg Eisenhaken, dann ein paar kurze seilgesicherte Stellen. Auf den Bändern liegt teilweise viel Geröll.

021 Friedberger Steig
Schartschrofen, 1968 m

Leicht

Gimpel, Aggenstein, Rote Flüh, Gehrenspitze: das Kletterrevier der Tannheimer Alpen, Dutzende von Routen, viel Eisen auch. Drahtseile gibt's aber nur am Schartschrofen: eine kleine Ferrata, nicht schwierig, und wenn man die Überschreitung der Roten Flüh (2108 m) anhängt, ergibt sich eine schöne Tannheimer Runde. Eigentlich ist es schade, so schöne Gipfel wie den Gimpel (2176 m) und die Kellespitze (2247 m) einfach links liegen zu lassen. Wer im Gimpelhaus (1659 m) nächtigt, kann sich anderntags die beiden felsigen Zacken vornehmen: nicht ganz einfach (beide mit einer Schlüsselstelle im II. Grad), je etwa 2 Std. von der Hütte.

Wo? Ins Tannheimer Tal kommt man von Reutte bzw. Hindelang, 21 bzw. 28 km bis Grän. Zufahrt zum Sessellift.

Ausgangspunkt Bergstation des Sessellifts zum Füssener Jöchl (1818 m).

Wegverlauf Füssener Jöchl – Hallergernjoch – Gelbe Scharte (ca. 1870 m) – »Friedberger Klettersteig« – Schartschrofen – Hallergernjoch – Liftstation.

Gehzeiten Insgesamt 2¾ Std.; Füssener Jöchl – Gelbe Scharte 1¼ Std., »Friedberger Steig« – Schartschrofen ¾ Std., Rückweg zum Sessellift ¾ Std.

Hinweis Lohnend ist folgende Runde von Nesselwängle aus: Aufstieg über das Gimpelhaus zur Roten Flüh (2108 m; Drahtseile), weiter zur Gelben Scharte und auf dem »Friedberger Steig« auf den Schartschrofen, dahinter hinab ins Hallergernjoch und nach Haller, Rückweg abseits der Straße nach Nesselwängle; insgesamt etwa 6 Std.

Orientierung Leicht, die Wege sind gut bezeichnet.

Einstufung Leicht.

Die Kellespitze (2247 m).

022 Gelbe-Wand-Steig
Tegelberghaus, 1707 m

Leicht

Der Seilbahnberg über Füssen ist bei Ausflüglern und Paraglidern gleichermaßen beliebt, und vom Tegelberghaus bewegt sich an Schönwettertagen oft ein bunter Tatzelwurm hinüber zum Gipfelkreuz am Branderschrofen. Wesentlich ruhiger ist es da an dem Steig, der durch die zerklüftete Gelbe Wand heraufzieht, abschnittweise gesichert, aber nirgends schwierig. Oben gibt's die berühmte Rundschau hinein ins Gebirge, hinaus ins Flache, hinab zu den Seen am Alpenrand, und beim Abstieg über den Westrücken zur Pöllatschlucht kommt – was für ein Finale! – auch noch das phantastische Märchenschloß des unglücklichen König Ludwig II. ins Blickfeld.

Wo? Füssen (808 m) liegt unmittelbar am Alpenrand, etwa auf halbem Weg zwischen Kempten und Garmisch.

Ausgangspunkt Talstation der Tegelberg-Seilbahn (820 m), Zufahrt von Füssen bzw. Schwangau. Großer Parkplatz.

Wegverlauf Seilbahnstation – »Gelbe Wand-Steig« – Tegelberghaus (1707 m) – Pöllatschlucht – Seilbahnstation.

Gehzeiten Insgesamt 4¼ Std.; Aufstieg über die Gelbe Wand 2¼ Std., Abstieg/Rückweg 2 Std.

Hütte Tegelberghaus (1707 m) bei der Bergstation der Seilbahn.

Hinweis In gut ½ Std. kommt man vom Tegelberghaus zum Branderschrofen (1880 m), Drahtseile. Vorsicht bei Nässe: die Felsen sind gefährlich glattpoliert!

Orientierung Leicht, gut bezeichnete Wege.

Einstufung Leicht.

023 Ettaler-Manndl-Steig
Ettaler Manndl, 1633 m

Leicht

Dieses Mannsbild kennt man im Oberland; die arg rundpolierten Felsen am steilen Gipfelaufbau belegen eindrucksvoll seine Beliebtheit beim bergsteigerischen Fußvolk: zwei Wanderstunden von Ettal herauf, dann 50 Kraxelmeter an soliden Ketten bis zum Vorgipfel, dem »Ettaler Weibl«; das Gipfelkreuz steht an dem nur unwesentlich höheren Manndl.

Wo? Ettal mit seinem berühmten Kloster liegt an der B 23, von Schongau 37 km, von Garmisch-Partenkirchen 16 km.

Ausgangspunkt Ettal (877 m); Parkmöglichkeit an der parallel zur östlichen Klostermauer ansteigenden Straße.

Wegverlauf Ettal – Tiefentalsattel – Ettaler Manndl.

Gehzeiten Insgesamt 3½ Std.; Aufstieg 2¼ Std., Abstieg auf dem gleichen Weg 1¼ Std.

Hinweis Bequemer kommt man mit der von Oberammergau ausgehenden Laberbergbahn zum Ettaler Manndl; da wird aus der Halbtagswanderung dann ein Höhenspaziergang mit Kraxelfinale.

Orientierung Problemlos.

Einstufung Leicht, bei Nässe sind die Gipfelfelsen ziemlich rutschig.

024 Höllentalsteig
Zugspitze, 2962 m

Mittel

Der »Hochtourist« bezeichnete den Höllentalsteig vor sieben Jahrzehnten als »anregendsten der üblichen Zugspitzwege«, warnte aber alle »Zufalls- oder Gelegenheitsbergsteiger« vor einer Begehung. Das gilt immer noch, wenn auch die gesicherten Passagen wie etwa das legendäre »Brett« im Vergleich mit modernen Klettersteigen recht »alt« ausschauen. Daß man aber eine ordentliche Kondition braucht, versteht sich bei 2200 Steigungsmetern (!) ab Hammersbach fast von selbst, und am Höllentalferner können Grödeln durchaus nützlich sein. Oben gibt's, wenn das Wetter mitspielt, ein großes Panorama, aber auch viel Betrieb rund um Deutschlands höchstes Gipfelkreuz. Die meisten sind natürlich per Bahn heraufgekommen, was zwar ein paar Mark, aber keine Anstrengung kostet. Einen (kleinen) Obolus müssen auch die echten Gipfelstürmer abliefern, am Eingang zur Höllentalklamm, mit der die lange, aber sehr abwechslungsreiche Tour durchs »höllische« Tal beginnt.

Blick vom »Jubiweg« auf die Zugspitze.

Wo? Garmisch-Partenkirchen (708 m) ist der Hauptort des Werdenfelser Landes, von München über die Autobahn A 95 etwa 80 km.
Ausgangspunkt Hammersbach (758 m), an der Mündung des Höllentals. Zufahrt von Garmisch über Grainau, 9 km. Parkplatz.
Wegverlauf Hammersbach – Höllentalklamm – Höllentalanger-Hütte (1379 m) – »Höllentalsteig« – Zugspitze.
Gehzeiten Hammersbach – Höllentalanger-Hütte 2½ Std., Höllentalanger-Hütte – Zugspitze 5 Std.
Tip Etwas weniger anstrengend wird die Tour, wenn man die Osterfelder-Seilbahn benützt und von der Bergstation (2033 m) zur Höllentalanger-Hütte hinabwandert, 1½ Std.
Hinweis Für den Abstieg wird man in der Regel eine der Zugspitzbahnen benützen; Abstieg über den Zugspitz-Westweg siehe 026.
Hütte Höllentalanger-Hütte (1379 m).
Orientierung Leicht, die Wege sind viel begangen und gut markiert.
Einstufung Mittel. Am Gletscher sind Steigeisen und Wanderstöcke nützlich.

025 Riffelweg
Riffelscharte, 2161 m

Leicht

Man kann die Zugspitz-Tour auch mit einer Fahrt zur Haltestelle »Riffelriß« (1639 m) der Bayrischen Zugspitzbahn beginnen und über die Riffelscharte das (obere) Höllental ansteuern: rund 900 Höhenmeter, davon zwei Drittel im Aufstieg, teilweise an Drahtseilen, ein Drittel im Abstieg, dann biegt man unterm »Brett« ein in den »Höllentalsteig«: noch gut 4 Stunden bis zum höchsten Punkt Deutschlands.

Ausgangspunkt Mit der Zugspitzbahn von Garmisch-Partenkirchen (708 m) oder von Eibsee zur Station »Riffelriß« (1639 m).
Wegverlauf Station »Riffelriß« – Riffelscharte – »Höllentalsteig«.
Gehzeiten Station »Riffelriß« – »Höllentalsteig« 2½ Std., Aufstieg zur Zugspitze 4½ Std., Abstieg nach Hammersbach 2 Std.
Orientierung Gut markierter Weg.
Einstufung Leicht.

Das hält garantiert!

Pro und contra – der »Jubiläumsweg«

Daß Diskussionen rund um die Gangbarmachung von Kletterrouten keineswegs neu sind, beweist folgende Textpassage aus der »Geschichte der Alpenvereinssektion München« G. Leuchs) vor über acht Jahrzehnten:
»Durch Versicherungen werden den Bergen, soweit es sich nicht um reine Aussichtsgipfel handle, gerade das genommen, was zu ihrer Besteigung anreize, die Schwierigkeit. Die große Masse aber sei auch Klettersteigen nicht gewachsen; der Ungeübte werde durch sie auf ein Gelände gelockt, das ihm gefährlich werden könne. Unfälle seien die Folge. Demgegenüber wurde – was zweifellos richtig war – betont, daß gerade der Grat von der Zugspitze zum Hochblassen an hübschen Kletterstellen arm sei ... Wenn auch bindende Beschlüsse über die zum Bau eines ›Jubiläumsweges‹ gesammelten Gelder nicht vorlagen, so war es doch stillschweigende Übereinkunft, daß dieser Jubiläumsweg über die Höllentalspitzen gebaut werden müsse.«
Was dann auch geschah, allerdings wurde das Vorhaben nur teilweise verwirklicht; zwischen der Zugspitze und der Inneren Höllentalspitze brachte man zwar ein paar wenige Haken und Drahtseile an, doch die sind später wieder entfernt worden. So blieb der »Jubiläumsweg« ein Unvollendeter – bis 1986. Da erhielt auch der Westteil des Grates seine eisernen Fesseln.

Am »Jubiläumsweg« sind nur die schwierigen Felspassagen gesichert.

026 Zugspitz-Westweg
Zugspitze, 2962 m

Leicht

Kürzer, aber immer noch fast 1800 Meter hoch ist der Westweg auf die Zugspitze, auch er ein echter »Oldie«, im Felsgelände oberhalb des Österreichischen Schneekars sehr eisenhaltig. Originellste Passage ist der »Stopselzieher«, ein natürlicher Tunnel, der auf Eisenbügeln durchstiegen wird. Bei der Bergstation der alten Ehrwalder Zugspitzbahn gewinnt man den Kamm (ca. 2820 m), endet der Westweg, das Bergerlebnis auch. Mehr oder weniger frustriert steuert man auf breitem Pfad die höchstgelegene Dauerbaustelle Deutschlands an – den Zugspitzgipfel.
Wer Wert auf eine geruhsame Gipfelrast legt, nimmt sich mit Vorteil den nahen Schneefernerkopf (2874 m) zum Ziel: zunächst hinab zum Schneeferner, dann über eine gesicherte Felsstufe auf die Nordschulter und flach hinüber zum höchsten Punkt. – PS: Mittlerweile abgebaut sind die Sicherungen am sogenannten »Winterweg« unterhalb der Wiener-Neustädter-Hütte.

Wo? Ins Ehrwalder Becken kommt man von Garmisch-Partenkirchen und von Reutte über gut ausgebaute Straßen, 25 bzw. 21 km.
Ausgangspunkt Talstation der Ehrwalder Zugspitzbahn (1228 m); Zufahrt von Ehrwald (994 m) 3,5 km. Großer Parkplatz.
Wegverlauf Seilbahnstation – Gamskar – Wiener-Neustädter-Hütte (2209 m) – Westweg – Zugspitzgrat – Zugspitze.
Gehzeiten Seilbahnstation – Wiener-Neustädter-Hütte 3¼ Std., Wiener-Neustädter-Hütte – Zugspitze 2¼ Std. Für den Abstecher zum Schneefernerkopf muß man zusätzlich etwa 1½ Std. einplanen.
Hinweis Für den Abstieg wird man in der Regel die neue Ehrwalder Zugspitzbahn benützen; auf dem Westweg gut 3 Std.
Hütte Wiener-Neustädter-Hütte (2209 m).
Orientierung Gut markierte Wege.
Einstufung Leicht, Steinschlag im Österreichischen Schneekar nicht auszuschließen (Helm).

027 Jubiläumsweg
028 Brunntalgrat-Steig
Jubiläumsgrat, Zugspitze – Alpspitze

Schwierig

Um keine Zweifel aufkommen zu lassen: der »Jubigrat«, diese Traumroute im Wetterstein, ist auch Klettersteig, aber noch viel mehr. Und er verlangt auch mehr, einen ebenso erfahrenen wie ausdauernden Bergsteiger, der dem kräfteraubenden Auf und Ab am fast fünf Kilometer langen Grat zwischen Zugspitze und Hochblassen gewachsen ist, der sich auch in ungesichertem Gelände sicher bewegt. Denn ein »Weg« ist diese Route keineswegs, auch wenn die schwierigeren Kletterstellen entschärft bzw. gesichert wurden, die letzten 1986. Passagen, die mit I–II zu bewerten sind, gibt es immer noch, die Länge der Tour geht an die Kondition.
Ganz besonders wichtig ist am »Jubigrat« sicheres Wetter; bei aufkommenden Gewittern, am »eisenhaltigen« Kamm besonders gefährlich, steigt man über den ➡

➡ Brunntalgrat südlich zur Knorrhütte ab. Und im Notfall bietet die kleine Höllentalgrat-Hütte eine sichere Zuflucht. Für die gesamte Überschreitung mit Abstieg von der Alpspitze zur Osterfelder-Seilbahn ist mit einer Gehzeit von etwa 9 Stunden zu rechnen. Also auf jeden Fall mit der ersten Seilbahn hinauf zum Zugspitzgipfel oder noch besser: gleich oben im Münchner Haus übernachten, Sonnenuntergang und -aufgang inklusive.
Bei gutem Wetter bietet der »Jubiläumsgrat« ein großes Erlebnis; trotz der Länge kommt nie Langeweile auf, dafür sorgen auch immer wieder gesicherte Passagen, teilweise recht ausgesetzt, dann die faszinierenden Aus- und Tiefblicke, hinab ins Höllental, hinein in die Alpen und hinaus ins Flache. Mit etwas Glück ist im Norden sogar der glitzernde Spiegel des Starnberger Sees auszumachen.

027/028

Wo? Garmisch-Partenkirchen (708 m) ist der Hauptort des Werdenfelser Landes, von München über die Autobahn A 95 etwa 80 km.

Ausgangspunkt Zugspitze (2962 m). Die erste Bahn fährt in Garmisch-Partenkirchen um 7.35, in Eibsee (Luftseilbahn) um 8 Uhr.

Wegverlauf Zugspitze – Innere Höllentalspitze (2737 m) – Abzweigung Brunntalgrat (ca. 2650 m) – Mittlere Höllentalspitze (2740 m) – Äußere Höllentalspitze (2720 m) – Vollkarspitze (2630 m) – »Falsche Grieskarscharte« (ca. 2560 m) – Grieskarscharte (2463 m) – »Alpspitz-Ferrata« – Osterfelder-Seilbahn.

Gehzeiten Insgesamt 8½ Std.; Zugspitze – Innere Höllentalspitze 2¾ Std., Innere Höllentalspitze – Grieskarscharte 3¾ Std., Grieskarscharte – Osterfelder-Seilbahn 2 Std.
Abstieg über den Brunntalgrat-Steig zur Knorrhütte (2052 m): 1¼ Std.

Hütte Höllentalgrat-Hütte knapp unterhalb der Äußeren Höllentalspitze (2720 m), Notunterkunft, stets zugänglich.

Orientierung Der »Jubiläumsweg« ist gut markiert.

Einstufung Schwierig. Nur für erfahrene Alpinisten bei sicherem Wetter. Drahtseilsicherungen und Eisenklammern; mehrere leichte Kletterstellen (I–II). Unter der Hochblassen-Westwand Steinschlaggefahr! Brunntalgrat-Steig leicht.

029 Alpspitz-Ferrata
030 Mathaisenkar-Steig
031 Nordwandsteig/ Schöne Gänge

Alpspitze, 2628 m

Leicht/Mittel

Es soll ja Klettersteigler geben, die beim Stichwort »Alpspitze« die Nase rümpfen oder wenig Schmeichelhaftes von sich geben. Nicht ganz grundlos, denn was diesem formschönen Gipfel zugemutet wurde, ist nur mehr mit Vorbehalt als »Ferrata« zu definieren. Selbst in leichtem Gelände geht man »auf Eisen«, greift die Hand zum Drahtseil. Schade, weniger wäre mehr gewesen; wer anschließend durch das Mathaisenkar absteigt, wird das bestätigen. Dieser Weg ist ganz klar der schönste an der Alpspitze; den Abstieg ins Grieskar dagegen kann man höchstens als Gelenk- und Bändertest (mit ungewissem Ausgang) verstehen. Nur wenig Aufregendes hat auch der (ebenfalls bestens »ausgebaute«) Nordwandsteig zu bieten; ein ebenfalls gesicherter Zugang ins Oberkar führt über die »Schönen Gänge«.

Wo? Garmisch-Partenkirchen (708 m) ist der Hauptort des Werdenfelser Landes, von München über die Autobahn A 95 etwa 80 km.

Ausgangspunkt Bergstation der Osterfelder-Seilbahn (2033 m).

Wegverlauf Osterfelder – »Alpspitz-Ferrata« – Alpspitze oder Osterfelder – »Nordwandsteig« – Oberkar (Zugang vom Kreuzeck über die Hochalm und die »Schönen Gänge«) – Alpspitze; Abstieg ins Mathaisenkar und zur Höllentalanger-Hütte (1379 m), Rückweg durch die Höllentalklamm nach Hammersbach.

Gehzeiten Für die Anstiege von der Osterfelder-Seilbahn auf die Alpspitze 2½ Std., ab Kreuzeck (1650 m) 3¼ Std.; Abstieg durch das Mathaisenkar ins Höllental 2¾ Std., Rückweg nach Hammersbach 2 Std.

Hütte Höllentalanger-Hütte (1379 m).

Orientierung »Alpspitz-Ferrata« nicht zu verfehlen: immer dem Eisen nach; beim Abstieg heißt es im Mathaisenkar aufpassen, daß man den Weiterweg ins Höllental nicht übersieht.

Einstufung »Alpspitz-Ferrata« und »Nordwandsteig« leicht, »Mathaisenkar-Steig« mittel.

032 Hermann-von-Barth-Weg

Partenkirchner Dreitorspitze, 2633 m

Leicht

Die Sicherungen an der Partenkirchner Dreitorspitze – einige Eisenklammern und ein paar Drahtseile – muß man fast mit der Lupe suchen, und so zieht der »Hermann-von-Barth-Weg« auch kaum Klettersteigler an. Bergsteiger schon eher. Die schätzen den Gipfel als dankbares Tourenziel, mit weiten Wegen, einem felsigen Finale und großem Panorama. Der kürzeste Zustieg verläuft durch das Leutascher Berglental, ein interessanter Rückweg über das Platt und dann steil hinab ins Puittal, was zusammen einen ausgefüllten Bergtag garantiert. Wer von Norden kommt, wird das Pensum in der Regel aufteilen und die Nacht auf der Grenze zwischen Bayern und Tirol, in der Meilerhütte verbringen.

Wo? In die Leutasch kommt man von Mittenwald und von Seefeld auf ordentlichen Straßen, je etwa 10 km.

Ausgangspunkt Beim »Hubertushof« (1054 m) nördlich des Leutascher Ortsteils Reindlau. Kleiner Parkplatz am Sträßchen ins Berglental.

Wegverlauf Leutasch – Berglental – Meilerhütte – »Hermann-von-Barth-Weg« – Partenkirchner Dreitorspitze – Leutascher Platt – Puittal – Leutasch.

Gehzeiten Insgesamt 10½ Std.; Leutasch – Meilerhütte 4½ Std., Meilerhütte – Partenkirchner Dreitorspitze 1½ Std., Abstieg übers Platt ins Puittal und zurück zum Ausgangspunkt 4½ Std.
Mit Ausgangspunkt Elmau ergibt sich eine Gesamtgehzeit von 12 Std.

Hütte Meilerhütte (2375 m).

Orientierung Aufstieg durchs Berglental AV-Markierung 801, Abstieg übers Leutascher Platt Weg 818.

Einstufung Leicht, aber anstrengende Tagestour.

033 Seeben-Klettersteig
Seebenwände, 1560 m

Schwierig

Auf der Fahrt von Garmisch nach Ehrwald tritt hinter der Grenze bald die unwahrscheinlich schlanke Felsgestalt der Ehrwalder Sonnenspitze (2417 m) ins Blickfeld – ein Traumbild und ein dankbares Tourenziel. Ferratisten interessieren sich mehr für den Sockelfels des Massivs, die Seebenwände, über die sich seit 1990 ein solide verankertes Drahtseil spannt: der »Seebener«, eine sehr sportlich angelegte Route, gut 250 Meter hoch, steil, teilweise auch exponiert. Das macht erfahrenen Klettersteiglern natürlich Spaß; weniger Freude bereitet der mit reichlich Erde und Gras »garnierte«, nicht durchweg feste Fels im oberen Teil der Route.

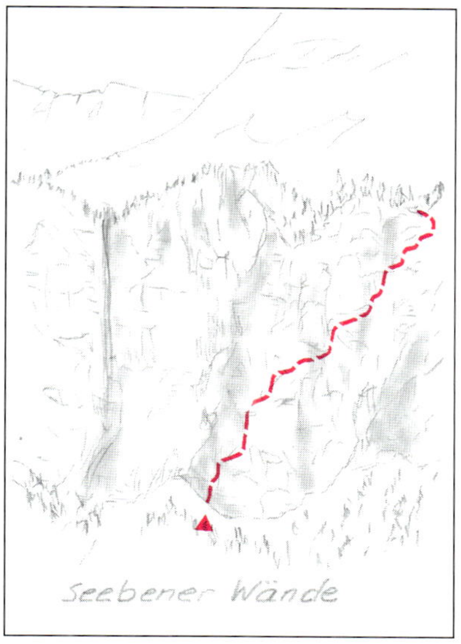

Wo? Nach Ehrwald kommt man von Garmisch und von Reutte auf gut ausgebauten Straßen, 25 bzw. 21 km.
Ausgangspunkt Talstation (1108 m) des Gondelliftes zur Ehrwalder Alm. Parkplatz.
Wegverlauf Liftparkplatz – »Seeben-Klettersteig« – Seebenalm (1575 m) – Seebensee (1657 m) – »Hoher Gang« – Liftparkplatz.
Gehzeiten Insgesamt 3¾ Std.; Liftparkplatz – Einstieg ¾ Std., »Seeben-Klettersteig« 1 Std., Rückweg/Abstieg via Seebensee und »Hohen Gang« 2 Std.
Orientierung Problemlos.
Einstufung Schwierig. Bei Nässe nicht ratsam!

034 Tajakante-Klettersteig
Vorderer Tajakopf, 2450 m

Sehr schwierig

Nun hat Ehrwald – neben dem talnahen »Seebener« – auch seine alpine Route, ein echtes Schmankerl, das Klettergenuß und Landschaftserlebnis auf schönste Weise verbindet. Die sehr anspruchsvolle, nur mit Drahtseilen gesicherte Route verläuft über den steilen Westgrat des Vorderen Tajakopfs, teilweise direkt an der Kante und atemberaubend luftig. Trittarme und nahezu senkrechte Passagen verlangen vollen Einsatz; dazwischen bieten weniger steile Abschnitte etwas Entspannung, auch fürs Nervenkostüm. Die neue Ferrata – eine echte »Magic line« für ambitionierte Klettersteigler!

Wo? Nach Ehrwald kommt man von Garmisch und von Reutte auf gut ausgebauten Straßen, 25 bzw. 21 km.
Ausgangspunkte Bergstation des Gondelliftes zur Ehrwalder Alm (1502 m). Man kann die Tour natürlich auch in Ehrwald (994 m) starten und über den »Seeben-Klettersteig« (siehe 033) zum Seebensee aufsteigen.
Wegverlauf Ehrwalder Alm – Seebensee (1657 m) – »Tajakante-Klettersteig« – Coburger Hütte – Seebensee – Hoher Gang – Talstation Lift.
Gehzeiten Insgesamt 7¼ Std.; Ehrwalder Alm – Seebensee 1¼ Std., »Tajakante-Klettersteig« – Vorderer Tajakopf 3 Std., Abstieg zur Coburger Hütte 1¼ Std., Coburger Hütte – Seebensee – Hoher Gang – Liftstation 1¾ Std. Steigt man über den »Seeben-Klettersteig« auf, ergibt sich eine Gesamtgehzeit von etwa 8 Std.
Hütten Coburger Hütte (1917 m), Seebenalm (1517 m).
Orientierung Einstieg (ca. 1800 m) bei freistehender Lärche oberhalb des Seebensees, Zugang vom Fahrweg zur Talstation der Materialseilbahn zur Coburger Hütte. Abstiegsweg mit roten Punkten markiert, am Beginn leichte Kletterstellen (I).
Einstufung Sehr schwierig, keine künstlichen Tritte. Ausdauer und absolute Immunität gegen Tiefe wichtig!

035 Wankspitz-Klettersteig
Südliche Wankspitze, 2209 m

Mittel

Neben der mächtigen steinernen Phalanx der Mieminger Hauptkette wirkt der Zakkengrat der Wankspitzen geradezu filigran. Und im Gegensatz zu den Hauptgipfeln, die durchweg nur auf langen, mit viel Geröll garnierten Wegen erreichbar sind, bietet die Wankspitze mehr Spaß als Mühen: eine hübsche Ferrata am zerklüfteten Nordgrat, oben viel Aussicht und ein gemütlicher Abstiegsweg.

Auftakt zum Wankspitz-Klettersteig.

Wo? Obsteig (991 m) liegt auf dem Mieminger Plateau, an der Strecke Telfs – Nassereith.
Ausgangspunkt Gh. Arzkasten (1151 m), Zufahrt von der B 189, 2 km. Parkplatz.
Wegverlauf Gh. Arzkasten – Lehnberghaus (1554 m) – Stöttltörl (2036 m) – »Wankspitz-Klettersteig« – Südliche Wankspitze – Untere Lucke – Lehnberghaus – Gh. Arzkasten.
Gehzeiten Insgesamt 5¼ Std.; Gh. Arzkasten – Stöttltörl 2½ Std., »Wankspitz-Klettersteig« 1 Std., Abstieg zum Gh. Arzkasten 1¾ Std.
Hütte Lehnberghaus (1554 m).
Orientierung Bis zur Verzweigung unter der Grünsteinscharte AV-Nummer 812, Abstieg zum Lehnberghaus Markierung 22.
Einstufung Mittel; schwierigste Passage gleich am Einstieg.

036 Hohe Munde, Westgratsteig

Hohe Munde, 2662 m

Leicht

Zum »Renner« wird der Berg nie werden, trotz Theaterspektakel am (Neben-)Gipfel, trotz großer Aussicht und obwohl ein Sessellift den Aufstieg aus der Leutasch etwas verkürzt. Dieser »Normalweg« gilt schlicht als langweiliger Hatscher, ganz im Gegensatz zum Westweg von der Niederen Munde (kein Gipfel, sondern ein Übergang ins Gaistal) über den langgestreckten Grat, der dann ganz unvermittelt in einen grandios-wilden Felskessel abbricht. Den quert man ab- und wieder aufsteigend am sichernden Drahtseil – fast ein »Dolomiten«-Finale! Wer vom Lift über den runden Ostrücken heraufgekommen ist, wird in der Regel über den Westgrat zur Niederen Munde absteigen und durchs Gaistal zum Ausgangspunkt zurückwandern.

Wo? In die Leutasch kommt man von Telfs und Seefeld auf ordentlich ausgebauten Straßen. Bei der Häusergruppe Moos (1180 m) befindet sich die Talstation des Hohe-Munde-Sessellifts.
Ausgangspunkt Bergstation des Liftes bei der Rauthhütte (1605 m).
Wegverlauf Rauthhütte – Hohe Munde – Westgratsteig – Niedere Munde (2059 m) – Tillfussalm (1382 m) – Gaistal – Moos.
Gehzeiten Insgesamt 7¾ Std.; Rauthhütte – Hohe Munde 3 Std., Hohe Munde – Westgratsteig – Niedere Munde 1½ Std., Abstieg ins Gaistal und Rückweg nach Moos 3¼ Std.
Tip Man kann die Hohe Munde auch von Telfs aus besteigen. Anfahrt über die Häusergruppe Lehen bis zu einem Wanderparkplatz 10 Min. vor dem Gh. Straßberg (1191 m). Aufstieg über die Niedere Munde und den Westgratsteig 4½ Std.
Orientierung Leicht; die Wege sind durchweg ordentlich bezeichnet.
Einstufung Leicht, gute Kondition erforderlich.

Bizarre Kulisse zum Höhenweg: die Freiungen.

037 Mittenwalder Höhenweg

Nördliche Linderspitze, 2372 m – Rotwandlspitze

Leicht

Nicht ganz zufällig haben die Erbauer ihre Gratroute als »Höhenweg« deklariert; der »Mittenwalder«, obwohl mit reichlich Eisen bestückt, deutsch-gründlich gesichert halt, ist für Klettersteigler vor allem Aussichtspromenade, für Anfänger aber eine Idealtour. Die Anforderungen halten sich in Grenzen, der Zustieg ist nur kurz, die Überschreitung bis zur kleinen Tiroler Hütte (2153 m) dafür recht lang, aber nie langweilig: gut zweieinhalb Stunden leichtes Kraxelvergnügen, von der Seilbahnstation in der Karwendelgrube (2224 m) über die Nördliche und die Südliche Linderspitze (2305 m), die Sulzleklammspitze (2321 m) und die Kirchlspitze (2301 m) bis zur kleinen Tiroler Hütte an der Rotwandlspitze (2191 m). Ein Plausch, zu dem man – bei entsprechender Vorsicht – auch Kinder mitnehmen kann. Und wenn der Weg hinab nach Mittenwald lang wird, bietet sich die Brunnsteinhütte (1523 m) für eine Pause an.

Wo? Mittenwald (912 m) liegt am Oberlauf der Isar, auf halber Strecke zwischen Walchensee und Seefeld. Am Ortsrand befindet sich die Talstation der Karwendel-Seilbahn (Zufahrt über die B11).
Ausgangspunkt Bergstation der Seilschwebebahn (2224 m) im Kar unterhalb der Westlichen Karwendelspitze.
Wegverlauf Seilbahnstation – »Mittenwalder Höhenweg« – Tiroler Hütte (2153 m) – Brunnsteinhütte (1523 m) – Mittenwald.
Gehzeiten Insgesamt 5½ Std.; »Mittenwalder Höhenweg« – Tiroler Hütte 2½ Std., Abstieg nach Mittenwald 3 Std.
Hinweis In der Senke zwischen Nördlicher und Südlicher Linderspitze kreuzt man den markierten »Noë-Weg«, der einen (Not-)Abstieg zur Brunnsteinhütte ermöglicht.
Hütten Tiroler Hütte (2153 m), Brunnsteinhütte (1523 m).
Orientierung Einstieg zum »Mittenwalder« vom Rundweg in der Karwendelgrube. Gut markierte Wege.
Einstufung Leicht; der 3 km lange Grat ist mit Leitern, Eisenstiften und Drahtseilen optimal gesichert.

038 Freiungen-Höhenweg

Nördlinger Hütte – Solsteinhaus

Leicht

Keine echte »Ferrata«, aber ein lohnender Höhenweg im Südwesten des Karwendels. Die Freiungen mit ihren steil gestellten Kalkplatten und bizarren Zacken liefern eine romantische Kulisse zur vierstündigen Wanderung, die Gletscherberge im Süden den weiten Horizont und das urbanisierte Inntal den Kontrast. Langweilig wird's bei dem Auf und Ab an der Sonnseite des vielzackigen Grates nie, ein paar tiefe Gräben, die es (am sichernden Drahtseil) zu queren gilt, sorgen für etwas Dramatik, und wer gut drauf ist, kann an der Eppzirler Scharte auf- statt absteigen: über den »Zirler Klettersteig« (siehe 039) auf die Erlspitze und erst dann hinunter zum Solsteinhaus.

Wo? Den renommierten Ferienort Seefeld (1180 m) erreicht man von Zirl bzw. Mittenwald rasch über die B177, 10 bzw. 15 km. An der Ortsumfahrung liegt die Talstation der Standseilbahn zur Roßhütte (1751 m), wo man Anschluß an die Luftseilbahnen zum Seefelder Joch (2060 m) und zum Härmeler hat.
Ausgangspunkt Seilbahnstation am Härmeler (2034 m).
Wegverlauf Härmeler – Reither Spitze (2374 m) – Nördlinger Hütte (2239 m) – »Freiungen-Höhenweg« – Solsteinhaus – Brunntal – Hochzirl (922 m).
Gehzeiten Insgesamt 7¾ Std.; Härmeler – Reither Spitze – Nördlinger Hütte 2 Std., »Freiungen-Höhenweg« – Solsteinhaus 4 Std., Abstieg über die Solenalm nach Hochzirl 1¾ Std.
Hinweise Man kann von der Seilbahnstation Härmeler auch direkt, die Reither Spitze westlich umgehend, zur Nördlinger Hütte wandern, knapp 1 Std. Rückfahrt von Hochzirl mit der ÖBB nach Seefeld.
Hütten Nördlinger Hütte (2239 m), Solsteinhaus (1806 m).
Orientierung Problemlos, »Freiungen-Höhenweg« AV-Nummer 211, Abstieg 213.
Einstufung Leicht; im Frühsommer unter den Freiungspitzen tückische (und rutschige) Schneefelder!

039 Zirler Klettersteig

Erlspitze, 2405 m

Mittel

Nicht verwechseln: Der eine klebt ganz unten am Steilfels, stellt aber höchste Anforderungen, der andere führt auf einen stattlichen Karwendelgipfel, ist aber eher als leicht einzustufen – »Kaiser-Max-Steig« (siehe 41) bei Zirl und »Zirler Klettersteig«. Bei letzterem sorgen höchstens »Bergkameraden«, die Steine lostreten, für unerwünschte Spannung, ansonsten ist der »Zirler« ein Weg für Genießer, man wähnt sich beim Aufstieg angesichts der zahllosen, bizarren Türme, Nadeln und Zacken, die aus den steilen Flanken der Erlspitze ragen, fast in dolomitischen Gefilden. Und beim Abstieg zum Solsteinhaus kommt dann kurz die Gipfelstürmernadel ins Bild – ein richtiger »Twiggy-Felsen«, da erblaßt die Guglia glatt vor Neid …

Wo? Zirl (622 m) liegt im Inntal, 12 km westlich von Innsbruck.
Ausgangspunkt Bahnhof Hochzirl (922 m), Zufahrt von der Umfahrung Zirl (Richtung Seefeld), 2,3 km. Parkmöglichkeit in Bahnhofsnähe.
Wegverlauf Hochzirl – Brunntal – Eppzirler Scharte (2091 m) – »Zirler Klettersteig« – Erlspitze – Solsteinhaus (1806 m) – Brunntal – Hochzirl.
Gehzeiten Insgesamt 7¼ Std.; Hochzirl – Eppzirler Scharte 3 Std., »Zirler Klettersteig« – Erlspitze 1½ Std., Abstieg zum Solsteinhaus 1 Std., weiter bis nach Hochzirl 1¾ Std.
Hinweis Kombination mit »Freiungen-Höhenweg« möglich (siehe 32).
Hütte Solsteinhaus (1806 m).
Orientierung Zugang AV-Nummer 213, Klettersteig mit roten Markierungen.
Einstufung Mittel; sparsam, aber ausreichend mit Drahtseilen gesichert. Steinschlaggefahr durch Voraussteigende!

040 Kleiner Solstein, Höttinger Schützensteig

Kleiner Solstein, 2637 m

Leicht

Daß der »Kleine« für einmal größer ist, stört auf dem Weg zum Gipfel höchstens jene, die im Winter zu wenig Kondition trainiert haben. Immerhin liegen satte 1700 Höhenmeter zwischen der Bahnstation Hochzirl und dem großen Panorama inklusive Tiefblick auf die Landeshauptstadt Innsbruck. Und ein paar Drahtseile am »Höttinger Schützensteig« sowie am Gipfelgrat. Die sorgen für Abwechslung am langen Aufstieg, ohne den erfahrenen Klettersteigler wirklich zu fordern.
Für den Abstieg bietet sich alternativ der Weg über den Großen Solstein (2541 m) zum Solsteinhaus an, und wer hier nächtigt, kann die Tour anderntags über die Erlspitze (siehe 039) und den »Freiungen-Höhenweg« (siehe 038) fortsetzen, mit Sicherheit eine der schönsten Zweitagetouren im Karwendel.

Wo? Die beiden Solsteine stehen ganz im Westen der Karwendel-Nordkette. Talort ist Zirl (622 m), 12 km westlich von Innsbruck.
Ausgangspunkt Bahnhof Hochzirl (922 m), Bergstraße von der Umfahrung Zirl (Richtung Seefeld), 2,3 km. Parkmöglichkeit in Bahnhofsnähe.
Wegverlauf Hochzirl – Magdeburger Hütte (1637 m) – »Höttinger Schützensteig« – Kleiner Solstein (2637 m) – Großer Solstein (2541 m) – Solsteinhaus (1806 m) – Hochzirl.
Gehzeiten Insgesamt 9¼ Std.; Hochzirl – Magdeburger Hütte 2¼ Std., Magdeburger Hütte – Kleiner Solstein 3¼ Std., Kleiner Solstein – Großer Solstein – Solsteinhaus 2 Std., Solsteinhaus – Hochzirl 1¾ Std.
Orientierung Leicht, markierte Wege. Der »Höttinger Schützensteig« ist rot bezeichnet.
Einstufung Leicht, Ausdauer erforderlich.

041 Kaiser-Max-Klettersteig
Martinswand, ca. 1020 m

Sehr schwierig

An ihm scheiden sich die Geister, entzünden sich Pro-und-Kontra-Diskussionen zum Thema; für die einen ist der Klettersteig an der Martinswand die Traumroute schlechthin, Nervenkitzel und Kraftakt im senkrechten Fels, für andere unsinnige Turnerei, »geborgtes« Klettervergnügen. Kein Urteil, Fakten: Die Route gliedert sich in zwei Abschnitte. Der erste – als schwierig einzustufen – läuft an der vielbesuchten Maximiliansgrotte aus, wo man sich (absteigend) den Touristen anschließen kann; Kernstück des zweiten Teilstücks ist eine 100-Meter-Vertikale, zu meistern am Fixseil – extrem. Also fleißig mit der Hantel trainieren, der Bizeps ist gefordert, und damit man hinterher keine Alpträume hat, empfiehlt es sich, vorher ein paarmal an einem Hochspannungsmast zu biwakieren. Was das mit Bergsteigen zu tun hat?

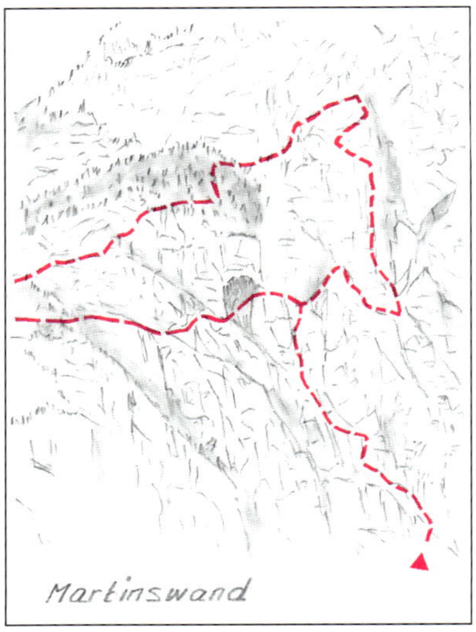

Wo? Zirl (622 m) liegt im Inntal, 12 km westlich von Innsbruck.
Ausgangspunkt An der B 171 kurz vor Zirl. Beim Martinsbichl (616 m) Parkmöglichkeit, an der Straße Hinweis auf den »Kaiser-Max-Klettersteig«.
Wegverlauf Der »Kaiser-Max-Steig« tangiert die Maximiliansgrotte (ca. 840 m); er läuft oberhalb der Martinswand aus. Abstieg (teilweise gesichert) zum Grottenweg, auf ihm zum Zirler Weinberg und zur B171.
Gehzeiten Für das erste Teilstück mit Abstieg 1¾ Std., für die ganze Ferrata mit Abstieg 3 Std. Angaben mit Vorbehalt, da die Begehungszeiten, je nach Kondition und Können, stark variieren.
Tip Keinen überflüssigen Ballast (z. B. großen Rucksack) mitschleppen; Klettersteigausrüstung, Helm und »High Power« in der Trinkflasche genügen.
Einstufung Erstes Teilstück schwierig, zweiter Teil extrem schwierig.

042 Innsbrucker Klettersteig
Hafelekar – Kemacher, 2480 m – Frau-Hitt-Sattel

Schwierig

Innsbruck hat 120 000 Einwohner, sein Goldenes Dachl, ein Olympiastadion – und einen Klettersteig, seit 1986 schon. Er verläuft, fast immer im Blickfeld der Olympiastadt, über den Nordkettengrat, vom Hafelekar bis hinüber zur Frau Hitt. Die Stadt liegt den Ferratisten zu Füßen; das »Goldene« kann man in der Dächerlandschaft drunten zwar nicht ausmachen, das große Olympiastadion aber schon. Die meisten gucken allerdings – vernünftigerweise – mehr auf den schmalen Weg, der über sieben Gipfel(chen) führt, mit mehr als zwei Kilometern Drahtseil und zahlreichen Eisenbügeln bestens gesichert ist. Für Spannung – und bei manchen etwas Herzklopfen – sorgen Ein- und Ausstieg, beide senkrecht, während die 8 Meter lange »Seufzerbrücke« wohl als Gag gedacht ist. Oder soll sie an die historischen Verbindungen Innsbrucks mit Bella Italia erinnern? Immerhin, vom Kemacher, dem höchsten Punkt des »Innsbruckers«, bietet sich bei gutem Wetter ein klitzekleiner Blick über den Brenner …

Luftig am »Innsbrucker«. Das Wetter paßt, bloß Hildegards Sicherung läßt sehr zu wünschen übrig …

Ausgangspunkt Von Innsbruck (574 m), der Tiroler Landeshauptstadt, mit der Standseilbahn (Talststation Kettenbrücke) oder über die Höhenstraße zur Hungerburg (868 m), 4 km. Weiter mit der Seilschwebebahn über die Umsteigestation Seegrube (1905 m) ins Hafelekar (Bergstation 2269 m).
Wegverlauf Hafelekar – »Innsbrucker Klettersteig« – Frau-Hitt-Sattel (2234 m) – »Schmidhuberweg« – Seegrube.
Gehzeiten Insgesamt 5¾ Std.; »Innsbrucker Klettersteig« 4½ Std., Frau-Hitt-Sattel – Seegrube 1¼ Std.
Hinweis Markierte Notabstiege bei der Seufzerbrücke und vor dem Kemacher, Zwischenabstieg aus dem Langen Sattel, ¾ Std. bis in die Seegrube.
Hütten Hafelekarhaus (2269 m), Berghotel Seegrube (1905 m).
Orientierung Die Gratroute ist nicht zu verfehlen, Rückweg ebenfalls gut markiert.
Einstufung Ein- und Ausstieg schwierig, sonst mittel. Bei Gewittergefahr Notabstieg nehmen!

043 Pfeiserspitze, gesicherter Steig

Pfeiserspitze, 2347 m

Mittel

Wer ins Halltal fährt, hat als Gipfelziel meistens den Großen Bettelwurf (siehe 044) im Auge, vielleicht auch den Großen Lafatscher (2696 m). Wenig Beachtung findet dagegen der langgestreckte Grat, der links über dem innersten Isstal von der Wildangerspitze (2153 m) über die Lattenspitze (2330 m) zur Pfeiserspitze zackt. Dabei bietet er eine durchaus reizvolle Kammüberschreitung, mit ein paar Drahtseilen versehen und einem ungesicherten, aber markierten Abstieg ins Stempeljoch (2215 m). Erfahrung in weglosem, brüchigem Gelände ist hier viel wichtiger als ein starker Bizeps, und wem die Runde aus dem Halltal herauf nicht reicht, kann anschließend ja noch auf dem »Wilde-Bande-Steig« zum bereits erwähnten Lafatscher hinüberqueren. Und aufwärts (gut 2 Std. vom Weg zum Gipfel)!

Wo? Hall (574 m) liegt im Inntal, ein paar Kilometer östlich der Landeshauptstadt. Die mautpflichtige Salzbergstraße (Ticketautomat) führt steil ins Halltal.
Ausgangspunkt Parkplatz am Endpunkt der Halltalstraße (ca. 1450 m).
Wegverlauf Halltalstraße – Törl (1773 m) – Lattenspitze (2330 m) – Pfeiserspitze (2347 m) – Stempeljoch (2215 m) – Issjöchl (1668 m) – Halltalstraße.
Gehzeiten Insgesamt 5 Std.; Halltalstraße – Törl 1 Std., Törl – Pfeiserspitze 2 Std., Pfeiserspitze – Stempeljoch – Halltalstraße 2 Std.
Orientierung Markierte Wege.
Einstufung Mittel, Drahtseilsicherungen zwischen Latten- und Pfeiserspitze, am Abstieg zum Stempeljoch kurze Kletterstellen I–II. Unterhalb des Stempeljochs drahtseilgesicherte Passage.

Karwendellandschaft. Am Weg zum Hundskopf.

044 Großer Bettelwurf, Gipfelsteig
045 Bettelwurf-Gratsteig

Großer Bettelwurf, 2725 m

Schwierig/Leicht

Groß ist er allemal, auch wenn ihn Birkkarspitze (2749 m) und Ödkarspitzen um ein paar lächerliche Meter an Höhe übertreffen. Nimmt man allerdings den Höhenunterschied zwischen (Inn-)Tal und Gipfelkreuz zum Maßstab, ist der Große Bettelwurf der »Größte«, jedenfalls im Karwendel. Und das merkt man spätestens im Anstieg über die 1700 Meter hohe Südflanke über dem Halltal: aufwärts, aufwärts! Das verlangt nach einer ordentlichen Kondition. Spätaufsteher erwischt die Sonne spätestens in den Latschen unterhalb der Bettelwurfhütte, was den Auftrieb nicht unbedingt steigert, den einen oder andern auch schon zu einer längeren Rast in dem gastlichen Haus verleitet hat …

Der Normalweg auf den Großen Bettelwurf wurde bereits vor vielen Jahren gesichert, doch erst seit kurzem ist auch der Verbindungsgrat zum Kleinen Bettelwurf (2650 m) ans Drahtseil gebunden. Das macht die Tour zwar nicht kürzer, aber um vieles reizvoller. Nicht mehr Auf- und Abstieg über den gleichen Weg, dafür zwei Gipfel und ein Intermezzo im Steilfels.

Wo? Hall (574 m) liegt im Inntal, ein paar Kilometer östlich der Landeshauptstadt. Die mautpflichtige Salzbergstraße (Ticketautomat) führt steil ins Halltal.
Ausgangspunkt »Bettelwurfeck« (ca. 1070 m), 6 km von Hall. Parkplatz.
Wegverlauf Halltal – Bettelwurfhütte – Kleiner Bettelwurf (2650 m) – »Bettelwurf-Gratsteig« – Großer Bettelwurf – Eisengattergrat – Bettelwurfhütte – Halltal.
Gehzeiten Insgesamt 9 Std.; Halltal – Bettelwurfhütte 2¾ Std., Bettelwurfhütte – Kleiner Bettelwurf 2 Std., Gratsteig 1 Std., Abstieg ins Halltal 3¼ Std.

Tip Am Vorabend zur Hütte aufsteigen – gemütlicher!
Hütte Bettelwurfhütte (2079 m).
Orientierung Gut markierte Wege.
Einstufung »Bettelwurf-Gratsteig« schwierig, nur mit Drahtseilsicherungen, am Anstieg zum Kleinen Bettelwurf ein paar (leichte) gesicherte Passagen. (Alter) Gipfelsteig auf den Großen Bettelwurf leicht, auf gut 200 Höhenmetern mit Drahtseilsicherungen; viel Schutt auf den Bändern – deshalb Vorsicht beim Abstieg!

046 Felix-Kuen-Weg
Hundskopf, 2243 m

Leicht

Die Hinterhornalm ist vor allem bei den Paraglidern als Startplatz bekannt; mehr Anstrengung, dafür aber weniger Mut als der Flug hinab ins Inntal erfordert der Aufstieg zum Hundskopf. Das markierte Weglein folgt dem zuletzt felsigen Kamm. Weiter, aber auch interessanter ist der »Felix-Kuen-Weg«. Er führt zunächst auf schmaler Spur hoch über dem Vomper Loch um den Hundskopf herum in die Mannl-und-Weibele-Scharte und dann, ordentlich gesichert, über eine kurze, steile Felsstufe zum höchsten Punkt. Kein Vergleich mit den modernen Ikarussen – aber schwindelfrei sollte man schon sein …

Wo? Hall (574 m) liegt im Inntal, ein paar Kilometer östlich der Landeshauptstadt. Eine gut ausgebaute Straße führt in das Erholungsgbiet Gnadenwald, wo die Zufahrt (mautpflichtig) zur Hinterhornalm abzweigt.
Ausgangspunkt Hinterhornalm (1522 m), 12 km von Hall i. T., Parkplatz, Bergrestaurant.
Wegverlauf Hinterhornalm – »Felix-Kuen-Weg« – Hundskopf, Abstieg über den Ostgrat.
Gehzeiten Insgesamt 3¾ Std.; Aufstieg über den »Felix-Kuen-Weg« 2½ Std., Abstieg 1¼ Std.
Orientierung Leicht, die Wege sind gut bezeichnet.
Einstufung Leicht; solange Schnee in der Nordflanke des Hundskopfs liegt, ist eine Begehung des »Kuen-Steigs« gefährlich!

047 Lamsentunnel
Lamsenspitze, 2508 m

Mittel

Münchnern braucht man diesen Karwendelberg nicht vorzustellen; die »Lamsentour« gehört seit jeher zum bayerischen Bergsteiger-Abc. Speckige, abgetretene Felsen und blankpolierte Eisenstifte belegen auch hinreichend die Beliebtheit dieser Route. Die Sicherungen, mit deren Hilfe man die 150 steilen Höhenmeter bis zum Ausstieg aus dem zugigen, dreckigen Lamsentunnel zum Grat problemlos meistert, stammen teilweise noch aus der alpinen Pionierzeit. Etwas jüngeren Datums ist dann das lange Drahtseil, das – ziemlich überflüssigerweise – an den gestuften Felsen des Gipfelaufbaus angebracht wurde.

Heraus aus dem Loch! Der Lamsentunnel.

Wo? In die Eng kommt man von Lenggries über den Sylvenstein-Stausee und Vorderriß (782 m), 50 km.
Ausgangspunkt Parkplätze beim Gh. Eng (1203 m).
Wegverlauf Eng – Westliches Lamsenjoch (1940 m) – Lamsenjochhütte (1953 m) – Lamsentunnel – Lamsscharte (2217 m) – Lamsenspitze, Abstieg von der Lamsscharte zur Lamsenjochhütte auf dem Normalweg.
Gehzeiten Insgesamt 6¾ Std.; Eng – Lamsenjochhütte 2½ Std., Lamsenjochhütte – Lamsentunnel ¾ Std., Weiterweg zum Gipfel 1 Std., Abstieg in die Eng 2½ Std.
Tips Zur Lamsenjochhütte kann man auch von der Gramaialm (1263 m) aufsteigen, 2 Std. Mautpflichtige Zufahrt von Pertisau am Achensee, 9 km.
Vom Lamsentunnel führt ein markierter Weg über Rotwandlspitze (2322 m) und Steinkarlspitze (2460 m; Drahtseilsicherungen) zum Hochnissl (2547 m), 2½ Std. vom Lamsentunnel; Abstieg ins Inntal möglich.
Hütte Lamsenjochhütte (1953 m).
Orientierung Vielbegangene, gut markierte Wege.
Einstufung Mittel, am Lamsentunnel oft bis in den Hochsommer Schnee!

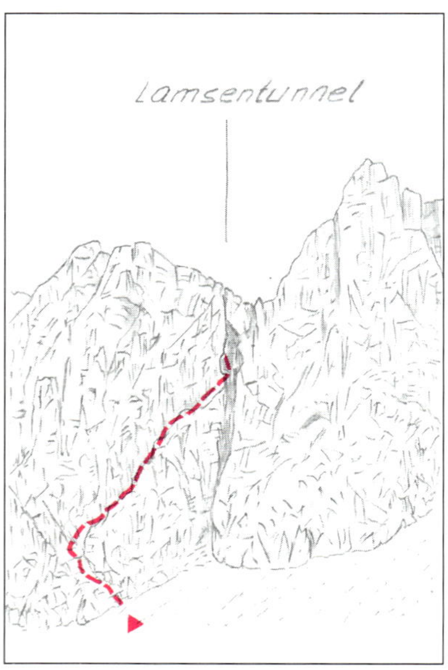

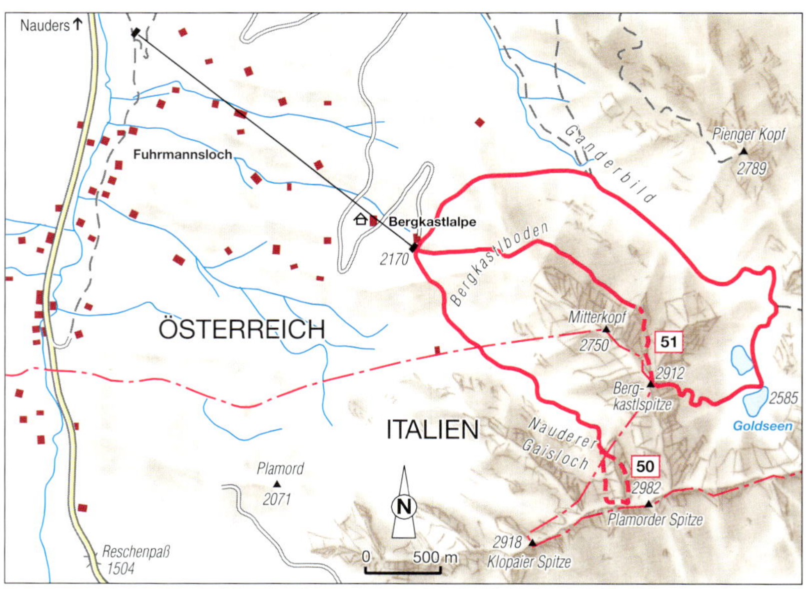

048 Sagzahn, gesicherter Steig
Sagzahn, 2228 m

Leicht

Von einer Via ferrata im Rofan kann keine Rede sein – das gleich vorweg. Doch die abwechslungsreiche Gipfelrunde über Vorderes Sonnwendjoch (2224 m), Sagzahn (2238 m) und Rofanspitze (2259 m) wartet mit einem Mini-Klettersteig auf: knapp 50 Meter in der felsigen Westflanke des Sagzahns, gut gesichert. Der Rest ist Genußwandern hoch über Inntal und Achensee mit Fernsicht bis zum Alpenhauptkamm und zu den Berchtesgadener Alpen.

Wo? Maurach (975 m) liegt über dem Südostufer des Achensees, 10 km von der Inntal-Autobahn, 42 km von Lenggries. Wenig oberhalb der B 181 Talstation der Rofan-Seilbahn.
Ausgangspunkt Bergstation der Seilbahn bei der Erfurter Hütte (1831 m).
Wegverlauf Erfurter Hütte – Haidachstellwand (2192 m) – Krahnsattel (2002 m) – Schermsteinalm (1855 m) – Vorderes Sonnwendjoch (2224 m) – Sagzahn (2228 m) – Grubascharte (2102 m) – Erfurter Hütte.
Gehzeiten Insgesamt 5½ Std.; Erfurter Hütte – Sagzahn 4 Std., Sagzahn – Grubascharte ¾ Std., Grubascharte – Erfurter Hütte ¾ Std.
Hinweis Das dichte Wegnetz im Rofan ermöglicht verschiedene Rundtouren; so kann man die Wanderung westlich bis zur Hochiss (2299 m) fortsetzen oder von der Erfurter Hütte den direkten Weg zum Krahnsattel nehmen.
Hütte Erfurter Hütte (1831 m).
Orientierung Problemlos.
Einstufung Leicht.

049 Julius-Mayr-Weg
Brünnstein, 1619 m

Leicht

Im Mangfallgebirge, zwischen Tegernsee und Bayrischzell, stehen mehrere bekannte Kletterzacken. Der Brünnstein gehört – etwa im Gegensatz zu den Ruchenköpfen – nicht dazu; ein paar Haken stecken dennoch im »Stein«. Sie gehören zu dem gesicherten Steiglein, das vom Brünnsteinhaus zum Gipfel führt: kurz, leicht und mit einem originellen Durchschlupf.

Wo? Die Sudelfeldstraße (B 307) verbindet Bayrischzell mit Niederaudorf bzw. Degerndorf im Inntal.
Ausgangspunkte Tatzelwurm (764 m) an der Ostrampe der Sudelfeldstraße, 13 km von Bayrischzell, oder Gh. Rosengasse (1125 m), Zufahrt von der B 307, 2,5 km.
Wegverlauf Tatzelwurm bzw. Rosengasse – Brünnsteinhaus – »Julius-Mayr-Weg« – Brünnstein, Abstieg über den Normalweg zum Brünnsteinhaus bzw. zur Himmelmoosalm.
Gehzeiten Ingsesamt 4¼ Std.; Anstiege zum Brünnsteinhaus je 2 Std., »Julius-Mayr-Weg« ¾ Std., Abstiege je 1½ Std.
Hütte Brünnsteinhaus (1342 m).
Orientierung Problemlos.
Einstufung Leicht.

050 Tiroler Weg
Plamorder Spitze, 2982 m

Schwierig

Allein schon der berauschend schöne Tiefblick auf den Reschensee mit der Parade der vergletscherten Ortlerberge am Horizont lohnt den Aufstieg zur Plamorder Spitze, diesen (Fast-)Dreitausender zwischen (Nord-)Tirol und (Süd-)Tirol. Doch Klettersteigler gucken lieber erst einmal nach dem Eisen, nach Drahtseilen an steilem Fels. Und die bietet hier der »Tiroler Weg«. Die Route führt aus dem Nauderer Gaisloch über einen markanten Pfeiler hinauf zum Gipfelgrat, das durchlaufende, solide verankerte Drahtseil weist den Weg, der blockig-dunkle Tonalitgneis bietet wenige, aber dafür erstklassige Tritte. Im oberen, sehr steilen und exponierten Abschnitt der Route sind zusätzlich einige Haken gesetzt. Gesichert ist auch der Abstieg in die Scharte zwischen Plamorder und Klopaier Spitze; nur kurz, aber rasant, und an einer fast senkrechten Platte heißt es kräftig zupacken. Der weitere Abstieg ist dann vor allem eine Herausforderung an die Kniegelenke und den Gleichgewichtssinn – dann steht man wieder drunten im Gaisloch, und eine Halbstunde später kommt bereits die Seilbahnstation ins Blickfeld.

Dunkler Granit statt heller Kalk: am »Tiroler Weg«.

Wo? Nauders (1394 m) liegt in einer weiten Talmulde nördlich des Reschenpasses, 42 km von Landeck. Südlich außerhalb des Ortes befindet sich die Talstation der Bergkastlboden-Gondelbahn.
Ausgangspunkt Liftstation Bergkastlboden (2170 m).
Wegverlauf Bergkastlboden – Nauderer Gaisloch – Einstieg (ca. 2650 m) – »Tiroler Weg« – Plamorder Spitze – Gaisloch – Bergkastlboden.
Gehzeiten Insgesamt 5½ Std.; Bergkastlboden – Einstieg 2 Std., »Tiroler Weg« – Plamorder Spitze 1½ Std., Abstieg zum Bergkastlboden 2 Std.
Orientierung Bestens markierte Wege.
Einstufung Schwierig.

051 Goldweg
Bergkastlspitze, 2912 m

Sehr schwierig

Zwei sind noch besser (für den Umsatz) als einer, haben sich die Bergbahnbetreiber in Nauders wohl gedacht, und auch der Bergkastlspitze einen Klettersteig verpaßt. Doch wie so oft reicht die Kopie nicht an das Original, in diesem Fall den »Tiroler Weg«, heran. Da hilft auch der »goldene« Name nicht viel, drüben an der Plamorder Spitze ist der Grat steiler, so richtig zum Klettern einladend, und das haben wohl auch die Steigbauer gewußt. Also mußte eine spektakuläre »Schlüsselstelle« her (die man locker links umgehen kann). Oben zeigt sich die Ötztaler Bergwelt dann von ihrer schönsten Seite: dunkler Fels und gleißender Firn im Panorama-Bild, in einer weiten Karmulde die zwei fast kreisrunden Goldseen (2585 m). Ob's auch noch ein goldenes Abzeichen gibt, wenn man beide Ferrate geschafft hat, entzieht sich allerdings meiner Kenntnis ...

Ausgangspunkt Liftstation Bergkastlboden (2170 m).
Wegverlauf Bergkastlboden – Einstieg (ca. 2350 m) – »Goldweg« – Bergkastlspitze – Goldseen – Bergkastlboden.
Gehzeiten Insgesamt 4¾ Std.; Bergkastlboden – Einstieg 1 Std., »Goldweg« 2¼ Std., Abstieg 1½ Std.
Orientierung Gut markierte Wege.
Einstufung Schlüsselstelle sehr schwierig, sonst mittel.

052 Dr.-Angerer-Höhenweg
Lückle, 2225 m

Leicht

Das (zweifelhafte) Vergnügen einer langen (und teuren) Autofahrt bis ins hinterste Kaunertal inklusive Begehung des Klettersteigs am Ötztaler Haupt- und Grenzkamm (siehe 053) kann man sich locker schenken – lohnt sich nicht. Ganz anders fällt dagegen das Urteil über den »Angerer-Höhenweg« aus, der weiter talabwärts die steilen Bergflanken des Kaunergrats quert, dabei faszinierende Aus- und Tiefblicke bietet. Blumen en masse säumen den an einigen Stellen mit Sicherungsseilen versehenen Steig, dafür sind Menschen hier (im Gegensatz zum Rummelplatz am Weißseeferner) eine eher selten anzutreffende Spezies ...

Wo? Ins Kaunertal kommt man von Landeck via Prutz auf guter Straße, 25 km bis Feichten.
Ausgangspunkt Zwischen den Häusergruppen Vergötschen und Unterhäuser (1270 m), 1 km nördlich vom Ortszentrum Feichten.
Wegverlauf Feichten – Gsallalm (1970 m) – »Dr.-Angerer-Höhenweg« – Lückle (2225 m) – Gallruttalpe (1980 m) – Falkaunsalpe (1982 m) – Wiesenhof (1607 m) – Nufels.
Gehzeiten Insgesamt 7 Std.; Feichten – Gsallalpe 2 Std., Gsallalpe – »Dr.-Angerer-Höhenweg« – Gallruttalpe 3 Std., Gallruttalpe – Falkaunsalpe – Nufels 2 Std.
Hinweis Steigt man von der Gallruttalm direkt ins Tal ab, verkürzt sich die Tour um knapp 1 Std.
Orientierung Problemlos, gut markierte Wege.
Einstufung Leicht, am Höhenweg einige Drahtseile. Bei Nässe nicht ratsam.

053 Klettersteig Panoramablick
Hintere Karlesspitze, 3160 m

Mittel

Die Fakten: Rund 80 Kilometer Autofahrt vom Inntal herauf samt happiger Maut, ein ziemlich verdreckter Gletscher, eine Geröllspur und ein blockiger Grat, bespannt mit Drahtseilen, dazu bei schönem Wetter eine (ehrlich!) tolle Aussicht. Doch wer sich auf eine Überschreitung in festem Granit freut, wird böse enttäuscht; das Gelände ist sehr »beweglich«, was weder den Sicherungen (einige Verankerungen sind bereits beschädigt) gut bekommt noch das Vergnügen steigert: balancieren statt klettern. Die Route führt von dem Joch (ca. 3050 m) unter dem Wiesejagglkopf am Grat entlang zur Karlesspitze und dann hinunter ins Karlesjoch; Rückweg über den Dreiländerblickweg.
Übrigens: Geplant ist, den Klettersteig bis ins Falginjoch (3101 m) zu verlängern – oder gleich bis auf die Weißseespitze (3518 m)?

Wo? Die »Kaunertaler Gletscherstraße« führt von Feichten am Gepatschsee vorbei bis zum Rand des Weißseeferners, 39 km ab Prutz. Riesiger Parkplatz (2750 m).
Ausgangspunkt Straßenendpunkt oder Bergstation des Wiesejaggl-Sessellifts (2980 m).
Wegverlauf Parkplatz Gletscherstraße – Joch (ca. 3050 m) – »Klettersteig Panoramablick« – Hintere Karlesspitze – Karlesjoch – »Dreiländerblickweg« – Parkplatz Gletscherstraße.
Gehzeiten Insgesamt 3 Std.
Orientierung Problemlos.
Einstufung Mittel.

Brüchiger Grat, schöne Aussicht: der »Klettersteig Panoramablick«.

054 Jubiläums-Klettersteig Lehner Wasserfall

Lehner Wasserfall, ca. 1450 m

Mittel

Wer zum Wandern oder Bergsteigen ins Ötztal fährt, denkt in der Regel an große Panoramen, an Fels und Firn, an Gipfelglück und Hüttenzauber. Da bleibt der Lehner Wasserfall bei Längenfeld buchstäblich »auf der Strecke«, am Weg zu den großen Zielen. Ein Zwischenhalt würde sich aber durchaus lohnen, für eine Stunde luftiger Kraxelei am »Jubiläums-Klettersteig«, abwechslungsreich, aber nicht zu schwierig, im Ohr das Rauschen des Wassers. Die bestens gesicherte Route bietet packende Perspektiven, hinunter auf den flachen Talboden und natürlich auf die Kaskaden des Lehner Wasserfalls. Und hinterher kann man ja noch einen kurzen Gang durch das Freilichtmuseum unternehmen: Sport und Kultur, das paßt doch gut zusammen. – Der wohl als Gag gedachte Drei-Meter-Überhang (Variante) kurz vor dem Ausstieg ist etwas für Oberturner: extrem oder gefährlich?

Luftig-lustig: der Klettersteig zum Lehner Wasserfall.

Wo? Längenfeld (1180 m) liegt im mittleren Ötztal, 17 km von Ötz. Wegzeiger »Freilichtmuseum« zum Weiler Lehn (1159 m).
Ausgangspunkt Parkplatz am Waldrand; große Schautafel zum Klettersteig.
Wegverlauf Aufstieg über eine Hängebrücke zum Einstieg (ca. 1280 m) der Ferrata, Abstieg auf kleinem Zickzackweglein.
Gehzeit Für die Runde etwa 1½ Std.
Einstufung Mittel.

055 Reinhard-Schiestl-Klettersteig

Burgsteiner Wand, 1424 m

Sehr schwierig

Vormittags auf den »Jubiläums-Klettersteig« am Lehner Wasserfall (siehe 054), am Nachmittag dann in die Burgsteiner Wand. Hier ist das Gelände steiler, die Route auch, dafür sind die Sicherungen etwas spärlicher, die Ausgesetztheit teilweise extrem. All das ergibt einen Sportklettersteig der gehobenen Klasse – zu einem »Franzosen« fehlt eigentlich nur noch die unvermeidliche Hängebrücke. Dafür gibt's gleich nach dem Ausstieg die Möglichkeit, bei einer Tiroler Jausen die ziemlich strapazierten Nerven zu beruhigen. Eine tolle Ferrata, echt Spitze?!

Wo? Längenfeld (1180 m) liegt im mittleren Ötztal, 17 km von Oetz.
Ausgangspunkt Etwa 1 km südlich von Längenfeld am Fuß der Burgsteiner Wand.
Wegverlauf Längenfeld – »Reinhard-Schiestl-Klettersteig« – Burgstein – Brand (1385 m) – Längenfeld.
Gehzeiten Insgesamt 2 Std.; Klettersteig 1¼ Std., Abstieg ¾ Std.
Orientierung Immer den Sicherungen nach, Abstieg markiert.
Einstufung Sehr schwierig; durchlaufend Drahtseile, dazu einige künstliche Tritte und Griffe.

Steile Route: der »Schiestl-Klettersteig«.

056 Hochstubaihütte, »Himmelsleiter«

Hochstubaihütte, 3174 m

Leicht

Wer würde nicht gerne über eine Leiter in den Himmel steigen? Bei Sölden kann man es, zumindest bis in den Bergsteigerhimmel führt der Weg aus dem Windachtal herauf zur Hochstubaihütte. Klettersteigler wird man da allerdings nur selten antreffen, Bergsteiger mit größerem Gepäck schon eher. Für sie ist das Schutzhaus am Wütenkarferner nur Etappe auf dem Weg zu einem der Dreitausender der Stubaier Alpen. Eine tolle dazu, nicht der paar Drahtseile im Finale wegen, die sind eher Zugabe. Faszinierend die Aussicht auf die stark vergletscherten Kämme der Ötztaler Alpen mit dem höchsten Tiroler Gipfel, der Wildspitze (3768 m).

Wo? Sölden (1368 m), bekannter Ferienort, liegt im oberen Ötztal, 36 km von der Inntal-Autobahn.
Wegverlauf Sölden – Fiegls Gasthaus – Seekarsee (2658 m) – »Himmelsleiter« – Hochstubaihütte – Laubkarscharte (2759 m) – Kleblealm (1983 m) – Sölden.
Gehzeiten Insgesamt 9½ Std.; Sölden – Fiegls Gasthaus (1956 m) 2¼ Std., Fiegls Gasthaus – Hochstubaihütte 3½ Std., Hochstubaihütte – Kleblealm 2½ Std., Kleblealm – Sölden 1¼ Std.
Tip Mit Übernachtung in der Gletscherregion ein Erlebnis der Extraklasse.
Hütten Fiegls Gasthaus (1956 m), Kleblealm (1983 m); Hochstubaihütte (3174 m), bew. Juli bis Mitte Sept.
Orientierung Gut markierte Bergwege.
Einstufung Leicht, Ausdauer erforderlich.

057 Lustige-Bergler-Steig
Marchreisenspitze, 2620 m

Leicht

Irgendwie paßt der Name zu der Tour, zum heiteren Ambiente rund um Ampferstein und Marchreisenspitze, zum weiten Horizont und zum freundlichen Grün der Täler. Und auch die Türme und Zacken, die den Flanken des Ampfersteins entragen, wirken eher verspielt. Der »Lustige-Bergler-Steig« taucht bald ein in den steinernen Wald, er schlängelt sich listig durch die bizarre Kulisse, da und dort gesichert, aber nie schwierig, und viel zu bald ist man oben, schaut hinaus ins Land und hinüber zur Marchreisenspitze: ein kleiner Zwischenabstieg, noch ein paar Drahtseile, dann ist der zweite Gipfel des Tages gewonnen. Und oben, vor der stimmungsvollen Rundschau, kann man dann überlegen, wie's weitergehen soll: zurück auf dem Anstiegsweg, über den (mit ein paar gesicherten Passagen aufwartenden) »Gsallerweg« weiter zum Hoadl oder aus der Malgrubenscharte hinab in die Axamer Lizum.

Wo? In das Skigebiet der Axamer Lizum kommt man vom Inntal über Axams (874 m) auf gut ausgebauter Straße, 15 km von Innsbruck. Standseilbahn Hoadl (2340 m), Sessellift Birgitzköpfl.

Ausgangspunkt Axamer Lizum (1564 m), großer Parkplatz.

Wegverlauf Axamer Lizum – Halsl – »Lustige-Bergler-Steig« – Ampferstein (2556 m) – Marchreisenspitze (2620 m) – »Gsallerweg« – Malgrubenscharte (2401 m; Abstieg in die Lizum möglich) – Alpenclubscharte (2451 m) – Hoadlsattel (2264 m) – Axamer Lizum.

Gehzeiten Insgesamt 8 Std.; Axamer Lizum – Halsl 1¼ Std., »Lustige-Bergler-Steig« – Marchreisenspitze 2½ Std., Marchreisenspitze – »Gsallerweg« – Alpenclubscharte – Hoadlscharte 3 Std., Hoadlscharte – Axamer Lizum 1¼ Std.
Abstieg über den »Lustige-Bergler-Steig« in die Lizum 2½ Std.; bei einem Abstieg von der Malgrubenscharte ergibt sich eine Gesamtgehzeit von 5½ Std.

Hinweis Wer sich den gut einstündigen Anstieg zum Halsl sparen will, nimmt den Sessellift zum Birgitzköpfl und spaziert anschließend durch die Westflanke der Saile hinüber in den Wiesensattel, 30 Min.

Orientierung Die Wege sind gut bezeichnet. Bei Vereisung ist die nordseitige »Geröllabfahrt« von der Malgrubenscharte gefährlich!

Einstufung Leicht.

058 Schlicker Klettersteig
Große Ochsenwand, 2700 m

Schwierig

Mit Superlativen soll man bekanntlich sparsam umgehen, doch der »Schlicker Klettersteig«, das ist wohl unbestritten, gehört zu den schönsten Eisenrouten zwischen Arlberg und Großglockner. Hier stimmt alles; die großzügige Überschreitung der Großen Ochsenwand bis in die Alpenclubscharte bietet ein mehrstündiges Klettererlebnis, teilweise im steilsten Fels, gut, aber nicht übermäßig gesichert. Und das in einer Kulisse, die durch den Kontrast zwischen hellem Kalk, dunklem Eruptivgestein und gleißendem Firn ihren besonderen Reiz gewinnt. Wenn sich dann auch noch ein blauer Himmel über dem großen Panorama spannt und die Kondition stimmt, wird's mit Sicherheit zu einem unvergeßlichen Tag: Faszination Klettersteig.

Fast wie in den Dolomiten: die Elfertürme über dem Stubaital.

Wo? Fulpmes (937 m) liegt im Stubaital, 20 km von Innsbruck über die Brenner-Autobahn. Im Ort Hinweistafeln »Schlick 2000« zur Talstation der Sessellifte.

Ausgangspunkt Liftstation Froneben (1362 m).

Wegverlauf Froneben – Schlicker Alm (1643 m) – Einstieg (ca. 2020 m) – »Schlicker Klettersteig« – Große Ochsenwand – Nordgipfel (2685 m) – Alpenclubscharte (2451 m) – Schlicker Alm – Froneben – Fulpmes.

Gehzeiten Insgesamt 8½ Std.; Froneben – Einstieg 2 Std., »Schlicker Klettersteig« – Ochsenwand 3 Std., Abstieg über den Klettersteig in die Alpenclubscharte 1 Std., Alpenclubscharte – Schlicker Alm – Froneben 2 Std., Froneben – Fulpmes ½ Std.

Hinweis Wer's etwas bequemer mag, fährt mit dem Sessellift bis zum Kreuzjoch (2010 m) hinauf und wandert dann ins Tal des Schlicker Bachs hinab, 1 Std. zum Einstieg.

Orientierung Bestens bezeichnete Wege.

Einstufung Schwierig, »Prüfstein« ist der erste Aufschwung, nach etwa 300 Höhenmetern kommt man aus der Wand heraus in gestuftes Felsgelände. Abstieg in die Alpenclubscharte weniger schwierig.

059 Elfer-Klettersteige

Elferspitze, 2505 m

Schwierig/Mittel

Vor dem mächtigen Habicht (3277 m), dessen markantes Profil das mittlere Stubai beherrscht, wirken die Felszacken am Elfer recht mickrig. Doch der erste Eindruck trügt, der filigran gebaute Grat ist ein veritables Kletterrevier und eine gute Adresse für »Ferratisten«, mit dem Elferlift zudem bequem erreichbar. Bei den »Elfer-Klettersteigen« handelt es sich um zwei Routen, die man leicht miteinander kombinieren kann: die schwierige, steile Ferrata auf den »Breiten Elfer« (Westlicher Elferturm, ca. 2480 m) und die leichtere Gratroute, die am Zwölfernieder ausläuft. Beide Steige sind bestens gesichert, erfreuen sich auch großer Beliebtheit: kurzer Zugang, viel Spektakel – Bergsteigen in Zeiten wie heute.

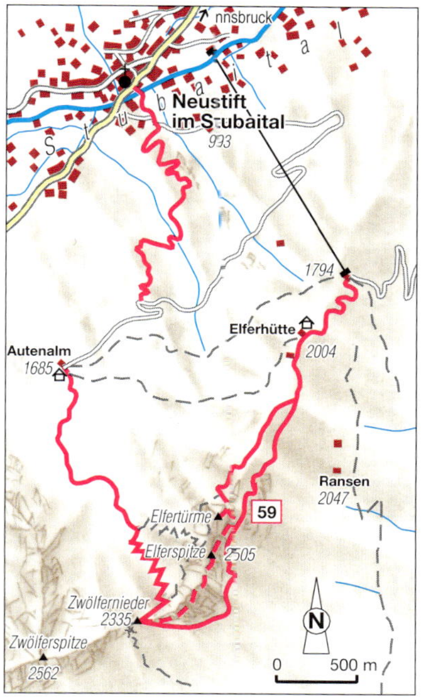

Wo? Neustift (993 m) liegt im Stubaital, 11 km von der Brenner-Autobahn, Ausfahrt »Schönberg«. Kurze Zufahrt zur Talstation des Elfer-Sesselliftes.
Ausgangspunkt Bergstation der Sesselbahn (1794 m).
Wegverlauf Liftstation – Elferhütte (2004 m) – »Gamssteig« – »Nordwandroute« – Breiter Elfer – Elferscharte – »Elferspitzroute« – Zwölfernieder – »Panoramaweg« – Elferhütte – Liftstation.
Gehzeiten Insgesamt 6½ Std.; Liftstation – Einstieg 1½ Std., »Nordwandroute« 1 Std., »Elferspitzroute« 2 Std., Rückweg zum Lift 2 Std.
Begeht man nur die »Nordwandroute«, ergibt sich eine Gesamtgehzeit von knapp 4 Std.
Hütte Elferhütte (2004 m).
Orientierung Das verzweigte Wegnetz am Elfermassiv ist gut markiert.
Einstufung »Nordwandroute« schwierig, »Elferspitzroute« mittel.

060 Bergerlebniswelt Franz-Senn-Hütte; Höllenrachen-Klettersteig und Edelweißklettersteig

Franz-Senn-Hütte, 2149 m

Mittel/Schwierig

Modern times: Die Franz-Senn-Hütte, benannt nach dem »Gletscherpfarrer« und Mitbegründer des DAV, ist in den letzten Jahren zum Zentrum eines alpinen Erlebnisparks für die ganze Familie mutiert. Am Hüttenweg gibt's einen Naturlehrpfad, in der Umgebung des Hauses einen kleinen Übungsklettersteig sowie eine »Kinder-Erlebniswelt« – und zwei richtige Vie ferrate: den »Höllenrachen-Klettersteig«, der in die wilde, wasserdurchtoste Klamm des Alpeiner Bachs führt, und den »Edelweiß-Klettersteig« über eine 100-Meter-Wand. Wem das nicht reicht, der kann ja in der Hütte übernachten und anderntags einen Dreitausender besteigen (siehe 061).

Wo? Das Oberbergtal ist ein Seitental des Stubai; Anfahrt von Schönberg (Brenner-Autobahn) bis Milders (1026 m) 12 km.
Ausgangspunkt Oberißhütte (1742 m), knapp 10 km von Milders auf schmaler Bergstraße.
Wegverlauf Alle Steige befinden sich in der Umgebung der Franz-Senn-Hütte, die Zugangswege sind beschildert.
Gehzeiten Hüttenanstieg ab Oberißhütte 1½ Std. Zustieg zu den beiden Klettersteigen etwa ¼ Std., Steige ½ bis 1 Std., Abstiege jeweils etwa ½ Std.
Hütte Franz-Senn-Hütte (2149 m).
Orientierung Problemlos.
Einstufung Mittel bis schwierig; den »Höllenrachen-Klettersteig« keinesfalls ohne Selbstsicherung gehen!

061 Rinnenspitze, gesicherter Steig

Rinnenspitze, 3000 m

Leicht

Im Talschluß des Oberbergtals stehen zahlreiche Dreitausender (Ruderhofspitze, 3474 m), von denen einige nur »übers Eis« zu erreichen sind. Einen prächtigen Blick auf das vergletscherte Halbrund bietet die Rinnenspitze, gerade noch 3000 Meter hoch, mit eisfreiem Aufstieg, dafür aber ein paar Drahtseilen am Gipfel. Noch ein Grund mehr für einen Abstecher zur Franz-Senn-Hütte.

Wo? Das Oberbergtal ist ein Seitental des Stubai; Anfahrt von Schönberg (Brenner-Autobahn) über Neustift (993 m) bis nach Milders (1026 m) 12 km.
Ausgangspunkt Oberißhütte (1742 m), knapp 10 km von Milders auf schmaler Bergstraße.
Wegverlauf Oberißhütte – Franz-Senn-Hütte – Rinnensee – Rinnenspitze.
Gehzeiten Insgesamt 7½ Std.; Oberißhütte – Franz-Senn-Hütte 1½ Std., Franz-Senn-Hütte – Rinnenspitze 3 Std., Abstieg auf dem gleichen Weg 3 Std.
Hütte Franz-Senn-Hütte (2149 m).
Orientierung Markierter Weg.
Einstufung Leicht.

062 Klettersteig Fernau

Egesengrat, 2631 m

Schwierig

Nun hat auch die Dresdner Hütte (2308 m) ihren Klettersteig, eine spektakuläre 200-Meter-Vertikale hinauf zum Egesengrat, Nervenkitzel und Prachtblick auf die vergletscherte Gipfelparade der Dreitausender inklusive. Die »Stubaier Gletscherbahnen« wird's freuen, die »Ferratisti« auch, bietet der jüngste Sproß im großen Klettersteigangebot einen knackigen Spaß vor einer großen Landschaftskulisse. Im Gegensatz etwa zu den Routen an der Ochsenwand, an der Ilmspitze und am Elfer klettert man hier nicht an hellem, griffigem Kalk, sondern über rauhe, vielfach flechtenüberwachsene Gneise. Die bieten optimale Reibung – allerdings nur, wenn es nicht naß ist. Doch dann verstecken sich ja auch Freiger und Zuckerhütl (3507 m) mit ihren Gletschern meistens hinter dicken Wolken.

Wo? Ins Stubaital kommt man von Innsbruck über die Brenner-Autobahn, Ausfahrt »Schönberg«, bis zur Mutterbergalm (1750 m) gut 40 km.
Ausgangspunkt Seilbahnstation bei der Dresdner Hütte (2308 m), zu Fuß ab Mutterbergalm 1¾ Std.
Wegverlauf Dresdner Hütte – »Klettersteig Fernau« – Egesengrat – Dresdner Hütte.
Gehzeiten Insgesamt 2¼ Std.; Aufstieg über den »Klettersteig Fernau« 1½ Std., Abstieg ¾ Std.
Hinweis Natürlich kann man das Bergerlebnis auch erweitern. Ein landschaftlich reizvoller Abstieg führt durch die Wilde Grube zur Mutterbergalm (2 Std. vom Egesengrat); ein sehr schönes Gipfelziel ist der Große Trögler (2902 m, 2 Std. von der Dresdner Hütte), evtl. mit Abstieg über die Sulzenauhütte (2191 m).
Hütte Dresdner Hütte (2308 m).
Orientierung Leicht. Klettersteig in Hüttennähe, Abstiegswege markiert.
Einstufung Schwierig, mit Drahtseilen und Eisentritten bzw. -griffen optimal gesicherte Route.

063 Kirchdachspitze, gesicherter Steig

Kirchdachspitze, 2840 m

Leicht

Mit dem benachbarten Ilmspitz-Klettersteig läßt sich das gesicherte Weglein auf den Spitz des Kirchdachs ja nicht vergleichen – ein paar drahtseilgesicherte Passagen, am Gipfelaufbau Eisenstangen, gemeißelte Tritte und Drahtseile. Erstaunlich ist nur, wie leicht man auf den Gipfel kommt, der sich vom Tal des Pinnisbachs aus ganz und gar abweisend zeigt, kein Vergleich mit den mickrigen Felsen drüben an der Elferspitze. Doch während die luftig-verwegene Eisenroute am Elfer den »Ferratisten« vorbehalten bleibt, darf sich den Weg auf die Kirchdachspitze jeder bergerfahrene Wanderer zutrauen. Und landschaftlich bietet die »Kirch'« ganz eindeutig mehr.

Wo? Neustift-Neder (970 m) liegt im Stubaital, 9 km von der Brenner-Autobahn, Ausfahrt »Schönberg«. Eine für den öffentlichen Verkehr gesperrte Naturstraße führt in das Tal des Pinnisbachs. Jeepzubringer, erste Fahrt um 8 Uhr.
Ausgangspunkt Pinnisalm (1560 m).
Wegverlauf Pinnisalm – Gratscharte (ca. 2760 m) – Kirchdachspitze – Gratscharte – Hammerspitz-Westflanke (ca. 2500 m) – Weggabelung unter der Hammerscharte (ca. 2480 m) – »Rohrauersteig« – Issenangeralm – Neustift-Neder.
Gehzeiten Insgesamt 7½ Std.; Pinnisalm – Kirchdachspitze 3½ Std., Abstieg bis Wegteilung unter der Hammerscharte 1¼ Std., »Rohrauersteig« – Issenangeralm 2 Std., weiter nach Neustift-Neder ¾ Std.
Orientierung Abzweigung zur Kirchdachspitze etwa 10 Min. von der Pinnisalm. Insgesamt ordentlich markierte Wege.
Einstufung Leicht, sechs mit Drahtseilen gesicherte Passagen im Anstieg zur Gratscharte; am Nordgrat weitere Sicherungen. Am »Rohrauersteig« heikle Querung zweier Geröllrinnen (Drahtseile, ein paar Haken).

Am Weg zur Kirchdachspitze bietet sich ein schöner Blick auf den Klettersteiggipfel Ilmspitze.

064 Ilmspitz-Klettersteig

Ilmspitze, 2692 m

Schwierig

Da könnte man sich glatt in den Dolomiten wähnen: senkrechter, markant geschichteter Fels, Eisenbügel, ein straff gespanntes Drahtseil. Doch die Ilmspitze steht in den Stubaier Alpen, in der Nachbarschaft firnbedeckter Dreitausender. Das stört natürlich überhaupt nicht, eher schon der lange, umständliche Zustieg zum »eisernen« Vergnügen: erst 1000 Steigungsmeter zur Innsbrucker Hütte, dann nochmals ein ausgiebiges Auf und Ab, ehe man schließlich am Felsfuß steht. Dafür hält die Route dann auch, was der elegante Felsbau dem Klettersteigler suggeriert: eine tolle Ferrata, bestens gesichert, abschnittweise höchst exponiert und mit einigen originellen Passagen wie etwa einem (gesicherten) Spreizschritt über einen tiefen Felsspalt. Etwa 60 Meter unter dem Gipfel zweigt die ebenfalls gesicherte Abstiegsroute ab.

Stubaier Kontraste: dunkle Gneise neben schroffem Kalk. Der Grünausee.

064
Wo? Ins Gschnitztal führt von Steinach am Brenner (1048 m) eine ordentliche Straße, 11 km bis Gschnitz (1242 m).
Ausgangspunkt Gasthaus Feuerstein (1281 m), etwa 4 km hinter Gschnitz.
Wegverlauf Feuerstein – Innsbrucker Hütte – Einstieg (ca. 2450 m) – »Ilmspitz-Klettersteig« – Ilmspitze – Innsbrucker Hütte – Feuerstein.
Gehzeiten Insgesamt 10 Std.; Feuerstein – Innsbrucker Hütte 3 Std., Innsbrucker Hütte – Einstieg 1¼ Std., »Ilmspitz-Klettersteig« – Ilmspitze 1½ Std., Abstieg und Rückweg zum Einstieg 1½ Std., Abstieg nach Feuerstein 2¾ Std.
Tip Von der Pinnisalm (1560 m) kommt man in 2 Std. zur Innsbrucker Hütte; siehe 063.
Hinweis Bei der Innsbrucker Hütte gibt es eine »Übungs-Ferrata« für Ilmspitz-Aspiranten
Orientierung AV-Weg 123 zur Innsbrucker Hütte, Zugang zur Ferrata gut markiert.
Einstufung Schwierig, mit rund 900 m Drahtseil und zahlreichen Eisenbügeln gesicherte Route. Am Rückweg nach dem Ausstieg nochmals etwa 120 m Gegensteigung!

065 Glungezer-Klettersteig
Glungezer, 2677 m

Mittel

Der Glungezer gilt als dankbarer Skiberg, und an dem markierten Weg vom Patscherkofel hinüber und hinauf zum Gipfel bewegt sich im Sommer bei schönem Wetter viel Wandervolk, so daß der Wirt der Glungezerhütte kaum über mangelnden Umsatz klagen kann. Nur eines ist der Glungezer halt nicht: ein Kletterberg, und so wird es wohl immer ein Geheimnis bleiben, weshalb über die kümmerlichen Felsen, die aus der nordseitigen Geröllflanke ragen, Drahtseile gespannt wurden. Was sich da von Felsblock zu Felsblock schwindelt, ist weder sinnvoll, noch macht es Spaß, und als »Ferrata« wird man es beim besten Willen nicht bezeichnen können. Der Glungezer: ein Wander- und Winterziel, dazu ein schöner Aussichtsgipfel, basta!

Ausgangspunkt Tulfes (923 m) erreicht man von der Inntal-Autobahn, Ausfahrt »Hall« rasch über eine gute Zufahrt, 6,5 km. Wenig oberhalb des Ortes liegt die Talstation der Glungezer-Sesselbahn.
Ausgangspunkt Liftstation auf der Tulfeinalm (2035 m).
Wegverlauf Tulfeinalm – Einstieg (ca. 210 m) – »Klettersteig« – Glungezer – Abstieg auf dem Wanderweg – Tulfeinalm.
Gehzeit Insgesamt etwa 3 Std.
Hütte Glungezerhütte (2610 m).
Orientierung In der Geröllflanke kann man schon vom »richtigen« Weg abkommen – macht aber nichts.
Einstufung Mittel; die Route ist lausig gesichert. Normale Kletterhaken, zum Teil schon angerostet, fixieren die dünnen Drahtseile.

066 Spannagel-Klettersteig
Spannagelhaus, 2531 m

Mittel

Hintertux und seinen Gletscher kennen vor allem jene, die – sommers oder winters – auf ihren schmalen Latten unterwegs sind. Doch mittlerweile ist aus dem beliebten Skigebiet eine richtige Sportarena geworden, und da wundert es nicht, daß es auch einen Klettersteig gibt. Der kann zwar nicht unbedingt mit Superlativen aufwarten, bietet aber weniger Geübten ein lohnendes Klettererlebnis in herrlich festem, vom Eis der Gefrornen Wand abgeschliffenem Fels, mit Aussicht weit über das Tuxer Tal und zum Olperer (3476 m). Und hinterher kann man ja noch die (wirklich sehenswerte) Spannagelhöhle besuchen (Führungen).

Wo? Vom Inntal (Autobahn) durch das Zillertal bis Mayrhofen, dann südwestlich ins Tuxer Tal.
Ausgangspunkt Hintertux (1493 m), Talstation der Tuxer Gletscherbahn, 19 km von Mayrhofen. Alternativ kann man auch mit der Seilbahn bis zur Sommerbergalm (1986 m) fahren (markierter Zustieg 1 Std.)
Wegverlauf Hintertux – Kleegrube (2216 m) – Spannagel-Klettersteig – Spannagelhaus (2531 m) – Sommerbergalm (1986 m) – Hintertux.
Gehzeiten Insgesamt 5¼ Std. Hintertux – Kleegrube 2 Std., Spannagel-Klettersteig – Spannagelhaus 1¼ Std., Spannagelhaus – Sommerbergalm 1 Std., Sommerbergalm – Hintertux 1 Std.
Hinweis Spannagelhöhle!
Hütte Spannagelhaus (2531 m), Sommerbergalm (1986 m).
Orientierung Leicht, markierte Wege.
Einstufung Mittel.

067 Olperer, Schneegupfgrat

Olperer, 3476 m

Schwierig

Der Olperer ist erst einmal ein großes Gipfelziel, ein Koloß, im weiten Umkreis dominierend. Das zieht natürlich Bergsteiger an wie das Licht die Motten, die Drei vorn in der Höhenzahl tut ein übriges. Daß man am Schneegupfgrat auf ein paar alte Eisenteile stößt, erleichtert zwar den Weg zum höchsten Punkt, ist aber eher marginal. Denn wichtiger als ein starker Bizeps sind hier alpinistische Tugenden wie Trittsicherheit, Erfahrung in Fels und Eis, Ausdauer. Und ganz wichtig: stabiles Schönwetter!
Oben gibt's dann ein riesiges Panorama, Bergketten hinter Bergketten. Das heile Bild stören nur die ganzen Liftanlagen auf dem Eis der Gefrornen Wand; da schaut man lieber in die andere Richtung, nach Süden über den Alpenhauptkamm in die Dolomiten. Dort, im Mekka der Klettersteigler, war Paul Grohmann, der Erstbesteiger des Olperer, vor allem unterwegs als großer Erschließer.

Wo? In den malerischen Zemmgrund führt von Mayrhofen im Zillertal eine gute Straße, ab Gh. Breitlahner (1257 m) mautpflichtig.
Ausgangspunkt Speicher Schlegeis (1782 m), Parkplatz bei der Staumauer.
Wegverlauf Speicher Schlegeis – Olpererhütte (2388 m) – Riepenkar – Schneegupfgrat – Olperer.
Gehzeiten Insgesamt 8¼ Std.; Speicher Schlegeis – Olpererhütte 1¾ Std., Olpererhütte – Olperer 3½ Std.; Abstieg auf dem gleichen Weg 3 Std.
Hinweise Man kann den Olperer auch von Norden besteigen, eine kombinierte Eis- und Felstour. Am Nordgrat ebenfalls einige Sicherungen sowie kurze Kletterpassagen im II. Grad. Ab Spannagelhaus gut 3 Std. Gletscherausrüstung! – Vorsicht: Nur bei sicherem Wetter gehen. Bei einem Schlechtwettereinbruch oder gar Vereisung wird die Olperertour rasch zu einem gefährlichen Unterfangen.
Hütte Olpererhütte (2388 m), bew. Juli bis September; Tel. (0663) 65113.
Orientierung Hüttenweg rot-weiß markiert, am Weg über den Schneegupfgrat Steinmännchen.
Einstufung Schwierig, Kletterstellen bis zum Schwierigkeitsgrad II. Eine Tour für erfahrene Alpinisten, sicheres Wetter und gute Verhältnisse sind wichtig.

068 Berliner Weg

Schönbichler Horn, 3134 m

Leicht

Die Zillertaler Alpen sind ein herrliches Revier für Hüttenwanderer und Bergsteiger alter Schule: weite Wege, dunkle Granitgrate, Fels und Eis. Klettersteige gibt's (noch?) keine, und auch dem »Berliner Weg«, obwohl am Schönbichler Horn mit ein paar Drahtseilen verziert, kann man bestenfalls das Prädikat »gesicherter Steig« zuordnen. Wer den Dreitausender zwischen Zemm- und Schlegeisgrund überschreitet, tut's sowieso der großen Landschaft und nicht der winzigen Eisenteile wegen. Als Tagespensum ist die Tour nur Schnelläufern zu empfehlen, alle andern übernachten in einer der Hütten im Zemmgrund bzw. über dem Schlegeisgrund.

Wo? Zum Speicher Schlegeis (Dominikushütte, 1805 m) führt von Mayrhofen eine ordentliche, mautpflichtige Straße.
Ausgangspunkt Gh. Breitlahner (1257 m) an der Straße zum Stausee, 15 km ab Mayrhofen. Parkplatz.
Wegverlauf Gh. Breitlahner – Zemmgrund – Berliner Hütte (2042 m) – »Berliner Weg« – Schönbichler Horn – Furtschaglhaus (2293 m) – Speicher Schlegeis (1782 m) – Gh. Breitlahner.
Gehzeiten Insgesamt 12¼ Std.; Gh. Breitlahner – Berliner Hütte 2¾ Std., Berliner Hütte – Schönbichler Horn 4 Std., Abstieg zum Furtschaglhaus und zum Speicher Schlegeis 4 Std., zum Gh. Breitlahner weitere 1½ Std.
Hütten Grawandhaus (1636 m). Alpenrosehütte (1873 m), bewirtschaftet Anfang Juni bis Ende September, Tel. (05286) 222. Berliner Hütte, bewirtschaftet Mitte Juni bis Ende September, Tel. (05286) 223. Furtschaglhaus (2293 m), bewirtschaftet Anfang Juli bis Ende September, Tel. (Tal) (05224) 20585.
Orientierung AV-Wege 523, 502, 530.
Einstufung Bei guten äußeren Bedingungen leicht.

069 Gamssteig

Sagthaler Spitze, 2240 m

Leicht

Das Alpbachtal gibt sich mehr lieblich als alpin, auch wenn die dunklen Schieferberge über dem Greither Graben immerhin ein paar Felsen zeigen. Ihrem hohen Grat folgt ein Steig, vom Tristenjoch hinüber zur Sagthaler Spitze, hübsch trassiert und an einigen Stellen mit Drahtseilen und ein paar Eisenbügeln gesichert: keine Via ferrata, aber ein aussichtsreicher Gang mit schönen Aus- und Tiefblicken, zu den Zillertaler Gletscherbergen und hinab ins Tal der Ziller, den sich jeder erfahrene Bergwanderer zutrauen darf.

Halb so wild! Beim »Gamssteig« handelt es sich um einen ziemlich harmlosen Gratweg.

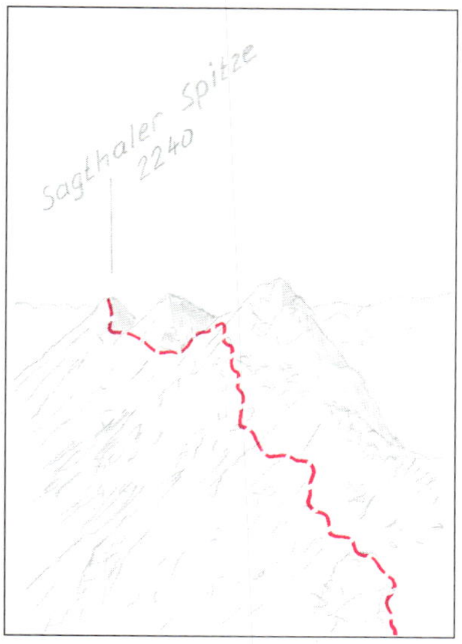

069

Wo? Ins Alpbachtal kommt man von Brixlegg auf guter Straße, 11 km bis Inneralpbach.

Ausgangspunkt Im Greither Graben, Parkplatz am Talsträßchen gegenüber vom Gh. Leiten (ca. 1090 m).

Wegverlauf Greither Graben – Greitalm (1317 m) – Farmkehr-Niederleger (1517 m) – Tristenjoch (ca. 1975 m) – »Gamssteig« – Gamskopf (2205 m) – Sagthaler Spitze – Hochstand (2057 m) – Moser-Baumgartalm – Greither Graben.

Gehzeiten Insgesamt 6½ Std.; Greither Graben – Tristenjoch 3 Std., »Gamssteig« – Sagthaler Spitze 1¼ Std., Abstieg 2¼ Std.

Hinweis Man kann natürlich auch mit der Gondelbahn auf den Hornboden hinauffahren (Bergstation 1815 m) und die Tour in umgekehrter Richtung machen. Von Inneralpbach per Bus zurück zur Talstation der Bahn.

Orientierung Beim Aufstieg im Graben oberhalb des Farmkehr-Niederlegers gut auf die gelb-roten Markierungen achten.

Einstufung Leicht.

070 Simwel-Klettersteig

Pölvenkreuz, 1478 m

Leicht

»Klettersteig« ist da etwas hoch gegriffen, weckt angesichts der steilen Felsstirn des Pölven falsche Vorstellungen. Das Steiglein läuft über die markante Terrasse, die den Wandabbruch diagonal schneidet und ist auf etwa 100 Höhenmetern gesichert, nirgends exponiert. Vom Pölvenkreuz kann man auf dem gesicherten Weg zurückgehen oder den bewaldeten Pölvenstock zur Scharte zwischen Großem und Kleinem Pölven (1562 m) überschreiten. Der Abstieg erfolgt dann südseitig über die Reither Alm (1155 m). Eine hübsche Halbtagestour, die zudem vom Frühjahr bis zum Wintereinbruch möglich ist.

Wo? Bad Häring (590 m) liegt auf einer kleinen Terrasse über dem Inntal, 12 km von Kufstein.

Ausgangspunkt Unterhalb des Ortsteils Burg, gut 1 km von der Ortsmitte. Kleiner Parkplatz.

Wegverlauf Bad Häring – »Simwel-Klettersteig« – Pölvenkreuz – Großer Pölven (1594 m) – Sattel (1412 m) – Reith – Bad Häring.

Gehzeiten Bad Häring – Pölvenkreuz 2¼ Std., Abstieg auf dem gleichen Weg 1¼ Std., Überschreitung des Großen Pölven mit Rückweg via Reith 3 Std.

Orientierung Abzweigung zum »Simwel-Klettersteig« nach etwa 25 Min. Straßenwanderung; Hinweistafel.

Einstufung Leicht.

071 Pyramidenspitze, gesicherter Steig

Pyramidenspitze, 1997 m

Leicht

Vor dem Wilden kommt der Zahme Kaiser, und so könnte man es auch als Bergsteiger halten. Denn diese »zahmen« Höhen bieten den schönsten Blick auf die nur fünf Kilometer entfernte Felsfront, in der Alpingeschichte geschrieben wurde. Und gerade richtig zur Einstimmung auf »wildere« Klettersteigtouren ist auch der gesicherte Pfad, der nordseitig aus dem Winkelkar heraufzieht, keine Ferrata, aber ein hübscher, recht abwechslungsreicher Anstieg. Die zu bewältigende Höhendifferenz von Durchholzen herauf beträgt immerhin etwa 1300 Meter – also sollte man es nicht zu »wild« angehen.

Am Aufstieg aus dem Winkelkar zur Pyramidenspitze.

Wo? Durchholzen (690 m) liegt im Norden des Zahmen Kaisers; Zufahrt von der Inntal-Autobahn über Niederndorf, 9 km.

Ausgangspunkt Etwa 1 km südlich vom Ort im Tal des Winkelbachs. Parkplatz (ca. 740 m).

Wegverlauf Durchholzen – Großpointner Alm (928 m) – Winkelkar – gesicherter Steig – Pyramidenspitze.

Gehzeiten Insgesamt 5¾ Std.; Durchholzen – Winkelkar 2½ Std., Winkelkar – Pyramidenspitze 1 Std., Abstieg auf dem gleichen Weg 2¼ Std. Alternativ kann man zum Höhenweg absteigen, der die Südflanke des Zahmen Kaisers von der Vorderkaiserfelden-Hütte bis zur Hochalm (1403 m) quert, und dann über die Gwirchtalm (1034 m) nach Durchholzen hinabwandern, etwa 4 Std.

Orientierung Rückweg von der Gwirchtalm nach Durchholzen nur teilweise bezeichnet; vom Erzbach auf Güterwegen über die Häuser Am Berg (792 m) hinab ins Tal des Winkelbachs.

Einstufung Leicht, auf etwa 150 Höhenmeter Drahtseile, zuletzt noch ein paar solide Eisenklammern.

072 Widauersteig
Scheffauer, 2111 m

Leicht

Der Scheffauer, westlicher Eckpfeiler des Wilden Kaisers, besitzt zwei markierte Anstiege, einen sonnigen und einen schattigen; beide steil, beim nordseitigen handelt es sich »fast« um eine Ferrata. Der »Widauersteig«, bereits 1911 angelegt und bestens gesichert, führt durch eine Schlucht auf den Grat, der Scheffauer und Hackenköpfe verbindet. Bevorzugte Ausgangspunkte für die Besteigung des Zweitausenders sind die Liftstationen über dem Kufsteiner Stadtberg und am Brentenjoch; meine schönste Scheffauertour beginnt am Hintersteiner See und führt zunächst in einem weiten Bogen in den Rücken des Berges zum Einstieg des »Widauersteigs«. Und der Abstieg geht dann über die Steiner Hochalm (1257 m) hinunter zu dem malerischen Alpensee.

Wo? Von Kufstein (499 m) führen Sessellifte auf den Stadtberg und über das Brentenjoch zur Steinbergalm. Scheffau, etwas abseits der B312 gelegen, ist Ausgangspunkt der Straße zum Hintersteiner See.
Ausgangspunkte Liftstationen beim Gh. Aschenbrenner (1128 m), am Brentenjoch (1204 m) und auf der Steinbergalm (1160 m). Häusergruppe Bärnstatt (918 m), etwa 3 km von Scheffau.
Wegverlauf Brentenjoch – Kaindlhütte (1318 m) – »Widauersteig« – Scheffauer. Bärnstatt – Wallneralm (1171 m) – Hochegg (1470 m) – Kaindlhütte (1318 m) – »Widauersteig« – Scheffauer – Steiner Hochalm (1257 m) – Bärnstatt.
Gehzeiten Brentenjoch – Kaindlhütte ¾ Std., Kaindlhütte – Scheffauer 2½ Std., Abstieg auf dem gleichen Weg 2 Std.; insgesamt 5¼ Std. Bärnstatt – Kaindlhütte 2½ Std., Kaindlhütte – Scheffauer 2½ Std., Abstieg über die Steiner Hochalm 2½ Std.; insgesamt 7½ Std.
Hütte Kaindlhütte (1318 m).
Orientierung Gut markierte, vielbegangene Wege.
Einstufung Leicht.

073 Gamsängersteig
074 Kaiserschützensteig
Ellmauer Halt, 2344 m

Mittel

Die Ellmauer Halt ist der Klettersteigberg des Wilden Kaisers, zwei Routen führen auf seinen Gipfel, eine schon fast historische, der »Gamsängersteig«, und der viel jüngere »Kaiserschützensteig«. Viel hat wohl nicht gefehlt, und auch der berühmte Kopftörlgrat wäre ans Drahtseil gebunden worden, auch wenn entsprechende Gerüchte in den siebziger Jahren von den Tourismusmanagern dementiert wurden.
Einen »leichten« Weg auf den höchsten Gipfel des Massivs gibt es nicht, gab es nie, und so wurde der Normalweg bereits früh gesichert. Natürlich herrscht bei Schönwetter jeweils viel »Verkehr« auf dieser Route, was, bedingt durch den Wegverlauf, eine erhebliche Steinschlaggefahr nach sich zieht. Dem wollte man unter anderem mit dem Bau einer originellen »Treppe« unterhalb der Rote-Rinn-Scharte begegnen; gefährdet bleibt nach wie vor die lange Querung unter der Südwand der Ellmauer Halt, die »Gamsänger«. Und manchen Stein, der einem hier um die Ohren pfeift, hat ein wenig rücksichtsvoller »Bergfreund« erst angeschoben...
Steinschlaggefahr besteht auch in der Roten Rinne, durch die man zum »Kaiserschützensteig« absteigt, trotz der Drahtseile im oberen, steilsten Abschnitt. Dafür bietet dann die erst 1987 eröffnete, sparsam gesicherte Ferrata einen genußvollen Anstieg vom Hochgrubachkar zur Ellmauer Halt. Mit Aussicht auf den Kopftörlgrat, notabene.
Wer den »Kaiserschützensteig« von Norden, aus dem Kaisertal, angeht, wird auf jeden Fall eine Nächtigung einplanen; von Süden, mit Zwischenabstieg in den Scharlinger Boden, kann man die Überschreitung der Halte in einem Tag machen, allerdings nur bei bestem Konditionsstand: 1900 Höhenmeter und längere gesicherte Passagen sind schon ein ordentliches Pensum. Wichtig ist dabei sicheres Wetter, denn wer möchte schon am Klettersteig von einem Gewitter überrascht werden?

Die schönste Passage am »Gamsängersteig«: steil, aber gut gesichert.

Wo? Von Kufstein (499 m) bzw. aus dem Inntal kommt man über die B173 nach Ellmau (804 m). Hier zweigt die mautpflichtige Zufahrt zur Wochenbrunner Alm (1064 m) ab.
Wegverlauf Kufstein – Kaisertal – Scharlinger Boden (ca. 1670 m) – »Kaiserschützensteig« – Ellmauer Halt – Rote-Rinn- Scharte (2093 m) – Kaisertal – Kufstein. Wochenbrunner Alm – Gruttenhütte (1620 m) – »Gamsängersteig« – Rote-Rinn-Scharte (2093 m) – Scharlinger Boden (ca. 1670 m) – »Kaiserschützensteig« – Ellmauer Halt – »Gamsängersteig« – Gruttenhütte – Wochenbrunner Alm.
Gehzeiten Kufstein – Kaisertal – Scharlinger Boden 4½ Std., »Kaiserschützensteig« 3½ Std., Ellmauer Halt – Rote-Rinn-Scharte – Scharlinger Boden – Kaisertal 3 Std., Rückweg nach Kufstein 2 Std.; insgesamt 13 Std. Wochenbrunner Alm – Gruttenhütte 1½ Std., Gruttenhütte – Rote-Rinn-Scharte – Scharlinger Boden 2½ Std., »Kaiserschützensteig« 3½ Std., Ellmauer Halt – »Gamsängersteig« – Wochenbrunneralm 2½ Std.; insgesamt 10 Std.
Hinweis Für die Besteigung der Ellmauer Halt über den »Gamsängersteig« muß man mit 4 Std. rechnen.
Hütten Hinterbärenbad (829 m) und Kaisertalhaus (936 m), bewirtschaftet Mitte Mai bis Mitte Oktober; Tel (05372) 62575. Gruttenhütte (1620 m).
Orientierung Ordentlich markierte Wege.
Einstufung Mittel; »Gamsängersteig« üppig gesichert, teilweise aber stark abgewetzte Felsen, »Kaiserschützensteig« nur mit Drahtseilsicherungen. Steinschlaggefahr!

Abmontiert: der »Klettersteig« an der Schüsselkarspitze

Kletterern braucht man die Schüsselkarspitze (2537 m) im Wettersteingebirge nicht vorzustellen, ihre prächtigen Südwandrouten, vom Genußvl:e-rer bis zum »Hexentanz der Nerven«. Daß da auch recht viele Haken im Fels stecken, versteht sich von selbst, doch vor ein paar Jahren wäre das eiserne Sortiment beinahe um solide Klammern und Eisenstifte ergänzt worden. Ein Klettersteig? Nein, nur ein »Bergrettungsweg«, beschieden zunächst die Initianten aus der Leutasch. Nach einem tirolerisch-bayrischen Ortstermin im Sommer 1989 wurde ein Abbau der (halbfertigen) Anlage beschlossen. Es geschah allerdings nichts, bis dann schließlich die Bayern zur Tat schritten: ruckzuck war der Westgrat der Schüsselkarspitze, ungesichert eine Tour im Schwierigkeitsgrad III+, vom Eisen gesäubert. Belassen wurden dagegen die Fixeisen unterhalb der Wangscharte; dieser Teil der »Ferrata« befindet sich (im Gegensatz zum Gratabschnitt) auf Tiroler Boden, und internationale Verwicklungen mit unabsehbaren Folgen wollten die wackeren Streiter aus Garmisch-Partenkirchen ja dann doch nicht unbedingt riskieren ...

Es wurden übrigens auch schon echte Klettersteige demontiert, zwei in den Dolomiten: die extrem steinschlaggefährdete Route auf die Cima dell'Uomo (3010 m) und die »Ferrata Miola« in den Pale di San Lucano.

075 Kopftörl, gesicherter Steig

Kopftörl, 2058 m

Leicht

Den Zugang zum Kopftörlgrat – berühmte Klettertour – vermittelt der Kopftörlsteig, Übergang von der Gruttenhütte ins Kaisertal. Er ist unterhalb der Scharte auf einer kurzen Strecke gesichert – ein harmloser Steig, der aber faszinierende Einblicke ins Kletterrevier des Wilden Kaisers bietet. Sehr stimmungsvoll auch die Aussicht nach Süden, über die Kitzbüheler Alpen zu den Hohen Tauern.

Wo? Von Kufstein (499 m) bzw. aus dem Inntal kommt man über die B 173 nach Ellmau (804 m). Hier zweigt die mautpflichtige Zufahrt zur Wochenbrunner Alm (1064 m) ab.
Wegverlauf Wochenbrunner Alm – Gruttenhütte (1620 m) – Kopftörl.
Gehzeiten Insgesamt 4¼ Std.; Wochenbrunner Alm – Gruttenhütte 1½ Std., Gruttenhütte – Kopftörl 1¼ Std., Abstieg auf dem gleichen Weg 1½ Std.
Tip Läßt sich gut mit einer Besteigung der Ellmauer Halt (siehe 073) oder mit dem »Jubiläumssteig« (siehe 077) verbinden.
Orientierung Markierte Wege.
Einstufung Leicht.

076 Eggersteig
077 Jubiläumssteig

Ellmauer Tor, 1995 m

Leicht

Die Steinerne Rinne, flankiert von Fleischbank und Predigtstuhl, ist so etwas wie das Herz des Wilden Kaisers, und da verwundert es kaum, daß der (arg steinschlaggefährdete) Weg vom Stripsenjoch (1577 m) herauf ins Ellmauer Tor bereits Anfang dieses Jahrhunderts auf Initiative des Kufsteiner Bürgermeisters Johann Egger gesichert wurde. Einige der damals angebrachten Eisen stecken noch heute im Fels, dem Generationen von Bergsteigern ein glattes Rundprofil verpaßt haben, Tritt um Tritt.
Weit jüngeren Datums ist der »Jubiläumssteig«, der die Gruttenhütte mit dem Ellmauer Tor verbindet, dabei gut gesichert eine wilde Klamm ab- und wieder aufsteigend traversiert. Zusammen ergeben die beiden Steige eine großartige, höchstens mäßig schwierige Wanderung durch das »steinerne Herz« des Gebirges, mit einer Überschreitung der Ellmauer Halt das Kaisererlebnis (siehe 073/074 schlechthin – aus des Ferratisten bescheidener Perspektive natürlich.

Wo? Von Kössen oder St. Johann i. T. kommt man über die Häusergruppe Griesenau (732 m) ins Kaiserbachtal. Ellmau (804 m), südlich vor dem Wilden Kaiser gelegen, ist Ausgangspunkt der Zufahrt zur Wochenbrunner Alm (1064 m).
Ausgangspunkte Griesener Alm (988 m), 6 km von Griesenau; Wochenbrunner Alm (1064 m).
Wegverlauf Griesener Alm – Stripsenjoch (1577 m) – »Eggersteig« – Ellmauer Tor – Im Kübel – »Jubiläumssteig« – Gruttenhütte (1620 m) – Wochenbrunner Alm.
Gehzeiten Insgesamt 5¾ Std.; Griesener Alm – Stripsenjoch 1¾ Std., »Eggersteig« 2 Std., »Jubiläumssteig« – Gruttenhütte 1 Std., Abstieg zur Wochenbrunner Alm 1 Std.
Hütten Stripsenjoch-Haus (1577 m), Gruttenhütte (1620 m).
Orientierung Problemlos.
Einstufung Leicht, in der »Steinernen Rinne« große Steinschlaggefahr! Helm.

078 Ackerlspitze, gesicherter Steig

Ackerlspitze, 2329 m

Mittel

Kein Steig und (fast) kein Eisen. Aber als »ungesicherten« Klettersteig möchte man den Weg auf die Ackerlspitze ja nicht bezeichnen (was das wohl wäre?), und wer genau hinguckt, entdeckt schließlich doch noch ein paar Haken, Eisenringe und -bügel: fertig ist die »Anti-Alpspitz«-Variante einer gesicherten Route. Sichernde Drahtseile fehlen vollständig, womit bereits angedeutet ist, daß die Besteigung des formschönen Felsgipfels mehr Berg- als Eisenerfahrung voraussetzt. Und der Abstieg, den man in der Regel über die benachbarte Maukspitze (2231 m) nimmt, kommt dann überhaupt ohne Sicherungen aus – da bleiben die »Ferratisten« wohl besser gleich drüben an der Ellmauer Halt ...

Ausgangspunkt Wochenbrunner Alm (1064 m), Zufahrt von Ellmau.
Wegverlauf Wochenbrunner Alm – Gaudeamushütte (1263 m) – Baumgartenköpfl (1572 m) – »Niedersessel« – Ackerlspitze – Maukspitze (2231 m) – »Niedersessel« – Wochenbrunner Alm.
Gehzeiten Insgesamt 8¼ Std.; Wochenbrunner Alm – Felseinstieg 2¼ Std., Aufstieg zur Ackerlspitze 2¼ Std., Übergang zur Maukspitze 1¼ Std., Abstieg über das Kar »Niedersessel« 2½ Std.
Hinweis Man kann auch von Going (773 m) zur Ackerlspitze aufsteigen, markierter Weg über die (meist geschlossene) Ackerlhütte.
Hütte Gaudeamushütte (1263 m).
Orientierung Ordentlich markiert.
Einstufung Mittel, stellenweise exponierte Kletterei (I–II).

079 Mitterhorn-Klettersteig
080 Nacketer-Hund-Klettersteig
081 Rothörnl-Klettersteig

Mitterhorn, 2506 m

Leicht/Schwierig

Steinberge, staubtrocken. Schön? Nun, das ist Ansichtssache, nicht jeder wird die Mondlandschaft der Loferer Steinberge mögen. Hier gibt es nur lange Wege, die ausgebleichten Gräben, Karwinkel und Felsen stehen in der prallen Sonne, der Bergsteiger meistens auch. Wasser muß man mitbringen, denn oben gibt's das kostbare Naß nur bei Schlechtwetter oder im Frühsommer, wenn da und dort noch ein Schneerest seinem Ende entgegenschmilzt. Das Faszinierende an jeder Tour in den Loferern ist der Kontrast: fünf Stunden Aufstieg, keine zwei Kilometer über den grünen Tälern, und die Welt hat sich in eine lebensfeindliche Wüste verwandelt. Da merkt man erst, wie dünn die Haut unseres Planeten ist, wie begrenzt der Lebensraum des Homo sapiens. Das hindert uns natürlich nicht daran, hinaufzusteigen. Und das kann man auf mehreren Wegen, alle markiert, teilweise auch gesichert. Der Südanstieg durch das Lastal hat ein Klettersteig-Finale bekommen, was ihn zwar nicht kürzer, aber kurzweiliger macht, und vom Wehrgubenjoch zum Gipfel des Mitterhorns verläuft die »Nacketer-Hund-Ferrata«, schon um einiges anspruchsvoller. Schließlich gibt es noch eine gesicherte Route am Rothörnl (2395 m), die man meist in Verbindung mit dem schönsten Weg im Lofer dem »Nurracher Höhenweg« begehen wird. Der wiederum ist kein Klettersteig, aber bei so mancher Tour in den Loferern einfach nicht zu umgehen – und bereut hat das bestimmt noch niemand. Aber eben: die Wege sind alle lang, anstrengend – aber auch großartig, wild und einsam.

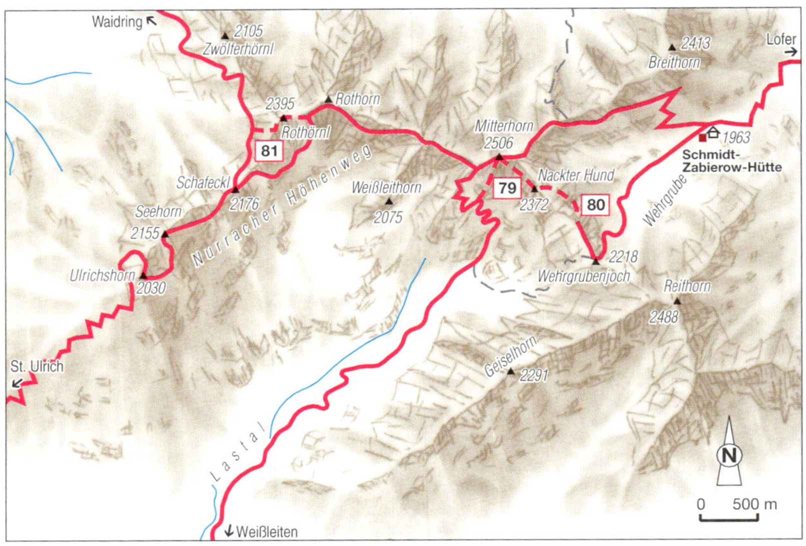

Wo? Basisorte für Touren in den Loferern sind vor allem Lofer und St. Ulrich am Pillersee.
Ausgangspunkte Weißleiten (928 m), Häusergruppe 2 km östlich von St. Ulrich. – Loferer Hochtal (ca. 830 m), Zufahrt von der B312, ca. 2 km (Truppenübungsplatz).
Wegverlauf **Variante Süd:** Weißleiten – Lastal – »Mitterhorn-Klettersteig« – Mitterhorn – »Nurracher Höhenweg« – Ulrichshorn (2030 m) – St. Ulrich.
Variante Nord: Loferer Hochtal – Schmidt-Zabierow-Hütte (1963 m) – Wehrgrubenjoch (2218 m) – »Nacketer-Hund-Klettersteig« – Mitterhorn – Schmidt-Zabierow-Hütte – Loferer Hochtal.
Gehzeiten **Variante Süd:** Insgesamt 10½ Std.; Weißleiten – Mitterhorn 5 Std., »Nurracher Höhenweg« – Ulrichshorn 3½ Std., Abstieg nach St. Ulrich 2 Std.
Variante Nord: Insgesamt 9¾ Std.; Loferer Hochtal – Schmidt- Zabierow-Hütte 3½ Std., Schmidt-Zabierow-Hütte – Wehrgrubenjoch 1½ Std., »Nacketer-Hund-Klettersteig« – Mitterhorn 1¾ Std., Abstieg ins Loferer Hochtal 3 Std.
Hinweis Eine Begehung des »Rothörnl-Klettersteigs« läßt sich vom »Nurracher Höhenweg« aus durchführen (sonst muß man von Waidring aufsteigen!). Kurzbeschreibung: Vom Schäflegg (2175 m), verblaßten Markierungen folgend, in die Nordwestflanke des Rothörnls, ein paar Rinnen querend, bis man auf den deutlich bezeichneten Weg stößt, der von Waidring heraufkommt. Nun den Drahtseilen folgend, durch ein grandioses Felslabyrinth zum Gipfel. Dahinter kurz abwärts zum »Nurracher Höhenweg«. Zeitmehraufwand etwa 1 Std.
Hütte Schmidt-Zabierow-Hütte ➡

→ (1963 m), bewirtschaftet Anfang Juli bis Ende September, Tel. (06588)7284.
Orientierung Die Wege sind (bis auf die Querung zum »Rothörnl-Klettersteig«) ordentlich markiert, AV-Nummern 613, 612, 601.
Einstufung »Mitterhorn-Klettersteig« und »Rothörnl-Klettersteig« leicht, »Nacketer-Hund-Klettersteig« schwierig. Gute Kondition auf allen Wegen unerläßlich.

Kurz und »schmerzlos«: der Klettersteig auf das Wagendrischlhorn.

082 Wagendrischlhorn-Klettersteig

Wagendrischlhorn, 2251 m

Leicht

Ein Grenzgang ist die Besteigung des Wagendrischlhorns auf jeden Fall; egal welchen Ausgangspunkt man auch wählt, sie wird zu einer (schönen) bayrisch-tirolerischen Runde. Doch im einen Europa gibt es ohnehin nur noch Grenzen zwischen Arm und Reich, allerdings nicht auf der Reiteralpe … Zum Wagendrischlhorn kommt man auf verschiedenen Wegen, die Zustiege von Ramsau – »Schaflsteig« und »Böslsteig« – weisen kurze gesicherte Abschnitte auf; da der kleine, harmlose Klettersteig aber von der AV-Sektion Lofer zu ihrem Hundertjährigen angelegt worden ist, sei hier dem Salzburger Zugang der Vorzug gegeben. Von Mayrberg aus ergibt sich zudem eine besonders schöne Runde, in die das zerfurchte, allmählich im Latschengestrüpp versinkende Karrenplateau der Reiteralpe den besonderen Akzent setzt. Der Gipfel bietet eine stimmungsvolle Aussicht auf die Berchtesgadener Alpen.

Wo? Lofer (626 m) liegt im Tal der Saalach zwischen Loferer Steinbergen und Reiteralpe.
Ausgangspunkt Gh. Mayrberg (900 m), 5 km von der Loferer Umfahrungsstraße. Parkplatz.
Wegverlauf Gh. Mayrberg – Hochgscheid (ca. 1720 m) – Mayrbergscharte (2053 m) – Klettersteig – Wagendrischlhorn – Reiteralpe – Alte Traunsteiner Hütte – Alpasteig – Obermayrberg – Gh. Mayrberg.
Gehzeiten Insgesamt 8½ Std.; Gh. Mayrberg – Mayrbergscharte 3¼ Std., Klettersteig – Wagendrischlhorn ¾ Std., Wagendrischlhorn – Alte Traunsteiner Hütte 1¾ Std., Rückweg 2¾ Std.
Hinweis Unternimmt man die Überschreitung des Wagendrischlhorns von Ramsau aus, ergibt sich eine Gesamtgehzeit von etwa 8 Std.
Hütte Gut ¼ Std. von der (geschlossenen) alten Hütte steht die Neue Traunsteiner Hütte (1557 m).
Orientierung Bei Nebel oder Schneefall kann die Reiteralpe zur gefährlichen Falle werden! Unterhalb der Alpawand steinschlaggefährdete Passage mit jungem Ausbruch. Im Tal weiter absteigen bis auf breite Schotterpiste und Wegzeiger »Obermayrberg«, zuletzt auf markiertem Hangweg mit kurzer Gegensteigung zurück zum Ausgangspunkt (nicht zur Talstraße absteigen).
Einstufung Leicht, gute Kondition erforderlich.

083 Wildental-Klettersteig
084 Südwand-Klettersteig

Persailhorn, 2330 m

Mittel

Ein schöner Gipfel, zwei propere Klettersteige, eine gemütliche Hütte – wenn das Wetter mitspielt, reicht dies für einen Bergtag, an den man gerne zurückdenken wird. Den Auftakt macht der – überwiegend schattige – Anstieg zur Wiechenthaler Hütte mit Fernsicht bis zu den Hohen Tauern und erstem Blickkontakt mit dem markanten Felsdreieck des Persailhorns. Vom gemütlichen Refugium ist es dann nicht mehr weit bis zum ersten Drahtseil: auf ins »eiserne« Vergnügen! Und die Runde macht wirklich Spaß, wartet auf mit einigen recht originellen, auch spannenden Passagen wie der luftigen Querung (»Wastl-Promenade«). Hoch am Westgrat (ca. 2270 m) treffen die beiden Ferrate zusammen, zum (Vor-)Gipfel mit Kreuz leiten noch ein paar weitere Drahtseile. Statt abzusteigen, kann man die Tour über den »Saalfeldener Höhenweg« zum Riemannhaus fortsetzen, eine große Überschreitung, aber nur teilweise gesichert, mit zwei Gipfeln (Mitterhorn, 2491 m; Breithorn, 2504 m), bis zum Riemannhaus etwa 3 Stunden. Na, wie wär's?

Wo? Saalfelden (744 m) liegt an der B311, etwa auf halber Strecke zwischen Lofer und Zell am See. Am nördlichen Ortsende Abzweigung zum Weiler Bachwinkl.
Ausgangspunkt Parkplatz im Wald, etwas oberhalb der Häuser von Bachwinkl.
Wegverlauf Bachwinkl – Wiechenthaler-Hütte (1707 m) – »Wildental-Klettersteig« – Persailhorn – »Südwand-Klettersteig« – Wiechenthaler-Hütte – Bachwinkl.
Gehzeiten Insgesamt 8 Std.; Bachwinkl – Wiechenthaler-Hütte 2¼ Std., »Wildental-Klettersteig« – Persailhorn 2¼ Std., »Südwand-Klettersteig« – Wiechenthaler-Hütte 2 Std., Abstieg nach Bachwinkl 1½ Std.
Hütte Peter-Wiechenthaler-Hütte (1707 m).
Orientierung Problemlos, alles gut markiert.
Einstufung Mittel; der »Wildental-Klettersteig« ist etwas anspruchsvoller. »Alter Weg« (ehemaliger Normalweg auf das Persailhorn) teilweise gesperrt (Hinweistafel).

085 Mooshammersteig
Hochseiler, 2793 m

Mittel

Während sich um Gipfelkreuz und Matrashaus drüben am Hochkönig an sommerlichen Schönwettertagen stets viel Volk versammelt, erhält der Hochseiler vergleichsweise wenig Besuch. Dabei braucht sich der stattliche Felsgipfel keineswegs zu verstecken, und der »Mooshammersteig«, in den Felsen über dem Schneekar und am Gipfel spärlich, am Nordgrat überhaupt nicht gesichert, sticht den recht biederen »Birgkarsteig« am Hochkönig locker aus. Deshalb steigen manche über den »Mooshammersteig« zu den Teufelslöchern auf, wenden sich dann aber nach rechts und steuern via Übergossene Alm das Matrashaus an – so kommt man ebenfalls auf den höchsten Gipfel zwischen Zugspitze und Dachstein.

Wo? Hintertal (1016 m) liegt am Südfuß des Steinernen Meers, 14 km von Saalfelden.
Ausgangspunkt Parkplatz hinter dem Ort.
Wegverlauf Hintertal – Bertgenhütte (1845 m) – Teufelslöcher (2694 m) – Hochseiler – Niedere Torscharte (2247 m) – Hintertal.
Gehzeiten Insgesamt 9 Std.; Hintertal – Bertgenhütte 2½ Std., Bertgenhütte – Teufelslöcher 2½ Std., Überschreitung des Hochseiler zur Torscharte 2 Std., Abstieg nach Hintertal 2 Std.
Hinweis Von den Teufelslöchern kommt man in 1 Std. über den Gletscherrest der »Übergossenen Alm« zum Hochköniggipfel. Große Runde ab Erichhaus mit Querung zur Bertgenhütte und Abstieg über den »Birgkarsteig« möglich, etwa 11 Std. ab Dientner Sattel.
Orientierung Die Wege sind ordentlich markiert.
Einstufung Mittel; der Aufstieg zu den beiden Teufelslöchern ist sparsam, aber ausreichend gesichert. Am Grat zum Gipfel wenige Eisenstifte, Abstieg ohne Sicherungen. Leichte Kletterpassagen (I–II).

Die Überschreitung des Hochseiler in die Niedere Torscharte ist dann bereits als leichte Klettertour einzustufen (I–II); wer zu sehr an Eisen gewöhnt ist, tut gut daran, den Gipfel auszulassen und von den Teufelslöchern über den gesicherten »Herzogsteig« in die Torscharte (2247 m) abzusteigen.

086 Birgkarsteig
Hochkönig, 2941 m

Leicht

Als höchste Erhebung der Berchtesgadener Alpen erhält der Hochkönig natürlich viel Besuch. Die meisten nehmen den zwar weiten, aber recht bequemen Normalweg vom Arthurhaus (1502 m) herauf; beliebt ist auch der südseitige Anstieg durchs Birgkar: kürzer, steiler und auf einigen Passagen gesichert. Besonders lohnend in Verbindung mit dem »Mooshammersteig«, aber dann nur für sehr Ausdauernde (siehe 069). Ganz Schlaue übernachten gleich auf dem Gipfel im bewirtschafteten Matrashaus, genießen die faszinierend-romantischen Dämmerstimmungen abends und am frühen Morgen.

Wo? Südlich des Hochkönigs verläuft eine kleine Paßstraße: von Saalfelden nach Hintertal, dann über den Filzensattel (1291 m) weiter nach Dienten (Zufahrt aus dem Pinzgau), schließlich über den Dientner Sattel (1357 m) ins Salzachtal.
Ausgangspunkt Dientner Sattel (1357 m); in der Nähe das Birgkarhaus (1379 m). Der Weg zur Erichhütte zweigt etwa 500 m westlich der Scheitelhöhe ab; Hinweistafel.
Wegverlauf Dientner Sattel – Erichhütte (1546 m) – »Birgkarsteig« – Hochkönig.
Gehzeiten Insgesamt 8¾ Std.; Dientner Sattel – Erichhütte ¾ Std., Erichhütte – Hochkönig 4½ Std., Abstieg auf dem gleichen Weg 3½ Std.
Hinweis Man kann auch auf dem Normalweg zum Arthurhaus absteigen, 3 Std. Für den Rückweg zum Dientner Sattel benötigt man dann nochmals gut 2 Std.
Hütten Erichhütte (1546 m), Matrashaus am Hochkönig (2941 m).
Orientierung Vielbegangene, ordentlich markierte Wege. Bei Nebel kann man sich auf der Übergossenen Alm leicht verlaufen.
Einstufung Leicht, im Birgkar Drahtseilsicherungen. Gute Kondition unerläßlich.

087 Kitzsteinhorn, gesicherter Steig
Kitzsteinhorn, 3203 m

Leicht

Wissen Sie, was eine »Funirata« ist? Nein? Nun, die Kitzsteinhorn-Tour lehrt es einen beiläufig, während der Fahrt mit der Seilschwebebahn (= Funivia, 2015 Höhenmeter) und beim Hinaufturnen an den Drahtseilen (= Ferrata, 179 Höhenmeter) zum Gipfel des stolzen Dreitausenders. Oben kann man (bei gutem Wetter) hundert herrliche Gipfel (garantiert seilfrei) bestaunen; wer über den (ebenfalls gesicherten) Nordgrat zum Schmiedinger Kees und zur Seilbahn-Zwischenstation am Zeferetkopf absteigen will, sollte auf jeden Fall die entsprechende Ausrüstung dabeihaben.

Wo? Ins Kapruner Tal kommt man von Zell am See über Kaprun (786 m), etwa 10 km bis zur Talstation der großen Kitzsteinhorn-Seilbahn.
Ausgangspunkt Bergstation (2924 m) am Nordwestgrat des Kitzsteinhorns.
Wegverlauf Seilbahnstation – Kitzsteinhorn – Nordgrat – Kammerkees – Schmiedinger Kees – Zeferetkopf (Seilbahn-Umsteigestation).
Gehzeiten Zum Gipfel und zurück 1 Std., Abstieg über das Schmiedinger Kees zur Seilbahn-Zwischenstation etwa 2 Std.
Orientierung Drahtseilgeländer von der Seilbahnstation zum Gipfel.
Einstufung Gipfelsteig leicht, Abstieg über das Schmiedinger Kees nicht ohne Gletscherausrüstung.

088 Gleiwitzer Höhenweg
Hoher Tenn, 3368 m

Mittel

Das pure Gegenteil zum »Seilbahn-Klettersteig« drüben am Kitzsteinhorn ist der Weg auf den Hohen Tenn: eine große, ernstzunehmende Tour mit 2500 Steigungsmetern, mit längeren Felspassagen, abschüssigen Schrofenhängen, mit Schnee und Firn, einer wirklich phantastischen Gratüberschreitung jenseits der Dreitausendergrenze und einer Firnschneide zum Finale.
Angesichts des gewaltigen Höhenunterschieds wird man am Vorabend zur Gleiwitzer Hütte (2174 m) aufsteigen; für die Tour braucht's dann vor allem eines: sicheres Wetter. Denn die schrofigen Grashänge, die schmalen Bänder sind bei Nässe oder gar Schnee schlicht saugefährlich, zumal manche Drahtseile mehr moralische Stütze als zuverläßige Sicherung bieten. Dafür gibt's dann oben das Tüpfchen aufs »i«: eine Rundumschau der Superlative!

Wo? Von Zell am See kommt man über Bruck rasch ins Fuscher Tal.
Ausgangspunkt Fusch (811 m) an der »Großglockner-Hochalpenstraße«, 12 km von Zell.
Wegverlauf Fusch – Gleiwitzer Hütte (2174 m) – Spitzbrettkopf (2511 m) – Bauernbrachkopf (3125 m) – Kleiner Tenn (3158 m) – Hoher Tenn.
Gehzeiten Insgesamt 13½ Std.; Fusch – Gleiwitzer Hütte 3¾ Std., Gleiwitzer Hütte – Hoher Tenn 4¾ Std., Abstieg auf dem gleichen Weg 5 Std.
Hütte Gleiwitzer Hütte (2174 m), bewirtschaftet Mitte Juni bis Anfang Oktober, Tel. (06 63) 6 90 39.
Orientierung Gratweg ist nicht zu verfehlen. Vorsicht auf Wächten!
Einstufung Klettersteigpassagen mittel, teilweise ausgesetzt. Hochalpine Tour, Steigeisen, Pickel und Seil gehören zur Tourenausrüstung.

089 Schareck, Neuwirtsteig und Pröllweg
Schareck, 3122 m

Mittel

Wenn das Schareck in den vergangenen Jahren Schlagzeilen gemacht hat, dann waren es stets die (teilweise mißglückten) Versuche, den Dreitausender an irgendein Drahtseil zu binden, ihn (ski-)sporttauglich zu machen. Aus der geplanten Gasteiner Gipfelseilbahn ist nichts geworden, dafür gibt es an den beiden markierten Schareck-Anstiegen, am »Neuwirtsteig« und am »Pröllweg«, ein paar (ganz bescheidene) Drahtseile. Sowohl der Nordostgrat als auch der Übergang von der Herzog-Ernst-Spitze (2933 m) wurden bereits vor über hundert Jahren gesichert. Die beiden Routen lassen sich zu einer hochalpinen Runde verbinden: eine der schönsten Touren in den Gasteiner Bergen, aber nur für erfahrene Bergsteiger mit entsprechender Ausrüstung.

Wo? Nach Badgastein (1002 m) kommt man von Bischofshofen (Tauernautobahn) auf guten Straßen via Lend, ca. 50 km.
Ausgangspunkt Sportgastein (1588 m), knapp 10 km von Badgastein.
Wegverlauf Sportgastein – »Neuwirtsteig« – Schareck – »Pröllweg« – Herzog-Ernst-Spitze (2933 m) – Niedersachsenhaus (2471 m) – Sportgastein.
Gehzeiten Insgesamt 9¾ Std.; Sportgastein – »Neuwirtsteig« – Schareck 5 Std., Schareck – Niedersachsenhaus 3 Std., Niedersachsenhaus – Sportgastein 1¾ Std.
Hütte Niedersachsenhaus (2471 m).
Orientierung AV-Wege, rot-weiß markiert.
Einstufung Mittel, im Auf- wie im Abstieg leichte Kletterpassagen (I–II). Für den Firngrat zum Schareck evtl. Steigeisen und Pickel.

090 Hochstaufen – Zwiesel, gesicherter Steig
Zwiesel, 1782 m

Leicht

Will man den Wegtafeln rund um den felsigen Hochstaufen glauben, gibt es am Hausberg von Bad Reichenhall zwei Klettersteige: den Aufstieg von den »Steinernen Jägern« und den Gratweg zum Zwiesel. Fehlanzeige! Über die abgeschmierten Felsen am Ostgrat helfen keine Sicherungen, nur Vorsicht (vor allem bei Nässe), dafür sind – immerhin – am Gratweg hinüber zum Zwiesel mehrere Drahtseile gespannt. Mit Talort Inzell ergibt sich eine abwechslungsreiche Runde, die viel Aussicht – ins Flache und tief ins Gebirge – sowie ein paar überraschend alpine Passagen bietet, auch am Aufstieg über die Nordflanke des Hochstaufen. Am ersten Gipfel (Hochstaufen, 1771 m) empfiehlt sich eine längere Rast, denn der Weg hinüber zum Zwiesel ist recht weit und zudem mit einigem Auf und Ab garniert.

Wo? Inzell (693 m) liegt im Vorland der Chiemgauer Alpen, knapp 20 km von Traunstein.
Ausgangspunkt Gasthaus Adlgaß (806 m), Zufahrt von Inzell 5 km.
Wegverlauf Adlgaß – Hochstaufen – Mittelstaufen (1618 m) – Roßkarscharte – Zennokopf (1756 m) – Zwiesel (1782 m) – Adlgaß.
Gehzeiten Insgesamt 7¾ Std.; Adlgaß – Hochstaufen 3¼ Std., Hochstaufen – Zwiesel 2¾ Std., Zwiesel – Adlgaß 1¾ Std.
Hütte Reichenhaller Hütte (1750 m).
Orientierung Markierte Wege.
Einstufung Leicht.

091 Watzmann-Überschreitung
Watzmann, 2713 m

Mittel

Das Wahrzeichen des Berchtesgadener Landes besaß seinen Gratsteig schon, als noch niemand wußte, was eine »Via ferrata« ist. So sichern heute solide »Antiquitäten« die vor allem zwischen Mittelspitze (2713 m) und Südspitze (2712 m) recht luftige Überschreitung: ein faszinierender Gang am Saum des Himmels mit entsprechenden Tiefblicken ins Wimbachtal und natürlich über die berühmte Ostwand hinab zum Königssee, auf dem winzige Spielzeugschiffchen weiße Linien ins Wasser ziehen. Es lohnt sich allerdings, auch ab und zu einen Blick ins Panorama zu werfen – und aufs Wetter. Denn an dem langen Grat möchte man doch nicht unbedingt von einem Gewitter überrascht werden.

Wo? Der berühmte Urlaubsort Berchtesgaden (571 m) liegt am Fuß des Watzmanns, wenige Kilometer vom Königssee.
Ausgangspunkt An der B 305, 8 km westlich von Berchtesgaden. Parkplatz an der Wimbachbrücke (624 m).
Wegverlauf Wimbachbrücke – Watzmannhaus (1914 m) – Hocheck (2651 m) – Watzmanngrat – Südspitze (2712 m) – Wimbachgries-Hütte (1326 m) – Wimbachtal – Wimbachbrücke.
Gehzeiten Insgesamt 13 Std.; Wimbachbrücke – Watzmannhaus 4 Std., Watzmannhaus – Hocheck 2 Std., Gratüberschreitung 2 Std., Abstieg zur Wimbachgries-Hütte 3 Std., »Talhatscher« (9 km) 2 Std.
Hütte Watzmannhaus (1914 m), bewirtschaftet Anfang Juni bis Ende September, Tel. (0 86 52) 13 10.
Orientierung Im Abstieg zur Wimbachgries-Hütte bei Nebel Orientierungsprobleme.
Einstufung Mittel. Nächtigung im Watzmannhaus; nur bei sicherem Wetter gehen!

Eine Tagestour ist die Watzmann-Überschreitung nur für echte Dauerläufer. Alle anderen übernachten im Watzmannhaus; nach zweistündigem Aufstieg steht man bereits am Hocheck (2651 m), wo die Gipfelwanderer umdrehen, für die »Ferratisten« – endlich! – das »eiserne« Vergnügen beginnt.

092 Mannlsteig
093 Schustersteig
Hoher Göll, 2522 m

Mittel

Der kürzeste Weg zum Hohen Göll verläuft über den Mannlgrat; er ist in den fünfziger Jahren zu einer hübschen, nur mäßig schwierigen Ferrata ausgebaut worden. So kommt man in drei Stunden leicht zum Gipfel; die erste Weghälfte mit ihren gut gesicherten Felspassagen an dem zerklüfteten Felskamm ist allerdings wesentlich interessanter als der anschließende Geröllhatscher. Bezaubernd dafür die Rundschau, eine gelunge Mischung von Nah-, Fern- und Tiefblicken, hinein in die Alpen, hinaus ins offene Land, hinab zum Königssee.
Für den Abstieg bietet sich alternativ der »Schustersteig« an, eine kleine gesicherte Route, die am Grenzkamm zwischen Bayern und Salzburg hinabläuft zum Purtschellerhaus (1692 m) am Eckerfirst.

Am Mannlgrat muß man ein paarmal ordentlich zupacken.

Wo? Der berühmte Urlaubsort Berchtesgaden (571 m) liegt am Fuß des Watzmanns, wenige Kilometer vom Königssee.
Ausgangspunkte Kehlsteinstraße (1710 m). Wer die beiden Klettersteige als Runde begehen will, startet an der Roßfeld-Ringstraße bei der Schifferer Hütte (ca. 1160 m).
Wegverlauf Kehlsteinstraße – Kehlsteinhaus (1837 m) – Mannlgrat – Hoher Göll.
Gehzeiten Insgesamt 5¼ Std.; Kehlsteinstraße – Hoher Göll 3 Std., Abstieg auf dem gleichen Weg 2¼ Std.
Tip Für die Runde von der Schifferer Hütte aus mit Aufstieg über den Mannlgrat, Abstieg auf dem »Schustersteig« ergibt sich eine Gesamtgehzeit von 7½ Std.
Hütte Purtschellerhaus (1692 m).
Orientierung Problemlos.
Einstufung Mittel; der Mannlgrat ist auf einer Länge von etwa 1 km gesichert. Am »Schustersteig« knapp 100 m Sicherungen.

Kids am Klettersteig

Daß Kinder öfter von Bäumen fallen oder aus selbstgebastelten Hochsitzen purzeln, beweist vor allem eines: sie klettern gern. Daß sie dabei nicht immer die erforderliche Vorsicht walten lassen, kann man leicht an zerschrammten Knien und ähnlichen Blessuren ablesen. Wer also mit der Familie ins Gebirge geht, muß den Aufpasser spielen – erst recht auf Klettersteigen. Die liebt der Nachwuchs nämlich ganz besonders, Korbinian und Maria werden es bestätigen: Spannung, verbunden mit dem Gefühl der Sicherheit. Nur der Anmarsch sollte halt nicht zu weit sein, und wenn's oben dann auch gleich noch eine Wirtschaft mit Spezi und Pommes gibt – umso besser!

Abenteuer Alpen, am Klettersteig.

Grundsätzlich spricht nichts dagegen, Kinder schon sehr früh ins Gebirge mitzunehmen, auch auf gesicherte Steige, aber bitte mit entsprechender Vorsicht! Die Kleinen gehören an die kurze Leine (Seilstück); wenn sie größer sind, kann man Kinder leicht mit der Selbstsicherung vertraut machen. Nur: Sicherung muß sein, denn die Kids gehen in der Regel zwar traumwandlerisch sicher, sie träumen aber halt manchmal auch nur. Und dann soll ja nicht gleich etwas passieren.

094 Dopplersteig
095 Mittagsschartensteig
Salzburger Hochthron, 1853 m

Leicht

Eine Überschreitung des Untersbergs vom »Dopplersteig« über den Salzburger Hochthron zur Mittagsscharte (1671 m) gehört zu den beliebtesten Bergtouren im Nahbereich der Mozartstadt; im Felsgelände bewegt man sich dabei beim Auf- wie beim Abstieg, auf »Klettersteigen« allerdings nicht. Sowohl der »Dopplersteig«, der durch die malerische Klamm des Rosittenbachs zum Zeppezauer Haus bzw. zum Geiereck (1805 m) hinaufzieht, als auch der »Mittagsschartensteig« sind ausgebaute Pfade. In die Wand unterhalb des Geierecks wurden über 400 Stufen geschlagen, und der Steig zur Mittagsscharte verläuft gar teilweise im Berg, wobei Tunnelfenster für Licht und packende Ausblicke sorgen.

Wo? Der Untersberg (Berchtesgadener Hochthron, 1972 m) erhebt sich südlich von Salzburg.
Ausgangspunkte Zufahrten u.a. über die Autobahn nach Glanegg (zum »Dopplersteig«), St. Leonhard (456 m; Talstation der Seilbahn auf den Untersberg) und (über die Grenze zu Bayern) zum historischen Paßturm Schellenberg (zum »Mittagsschartensteig«).
Wegverlauf Glanegg – »Dopplersteig« – Zeppezauer Hütte (1664 m) – Geiereck (1805 m; Seilbahn) – Salzburger Hochthron (1853 m) – Mittagsscharte (1671 m) – »Mittagsschartensteig« – Toni-Lenz-Hütte (1551 m) – Schellenberg.
Gehzeiten Insgesamt 6¼ Std.; Glanegg – Geiereck 3 Std., Geiereck – Mittagsscharte 1 Std., Abstieg über »Mittagsschartensteig« 2¼ Std.
Hinweis Die Schellenberger Eishöhle in der Nähe der Toni-Lenz-Hütte kann besichtigt werden; Führungen von Pfingsten bis Ende Oktober.
Hütten Zeppezauer Hütte (1664 m), Toni-Lenz-Hütte (1551 m).
Orientierung Problemlos.
Einstufung Leicht.

Von Salzburg bis zum Hochschwab

Kontraste. Sie prägen die Landschaft zwischen Salzburg und dem Gesäuse, machen Wanderungen und Bergtouren immer wieder zu einem besonderen Erlebnis: dem Saum der Alpen nahe, doch mit Blick bis zu den Gletscherbergen am Horizont. Und was rund um die Salzkammergutseen noch fast operettenhafte Heiterkeit verströmt, mit Kalenderbildern prunkt, das gefriert nur ein paar Kilometer weiter südlich zu leblosem Fels: Auf dem Stein, Dachstein, Totes Gebirge, Hochschwab.

Gegensätze. Sie bestimmen auch das Klettersteigangebot: Von allem ein bißchen. Da finden sich Anlagen aus der Pionierzeit des Alpinismus neben brandneuen Routen, kleine gesicherte Steige neben ausgewachsenen »Vie ferrate«. Die älteste Anlage überhaupt ist der Normalweg zum Hohen Dachstein, sage und schreibe 1843 erbaut! Auch noch vor der Jahrhundertwende entstand der »Wasserfallweg« im Gesäuse. Den »Ferrata-Boom« der sechziger Jahre verschlief man hier allerdings gründlich; erst in jüngster Zeit sind einige schöne Routen angelegt worden, etwa der »Ramsauer Klettersteig« im Dachsteingebirge und – er vor allem! – der »Bert-Rinesch-Steig« am Großen Priel, eine Superferrata für Könner. Aber auch jene, die's lieber etwas

Meine Favoriten

- »Naturfreundesteig« – richtig für Genießer (105)
- »Ramsauer Klettersteig« – der unbekannte Osten (des Dachsteinmassivs) (118)
- »Bert-Rinesch-Steig« – einfach Spitze (127)
- »Triftsteig« – der ganz andere Steig (132)

Gipfelwärts! Am neuen Klettersteig durch die Dachstein-Südwand.

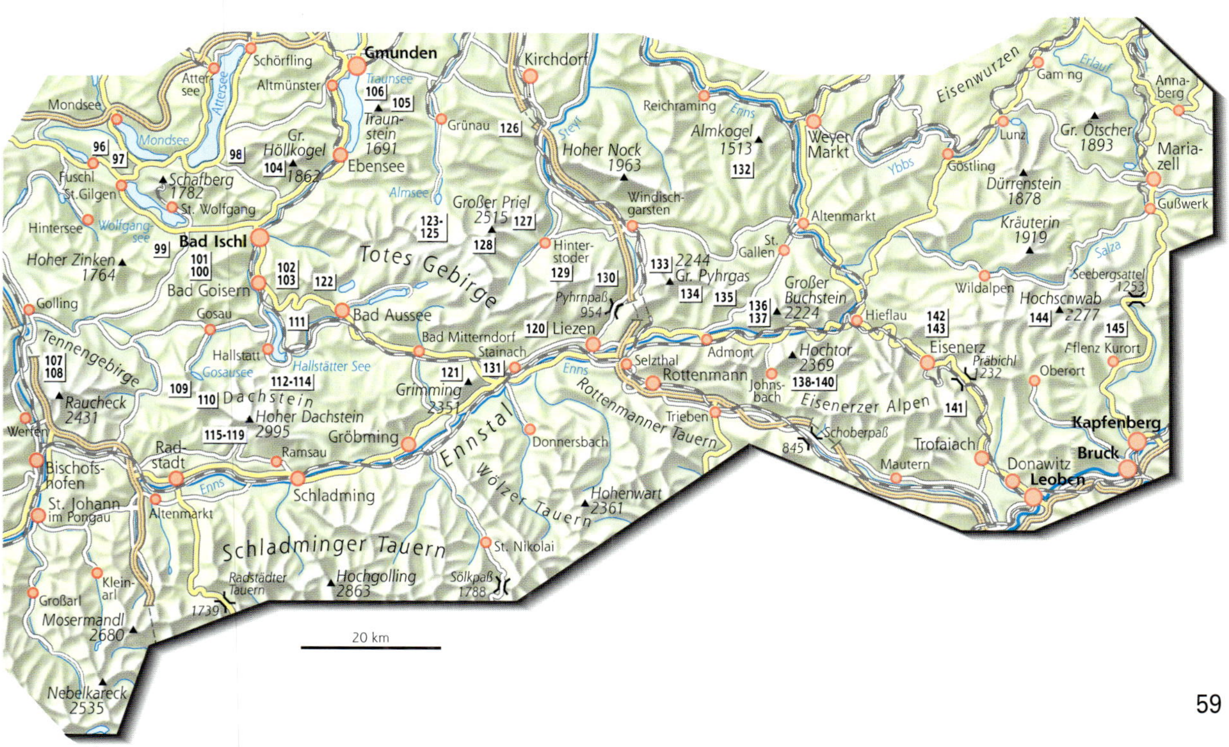

Der Steig aufs Warscheneck ist bestens gesichert.

gemäßigter mögen, kommen nicht zu kurz. Am Warscheneck gibt es einen hübschen, wenig schwierigen Steig, schon ein paar Jahre mehr auf dem Buckel hat der »Naturfreundesteig« über dem Traunsee.

Zu einem richtigen Dorado für begeisterte »Eisenfresser« hat sich die Dachsteinregion entwickelt; ein Dutzend Vie ferrate gibt es mittlerweile rund um den Hohen Dachstein (2995 m), darunter den schwierigsten Klettersteig Österreichs an der Seewand und eine brandneue, großartige Route durch die Dachstein-Südwand.

Karten und Führer

Wander- und Kletterführer, auch über einzelne Regionen, gibt es in großer Zahl. Die Klettersteige der »Nördlichen Kalkalpen Ost« beschreibt Franz Hauleitner (Bergverlag Rother, München), in seinem Selbstverlag befaßt sich Kurt Schall sehr detailverliebt mit »Klettersteigen & leichtem Fels, Österreich Ost« (Verlag Kurt Schall, Wien).

Die besten Karten liefert das Bundesamt für Eich- und Vermessungswesen in Wien; sehr übersichtlich sind die Vergrößerungen der 50000er Karte (1:25000) mit Wegmarkierungen.

Eine Buchempfehlung

Beim Bergsteigen kann man ja nicht vorsichtig genug sein. Was dabei alles passiert, beschreibt Pit Schubert ebenso anschaulich wie kenntnisreich in seinem Buch »Sicherheit und Risiko in Fels und Eis«, das zum 25jährigen Jubiläum des Sicherheitskreises des DAV im Bergverlag Rother erschienen ist.

096 Schober, gesicherter Steig

Schober, 1328 m

Leicht

Sein felsiger Kopf lugt gerade noch aus den Waldflanken heraus, aber immerhin hoch genug, um eine für die meisten Berge des Salzkammerguts typische Rundumschau zu bieten: blau-grün-grau-weiß: Seen – Wälder – Fels. Letzteren entdeckt man vor allem im Süden, wo das Dachsteinmassiv steht, das auch für den kleinen weißen (Gletscher-)Fleck im Panorama sorgt. Besonders hübsch ist natürlich der Blick auf den nahen Fuschlsee (664 m), und an seinem Ostufer, in Fuschl, beginnt auch die Schober-Tour, ganz bequem mit der Fahrt hinauf zum Wirtshaus Wartenfels (924 m). Dann kommt erst einmal die gleichnamige Burgruine (1021 m) ins Blickfeld. Und der Klettersteig? Ein paar Drahtseile sichern den »Gipfelsturm«, ebenso den Übergang zum etwas niedrigeren Nebengipfel, dem Frauenkopf.

Wo? Fuschl (670 m) erreicht man von Salzburg bzw. St. Gilgen über die B158, 23 bzw. 7 km.
Ausgangspunkt Wh. Wartenfels (924 m), Zufahrt von Fuschl, 6 km. Parkplatz.
Wegverlauf Wh. Wartenfels – Schober – Frauenkopf (1308 m) – Wh. Wartenfels.
Gehzeit Für die gesamte Runde etwa 2 Std.
Orientierung Problemlos, gut markierte Wege.
Einstufung Leicht; Drahtseilsicherungen, an den Gipfelfelsen ein paar Eisenklammern.

097 Drachenwand, gesicherter Steig

Drachenwand, 1060 m

Leicht

Auf der Fahrt von Mondsee zum Wolfgangsee steht die markante Felsbarriere der Drachenwand direkt vor einem. Ein gesichertes Steiglein führt, den Absturz links umgehend, auf den Ostgipfel.

Wo? Mondsee (493 m) liegt am westlichen Ende des gleichnamigen Sees.
Ausgangspunkt Gh. Drachenwand (498 m) an der B154, 6 km von Mondsee.
Wegverlauf Gh. Drachenwand – Theklakapelle (550 m) – Klausbachklamm – Drachenwand.
Gehzeiten Insgesamt 3¾ Std.; Aufstieg 2¼ Std., Abstieg auf dem gleichen Weg 1½ Std.
Orientierung Markierte und beschilderte Wege.
Einstufung Leicht; das Steiglein ist mit Drahtseilen und drei Leitern gesichert.

098 Brennerriesesteig

Brennerin, 1559 m

Leicht

See oder Gletscherberg? Die Brennerin bietet beides, beim Anstieg zur Brennerriese erst einmal Wasser, natürlich vor allem drunten im Attersee (469 m), salziges auch auf der Stirn des Gipfelstürmers, denn der Weg ist ganz schön steil. Dafür heißt es oben: Vorhang auf! Und da steht dann der vergletscherte Dachstein (2995 m) am südlichen Horizont – ein Traumbild! Beim Abstieg südwestlich über den langen Grat der Mahdlschneid – ebenfalls an einigen Stellen mit Drahtseilsicherungen – kann man beides ausgiebig genießen, die Aussicht ins Hochgebirge wie den Tiefblick zur weiten Wasserfläche. Und niemand hindert einen daran, nach der »heißen« Tour ein erfrischendes Bad im Attersee zu nehmen …

Wo? Zum Attersee kommt man bequem über die Westautobahn A1, Ausfahrt Seewalchen. Am oberen Ostufer liegen die Ferienorte Seefeld (480 m) und Weißenbach, 14 bzw. 19 km.
Ausgangspunkt Forstamt (470 km) auf halber Strecke zwischen Seefeld und Weißenbach. Parkplatz an der B152.
Wegverlauf Forstamt – »Brennerriesesteig« – Brennerin – Mahdlschneid – Weißenbach – Forstamt.
Gehzeiten Insgesamt 6 Std.; Forstamt – Brennerin 3 Std., Abstieg nach Weißenbach 2 Std., Rückweg abseits der Straße 1 Std.
Orientierung Leicht, gut bezeichnete Wege, AV-Nummern 821, 820.
Einstufung Leicht, an der Brennerriese lange Leiter, einige Drahtseile; beim Abstieg über die Mahdlschneid kurze gesicherte Passagen.

099 Sparber, gesicherter Steig

Sparber, 1502 m

Leicht

Wer am Wolfgangsee nicht bloß nach dem »Weißen Rößl« oder nach einem nicht minder berühmten Feriengast schielt, kann ihn eigentlich nicht übersehen, den isoliert aufragenden, bewaldeten Kegel mit dem steinernen, doppelgipfligen Kopf. Er steht südlich über dem Voralpensee; der einzige markierte Anstieg, steil, aber nicht allzu weit, verläuft durch das Tälchen des Schärferbachs und über die Ostflanke. Am felsigen Gipfelaufbau helfen dann Leitern und Drahtseile auf den kreuzgeschmückten Nordgipfel.

Wo? Strobl (544 m) liegt am Ostende des Wolfgangsees, je 12 km von St. Gilgen und Bad Ischl.
Ausgangspunkt Gasthaus Kleefeld (690 m) mit großem Wildgehege, Zufahrt von Strobl via Weißenbach 3 km. Parkplatz.
Wegverlauf Gh. Kleefeld – Dürrentalalm (977 m) – Scharte (ca. 1450 m) – Nordgipfel.
Gehzeiten Insgesamt 4 Std.; Aufstieg 2½ Std., Abstieg auf dem gleichen Weg 1½ Std.
Orientierung Markierter Weg.
Einstufung Leicht.

100 Rinnkogel, gesicherter Steig

Rinnkogel, 1823 m

Leicht

Über dem Unkelkar stehen drei Gipfel, die annähernd gleich hoch sind und – noch eine Übereinstimmung – alle einen gesicherten Zugang aufweisen. So ist der Verbindungsgrat zwischen Rettenkogel und Bergwerkskogel mit etwas Eisen gangbar gemacht (siehe 101), und auch am Aufstieg zum Rinnkogel erleichtern Drahtseile den Zugang zum Grat und den Weiterweg zum höchsten Punkt. Oben gibt es eine stimmungsvolle Rundschau mit dem Wolfgang-See im Nordwesten und dem vergletscherten Dachsteinmassiv im Südosten.

Wo? Ins Weißenbachtal kommt man von Strobl über die (mautpflichtige) Postalmstraße.
Ausgangspunkt Simonhütte (723 m) an der Postalmstraße, 7,5 km von der B 158. Parkplatz.
Wegverlauf Simonhütte – Sulzaustube (758 m) – Gratscharte (1328 m) – Rinnkogel.
Gehzeiten Insgesamt 5½ Std., Aufstieg 3½ Std., Abstieg auf dem gleichen Weg 2 Std.
Orientierung Leicht; AV-Markierung 889.
Einstufung Leicht.

101 Bergwerkskogel – Rettenkogel, Überschreitung

Bergwerkskogel, 1781 m

Mittel

Oft bieten sie die größten, auf jeden Fall die überraschendsten Kontraste: die Berge in Stadtnähe. Wie beispielsweise die »Zwillinge« westlich des Katergebirges, nur ein paar Kilometer von der Bad Ischler Kurpromenade, von Casino und teuren Boutiquen entfernt – eine wilde Bergregion, einsam, still. Daran haben auch die beiden markierten Wege und die (spärlichen) Sicherungen nicht viel geändert; für die Kurgäste ist der Berg eh' zu hoch, der Abgrund zu tief und das nächste Kaffeehaus zu weit …

Kernstück der Runde ist die Gratüberschreitung, die man mit Vorteil vom Bergwerkskogel zum gleich hohen Rettenkogel (1780 m) durchführt; andernfalls muß die schwierigste Passage – ein 10-Meter-Wandl – im Abstieg genommen werden. Ein paar Sicherungen weist auch der Anstieg zum Bergwerkskogel auf.

Wo? Nach Bad Ischl (469 m) kommt man von der Westautobahn über St. Gilgen bzw. Gmunden, 37 bzw. 46 km.
Ausgangspunkt Der Weiler Ramsau, auf halber Strecke zwischen Strobl und Bad Ischl an der B 158. Parkplatz beim Gh. Wacht. Kurze Zufahrt in den Graben des Schöffaubachs.
Wegverlauf Ramsau – Schöffau (805 m) – Laufenbergalm (1300 m) – Bergwerkskogel (1781 m) – Rettenkogel (1780 m) – Sonntagkaralm – Schöffau – Ramsau.
Gehzeiten Insgesamt 7 Std.; Ramsau – Bergwerkskogel 3¾ Std., Grat zum Rettenkogel ¾ Std., Abstieg 2½ Std.
Orientierung Problemlos, AV-Wege 891, 893.
Einstufung Mittel, schwierigste Stelle am Gipfelaufschwung des Rettenkogel.

102 Leadership-Klettersteig

Predigtstuhl, 1278 m

Schwierig

Nun hat auch der Hausberg von Bad Goisern zwei Sportklettersteige. Wenn sich der Hohe Dachstein in Wolken hüllt, kann man am »Leadership« und an der Ewigen Wand ein paar Übungsmeter absolvieren. Und bei schönem Wetter lohnt sich der Abstecher auf den Predigtstuhl allemal, schon des Prachtblicks auf den Hallstätter See und das Dachsteinmassivs wegen.

Wo? Bad Goisern (508 m) liegt im Salzkammergut, auf halber Strecke zwischen Bad Ischl und dem Hallstätter See.
Ausgangspunkt Gasthof Predigtstuhl (973 m), Zufahrt von Bad Goisern 7 km.
Wegverlauf Gh. Predigtstuhl – Forstweg – »Leadership« – Predigtstuhl – »Radsteig« – Gh. Predigtstuhl.
Gehzeiten Ganze Runde etwa 2½ Std., zusammen mit dem »Ewige-Wand-Klettersteig« 4 Std.
Orientierung Markierte Wege, Abzweig zur Ferrata bezeichnet.
Einstufung Schwierig, einige Passagen sehr luftig.

103 Ewige-Wand-Klettersteig

Ewige Wand, 825 m

Schwierig

Eine Ewigkeit braucht man garantiert nicht für die rund 40 Höhenmeter dieser Mini-Ferrata; weniger Geübten kann die extrem luftige Querung hinaus in die senkrechte Wand aber ganz schön einheizen. Lohnend vor allem in Verbindung mit dem »Leadership-Klettersteig« (siehe 102). Weniger intelligent, daß die Ferrata direkt vom (Familien-)Spazierweg abgeht …

Wo? Bad Goisern (508 m) liegt im Salzkammergut, auf halber Strecke zwischen Bad Ischl und dem Hallstätter See.
Ausgangspunkt Straßenkehre (810 m) an der Strecke von Bad Goisern zum Gh. Predigtstuhl, hier links zu einem Parkplatz bei der Rathluck'n-Hütte.
Wegverlauf Rathluck'n-Hütte – Ewige Wand – Klettersteig – Rathluck'n-Hütte.
Gehzeit Insgesamt etwa 1½ Std.
Hinweis Kombination mit »Leadership-Klettersteig« möglich.
Orientierung Problemlos.
Einstufung Schwierig, sehr ausgesetzt.

»Schwedensteige« – der ganz besondere Tourentip

Klettersteige – das hat sich inzwischen herumgesprochen – gibt es nicht nur in den Alpen, auch andernorts wurde die Lücke zwischen Wandern und Klettern mit Eisen geschlossen, so etwa im Climber-Paradies des Yosemite Valley (am Half Dome). Doch wer weiß schon, daß es im hohen Norden, in einem Winkel Europas, wo das an Drei- und Viertausender gewöhnte Auge des Alpenbergsteigers keine Berge, kaum Felsen entdecken kann, viel näher am Polarkreis als an der Zugspitze, Klettersteige gibt? Angeregt durch mehrere Ausflüge ins Ferrata-Paradies der Dolomiten, haben zwei Schweden die Idee kurzerhand an den Bottnischen Meerbusen exportiert. In den Jahren 1987–89 wurde gebohrt, gehämmert, und nun zieren zwei propere Klettersteige die rund 250 Meter hohe Granitwand des Skuleberget (294 m). Die Ausrüstung kann man mieten, und davon machen die Leute aus dem Norden regen Gebrauch, über 2000mal jeden Sommer – fast schon alpine Verhältnisse ...

Schweden-steil!

Aber die Alpen sind weit, der Skuleberget steht gut 500 Kilometer nördlich von Stockholm an der »Hohen Küste«. Beide Routen sind durchgehend mit Fixseilen gesichert, dazu kommen ein paar Eisenstifte und Klammern. Die ältere, 1987 erbaute Anlage mit einem Höhenunterschied von etwa 200 Metern gilt als nur mäßig schwierig, zu vergleichen vielleicht mit dem »Gamsängersteig« an der Ellmauer Halt. Von ganz anderem Kaliber ist die zweite Ferrata, ungesichert wäre die Route ein »Fünfer«! Und das in rauhem schwedischem Granit, direkt über dem Meer – schon ein Kletter(steig)erlebnis der besonderen Art.

104 Schafluckensteig
Brunnkogel, 1708 m

Leicht

Natürlich sind allein schon die beiden malerischen Langbathseen, dunkel und waldumsäumt, einen Besuch wert. Doch den Klettersteigler interessiert vor allem die breite Felsfront im Talschluß, die vom Eiblgupf (1813 m) bis zum Hinteren Spielberg (1538 m) zieht und nur einen Durchstieg aufweist, den »Schafluckensteig«. Mit Drahtseilen gesichert, steigt er vom Hinteren Langbathsee (732 m) über die Rampe hinauf zum Latschenplateau des Höllengebirges. Da gibt's kaum Aussicht, und deshalb lohnt es sich, noch den kleinen Abstecher zum Brunnkogel zu unternehmen.

Wo? Zu den Langbathseen kommt man von Ebensee (443 m), das am oberen Ende des Traunsees liegt, 17 km von Gmunden.
Ausgangspunkt Vorderer Langbathsee (664 m), 8 km ab Ebensee. Parkplatz.
Wegverlauf Vorderer Langbathsee – Hinterer Langbathsee – »Schafluckensteig« – Brunnkogel.
Gehzeiten Insgesamt 5½ Std.; Aufstieg 3½ Std., Abstieg auf dem gleichen Weg 2 Std.
Orientierung AV-Wege 828, 829.
Einstufung Leicht; Wandhöhe etwa 400 m, Drahtseilsicherungen.

105 Naturfreundesteig
106 Hernlersteig
Traunstein, 1691 m

Mittel

Keine Frage, er ist der »Schönste im ganzen Land«, zumindest im Salzkammergut: der »Naturfreundesteig«, eine richtige Ferrata, nicht schwierig, aber sehr abwechslungsreich und über 1000 Meter hoch. Da ist natürlich viel Gehgelände dazwischen, doch die Route überrascht immer wieder mit originellen Passagen. Sehr animiert der Auftakt mit steilen 165 Leitersprossen, nach halber Wegstrecke, am Überstieg auf die Südwestabdachung des Traunsteins (»Lenzingerleiter«) kommt das Fels-Eis-Ensemble des Dachsteins ins Bild. Knapp unter dem Traunkirchner Kogel (1575 m) führt die Eisenroute noch durch ein Felsenfenster, in dem sich – zurückblickend – die glitzernde Wasserfläche des Traunsees zeigt: Klick! Und dann steht man auch schon vor der Traunsteinhütte, aber noch nicht am Gipfel: weitere 100 Höhenmeter bis zum riesigen Kreuz und zur großen Rundschau.
Für den Abstieg hat man die Wahl zwischen dem Wanderweg, der gemütlich ➡

105/106

Wo? Gmunden (440 m) liegt am Nordende des Traunsees.
Ausgangspunkt Parkplatz am Fuß des Traunsteins; Zufahrt über die Ostuferstraße, 6 km (Sperrschranke).
Wegverlauf Traunseeufer – »Naturfreundesteig« – Traunsteinhütte – Traunstein – Lainaugraben – Traunseeufer.
Gehzeiten Insgesamt 6½ Std.; »Naturfreundesteig« 3¼ Std., Traunsteinhütte – Traunstein ½ Std., Abstieg über den Lainaugraben 2¾ Std. Abstieg von der Gmundner Hütte über den »Hernlersteig« zum Seeufer 2 Std.
Hütten Traunsteinhütte (1570 m), Gmundner Hütte (1661 m).
Orientierung Problemlos, die Steige sind gut markiert.
Einstufung »Naturfreundesteig« mittel, »Hernlersteig« leicht, aber bei Nässe gefährlich, zudem steinschlaggefährdet (Helm!).

➡ hinabläuft in den Lainaugraben, und dem »Hernlersteig«. Der wiederum rangiert in meiner »Hitliste« ziemlich weit hinten, und wen's schon mal im Knie gezwickt hat, sollte ihn auf jeden Fall auslassen. Recht viel zu bieten hat diese »Direttissima« durch den extrem steilen Brandgraben (Drahtseile, drei Leitern) ohnehin nicht, und hinterher erinnert man sich wohl vor allem an einen veritablen Knieschnackler …

Blickfang am »Naturfreundesteig« ist der Traunsee.

107 Hochkogel-Klettersteig

Hochkogel, 2281 m

Leicht

Die Sensation des Hochkogels sitzt im Berg, zieht alljährlich Tausende an: die Eisriesenwelt. Da kann der Klettersteig natürlich nicht mithalten; gemeinsam haben Höhle und Eisensteig nur den Zugang, bequem per Seilbahn. An der Bergstation wendet sich das Gros der Fahrgäste ins Bergesinnere, wo Wasserfälle im kalten Zugwind zu Eiskaskaden erstarrt sind, während ein paar wenige am Weg hinauf zum Karrenplateau des Tennengebirges Schweißtropfen vergießen …

Wo? Werfen (548 m) liegt im Salzachtal, 45 km südlich von Salzburg. Zufahrt zur Seilschwebebahn in die Eisriesenwelt, 6 km. Parkplatz.
Ausgangspunkt Bergstation (1582 m) der Seilbahn beim Ödl-Haus.
Wegverlauf Seilbahnstation – Klettersteig – Jagdhütte (2092 m) – Hochkogel.
Gehzeiten Insgesamt 3¼ Std.; Aufstieg 2 Std., Abstieg auf dem gleichen Weg 1¼ Std.
Orientierung Problemlos, AV-Weg 212 bis zur Jagdhütte am Hochkogeltief.
Einstufung Leicht, mit Drahtseilen, Eisenstiften und einer Leiter gesichert. Steinschlaggefahr (Helm).

Die Route, auf kürzeren Abschnitten recht exponiert, aber bestens gesichert, fasziniert vor allem durch packende Tiefblicke ins Tal der Salzach, wo die Festung Hohenwerfen deutlich zu erkennen ist.

108 Raucheck, gesicherter Steig

Raucheck, 2431 m

Leicht

Eine Schwalbe macht noch keinen Sommer – und eine Leiter keinen Klettersteig! Was aber keineswegs heißen soll, daß sich die Raucheck-Tour nicht lohnen würde, ganz im Gegenteil. Nur »Eisenfresser« sind hier an der falschen Adresse. Der recht lange Weg zum Gipfel verlangt zwar eine ordentliche Kondition und die senkrechte Eisenkonstruktion, die über eine Felsbarriere hinweghilft, natürlich Schwindelfreiheit, doch der Rest ist vor allem Landschaftsgenuß, kontrastreich, eine Wanderung aus dem Talgrün hinauf zur grau-öden Felswüste des »Tennendachs«.

Wo? Werfen (546 m) liegt im Salzachtal, 45 km südlich von Salzburg.
Ausgangspunkt Gh. Mahdegg (1202 m), Zufahrt von Werfen via Werfenweg (901 m), 10 km. Parkplatz.
Wegverlauf Gh. Mahdegg – Werfener Hütte (1969 m) – Throntörl – Raucheck – Hochthrontal – Gh. Mahdegg.
Gehzeiten Insgesamt 7 Std.; Gh. Mahdegg – Werfener Hütte 2¼ Std., Werfener Hütte – Throntörl 1¼ Std., Throntörl – Raucheck 1 Std., Abstieg durch das Hochthrontal 2½ Std.
Hinweis Hochkogel und Raucheck ergeben zusammen mit der Überschreitung des Tennen-Plateaus eine schöne Zwei-Tage-Tour; Aufstieg über den Hochkogel-Klettersteig (siehe 87).
Hütten Werfener Hütte (1969 m), Edelweißerhütte (2360 m) am Mittleren Streitmandl; Notunterkunft, stets zugänglich; im Sommer an Wochenenden bewartet (Getränke).
Orientierung AV-Wege 221, 227. Im Kar des Hochthrontals gut auf (dürftige) Markierungen achten! Bei Nebel kann man sich am Hochplateau des Tennengebirges leicht verlaufen.
Einstufung Leicht, im Bereich der »Thronleiter« Steinschlaggefahr.

109 Steiglkogel, gesicherter Steig

Steiglkogel, 2205 m

Leicht

Ein klassisches Alpensujet, tausendfach schon abgelichtet: die freundlich-grüne Hügellandschaft des Tennengaus, darüber der wildgezackte Gosaukamm mit dem unverkennbaren Profil der »Mütze«. Kletterträume. Ferratisten fahren in der Regel weiter zum Dachstein, wo es »eisenhaltigere« Ziele gibt. Der Gosaukamm bietet bloß ein paar wenige Drahtseile, am Donnerkogel (2055 m) und am Steiglkogel. Letzterer macht Appetit auf mehr, garantiert, denn gleich »nebenan« ragt die Bischofsmütze (2459 m) in den Himmel. Ihre Besteigung setzt allerdings schon etwas Kletterfertigkeit voraus, ist auch ungesichert, während am Weg zum Steiglkogel Drahtseile auf den gleichnamigen Paß und durch eine Steilrinne zur Gipfelabdachung leiten.

Wo? Filzmoos (1055 m) liegt im Südwesten des Dachsteins, Zufahrt von der Tauernautobahn A 10, 12 km.
Ausgangspunkt Oberhofalm (1268 m) im Tal der Warmen Mandling, 6 km von Filzmoos.
Wegverlauf Oberhofalm – Hofpürglhütte (1705 m) – Steiglpaß (2016 m) – Steiglkogel.
Gehzeiten Insgesamt 5¼ Std.; Oberhofalm – Hofpürglhütte 1¼ Std., Hofpürglütte – Steiglkogel 2 Std., Abstieg auf dem gleichen Weg 2 Std.
Hütte Hofpürglhütte (1705 m).
Orientierung Weg zum Steiglpaß AV-Nummer 612, dann nur mehr verblaßte rote Markierung.
Einstufung Leicht.

110 Linzer Weg

Hofpürglhütte – Adamekhütte, 2196 m

Mittel

Zweifellos gehört der »Linzer Weg« zu den schönsten markierten Höhenwegen der Ostalpen: ein Dachstein-Bilderbuch, in das die malerischen Gosauseen, die elegante Bischofsmütze (2459 m), der wuchtige Torstein (2948 m) und der Gosaugletscher Glanzlichter setzen. Als Tagesziel taugt der »Linzer Weg« allerdings nicht; also wird man am Vortag zur Hofpürglhütte (1705 m) wandern, am besten über den »Austriaweg«, und dann ausgeruht den »Linzer Weg« angehen. Er ist auf kürzeren Abschnitten gesichert und bei guten äußeren Bedingungen nur wenig schwierig. Liegen allerdings Eis oder Schnee in den schattigen Karwinkeln, muß die Tour als objektiv gefährlich eingestuft werden. Bergerfahrung ist hier wichtig; Auskunft über Wegzustand in der Hofpürglhütte.

Wo? Zum Vorderen Gosausee (933 m) kommt man von Hallstatt auf guter Straße, 20 km. Talstation der Gosaukamm-Seilbahn.
Ausgangspunkt Bergstation der Seilbahn (1485 m) unweit der Gablonzer Hütte (1550 m).
Wegverlauf Bergstation der Seilbahn – Gablonzer Hütte (1550 m) – »Austriaweg« – Theodor-Körner-Hütte (1460 m) – Hofpürglhütte (1705 m) – »Linzer Weg« – Adamekhütte (2196 m) – Hinterer Gosausee (1154 m) – Vorderer Gosausee.
Gehzeiten Insgesamt 12 Std.; Gablonzer Hütte – Hofpürglhütte 4 Std., »Linzer Weg« – Adamekhütte 5 Std., Abstieg zum Vorderen Gosausee 3 Std.
Hütten Gablonzer Hütte (1550 m), Theodor-Körner-Hütte (1460 m), Adamekhütte (2196 m). Hofpürglhütte (1705 m), bewirtschaftet Pfingsten bis Mitte Oktober, Tel. (0 36 87) 8 13 23.
Orientierung AV-Wege 611, 601, 614.
Einstufung Mittel, heikle, oft vereiste Passagen in den schattigen Karwinkeln. Steigeisen und Pickel können da durchaus von Nutzen sein.

111 Hoher Sarstein, gesicherter Steig

Sarstein, 1975 m

Leicht

Ziemlich genau im geographischen Zentrum Österreichs, dem Ausseer Land, erhebt sich der behäbig-massige Bergstock des Hohen Sarsteins. Seine isolierte Lage stempelt ihn zu einem bemerkenswerten Belvedere mit See- und Alpenblick. Besonders schön das Dachsteinmassiv mit seinem weißen Firnschild im Süden; in der Tiefe glitzert zwischen steilen Bergflanken herauf der Hallstätter See. Zu Recht beliebt ist die Überschreitung des gesamten Bergstocks, vom Pötschenpaß nach Süden, mit dem Dachstein als Richtungsweiser, und Abstieg nach Obertraun. Vor der großen Aussicht kommen dann ein paar (leichte) gesicherte Passagen – Zugabe zu einer großen Tour, mehr nicht.

Salzkammergut-Landschaft.

Wo? Der Hohe Sarstein erhebt sich zwischen dem Hallstätter See und Bad Aussee, Anfahrt über die Pötschenstraße.
Ausgangspunkt Pötschenpaß (993 m), Übergang zwischen Bad Goisern und Bad Aussee.
Wegverlauf Pötschenpaß – Goiserer Sarsteinalm (1695 m) – Hoher Sarstein – Sarsteinhütte (1620 m) – Obertraun (513 m).
Gehzeiten Insgesamt 7 Std.; Pötschenpaß – Goiserer Sarsteinalm 2½ Std., Sarsteinalm – Hoher Sarstein 1 Std., Hoher Sarstein – Sarsteinhütte 1¼ Std., Abstieg nach Obertraun 2¼ Std.
Hütten Goiserer Sarsteinalm (1695 m), Sarsteinhütte (1620 m).
Orientierung Gut markierte Wege.
Einstufung Leicht.

112 Seewand-Klettersteig
Seewand, ca. 1660 m

Extrem schwierig

Daß wir in einer Welt leben, die sich vor allem an Superlativen orientiert, ist nicht neu, trifft vor allem auf »sport and fun« zu. Und ziemlich rekordverdächtig ist die neue Ferrata über dem Hallstätter See schon: fast 800 Höhenmeter, überwiegend nahe der Senkrechten, also »länger, steiler, schwieriger«. Daß Klettersteigler nicht durchwegs bestens trainierte Athleten sind, wurde dabei möglicherweise zu wenig berücksichtigt, und wer mag schon ein hartes Bizeps-Training absolvieren, ehe er sich an einen Klettersteig traut? Kein Zufall deshalb, daß die Bergrettung wiederholt in die Seewand ausrücken mußte ...
Einige der kniffligsten Passagen dürften erfolgreiche Seewanddurchsteiger nicht so schnell vergessen: das leicht überhängende Doppeldach, den »Igel«, der mit ein paar Trittstiften versehen ist, das maximal ausgesetzte »Putz-Band«, den finalen 100-Meter-Pfeiler. Und wer vor lauter »Krampf« nicht vergißt, zwischendurch mal nach unten zu gucken, wird mit einem zauberhaften Blick auf den Hallstätter See belohnt.

Wo? Zum Hallstätter See kommt man von Salzburg bzw. Gmunden über Bad Ischl.
Ausgangspunkt Kesselkurve (514 m) etwa auf halber Strecke zwischen Hallstatt und Obertraun. Großer Parkplatz am See.
Wegverlauf Kesselkurve – Hirschaualm (830 m) – »Seewand-Klettersteig« – Gjaidalm (1738 m).
Gehzeiten Für die Begehung des Klettersteigs muß man mit 4 bis 5 Std. rechnen, mit Zustieg und Wanderung zur Gjaidalm ergibt sich eine Gesamtgehzeit von 5¾ bis 7 Std.
Hinweis Wer nicht zu Fuß ins Tal absteigen will (gut 2 Std. von der Gjaidalm), sollte sich vorab über die Betriebszeiten der Dachstein-Seilbahn (Hoher Krippenstein) informieren; Tel. (06131) 273.
Hütte Gjaidalm (1738 m).
Orientierung Markierter Weg zur Hirschaualm, hier Hinweis auf die Ferrata. Rückweg zur Gjaidalm bezeichnet.
Einstufung Extrem schwierig, enorme Ausdauer (Armmuskeln) notwendig. Erholungspausen beim »Fledermaus-Biwak« und am »Putz-Band« ratsam. Für den oberen Wandteil sind Kletterschuhe vorteilhaft. Auch routinierte Klettersteigler sollten die Route als Seilschaft gehen. Nach Regenfällig sind einige grasige Steilabschnitte extrem rutschig.

113 Schöberl-Klettersteige
Schöberl, 2422 m

Leicht/Mittel

War die Simonyhütte ursprünglich vor allem Stützpunkt am (langen) Weg zum Hohen Dachstein (2995 m), so wird sie seit jüngstem auch gerne von Klettersteiglern aufgesucht. Der Grund: gleich mehrere Eisenwege am Schöberl und am Wildkarpfeiler (siehe 114), dazu ein hübscher Klettergarten (»Beginners Paradise«) mit Übungs-Ferrata. Die Routen am Schöberl – Einstiege etwa eine Viertelstunde von der Simonyhütte – haben ebenfalls eher Trainingscharakter; wenn man die drei Routen miteinander verbindet, resultiert eine hübsche Halbtagsunternehmung. Vom Schöberl schöner Blick auf den Hohen Dachstein und den Hallstätter Gletscher.

Wo? Zum Hallstätter See (508 m) kommt man von Bad Ischl über Bad Goisern, 25 km bis zur Talstation der Dachstein-Seilbahn.
Ausgangspunkt Seilbahnstation auf der Gjaidalm (1788 m).
Wegverlauf Gjaidalm – Schwalbengruben – Simonyhütte; Zugang zu den Schöberl-Klettersteigen auf kurzen, markierten Wegen.
Gehzeiten Hüttenwanderung 4¼ Std. hin und zurück; Schöberl-Klettersteige je 1 bis 1½ Std.
Hütte Simonyhütte (2206 m), bewirtschaftet Ende Januar bis Mitte Oktober; Tel. (03622)52322.
Orientierung Leicht, alles gut bezeichnet.
Einstufung »Südanstieg« leicht, »Kamin-Pfeiler-Steig« mittel, »Via Steinbock« mittel, aber sehr exponiert.

114 Wildkar-Klettersteig
Vorderes Niederes Kreuz, 2560 m

Schwierig

Entschieden alpineren Charakter als die Routen am Schöberl hat der Wildkar-Klettersteig, der, bestens gesichert, eine »Direttissima« über den Wildkarpfeiler zieht. Knackig-kraftraubend der Auftakt, genußreich der weitere Anstieg und eher gemütlich der Ausklang zum Schrofenplateau. Geplant ist einerseits eine Verlängerung zum Hohen Kreuz (2837 m), anderseits auch ein gesicherter Übergang zur Adamekhütte. Also noch mehr Eisen rund um den Hohen Dachstein (der ja übrigens als einer der ersten Gipfel mit gesichertem Anstieg in die Alpinhistorie einging; siehe 115).

Wo? Zum Hallstätter See (508 m) kommt man von Bad Ischl über Bad Goisern, 25 km bis zur Talstation der Dachstein-Seilbahn.
Ausgangspunkt Seilbahnstation auf der Gjaidalm (1788 m).
Wegverlauf Gjaidalm – Simonyhütte – »Wildkar-Klettersteig« – Vorderes Niederes Kreuz – Hoher Trog (2355 m) – Simonyhütte – Gjaidalm.
Gehzeiten Insgesamt 7¼ Std.; Gjaidalm – Simonyhütte 2½ Std., »Wildkar-Klettersteig« 1¾ Std., Abstieg zur Simonyhütte 1½ Std, Rückweg zur Seilbahn 1½ Std.
Hütte Simonyhütte (2308 m).
Orientierung Bestens markierte Steige. Bei Nebel Vorsicht auf dem Dachsteinplateau!
Einstufung Schwierig; die anspruchsvollsten Passagen befinden sich im untersten Abschnitt des Klettersteigs.

115 Dachstein-Überschreitung
Hoher Dachstein, 2995 m

Mittel

Für Klettersteigler mit Geschichtsbewußtsein ist der Hohe Dachstein nicht irgendein Berg; der Normalweg wurde bereits 1843 – zwischen Nürnberg und Fürth verkehrte gerade die erste Eisenbahn Deutschlands, die elektrische Glühlampe war noch nicht erfunden – mit soliden Eisen versehen: eine echte Pioniertat! Einige dieser Antiquitäten stecken noch heute im Fels, und 1878 erhielten der Ostgrat und das »Mecklenburgband« ihre Fesseln, bestehend aus 133 Kilogramm Eisen und 500 Meter Schiffstau. Seile gibt's noch mehr am Dachstein, jene der »Dachsteinsüdwand-Seilbahn«, die für viel Betrieb auf und um den Gletscher sorgt. Daß die Zahl der Gipfelstürmer ebenfalls sprunghaft angestiegen ist, versteht sich da fast von selbst; daß die bequeme Anfahrt bis in die Hochgbirgsregion der Dachstein-Tour einiges von ihrem Erlebniswert genommen hat, leider auch.
Kolonnengehen vom Hunerkogel in der Firnspur hinüber zum »Randkluftanstieg« ist an Schönwettertagen fast der Normalfall, auch der eine oder andere kleine Stau im Fels. Die Drahtseile am Einstieg zu dem etwas schwierigeren »Ostgrat-Felsensteig« wurden sogar entfernt, um Ungeübte fernzuhalten. Etwas ruhiger ist es am Westgrat, der ebenfalls gesichert ist, und mit der Überschreitung der Steinerscharte (2721 m) schließt die Runde.

Wo? Von Schladming (749 m) bzw. Filzmoos (1055 m) kommt man über die mautpflichtige Dachsteinstraße zur Talstation (1705 m) der Seilschwebebahn, 17 km. Großer Parkplatz.
Ausgangspunkt Bergstation der Seilbahn am Hunerkogel (2694 m).
Wegverlauf Hunerkogel – Hallstätter Gletscher – »Felsensteig« – Hoher Dachstein – Westgrat – Gosaugletscher – Steinerscharte (2721 m) – Hallstätter Gletscher – Hunerkogel.
Gehzeiten Insgesamt 4¼ Std.; Hunerkogel – Hoher Dachstein 1½ Std., Westgrat ¾ Std., Rückweg über die Steinerscharte 2 Std.
Orientierung Auf den Gletschern in der Regel gute Spur. Nur bei sicherem Wetter gehen!
Einstufung Mittel. Am »Randkluftanstieg« Steinschlaggefahr; Zustieg über den Ostgrat lohnender. Westgrat auf etwa 200 m gesichert, an der Steinerscharte senkrechte Leiter. Bei Vereisung gefährlich!

Den Überstieg vom Gosauer zum Hallstätter Gletscher am Dachstein erleichtert eine solide Leiter.

Wanted!

Keine Angst, hier wird kein Bösewicht gesucht, tot oder lebendig etwa. Ganz im Gegenteil, der Aufruf gilt sehr beweglichen, aktiven Zeitgenossen, die eine Schwäche für Vie ferrate haben, viel unterwegs sind auf Eisenwegen. Mit anderen Worten: Autor und Verlag brauchen Ihre Hilfe. Denn auch mit erheblichem Fleiß, mit detektivischer Spurensuche wird es mir, dem Autor, nie gelingen, allen Veränderungen im alpinen Klettersteig-Inventar auf die Spur zu kommen, jede neue Ferrata rechtzeitig zu orten.
Deshalb meine Bitte: Schreiben oder faxen Sie mir, teilen Sie Neuigkeiten, Änderungen mit – zum Vorteil aller, die mit einer nächsten Auflage auf den Klettersteigen der Alpen unterwegs sein werden. Und ganz umsonst soll Ihre Mühe natürlich nicht sein: Für jeden nützlichen Tip, der zur Verbesserung des Buches führt, auch für konstruktive Kritik werden wir uns gern erkenntlich zeigen.
Meine Anschrift: Eugen E. Hüsler, Ostener Straße 5, D-83623 Dietramszell, Tel. und Fax (08027) 1369.

116 Dachstein-Südwandklettersteig

Dachsteinwarte, 2741 m

Schwierig

Beim Stichwort »Dachstein« denken Kletterer erst einmal an die Südwand, dieses alpine Schaustück des obersten Ennstals, und dann natürlich an den legendären »Steinerweg«, am 22. September 1909 von Irg und Franz Steiner eröffnet, ein großer Klassiker im nordalpinen Kalk, mit dem IV. Schwierigkeitsgrad bewertet. Neun Jahrzehnte später bekommt die Südwand des Dachsteins nun ihren Klettersteig. Das liegt wohl im Trend, wird manchen Bergsteiger vom »alten Schlag« aber doch schmerzen. Immerhin, die Erbauer – Bergführer aus Ramsau – ließen die zentrale Südwand unter dem Dachsteingipfel unberührt. Sie legten ihren »Eisenweg« weiter östlich in den Steilfels, nicht weit von der »Pfannl-Maischberger-Führe«; mit 700 Meter Stahlseil und 250 Trittstiften versehen, überwindet sie den stark gegliederten Felsabbruch unterhalb der Dachsteinwarte. Die anspruchsvollsten Passagen – eine 100-Meter-Wand und eine plattige Pfeilerkante – sind auf der ersten Weghälfte zu meistern; der obere, stark gestufte Abschnitt bietet dann keine vergleichbaren Schwierigkeiten mehr, dafür aber faszinierende Einblicke in den zentralen Teil der Dachstein-Südwand. Ein echter Knaller, diese Ferrata!

Wo? Nach Ramsau am Dachstein (1135 m) kommt man über die Tauern-Autobahn und die Ennstaler Bundesstraße. Abzweigung zum Terrassendorf bei Schladming (738 m), 8 km bis Ramsau.

Ausgangspunkt Talstation Türlwand (1692 m) der großen Dachstein-Seilbahn, knapp 10 km von Ramsau. Großer Parkplatz.

Wegverlauf Parkplatz – Südwandhütte (1871 m) – Einstieg Dachstein-Südwand – Klettersteig – Dachsteinwarte (2741 m) – Hunerkogel (2687 m).

Gehzeiten Insgesamt 5½ Std.; Zustieg 2 Std., Klettersteig 3 Std., Übergang zum Hunerkogel ½ Std.

Hinweis Talfahrt mit der großen Dachstein-Seilbahn, alternativ über den alten, im obersten Abschnitt gesicherten Dachsteinweg, gut 2 Std. bis zur Türlwandhütte.

Hütten Dachstein-Südwandhütte (1871 m), Seethalerhütte (2740 m) auf der Dachsteinwarte.

Orientierung Zugang bezeichnet, dann immer den Sicherungen nach. Auf dem Hallstätter Gletscher ausgetretene Spur.

Einstufung Schwierig, alpine Erfahrung und eine ordentliche Kondition sind unerläßlich.

117 Koppenkarstein, gesicherter Steig

Großer Koppenkarstein, 2865 m

Leicht

Im Anschluß an die Dachstein-Überschreitung kann man – wenn die Zeit bis zur letzten Seilbahn-Talfahrt es erlaubt – noch den Koppenkarstein besuchen. Der Anstieg über den Westgrat ist bestens gesichert, für Geübte leicht, und vom Gipfel genießt man einen faszinierenden Blick auf den »Stein«, der sich kilometerweit nach Osten erstreckt. Weniger ansprechend ist die »Gipfelverzierung« des österreichischen Bundesheeres.

Ausgangspunkt Bergstation der »Dachsteinsüdwand-Seilbahn« am Hunerkogel (2694 m).

Wegverlauf Hunerkogel – Austriascharte – Koppenkarstein.

Gehzeit 2½ Std. hin und zurück.

Orientierung Leicht.

Einstufung Bei guten äußeren Bedingungen (keine Vereisung) leicht. Randkluft.

118 Ramsauer Klettersteig

Scheichenspitze, 2664 m

Mittel

Der Ostteil des Dachsteinmassivs fristete – zumindest alpinistisch betrachtet – seit jeher ein Mauerblümchendasein: keine berühmten Namen, keine großen Wände. Gamsfeldspitz (2611 m), Schmiedstock (2623 m), Scheichenspitze, Hohe Rams (2551 m) – wer kennt sie schon? Immerhin, seit ein paar Jahren erhalten diese (namenlosen) Berge vermehrt Besuch: der »Ramsauer Klettersteig«, 1986 eröffnet, verbindet die Gipfel und Scharten von der Edelgrießhöhe bis hinüber zur Gruberscharte, eine faszinierend-spannende Überschreitung, nicht extrem schwierig, mit rund einem Kilometer Drahtseil ➡

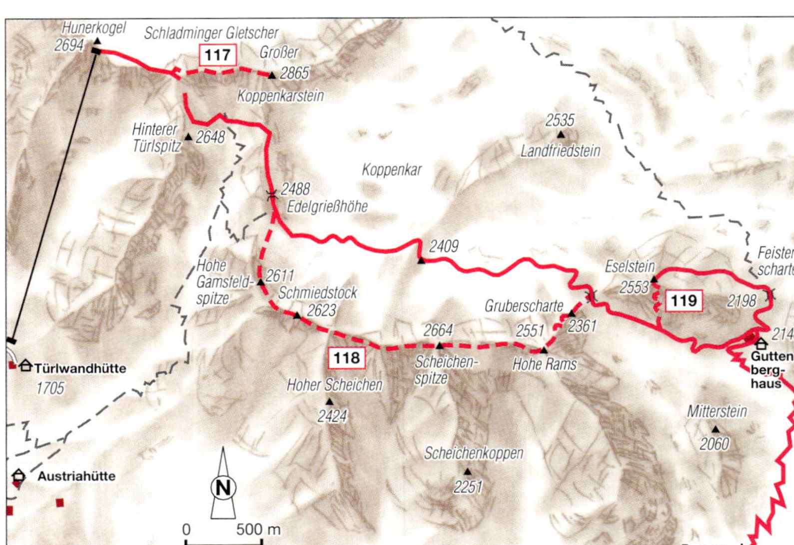

➡ und ein paar Eisenbügeln bestens gesichert. Unpraktisch nur, daß man abends in Ramsau ankommt, weitab vom Ausgangspunkt.
Wer die Dachsteinseilbahn samt dem Rummel um Hunerkogel und Dachstein links liegen läßt und am Vorabend gleich zum Guttenberghaus aufsteigt, ist da besser dran: frühmorgens hinauf zur Gruberscharte und hinüber zur Edelgrießhöhe, wo das »eiserne Vergnügen« beginnt. Und anderntags könnte man ja noch den Eselstein angehen. Zwei Tage »im Stein«, grantiert erlebnisreich und sehr eisenhaltig!

118

Ausgangspunkt Bergstation der »Dachsteinsüdwand-Seilbahn« am Hunerkogel (2694 m).

Wegverlauf Hunerkogel – Hunerscharte – Rosmarie-Stollen – »Austria-Scharten-Weg« – Edelgrießhöhe (2488 m) – »Ramsauer Klettersteig« – Gruberscharte (2361 m) – Guttenberghaus (2146 m) – Gh. Feisterer (1150 m).

Gehzeiten Insgesamt 7 Std.; Hunerkogel – Edelgrießhöhe 1 Std., »Ramsauer Klettersteig« – Gruberscharte 3½ Std., Gruberscharte – Guttenberghaus – Gh. Feisterer 2½ Std.
Alternative: Insgesamt 11½ Std.; Gh. Feisterer – Guttenberghaus 3 Std., Guttenberghaus – Gruberscharte – Edelgrießhöhe 2½ Std., »Ramsauer Klettersteig« – Gruberscharte – Guttenberghaus 4 Std., Abstieg zum Gh. Feisterer 2 Std. Nächtigung im Guttenberghaus!

Hütte Guttenberghaus (2146 m), bewirtschaftet Anfang Juni bis Mitte Oktober, Tel. (0 36 87) 2 27 53.

Orientierung Gut bezeichnete Steige; »Ramsauer Klettersteig« durchgehend rot markiert. Im »Rosmarie-Stollen« ist eine Taschen- oder Stirnlampe vorteilhaft.

Einstufung Mittel, anspruchsvollste Passagen beiderseits der Hohen Gamsfeldspitze. Gute Kondition erforderlich; für die Querung des winzigen Edelgrießgletschers können Steigeisen nützlich sein.

119 Jubiläums-Klettersteig
Eselstein, 2553 m

Sehr Schwierig

Noch so ein »Namenloser«, erst jüngst aus dem alpinen Dornröschenschlaf wachgeküßt: der Eselstein. Seit 1991 spannt sich ein fest verankertes Drahtseil über seinen Südgrat, steil, luftig, so richtig nach dem Geschmack routinierter Klettersteigler.

Wo? Ramsau (1135 m), auf einer Sonnenterrasse am Fuß des Dachsteinmassivs gelegen, erreicht man von Schladming über eine gute Straße.

Ausgangspunkt Gh. Feisterer (1150 m) an der Mündung des Feisterergrabens. Parkplatz.

Wegverlauf Gh. Feisterer – Guttenberghaus (2146 m) – Eselstein – Feisterscharte (2198 m) – Guttenberghaus – Gh. Feisterer.

Gehzeiten Insgesamt 7½ Std.; Gh. Feisterer – Guttenberghaus 3 Std., »Jubiläums-Klettersteig« – Eselstein 1¾ Std., Abstieg über die Feisterscharte zum Guttenberghaus ¾ Std., Guttenberghaus – Gh. Feisterer 2 Std.

Hütte Guttenberghaus (2146 m).

Orientierung Leicht, Abzweigung zur Ferrata am Weg 618 zur Gruberscharte. Abstieg vom Gipfel über die Ostflanke (Steigspuren, Steinmännchen).

Einstufung Sehr schwierig, exponiert. Drahtseilsicherungen, ein paar Klammern im Mittelteil der Route.

120 Tonisteig
Hochtausing, 1823 m

Mittel

Auf der Fahrt durchs Ennstal fällt der markante, hochgewölbte Felsgipfel sogleich ins Auge. Und daß er wandernderweise nicht zu besteigen ist, merkt man spätestens am Weg zum »Toni-Steig«. Der führt nämlich in einem weiten Bogen um den Berg herum, so daß man ausreichend Gelegenheit hat, ihn in Augenschein zu nehmen: erst die breiten, felsigen Südabstürze, dann die fast senkrechte Nordwand und schließlich seinen steilen Westgrat. Über ihn läuft der »Toni-Steig«, eine nur kurze, aber doch recht rassige Ferrata, mit Drahtseilen, einer Leiter und einem Mini-Leiterchen gesichert.
Leichte Kletterstellen und ein paar Drahtseilsicherungen weist auch der Abstieg auf, der erst dem langgestreckten Grat folgt, dann zwischen den Felsabstürzen talwärts läuft. Hier ist bei Nässe besondere Vorsicht angezeigt.

Wo? Wörschach (650 m) liegt im Ennstal, 9 km westlich von Liezen. Am Ortsanfang zweigt rechts die Straße zum Wörschachberg ab.

Ausgangspunkt Wörschachberg, Parkplatz knapp vor dem Schönmoos (ca. 1130 m), 6 km ab Wörschach.

Wegverlauf Schönmoos – Langpoltner Klamml – Schneehitzalm (1611 m) – Westgrat – »Toni-Steig« – Hochtausing – Schönmoos.

Gehzeiten Insgesamt 4½ Std.; Schönmoos – Schneehitzalm – Sattel unter dem Hochtausing 2 Std., »Toni-Steig« 1 Std., Abstieg 1½ Std.

Hinweis Keinesfalls (abkürzend) durch das Tausingkar aufsteigen (Jagdgebiet)!

Orientierung Bis zur Schneehitzalm AV-Wege 281, 278, dann unmarkierter, aber deutlicher Weg in den Sattel unter dem Hochtausing. Rote Markierungen zur Ferrata.

Einstufung Mittel. Am Zustieg zum »Toni-Steig« ungesicherte IIer Stelle (oft feucht), Klettersteig gut gesichert. Abstieg mit zahlreichen Stellen I, I–II, viel Dreck und Wurzeln.

Am Beginn des »Tonisteigs«.

VON SALZBURG BIS ZUM HOCHSCHWAB

121 Grimming, Südanstieg

Grimming, 2351 m

Leicht

Schwierig ist der Weg auf den Grimming nicht, aber weit: 1700 Höhenmeter sind nicht jedermanns Sache, und die kurzen gesicherten Passagen werden kaum viele Klettersteigler anlocken. Der mächtige, isoliert zwischen Dachsteinmassiv und Totem Gebirge stehende Bergstock ist ein Revier für Naturfreunde, für Liebhaber stiller Wege. Und wer sich im IIer Gelände sicher zu bewegen weiß, kann alternativ über den (ungesicherten) Südostgrat aufsteigen und über den gesicherten Normalweg absteigen: die ganz große Grimming-Tour!
Und noch eine Variante: der Nordanstieg auf den Grimming, nicht ganz so »grimmig« lang, aber ebenfalls mit etwas Eisen.

Wo? Die Ennstal-Bundesstraße führt direkt am Fuß des Grimming vorbei.
Ausgangspunkt Niedersuttern (649 m), Weiler an der B146, zwischen Irdning und St. Martin am Grimming.
Wegverlauf Niedersuttern – Grimminghütte (966 m) – Kasten – Multereck (2176 m) – Grimming.
Gehzeiten Insgesamt 9¼ Std.; Niedersuttern – Grimminghütte ¾ Std., Grimminghütte – Multereck 3¾ Std., Multereck– Grimming 1 Std., Abstieg auf dem gleichen Weg 3¾ Std.
Tip Etwas kürzer ist der Nordanstieg auf den Grimming; Zufahrt von der B145 bis zur Jausenstation Kulm (962 m), Aufstieg ins Schartenkar mit Drahtseilsicherungen, insgesamt etwa 4½ Std., AV-Mark. 683.
Hinweis In der Schneegrube (ca. 1750 m) links Abzweigung zum Südostgrat, Hinweistafel, rote Markierungen. Leichte Kletterei, I–II, Schlüsselstelle II+ (Wandl).
Hütten Grimminghütte (966 m), Biwakschachtel am Gipfel, stets zugänglich.
Orientierung AV-Steig 681.
Einstufung Leicht, kurze gesicherte Passagen (Drahtseile, Leiter), gute Kondition unerläßlich. Steinschlaggefahr unterhalb des Kastenkars.

122 Sandling-Klettersteig

Sandling, 1717 m

Leicht

Nicht seine Höhe, vielmehr die günstige Lage im Ausseer Land macht den Sandling zu einem lohnenden Tourenziel. Vom Gipfel bietet sich eine bezaubernde Rundschau mit viel Grün, mit Felsen und Wassern: Altausseer, Hallstätter und Wolfgangsee (ein Zipfel im Nordwesten). Der gesicherte Anstieg, etwas hochtrabend als »Sandling-Klettersteig« bezeichnet, verläuft links der markanten Westwand durch steile, felsige Latschengassen, mit Drahtseilen und ein paar Eisenklammern bestens gesichert. Nicht bei Nässe gehen!

Wo? Die Pötschenhöhe (992 m) verbindet Bad Goisern mit Bad Aussee, je 10 km.
Ausgangspunkt Gh. Sarsteinblick (900 m), Zufahrt von der Pötschen-Ostrampe via Oberluppitsch (882 m), 2,5 km. Parkplatz.
Wegverlauf Gh. Sarsteinblick – Vordere Sandlingalm (1334 m) – Klettersteig – Sandling – Ausseer Sandlingalm (1221 m) – Gh. Sarsteinblick.
Gehzeiten Insgesamt 5 Std.; Gh. Sarsteinblick – Vordere Sandlingalm 1¼ Std., Vordere Sandlingalm – Sandling 1¼ Std., Abstieg über die Ausseer Sandlingalm 2½ Std.

Eine der steilen Latschengassen.

Orientierung Gut markierte Wege, AV-Mark. 250, 251, 252.
Einstufung Leicht.

123 Grießkarsteig
124 Sepp-Huber-Steig
125 Rotgschirr, gesicherter Steig

Rotgschirr, 2261 m

Leicht

Nach Norden bricht das Tote Gebirge über Steilwände in wilde Karwinkel ab, prägen Fels und Geröll ein ganz anderes Bild als oben auf dem schier endlos weiten Plateau. Dadurch wird hier jede Wanderung zum unvergeßlichen Landschaftserlebnis, und das gilt ganz besonders für die »Almtaler Felsensteige«: idyllisch der Auftakt am waldumsäumten Almsee (589 m), dramatisch der Wanddurchstieg, einer Mondlandschaft ähnlich das »Dach« des Toten Gebirges.
Als Tagestour eignet sich die Runde allerdings nicht, und wenn man gleich noch das Rotgschirr besteigen will, ist auf jeden Fall eine Übernachtung in der Pühringer Hütte angezeigt. Größere Schwierigkeiten bieten die drei Steige nicht; im Grießkar sind 100 Höhenmeter seilgesichert, der »Sepp-Huber-Steig« weist unterhalb des Ahornkars gesicherte Passagen auf, und aufs Rotgschirr helfen ebenfalls Drahtseile.

Wo? Ins Almtal kommt man über die B120 Gmunden – Kirchberg an der Krems; Abzweigung bei Mühldorf (526 m).
Ausgangspunkt Almsee (589 m) am Endpunkt der Talstraße, 21 km von Mühldorf. Parkplatz.
Wegverlauf **1. Tag:** Almsee – In der Röll – »Grießkarsteig« – Grießkarscharte (1927 m) – Elmgrube (1622 m) – Pühringer Hütte.
2. Tag: Pühringer Hütte – Roßschweif – Röllsattel (1755 m) – »Sepp-Huber-Steig« – Almsee.
Gehzeiten **1. Tag:** Insgesamt 6 Std.; Almsee – Grießkarscharte 4 Std., Grießkarscharte – Elmgrube – Pühringer Hütte 2 Std. **2. Tag:** Insgesamt 6½ Std.; Pühringer Hütte – Rotgschirr 2 Std., Abstieg in den Röllsattel 1½ Std., »Sepp-Huber-Steig« – Almsee 3 Std.
Hinweis Kombination mit den Klettersteigen an Großem Priel und Spitzmauer möglich.
Hütte Pühringer Hütte (1637 m), bewirtschaftet Anfang Juni bis Anfang Oktober, Tel. (0663) 833241.
Orientierung AV-Wege 213, 201, 214. Anstieg auf das Rotgschirr rot bezeichnet. Bei Nebel Vorsicht auf dem Karrenplateau des Toten Gebirges!
Einstufung Leicht.

126 Kremsmauer, gesicherte Steige

Kremsmauer, 1599 m

Leicht

Bemerkenswerte Aussicht ins Alpenvorland und auf die Nordabstürze des Toten Gebirges bietet die Kremsmauer, ein hoher, felsiger Kamm westlich über dem Steyrdurchbruch. An ihrem Nordfuß – In der Krems – entspringt die Krems, und da beginnt auch der Nordanstieg auf den Voralpengipfel. Ein zweiter Weg führt von Steyrling (520 m) auf die Kremsmauer; beide zusammen ergeben eine lohnende Überschreitung.

Wo? Der Bergstock erhebt sich südlich von Kirchdorf an der Krems (450 m); Anfahrt über die Pyhrn-Autobahn.
Ausgangspunkt In der Krems (525 m), Weiler etwa 6 km südlich von Kirchdorf, Abzweigung hinter Micheldorf Richtung Kremsursprung.
Wegverlauf In der Krems – Törl (1457 m) – Kremsmauer – Kaltauer Graben – Steyring.
Gehzeiten Insgesamt 5¾ Std.; in der Krems – Törl 2¾ Std., Törl – Kremsmauer ¾ Std., Abstieg nach Steyrling 2¼ Std.
Orientierung Leicht, AV-Steige.
Einstufung Leicht: im Bereich des Gipfelgrats einige Sicherungen (Drahtseile, Ketten, ein paar Klammern).

127 Bert-Rinesch-Steig

Großer Priel, 2515 m

Sehr schwierig

Die Nordostalpen haben ein neues Mekka für Klettersteigler: das Priel-Schutzhaus. Da treffen sie am Spätnachmittag ein, mit Klettergurt und Helm bewaffnet; am Abend kommen Eisen und Bier und viel Erlebtes zusammen, in der Früh geht's los: erst auf gutem Weg, dann von roten Punkten geleitet durch Latschen- und Karrengelände und schließlich über eine Geröllreiße zum Einstieg am Ausläufer des Südostgrats, der Kühkar und Goldkar trennt. Gleich der erste, steile Aufschwung siebt aus; wer nicht leicht drüberkommt, sollte die Übung abbrechen, im eigenen Interesse. Denn hinter der »Lokomotive« (Scharte, ca. 2000 m) in den Wänden über dem Goldkar, zeigt die neue Ferrata ihre ganze Klasse: nach einer langen Querung auf leicht geneigten Platten führt sie pfeilgerade hinauf, über Leitern und Eisenbügel. Steil bis senkrecht – und gelegentlich ein bißchen darüber. Die Turnerei ist ziemlich kraftraubend, und die Tiefe, über der sie sich abspielt, kann ganz schön an die Nerven gehen. Manch eine/r dürfte sich dann mit leicht zittriger Hand im Wandbuch verewigen; immerhin, im weiteren Verlauf nehmen die Schwierigkeiten sukzessive ab, und zuletzt wird aus dem Klettersteig ein Weglein.

Wo? Nach Hinterstoder (591 m) kommt man über die Pyhrn-Autobahn via Steyrbrücke oder Windischgarsten, 10 bzw. 17 km.
Ausgangspunkt Parkplatz Johannishof (605 m) hinter dem Ort, an der Abzweigung der Forststraße ins Tal der Krummen Steyr.
Wegverlauf Hinterstoder – Priel-Schutzhaus (1420 m) – Einstieg (ca. 1850 m) – »Bert-Rinesch-Steig« – Großer Priel – Brotfallscharte – Kühkar – Priel-Schutzhaus – Hinterstoder.
Gehzeiten Insgesamt 10¾ Std.; Hinterstoder – Priel-Schutzhaus 2¾ Std., Priel-Schutzhaus – Einstieg 1¼ Std., »Bert-Rinesch-Steig« 3 Std., Abstieg über die Brotfallscharte zum Priel-Schutzhaus 2 Std., ins Tal weitere 1¾ Std.
Hinweis Nächtigung im Priel-Schutzhaus dringend angeraten. Die fast senkrechten Wände über dem Goldkar liegen spätestens ab Mittag im Schatten – schlecht fürs Foto!
Hütte Priel-Schutzhaus (1420 m), bewirtschaftet Anfang April bis Ende Oktober, Tel. (07564) 5347.
Orientierung Problemlos, bestens bezeichnete Wege; Zugang zum Priel-Schutzhaus AV-Nummer 201.
Einstufung Sehr schwierig, anstrengend. Hervorragend gesichert (über 1 km Drahtseil, 16 Leitern, gegen 200 Trittbügel), aber extrem ausgesetzte Passagen.

128 Stodertaler Klettersteig

Spitzmauer, 2446 m

Mittel

Wenn man von Hinterstoder ins Tal der Krummen Steyr wandert, ist es zunächst die Spitzmauer, die alle Blicke auf sich zieht: ein eleganter, hoher Felsdom. Der (Wander-)Weg zum Gipfel läuft folgerichtig um den Berg herum und steuert den schmalen Grat von Westen her an. Diesen Umweg kann sich allerdings sparen, wer den »Stodertaler« begeht, einen sehr gut gesicherten, nur mäßig schwierigen Klettersteig. Er führt durch die Nordwand zu dem Kamm, der Spitzmauer und Weitgrubenkopf (2259 m) verbindet, etwa 200 steile, mit reichlich Eisen entschärfte Höhenmeter.

128

Wo? Nach Hinterstoder (591 m) kommt man über die Pyhrn-Autobahn via Steyrbrücke oder Windischgarsten, 10 bzw. 17 km.

Ausgangspunkt Parkplatz Johannishof (605 m) hinter dem Ort, an der Abzweigung der Forststraße ins Tal der Krummen Steyr.

Wegverlauf Hinterstoder – Priel-Schutzhaus (1420 m) – Klinserschlucht – »Stodertaler Klettersteig« – Spitzmauer – Klinserscharte – Priel-Schutzhaus – Hinterstoder.

Gehzeiten Insgesamt 10¼ Std.; Hinterstoder – Priel-Schutzhaus 2¾ Std., »Stodertaler Klettersteig« – Spitzmauer 3¼ Std., Abstieg über den Normalweg zum Priel-Schutzhaus 2½ Std., weiter nach Hinterstoder 1¾ Std.

Hinweis Nächtigung im Priel-Schutzhaus, Kombination mit der Super-Ferrata am Großen Priel möglich.

Hütte Priel-Schutzhaus (1420 m).

Orientierung AV-Weg 201 bis in die Klinserschlucht, »Stodertaler Steig« mit gelb-roter Kreismarkierung, Abstieg AV-Nummer 264.

Einstufung Mittel.

129 Hans-Rubenzucker-Weg
Schrocken, 2281 m

Leicht

Höchstens einen halben Tag füllt die Wanderung zum Schrocken aus, wenn man den Lift hinauf zur Huttererhöß nimmt, und wegen der paar Sicherungen am Grat brauchen auch weniger Geübte nicht zu erschrocken, pardon: erschrecken. Man kann die Tour auch an den Huttererböden (1420 m) starten, und vom Schrocken lohnt es sich bei gutem Wetter, noch hinüberzuwandern zu dem etwas höheren Hochmölbing (2336 m). Am Gipfel genießt man einen traumhaften Blick auf Spitzmauer (2446 m) und Großen Priel (2515 m), zu den echten »Ferrata-Zielen«.

Wo? Nach Hinterstoder (591 m) kommt man über die Pyhrn-Autobahn via Steyrbrücke bzw. Windischgarsten, 10 bzw. 17 km.

Ausgangspunkte Huttererhöß (1830 m), Bergstation des von Hinterstoder ausgehenden Sesselliftes. Huttererböden (1420 m), Mautstraße von Hinterstoder, 10 km. Großer Parkplatz.

Wegverlauf Huttererhöß – »Hans-Rubenzucker-Weg« – Schrocken.

Gehzeiten Insgesamt 2¾ Std.; Aufstieg 1½ Std., Abstieg auf dem gleichen Weg 1¼ Std.
Huttererböden – Huttererhöß – Schrocken – Hochmölbing: 6 Std. hin und zurück.

Hinweis Der uralte Übergang von Hinterstoder ins Ennstal, der »Salzsteig«, weist nördlich des Salzsteigjochs (1733 m) gesicherte Passagen auf. Hübsche Talwanderung, etwa 3 Std. von der Talstation (656 m) des Schafferkogel-Liftes. AV-Markierung 216.

Orientierung Problemlos; die Wege sind gut markiert.

Einstufung Leicht.

130 Warscheneck-Südostgrat
Warscheneck, 2388 m

Leicht

Durch den Bau der Standseilbahn zur Wurzeralm (1427 m) ist das Warscheneck ein ganz schönes Stück nähergerückt, die Überschreitung vom (neuerdings gesicherten) Südostgrat zum »Toten Mann« und weiter zur Roten Wand eine dankbare Runde, nicht zu weit und nicht zu schwierig. Auch weniger (Eisen-)Erfahrene dürfen sich die Runde zutrauen; die Liftfahrt ins Frauenkar kann man sich dabei sparen, zumal der Wanderweg am Fuß des Widerlechnersteins (2107 m) über bizarr-groteske Karren läuft. Zu diesem Vorgipfel des Warschenecks schwindelt sich die rot-weiß-rot vorgezeichnete Spur dann im Zickzack hinauf, Felsaufschwüngen jeweils elegant ausweichend. Erst am Südostgrat wird's »eisenhaltig«, helfen Drahtseile und ein paar Eisenbügel über den gestuften Fels. Der Gipfel bietet ein großes Panorama, viel Aussicht auch die Kammwanderung bis in die Scharte unter der Roten Wand (1872 m), und zuletzt setzen der Brunnsteiner See (1422 m) und der mäandernde Teichlbach noch ein paar idyllische Tupfer in das schöne Landschaftserlebnis.

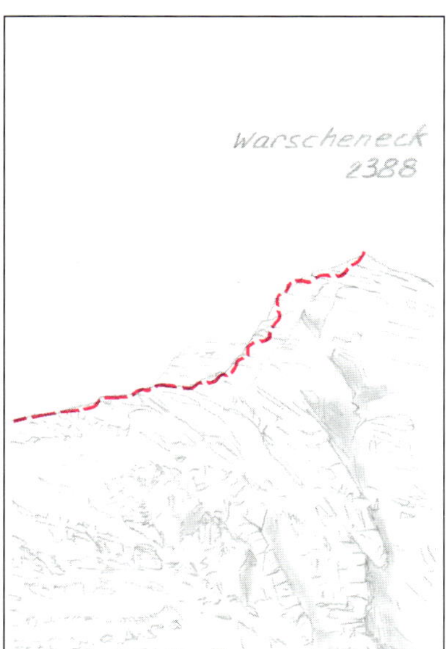

Wo? Die Talstation der Wurzeralm-Standseilbahn (807 m) liegt wenig nördlich des Pyhrnpasses (954 m). Großer Parkplatz.

Ausgangspunkt Wurzeralm (1427 m), Bergstation der Bahn.

Wegverlauf Wurzeralm – Talstation Frauenkarlift (1397 m) – Frauenkar – Widerlechnerstein (2107 m) – Klettersteig – Warscheneck – »Toter Mann« – Rote-Wand-Scharte (ca. 1850 m) – Brunnsteiner See (1422 m) – Wurzeralm.

Gehzeiten Insgesamt 5¾ Std.; Wurzeralm – Talstation Frauenkarlift ¼ Std., Liftstation – Frauenkar 1½ Std., Frauenkar – Warscheneck 1½ Std., Abstieg zum Brunnsteiner See 2 Std., Rückweg zur Wurzeralm ½ Std.

Hinweis Fährt man mit dem Lift hinauf ins Frauenkar, so verkürzt sich die Gesamtgehzeit um knapp 1½ Std.

Hütte Linzer Hütte (1371 m) nördlich unterhalb der Wurzer Alm.

Orientierung Klettersteig rot-weiß-rot markiert, Abstiegsweg AV-Weg 201.

Einstufung Leicht.

131 Burgstall-Klettersteig
Burgstall, ca. 800 m

Leicht

Bei den Kletterern hat Pürgg seit längerem einen guten Namen, der bestens eingerichtete Klettergarten an der Südwand des Burgstall wird auch entsprechend rege frequentiert. Und damit die Climber auch rasch und gefahrlos wieder zum Einstieg kommen, ist der Rückzug gesichert worden: full service! Ähnlich wie in Arco (siehe »Colodri«) wird die Route inzwischen auch von Klettersteiglern (mit-)benützt; etwa 100 Höhenmeter rechts des Klettergartens, mit kurzen Leitern, ein paar Drahtseilen und hübschen Tiefblicken.

Wo? Pürgg (790 m) liegt im Ennstal auf einer Hangterrasse, 16 km von Liezen.
Ausgangspunkt Untergrimming (667 m), etwas abseits der neuen B145. Zum Klettergarten durch die Straßenunterführung nordöstlich des Dörfchens.
Wegverlauf Untergrimming – »Burgstall-Klettersteig« – Pürgg – Untergrimming.
Gehzeit 1½ Std. für die Runde.
Orientierung Waldweg vom Ausstieg nach Pürgg, im Ort Hinweistafel »Untergrimming«.
Einstufung Leicht.

132 Triftsteig
Reichraminger Hintergebirge

Leicht

Reichraminger Hintergebirge. Das klingt ein wenig nach »End' der Welt«, da denkt man an Schneewittchen und die sieben Zwerge, und romantisch-verwunschen ist die Kulisse des alten Triftsteigs auch. Weit weniger romantisch war die Arbeit der Flößer, die für den Wassertransport des Holzes durch die Schluchten des Großen Bachs und des Reichramingbachs verantwortlich waren. Vom alten Triftsteig ist nicht mehr viel übriggeblieben, dafür hat man für den Rückweg eine komfortable Trasse mit mehreren Tunnels, ursprünglich eine Schmalspurbahn (Betrieb erst 1971 eingestellt), jetzt Forstpiste. Der Klettersteig selbst, vor ein paar Jahren angelegt, folgt dem Triftsteig auf einer Länge von etwa zwei Kilometern, vom Schleierfall talabwärts bis zum Annerlsteg (515 m), stets knapp über dem Wasser verlaufend und bestens gesichert.

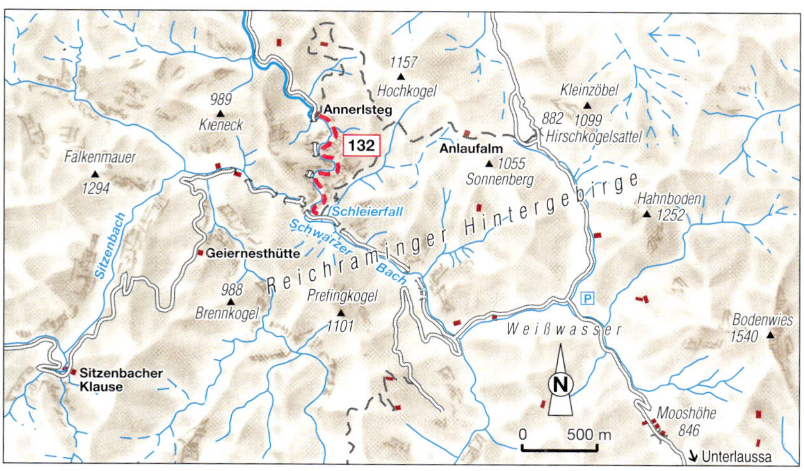

Wo? Windischgarsten (602 m) an der Pyhrn-Autobahn und Altenmarkt (467 m) an der Enns sind die beiden Endpunkte der Straße über den Hengstpaß (985 m). An seiner Ostzufahrt liegt der Flecken Unterlaussa (539 m), 8 km von Altenmarkt.
Ausgangspunkt Im Tal des Weißwassers; Zufahrt von Unterlaussa über die Mooshöhe (846 m) bis zu einem Parkplatz (ca. 680 m), 5 km.
Wegverlauf Vom Parkplatz bachabwärts (ca. 5 km) bis zum Schleierfall – »Triftsteig« – Annerlsteg – Straße – Schleierfall – Parkplatz.
Gehzeiten Insgesamt 3¾ Std.; Zugang bis Schleierfall 1 Std., »Triftsteig« 1¼ Std., Rückweg 1½ Std.
Tip Vom Annerlsteg kann man alternativ über die Anlaufalm (982 m) zum Parkplatz zurückwandern, sehr lohnend; Gesamtgehzeit dann etwa 5 Std.
Hinweis Die Forststraßen der Region dürfen von Anfang Mai bis Ende Oktober jeweils an Sa., So. und Feiertagen befahren werden – nur mit Bikes natürlich!
Orientierung Problemlos.
Einstufung Leicht.

133 Großer Pyhrgas, Überschreitung
Großer Pyhrgas, 2244 m

Leicht

Höchste Erhebung der Haller Mauern ist der Große Pyhrgas, ein dankbarer Aussichtsberg, den man von Norden nach Süden auf markierten Wegen überschreiten kann: Aufstieg aus dem Holzerkar zum Nordgrat, Abstieg über den »Hofersteig« zum Rohrauerhaus. Felsige, mit Drahtseilen gesicherte Passagen gibt's beiderseits des Gipfels, im und über dem Holzerkar sowie am Nordgrat, dann (kurz) beim südseitigen Abstieg. Insgesamt eine dankbare Runde.

Wo? Spital am Pyhrn (640 m) liegt ein paar Kilometer nördlich des Pyhrnpasses. Bahnstation der Linie Lienz – Graz, Autobahnausfahrt.
Ausgangspunkt Gh. Pyhrgasblick (1017 m), Zufahrt von Spital, 6 km. Parkplatz.
Wegverlauf Gh. Pyhrgasblick – Holzeralm – Gowilalmhütte (1375 m) – Holzerkar – Nordgrat – Großer Pyhrgas – Pyhrgasgatterl (1308 m) – Hofalmhütte (1305 m) – Gh. Pyhrgasblick.
Gehzeiten Insgesamt 7¾ Std.; Gh. Pyhrgasblick – Gowilalmhütte 1¼ Std., Gowilalmhütte – Großer Pyhrgas 3 Std., Abstieg ins Pyhrgasgatterl 1½ Std., Pyhrgasgatterl – Hofalmhütte 1 Std., Hofalmhütte – Gh. Pyhrgasblick 1 Std.
Hinweis Die Gesamtgehzeit verkürzt sich um etwa 1 Std., wenn man vom Großen Pyhrgas direkt zur Hofalmhütte absteigt, AV-Weg 614.
Hütten Gowilalmhütte (1375 m), Rohrauerhaus (1308 m) am Pyhrgasgatterl, Hofalmhütte (1305 m).
Orientierung Leicht, gut bezeichnete Wege; AV-Nummern 618, 616, 615.
Einstufung Leicht.

134 Gratüberschreitung Natterriegel – Hexenturm

Hexenturm, 2172 m

Leicht

Im Osten der langgestreckten Haller Mauern sind vor allem Natterriegel und Hexenturm beliebte Gipfelziele. Und die Kammüberschreitung vom Admonter Haus kann sich jeder trittsichere und schwindelfreie Berggänger vornehmen. Der mit ein paar Felsen besetzte Grat zwischen Natterriegel und Hexenturm wird nordseitig am Rand des Roßkars umgangen; über die steilen Gipfelfelsen des Hexenturms helfen fest verankerte Drahtseile.

Wo? Der alte Markt Admont (640 m) liegt am Eingang ins Gesäuse, 18 km von Liezen.

Ausgangspunkt Buchauer Sattel (861 m), 8 km nordöstlich von Admont. Parkmöglichkeit am Paß.

Wegverlauf Buchauer Sattel – Admonter Haus (1723 m) – Natterriegel (2065 m) – Hexenturm (2172 m).

Gehzeiten Insgesamt 8¼ Std.; Buchauer Sattel – Admonter Haus 2¾ Std., Admonter Haus – Hexenstein 2¼ Std., Abstieg auf dem gleichen Weg 3¼ Std.

Hütten Grabneralmhaus (1391 m), Admonter Haus (1723 m).

Orientierung Leicht, die Wege sind gut bezeichnet, AV-Nummern 636, 634.

Einstufung Leicht.

135 Grabnerstein-Klettersteig

Grabnerstein, 1847 m

Mittel

Seit ein paar Jahren sind auch östlich des Admonter Hauses einige Gratfelsen gesichert: Jungfrauenscharte und Grabnerstein können so leicht überschritten werden, und mit dem Abstieg zur Grabneralm ergibt sich eine hübsche Runde, etwas »Ferrata-Feeling« inklusive.

Ausgangspunkt Buchauer Sattel (861 m), 8 km nordöstlich von Admont. Parkmöglichkeit am Paß.

Wegverlauf Buchauer Sattel – Grabneralmhaus (1391 m) – Admonter Haus (1723 m) – »Grabnerstein-Klettersteig« – Grabneralmhaus – Buchauer Sattel.

Gehzeiten Insgesamt 5¾ Std.; Buchauer Sattel – Admonter Haus 2¾ Std., »Grabnerstein-Klettersteig« 1 Std., Abstieg via Grabneralmhaus zum Buchauer Sattel 2 Std.

Hütten Grabneralmhaus (1391 m), Admonter Haus (1723 m).

Orientierung Markierte Wege.

Einstufung Mittel.

136 Wenger Weg

Großer Buchstein, 2224 m

Mittel

Groß ist er wirklich, der Buchstein, um mehr als anderthalb Kilometer überragt er das Gesäuse, und damit ist bereits gesagt, was Gipfelanwärter vor allem benötigen: eine ordentliche Kondition. Und einen Helm. Die Geröllschlucht, durch die der Abstieg geht, ist ziemlich steinschlaggefährdet, doch auch am »Wenger Weg« ist man unter Umständen um die schützende Kopfbedeckung froh. Der sparsam gesicherte Klettersteig führt durch Rinnen, Kamine und über leichte Felsen zum Rand des Gipfeldachs: 200 Höhenmeter vom Einstieg am Fuß der Westwand.

Wo? Gstatterboden (577 m) liegt mitten im Gesäuse an Enns, Straße und Bahnlinie, etwa auf halber Strecke zwischen den Ortschaften Admont und Hieflau.

Ausgangspunkt Bahnhof Gstatterboden; Parkplatz.

Wegverlauf Gstatterboden – Buchsteinhaus (1546 m) – Einstieg Westwand (ca. 2000 m) – »Wenger Weg« – Großer Buchstein – Westschlucht – Buchsteinhaus – Gstatterboden.

Gehzeiten Insgesamt 8½ Std.; Gstatterboden – Buchsteinhaus 3 Std., Buchsteinhaus – Großer Buchstein 2½ Std., Abstieg durch die Westschlucht zum Buchsteinhaus 1½ Std., weiter bis Gstatterboden 1½ Std.

Hütte Buchsteinhaus (1546 m).

Orientierung Leicht, die Wege sind ordentlich bezeichnet, AV-Nummer 641. »Wenger Weg« blau markiert.

Einstufung Mittel, Steinschlaggefahr (Helm)!

137 Buchstein-Südbandsteig

Großer Buchstein, 2224 m

Mittel

Nun hat der Buchstein seinen zweiten Klettersteig bekommen; im Gegensatz zum Wenger Weg verläuft er durch die Südseite des Bergstocks, über das rund 400 Meter lange Buchsteinband. Das garantiert schwindelnde Tiefblicke ins Gesäuse, aber auch freie Sicht auf die großen Kletterberge, die jenseits der Enns in den Himmel stechen.

Wo? Gstatterboden (577 m) liegt mitten im Gesäuse an Enns, Straße und Bahnlinie, etwa auf halber Strecke zwischen Admont und Hieflau.

Ausgangspunkt Bahnhof Gstatterboden; Parkplatz.

Wegverlauf Gstatterboden – Buchsteinhaus (1546 m) – »Südbandsteig« – Großer Buchstein – Westschlucht – Buchsteinhaus – Gstatterboden.

Gehzeiten Insgesamt 8½ Std.; Gstatterboden – Buchsteinhaus 3 Std., Buchsteinhaus – »Südbandsteig« – Großer Buchstein 2½ Std., Abstieg 3 Std.

Hütte Buchsteinhaus (1546 m).

Orientierung Leicht, die Wege sind gut bezeichnet.

Einstufung Mittel.

Die guten Tips für Admont

Admont (640 m) liegt im Tal der Enns, unmittelbar am Eingang ins Gesäuse.
Anreise Mit der Bahn über Salzburg–Bischofshofen oder von Linz über Windischgarsten und durch den Bosruck-Tunnel, mit dem Auto über die Tauernautobahn und die Ennstal-Bundesstraße oder von Linz über die Pyhrn-Autobahn.
Infos Tourismusverband Admont, A-8911 Admont; Tel. (0 36 13) 21 64, Fax (0 36 13) 36 48.
Unterkunft Ein gut geführtes Mittelklassehotel ist die »Traube«, zentral gelegen an der Hauptstraße 8, gleich neben dem Stift; Tel. (0 36 13) 24 40, Fax (0 36 13) 2 44 06. Als Österreichs schönste Jugendherberge gilt Schloß Röthelstein; Tel. (0 36 13) 24 32. Gut untergebracht ist man im Gästehaus Weißensteiner – Adi Weißensteiner ist Bergführer mit Nepal-Erfahrung; 8911 Hall bei Admont, Tel. (0 36 13) 27 87.
Sehenswert Das 1074 gegründete Benediktinerstift mit seiner neugotischen Basilika und vor allem der barocken Bibliothek, die als größte Klosterbibliothek der Welt gilt.
Bahn- und Busverbindungen Mit den Ortschaften der Umgebung.
Bergführer Bergsteigerschule Gesäuse, Lois Huber, 8911 Hall bei Admont; Tel. (0 36 13) 26 26. Bergführerring Gesäuse, Adi Weißensteiner, 8911 Hall bei Admont; Tel. (0 36 13) 27 87.
Bergrettung Bergrettungsdienst Gesäuse, Tel. (06 63) 9 13 70 65.
Radl-Verleih Bahnhof Admont, Tel. (0 36 13) 2 23 00.
Führer Umfassend informiert der AV-Führer »Gesäuse« von Willi End, erschienen im Bergverlag Rother.
Landkarten Karten des Bundesamtes für Eich- und Vermessungswesen, Blätter 98, 99 und 100 (1:50 000, auch als Vergrößerungen im Maßstab 1:25 000).

Am »Wenger Weg« auf den Großen Buchstein.

138 Bergführersteig

Planspitz-Nordgratpfeilerfuß, 1523 m

Mittel

Angelegt wurde der »Bergführersteig« vor zwei Jahrzehnten, um den Zugang zu den Kletterrouten an der Planspitze (2117 m) etwas bequemer zu machen. Er zweigt an der Mündung der Roßkuppenschlucht vom markierten Peternpfad ab und läuft quer durch die von Gräben zerfurchte Nordwestflanke des Bergstocks, an den schwierigen Stellen mit Drahtseilen, Eisenstiften und einer Leiter versehen, aber immer noch eine Route mit IIer Stellen. Wer allerdings kein Seil im Rucksack oder den Bergführer dabei hat, läßt die Gipfel oben, genießt das abenteuerliche Ambiente, und steigt vom Ansatzpunkt des Nordgratpfeilers über den »Höllersteig« ab zum Gstatterboden: das »ganz andere« Bergerlebnis.
Ein Tip noch: Über den »Peternpfad«, die Roßkuppe (2152 m) und das Dachl zum Hochtor (2369 m) – ganz gewiß eine der schönsten Touren im Gesäuse mit phantastischen Tiefblicken und zahlreichen leichten Kletterstellen (maximal II).

Wo? Gstatterboden (577 m) liegt mitten im Gesäuse an Enns, Straße und Bahnlinie, etwa auf halber Strecke zwischen Admont und Hieflau.
Ausgangspunkt Knapp 2 km westlich von Gstatterboden, an der Mündung des Haindlkars. Parkplatz (603 m) an der B 112.
Wegverlauf Gesäusestraße – Haindlkarhütte (1121 m) – Peternpfad – »Bergführersteig« – Planspitz-Nordgratpfeilerfuß – »Höllersteig« – Gstatterboden.
Gehzeiten Insgesamt 5¾ Std.; Gesäusestraße – Haindlkarhütte 1½ Std., Haindlkarhütte – Peternpfad – Roßkuppenschlucht 1½ Std., »Bergführersteig« 1¼ Std., Abstieg über den »Höllersteig« 1½ Std.
Hütte Haindlkarhütte (1121 m).
Orientierung Am Peternpfad weist ein Schild zum (unmarkierten) »Bergführersteig«; die Route ist aber leicht zu finden (Spuren, Sicherungen). »Höllersteig« ebenfalls unbezeichnet, aber deutlich ausgetreten, zuletzt Forstpiste.
Einstufung Mittel. Ungesicherte Geröllbänder, Kletterstellen I und II.

139 Wasserfallweg
140 Josefinensteig
Hochtor, 2369 m

Leicht/Mittel

Natürlich ist die Besteigung des höchsten Gesäuseberges ein Klassiker, doch »Wasserfallweg« und »Josefinensteig« sind es nicht minder. Immerhin handelt es sich um die ältesten Klettersteige im Gesäuse, bereits vor der Jahrhundertwende erbaut und noch heute die populärste Route zum hohen Ziel. Die Sicherungen am »Wasserfallweg« sind erst 1991, zum Hundertjährigen des Steigs, erneuert worden. Kürzer ist der Anstieg dadurch nicht geworden, und so übernachten viele in der Heßhütte (1699 m), um erst anderntags den Gipfel anzugehen. In diesem Fall läßt sich eine Überschreitung der Planspitze (2117 m) mit einbeziehen, gut 2 Stunden vom Ebersanger auf ordentlichem, markiertem Weg.

Dem »Sausen« der Enns verdankt das Gesäuse seinen Namen.

Wo? Gstatterboden (577 m) liegt mitten im Gesäuse an Enns, Straße und Bahnlinie, etwa auf halber Strecke zwischen Admont und Hieflau.
Ausgangspunkt Kummerbrücke (572 m), 3 km östlich von Gstatterboden. Haltestelle der Bahnlinie, Parkplatz.
Wegverlauf Kummerbrücke – »Wasserfallweg« – Ebersanger – Heßhütte – »Josefinensteig« – Gugelgrat – Hochtor.
Gehzeiten Insgesamt 10½ Std.; Kummerbrücke – »Wasserfallweg« – Heßhütte 3½ Std., Heßhütte – »Josefinensteig« – Hochtor 2½ Std., Abstieg auf dem gleichen Weg 4½ Std.
Hütte Heßhütte (1699 m) am Ennseck, bewirtschaftet Ende Mai bis Ende Oktober, Tel. (06 63) 3 98 88.
Orientierung Leicht, die Wege sind bestens bezeichnet; AV-Nummern 660, 664.
Einstufung »Wasserfallweg« leicht, mehrere Aluleitern; »Josefinensteig« mittel, Aufstieg zum Gugelgrat mit zahlreichen Drahtseilen, am Grat selbst nur mehr wenige gesicherte Passagen.

141 Grete-Klinger-Steig
Vordernberger Zinken, 2005 m

Mittel

Der berühmteste »Gipfel« rund ums Präbichl (1232 m) ist der einzige, der immer kleiner wird, Jahr für Jahr: der Erzberg, im Tagbau allmählich abgetragen, nach jüngsten Messungen gerade noch 1465 Meter hoch und (natürlich) sehr eisenhaltig. Auf Eisen in Form von Drahtseilen stößt man auch am langgestreckten Grat der Vordernberger Mauern, am »Grete-Klinger-Steig«. Im Jahr 1965 angelegt, folgt er dem Kammrücken, der über steile Felsen nach Vordernberg abfällt, vom Barbarakreuz (1058 m) bis ins Rottörl (ca. 1870 m), eine gut dreistündige Überschreitung, teilweise am sichernden Drahtseil. Schwierigste Passage ist ein Steilaufschwung oberhalb des Fahnenköpfls (1648 m), am dicken Aluseil zu meistern. Und im Rottörl muß man sich dann entscheiden: hinauf oder hinab, mit oder ohne Reichenstein (2165 m). Der Gipfel beschert nicht nur ein großes Panorama mit Tiefblick auf den abgetreppten Erzberg und zum Leopoldsteiner See (628 m), sondern noch etwas Eisen an der sogenannten »Stiege« knapp unterhalb der bewirtschafteten Reichensteinhütte.

Wo? Ins Vordernberger Tal kommt man vom Gesäuse über den Präbichl (1232 m) auf hervorragend ausgebauter Straße, von Hieflau 29 km bis Vordernberg, 37 km bis Trofaiach.
Ausgangspunkte Vordernberg (839 m), Parkmöglichkeiten im Ort. Hirnalm (934 m), Zufahrt von Trofaiach bzw. Hanfing durch die Krumpen, bis zum Gh. Hirnalm etwa 6 km von der B 115. Parkplatz.
Wegverlauf Hirnalm – Barbarakreuz (1058 m) – »Grete-Klinger-Steig« – Vordernberger Zinken (2005 m) – Rottörl (ca. 1870 m) – Krumpalm – Gh. Hirnalm.
Gehzeiten Insgesamt 6¼ Std.; Hirnalm – Barbarakreuz ¾ Std., »Grete-Klinger-Steig« 3½ Std., Rottörl – Krumpalm – Hirnalm 2 Std.
Von Vordernberg aus ergibt sich ungefähr die gleiche Gesamtgehzeit.
Hinweis Die schwierigsten Passagen am »Klingersteig« können auf AV-Weg 689 links umgangen werden; Verzweigung wenig unterhalb des Fahnenköpfls.
Tip An den »Grete-Klinger-Steig« kann man den Eisenerzer Reichenstein »anhängen«: vom Rottörl quer durch die Nordflanke zum markierten »Theklasteig«, dann hinauf zur Hütte und zum Gipfel. Abstieg zum Reichhals und durch die Südwestflanke zum Krumphals (1700 m), dann hinunter zum Krumpensee (1416 m) und talauswärts zur Hirnalm, insgesamt etwa 9 Std.
Orientierung Von der Hirnalm kurz hinauf zur querführenden Forststraße, wo die Markierungen beginnen. Umgehungsvariante am Grat ist ausgeschildert.
Einstufung Mittel.

142 Markussteig
143 Schrabachersteig
Pfaffenstein, 1865 m

Leicht

Sensationen hat der Pfaffenstein keine zu bieten, aber eine ungewöhnliche Nachbarschaft: der Erzberg, seiner wirtschaftlichen Bedeutung wegen einst als »Steirischer Brotlaib« bezeichnet. Auch heute wird noch mit schwerem Gerät an der flachen Pyramide gebaggert, obwohl die europäische Eisenindustrie von einer Krise in die nächste schlittert …
Natürlich gibt's am Weg zum Pfaffenstein noch mehr zu sehen, auch wenn der Erzberg mit seinen Terrassen immer wieder den Blick auf sich zieht. Da ist der Reichenstein (2165 m) im Süden, da sind die Gesäuseberge im Westen, und am Fuß des Hochblaser liegt der Leopoldsteiner See (628 m). Also durchaus eine lohnende Runde: Aufstieg über den steilen »Schrabachersteig« (Südwandsteig), der auf immerhin etwa 150 Höhenmeter gesichert ist, Abstieg dann auf dem leichteren »Markussteig«. Und wem das zu wenig ist, der kann sich ja am Westgrat versuchen: eine leichte Kletterei im II. Grad.

Wo? Eisenerz (736 m) liegt am Fuß des Präbichl (1232 m), 16 km von Hieflau.
Ausgangspunkt Am Ausgang des Augrabens (ca. 930 m); Zufahrt von der B115 durch die Siedlung Trofeng.
Wegverlauf Eisenerz – »Schrabachersteig« – Pfaffenstein – »Markussteig« – Eisenerz.
Gehzeiten Insgesamt 5 Std.; Aufstieg über den »Schrabachersteig« 3 Std., Abstieg 2 Std.
Orientierung Leicht, AV-Wege 826, 825.
Einstufung Leicht, am »Schrabachersteig« Steinschlaggefahr (Helm!), »Markussteig« mit ganz wenigen gesicherten Passagen.

Der Westgrat des Pfaffensteins ist nur an einer Stelle mit Sicherungen versehen.

144 Das »G'hackte«
Hochschwab, 2277 m

Leicht

Einer der populärsten Wege auf den Hochschwab führt durch das »G'hackte«. Die aufwendig gesicherte, wenig schwierige Route verläuft am linken Rand der rund 250 Meter hohen Südwand; ihr Nachteil: Steinschlaggefahr, auch durch Voraussteigende! Völlig gefahrlos, aber sehr reizvoll ist der Zugang durch das Trawiestal; ganz andere Landschaftseindrücke vermittelt dann der Rückweg über das Kalkplateau des Hochschwabmassivs.

Wo? Aflenz-Kurort (763 m) liegt im Süden des Hochschwab-Massivs, 15 km von Mürzzuschlag.
Ausgangspunkt Gh. Bodenbauer (884 m), Zufahrt von Aflenz bzw. von der B20, 12 km. Großer Parkplatz.
Wegverlauf Gh. Bodenbauer – Trawiestal – G'hacktbrunn (1785 m) – »G'hacktes« – Hochschwab – Häuselalm (1526 m) – Gh. Bodenbauer.
Gehzeiten Insgesamt 7 Std.; Gh. Bodenbauer – G'hacktbrunn 2½ Std., »G'hacktes« – Hochschwab 1½ Std., Rückweg über die Häuselalm 3 Std.
Hütte Fleischer-Biwakschachtel (ca. 2140 m) unweit vom Ausstieg aus dem »G'hackten«, stets zugänglich.
Orientierung Vorsicht bei Nebel auf dem Hochschwab-Plateau! AV-Wege 839, 801.
Einstufung Leicht, Steinschlaggefahr (Helm!).

145 Feistringstein, Westanstieg
Großer Feistringstein, 1836 m

Schwierig

Ganz hinten steht er, der Feistringstein, äußerster linker Backenzahn der breiten Gschirrmauer, über die das Karrenplateau der Mitteralm zum Seetal abfällt. Eine Scharte trennt ihn von der Hochfläche, gut 50 Meter tief, gangbar gemacht durch eine »Mini-Ferrata«.

Wo? Aflenz-Kurort (763 m) liegt im Süden des Hochschwab-Massivs, 15 km von Kapfenberg.
Ausgangspunkt Bürgeralm (1555 m), Sessellift und Mautstraße von Aflenz.
Wegverlauf Bürgeralm – Zlackensattel (1743 m) – Mitteralm – Großer Feistringstein.
Gehzeit Hin und zurück 3½ Std.
Orientierung Markierte Wege, bis Zlacken AV-Nummer 862.
Einstufung Schwierig, 40-m-Kamin am Feistringstein mit Drahtseil, Schartenabstieg von der Mitteralm ganz leichte Kletterei (ungesichert, I).

Wiener Bergland

Klein, aber fein! So läßt sich diese nordöstlichste Ecke des Alpenbogens umschreiben, auch aus Sicht des Klettersteiglers. Nicht nur, daß es im Ausflugsbereich der Millionenstadt über 30 gesicherte Steige gibt, hier wurde Pionierarbeit geleistet. So dürfen sich die Wiener guten Gewissens als »Erfinder« des Sportklettersteigs bezeichnen. Zu einer Zeit, als man andernorts noch bestenfalls mit der Gangbarmachung von Normalwegen beschäftigt war, setzten berggewandte Handwerker wie August Cepl oder der Schlossermeister Johann Hansel ein Zeichen: Sie sicherten an der Hohen Wand und in der Rax Kletterrouten und machten sie damit einem breiteren Publikum zugänglich. Und die »Vie ferrate« nach Wiener Art (möglichst mit Steigbaum) haben bis heute nichts von ihrer Beliebtheit eingebüßt. Kurz, zum Teil aber ganz ordentlich »gepfeffert« sind die Routen an der Hohen Wand; alpiner, länger jene in der Rax. Die wiederum hat zwei Klettersteigseiten, eine für die Romantiker (Höllental) und eine für die sportlicher Eingestellten (Preiner Wand).

Meine Favoriten

- Die Höllentalsteige, der Kulisse wegen (146–151)
- »Haidsteig« – fast eine Dolomitenroute (159)

Karten und Führer

Die Klettersteige der Region hat Kurt Schall detailliert beschrieben (»Klettersteige & Leichter Fels, Österreich Ost«, erschienen im Kurt-Schall-Verlag, Wien).
Als Karten sind die Vergrößerungen der Landeskarte im Maßstab 1:25 000 zu empfehlen (sehr übersichtlich), Blätter 74, 75, 76, 104, 105.

Eine Buchempfehlung

Den Polyglott »Wien« kaufen und zum Heurigen fahren …

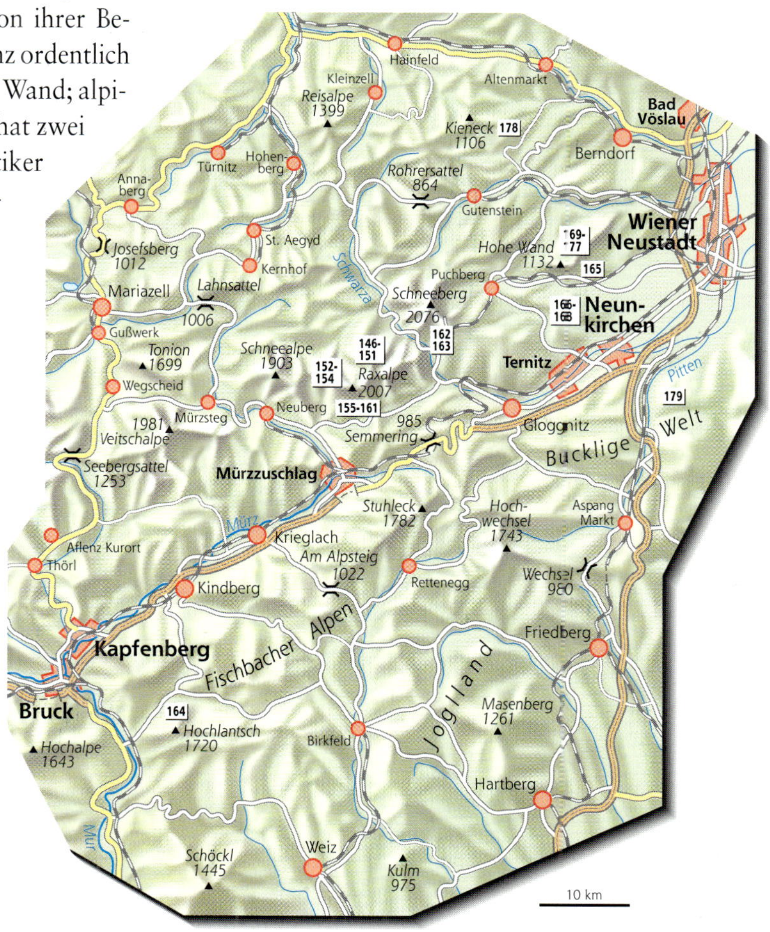

Kühne Konstruktion am »Haidsteig«. Die Steigbäume sind typisch für die Klettersteige der Wiener Gegend.

146 Teufelsbadstubensteig
Wachthüttlkamm, ca. 1250 m

Leicht

Teufelsbadstube. Das klingt nach Gänsehaut, da lauern nicht bloß alpine Gefahren – ein Weg, der vom (Höllen-)Tal aus jenen düsteren Felswinkel ansteuert, in dem der Gehörnte sein Bad zu nehmen pflegte ... Behauptet zumindest die Legende. Doch keine Angst, wer einigermaßen trittsicher und dazu schwindelfrei ist, der wird an diesem »teuflischen« Steig seine Freude haben. Die grandios-romantische Kulisse liefert das Große Höllental mit seinen steilen, stark gegliederten Felsflanken. Der Weg zieht durch die Loswand hinauf zum bewaldeten Wachthüttlkamm, der dann den kürzesten Abstieg bietet. Man kann den »Teufelsbadstubensteig« aber auch mit den anderen gesicherten Wegen rund um das Große Höllental kombinieren, z.B. mit dem »AV-Steig« (siehe 148) oder mit dem »Gustav-Jahn-Steig«.

Wo? Ins Höllental kommt man von Wiener Neustadt bequem (teilweise Autobahn) über Neunkirchen und Gloggnitz, etwa 50 km.
Ausgangspunkt Weichtalhaus (547 m) an der Höllental-Straße, 9 km ab Reichenau. Parkmöglichkeiten beim Gasthaus und nahe der Abzweigung des Weges ins Große Höllental.
Wegverlauf Höllentalstraße – Großes Höllental (ca. 840 m) – »Teufelsbadstubensteig« – Wachthüttlkamm (ca. 1250 m); Abstieg nördlich über den Wachthüttlkamm (siehe 147) oder Weiterweg zum Otto-Schutzhaus (1644 m).
Gehzeiten Höllentalstraße – »Teufelsbadstubensteig« – Wachthüttlkamm 2¼ Std., Abstieg über den Wachthüttlkamm 1½ Std., Weiterweg zum Ottohaus 1¼ Std.
Orientierung Problemlos, »Teufelsbadstubensteig« durchgehend rot bezeichnet.
Einstufung Leicht, mehrere Leitern. Helm ratsam!

147 Wachthüttlkamm, gesicherter Steig
Ottohaus, 1644 m

Leicht

Noch so ein »Oldie«, Jägern und Holzfällern als Aufstieg zum Raxplateau längst bekannt, ehe er mit viel Eisen auch für Touristen gangbar gemacht wurde. Der Weg steigt an der Mündung des Großen Höllentals über den bewaldeten Wachthüttlkamm an; er bietet auch weniger Geübten kaum Schwierigkeiten, dafür aber packende Ein- und Tiefblicke in den felsumrahmten Graben. In Verbindung mit dem »Hoyossteig« (siehe 151) ergibt sich eine abwechslungsreiche Runde um das Große Höllental. Halbweg markiert dabei das Ottohaus.

Ausgangspunkt Weichtalhaus (547 m) an der Höllental-Straße, 9 km ab Reichenau. Parkmöglichkeiten beim Gasthaus und nahe der Abzweigung des Weges ins Große Höllental.
Wegverlauf Höllentalstraße – Wachthüttlkamm – Ottohaus.
Gehzeiten Höllentalstraße – Ottohaus 3¼ Std., Abstieg 2 Std.
Hinweis Der Weg über den Wachthüttlkamm wird meistens in Verbindung mit einem der anderen Steige rund um das Große Höllental begangen, vorzugsweise im Abstieg.
Tips Vom Ottohaus kann man alternativ auch über die Brandschneide absteigen, ordentlich markierte Wege. Der »Camillo-Kronich-Steig« (einige Sicherungen) bietet hübsche Aus- und Tiefblicke; er läuft bei Kaiserbrunn an der Höllental-Straße aus.
In der Nähe des Ottohauses ist ein Klettergarten eingerichtet; neben zahlreichen Übungsrouten gibt es da auch einen 40-Meter-Klettersteig (schwierig).
Hütte Ottohaus (1644 m).
Orientierung Bietet kaum Probleme, durchweg blaue und rote Markierungen.
Einstufung Leicht, viele (meist kurze) Leitern.

148 Alpenvereinssteig
Höllentalaussicht, 1620 m

Leicht

Bewunderung weckt die aufwendige, trotz ihres Alters (1912 erbaut) noch recht robust wirkende Eisenkonstruktion am Einstieg zum Alpenvereinssteig; faszinierend dann der Tiefblick von der »Höllentalaussicht«, an der die Route ausläuft. Dazwischen wechseln Gehgelände mit Felspassagen, die durchweg gut gesichert sind. Insgesamt überwindet der AV-Steig einen Höhenunterschied von rund 600 Metern, einige Abschnitte sind steinschlaggefährdet (Helm!). In Verbindung mit dem »Teufelsbadstubensteig« ergibt sich eine attraktive Runde, der es – trotz verhältnismäßig geringer technischer Schwierigkeiten – nicht an starken Eindrücken mangelt. Eine andere Kombinationsmöglichkeit besteht mit dem »Gustav-Jahn-Steig«, siehe 149.

Wo? Ins Höllental kommt man von Wiener Neustadt bequem (teilweise Autobahn) über Neunkirchen und Gloggnitz, etwa 50 km.
Ausgangspunkt Weichtalhaus (547 m) an der Höllental-Straße, 9 km ab Reichenau. Parkmöglichkeiten beim Gasthaus und nahe der Abzweigung des Weges ins Große Höllental.
Wegverlauf Höllentalstraße – Großes Höllental (ca. 990 m) – »Alpenvereinssteig« – Höllentalaussicht; Weiterweg zum Ottohaus oder Abstieg zur (unbewirtschafteten) Dirnbacherhütte (1477 m).
Gehzeiten Höllentalstraße – Höllentalaussicht 3½ Std., Weiterweg zum Ottohaus ½ Std., Abstieg über den »Gaislochsteig« ins Große Höllental etwa 2¼ Std.
Orientierung Problemlos, AV-Steig blau bezeichnet.
Einstufung Leicht; Einstieg über eine etwa 50 m lange Leiter, Schlüsselstelle ist die senkrechte Leiter bei der »Elsarast«. Viel Gehgelände, bei Nässe teilweise unangenehm rutschig. Helm ratsam!

Die guten Tips für die Rax

Die Rax, ein Plateauberg mit steilen, felsigen Flanken, gerade 2000 Meter hoch, steht zwischen dem Höllental und dem obersten Mürztal. Talorte sind im Westen Kapellen (702 m), im Osten Prein (680 m) und Reichenau (484 m).

Anreise Über Mürzzuschlag bzw. über Wiener Neustadt. Reichenau hat Bahnverbindung mit Wien, ebenso Mürzzuschlag (Semmering-Linie).

Infos Kurverwaltung, Hauptstraße 63, A-2651 Reichenau an der Rax; Tel. (02666) 52865, Fax 4266.

Unterkunft Gut aufgehoben ist man im »Gasthaus Poldi«. Arnold Schrittwieser ist nicht nur ein erstklassiger Koch (und Weinkenner); er geht auch gern in die Berge und nimmt seine Gäste auf die Rax-Klettersteige mit. A-8691 Kapellen, Preiner-Gscheid-Straße 4; Tel. (03857) 2270.

An der Rax-Südflanke liegt das Waxriegelhaus (1361 m), ab Herbst 1996 mit neuem Pächter, der für eine gute Küche garantiert. Tel. (02665) 237. Für Touren in der Rax ideal gelegen.

Das Karl-Ludwig-Haus auf der Rax.

Essen und Trinken Beste Hausmannskost bietet die »Edelweißhütte« am Preiner Gscheid; die Wirtin »Lieserl« ist so etwas wie eine »kulinarische Institution« in der Gegend. Tel. (02665) 295.

Beliebter Bergsteigertreff ist die kleine Seehütte (1643 m), der Wirt kennt jeden Felsen in der Preiner Wand. Keine Nächtigung!

Sehenswert Schimuseum in Mürzzuschlag, Wiener Straße 79; geöffnet Di.–So. 9–12, 14–17 Uhr.

Busverbindungen Zwischen Mürzzuschlag, Preiner Gscheid und Reichenau; ferner ins Höllental.

Bergführer Michael Schiek, Aue 118, A-2641 Schottwien, Tel. (0664) 3406421 oder (02663) 428.

Bergrettung Ortsstelle Reichenau, Tel. (02666) 52512.

Radl-Verleih Mobil-Tankstelle in Reichenau, Hauptstraße 92; Tel. (02666) 52424.

Landkarten Das beste Kartenblatt stammt vom Bundesamt für Eich- und Vermessungswesen, 104 »Mürzzuschlag« (1:25000). Daneben gibt es auch eine 50000er Karte von Freytag & Berndt, »Semmering/Rax/Schneeberg«.

Malerischer Rahmen zahlreicher gesicherter Steige: das Große Höllental.

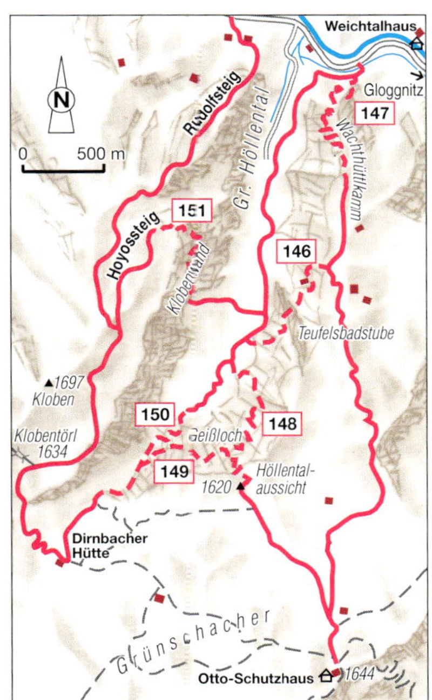

149 Gustav-Jahn-Steig
150 Gaislochsteig
Hintere Loswand, ca. 1350 m

Mittel

»Höhenwandern« ist angesagt auf dem »Gustav-Jahn-Steig«, der die Abstürze der Hinteren Loswand quert, den »Alpenvereinssteig« mit dem »Gaislochsteig« verbindet und so das eigentliche Kernstück einer interessanten »Eisenrunde« bildet. Die erst vor ein paar Jahren gründlich sanierte Route wartet mit mehreren ausgesetzten Traversen auf; dazwischen hat man immer wieder Gehgelände. Aufsteigen wird man in der Regel über den »AV-Steig«, für den Rückweg ins Tal nimmt man den (weniger attraktiven) Weg durchs Gaisloch.

Wo? Ins Höllental kommt man von Wiener Neustadt bequem (teilweise Autobahn) über Neunkirchen und Gloggnitz, etwa 50 km.
Ausgangspunkt Weichtalhaus (547 m) an der Höllental-Straße, 9 km ab Reichenau. Parkmöglichkeiten beim Gasthaus und nahe der Abzweigung des Weges ins Große Höllental.
Wegverlauf Höllentalstraße – Großes Höllental – »Alpenvereinssteig« (siehe 123) – Elsarast – »Gustav-Jahn-Steig« – »Gaislochsteig« – Großes Höllental – Höllentalstraße.
Gehzeiten Insgesamt 5¾ Std.; Höllentalstraße – Elsarast 2¾ Std., »Gustav-Jahn-Steig« 1 Std., Abstieg über den »Gaislochsteig« 2 Std.
Orientierung Leicht, die Steige sind gut bezeichnet.
Einstufung Mittel, am »Jahn-Steig« einige exponierte Querungen, »Gaislochsteig« mit oft feuchten, erdigrutschigen Passagen.

151 Graf-Hoyos-Steig
Klobentörl, 1634 m

Leicht

Auch die Klobenwand hat ihren Weg, einen ehemaligen Jagdsteig, der bereits 1912 ausgebaut wurde, dann aber wieder verfiel und erst jüngst eine gründliche Sanierung erfuhr: ein wenig schwieriger Anstieg zum Klobentörl, mit hübschen Einblicken in den Canyon des Großen Höllentals. Als Abstiege bietet sich neben dem Rudolfsteig der (ebenfalls gesicherte) »Gaislochsteig« (siehe 150) an; möglich ist auch, in Verbindung mit dem »AV-Steig« oder dem »Teufelsbadstubensteig«, eine große Runde um das Höllental.

Ausgangspunkt Weichtalhaus (547 m) an der Höllental-Straße, 9 km ab Reichenau. Parkmöglichkeit beim Gasthaus und nahe der Abzweigung des Weges ins Große Höllental.
Wegverlauf Höllentalstraße – Großes Höllental – »Hoyos-Steig« – Klobentörl – Dirnbacherhütte (1477 m) – »Gaislochsteig« – Großes Höllental – Höllentalstraße.
Gehzeiten Insgesamt 5½ Std.; Höllental – »Hoyos-Steig« – Klobentörl 3¼ Std., Abstieg über den »Gaislochsteig« 2¼ Std.
Hinweis Am Nordrücken des Kloben mündet der »Rudolfsteig«, eine (bequeme) Alternative für den Rückweg; Gesamtgehzeit 4½ Std.
Orientierung Problemlos, gut markierte Wege.
Einstufung Leicht; die Sicherungen sind erst 1993 völlig erneuert worden.

152 Wildfährte
153 Bärenlochsteig
Heukuppe, 2007 m

Mittel/Leicht

Durch die Kahlmäuer, die das Reißtal eindrucksvoll abriegeln, führen zwei markierte und gesicherte Routen auf die Rax. Sie lassen sich zu einer interessanten Runde über den höchsten Punkt der Rax, die Heukuppe, verbinden. Wer nur aufs Eisen aus ist, kann den Gipfel auch auslassen und von der »Wildfährte« über die Franzlbauerhütte (1650 m) zum Bärenloch (Felsentor) absteigen. Beide Routen wurden schon früh gangbar gemacht; sie haben bis zu Punkt 1410 einen gemeinsamen Verlauf. Dann quert der »Bärenlochsteig« nach links zum Bärengraben, während die »Wildfährte« einer markanten, nach rechts ansteigenden Terrasse folgt, zuletzt steil zum Ausstieg (1667 m) über den Kahlmäuern führt.

Wo? In den Nordwesten der Rax kommt man von Wiener Neustadt bequem über die Höllental-Bundesstraße, gut 50 km über Neunkirchen und Gloggnitz; Abzweigung links ins Naßtal.
Ausgangspunkt Hinternaßwald (712 m). Parkplatz am Eingang ins Reißtal.
Wegverlauf Reißtal – Rehboden – »Wildfährte« – Heukuppe – Karl-Ludwig-Haus (1804 m) – Habsburghaus (1786 m) – »Bärenlochsteig« – Rehboden – Reißtal.
Gehzeiten Insgesamt 8 Std.; Reißtal – Rehboden 1 Std., »Wildfährte« – Heukuppe 3½ Std., Heukuppe – Karl-Ludwig-Haus – Habsburghaus 1½ Std., Habsburghaus – »Bärenlochsteig« – Reißtal 2 Std.
Hinweise Gesamtgehzeit für die »kleine« Runde (ohne Heukuppe) 5 Std.
Hütten Karl-Ludwig-Haus (1804 m), Habsburghaus (1786 m).
Orientierung Wenig schwierig, die Wege sind gut bezeichnet.
Einstufung »Wildfährte« mittel, nicht übermäßig gesichert, mit einigen ausgesetzten Passagen. »Bärenlochsteig« leicht.

Herbst über dem Wiener Bergland; links die Preiner Wand. An der Madonna endet der anspruchsvolle Teil des »Haid-Steigs«.

154 Gamsecksteig
Heukuppe, 2007 m

Leicht

Wer über die »Wildfährte« zur Heukuppe aufsteigt, kann für den Abstieg den »Gamsecksteig« wählen; auf fast 150 Höhenmetern ebenfalls gesichert, führt er westlich um das Gamseck herum, mit Aussicht auf die benachbarte Schneealpe (1903 m). Abzweigung in der Senke (1849 m) zwischen Gamseck und Heukuppe; am Naßkamm wechselt man wieder zurück zum Graben des Reißbachs.

Ausgangspunkt Hinternaßwald (712 m). Parkplatz am Eingang ins Reißtal.
Wegverlauf Reißtal – Rehboden – »Wildfährte« – Heukuppe – Sattel (1849 m) – »Gamsecksteig« – Gupfsattel (ca. 1490 m) – Naßkamm (1210 m) – Reißtal.
Gehzeiten Insgesamt 7½ Std.; Reißtal – »Wildfährte« – Heukuppe 4½ Std., Heukuppe – »Gamsecksteig« – Reißtal 3 Std.

Orientierung Der »Gamsecksteig« ist gut markiert.
Einstufung Leicht, mit Drahtseilen und zwei Leitern gut gesichert. Steinschlaggefahr!

155 Reißtalersteig
156 Gretchensteig
Heukuppe, 2007 m

Leicht

Am bequemsten kommt man von Süden auf die Rax, vom Preiner Gescheid (1070 m) aus, nicht einmal 1000 Höhenmeter bis zur Heukuppe und zur großen Aussicht über die östlichsten Ostalpen. Ein halbes Dutzend Wege führt hier auf die Hochfläche, darunter die »Zwillinge« Reißtaler-Gretchen; beide überwinden die stark gegliederten Raxenmäuer mit Hilfe von Drahtseilen und einiger Klammern; am »Reißtalersteig« hilft zudem eine lange, verbogene Eisenleiter über eine Steilstufe.

Wo? Das Preiner Gscheid (1070 m) ist ein Straßenpaß im Süden der Rax, 13 km von Reichenau, 16 km von Mürzzuschlag.
Ausgangspunkt Preiner Gescheid (1070 m). Parkplatz auf der Paßhöhe.
Wegverlauf Preiner Gscheid – Reißtalerhütte (1447 m) – »Reißtalersteig« – Heukuppe – Karl-Ludwig-Haus – »Gretchensteig« – Preiner Gscheid.
Gehzeiten Insgesamt 5 Std.; Preiner Gscheid – Heukuppe 3 Std., Abstieg über den »Gretchensteig« 2 Std.
Hütte Karl-Ludwig-Haus (1804 m).
Orientierung Leicht, »Reißtalersteig« gelb, »Gretchensteig« grün bezeichnet.
Einstufung Leicht.

157 Karl-Kantner-Steig
158 Bismarcksteig
Karl-Ludwig-Haus – Waxriegel

Leicht

Noch eine Runde über dem Preiner Gscheid, erst hinauf zum Karl-Ludwig-Haus, dann quer durch die breite Südwand des Predigtstuhls (1902 m) zum Waxriegel, wo ein weiterer, vielbegangener Raxweg mündet. Beide Steige sind ordentlich gesichert, der »Bismarcksteig« wurde erst vor ein paar Jahren völlig saniert, die Anforderungen halten sich in engen Grenzen. Die lange Querung hinüber zum Waxriegel bietet hübsche Ausblicke auf die waldreichen Alpenausläufer im Südosten, bis in die Bucklige Welt.

Am Karl-Kantner-Steig.

Ausgangspunkt Preiner Gscheid (1070 m). Parkplatz im Bereich der Scheitelhöhe.
Wegverlauf Preiner Gscheid – Siebenbrunnenkessel – »Karl-Kantner-Steig« – Karl-Ludwig-Haus (1804 m) – »Bismarcksteig« – Waxriegel – Waxriegelhaus (1361 m) – Preiner Gscheid.
Gehzeiten Insgesamt 4¾ Std.; Preiner Gscheid – Karl-Ludwig-Haus 2¼ Std., »Bismarcksteig« 1 Std., Abstieg über das Waxriegelhaus 1½ Std.
Hütten Karl-Ludwig-Haus (1804 m), Waxriegelhaus (1361 m).
Orientierung Problemlos.
Einstufung Leicht. Am »Bismarcksteig« im Frühsommer gefährliche Altschneereste!

159 Hans-von-Haid-Steig
Preiner Wand, 1783 m

Schwierig

Die Rax hat viele Mauern, fast wirkt sie wie ein grünes Gegenstück zum Sellastock, doch nur eine richtige Kletterwand, an ihrer Südseite: die Preiner Wand. Und folgerichtig finden sich auch hier zwei »richtige« Klettersteige, die einen Vergleich mit den Vie ferrate der Dolomiten durchaus aushalten: der »Königschußwand-Klettersteig« und der »Haidsteig«, beide aus der Pionierzeit des Alpinismus stammend. Im Gegensatz zur Königschußwand, die nur teilweise gesichert ist, bietet der 1913 eröffnete »Haidsteig« ein lupenreines Ferrata-Vergnügen auf gut 400 Höhenmetern, steil bis senkrecht, aber gut gesichert. Und für den besonderen »Wiener Touch« sorgen die beiden eisernen Steigbäume, 15 Meter hoch der erste, in eine sehr luftige Querung mündend der zweite. Durch eine kaminartige, fast vertikale Rinne gewinnt man schließlich ein Band, das unter mächtigen Überhängen nach links zu einer markanten Schulter (1585 m) mit Madonnen-Statue und Wandbuch ansteigt. Der Rest ist dann vergleichsweise gemütlich, Ier Gelände, noch ein paar Drahtseile und Pfadspuren.

Wo? Prein (680 m) liegt östlich unterhalb des Preiner Gscheid, 7 km von Reichenau.
Ausgangspunkt Parkplatz wenig oberhalb des Gh. Griesleitenhof (843 m); kurze Zufahrt von der Preiner-Gscheid-Straße (Hinweis »Klettergebiet Preiner Wand«).
Wegverlauf Griesleiten – Bachingerbründl (1279 m) – »Holzknechtsteig« – Einstieg (ca. 1360 m) – »Haidsteig« – Preiner Wand – Seehütte (1643 m) – »Holzknechtsteig« – Bachingerbründl – Griesleiten.
Gehzeiten Insgesamt 4½ Std.; Griesleiten – Bachingerbründl – Einstieg 1½ Std., »Haidsteig« 1½ Std., Abstieg 1½ Std.
Hinweise Der erste Abschnitt der Ferrata kann rechts auf dem »Alten Haidsteig« umgangen werden; blau markiert, Einstieg bei etwa 1300 m am Beginn der Preiner Schütt (Hinweistafel). Mündet am ersten Wandabsatz in den »neuen« Steig (ca. 1500 m). Für den Abstieg bietet sich alternativ auch der Preiner-Wand-Steig an; siehe 161.
Hütte Seehütte (1643 m).
Orientierung Leicht, gut bezeichnete Wege.
Einstufung Schwierig, teilweise sehr exponiert. Die Sicherungen sind in gutem Zustand. Der Abstieg über das Preiner Schütt (»Holzknechtsteig«) erweist sich als harte Prüfung für Gelenke und Bänder (Wanderstöcke!).

Hau ruck!

Unterwegs ins Tirol, Zeitungen haben die feierliche Eröffnung eines neuen Klettersteigs (damals, in den achtziger Jahren) vermeldet: nachschauen. Eine große Tafel markiert den Einstieg, ein dickes Drahtseil gibt die Route vor, die eher gemütlich beginnt, erst allmählich steiler wird. Die Tiefe nimmt zu, die Tritte werden weniger, ein Querung ins Leere hat's durchaus in sich. Dann legt sich der Grat etwas zurück, und vom abgeflachten Vorgipfel wird das Kreuz am höchsten Punkt sichtbar. Das Auge sucht den Weiterweg, entdeckt ein Seil, das an einem Pfeiler emporläuft, um ein Eck herum verschwindet, wieder sichtbar wird: eine dünne Linie an einer fast senkrechten Platte, blank wie eine Betonmauer, kein Riß, kein Fingerloch, nicht einmal eine lächerliche Beule hat der Fels. »Schlüsselstelle« nennt sich so etwas. Und der »Schlüssel« dazu ist Kraft, rohe Kraft, vorzugsweise im Bizeps.
Zehn, fünfzehn Meter nur, beruhige ich mich, das schaffst du leicht, auch an so einer Mauer. Sichern ist wichtig, umhängen, da kriegt man leicht den Krampf, und dann ist an ein Halten nicht mehr zu denken. Meine Hände werden feucht, schweißnaß – alles für ein bißchen Spaß in den Bergen!? Und jetzt klemmt der Karabiner auch noch, das blöde Ding ...
Nichts passiert, ich hab's (natürlich!) geschafft, sitze unterm Gipfelkreuz, das Herz schlägt ruhiger, das Nervenflattern hat aufgehört: kurz in den Abgrund geguckt – Schiß gehabt, kleine Grenzerfahrung ...
Übrigens: Der Imster Klettersteig wurde nachgebessert, heute helfen ein paar solide Bügel über die »Schlüsselstelle«. Bravo!

WIENER BERGLAND

160 Königschußwand-Klettersteig

Preiner Wand, 1783 m

Sehr schwierig

Die Route durch die Königschußwand hat einen Schönheitsfehler: Sie ist nicht durchgehend gesichert. Und weil Ferratisten halt, trotz ihres ähnlichen Outfits, keine Kletterer sind, wird dieser Zwitter – halb leichte Kletterführe, halb Ferrata – nie die Popularität des benachbarten »Haid« erreichen. Fünf Seillängen, vom Einstieg (ca. 1450 m) bis zu einer markanten Verschneidung, folgt man dem »Malersteig«, bei dem es sich um eine Kletterroute handelt, dann erst beginnt das »eiserne« Vergnügen: eine Rampe, geröllbedeckt, aber nur mäßig schwierig, anschließend – ein Kraftakt sondergleichen – etwa 40 Meter senkrecht bis leicht überhängend, zunächst luftig-hoch über dem Preiner Schütt, dann in einen Höhlenkamin mündend. Dem entsteigt man ziemlich geschafft; den atemberaubenden Tiefblick auf die Preiner Schütt werden wohl nur wenige so richtig genießen. Immerhin, das Schwierigste liegt hinter einem, aus der Extremroute wird ein ganz normaler Klettersteig, und wenig später steht man oben beim großen Gipfelkreuz.

Ausgangspunkt Parkplatz wenig oberhalb des Gh. Griesleitenhof (843 m); kurze Zufahrt von der Preiner-Gscheid-Straße (Hinweis »Klettergebiet Preiner Wand«).
Wegverlauf Griesleiten – Bachingerbründl (1279 m) – »Holzknechtsteig« – Einstieg (ca. 1460 m) – »Königschußwand-Klettersteig« – Preiner Wand – Seehütte (1643 m) – »Holzknechtsteig« – Griesleiten.
Gehzeiten Insgesamt 5¼ Std.; Griesleiten – Einstieg 1¾ Std., »Königschußwand- Klettersteig« 2 Std., Abstieg 1½ Std.
Orientierung Wenig schwierig, Einstieg am oberen Rand der Preiner Schütt. »Malersteig« rot, »Königschußwand« blau bezeichnet. Abstieg ebenfalls markiert.
Einstufung Sehr schwierig. Nur als Seilschaft begehen; im Zustieg Passagen II+, Klettersteig mit Drahtseilen und ganz wenigen Klammern, oberhalb der Rampe senkrechte Passage, fast trittlos.

161 Preiner-Wand-Steig

Preiner Wand, 1783 m

Leicht

Einen vergleichsweise gemütlichen Anstieg durch die Preiner Wand gibt es auch; er verläuft im Osten des Abbruchs und schlängelt sich, an einigen Stellen mit Drahtseilen versehen, durch die hier stark gegliederte Wand: kein Vergleich mit dem »Haidsteig« natürlich, aber eine reizvolle Route, die sich nach schwerer »Eisenarbeit« auch für den Abstieg anbietet.

Ausgangspunkt Parkplatz wenig oberhalb des Gh. Griesleitenhof (843 m); kurze Zufahrt von der Preiner-Gscheid-Straße (Hinweis »Klettergebiet Preiner Wand«).
Wegverlauf Griesleiten – Bachingerbründl (1279 m) – Preiner-Wand-Steig – Preiner Wand – Seehütte (1643 m) – »Holzknechtsteig« – Griesleiten.
Gehzeiten Insgesamt 4 Std.; Griesleiten – Bachingerbündl 1¼ Std., Preiner-Wand-Steig 1¼ Std., Abstieg über die Seehütte 1½ Std.
Hütte Seehütte (1643 m).
Orientierung Wenig schwierig; die Markierungen am Preiner-Wand-Steig würden eine Auffrischung vertragen.
Einstufung Leicht.

162 Weichtalklamm

163 Turmstein-Ostkante
Turmstein, 1416 m

Leicht/Schwierig

Neben dem »Klettersteig-Dorado« der Rax nimmt sich das Angebot im benachbarten Schneeberg ziemlich mager aus: ein landschaftlich reizvoller Schluchtweg, mit ein paar Leitern, Ketten und Eisenklammern gangbar gemacht, dazu eine »Hüttenferrata«, luftig, aber gut gesichert. Beides zusammen, der Klammsteig und der Turmstein-Klettersteig, ergeben ein gemütliches Tagespensum; von der Hütte besteigt man in knapp 2 Stunden auf markiertem Weg den Klosterwappen (2076 m), den höchsten Punkt des Schneebergs.

Wo? Ins Höllental kommt man von Wiener Neustadt bequem (teilweise Autobahn) über Neunkirchen und Gloggnitz, etwa 50 km.

Ausgangspunkt Weichtalhaus (547 m) an der Höllental-Straße, 9 km ab Reichenau. Parkmöglichkeit beim Gasthaus.

Wegverlauf Weichtalhaus – Weichtalklamm – Kienthaler Hütte – »Ferdinand-Mayr-Weg« – Weichtalklamm.

Gehzeiten Insgesamt 4 Std., Aufstieg 2½ Std., Abstieg 1½ Std. Turmstein 15 Min. hin und zurück.

Hinweis Von der Kienthaler Hütte guter, vielbegangener Weg auf den Klosterwappen, Markierung 801.

Hütte Kienthaler Hütte (1380 m).

Orientierung Problemlos.

Einstufung Weichtalklamm leicht, Turmstein schwierig, aber nur sehr kurz.

164 Naturfreundesteig
Hochlantsch, 1722 m

Mittel

Bekannt ist der Hochlantsch vor allem als Aussichtsberg im Grazer Hinterland; der in den siebziger Jahren angelegte, aber erst vor kurzem auch ausgeschilderte »Naturfreundesteig« dagegen hat sich (noch) nicht zum Renner entwickelt. Dabei ist die lediglich mit Drahtseilen versehene Route durchaus reizvoll, und die Schlußvariante an exponiertem Gratkantenfels etwas für Genießer. Einziger Schönheitsfehler: Steinschlaggefahr in den steilen Geröllrinnen, die zu queren sind.

Der »Naturfreundesteig« am Hochlantsch bietet einige hübsche Kletterstellen.

Wo? Zum Hochlantsch kommt man von Bruck an der Mur bzw. Graz über die Schnellstraße S 35. Bei Traföß zweigt die Straße nordöstlich ins Breitenauer Tal ab. Man folgt ihr bis St. Jakob (607 m) bzw. zu einer weiteren Abzweigung: »Jausenstation Zirbisegger«.

Ausgangspunkt Parkplatz wenig unterhalb vom »Zirbisegger« (ca. 1020 m).

Wegverlauf Parkplatz – Einstieg (ca. 1400 m) – »Naturfreundesteig« – Hochlantsch – Gh. Steirischer Jockel (1398 m) – Parkplatz.

Gehzeiten Insgesamt 4 Std.; Parkplatz – Einstieg 1¼ Std., »Naturfreundesteig« 1¼ Std., Abstieg 1½ Std.

Orientierung Die ersten Markierungen findet man oberhalb des Parkplatzes am Waldrand; Weiterweg dann leicht zu finden, rote Markierungen und Steinmännchen.

Einstufung Mittel, Gratvariante schwierig. Helm!

165 HTL-Klettersteig
Hohe Wand, 892 m

Sehr schwierig

Als ob's an der Hohen Wand (Große Kanzel, 1052 m) noch nicht genug gesicherte Routen gäbe: knackiger, brandneuer Sportklettersteig im Bereich der Sonnenuhrwand. Das durchlaufende Drahtseil, in kurzen Abständen verankert, zieht eine steile Linie über den Felsabbruch, viel Luft unter den Sohlen ist garantiert, und einen starken Bizeps braucht es dazu – nichts für Anfänger! Doch die finden an der Hohen Wand ja ausreichend Trainingsmöglichkeiten …

Wo? Zur Hohen Wand kommt man von Wiener Neustadt über Winzendorf. Die an Wochenenden mautpflichtige »Hohe-Wand-Straße« führt in ein paar Serpentinen auf das Kalkplateau.

Ausgangspunkt »Sonnenuhr-Parkplatz« an der ersten Kehre (580 m) der Straße auf die Hohe Wand.

Wegverlauf Parkplatz – »HTL-Klettersteig« – Gh. Postl (892 m), Abstieg über die »Völlerin«.

Gehzeiten Insgesamt knapp 3 Std.; »HTL-Klettersteig« 2 Std., Abstieg 1 Std.

Hütte Gh. Postl (892 m).

Orientierung Leicht: immer dem Drahtseil nach …

Einstufung Sehr schwierig.

166 Jubiläumssteig
167 Fürststeig
168 Ternitzersteig
Flatzer Wand, 790 m

Leicht

Man könnte die Felsen, die oberhalb von Flatz aus dem Föhrenwald gucken, durchaus als »Dependance« der Hohen Wand bezeichnen, und folgerichtig gibt es auch hier Höhlen, ein paar kurze Kletterführen und drei gesicherte Steige. Sie lassen sich leicht miteinander verbinden: Aufstieg über den »Jubiläumssteig«, dann Querung zum »Fürststeig«, über den man bis zu den »Schwiebbögen« (Felslöcher) absteigt, anschließend am »Ternitzersteig« hinauf zum Flatzer Loch und Spaziergang zum Neunkirchner Naturfreundehaus 772 m).

Wo? Nach Flatz (461 m) kommt man von Wiener Neustadt über Neunkirchen, 22 km.
Ausgangspunkt Flatz (461 m), Parkmöglichkeit am Ortsende Richtung Naturfreundehaus.
Wegverlauf Die drei kurzen gesicherten Steige liegen nahe beieinander, Zugang direkt vom Parkplatz bzw. vom Weg zum Neunkirchner Haus; Abstieg auf einem bequemen Wanderweg vom Naturfreundehaus.
Gehzeiten Bei Aufstieg über einen der gesicherten Steige, Rückweg vom Naturfreundehaus auf dem Wanderweg je etwa 1½ Std.; verbindet man (wie oben vorgeschlagen) alle drei Steige miteinander, ergibt sich eine Gesamtgehzeit von etwa 2¼ Std.
Hütte Neunkirchner Naturfreundehaus (772 m).
Orientierung Leicht, die Wege sind gut bezeichnet und ausgeschildert. »Jubiläumssteig« grüne Markierungen, »Fürststeig« rote Farbtupfer, »Ternitzersteig« blaue Markierungen.
Einstufung Leicht, am »Jubiläumssteig« senkrechte Leiter, »Ternitzersteig« etwas anspruchsvoller (eine Stelle I+).

169 Naturfreundesteig
170 Waldeggersteig
Waldeggerhaus, 1000 m

Leicht

Im bewaldeten, buckligen Rücken der Hohen Wand entdeckt man zwei kleine Schluchten, die Kleine und die Große Klause, beide sind mit etwas Eisen begehbar gemacht: eine hübsche Runde, die so ganz andere Eindrücke vermittelt als die dem Steinfeld zugewandte »Schokoladeseite« des kleinen Kalkmassivs.

Wo? Nach Dürnbach kommt man von Wiener Neustadt durch das Piestingtal, Abzweigung bei Waldegg (402 m), 21 km.
Ausgangspunkt Dürnbach, Parkplatz beim Gh. Nazwirt (ca. 520 m).
Wegverlauf Dürnbach – Kleine Klause – »Naturfreundesteig« – Waldeggerhaus – Saugraben – Große Klause – »Waldeggersteig« – Dürnbach.
Gehzeiten Für die Runde etwa 3 Std., Aufstieg durch die Kleine Klause zum Waldeggerhaus 1½ Std.
Hütte Waldeggerhaus (1000 m).
Orientierung Leicht, die Steige sind gut markiert bzw. ausgeschildert.
Einstufung Leicht.

171 Wagnersteig
172 Springlessteig
Große Kanzel, 1052 m

Leicht

Zwei gesicherte, aber wenig schwierige Anstiege im Südteil der Hohen Wand, die sich leicht zu einer kleinen Runde verbinden lassen: Aufstieg über den »Springlessteig« zum Hubertushaus (946 m), dann am Plateaurand westlich zur Großen Kanzel mit hübscher Aussicht, Abstieg über den »Wagnersteig«.

Wo? Nach Oberhöflein kommt man von Wiener Neustadt oder Neunkirchen via Willendorf. Station Unterhöflein der Bahnlinie Wiener Neustadt – Grünbach am Schneeberg.
Ausgangspunkt Oberhöflein (550 m), Parkmöglichkeiten im Ort.
Wegverlauf Wie links skizziert.
Gehzeiten Für die Runde etwa 2½ Std.
Hütten Hubertushaus (946 m), Wilhelm-Eichert-Hütte an der Großen Kanzel (1052 m).
Orientierung Leicht, die Steige sind gut bezeichnet, »Springlessteig« rote, »Wagnersteig« gelbe Markierungen.
Einstufung Leicht, an beiden Steigen Drahtseile und kurze Leitern.

173 Wildenauersteig
Hubertus-Haus, 946 m

Sehr schwierig

Von ganz anderem Kaliber als die benachbarten Steige ist der »Wildenauer«, ein echter Knaller: 100 Höhenmeter, fast senkrecht und extrem ausgesetzt, dabei nur mit Klammern und Tritteisen ➡

Wo? Nach Oberhöflein kommt man von Wiener Neustadt oder Neunkirchen via Willendorf. Station Unterhöflein der Bahnlinie Wiener Neustadt – Grünbach am Schneeberg.
Ausgangspunkt Oberhöflein (550 m), Parkmöglichkeiten im Ort.
Wegverlauf Oberhöflein – »Springlessteig« – Querung nach links (Abzweigung knapp unterhalb der Leiter) – »Wildenauersteig« – Hubertushaus – »Springlessteig« – Oberhöflein.
Gehzeiten Gesamtgehzeit 2 bis 2½ Std. ➡

➡ versehen! Und da die Erbauer der Route offenbar sparsame Leute waren, sind diese Steighilfen recht weit auseinander gesetzt; das mag vielleicht den Adrenalinspiegel anheben, dient aber kaum dem Sicherheitsbedürfnis. Originell der etwa 10 Meter hohe Höhlenschlot, den es zu durchsteigen gilt.

Nur mit Partnersicherung! Am »Wildenauersteig« fehlt – trotz größter Exposition – ein Fixseil.

➡

Hinweis Absteigen kann man auch über den »Turmsteig«, der links vom »Wildenauersteig« verläuft, Stellen II, eine Passage mit Drahtseilsicherung.
Hütte Hubertushaus (946 m) auf der Hohen Wand.
Orientierung Problemlos.
Einstufung Sehr schwierig, A; nur als Seilschaft gehen (keine Fixseile, Klammern teilweise weit auseinander).

174 Völlerin-Frauenluckensteig
Gasthaus Postl, 892 m

Mittel

»Honi soit qui mal y pense!« Bei der Frauenlucke handelt es sich um einen senkrechten, gegen 15 Meter hohen Höhlenschacht, der mit Hilfe einer Leiter gemeistert wird – spektakuläres Finale dieses Wanddurchstiegs. Den Zugang vermittelt der bereits 1897 angelegte Völlerin-Steig, über den man nachher auch absteigt. Möglich ist seit kurzem auch eine Kombination mit dem »HTL-Klettersteig« (siehe 165) – doch das ergibt dann eine Tour von ganz anderem Kaliber.

Wo? Zur Hohen Wand kommt man von Wiener Neustadt über Winzendorf. Die an Wochenenden mautpflichtige »Hohe-Wand-Straße« führt in ein paar Serpentinen auf das Kalkplateau.
Ausgangspunkt »Sonnenuhr-Parkplatz« an der ersten Kehre (580 m) der Hohe-Wand-Straße.
Wegverlauf Parkplatz – »Völlerin« – »Frauenluckensteig« – Gh. Postl, Abstieg über die »Völlerin«.
Gehzeiten Für die Runde etwa 1¾ Std.
Hütte Gh. Postl (892 m).

Orientierung Leicht; Zustieg am Milak-Klettergarten vorbei zum grün markierten »Völlerin-Steig«, blauer Hinweis am Abzweig zur Frauenlucke, Abstieg über den »Völlerin-Steig«.
Einstufung »Völlerin« leicht, »Frauenluckensteig« mittel.

175 Hanselsteig
Hanselsteighaus, 850 m

Leicht

Einen vergleichsweise gemütlichen Anstieg durch den nördlichen Teil der Hohen Wand vermittelt der 1911 von einem Schlossermeister mit Namen Johann Hansel angelegte Steig; in Verbindung mit dem »Leiterlsteig«, der ebenfalls einige Sicherungen aufweist, ergibt sich eine kleine Runde. Und Einkehrmöglichkeiten oben auf der Wand finden sich im Bereich der Straße gleich mehrere.

Wo? Zur Hohen Wand kommt man von Wiener Neustadt über Winzendorf, von Markt Piesting über Dreistetten.
Ausgangspunkt Parkplatz bei Loderhof (528 m); Zufahrt von Gaaden oder Stollhof.
Wegverlauf Loderhof – »Hanselsteig« – Hanselsteighaus – Kohlröserl-Haus – »Leiterlsteig« – Loderhof.
Gehzeiten Für die Runde etwa 2½ Std.

Hütte Kohlröserl-Haus (840 m). Hanselsteighaus nicht mehr bewirtschaftet!
Orientierung Leicht, »Hanselsteig« rot, »Leiterlsteig« gelb bezeichnet.
Einstufung Leicht, am »Hanselsteig« Drahtseile, Klammern und Leiter.

176 Ganghofersteig
Herrgottschnitzerhaus, 826 m

Schwierig

Mini-Ferrata am nördlichsten Eck der Hohen Wand, steil, mit Klammern und Drahtseilen gesichert. Angelegt wurde der Steig von drei Mitgliedern der Alpinen Gesellschaft »D'Herrgottschnitzer« bereits 1928, benannt haben sie ihn nach dem Heimatdichter Ludwig Ganghofer.
Natürlich wird man den Abstecher auf die Hohe Wand nicht wegen bescheidenen vierzig Klettersteigmetern unternehmen. Es bieten sich aber verschiedene Kombinationsmöglichkeiten an, so etwa mit dem »Währingersteig« (siehe 151); möglich ist auch eine Überschreitung der Hohen Wand nach Dürnbach unter Einbeziehung des (gesicherten) Steiges durch die Große Klause (»Waldeggersteig«, siehe 144).

Ausgangspunkt Am Endpunkt der Hohe-Wand-Straße steht das Herrgottschnitzerhaus (826 m).
Wegverlauf Kurzer Abstieg über den »Zischkasteig«, Aufstieg über den »Ganghofersteig« zum Herrgottschnitzerhaus.
Gehzeit 20 Min.
Orientierung Problemlos.
Einstufung Schwierig.

177 Währingersteig
Hirnflitzstein, 611 m

Schwierig

»Kurz, aber knackig.« Das Motto gilt auch für die gesicherte Route in dem Felsabbruch des Hirnflitzsteins: 60 Meter, überwiegend steil bis senkrecht, mit Klammern und Drahtseilen gesichert. Die Einstiegswand diktiert gleich den Tarif, im mittleren Wandteil muß man am Seil zu der senkrechten Leiter hinausqueren – nicht nach unten schauen!

Wo? Dreistetten (528 m) liegt an der Straße Markt Piesting – Muthmannsdorf – Winzendorf.
Ausgangspunkt Parkplatz am westlichen Ortsrand.
Wegverlauf Dreistetten – Wandfuß – »Währingersteig« – Hirnflitzstein – Abstieg zur Einhornhöhle – Dreistetten.
Gehzeit Für die Runde etwa 1½ Std.
Hinweise Die »Einhornhöhle« kann an Sonn- und Feiertagen besichtigt werden.
Der »Währingersteig« läßt sich auch in eine größere Runde einbeziehen: Aufstieg zum Herrgottschnitzerhaus (826 m) – »Ganghofersteig« – Abstieg über den »Drobilsteig« (kurze gesicherte Passagen), insgesamt etwa 3 Std.
Orientierung Problemlos.
Einstufung Schwierig, sehr exponierter Routenverlauf.

178 Rudolf-Decker-Steig
Steinwandklamm, Gh. Jagasitz, 710 m

Leicht

Die romantische Steinwandklamm ist ein Ausflugsziel mit Tradition; nicht umsonst ließ der ÖTK bereits 1884 einen Klammsteig anlegen, und über ein halbes Jahrhundert hat auch der »Rudolf-Decker-Steig« schon auf dem Buckel. Er steigt durch stark gegliedertes Felsgelände links der Klamm an, passiert dabei drei Höhlen und ein Felsentor, alles gut gesichert. Man merkt schon: kein schwieriger, aber ein sehr interessanter Pfad, ideal für Kinder und Bubenträume: Winnetou läßt grüßen!

Wo? In die Steinwandklamm kommt man durch das Triestingtal, 14 km von der Südautobahn bis Weißenbach. Hier links über Schromenau in den Steinwandgraben.
Ausgangspunkt Jausenstation Reischer (549 m).
Wegverlauf Steinwandgraben – »Rudolf-Decker-Steig« – Gh. Jagasitz – Abstieg durch die Steinwandklamm.
Gehzeit Für die Runde etwa 1½ Std.
Orientierung Problemlos, Wege bestens bezeichnet.
Einstufung Leicht, mehrere Leitern. Die lange, steile Leiter zum »Wildschützenloch« kann man links umgehen. Taschenlampe nützlich, vor allem am »Türkenloch«.

179 Pittentaler Steig
Türkensturz, 610 m

Sehr schwierig

Der Name des Felsens, der oberhalb von Gleißenfeld über dem Pittental aufragt, erinnert an die Zeit der Türkeneinfälle; im 16. Jahrhundert sollen hier Bauern einer Schar brandschatzender Osmanen zu einem raschen Abgang aus dieser Welt verholfen haben. Erst sehr viel später, 1826, wurde die Ruine – als Mahnmal – auf dem Türkensturz errichtet, und 1930 kam die ÖTK-Sektion Pittental auf die Idee, durch den nahezu senkrechten 100-Meter-Absturz eine Ferrata, pardon: einen Klettersteig zu bauen. Daß es sich hier um eine Wiener Erfindung handelt, zeigt schon der Steigbaum gleich zum Auftakt; auch in der Folge halten Verlauf und Exposition aber jeden Vergleich mit den Sportklettersteigen in Bella Italia aus. Schwierigste Passage ist eine senkrechte Verschneidung im oberen Teil der Wand.

Wo? Gleißenfeld (360 m) liegt an der Straße zum Wechsel, etwa 18 km südlich von Wiener Neustadt.
Ausgangspunkt Gleißenfeld, Brücke über den Pittenbach. Parkplatz.
Wegverlauf Gleißenfeld – Einstieg (ca. 530 m) – »Pittentaler Steig« – Türkensturz, Abstieg über Wanderweg.
Gehzeit Für die Runde 2 Std.
Orientierung Problemlos.
Einstufung Sehr schwierig; im unteren Wandteil keine Drahtseile, deshalb Selbstsicherung problematisch, Stellen II. Evtl. als Seilschaft gehen.

Noch so ein »luftiger« Wiener: der »Pittentaler Steig« in der Buckligen Welt.

Von den Steiner Alpen zu den Hohen Tauern

Ganz am Rand der Alpengeographie, näher dem Balkan als dem Großglockner, stehen – noch hinter den Karawanken – die Steiner Alpen. Und fast ebenso weit ist es bis in die Julischen Alpen, die etwa je zur Hälfte in Slowenien und in Italien liegen. Karawanken, Steiner und Julische Alpen: drei Gebirgsgruppen, drei Länder – und ein ergiebiges Revier für Klettersteigler mit siebzig gesicherten Routen. Slowenisch oder italienisch, ist hier allerdings die erste Frage. Nicht nur, weil es in den (Kärntner) Karawanken nur wenige Klettersteige gibt. An der politischen Grenze stoßen auch sehr unterschiedliche Auffassungen über das Sichern von Wegen zusammen. Die Slowenen sind Meister im »Understatement«, ihre Routen sind dem Gelände, dem Berg angepaßt und meist nur sparsam gesichert; der Italiener dagegen liebt das Spektakuläre, weshalb die Ferrate rund um Mangart, Wischberg, Montasch und Kanin ein ganz anderes Profil zeigen: steiler, vielfach sehr kühn trassiert und entschieden eisenhaltiger.

Kleiner Mensch, großer Berg. Die Steiner Alpen sind ein »verstecktes« Dorado für Klettersteigler.

Meine Favoriten

- »Ojstrica-Steig« – hinfinden ist schwieriger als hinaufkommen (184)
- Bovški Gamsovec – Aussichtstour und Blumenzauber vor dem Triglav (215)
- Prisojnik – welchen Weg mag ich denn am liebsten? (219, 220, 221)
- »Via della Vita« – Traum- oder Alptraumroute? (229)
- »Sentiero attrezzato Goitan« – Schaupfad in den westlichen Juliern (240)
- »Rote Saile-Klettersteig« – Granit im Panorama, Schiefer am Weg (266)

Wilde Berge am Rand des Alpenbogens: die Steiner Alpen, hier in der »Gurgel«, am Verbindungsweg von der Tschechischen zur Krainer Hütte.

Osttirol als Klettersteig-Dorado zu bezeichnen, wäre wohl eine gelinde Übertreibung, auch wenn in den Lienzer Dolomiten und in den Hohen Tauern ein paar Anstiege gesichert sind. Die einzige echte Ferrata neben dem »Schluga-Steig« (im Kärntner Gailtal) führt auf die Hohe Saile. Dafür liefern die Hohen Tauern bei mancher Tour einen majestätisch-grandiosen Landschaftsrahmen.

Karten und Führer

Wander- und Kletterführer über die Steiner Alpen und die Julischen Alpen gibt es mehrere, leider fast durchweg in slowenisch bzw. italienisch. Eine Ausnahme bildet das (sehr empfehlenswerte) Buch »Der Triglav-Nationalpark«, herausgebracht von der Nationalpark-Verwaltung und mit einer Fülle von Informationen aufwartend. Die Klettersteige der Region sind bei Hanns Heindl im »Klettersteigführer Julische und Steiner Alpen mit Karawanken und Karnischem Hauptkamm« beschrieben (Bergverlag Rother, München).

Walter Mair bietet dem Wanderer in Osttirol die beste Anleitung, sachkundig und ausführlich: »Osttiroler Wanderbuch« (Tyrolia, Innsbruck).

Der Slowenische Alpenverein (Planinska Zveza Slovenije) hat für sein Gebiet gute Wanderkarten herausgebracht. Blätter im Maßstab 1:50 000 umfassen Steiner Alpen, Karawanken und Julische Alpen; die meisten Klettersteige der Julischen Alpen finden sich im Blatt »Triglav« (1:25 000).

Für den italienischen Teil der Julier nimmt man am besten die »Tabacco-Karten« 1:25 000, Blätter 18 und 19.

Für Osttirol gibt es neben den amtlichen österreichischen Karten die soliden 50 000er von Freytag & Berndt.

Eine Buchempfehlung

»Naturparadies Julische Alpen« von Ingrid Pilz (Verlag Styria, Graz) mit vielen Fotos und herausnehmbarem Führerheft.

180 Zavarovana pot
Kordeschkopf/Kordeževa glava, 2126 m

Leicht

Letzter (oder erster?) Zweitausender des Karawankenzuges ist der massige Petzen (Peca), ein Grenzberg mit berühmt weiter Aussicht. Seine drei Gipfel – Feistritzer Spitze, 2114 m; Knieps, 2110 m; Kordeschkopf, 2126 m – können auf markierten Wegen leicht bestiegen werden. Zum höchsten Punkt kommt man von der slowenischen Seite auch über einen hübschen, wenig schwierigen Klettersteig (= Zavarovana pot). Die Route verläuft durch Schluchten, Rinnen und über Bänder, sie ist mit Drahtseilen ausreichend gesichert.

Wo? Mežica (470 m) liegt im Tal der Meža, nur wenige Kilometer von der österreichisch-slowenischen Grenze. Zufahrt über Poljana, 13 km von Bleiburg.

Ausgangspunkt Mihev (910 m) erreicht man vom Städtchen Mežica über Črna (573 m) und Pristava, 17 km. Parkplatz bei der Talstation der Materialseilbahn zur Peči-Hütte.

Wegverlauf Mihev – Dom na Peči (1654 m) – Zavarovana pot – Kordeschkopf – Abstieg über den Wanderweg zum Dom na Peči – Mihev.

Gehzeiten Insgesamt 6½ Std.; Mihev – Dom na Peči 2¼ Std., Klettersteig – Kordeschkopf 2 Std., Abstieg 2¼ Std.

Hinweise Man kann die Tour auch von der (Kärntner) Nordseite aus machen: Aufstieg von Siebenhütten (Mautstraße) über den Kniepssattel (2034 m) zum Kordeschkopf, dann Abstieg zum Dom na Peči, (zweiter) Aufstieg über den Klettersteig; insgesamt etwa 6 Std.
Grenzgebiet, deshalb Ausweispapiere mitführen!

Hütte Dom na Peči (1654 m) am Südhang des Petzen.

Orientierung Ordentlich markierte Wege; Vorsicht bei Nebel!

Einstufung Leicht, gut gesicherter Steig.

181 Uschowa-Felsentore, gesicherter Steig
Uschowa-Felsentore, 1508 m

Leicht

Gerade »am Weg« liegen sie nicht, die Uschowa-Felsentore, zumindest für das Gros der Bergsteiger, sondern ganz hinten, buchstäblich am »End' der (Alpen-)Welt«: in den östlichen Karawanken, nahe der slowenischen Grenze. Deswegen lohnt sich ein Abstecher nicht weniger, und wenn man schon einmal in diesem südlichsten Zipfel Kärntens ist, kann man auch gleich noch ganz in den Berg vordringen: Seit ein paar Jahren sind die Obir-Tropfsteinhöhlen bei Eisenkappel zugänglich. Der Besuch lohnt sich!

Faszination Berge: Felsenfenster an der Uschowa.

Wo? Eisenkappel (558 m), ein hübscher Marktflecken, liegt an der Straße zum Kärntner Seeberg, 24 km von Völkermarkt.

Ausgangspunkt Im Süden des Ortes mündet der waldreiche Remscheniggraben. Ein schmales Sträßchen führt talein bis zur Weggabelung unterhalb des St.-Margrethen-Kirchleins (925 m), 6 km. Parkmöglichkeit an der Straße.

Wegverlauf Remscheniggraben – Felsentore – Heiligengeistgatterl (1432 m) – St. Leonhard (1334 m) – Schelesnigsattel (1130 m) – Remscheniggraben.

Gehzeiten Insgesamt 5 Std.; Remscheniggraben – Felsentore 2½ Std., Abstieg via St. Leonhard 2½ Std.

Tip Die Obir-Tropfsteinhöhlen sind von April bis Dezember geöffnet; Zufahrt von Eisenkappel per Bus.

Orientierung Ordentlich markierte Wege.

Einstufung Leicht, kürzere gesicherte Passagen im Bereich der drei Felsentore.

182 Raduha, gesicherter Steig
Raduha, 2062 m

Leicht

Die Raduha steht etwas abseits, recht isoliert auch, und wendet dem Logarska dolina ihre Schauseite – einen breiten Felsabbruch – zu. Ersteres macht sie natürlich zu einem bemerkenswerten Belvedere mit Aussicht ins slowenische Hügelland, aber auch auf die zentralen Steiner Alpen, deren Hauptgipfel sich über dem »Tal der Haine« (Logarska dolina) und weiter westlich aufbauen; am Rand der Felsfront verläuft ein harmloser gesicherter Steig. Ein Hinweis noch für Blumenfreunde: An der sanfteren Ostabdachung des Bergstocks blüht es im Frühsommer, daß einem die Augen übergehen!

Wo? Die Raduha erhebt sich zwischen Črna na Koroškem und dem unteren Logarska dolina. Anfahrt von Kärnten (Bleiburg) am besten via Mězica (495 m).

Ausgangspunkt Spranje Sleme (1254 m), Straßenpaß zwischen den Tälern der Meža und der Savinja. Teilweise asphaltierte Zufahrt von Črna, 15 km. Parkmöglichkeit am Paß oder 1 km weiter südlich beim Hof Sukovnik (1327 m).

Wegverlauf Sleme – Koča na Grohatu (1460 m) – Klettersteig – Raduha – Durce (1910 m) – Koča na Grohatu – Sleme.

Gehzeiten Insgesamt 5 Std.; Sleme – Koča na Grohatu 1 Std., Koča na Grohatu – Raduha 2 Std., Abstieg via Durce 2 Std.

Hütte Koča na Grohatu (1460 m).

Orientierung Leicht; Abzweigung zum Klettersteig etwa 30 Min. oberhalb der Grohat-Hütte (bezeichnet).

Einstufung Leicht, ab 1880 m längere gesicherte Passage. Bei Nässe rutschig!

183 Kocbekov dom, gesicherter Zustieg

Sedelce , 1900 m

Leicht

Wer eine Überschreitung der Steiner Alpen von Ost nach West plant, startet sie in der Regel mit dem Aufstieg durch das Robanov kot, ein malerisches Tal, das unter Naturschutz steht und für seine artenreiche Flora bekannt ist. Im Anstieg aus dem Robanov kot zur Senke unter dem Živžgovec (1870 m) Drahtseilsicherungen und ein paar Eisenstifte. Vom Kocbekov dom besteigt man in 1½ Std. die Ojstrica (siehe 184); die Fortsetzung der großen Überschreitung führt via Planjava (2394 m; siehe 185) zur Steiner Hütte (Kamniška koča, 1864 m).

Wo? Ins Logarska dolina zu gelangen, ist nicht ganz einfach, die Zufahrten verlaufen sozusagen »um sieben Ecken herum«. Von Kärnten geht's zur Zeit am besten über Bleiburg – Mežica – Črna – Sleme-Sattel nach Solčava (642 m).
Im Frühjahr 2001 soll der Straßenübergang am Paulitschsattel (Pavličevo sedlo, 1339 m) eröffnet werden, nach Abschluß der Bauarbeiten auf Kärntner Seite. Dadurch rücken die östlichen Steiner Alpen ein ganzes Stück näher! Eisenkappel – Logarska dolina 20 km.
Ausgangspunkt Häusergruppe Robanov kot (593 m), von Solčava 4 km talabwärts.
Wegverlauf Robanov kot – Robanova planina (890 m) – Kocbekov dom (1808 m).
Gehzeiten Insgesamt 6¾ Std.; Robanov kot – Robanova planina 1 Std., Robanova planina – Kocbekov dom 3 Std., Abstieg auf dem gleichen Weg 2¾ Std.
Hütte Kocbekov dom (1808 m).
Orientierung Leicht, als Teilstück der »Slowenischen Bergtransversale« (roter Kreis mit einer Eins) gut markiert.
Einstufung Leicht.

184 Ojstrica, gesicherter Steig

Ojstrica, 2350 m

Leicht

Für die Bewohner der slowenischen Hauptstadt ist das Logarska dolina nicht weiter entfernt als die »Eng« für die Münchner Ausflügler: alpines Hinterland. Darüber zu räsonieren, welcher Talschluß denn schöner sei, erübrigt sich; immerhin, im Logarska dolina stehen an den Wochenenden (noch) nicht so viele Autos …
Zu den lohnendsten Gipfelzielen über dem »Tal der Haine« gehört die Ojstrica, ein eleganter Felsbau, der die Hauptkette der Steiner Alpen (Kamniške Alpe) im Osten abschließt. Für den Aufstieg bietet sich der Steig über die Nordostflanke an, nach slowenischer Art sparsam, aber ausreichend gesichert. Den Abstieg nimmt man dann über die »Schere« (Škarje, 2141 m), eine Scharte am Westgrat der Ojstrica. Dabei zeigt sich die elegante Nordwestkante des Gipfels besonders schön – verführerisch!

Wo? Ins Logarska dolina zu gelangen, ist nicht ganz einfach, die Zufahrten führen sozusagen »um sieben Ecken herum«. Von Kärnten geht's zur Zeit am besten über Bleiburg – Mežica – Črna – Sleme-Sattel (1254 m) nach Solčava (642 m). Paulitschsattel: siehe 183.
Ausgangspunkt Logarska dolina, beim Dom planincev (838 m), 9 km hinter Solčava.
Wegverlauf Logarska dolina – Koča na Klemenči jami (1206 m) – Klettersteig – Ojstrica – Škarje (2141 m) – Koča na Klemenči jami – Logarska dolina.
Gehzeiten Insgesamt 6½ Std.; Logarska dolina – Koča na Klemenči jami ¾ Std., Klettersteig – Ojstrica 3 Std., Abstieg über Škarje 2¾ Std.
Hütte Koča na Klemenči jami (1206 m).
Orientierung Wege ordentlich markiert.
Einstufung Leicht.

185 Planjava, gesicherter Steig

Planjava, 2394 m

Leicht

Neben der Ojstrica ist die Planjava die auffallendste Erhebung im Ostkamm der Steiner Alpen. Bestiegen wird sie meistens aus dem Logarska dolina; Begeher der »Slowenischen Alpentransverale« nehmen sie auf der Etappe vom Kocbekov dom zur Kamniška koča mit. Wer über die Steiner Hütte ansteigt, kann – statt den gleichen Weg zurückzugehen – auch den über die Škarje und die Koča na Klemenči jami nehmen (Gesamtgehzeit etwa 9 Std.).

Wo? Ins Logarska dolina zu kommen, ist nicht ganz einfach. Von Kärnten aus geht's zur Zeit am besten über Bleiburg – Mežica – Črna und den Sleme-Sattel (1254 m) nach Solčava, dann taleinwärts; etwa 50 km ab Grenze. Paulitschsattel: siehe 183.
Ausgangspunkt Koča pod slapom Rinka (975 m) im Talschluß von Logarska dolina.
Wegverlauf Koča pod slapom Rinka – Frischaufov dom (1396 m) – Kamniško sedlo (1884 m) – Planjava.
Gehzeiten Insgesamt 7¾ Std.; Koča pod slapom Rinka – Frischaufov dom 1¼ Std., Frischaufov dom – Kamniško sedlo 1½ Std., Kamniško sedlo – Planjava 2 Std., Abstieg auf dem gleichen Weg 3 Std.
Hütten Frischaufov dom (1396 m), Kamniška koča (1864 m).
Orientierung Gut markierte Wege.
Einstufung Leicht, unterhalb der Steiner Scharte (Kamniško sedlo) und am Anstieg zur Planjava solide Sicherungen (Eisenstifte, Drahtseile).

186 Turska gora, gesicherte Steige

Turska gora, 2251 m

Leicht

Der Hauptkamm der Steiner Alpen (Kamniške Alpe), ziemlich genau in Ost-West-Richtung verlaufend, ist etwa 10 Kilometer lang, trägt ein Dutzend Gipfel – und kann auf markierten, abschnittweise gesicherten Steigen überschritten werden, von der Ojstrica (2350 m) zur Jezerska Kočna (2540 m). Der Weg läuft auch über den Turska gora. Vom Logarska dolina bzw. vom Frischaufov dom (1396 m) aus läßt sich die Turska gora als Tagestour »machen«: Aufstieg durch die »Türkenrinne« (Turski žleb), Abstieg von der Kamniška koča (Steiner Hütte, 1864 m), alles gut markiert und, wo erforderlich, auch gesichert. Von der Turska gora überschaut man den gesamten Hauptkamm der Steiner Alpen (Kamniške Alpe).

Wo? Ins Logarska dolina zu kommen, ist nicht ganz einfach. Von Kärnten geht's zur Zeit am besten über Bleiburg – Mežica – Črna – Sleme-Sattel (1254 m) – Solčava (642 m), dann taleinwärts; bis zum Straßenendpunkt etwa 50 km ab Grenze. Paulitschsattel: siehe 183.
Ausgangspunkt Koča pod slapom Rinka (975 m) im Talschluß von Logarska dolina. Parkplatz.
Wegverlauf Koča pod slapom Rinka – Frischaufov dom (1396 m) – Turski žleb (2114 m) – Turska gora – Kamniško sedlo (1864 m) – Frischaufov dom – Koča pod slapom Rinka.
Gehzeiten Insgesamt 5½ Std.; Koča pod slapom Rinka – Frischaufov dom 1¼ Std., Frischaufov dom – Turska gora 2½ Std., Abstieg über den Kamniško sedlo ins Tal 2¾ Std.
Hütten Frischaufov dom (1396 m), Kamniška koča (1864 m).
Orientierung Ordentlich bezeichnete Steige.
Einstufung Leicht, Steinschlaggefahr in der Turski žleb (Helm!). Drahtseile und Eisenbügel.

187 Rinke-Überschreitung

Kranjska Rinka, 2453 m

Schwierig

Noch so eine Gipfelrunde über dem innersten Logarska dolina, anspruchsvoller, auch länger als die Turska-gora-Tour, mit einigen »eisernen« Abschnitten, teilweise ziemlich ausgesetzt. Man überschreitet dabei zwei der drei Rinke, zuerst die Kärntner Rinka (Koroška Rinka, 2433 m), dann – ein kleiner »Seitensprung« – auch die Krainer Rinka (Kranjska Rinka, 2453 m); der Abstieg in die Mali Podi unter der Skuta führt an der Steirer Rinka (Štajerska Rinka, 2374 m) vorbei. Die Namensgebung ist nicht zufällig, hat aber bloß noch historische Bedeutung, erinnert an die drei Landschaften, die hier einst zusammenstießen: Kärnten, Krain, Untersteiermark.
Fast durchgehend gesichert (und recht anspruchsvoll) ist der Anstieg zur Koroška Rinka; auf Sicherungen stößt man auch beim Abstieg durch den Graben von Turski žleb.

Wo? Ins Logarska dolina zu kommen, ist nicht ganz einfach. Von Kärnten aus geht's zur Zeit am besten über Bleiburg – Mežica – Črna – Sleme-Sattel (1254 m) – Solčava, dann talaufwärts; bis zum Straßenendpunkt etwa 50 km ab Grenze. Paulitschsattel: siehe 183.
Ausgangspunkt Koča pod slapom Rinka (975 m) im Talschluß von Logarska dolina. Parkplatz.
Wegverlauf Koča pod slapom Rinka – Frischaufov dom – Mrzli dol – Koroška Rinka (Kriz, 2433 m) – Kranjska Rinka (2453 m) – Mali Podi – Turski žleb – Frischaufov dom – Koča pod slapom Rinka.
Gehzeiten Insgesamt 8 Std.; Koča pod slapom Rinka – Mrzli dol 2½ Std., Rinke-Überschreitung 3¼ Std., Turski žleb – Koča pod slapom Rinka 2¼ Std.
Hütte Frischaufov dom (1396 m).
Orientierung Markierte Steige, Farben teilweise ziemlich verblaßt. Im Frühsommer am Fuß der Kärntner Rinka Altschneefelder. Evtl. Steigeisen, Teleskopstöcke.
Einstufung Schwierig, sehr alpine Tour. Vor allem der Steilanstieg zum Nordgrat der Kärntner Rinka ist anspruchsvoll – und lanschaftlich großartig.

188 Mrzla gora, gesicherter Steig

Mrzla gora , 2203 m

Mittel

Etwas im Schatten des Hauptkamms steht der mächtige Bergstock mit seinen zerklüfteten Flanken, markanter Abschluß der Vellacher Kotschna. Von Kärnten läßt sich der Grenzgipfel auch besteigen, über den Sanntaler Sattel (2001 m); die Tour hat allerdings einen Schönheitsfehler: den Zwischenabstieg ins Kar Mrzli dol. Ohne Höhenverlust erreicht man aus dem Logarska dolina, dem »Tal der Haine«, den einsamen Gipfel. Der Weg über den Südwestgrat weist längere gesicherte Passagen auf.

Wo? Ins Logarska dolina zu kommen, ist nicht ganz einfach. Von Kärnten aus geht's zur Zeit am besten über Bleiburg – Mežica – Črna – Sleme-Sattel (1254 m) – Solčava, dann taleinwärts; bis zum Straßenendpunkt etwa 50 km ab Grenze. Paulitschsattel: siehe 183.
Ausgangspunkt Koča pod slapom Rinka (975 m) im Talschluß von Logarska dolina. Parkplatz.
Wegverlauf Koča pod slapom Rinka – Frischaufov dom (1396 m) – Mrzli dol – Mrzla gora.
Gehzeiten Insgesamt 7¾ Std.; Koča pod slapom Rinka – Frischaufov dom 1¼ Std., Frischaufov dom – Mrzla gora 3½ Std., Abstieg auf dem gleichen Weg 3 Std.
Hinweis Auch durch das Matkov kot führt ein markierter und zum Gipfel hin abschnittweise gesicherter Steig auf die Mrzla gora, was eine interessante Überschreitung ermöglicht (5 Std. ab Logarska dolina zum Gipfel).
Hütte Frischaufov dom (1396 m).
Orientierung Markierter Steig.
Einstufung Mittel.

Das Massiv der drei Rinke. Am Grat in der Bildmitte verläuft der Aufstieg von Norden, ein recht anspruchsvoller Klettersteig.

189 Skuta, Überschreitung
Skuta, 2532 m

Mittel/Schwierig

Im Hauptkamm der Steiner Alpen ist die Skuta nach dem Grintovec der mächtigste Gipfel, ein ungefüger Klotz, nach Norden über Steilwände abbrechend, südseitig in ein Karrenplateau übergehend. Seine Überschreitung, zusammen mit jener des Dolgi hrbet (Langkofel, 2454 m), vermittelt starke Eindrücke, wartet auch mit recht viel Eisen auf, vor allem beim Anstieg von den Mali podi. Für Klettersteigler ist vor allem eine Kombination mit den Rinke von Interesse; als Tagestour allerdings nur für Konditionsbolzen.

Wo? Jezersko (880 m) ist ein kleiner slowenischer Ferienort südlich des Kärntner Seebergs (1218 m), knapp 50 km von Völkermarkt.

Ausgangspunkt Ravenska Kočna; Zufahrt von Jezersko am kleinen Planšarsko jezero vorbei bis zur Talstation der Materialseilbahnen (1090 m), 5 km.

Wegverlauf Ravenska Kočna – Kranjska koča (1698 m) – Koroška Rinka (Kriz, 2433 m) – Mali podi – Skuta – Dolgi hrbet (2454 m) – Mlinarsko sedlo (2334 m) – Češka Koča (1543 m) – Ravenska Kočna.

Gehzeiten Insgesamt 10½ Std.; Ravenska Kočna – Kranjska koča 2 Std., Kranjska koča – Koroška Rinka 2½ Std., Koroška Rinka – Skuta 2 Std., Skuta – Mlinarsko sedlo 1¼ Std., Mlinarsko sedlo – Ravenska Kočna 2¾ Std.

Hütten Kranjska koča (1698 m), bewirtschaftet Mitte Juni bis Ende September; Tel. (0 64)22 51 84. Češka koča (1543 m), bewirtschaftet Anfang Juni bis Ende September; Tel. (06 09)61 56 24.

Orientierung Skuta-Überschreitung gut bezeichnet; die Markierungen an den Rinke würden eine Auffrischung vertragen.

Einstufung Skuta mittel, Rinke eher schwierig.

190 Ledinski vrh, Klettersteig

Ledinski vrh, 2108 m

Mittel

Nun hat auch der Ledinski vrh, ein wenig auffallender Gipfel zwischen Babascharte und Seetaler Sattel, seinen (kurzen) Klettersteig. Er führt aus der innersten Vellacher Kotschna über ein steiles Wandl in die enge Scharte zwischen den beiden Gipfeln – rassiges Finale der landschaftlich sehr schönen Wanderung in dieses südlichste, unter Naturschutz stehende Tal Österreichs. Berühmt ist die Vellacher Kotschna für ihren ungewöhnlichen Blumenreichtum.

Für jene, die gerne etwas mehr »Eisen« hätten, empfiehlt sich eine Kombination mit dem Klettersteig auf die Velika Baba (siehe 192).

Wo? In die Vellacher Kotschna kommt man über die Seebergstraße, Abzweigung hinter Bad Vellach (840 m).
Ausgangspunkt Kleiner Wanderparkplatz in der Vellacher Kotschna (ca. 950 m), 3 km von der Seeberg-Bundesstraße.
Wegverlauf Vellacher Kotschna (bis ca. 1960 m) – Klettersteig – Ledinski vrh – Seetaler Scharte (Jezersko sedlo, 2034 m) – Sanntaler Scharte (Savinjsko sedlo, 2001 m) – Vellacher Kotschna.
Gehzeiten Insgesamt 6 Std.; Vellacher Kotschna – Einstieg 3 Std., Klettersteig ¾ Std., Abstieg 2¼ Std.
Orientierung Markierte Steige.
Einstufung Mittel, mit Trittseisen und Fixseilen gesichert.

In der Vellacher Kotschna.

191 Kranjska koča, gesicherte Zustiege

Kranjska koča, 1698 m

Leicht

Die 1977 am Nordfuß der Skuta errichtete Hütte besitzt drei Zugänge, die alle auf kürzeren Abschnitten gesichert sind. Sie lassen sich gut zu einer Halbtagsrunde verbinden – auch ohne Gipfel eine Tour mit recht starken Eindrücken. Dabei bietet sich der »Slovenjska pot« mit einer längeren Klettersteigpassage (rund 100 Höhenmeter) für den Aufstieg, der »Lovska pot«, ebenfalls mit ein paar Sicherungen, für den Rückweg an. Der Verbindungssteig zur Češka koča (siehe 193) ermöglicht eine interessante Verlängerung der Tour.

Am »Slovenjska pot«, im Aufstieg zur Krainer Hütte.

Wo? Jezersko (880 m) ist ein kleiner slowenischer Ferienort südlich des Kärntner Seebergs (1218 m), knapp 50 km von Völkermarkt.
Ausgangspunkt Ravenska Kočna; Zufahrt am kleinen Planšarsko jezero vorbei bis zur Talstation der Materialseilbahnen (1090 m), 5 km.
Wegverlauf Ravenska Kočna – »Slovenjska pot« – Kranjska koča – »Lovska pot« – Ravenska Kočna.
Gehzeiten Insgesamt 3½ Std.; Aufstieg 2 Std., Abstieg 1½ Std.
Hütte Kranjska koča (1698 m).
Orientierung Leicht, markierte Wege.
Einstufung Leicht.

192 Velika Baba, Klettersteig

Velika Baba, 1927 m

Mittel

Zu den lohnendsten Touren in den Steiner Alpen zählt die Überschreitung der Großen Frau (Velika Baba) mit Aufstieg über den Klettersteig und Abstieg am langen Nordgrat. Da gibt's dann allerdings keine Sicherungen, dafür viele leichte Kletterstellen (I, I–II) in ziemlich bröseligem Fels. Schmale, geröllbedeckte Bänder und Absätze verlangen einen sicheren Tritt, beim Finale der Ferrata, einer 150-m-Wand, wird auch der Bizeps etwas gefordert. Grandios die Kulisse in der zerklüfteten Felsflanke des Ledinski vrh, die der Klettersteig hin zu dem wilden Graben unter dem Sedlo pod Baba (1989 m) quert. Wer sich die (ungesicherte) Gratkletterei ersparen will, steigt vom Gipfel zur Frauenscharte (1989 m) ab und quert dann unter dem Ledinski vrh mit Gegenanstieg im Geröll in die Seetaler Scharte (2034 m).

Wo? Jezersko ist ein kleiner slowenischer Ferienort südlich des Krätner Seebergs (1218 m), 50 km von Völkermarkt.
Ausgangspunkt Ravenska Kočna; Zufahrt am kleinen Planšarsko jezero vorbei bis zur Abzweigung des Nordgratsteigs auf die Baba (992 m). Etwas oberhalb der Straßengabelung Parkmöglichkeit.
Wegverlauf Ravenska Kočna – Kranjska koča (1698 m) – Klettersteig – Velika Baba – Mala Baba (2018 m) – Jenkalm (1495 m) – Ravenska Kočna.
Gehzeiten Insgesamt 6½ Std.; Ravenska Kočna – Kranjska koča 2 Std., Klettersteig – Velika Baba 2 Std., Abstieg über den Nordgrat 2½ Std.
Hinweis Variante über Seeländer Scharte mit etwa gleicher Gesamtgehzeit.
Orientierung Leicht; Markierungen im oberen Teil des Baba-Nordgrats ziemlich verblaßt.
Einstufung Mittel; Klettersteig ziemlich steinschlaggefährdet (Helm!).

193 Češka koča – Kranjska koča, Verbindungsweg

Kranjska koča, 1698 m

Mittel

Nicht ganz untypisch für die Steiner Alpen, daß sogar kürzere Hüttenwege in unwegsames Felsgelände führen, in diesem Fall quer über den Žrelo (= Gurgel), einen wilden Graben am Nordfuß des Dolgi hrbet. Eine andere, noch wildere »Gänsehaut-Schlucht« kann man übrigens am Weg zur Kranjska koča (»Lovska pot«, siehe 191) bestaunen.

Wo? Jezersko (880 m) ist ein kleiner slowenischer Ferienort am Südfuß des Kärntner Seebergs (1218 m), 50 km von Völkermarkt.
Ausgangspunkt Ravenks Kočna; Anfahrt am kleinen Planšarsko jezero vorbei bis zur Talstation der Materialseilbahnen (1090 m), 5 km.
Wegverlauf Ravenska Kočna – Češka koča (1543 m) – Kranjska koča – Ravenska Kočna.
Gehzeiten Insgesamt 4 Std.; Ravenska Kočna – Češka koča 1½ Std., Übergang zur Kranjska koča 1 Std., Abstieg 1½ Std.
Hütten Češka koča (1543 m), Kranjska koča (1698 m).
Orientierung Markierte Wege.
Einstufung Mittel, eine etwas kniffige, aber gut gesicherte Passage. Erhebliche Steinschlaggefahr im Žrelo (Helm!).

194 Grintovec, Nordwandsteig
195 Jezerska Kočna, gesicherter Steig

Grintovec, 2558 m

Mittel

Die erste Überraschung wartet oben am Kärntner Seeberg auf den von Norden Anreisenden: Vorhang auf! Und da stehen sie, die Hauptgipfel der Steiner Alpen: Rinke (2433/2453 m), Skuta (2532 m), Dolgi hrbet (2454 m), Grintovec (2558 m), Jezerska Kočna (2540 m) eine mächtige steinerne Phalanx über dem Graben von Ravena. Was für ein Prachtbild! Es lohnt sich auf jeden Fall, vor der Talfahrt kurz anzuhalten und genauer hinzuschauen. Immerhin kann man die gesamte Kette auf gesicherten Steigen überschreiten, was natürlich mehr als nur einen Tag in den »Steinern« bedeutet. Aber auch die beliebteste »Eisentour« ist von Zgornie Jezersko aus – Aufstieg zur Jezerska Kočna, Traverse zum Grintovec, Abstieg über die gestufte Nordwand ins Ravni-Kar – fast zu lange für ein Tagespensum: etwa 1800 Steigungsmeter, längere Klettersteigpassagen. Die sind typisch »slowenisch«: nicht so schwierig, wie's auf den ersten Blick ausschaut.

Wer in der kleinen Ceška koča übernachtet, hat mehr Muße, die faszinierend-wilde Felslandschaft am Saum des Alpenbogens zu genießen; zudem kann man in diesem Fall einen Abstecher zur Skuta einplanen (siehe 159) oder – das totale Klettersteigerlebnis – gleich die Rinke dranhängen.

Wo? Jezersko (880 m) liegt jenseits des Kärntner Seebergs (1218 m) im obersten Seebachtal, knapp 50 km von Völkermarkt.
Ausgangspunkt Ravenska Kočna; Anfahrt am kleinen Planšarsko jezero vorbei bis zur Talstation der Materialseilbahnen (1090 m), 5 km.
Wegverlauf Ravenska Kočna – Češka koča – (1543 m) – Jezerska Kočna (2540 m) – Verbindungsgrat zum Grintovec (2558 m) – Mlinarsko sedlo (2334 m) – Ravnikar – Češka koča – Ravenska Kočna.
Gehzeiten Insgesamt 10 Std.; Ravenska Kočna – Češka koča 1½ Std., Češka koča – Klettersteig zum Hauptkamm 2¾ Std., Abstecher zur Jezerska Kočna ¾ Std., Hauptkamm – Grintovec – Mlinarsko sedlo 2½ Std., Abstieg 2½ Std.
Hütte Češka koča (1543 m) im Ravnikar, bewirtschaftet Juni bis Ende September; Tel. (0609) 615624.
Orientierung Insgesamt wenig schwierig; die Steige sind gut bezeichnet.
Einstufung Jezerska Kočna und Gratsteig zum Grintovec mittel, Grintovec-Nordwand (Steinschlaggefahr!) leicht.

Am Grat zwischen der Jezerska Kočna und dem Grintovec – im Nebel.

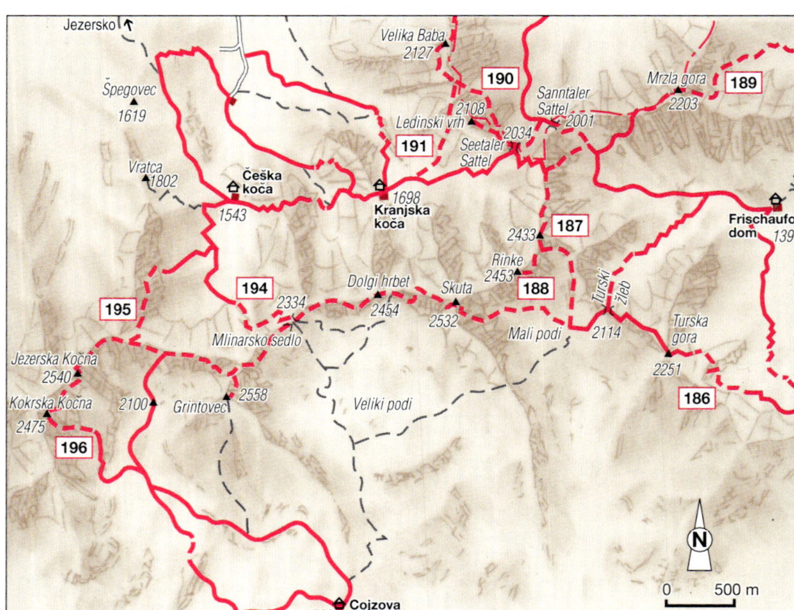

Ganz weit hinten, ganz weit weg: die Steiner Alpen, ein tolles Tourenrevier auch für Klettersteigler.

196 Kokrska Kočna und Jezerska Kočna, Klettersteig-Überschreitung

Kokrska Kočna, 2520 m – Jezerska Kočna, 2540 m

Mittel

Seit ein paar Jahren gibt es einen markierten Südanstieg auf die Kočna: länger, noch anspruchsvoller, schöner als der Anstieg aus dem Ravnikar. Als Tagestour ist die Überschreitung der Kokrska Kočna und der Jezerska Kočna höchstens für alpine Dauerläufer geeignet: gut 2000 Steigungsmeter, längere gesicherte Passagen im Auf- und im Abstieg. Da übernachtet man mit Vorteil auf der Cojzova koča (1793 m), um anderntags ausgeruht den recht langen Weg zu den beiden Gipfeln in Angriff zu nehmen. Wer dann nicht gleich nach Norden (siehe 195) absteigt, kann sich beim Weg ins Tal den Abstecher zur Cojzova koča sparen und den direkten Weg von den Spondnji Dolci über den Grdi-Graben zum Denkmal für den verdienten Erschließer der Steiner Alpen, Dr. Johannes Frischauf, nehmen.

Wo? Auf die Südseite des Kočna-Stocks kommt man über die Straße zum Kärntner Seeberg (Seebergsattel, 1218 m), bis Jezersko etwa 50 km ab Völkermarkt via Eisenkappel. Weiter durch das Tal der Kokra abwärts bis zu dem Weiler Zgornja Kokra, knapp 10 km.
Ausgangspunkt Brücke über die Kokra, etwa 1 km hinter Zgornja Kokra. Parkmöglichkeit links des Flusses. Fährt man auf der schlechten Straße bis zur Alm Suhadolnik (901 m), verkürzt sich die Gesamtgehzeit um 1½ Std.
Wegverlauf Kokra – Stara Frischaufova koča (ca. 1480 m) – Cojzova koča (1793 m) – Spodnji Dolci (1880 m) – Kokrska Kočna (2520 m) – Jezerska Kočna (2540 m) – Nordostgrat – Zgornji Dolci – Spodnji Dolci – Grdi-Graben – Stara Frischaufova koča – Kokra.
Gehzeiten Insgesamt 10½ Std.; Kokra – ex-Frischauf-Hütte 2 Std., weiter zur Cojzova koča 1 Std., Cojzova koča – Spodnji Dolci 1½ Std., Spodnji Dolci – Kokrska Kočna – Jezerska Kočna 2¼ Std. – Jezerska Kočna – Zgornji Dolci 1 Std., Abstieg zur Kokra 2¾ Std.
Hütte Cojzova koča (1793 m) am Kokrsko sedlo, bewirtschaftet Juli bis September; Tel. (0 61)83 13 45.
Orientierung Durchwegs markierte Steige.
Einstufung Mittel, aber nur für gute Bergsteiger. Gesicherte Passagen unterhalb der ehemaligen Frischaufhütte (Taska), im Grdi greben, am Gipfel der Kokrska Kočna und am Grat über die Jezerska Kočna bis zur Weggabelung oberhalb der Zgornji Dolci.

197 Kalški Greben, gesicherter Steig

Kalški Greben, 2224 m

Mittel

Der massige Bergstock des Kalški Greben (greben = graben) läßt sich auf abschnittweise gesicherten Steigen überschreiten. Wer eine Nacht in der Cojzova koča (siehe 196) plant, kann vor der großen Tour im Hauptkamm der Steiner Alpen den lohnenden Abstecher auf den Kalški Greben unternehmen. Von dem Gipfel genießt man einen Prachtblick auf die Südabdachung des südöstlichsten Felsmassivs der Alpen mit dem Grintovec (2558 m) als höchster Erhebung.

Ausgangspunkt Zgornja Kokra, Weiler im Tal der Kokra (siehe 196). Brücke über den Fluß, etwa 1 km hinter dem Dörfchen.
Wegverlauf Kokra – Cojzova koča (1793 m) – Kalski Greben – Škrbina (1870 m) Roblekov kot – Podlebelca (580 m).
Gehzeiten Insgesamt 8½ Std.; Kokra – Cojzova koča 3 Std., Cojzova koča – Kalški Greben 2¼ Std., Kalški Greben – Škrbina ¾ Std., Škrbina – Podlebelca 2½ Std.
Hütte Cojzova koča (1793 m).
Orientierung Markierte Steige.
Einstufung Mittel.

VON DEN STEINER ALPEN ZU DEN HOHEN TAUERN

198 Konj, gesicherter Steig

Konj, 1803 m

Mittel

Eigentlich ist das »Pferd« (Konj) bloß eine felsige Kuppe südlich vor dem Hauptkamm der Steiner Alpen, doch gerade dank seiner Randlage bietet es einen faszinierenden Blick auf die großen Gipfel, vom Kalški Greben über Grintovec, Skuta und Planjava bis zur Ojstrica. Dazu gibt's am Nordgrat einen zwar kurzen, aber recht knackigen Klettersteig mit sehr luftigen Passagen. Und an den Südhängen blüht es im Frühsommer besonders üppig: Blumen, Blumen.

Als Ausgangspunkt kommt alternativ auch das Almplateau der Velika Plania in Frage; Gondelbahn aus dem Tal der Kamniška Bistrica (Bergstation 1407 m). Die »Große Alpe« (= Velika Planina) ist die größte in Slowenien; einzigartig die Ovalbauweise der Alphütten.

Wo? Ins Tal der Kamniška Bistrica führt vom sehenswerten alten Städtchen Kamnik eine ordentliche Straße.

Ausgangspunkt Parkplatz an der Mündung der Kamniška Bela (571 m), 8 km von Kamnik.

Wegverlauf Parkplatz – Presedljaj (1613 m) – Konj – Planina Dol (1308 m) – Dolski greben – Kopišča (553 m) – Parkplatz.

Gehzeiten Insgesamt 6½ Std.; - Kamniska Bela – Presedljaj 3 Std., Konj-Klettersteig ¾ Std., Abstieg und Rückweg 2¾ Std.

Orientierung Leicht; markierte Wege.

Einstufung Mittel, mit sehr luftigem Abschnitt.

199 Stegovnik, gesicherter Steig

Stegovnik, 1692 m

Leicht

Den langgestreckten, felsigen Rücken, der sich zwischen dem Kärntner Storschitz (1759 m) und dem Krainer Storžič (2132 m) erhebt, wird man nicht des Eisens wegen besuchen. Was den Abstecher ins »Niemandsland« so lohnend macht, sind die originellen Felsentore am Südwestgrat des Stegovnik, die man auf dem gesicherten Weg durchsteigt. Und natürlich die Krainer Flora sowie eine hübsche Aussicht vom Doppelgipfel, einerseits hinüber zur Koschuta, aber auch auf den Hauptkamm der Steiner Alpen. Da kann man dann Maß nehmen für ungleich anspruchsvollere Bergtouren.

Wo? Jezersko (880 m) ist ein kleiner slowenischer Ferienort südlich des Kärntner Seebergs (Seebergsattel, 1218 m), von Völkermarkt 50 km.

Ausgangspunkt Dol (765 m), einsames Gehöft im Tal der Reka; Zufahrt von Jezersko über die Straße nach Kranj, beim Gh. Podlog rechts ab und noch etwa 2 km taleinwärts.

Wegverlauf Dol – Močnikovo sedlo (1315 m) – Stegovnik – Felsentore – Močnikovo sedlo – Dol.

Gehzeiten Insgesamt 5 Std.; Aufstieg 2¾ Std., Abstieg 2¼ Std.

Hinweis Beim Rückweg nach den Felsentoren kurzer unmarkierter Anstieg (deutliche Spur) zum Kamm, wo man auf den Weg stößt, der unter den Felsen des Stegovnik zurückleitet zum Anstiegsweg.

Orientierung Mit Karte und obigem Hinweis problemlos. Markierungen teilweise etwas sparsam gesetzt.

Einstufung Leicht.

200 Storžič, Steig »durch den Schlund«

Storžič, 2132 m

Leicht

Auf der Fahrt durchs obere Savetal ist die felsige, ebenmäßig gebaute Pyramide nicht zu übersehen, die weit vor dem Karawanken-Hauptkamm in den Himmel ragt. Da glaubt man gerne, daß der Storžič ein großes Panorama bietet, und das hat ihm auch schon die Bezeichnung »Oberkrainer Rigi« eingetragen. Zwar fehlen die Seen in der Rundschau, und Bergbahnen gibt es hier auch keine. Dafür aber einen Klettersteig, der aus dem innersten Lomtal zum Westgrat hinaufzieht, »durch den Schlund« (= skozi žrelo), wie die slowenische Bezeichnung suggeriert. Das stimmt allerdings nicht ganz, die ordentlich markierte und gesicherte Route verläuft am rechten Rand der Schlucht, mit einem rasanten Beginn: aufwärts! Erst allmählich nimmt die Steilheit ab, und zuletzt steuert das Steiglein eine kleine Scharte im Westgrat der Storžič an (Drahtseile). Der Weiterweg zum Gipfel ist dann mehr Wandern als Kraxeln, auch nicht mehr gesichert. Dafür erleichtern ein paar Drahtseile den Abstieg durch eine Geröllrinne zum Nordgrat. Der bietet dann bemerkenswerte Aussicht, vor allem auf den langgestreckten Koschutakamm.

Wo? Tržič (515 m) liegt auf halbem Weg von Kranj zum Loiblpaß, 41 km von Klagenfurt.

Ausgangspunkt Dom pod Storžičem (1123 m), 8,7 km von Tržič, größtenteils schmale und geschotterte Straße. Parkplatz vor dem Haus.

Wegverlauf Dom pod Storžičem – »skozi žrelo« – Storžič – Škarjev rob – Dom pod Storžičem.

Gehzeiten Insgesamt 5½ Std., Aufstieg 3¼ Std., Abstieg 2¼ Std.

Orientierung Problemlos, gut markierte Wege.

Einstufung Leicht.

201 Kärntner Storschitz, Krainer Steig

Kärntner Storschitz, 1759 m

Leicht

Aussicht in zwei Länder und auf zwei Gebirgsgruppen im Südosten der Alpen – Karawanken und Steiner Alpen – bietet der Kärntner Storschitz: nicht so hoch, nicht so weit wie der Krainer Namensvetter (Storžič, 2132 m), aber auch mit ein paar Drahtseilsicherungen. Gerade richtig als Eingehtour vor größeren Unternehmungen in der slowenischen Nachbarschaft.

Wo? Der Seebergsattel (Kärntner Seeberg, 1218 m) ist Grenzpaß zwischen Kärnten und Slowenien, 40 km von Völkermarkt.
Ausgangspunkt Paßhöhe mit Gasthof; der Weg zum Kärntner Storschitz geht knapp unter dem Scheitel rechts ab.
Wegverlauf Seebergsattel – »Krainer Steig« – Kärntner Storschitz – Pasterksattel (1397 m) – Seebergsattel.

Gehzeiten Insgesamt 3½ Std.; Aufstieg 1¾ Std., Abstieg 1¾ Std.
Orientierung Markierte Wege.
Einstufung Leicht; am Krainer Weg ein paar Drahtseile.

202 Koschutnikturm, ÖTK-Steig

Koschutnikturm/Košutnikov turn, 2136 m

Mittel

Die langgestreckte Mauer der Koschuta, über dem bewaldeten Mittelgrund in den Himmel ragend, ist alpiner Background der Kärntner Landeshauptstadt: grün-grau-blau – eine sehr effektvolle Anordnung. Leicht zu übersehen sind bei diesem Postkartensujet die mächtigen Schuttreißen, doch spätestens am Weg zu den Gipfeln macht man garantiert Bekanntschaft mit dem groben Schotter – auch am Koschutnikturm. Erst die Arbeit, dann das (Klettersteig-)Vergnügen. Das allerdings ist recht kurz, 100 Höhenmeter bis zum Ausstieg am Grat. Etwas Eisen gibt's dann auch noch am Abstieg durch die Ostschlucht; empfehlenswert ist dieser »Weg« allerdings nur, wenn kein Schnee mehr in der Klamm liegt und man annehmen kann, daß einem niemand nachsteigt (Steinschlag!).

Wo? Zell-Pfarre (948 m) auf einem Wiesensattel vor dem Karawanken-Hauptkamm, 12 km von Ferlach.
Ausgangspunkt Koschutahaus (1280 m), 3,6 km von Zell Pfarre über ein mautpflichtiges Sträßchen. Parkplatz ¼ Std. unterhalb der Hütte.
Wegverlauf Koschutahaus – »ÖTK-Steig« – Koschutnikturm – Ostschlucht – »Karawanken-Höhenweg« – Koschutahaus.

Gehzeiten Insgesamt 5 Std.; Koschutahaus – Koschutnikturm 3 Std., Abstieg durch die Ostschlucht 1 Std., Rückweg über den Vilzesattel 1 Std.
Orientierung Zugang und Rückweg von der Ostschlucht AV-Nummer 603, Zugang zur Ferrata gut bezeichnet.
Einstufung Mittel. Steinschlaggefahr am Auf- und Abstieg (Helm!). Sicherungen im Sommer 1999 vollständig erneuert.

203 Koschuta-Kammweg

Hainschturm/Kladivo, 2093 m

Mittel

Eine Tour der Spitzenklasse: der Koschuta-Kammweg, vom Hochturm/Veliki vrh bis zum Koschutnikturm, fast 10 Kilometer in der Luftlinie mit einigem Auf und Ab und mehreren Gipfel(chen), dazu mit gesicherten Passagen am Ostgrat des Hainschturms, an der Breitwand (2124 m) und am Kainradlturm (2104 m), dazwischen viel Gehgelände. An einem Tag nur für Schnelläufer mit einer Riesenkondition zu machen. Kein Wasser auf der ganzen Strecke!
Ein Tip: Wer am Koschutahaus startet, kann folgende (immer noch sehr anstrengende) Runde ins Auge fassen: Aufstieg über den »ÖTK-Steig«, Gratüberschreitung zur Škrbina (1869 m), Abstieg zur Alp Pungrat (1447 m), auf dem unteren Weg östlich bis zur unteren Alp Dolga Njiva, dann hinauf zum Koschutakamm und über den »ÖTK-Steig« wieder hinunter zum Ausgangspunkt, etwa 10 Std.

Schroffe Felsen über Waldesgrün: die Koschuta-Nordabstürze.

Wo? Talort auf der slowenischen Südseite des Koschutakamms ist Tržič (515 m), ein kleines Städtchen, von Ferlach über die Loiblstraße erreichbar, etwa 25 km.
Ausgangspunkt Von Tržič auf ordentlicher Straße via Dolina bis zur Häusergruppe Jelendol, dann links auf einer Forststraße in das Tälchen der Dolžanka, noch etwa 3 km. Parkmöglichkeit (ca. 1050 m) unterhalb der Planina Dolžanka.
Wegverlauf Dolžanka – Dom na Kofcah (1488 m) – Kofce gora (1967 m) – Hainschturm (2093 m) – Škrbina (1869 m) – Hohe Spitze (2044 m) – Lärchenberg (2081 m) – Breitwand (2124 m) – Kainradlturm (2104 m) – Koschutnikturm (2136 m) – Planina Dolga Njiva (1580 m) – unterer Weg – Dom na Kofcah – Dolžanka.

Gehzeiten Insgesamt 12¾ Std.; Dolžanka – Dom na Kofcah 1¼ Std., Aufstieg zur Kofce gora 1½ Std., Kammüberschreitung zum Koschutnikturm 5 Std., Abstieg zur Dolga-Njiva-Alm 1¼ Std., Rückweg zum Dom na Kofcah 3 Std., Abstieg zur Dolžanka-Alm ¾ Std.
Hütte Dom na Kofcah (1488 m), bewirtschaftet Mitte Juni bis September; Tel. (0 64)5 23 36.
Orientierung Markierte Steige.
Einstufung Mittel, aber sehr (!) lang. Top-Kondition unerläßlich.

VON DEN STEINER ALPEN ZU DEN HOHEN TAUERN

204 Hochturm-Klettersteig
Hochturm/Veliki vrh, 2087 m

Mittel

Ein echter »Weg ohne Grenzen«, von den Slowenen angelegt, aber weitgehend über Kärntner Boden verlaufend: der Klettersteig auf den Hochturm. Genutzt wird er von Bergsteigern beider Länder, und die Aussicht oben ist ohnehin für alle gleich. Sie ist überraschend weit, geht auch hinaus ins Flache, zum Klagenfurter Becken und ins Savetal. Blickfang im Südosten sind die Steiner Alpen, interessant natürlich auch der Blick auf den Koschutakamm, dessen schartiges Profil man bis zum Koschutnikturm überblickt.

Wo? Der westliche Eckpfeiler des langgestreckten Koschutakamms erhebt sich über dem Hainschgraben. Anfahrt über die Straße Ferlach – Zell Pfarre.
Ausgangspunkt Oberwinkel, beim Hof Malle (ca. 680 m), etwa 2,5 km, Abzweigung an der Straße nach Zell Pfarre signalisiert.
Wegverlauf Oberwinkel – Hainschscharte (1701 m) – Hochturm.
Gehzeiten Insgesamt 6¾ Std.; Oberwinkel – Hainschscharte 3 Std., Klettersteig 1 Std., Abstieg auf dem gleichen Weg 2¾ Std.
Orientierung Einstieg hinter Malle nicht ganz leicht zu finden; die Markierungen am Hochturm könnten eine Auffrischung vertragen.
Einstufung Mittel, Klettersteig im unteren Abschnitt steinschlaggefährdet (vor allem durch Voraussteigende).

Vom Hochstuhl genießt man ein großes Panorama. Im Osten zeigen sich die Steiner Alpen.

205 Hochstuhl-Klettersteig
Hochstuhl/Stol, 2237 m

Leicht

Sein Profil ist typisch für den gesamten Karawankenzug: grün und rund die Südflanke, mehr Blumen als Fels, schroff die Nordabstürze. Und folgerichtig führen aus dem Savetal bequeme Wege auf den Stol, während man aus Jörg Haiders Bärental seit 1967 über einen Klettersteig zum Gipfel kommt. Letztere Route ist fraglos interessanter, bestens gesichert und eignet sich auch für Anfänger unter den »Ferrata-Freaks«. Das Panorama am höchsten Berg der Karawanken ist für Wanderer und Bergsteiger das gleiche, sehr stimmungsvoll und weit.

Wo? Feistritz im Rosental (490 m) liegt an der Drau, 29 km von Villach, 21 km von Klagenfurt.
Ausgangspunkt Ins Bärental führt von Feistritz ein schmales Sträßchen, bis zur Stou-Hütte (970 m) asphaltiert, dann ziemlich rauh, 10 km bis zu Parkplatz (ca. 1150 m) unterhalb der Johannsenruhe.
Wegverlauf Bärental – Klettersteig – Hochstuhl – Bielschitza-Sattel (1840 m) – Klagenfurter Hütte (1664 m) – Bärental.
Gehzeiten Insgesamt 5½ Std.; Bärental – Einstieg Klettersteig (ca. 1610 m) 1½ Std., Klettersteig – Hochstuhl 2 Std., Abstieg über die Klagenfurter Hütte 2 Std.
Hinweis Grenzgipfel, Ausweispapiere mitnehmen!
Hütte Klagenfurter Hütte (1664 m).
Orientierung Leicht; Abzweigung zum Klettersteig am Güterweg zur Klagenfurter Hütte deutlich bezeichnet (in einer Linkskehre, ca. 1430 m).
Einstufung Leicht.

Kartographen und andere »Griffelspitzer«

Kartographie ist – wer möchte das bezweifeln? – eine exakte Wissenschaft, und als Beweis wird gerne die Arbeit der helvetischen Landkartenzeichner angeführt: ein Wunder an Genauigkeit, Höhenzahlen wie 4477,5 (Matterhorn) sind vermerkt, und wer ein Auge dafür hat, den springt das Landschaftsbild buchstäblich an.

Stimmt. Doch nach dem Studium einiger hundert Landkarten sehr unterschiedlicher Provenienz, dem suchenden Herumblättern in zahllosen Führer(chen) und Broschüren, immer Namen und Höhenzahlen nachspürend, ist mein Glaube doch etwas erschüttert (Ausnahmen bestätigen die Regel, siehe oben): da wird oft begradigt, abgerundet (bei Weg- oder Straßenverlauf), aufgerundet (bei Höhenzahlen), da fehlen manche Wege, andere sind sträflich falsch eingetragen, Grenzgipfel werden in den amtlichen Kartenwerken unterschiedlich kotiert, neuere Karten verzeichnen leicht abweichende Zahlen usw.

Deshalb: Falls Sie beim Kartenstudium auf Höhenzahlen, auf Ortsnamen stoßen, die von jenen im Klettersteig-Atlas abweichen, üben Sie Nachsicht. Zunächst einmal mit den Kartographen (sind auch nur Menschen), aber auch mit dem Autor dieses Buches. Das Computer-Zeitalter beschert uns vielleicht dereinst die absolute kartographische Daten(r)einheit …

206 Kanzianiberg, Klettersteige

Kanzianiberg, 774 m

Leicht/Mittel/Sehr schwierig

In dem riesigen Klettergarten bei Finkenstein finden auch Ferratisten ein ideales Trainingsgelände: Routen in allen Schwierigkeitsgraden, teilweise auch für Anfänger oder Familien geeignet. Große Infotafel an der Straße zur Burgruine Finkenstein. Besonders originell die beiden »Prasvale-Klettersteige«, die durch einen tiefen, bloß meterbreiten Felsspalt führen; für weniger Geübte geeignet ist der »Jagersteig«. Die überwiegend nur mit Drahtseilen gesicherten Routen lassen sich fast beliebig miteinander kombinieren.

Wo? Finkenstein (559 m) liegt westlich des Faaker Sees an der Rosental-Bundesstraße, etwa 10 km von Villach.
Ausgangspunkt Die Straße Finkenstein – Altfinkenstein (Burgruine, 841 m) führt unmittelbar am Fuß der Kletterfelsen entlang. Parkplatz, zu Fuß von Finkenstein 20 Min.
Gehzeiten Je nach Route 15 Min. bis ¾ Std.
Orientierung Ein bißchen Spürsinn gehört dazu: Die Steige sind nicht markiert.
Einstufung Leicht bis Sehr schwierig.

207 Rjavina, Klettersteig

Rjavina, 2532 m

Mittel

Nur gerade vier Kilometer (in der Luftlinie) trennen den Triglav von der Rjavina – und eine halbe Welt. Wenn drüben am schmalen Ostgrat des höchsten slowenischen Berges Stau angesagt ist, sich ganze Menschentrauben um das eigenwillig-antike Gipfelzeichen drängen, ist man am »Braunen« (rjav = braun) meist allein, kann man das bemerkenswerte Panorama in Ruhe genießen. Und den Aufstieg samt Gratüberschreitung zum Dovška vratca (2254 m): Ferrata auf »slowenisch«, also mit viel Gespür für den leichtesten Weg angelegt, sparsam, aber ausreichend gesichert.

Wo? Mojstrana (641 m) liegt im Savetal, 13 km von Kranjska gora, 11 km von Jesenice. Nach Süden führt eine kleine Straße ins Kot-Tal (Hinweistafeln »Radovna, Kot«).
Ausgangspunkt Waldlichtung (ca. 930 m) im Talboden von Kot, 7 km ab Mojstrana.
Wegverlauf Kot – Pekel – Klettersteig – Rjavina – Dovška vratca (2254 m) – Dom Staniča (2332 m) – Pekel – Kot.
Gehzeiten Insgesamt 10 Std.; Kot – Pekel 3¼ Std., Pekel – Rjavina 2 Std., Rjavina – Dom Staniča 1¾ Std., Abstieg ins Kot-Tal 3 Std.
Hinweis Bei der Länge dieser Tour empfiehlt sich eine Übernachtung im Stanig-Haus; anderntags kann man dann die Gratüberschreitung zur Vrbanova špica anhängen oder den Triglav besteigen; siehe 166, 168.
Hütte Dom V. Staniča (2332 m), bewirtschaftet Anfang Juli bis Ende September, Tel. (Tal) (06 09) 61 47 72.
Orientierung Nicht schwierig; die Wege sind ordentlich bezeichnet.
Einstufung Mittel, einige recht luftige Passagen. Mit (vielen) Eisenstiften und (wenigen) Drahtseilen gesichert.

208 Vrbanova špica, Klettersteig

Vrbanova špica, 2408 m

Mittel

Im »Höllenwinkel« (pekel = Hölle), nach etwa dreistündigem Aufstieg aus dem Kot-Tal, kann man sich auch nach rechts wenden. Das Gegenüber der Rjavina, die Vrbanova špica, ist zwar nicht ganz so hoch, besitzt aber ebenfalls einen gesicherten Anstieg, der am Vorgipfel, der Spodnja Vrbanova špica (2299 m) dann zum Gratweg wird, mit packenden Aus- und Tiefblicken, mit längeren gesicherten, teilweise ziemlich ausgesetzten Passagen. Und am höchsten Punkt dieses felsigen Kamms kommt schließlich der höchste Gipfel der Julier ins Bild: der Triglav (2864 m).

Wo? Mojstrana (641 m) liegt im Savetal, 13 km von Kranjska gora, 11 km von Jesenice. Nach Süden führt eine kleine Straße ins Kot-Tal (Hinweistafeln »Radovna, Kot«).

Ausgangspunkt Waldlichtung (ca. 930 m) im Talboden von Kot, 7 km ab Mojstrana.

Wegverlauf Kot – Pekel – Klettersteig – Vrbanova špica – Dom Staniča – Pekel – Kot.

Gehzeiten Insgesamt 9¼ Std.; Kot – Pekel 3¼ Std., Pekel – Vrbanova špica – Dom Staniča 3 Std., Abstieg ins Kot-Tal 3 Std.

Hinweis Läßt sich leicht mit einer Überschreitung der Rjavina verbinden; Nächtigung in der Stanig-Hütte.

Hütte Dom V. Staniča (2332 m), bewirtschaftet Anfang Juli bis Ende September, Tel. (0609) 614772.

Orientierung Nicht ganz einfach; die Markierungen würden eine Auffrischung vertragen. Im Pekel nur ein winziges Hinweisschild.

Einstufung Mittel.

209 Cmir, gesicherter Steig

Cmir, 2393 m

Mittel

Eine faszinierende Schau auf die hohen Felsgrate rund um die Škrlatica (2738 m) genießt man vom Cmir, dazu packende Tiefblicke in die Vrata. Natürlich steht der Berg ganz im Schatten des nahen, übermächtigen Triglav, und so lassen ihn die meisten Bergsteiger buchstäblich links liegen. Schade, besitzt er doch einen interessanten Zustieg von der Stanig-Hütte herüber. Er folgt weitgehend dem felsigen Kamm, ist nur auf kurzen Passagen gesichert (einige Eisenstifte). Einziger Schönheitsfehler: Man muß auf dem gleichen Weg zurück, es gibt keinen Abstieg, etwa ins Za Cmirom.

Wo? Mojstrana (641 m) liegt im Savetal, 13 km von Kranjska gora, 11 km von Jesenice. Südwestlich führt eine Straße ins Vrata-Tal.

Ausgangspunkt Aljažev dom (1015 m) im Talschluß, 11 km ab Mojstrana. Großer Parkplatz 5 Min. vor dem Aljaž-Haus.

Wegverlauf Aljažev dom – »Tominšek-Steig« – Dom V. Staniča (2332 m) – Cmir.

Gehzeiten Insgesamt 11 Std.; Aljažev dom – Dom Staniča 4½ Std., Dom Staniča – Cmir 2 Std.; Abstieg auf dem gleichen Weg 4½ Std.

Hütte Dom V. Staniča (2332 m), bewirtschaftet Juli bis Ende September; Tel. (0609) 614772.

Orientierung Ziemlich verblaßte Markierungen am Weg zum Cmir.

Einstufung Mittel; wegen des langen Anmarschs für Klettersteigler nur bedingt lohnend.

In den Julischen Alpen recht häufig: die Krainer Lilie.

210 Tominšek-Steig
211 Triglav-Ostgrat
212 Bamberg-Weg

Triglav, 2864 m

Leicht/Mittel

Der schönste Weg auf den Triglav führt sozusagen »außen herum«, über den langgestreckten Grat von Plemenice und die Triglav-Scharte: abwechslungsreich, vor einer grandiosen Kulisse und auf längeren Abschnitten gesichert. Die Luknja-Scharte (1758 m), Übergang von der Vrata in die Trenta, ist Ausgangspunkt des »Bamberg-Weges«. Der Name, das sei hier festgehalten, hat nichts mit der Stadt Bamberg zu tun. Vielmehr ehrte die DuÖAV-Sektion Krain, die den Steig 1913 anlegte, damit eines ihrer Mitglieder – eine Ferrata aus der guten alten Zeit.

Rasant der Auftakt, nahe der Vertikale; dann geht's über Schrofen und Felsbänder weiter, Aufschwünge sind verläßlich gesichert, einigen Gratttürmen weicht man südseitig aus. Atemberaubend der Blick in die gigantische Nordwand des Triglav. Hinter dem Hochkar des »Flitscher Schnees« (Triglavski podi) geht's dann nochmals steil, teilweise gesichert, hinauf in die Triglavska škrbina, und eine gute Halbstunde später ist man ganz oben, am höchsten Berg Sloweniens: Triglav, 2864 Meter – vor einem grandiosen Panorama notabene, das an klaren Tagen bis zum Großglockner und in die Dolomiten geht, tief nach Slowenien hineinreicht. Die meisten Gipfelstürmer kommen allerdings von der anderen Seite, über den üppig gesicherten Ostgrat, der dem (unschuldigen) Berg die wenig schmeichelhafte Bezeichnung »Stachelschwein« eingetragen hat …

Hinunter in das Vrata führen dann zwei markierte Steige, die sich am Rand des Kotel-Kars verzweigen; interessanter ist der »Tominšek«, der die schöneren Einblicke in die Triglav-Nordwand bietet und mit einigen gesicherten Passagen aufwartet. Doch Vorsicht: Der Weg ist extrem steil, ein richtiger Schinder, und drunten beim Aljažev dom dürften die Socken ganz schön rauchen: Tominšek, der Wadenschreck!

Kalenderbild der Julischen Alpen: die riesige Nordwand des Triglav.

210/211/212

Wo? Mojstrana (641 m) liegt im Savetal, 13 km von Kranjska gora, 11 km von Jesenice. Südwestlich führt eine Straße ins Vrata-Tal.

Ausgangspunkt Aljažev dom (1015 m) im Talschluß, 11 km ab Mojstrana. Großer Parkplatz 5 Min. vor dem Aljaz-Haus.

Wegverlauf Aljažev dom – Luknja (1758 m) – »Bamberg-Weg« – Triglavska škrbina (2659 m) – Triglav – Triglavski dom – »Tominšek-Steig« – Aljažev dom.

Gehzeiten Insgesamt 10 Std.; Aljažev dom – Luknja 2½ Std., Luknja – »Bamberg-Weg« – Triglav 4 Std., Triglav – Ostgrat – Triglavski dom ¾ Std., Triglavski dom – »Tominšek-Steig« – Aljažev dom 2¾ Std.

Hinweise Angesichts der Länge dieser Tour empfiehlt sich eine Übernachtung im Triglav-Haus.
Bequemer, aber nicht kürzer als der »Tominšek« ist der Prag-Weg (Abstiegsvariante).

Hütte Triglavski dom (2515 m), bewirtschaftet Anfang Juli bis Ende September, Tel. (0609) 61 12 21.

Orientierung Leicht, die Steige sind durchwegs gut bezeichnet. An Schönwettertagen herrscht zwischen Triglavski dom und Gipfel viel »Verkehr« ...

Einstufung »Bamberg-Weg« mittel, Ostgrat und »Tominšek-Steig« leicht. Gute Kondition erforderlich.

213 Komarsteig
214 Kanjavec-Nordwestwand-Steig

Zasavska koča na Prehodavcih, 2071 m

Leicht

Natürlich ist der Kanjavec (2568 m) keine Cima Brenta, und die Trenta liegt nicht im Trentino, trotz Namensähnlichkeit. Doch wenn man quer durch die riesige Nordwestwand spaziert, links scheinbar himmelhoch ragende Felsen, rechts über tausend Meter Tiefe, ist der Vergleich mit dem berühmten Bänderweg nicht weit: eine »Via delle Bocchette« in den Julischen Alpen.
Die Route (noch eine Parallele zur Brenta) ist weit weniger schwierig, als dies aus der Froschperspektive erscheint, gut markiert und an den exponierten Stellen mit Drahtseilen versehen. Aber erst einmal muß man hinauf, immerhin stattliche 1200 Höhenmeter aus der Zadnjica, bequem auf dem alten, in zahllosen Serpentinen verlaufenden Kriegsweg, steiler und direkter über das abschnittweise gesicherte Komar-Steiglein. Es wartet mit ein paar reizvollen Passagen auf, etwa in und über einer engen Schlucht, auf luftigen Bändern. An der 2000-Meter-Höhenmarke steigt man dann ein in die slowenische »Via delle Bocchette«.

Wo? In das Trenta-Tal kommt man von Kranjska gora über den Vršič-Sattel (1611 m), 23 km bis zum Weiler Na Logu (622 m).
Ausgangspunkt Von Na Logu führt ein Schottersträßchen in die Zadnjica, 3 km bis zu einem Parkplatz.
Wegverlauf Zadnjica – Komarsteig – Kanjavec-Nordwestwand-Steig – Koča na Prehodavcih – Čez Dol – Zadnjica.
Gehzeiten Insgesamt 7¾ Std.; Zadnjica – Komarsteig 3 Std., Kanjavec-Nordwestwand-Steig – Koča na Prehodavskih 2¼ Std., Abstieg über den Sattel Čez Dol 2½ Std.
Hütte Zasavska koča na Predhodavcih (2071 m) über dem Tal der Sieben Seen.
Orientierung Der Komarsteig ist schlecht markiert, auch der Einstieg nicht ganz einfach zu finden: von der bezeichneten Abzweigung zum Čez Dol noch kurz Richtung Luknja, bei einer Hüttenruine rechts ab und zum Wandfuß, wo eine deutliche Pfadspur ansetzt. Links etwas höher kleine Kapelle. – Die übrigen Wege sind gut bezeichnet.
Einstufung Leicht; den Nordwestwandsteig sollte man nicht zu früh im Jahr angehen (Schneereste). Helm!

215 Bovški Gamsovec, Überschreitung

Bovški Gamsovec, 2392 m

Leicht

Ganz im Banne der Triglav-Nordwand steht die Überschreitung seines (vergleichsweise) kleinen Nachbars. Von keinem anderen Hochpunkt aus bietet sich ein ähnlich packender Blick in die monumentale Nordwand des Triglav, diese rund drei Kilometer breite und gut 1000 Meter hohe steinerne Arena, überragt vom gewölbten Gipfelaufbau. Doch gibt es natürlich noch mehr zu sehen auf der Runde: Steinböcke in der Sovatna (mit etwas Glück), Edelweiß en masse und andere Müsterchen der Julier-Flora (wenn man auch hinguckt), die Mondlandschaft der Kriški podi (bei Vollmond besonders reizvoll) und – last, not least – einige gesicherte Passagen beiderseits der Bovški Gamsovec. Und morgen geht's auf den Triglav!

Wo? Mojstrana (641 m) liegt im Savetal, 13 km von Kranjska gora, 11 km von Jesenice. Südwestlich führt eine Straße ins Vrata-Tal.
Ausgangspunkt Aljažev dom (1015 m) im Talschluß, 11 km ab Mojstrana. Großer Parkplatz 5 Min. vor dem Aljaz-Haus.
Wegverlauf Aljažev dom – Dovška vrata (2178 m) – Bovški Gamsovec – Luknja (1756 m) – Aljažev dom.
Gehzeiten Insgesamt 7½ Std.; Aljažev dom – Dovška vrata 3¾ Std., Dovška vrata – Bovški Gamsovec ¾ Std., Bovški Gamsovec – Luknja 1½ Std., Luknja – Aljažev dom 1½ Std.
Hütte Pogačnikov dom (2050 m), gut eine halbe Stunde vom Dovška vrata auf den Kriški podi.
Orientierung Problemlos, die Wege sind ordentlich markiert.
Einstufung Leicht.

216 Pihavec, gesicherter Steig

Pihavec, 2414 m

Mittel

Der einsame Nachbar des Bovški Gamsovec hat ebenfalls einen gesicherten Zustieg: kurz nur, aber recht knackig. Vom Gipfel bietet sich eine interessante Rundschau über viele Täler und Bergketten der Julier. Der Triglav allerdings zeigt dem Pihavec sozusagen die »kalte Schulter«; der Blick in die grandiose Nordwand ist durch den ungünstigen Blickwinkel stark eingeschränkt. Dafür genießt man einen faszinierenden Talblick in die Trenta. Da startet auch die lange, aber keineswegs langweilige Tour auf den Pihavec.

Wo? In die Trenta kommt man von Kranjska gora über den Vršič-Sattel (1611 m), 23 km bis zum Weiler Na Logu (622 m).
Ausgangspunkt Von Na Logu führt ein Schottersträßchen in die Zadnjica, 3 km bis zu einem Parkplatz.
Wegverlauf Zadnjica – Pogačnikov dom (2050 m) – Pihavec.
Gehzeiten Insgesamt 8½ Std.; Zadnjica – Pogačnikov dom 4 Std., Pogačnikov dom – Pihavec 1¼ Std.; Abstieg auf dem gleichen Weg 3¼ Std.
Hütte Pogačnikov dom (2050 m) auf den Kriski podi.
Orientierung Markierte Wege.
Einstufung Mittel. Nur kurze Klettersteigpassagen, gut gesichert.

217 Škrlatica, gesicherter Steig

Škrlatica, 2740 m

Leicht

Das bißchen Klettersteig an der Škrlatica muß man sich sauer verdienen, fast 1500 Höhenmeter, bis man – endlich! – das erste Drahtseil zu fassen bekommt. Da überlegt es sich manche/r schon, ob es anderswo nicht etwas leichter geht, vor allem im Hochsommer, ist doch fast der gesamte Anstieg der Sonne ausgesetzt, und Wasser, das weiß jeder, der viel in Kalkbergen unterwegs ist, gibt's ohnehin kaum. Nun, die Škrlatica ist gerade richtig für jene Spezies Bergsteiger, die große, anstrengende Touren mag und den Modebergen lieber ausweicht. Und die Aussicht vom Gipfel steht jener, die der (umschwärmte) Triglav bietet, nur wenig nach. Faszinierend der Blick in die Nordwand des höchsten Julierberges. Ach ja, der Klettersteig: eine Steilrinne, eine etwas luftige Querung – aus.

Wo? Mojstrana (641 m) liegt im Savetal, 13 km von Kranjska gora, 11 km von Jesenice. Südwestlich führt eine Straße ins Vrata-Tal.
Ausgangspunkt Aljažev dom (1015 m) im Talschluß, 11 km ab Mojstrana. Großer Parkplatz
Wegverlauf Aljažev dom – Biwak IV (1980 m) – Prednji Dolek – Škrlatica .
Gehzeiten Insgesamt 10 Std.; Aljažec dom – Biwak IV 3 Std., Biwak IV – Škrlatica 3 Std., Abstieg auf dem gleichen Weg 4 Std.
Hinweis Weniger anstrengend ist die Škrlatica-Tour, wenn man sie auf zwei Tage verteilt. Erster Tag: Aufstieg vom Aljažev dom über das Bovška vrata zum Pogačnikov dom (2050 m), 4 Std. Zweiter Tag: Über das Bovška vratica (ca. 2375 m) und die Rdeča škrbina (ca. 2500 m) zur Škrlatica, 4 Std. Abstieg auf dem Normalweg.
Hütte Biwak IV (1980 m), Notunterkunft, stets zugänglich.
Orientierung Wenig schwierig, die Wege sind gut markiert.
Einstufung Leicht; die Tour verlangt aber eine tadellose Kondition! Nur kurze Klettersteigpassagen.

218 Kriška stena, gesicherter Steig

Kriška stena, 2289 m

Leicht

Ganz hinten in der Krnica ist das Tal wie vernagelt, ein felsiges Halbrund als »End' der Welt«. Doch nur scheinbar, denn die findigen Wegbauer des slowenischen Alpenvereins haben auch hier einen verhältnismäßig leichten Durchstieg gefunden. Er schlängelt sich, die Struktur der Wand vorbildlich nutzend, durch Rinnen, über Bänder und kleine Absätze hinauf zum Nordrand der Kriški podi. Und da sind dann die Gipfel auch nicht mehr weit: der Križ (2410 m) eine Halbstunde höher, dahinter der Stenar (2501 m), eine Stunde vom Ausstieg aus der Kriška stena.

Wo? Kranjska gora (810 m) ist ein beliebter Ferienort im obersten Savetal.
Ausgangspunkt Mihov dom (1085 m), 6 km südlich von Kranjska gora an der Vršič-Paßstraße.
Wegverlauf Mihov dom – Koča v Krnici (1113 m) – Kriška stena.
Gehzeiten Insgesamt 6½ Std.; Mihov dom – Koča v Krnici ½ Std., Koča v Krnici – Kriška stena 3½ Std., Abstieg auf dem gleichen Weg 2½ Std.
Hinweise Lohnende Gipfelabstecher: vom Rand der Kriška stena über das Bovška vratica zum Križ (2410 m) ½ Std., südlich unter dem Križ hindurch ins Stenarska vratca (2295 m) zum Stenar 1 Std. Nordöstlich über der Krnica erhebt sich der Špik (2472 m), ein dankbares Gipfelziel mit markiertem Anstieg von der Koča v Krnici, etwa 4 Std. Am Übergang von der Lipnica (2418 m) zum Špik ein paar Drahtseile.
Hütte Auf den Kriški podi steht etwa ½ Std. südlich des Bovška vratica das Pogačnikov dom (2050 m).
Orientierung Bei Nebel im Bereich der Kriški podi nicht einfach.
Einstufung Leicht.

219 Prisojnik, Nordwand-Klettersteig

Prisojnik, 2547 m

Schwierig

Der Prisojnik ist nicht unbedingt ein schöner, auch kein besonders hoher, aber ein sehr beliebter Berg, vor allem bei Klettersteiglern, für die es hier drei gesicherte Routen gibt, alle beachtlich lang und nicht ganz einfach. Das gilt insgesondere für die Nordwandroute, den »Jesenisca pot«. Sozusagen »Maß nehmen« kann man bereits auf der Anfahrt, rückt die mächtige, stark gegliederte Felsenmauer doch auf jeder Serpentine der Vršič-Straße ein Stückchen näher, und ganz oben, knapp unter dem Grat, zeigt der Berg ein mächtiges Loch: das vordere Prisojnik-Fenster, etwa 50 Meter hoch und ungewöhnliches Finale der Ferrata. Doch dabei handelt es sich keineswegs um die einzige spektakuläre Passage dieser Route; eigentliche »Schlüsselstelle« ist ein steiles, überdachtes Band, das man kriechend (dabei den Rucksack vor sich herschiebend) meistert. Fast noch mehr als die Schwierigkeiten des Steiges beeindruckt die Kulisse in ihrer überwältigenden Wildheit. Was für ein Kontrast, wenn man aus der düsteren, zerklüfteten Mauer durch das Fenster in die sonnigwarme Südseite des Prisojnik entsteigt!

Wo? Die Vršič-Straße verbindet das oberste Savetal mit der Trenta, 11 km von Kranjska gora, 33 km von Bovec.
Ausgangspunkt Vršič-Paß (1611 m). Parkplätze im Bereich der Scheitelhöhe.
Wegverlauf Vršič – Sovna glava (1750 m) – Einstieg zum Nordwand-Klettersteig (ca. 1670 m) – Felsenfenster – Prisojnik – Vršič.
Gehzeiten Insgesamt 5¾ Std.; Vršič – Nordwand-Klettersteig – Prisojnik 3¾ Std., Abstieg über Gladki rob 2 Std.
Hinweis Es empfiehlt sich, für den Abstieg nicht den (mit viel Geröll garnierten) Normalweg zu nehmen, sondern den Steig, der vom Felsenfenster hinabläuft nach Gladki rob.
Hütten Mehrere Schutzhäuser in der Umgebung des Vršič-Sattels.
Orientierung Leicht; die Wege sind gut markiert.
Einstufung Schwierig, steinschlaggefährdet. Bei Vereisung oder Schnee ist die Route gefährlich.

220 Jubiläumsweg
Prisojnik, 2547 m

Mittel

Der schönste Weg auf den Prisojnik ist ein »Umweg«, ein ganz beträchtlicher sogar: Man wandert um das ganze Bergmassiv herum, mit einem Höhenverlust von etwa 150 Metern hinter Gladki rob, steigt dann hinauf zum Grat und steuert den Gipfel von hinten an, über den »Jubiläumsweg«, den Jubilenja pot, der 1953 zum Sechzigsten des Slowenischen Bergsteigerverbandes eingeweiht wurde. Ein wenig erinnert die bestens gesicherte Route an die legendäre »Via delle Bocchette«; auch hier sind es Fels- und Geröllbänder, denen der Steig über längere Strecken folgt. Den nachhaltigsten Eindruck aber liefert ein Bild: das hintere Felsenfenster (Zadnje okno) etwa 30 Meter hoch – schlicht überwältigend!

Wo? Die Vršič-Straße verbindet das oberste Savetal mit der Trenta, 11 km von Kranjska gora, 33 km von Bovec.
Ausgangspunkt Vršič-Paß (1611 m). Parkplätze im Bereich der Scheitelhöhe.
Wegverlauf Vršič – Gladki rob – Škrbina – »Jubiläumsweg« – Prisojnik – Gladki rob – Vršič.
Gehzeiten Insgesamt 7 Std.; Vršič – Škrbina 2¼ Std., Škrbina – »Jubiläumsweg« – Prisojnik 2¾ Std., Prisojnik – Vršič 2 Std.
Orientierung Problemlos, gut markierte Steige.
Einstufung Mittel; im Frühsommer liegt auf den Bändern oft harter Altschnee (Steigeisen).

Der »Jubiläumsweg« führt durch das grandiose hintere Fenster des Prisojnik.

221 Hanza-Steig
Prisojnik, 2547 m

Mittel

Bevorzugter, weil hoch gelegener Ausgangspunkt für die Prisojnik-Tour ist natürlich der Vršič: fast alle Wege und Steige gehen direkt vom Paßscheitel aus. Darüber ist eine andere Route etwas in Vergessenheit geraten: der »Hanza-Steig«. Zu Unrecht, zählt diese gesicherte Route doch fraglos zu den schönsten, dazu auch längsten »Eisenwegen« der Julischen Alpen. Fast 1200 Meter Höhenunterschied und gut 4½ Stunden liegen zwischen Einstieg und Gipfel, der Steig schlängelt sich listig durch die stark gegliederte Wand, findet immer wieder einen Durchschlupf, einen gangbaren Weg. Gesicherte Passagen wechseln mit Gehgelände ab; im Rükken des Teufelspfeilers (Hudičev steber, 2237 m) durchsteigt man eine fast senkrechte Verschneidung. Anschließend folgt die Route einem breiten Band in die Westflanke des Prisojnik-Nordgrates. In leichter Kletterei (I–II, ungesichert) hinauf zum Felsenrücken und über ihn zum Gipfel.

Wo? Kranjska gora (810 m) ist ein bekannter Ferienort im obersten Savetal.
Ausgangspunkt Koča na Gozdu (1226 m) an der Straße zum Vršič, 7 km von Kranjska gora. Parkplatz vor dem Haus.
Wegverlauf Koča na Gozdu – »Hanza-Steig« – Prisojnik – Felsenfenster – Gladki rob – Vršič – Koča na Gozdu.
Gehzeiten Insgesamt 8 Std.; »Hanza-steig« 5 Std., Abstieg zum Vršič 2 Std., »Straßenhatscher« zum Ausgangspunkt 1 Std.
Hinweis Etwa in der Wandmitte Verzweigung: über die mächtige Geröllterrasse kann man zum Nordwand-Klettersteig hinüberwechseln (Hinweis am Fels »okno«).
Orientierung »Hanza-Steig« rot markiert; Einstieg gegenüber der Koča na Gozdu an einem Murkegel (Zickzackspur).
Einstufung Mittel. Leichte (ungesicherte) Kletterstellen; nur für gut trainierte Bergsteiger!

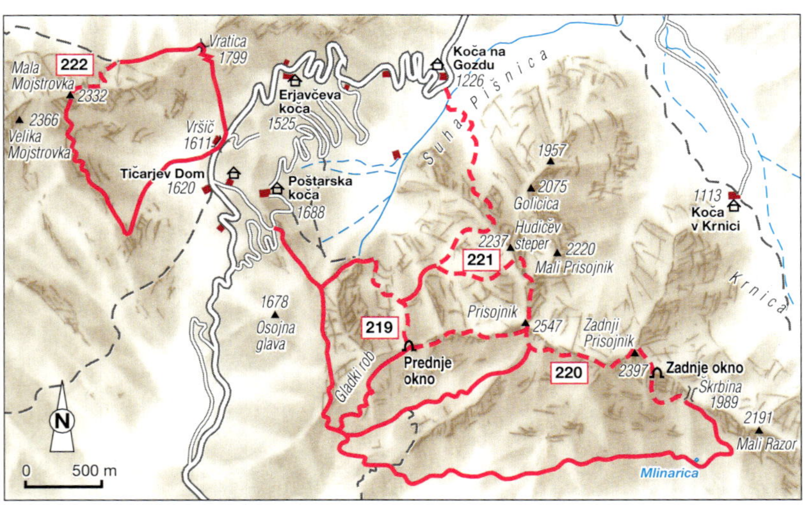

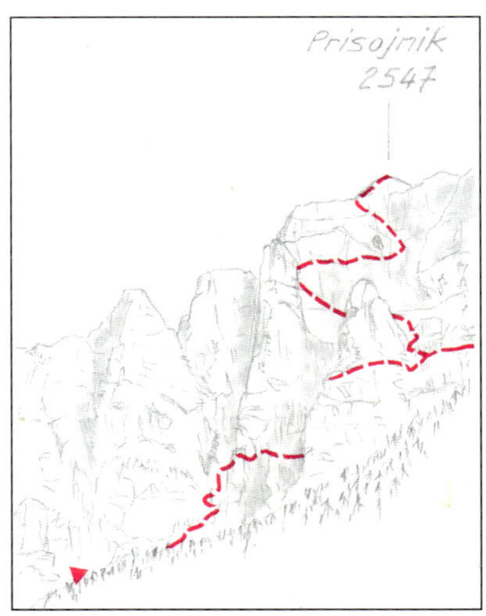

222 Mala Mojstrovka, Nordwand-Klettersteig

Mala Mojstrovka, 2332 m

Mittel

Nicht zufällig ist die Ferrata auf die Kleine Mojstrovka so beliebt: kurzer Anmarsch, eine abwechslungsreiche, gut gesicherte Kraxelei, und oben kann man dann Ausschau halten nach weiteren Klettersteigzielen – davon gibt es in den Juliern ja genug.

Wo? Die Vršič-Straße verbindet das oberste Savetal mit der Trenta, 11 km von Kranjska gora, 33 km von Bovec.
Ausgangspunkt Vršič (1611 m). Parkplätze im Bereich der Scheitelhöhe.
Wegverlauf Vršič – Vratica (1799 m) – Klettersteig – Mala Mojstrovka – Vršič.
Gehzeiten Insgesamt 3¾ Std.; Vršič – Mala Mojstrovka 2½ Std., Abstieg 1¼ Std.
Orientierung Leicht, gut bezeichnete Wege.
Einstufung Mittel.

223 Jalovec, gesicherter Steig
224 Jalovec, Nordwestgrat-route

Jalovec, 2643 m

Mittel

Ein Berg mit Profil, ohne Frage. Wie eine Riesenskulptur steht er über dem Talschluß von Planica, messerscharf zeichnen sich seine Gratlinien gegen den Himmel ab. Da möchte man hinauf, und das geht (fast) ohne Kletterei, in einem weiten Bogen linksherum oder über den Nordostgrat. Beide Routen sind ordentlich gesichert, nicht besonders schwierig und lassen sich (was den Klettersteigler natürlich freut) zu einer tollen Runde verbinden. Da wird dann viel geboten, aber auch einiges verlangt: eine tadellose Kondition, ein sicherer Tritt und etwas Ferrata-Routine. Am Aufstieg über die Jalovska škrbina und den Südgrat sind mehrere längere Passagen gesichert; der Abstieg am Nordwestgrat ist mit ein paar Drahtseilen entschärft.

Wo? Planica, berühmt durch seine Skiflugveranstaltungen, liegt in der nordwestlichsten Ecke Sloweniens, nur ein paar Kilometer von der italienischen bzw. österreichischen Grenze entfernt.
Ausgangspunkt Dom Tamar (1108 m) in der Planica, Zufahrt von Rateče, 7 km. Parkplatz.
Wegverlauf Dom Tamar – Jalovska škrbina (2138 m) – Südgrat – Jalovec – Nordwestgrat – Kotovo sedlo (2138 m) – Dom Tamar.
Gehzeiten Insgesamt 9 Std.; Dom Tamar – Jalovska škrbina 3½ Std., Jalovska škrbina – Jalovec 2 Std., Jalovec – Kotovo sedlo 1½ Std., Kotovo sedlo – Dom Tamar 2 Std.
Orientierung Aufstiegsweg gut markiert; den Markierungen am Nordwestgrat würde eine Auffrischung nicht schaden!
Einstufung Mittel, sehr lange Tour.

225 Bavški Grintavec, gesicherter Steig

Bavški Grintavec, 2344 m

Mittel

Den Berg gibt's (auch wenn ihn keiner kennt) und er besitzt sogar einen Klettersteig. Aber keine Angst, auf den langen Wegen zum Bavški Grintavec ist die Chance, ein paar Gemsen zu Gesicht zu bekommen, immer noch erheblich größer als die einer Begegnung mit bergsteigenden Zweibeinern. Wer die hinterste Trenta besucht, tut das meistens der (sehenswerten) Sočaquelle wegen, und wenn's ein Gipfel sein muß, dann bestimmt der Jalovec. Liebhaber langer, stiller Touren werden dem »Runzeligen« (= Grintavec) aber durchaus seine schönen Seiten abgewinnen, Natur pur genießen und am Nordgrat zum Gipfel hinaufturnen.

Wo? In die Zadnja Trenta kommt man von Bovec bzw. über die Vršič-Paßstraße. Bei der ersten Kehre der Südrampe (Kugy-Denkmal) zweigt die Zufahrt in die Hintere Trenta ab.
Ausgangspunkt Etwa 2 km hinter der Koča pri izviru Soče (886 m; Sperrschranke).
Wegverlauf Zadnja Trenta – Planina Zapotok – Kanja (2030 m) – Nordgratsteig – Bavški Grintavec.
Gehzeiten Insgesamt 7½ Std.; Zadnja Trenta – Planina Zapotok 1¾ Std., Planina Zapotok – Bavški Grintavec 2¾ Std., Abstieg 3 Std.
Hinweis Beim Abstieg kann man alternativ auf halber Grathöhe rechts ins Kar absteigen.
Orientierung Aufstieg über die Kanja ordentlich markiert.
Einstufung Mittel; die Sicherungen sind erst jüngst erneuert worden. Vorsicht: erhebliche Steinschlaggefahr!

226 Krn, Silva-Koren-Klettersteig

Krn, 2245 m

Mittel

Eine Wanderung auf den Krn ist stets Gipfeltour, botanische Exkursion und Geschichtslektion in einem: Der Berg war im Ersten Weltkrieg ein Angelpunkt der Isonzofront und entsprechend hart um- ➞

Wo? Das Krnmassiv erhebt sich südlich des Triglav über dem Tal der Soča (Isonzo). Zufahrt vom Predilpaß über Bovec bis Kobarid. Hier zweigt ein Sträßchen nach Drežnica ab.
Ausgangspunkt Drežnica (553 m); Parkmöglichkeit hinter dem Dörfchen.
Wegverlauf Drežnica – Na Svinjah (867 m) – Einstieg (ca. 1450 m) – Klettersteig – Krn – Drežnica.
Gehzeiten Insgesamt 8½ Std.; Drežnica – Na Svinjah – Klettersteig – Krn 5½ Std., Abstieg 3 Std. ➞

➡ kämpft. Noch heute stößt man allenthalben auf Überreste aus jener unseligen Zeit. Der Klettersteig, der über die Westflanke den Gipfel ansteuert, ist wesentlich jüngeren Datums; ganz nach slowenischer Art bietet er einen anregenden, höchstens mäßig schwierigen Felsgang. Und oben am Gipfel hat man – mit etwas Glück – nicht nur unzählige Zacken im Panorama, sondern auch freie Sicht hinaus aufs Meer.

➡
Hinweis Beim Abstieg folgt man zunächst dem bequemen, in großen Schleifen verlaufenden Kriegspfad Richtung Krn (Ort). Bei der Höhenkote 1670 zweigt rechts der Weg hinunter nach Drežnica ab.

Hütte Knapp unter dem Gipfel des Krn steht die (bescheidene) Gomiščkovo zavetišče (2185 m), einfach bewirtschaftet.

Orientierung Zugang zum Klettersteig und Abstiegsweg sind markiert.

Einstufung Mittel, insgesamt lange Tour.

227 Via ferrata Ponza Grande
228 Visoka Ponca, slowenischer Klettersteig

Ponza Grande/Visoka Ponca/
Hohe Ponza, 2274 m

Mittel

Im großen Felshalbrund über den Laghi di Fusine (Weißenfelser Seen) steht die Hohe Ponza links außen, ein ebenmäßig gebautes Dreieck aus Stein, das den langgestreckten Ponzakamm abschließt, weniger schroff als Mangart und Veunza. Steil ist der Weg zur Hohen Ponza aber schon, fast 900 Meter von der Zacchihütte herauf, und mit einem »eisernen« Finale, das sich sehen lassen kann: An neuen Draht-

Erst jüngst renoviert wurden die Sicherungen an der Ferrata auf die Hohe Ponza.

seilen entsteigt man der Geröllschlucht, die zwischen Hoher und Mittlerer Ponza herabzieht, erst unter mächtigen Überhängen, dann mit viel Luft unter den Sohlen. Am Weiterweg wird's dann gemütlicher, die höheren Felsetagen sind deutlich gestuft, und in weniger als einer Stunde steht man am Gipfel. Dort kann man Maß nehmen für weitere Ferrata-Touren: Škrlatica, Triglav, Prisojnik, Jalovec, Mangart, Wischberg, Montasio.
Beim Abstieg folgt man den roten Kreismarkierungen des slowenischen Anstiegs, der seinen Ausgangspunkt in der Planica hat und abschnittweise ebenfalls gesichert ist. Aus der Forca Planiza leiten Spuren durch die markante Geröllschlucht hinunter zum Anstiegsweg.

Wo? Zu den Laghi di Fusine (Weißenfelser Seen, 924 bzw. 929 m) kommt man von Travisio über Fusine in Valromana (Wegzeiger »Slovenia«) auf gut ausgebauten Straßen, 11 km.

Ausgangspunkt Parkplatz am oberen der beiden Seen (im Sommer gebührenpflichtig).

Wegverlauf Laghi di Fusine – Rif. Zacchi – Ferrata – Ponza Grande – Slowenischer Steig – Forca Planiza (2156 m) – Rif. Zacchi – Laghi di Fusine.

Gehzeiten Insgesamt 6½ Std.; Laghi di Fusine – Rif. Zacchi 1¼ Std., Rif. Zacchi – Einstieg 2 Std., Ferrata ¾ Std., Abstieg über die Forca Planiza 2½ Std.

Hinweise Statt direkt durch die Geröllschlucht abzusteigen, kann man auch auf dem slowenischen Steig zur Ponza di Mezzo queren und hier über Schrofenhänge absteigen (Steinmännchen, verblaßte rote Markierungen). Bei etwa 2000 m stößt man wieder auf den Anstiegsweg (Hinweistafel).
Aufstieg vom Dom Tamar (1108 m) in der Planica über die Mittlere Ponza (Srednja Ponca, 2230 m) auf die Hohe Ponza: 4½ Std.

Hütte Rifugio Zacchi (1380 m).

Orientierung Problemlos. Variante über die Westflanke der Ponza di Mezzo nur schwach markiert. CAI-Nummer 512 (bis zum Rif. Zacchi).

Einstufung Mittel, kurze gesicherte Abschnitte oberhalb von 1600 m, fast durchgehend gesichert vom eigentlichen Einstieg (ca. 2100 m) zum Gipfel.

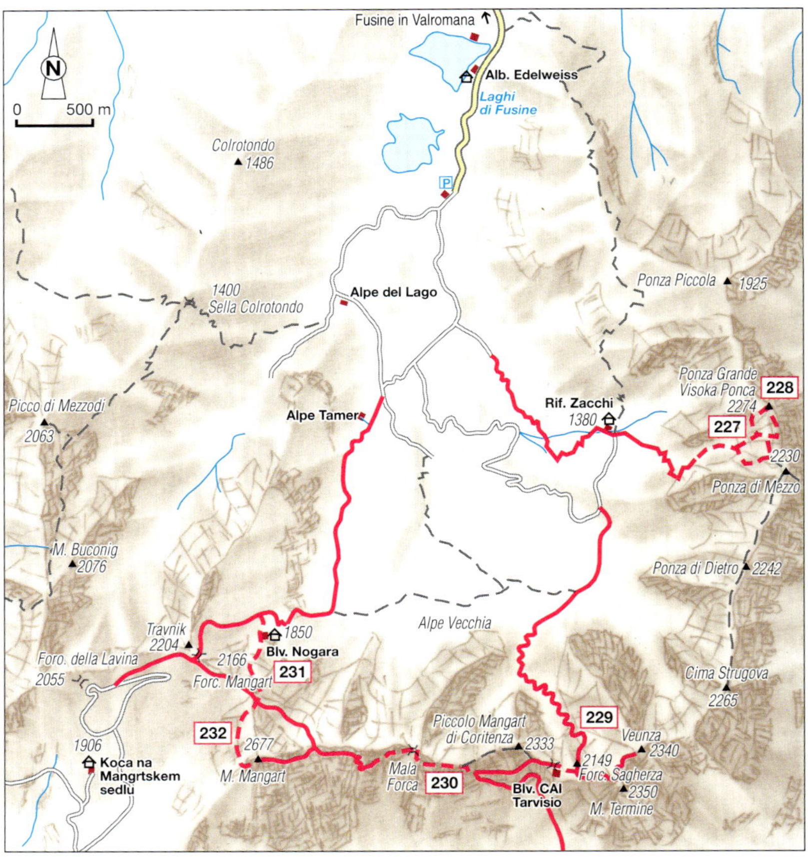

229 Via della Vita
Forcella Sagherza, 2149 m

Schwierig

Es mag schwierigere Klettersteige geben als die »Via della Vita«, aber ich kenne kaum eine Route, die ein so starkes Erlebnis vermittelt. Der düstere Felswinkel – ein kaltes Schattenloch, fast nie von der Sonne in freundlicheres Licht getaucht – mit seinen geröllbeladenen Bändern, ständig von Steinschlag bedroht, macht dich richtig klein; senkrechte Mauern über dir, unter den Sohlen der Abgrund. Da krabbelt man durch Kamine, krampft an den lose herabhängenden Ketten hinauf zur senkrechten Bügelreihe, schiebt sich über schmale Bänder. Großes Aufatmen am Ausstieg, der Adrenalinspiegel fällt zusammen: geschafft!

Immerhin, die Route befindet sich zur Zeit in gutem Zustand, was in den vergangenen Jahrzehnten nicht immer der Fall war. Und daß die eiserne »Antiquität«, 1920 erbaut, ursprünglich »Via della Morte« hieß, braucht man seinen BegleiternInnen ja vor der Tour nicht unbedingt zu erzählen …

Wo? Zu den Laghi di Fusine (Weißenfelser Seen, 924 bzw. 929 m) kommt man von Tarvisio über Fusine in Valromana (Wegweiser »Slovenia«) über gut ausgebaute Straßen, 11 km.
Ausgangspunkt Parkplatz am oberen der beiden Seen (im Sommer gebührenpflichtig).
Wegverlauf Laghi di Fusine – Alpe Vecchia (1307 m) – »Via della Vita« – Forcella Sagherza.
Gehzeiten Laghi di Fusine – Alpe Vecchia 1½ Std., »Via della Vita« 3 Std.
Hinweis Abstieg über die »Via della Vita« natürlich möglich (2½ Std.); empfehlenswerter ist aber eine Fortsetzung der Tour zum Mangart; siehe 230.
Hütte Biv. CAI Tarvisio (2149 m) in der Forcella Sagherza, stets zugänglich.
Orientierung Leicht; am Ausstieg in das Kar unter der Veunza (2340 m) bei der Wegteilung rechts zum Bivacco (links zum Gipfel). CAI-Nummer 513 (bis Alpe Vecchia).
Einstufung Schwierig. Nur bei guten äußeren Bedingungen gehen; Helm, evtl. Steigeisen für Randkluft. Aktuelle Infos im Rif. Zacchi.

230 Gratsteig Forcella Sagherza – Mangart
Mangart-Ostschulter, 2485 m

Mittel

Logische Fortsetzung der »Via della Vita« ist der Weiterweg am Kamm zum Mangart, auch er mit gesicherten Passagen, aber vergleichsweise harmlos, seit ein paar Jahren bestens markiert. Gefahren lauern hier allerdings im Frühsommer, wenn auf den schmalen (ungesicherten) Bändern harter Altschnee liegt. Unterhalb des Weges gehen die steilen (haltlosen) Wiesenhänge in senkrechte Felsabbrüche über! Probleme kann auch der »Grenzgang« machen, das Überwechseln von der (italienischen) Biwakschachtel zum (slowenischen) Weg, vor allem bei Nebel. Der Rest ist dann Schauerlebnis, gewürzt mit ein paar gesicherten Passagen, von denen jene an der Mala Forca (ca. 2320 m) kräftiges Zupacken verlangt. Doch wer über die »Via della Vita« aufgestiegen ist, den schrecken solche »Peanuts« kaum mehr …

Wegverlauf Forcella Sagherza – Mala Forca – Mangart-Ostschulter, Abstieg über das Biv. Nogara und die Alpe Tamer.
Gehzeiten Insgesamt 9½ Std.; Aufstieg von den Laghi di Fusine über die »Via della Vita 4½ Std. Forcella Sagherza – Mangart-Ostschulter 2 Std., Abstieg zu den Laghi di Fusine 3 Std.
Hinweis Die Gratroute über den Piccolo Mangart di Coritenza (2393 m) soll seit neuestem gut markiert und gesichert sein. Dagegen verfällt die Fortsetzung der ehemals markierten und abschnittweise gesicherten Gratroute von der Veunza zur Hohen Ponza mehr und mehr (gefährlich!).
Hütte Biv. Nogara (1850 m) unterhalb der Forcella Mangart.
Orientierung Bis auf die »Nahtstelle« oberhalb der Forcella Sagherza leicht. Kurzbeschreibung: Vom Biv. CAI Tarvisio etwa 50 m am Grat aufwärts (Drahtseil) auf eine Kanzel, dann links, einer undeutlichen Spur (verwaschene Markierungen, zwei, drei Steinmännchen) in die Südflanke des Kleinen Mangart queren, bis man auf den bestens bezeichneten slowenischen Weg stößt.
Einstufung Mittel, im Frühsommer Steigeisen empfehlenswert.

231 Via Italiana
232 Mangart, slowenischer Klettersteig
Mangart, 2677 m

Schwierig/Leicht

Die Laghi di Fusine (Weißenfelser Seen) gehören zum Mangart wie der Königssee zum Watzmann; hier wie dort liefert der Berg die große Kulisse zum Postkartenbild. Und die kann sich wirklich sehen lassen: eine geschlossene Felsfront, von der Forcella Sagherza (2149 m) bis zur Forcella Mangart (2166 m) etwa drei Kilometer breit, darüber der gerundete Gipfelaufbau, auf einer mächtigen Geröllterrasse fußend. Rechts, dem Betrachter ➡

Wo? Zu den Laghi di Fusine (Weißenfelser Seen, 924 bzw. 929 m) kommt man von Tarvisio (Wegweiser »Slovenia«) über Fusine in Valromana auf guten Straßen, 11 km.
Ganz nahe an den Berg heran führt die Mangart-Straße, 13 km vom Passo del Predil (1156 m) bis zur Lahnscharte/Klanska škrbina (2055 m).
Ausgangspunkte Parkplatz am oberen Weißenfelser See bzw. Straßenschleife unter der Lahnscharte. ➡

Leicht, aber keineswegs reizlos ist der Aufstieg zum Mangart über den slowenischen Klettersteig.

→ etwas näher, der Travnik (2204 m), an seinem grünen Rücken das Bivacco Nogara (1850 m), Ausgangspunkt eines verwegenen Klettersteigs, der »Via Italiana«. Sie verdankt ihre Entstehung der Grenzziehung von 1945, die Italien den Normalzugang zum Mangart nahm. Heute, ein halbes Jahrhundert nach dem Krieg, funktioniert der »kleine Grenzverkehr« oben am Berg wieder ohne behördliche Schikanen, sehr zur Freude aller Mangart-Besucher. Die genießen bei gutem Wetter am Gipfel ein immenses Panorama, fast grenzenlos weit ist der Horizont.
»Tiefe bodenlos« bietet dazu die italienische Ferrata: sie führt nahe an die Vertikale heran mit einer atemberaubend luftigen Querung als Finale und Höhepunkt, alles bestens gesichert. Nur gegen die Tiefe schützen Eisenbügel halt nicht …
Am Kamm stößt man auf den slowenischen Normalweg, an Wochenenden auch auf Ausflüglergruppen, die den »Artisten« in der Steilwand interessiert zuschauen.

→
Wegverlauf Laghi di Fusine – Biv. Nogara – »Via Italiana« – Slowenischer Steig – Mangart – Abstieg über den Normalweg zur Forcella Mangart, weiter zum Biv. Nogara und via Alpe Tamer zu den Laghi di Fusine.
Gehzeiten Insgesamt 9½ Std.; Laghi di Fusine – Biv. Nogara 3 Std., »Ferrata Italiana« 1½ Std., Slowenischer Klettersteig – Mangart 1½ Std., Normalweg – Biv. Nogara – Laghi di Fusine 3½ Std.
Von der Lahnscharte aus sind sowohl die »Via Italiana« (3½ Std.) als auch die Mangart-Besteigung über den slowenischen Klettersteig (3¼ Std.) Halbtagstouren.
Hütten Koča na Mangrtskem (1906 m) an der Mangart-Straße. Biv. Nogara (1850 m) am Fuß der Mangart-Nordwand, stets zugänglich.
Orientierung Bietet keine besonderen Probleme; die Abzweigung an der Forcella Mangart hinab zum Biv. Nogara ist nur undeutlich bezeichnet (Inschrift an Fels). CAI-Nummern 513, 517A, 517.
Einstufung »Via Italiana« schwierig, sehr exponiert; slowenischer Klettersteig leicht. Im unteren Abschnitt Steinschlaggefahr!

Sie kommen von der Mangart-Straße, deren Endpunkt an der Lahnscharte (2055 m) nur einen Katzensprung entfernt ist. Und auch bloß ein paar Minuten geht man weiter zum Einstieg des slowenischen Klettersteigs, der durch die Westflanke zum Mangartgipfel verläuft: kein schwindelnder Gang über jähen Abgründen, aber ein abwechslungsreicher Pfad in stark gegliedertem Fels, bestens gesichert.

233 Via ferrata Julia
234 Via delle Cenge
Kanin/Monte Canin, 2587 m

Mittel

»Ein krummer und ein gerader Weg.« So lassen sich die beiden Anstiege durch die steile Nordwand des Kanin charakterisieren, wobei »krumm« keineswegs abwertend gemeint ist. Ganz im Gegenteil, die Wegführung der »Via delle Cenge« weckt Bewunderung, nutzt sie die Gegebenheiten des Geländes doch optimal. Da gingen die Erbauer der »Via Julia« anders zu Werke: »hinauf« hieß die Devise, und wo der Fels nicht ausreichend Griff und Tritt lieferte, half man mit Eisen nach – fast eine »Direttissima«. Reizvoller, auch weniger steinschlaggefährdet (durch Voraussteigende) ist der »Bänderweg« allemal, neben dem neueren Klettersteig leider etwas in Vergessenheit geraten, ein »Spaziergang zwischen Himmel und Erde«, teilweise sehr luftig, aber ausreichend gesichert.

Wo? Die Hotelsiedlung Sella Nevea (1150 m) am gleichnamigen Übergang vom Seebachtal (Val Rio del Lago) ins Raccolanatal erreicht man von Tarvisio bzw. von Chiusaforte, 21 bzw. 18 km. Talstation der Kanin-Seilschwebebahn.
Ausgangspunkt Bergstation (1831 m) der Seilbahn, etwa 5 Min. vom Rif. Gilberti (1850 m).
Wegverlauf Rif. Gilberti – Sella Bila Pec – »Via Julia«/»Via delle Cenge« – Kanin.
Gehzeiten Rif. Gilberti – »Via Julia« – Kanin 3 Std., über die »Via delle Cenge« etwas mehr.
Hinweis Felshöhe etwa 140 m. Der Zustieg zur »Via Julia« über den (stark geschrumpften) Kanin-Gletscher kann u. U. problematisch sein (Steigeisen).
Hütte Rif. Gilberti (1850 m).
Orientierung Bei Nebel im Geröll unterhalb des winzigen Gletschers nicht ganz einfach (kaum markiert, Abzweigung etwa 20 Min. hinter der Sella Bila Pec (Tafel).
Einstufung Mittel, Steinschlaggefahr.

235 Alta via Resiana
236 Slowenischer Höhenweg
Kanin/Monte Canin, 2587 m

Mittel/Leicht

Der Kanin ist mehr als nur ein Berg, er ist das »Steinerne Meer« der Julier, eine Mondlandschaft unter südlicher Sonne, zerfurcht, vom Wasser zernagt, öd und kahl, ein Labyrinth von Buckeln, Karwinkeln, Gräben und Mulden, darüber ein langgestreckter Felskamm, nach Norden steil abfallend. Die Überschreitung von West nach Ost, von der Sella di Grubia bis in die Sella Prevala, darf als →

Wo? Die Hotelsiedlung Sella Nevea (1150 m) am gleichnamigen Übergang vom Seebachtal (Val Rio del Lago) ins Raccolanatal erreicht man von Tarvisio bzw. von Chiusaforte, 21 bzw. 18 km. Talstation der Kanin-Seilschwebebahn.
Ausgangspunkt Bergstation (1831 m) der Seilbahn, etwa 5 Min. vom Rif. Gilberti (1850 m).
Wegverlauf Rif. Gilberti – Sella di Grubia (2041 m) – »Alta via Resiana« – Kanin – Slowenischer Höhenweg – Škrbina pod Prestreljenik (2298 m) – Sella Prevala (2067 m) – Rif. Gilberti.
Gehzeiten Insgesamt 6¾ Std.; Rif. Gilberti – Sella di Grubia 1½ Std., »Alta via Resiana« – Kanin 2 Std., Kanin – Slowenischer Höhenweg – Sella Prevala 2½ Std., Sella Prevala – Rif. Gilberti ¾ Std.
Hinweis Alle vier Steige am Kanin lassen sich natürlich beliebig miteinander kombinieren; siehe Touren 233, 234.
Tip Der Aufstieg zur Sella di Grubia und zum Kanin ist identisch mit einem Abschnitt der »Alta via Resiana«.
Es handelt sich dabei um eine großartige Höhenroute über dem Val Résia: zwei volle Tourentage weitab →

→ schönste Tour am Kaninstock bezeichnet werden, lang, aber keineswegs langweilig, sogar mit etwas Eisen sowie ein paar (ungesicherten) leichten Kletterstellen. Und wenn man Glück hat, gibt's oben ein großes Panorama, hinein in den Alpenbogen und hinaus zur Adria, eine »Schau in Sonne, Glanz und Licht«, wie es Kugy, Alpinpionier in den Julischen Alpen, einmal ausdrückte.

→ ausgetretener Pfade mit einem halben Dutzend Gipfel.
Hütte Rif. Gilberti (1850 m). Biv. Marussich (2040 m) an der Sella di Grubia, stets zugänglich.
Orientierung Durchwegs ordentlich bezeichnete Wege. Die Markierungen an der »Alta via Resiana« (rote Triangel) sind jüngst erneuert worden. CAI-Nummern 632, 636.
Einstufung Aufstieg zum Kanin mittel; Slowenischer Höhenweg leicht, nur ein paar kurze gesicherte Passagen.

237 Sentiero del Re di Sassonia

Canale della Trincea, ca. 1400 m

Leicht

Romantisch. Ein arg strapazierter Ausdruck, Kurzformel für Gemütvolles, was ans Herz greift. Bergpoeten – aber nicht nur sie – lieben dieses Beiwort, wenn es darum geht, Kulissen, Stimmungen zu beschreiben. Also Vorsicht! Und trotzdem: Es gibt einen »romantischen« Weg in den westlichen Juliern, mehr Gemspfad als Steig, an einigen Stellen mit Drahtseilen gesichert: der »Sentiero del Re di Sassonia«. Er quert die Sockelfelsen der Weißenbachspitzen (Cime di Riobianco, 2257 m), auf und ab geht's dabei, die Spur schlängelt sich listig um Felsabbrüche, läuft steile Rinnen aus, versteckt sich unter Überhängen, führt über schmale Bänder. Packend die Tiefblicke ins Seebachtal (Val Rio del Lago), steinernes Gegenüber ist das Kaninmassiv. Daß man hier mit etwas Glück auch Gemsen zu Gesicht bekommt, verwundert kaum; im August blüht in den Felsmauern überall die (andernorts in den Alpen sehr rare) Teufelskralle (Physoplexis comosa). Romantisch?

Wo? Ins Seebachtal (Val Rio del Lago) kommt man von Tarvisio über Cave del Predil, 15 km (Wegweiser »Sella Nevea«).
Ausgangspunkt Etwa 3 km westlich vom Raibler See (Lago del Predil, 959 m) an der Mündung des Weißenbachs (Rio Bianco). Parkmöglichkeit unterhalb der Straße (Schotterzufahrt).
Wegverlauf Seebachtal – Rif. Brunner (1432 m) – »Sentiero del Re di Sassonia« – Canalone della Trincea – Seebachtal.
Gehzeiten Insgesamt 4 1/4 Std.; Aufstieg zum Rif. Brunner 1 1/4 Std., »Sentiero del Re di Sassonia« 2 1/4 Std., Abstieg zur Talstraße 3/4 Std.
Hütte Rif. Brunner (1432 m) im Weißenbachtal, unbewirtschaftet, stets zugänglich.
Orientierung Leicht, gut markierte Wege; CAI-Nummern 625, 629, 650.
Einstufung Leicht, mehrere gesicherte Passagen.

238 Sentiero del Centenario

Cime Piccole di Riobianco/
Kleine Weißenbachspitzen, 2206 m

Leicht

Über dem Tal des Rio Bianco stehen zwar nicht die höchsten Gipfel der westlichen Julier, doch die Kulisse kann sich trotzdem sehen lassen: Dolomitenzauber. Man ahnt, spürt ihn bereits am Weg zu dem kleinen, unbewirtschafteten Rifugio Brunner; da leuchten zwischen den Bäumen die weißen Felsen heraus, und daß einer der Türme Vetta Bella (Schönkopf, 2049 m) heißt, paßt ganz gut. »Bella« ist auch der Klettersteig am Kamm der Weißenbachspitzen, gut gesichert, nicht schwierig, mit hübschen Ausblicken auf die östliche Wischberggruppe, auf Mangart und Kanin. Nur einen Schönheitsfehler hat der »Sentiero del Centenario«: der lange Zustieg, 1000 Steigungsmeter hoch, im Sommer ganz schön heiß; daß er ehemaligen Frontwegen aus dem Ersten Weltkrieg folgt, ist in diesem Teil der Julier nicht ungewöhnlich.

Wo? Ins Seebachtal (Val Rio del Lago) kommt man von Tarvisio über Cave del Predil, 15 km (Wegweiser »Sella Nevea«).
Ausgangspunkt Etwa 3 km westlich vom Raibler See (Lago del Predil, 959 m) an der Mündung des Weißenbachs (Rio Bianco). Parkmöglichkeit unterhalb der Straße (Schotterzufahrt).
Wegverlauf Seebachtal – Rif. Brunner – Forcella del Vallone – »Sentiero del Centenario« – Forcella Alta di Riobianco – Biv. Gorizia – Seebachtal.
Gehzeiten Insgesamt 6 1/2 Std.; Seebachtal – Forcella del Vallone 3 1/2 Std., »Sentiero del Centenario« 1 1/4 Std., Forcella Alta di Riobianco – Seebachtal 1 3/4 Std.
Tip Der »Sentiero del Centenario« läßt sich mit dem »Goitan-Steig« zu einer prächtigen Zwei-Tage-Runde verbinden; siehe 240.
Hütten Rif. Brunner (1432 m), Biv. Gorizia (1950 m), beide im Weißenbachtal, unbewirtschaftet und stets zugänglich.
Orientierung Leicht, für Tunnel am »Sentiero del Centenario« Taschenlampe nützlich.
Einstufung Leicht.

Am »Sentiero del Centenario«.

239 Wischberg, gesicherter Normalweg

Wischberg/Jôf Fuart, 2666 m

Leicht

Der Triglav mag der höchste, der Jalovec schönster Gipfel der Julier sein; der Wischberg hat meine besondere Sympathie. Weshalb? Schwer zu sagen; seine »kriegerische« Vergangenheit ist es nicht, vielleicht seine Gestalt, ganz sicher aber seine Bänder, die ihn umziehen und »Spaziergänge« zwischen Himmel und Erde über manchmal schier bodenlosen Abgründen erlauben. »Cengia degli Dei« – in dem Namen klingt jenes Gefühl an, das einem auf diesen erdgeschichtlichen Jahrringen beschleicht – abgehoben, fern vom Alltagsgrau. Und etwas von dem Zauber vermittelt auch bereits der Südanstieg zum Wischberg, an ein paar Stellen gesichert und nicht schwierig.

Wo? Ins Seebachtal (Val Rio del Lago) kommt man von Tarvisio über Cave del Predil, 16 km (Wegweiser »Sella Nevea«).
Ausgangspunkt An der Straße zur Sella Nevea, 5 km von der Abzweigung zum Predilpaß. Hinweistafel »Rif. Corsi, 628«.
Wegverlauf Seebachtal – Rif. Corsi – Wischberg.
Gehzeiten Insgesamt 8½ Std.; Seebachtal – Rif. Corsi 2¾ Std., Rif. Corsi – Wischberg 2¾ Std., Abstieg auf dem gleichen Weg 3 Std.
Hütte Rif. Corsi (1874 m) am Südfuß des Wischbergs.
Orientierung Leicht, markierte Wege; CAI-Nummer 628, 625.
Einstufung Leicht, gute Kondition erforderlich.

240 Sentiero attrezzato Anita Goitan

Wischberg-Südflanke, ca. 2480 m

Mittel

Für mich ist sie die schönste gesicherte Route in den Julischen Alpen, nicht schwierig, dafür lang, aber keinen Augenblick langweilig. Die Sicherungen sind weder üppig gesetzt noch zu sparsam, dazwischen mutiert die Ferrata immer wieder zum Höhenweg und zur Schaupromenade mit Aus- und Tiefblicken hinüber zum Kanin, zu den fernen Firnketten der Hohen Tauern, hinab ins Seebachtal und in die Saisera. Der Steig sucht (und findet) stets den leichtesten Weg in dem oft unübersichtlichen Felsgelände; weniger Geübten macht höchstens der Kamin im Steilabstieg zur Scharte hinter der Innominata etwas Probleme. Diese »Schlüsselstelle« kann man nordseitig umgehen, auf (ungesicherten) Geröllbändern, was aber nur empfehlenswert (und ungefährlich) ist, wenn die letzten Schnee- und Eisreste aus der Schattenseite der »Namenlosen« verschwunden sind.

Der »Sentiero Goitan« folgt abschnittweise alten Kriegssteigen.

Wo? Ins Seebachtal (Val Rio del Lago) kommt man von Tarvisio über Cave del Predil, 16 km (Wegweiser »Sella Nevea«).
Ausgangspunkt An der Straße zur Sella Nevea, 5 km von der Abzweigung zum Predilpaß. Hinweistafel »Rif. Corsi, 628«.
Wegverlauf Seebachtal – Rif. Corsi – Kaltwasserscharte (Forcella di Riobianco, 2240 m) – »Sentiero Anita Goitan« – Wischberg-Südflanke (ca. 2450 m) – Mosesscharte (Forcella Mosä, 2271 m) – Rif. Corsi – Seebachtal.
Gehzeiten Insgesamt 8¾ Std.; Val Rio del Lago – Rif. Corsi 2¾ Std., Rif. Corsi – Kaltwasserscharte 1 Std., »Sentiero Goitan« 2¾ Std., Mosesscharte – Rif. Corsi ¾ Std., Rif. Corsi – Seebachtal 1½ Std.
Hinweise Mit der Besteigung des Wischbergs über die Südflanke erhöht sich die Gesamtgehzeit um etwa 1 Std. Der »Sentiero Goitan« setzt sich westwärts über die Kastreinspitzen (Cime Castrein, 2502 m) noch bis in die Bärenlahnscharte (Forcella Lavinal dell'Orso, 2138 m) fort, ca. 1¾ Std. Einige Sicherungen.
Hütte Rif. Corsi (1874 m) am Südfuß des Wischbergs.
Orientierung Ordentlich markierte Steige; bei Nebel in der Südflanke des Wischbergs Wegfindung evtl. etwas problematisch.
Einstufung Mittel, als Tagestour nur bei guter Kondition.

241 Wischberg-Nordostschlucht

Wischberg/Jôf Fuart, 2666 m

Schwierig

Helm und Steigeisen sind an dieser Route wichtiger als der Klettergurt: die Gefahr kommt von oben, und die Unterlage ist an manchen Stellen zwar hart, aber ebenso rutschig. Für erfahrene Bergsteiger, die Terrain und Verhältnisse einzuschätzen wissen, deren alpines Selbstverständnis nicht ans Drahtseil gefesselt ist, bildet der Aufstieg durch die steile Nordost- ➡

Wo? Ins Valbruna kommt man vom Kanaltal (Val Canale) auf einer ordentlichen Asphaltstraße. Autobahnausfahrt »Malborghetto/Valbruna«.
Ausgangspunkt Knapp 3 km hinter dem Dörfchen Valbruna (807 m) zwischen Talstraße und (breitem) Bachbett. Kurze geschotterte Anfahrt zu einem Holzladeplatz (ca. 860 m). Parkmöglichkeit.
Wegverlauf Valbruna – Rif. Pellarini – Nordostschlucht – Wischberg – Rif. Corsi.
Gehzeiten Valbruna – Rif. Pellarini 2 Std., Rif. Pellarini – Wischberg 4 Std., Abstieg zum Rif. Corsi auf dem Normalweg 1½ Std.
Rückweg über die Bärenlahnscharte (2138 m) ins Valbruna ca. 4 Std.
Hütte Rif. Pellarini (1499 m), z. Zt. geschlossen (wegen Umbaus); Wiedereröffnung geplant (?). ➡

→ schlucht mit ihren ungesicherten IIer Passagen eine echte Herausforderung, eine Tour so nach Art der »Alten«. Die nahmen ihren Weg bekanntlich gerne über Eis- und Schneerinnen, ungeachtet der Steinschlaggefahr. Die ist auch hier durchaus gegeben, was den Sicherungen im Mittelteil der Route nicht gerade gut bekommt. Sie wird auch recht wenig begangen, die Markierungen sind ziemlich verblaßt, die Abzweigung oberhalb vom Rifugio Pellarini (1499 m) ist nur undeutlich bezeichnet. Das mag damit zusammenhängen, daß die Hütte seit ein paar Jahren geschlossen ist. So muß man von der Saisera aus gehen, und das ergibt dann 1800 Höhenmeter.

→
Orientierung Für erfahrene Berggänger nicht schwierig. Markierungen erneuerungsbedürftig, Seilsicherungen starkem Verschleiß ausgesetzt. Abstieg südseitig am besten über den Normalweg (siehe 239).

Einstufung Schwierig. Klettersteigpassagen nur mäßig schwierig, die Tour insgesamt aber anspruchsvoll. Helm, Steigeisen, Stöcke, evtl. auch Seil mitnehmen; nur bei einwandfreien äußeren Bedingungen gehen! Steinschlaggefahr in der Schlucht.

242 Sentiero attrezzato Ceria-Merlone

Foronon del Buinz, 2531 m

Mittel

Zwischen Montasch und Wischberg zeigt der Hauptkamm der westlichen Julier kaum markante Gipfel, der Fels ist horizontal geschichtet, die Südflanke fällt nur mäßig steil zum Altipiano del Montasio ab: ideale Voraussetzungen für die Anlage eines Höhenweges, der zwar lang ist, aber keine extremen Schwierigkeiten aufweist. Gesicherte Passagen wechseln ab mit bequemem Gehgelände (Bänder), abschnittweise folgt der »Sentiero Ceria-Merlone« alten Kriegswegen. Ein Relikt aus dem Ersten Weltkrieg ist auch der Anstiegsweg hinauf zum Kamm; in bequemen Schleifen zieht er vom Rifugio Brazzà (1660 m) bergan gegen die Cima di Terrarossa (2420 m), passiert die Abzweigung des »Sentiero Leva« und läuft dann flach hinüber zur Forca de lis Sieris (2274 m; Quelle). Hinter der Scharte beginnt die gesicherte Route mit dem Aufstieg zum Foronon del Buinz (2531 m); in der Folge wechseln kürzere »eiserne« Abschnitte mit Wegpassagen. Unter der Punta Plagnis (2411 m) muß man sich dann entscheiden: rechts abwärts über einen alten (unmarkierten) Kriegssteig zur Casera Cregnedul di sopra (1515 m) oder auf der Originalroute um den Berg herum und in seinem Rücken – teilweise gesichert – hinunter in die Bärenlahnscharte (Forcella Lavinal dell'Orso, 2138 m): gut 1 Stunde weiter.

Wo? Die Hotelsiedlung Sella Nevea (1150 m) am gleichnamigen Übergang vom Seebachtal (Val Rio del Lago) ins Val Raccolana erreicht man von Tarvisio über Cave del Predil bzw. von Chiusaforte im Canal del Ferro, 21 bzw. 18 km. Schmale, asphaltierte Zufahrt zum Altipiano del Montasio, nochmals 4 km.
Ausgangspunkt Parkplatz am Rand des Hochplateaus (1500 m).
Wegverlauf Altipiano – Rif. Brazzà – Forca de lis Sieris – »Sentiero Ceria-Merlone« – Bärenlahnscharte – Passo degli Scalini (2022 m) – Casera Cregnedul di sopra (1515 m) – Alpe di Pecòl.
Gehzeiten Insgesamt 8¾ Std.; Altipiano – Forca di lis Sieris 2¾ Std., »Sentiero Ceria Merlone« 3½ Std., Bärenlahnscharte – Casera Cregnedul 1½ Std., Rückweg zum Parkplatz 1 Std.
Hinweis Bei einem Direktabstieg vom »Sentiero Ceria-Merlone« zur Casera Cregnedul verkürzt sich die Gesamtgehzeit auf knapp 8 Std.
Tip Kombinationsmöglichkeiten mit dem »Sentiero Leva« und dem »Sentiero Goitan« möglich; siehe Steige 243 und 240.
Hütten Rif. Brazzà (1660 m) auf dem Montasch-Plateau.
Orientierung Bei Nebel auf dem Höhenweg gelegentlich etwas problematisch.
Einstufung Mittel, gute Kondition erforderlich.

243 Sentiero Leva

Montasch-Südflanke, 2360 m

Mittel

Jahrelang blieb er unvollendet, der »Leva-Steig«, und man war unterhalb der Forca del Palone (2242 m) zu einem zeitraubenden Zwischenabstieg gezwungen. Doch jetzt ist sie endlich geschlossen, die letzte Lücke im Höhenwegnetz zwischen Montasch und Wischberg, das Klettersteig-Dorado perfekt: »Amalia« – »Leva« – »Ceria-Merlone« – »Goitan« – »Centenario«. Der »Sentiero Leva« läuft, vom Normalanstieg zum Montasch abzweigend, auf mehr oder weniger komfortablen Bändern durch die Südflanke des Modeon del Montasio, dabei leicht an Höhe verlierend, quert eine steile Schlucht und steigt dann durch Rinnen und über leichte Felsen ab zur Forca del Palone (2242 m). Jenseits der zugigen Scharte geht's gleich wieder steil aufwärts; einen kurzen Überhang meistert man mit Hilfe einer solide verankerten Strickleiter. Unterhalb der Cima di Terrarossa mündet der »Sentiero Leva« in den vom Rifugio Brazzà heraufkommenden Serpentinenweg (siehe auch 244).

Wo? Die Hotelsiedlung Sella Nevea (1150 m) am gleichnamigen Übergang vom Seebachtal (Val Rio del Lago) ins Raccolanatal erreicht man von Tarvisio über Cave del Predil bzw. von Chiusaforte im Canal del Ferro, 21 bzw. 18 km. Schmale, asphaltierte Zufahrt zum Altipiano del Montasio, nochmals 4 km.
Ausgangspunkt Parkplatz am Rand des Hochplateaus (1500 m).
Wegverlauf Altipiano – Rif. Brazzà (1660 m) – Normalweg zum Montasch – Abzweigung »Sentiero Leva« (ca. 2360 m) – Forca del Palone (2242 m) – Einmündung unter der Cima di Terrarossa – Rif. Brazzà – Altipiano.
Gehzeiten Für die Runde insgesamt 5½ Std.; »Sentiero Leva« etwa 1¼ Std.
Hinweis In der Regel wird der »Leva-Steig« in Verbindung mit den anderen gesicherten Steigen am Montasch begangen.
Hütte Rif. Brazzà (1660 m) am Altipiano del Montasio.
Orientierung Bei Nebel nicht ganz einfach; Markierungen recht diskret.
Einstufung Mittel, teilweise neue Sicherungen.

244 Montasch, gesicherter Normalweg

Jôf di Montasio/Montasch, 2753 m

Leicht

Wenn es einen leichten Weg auf den Montasch gibt, dann ist es jener des Giovanni di Brazzà (1881) über die Südflanke hinauf zur Forca Verde und am Ostgrat entlang zum Gipfel: wenig Felsen, nicht viel Geröll und nur kurze, leicht ausgesetzte Passagen am Gratrücken. Der Anstieg ist kaum zu verfehlen, wird auch viel begangen; wer allerdings die Variante über die schwankende, gut 50 Meter hohe Leiter vorzieht, muß schon schwindelfrei sein. Zugang über ein steiles Wandl (Haken), Steinschlaggefahr aus dem darüberliegenden Geröllhang inklusive. Sicherer ist der Weg über die Forca Verde (2587 m), die ihren Namen von einem Wiesenfleck knapp unterhalb des Grates hat. Oben gibt's dann ein ganz großes Panorama, eines der schönsten der Julier mit viel Tiefe rundum und einem weiten Horizont, von den Dolomiten über die Hohen Tauern und die Bergketten Kärntens bis zum Triglav (2864 m).

Wo? Die Hotelsiedlung Sella Nevea (1150 m) am gleichnamigen Übergang vom Seebachtal (Val Rio del Lago) ins Raccolanatal erreicht man von Tarvisio über Cave del Predil bzw. von Chiusaforte im Canal del Ferro, 21 bzw. 18 km. Schmale, asphaltierte Straße zum Altipiano del Montasio, nochmals 4 km.
Ausgangspunkt Parkplatz am Rand des Hochplateaus (1500 m).
Wegverlauf Altipiano – Rif. Brazzà (1660 m) – Forca dei Disteis (2241 m) – »Scala Pipan«/Forca Verde – Montasch.
Gehzeiten Insgesamt 5½ Std.; Altipiano – Forca Disteis 2 Std., Forca Disteis – Montasch 1½ Std., Abstieg auf dem gleichen Weg 2 Std.
Hütte Rif. Brazzà (1660 m) auf dem Montasch-Plateau.
Orientierung Vielbegangene Wege; die Markierungen könnten allerdings eine Auffrischung vertragen.
Einstufung Leicht, Steinschlaggefahr unterhalb der »Pipan-Leiter«.

245 Kugy-Weg

Jôf di Montasio/Montasch, 2753 m

Sehr schwierig

Mit dem Montasch, so befand Kugy (und er mußte es wissen), kann sich kein anderer Gipfel der Julischen Alpen messen. Von welcher Seite man sich ihm auch nähert, stets ist er der »Größte«. Sein Scheitel überragt die Sohle des Dognatals um nicht weniger als 2300 Meter, und auch von Norden, aus der Saisera, bietet er mit seiner wuchtig-breiten Felsfront einen imposanten Anblick. Dem markanten, deutlich vortretenden Mittelpfeiler in der Riesenmauer folgt die »Via Kugy«, die erste, von dem Julier-Pionier mit Gefährten 1902 eröffnete Nordwandführe. Keine zehn Jahre später wurde sie durch die Sektion Villach des DuÖAV gesichert (sehr zum Unwillen Kugys), mit über 1000 Eisenhaken und 340 Meter Drahtseil in eine Via ferrata verwandelt!
Zur Zeit ist die Route – trotz gelegentlichen Renovierungsversuchen – in ziemlich desolatem Zustand, vor allem im unteren, stark dem Steinschlag ausgesetzten Teil. So präsentiert sich die »Via Kugy« wieder als Kletterführe. Geblieben ist das typische Nordwand-Ambiente, auch die Länge des Anstiegs, immerhin fast 800 Meter vom Einstieg zum Gipfelgrat.

Wo? In die Saisera kommt man vom Kanaltal (Val Canale) auf einer ordentlichen Asphaltstraße, Autobahnausfahrt »Malborghetto/Valbruna«.
Ausgangspunkt Malga Saisera (1004 m), 5 km vom Dörfchen Valbruna.
Wegverlauf Malga Saisera – Biv. Stuparich (1578 m) – »Via Kugy« – Montasch. Abstieg siehe 200.
Gehzeiten Insgesamt 7 Std.; Malga Saisera – Biv. Stuparich 2 Std., »Via Kugy« 5 Std.
Hütte Biv. Stuparich (1578 m), stets zugänglich.
Orientierung Einstieg am linken Rand des (arg geschrumpften) Montasch-Gletschers, ca. 2050 m.
Einstufung Sehr schwierig. Kletterei im II. und III. Grad (Einstiegswand), Zustieg stark steinschlaggefährdet. Zustand der Sicherungen (letzte Renovierung 1960) unsicher.

246 Via Amalia

Bivacco Suringar, 2430 m

Mittel

Weniger schwierig als der »Kugy-Weg«, aber dennoch recht anspruchsvoll ist die »Via Amalia«, ursprünglich bekannt als »Via dei Cacciatori Italiani« – Weg der italienischen Jäger. Es handelt sich dabei nicht um eine direkte Nordwandroute; vielmehr steigt die Ferrata durch eine allmählich breiter werdende Schlucht, die in eine Schrofenflanke übergeht, an gegen den Torre Nord (2680 m), quert am Felsfuß rechts hinaus zum Drachengrat (Cresta dei Draghi, 2458 m) und leitet schließlich auf die markanten Bänder an der Westflanke des Montasch (Grande Cengia).

Wo? In die Saisera kommt man vom Kanaltal (Val Canale) auf einer ordentlichen Asphaltstraße, Autobahnausfahrt »Malborghetto/Valbruna«.
Ausgangspunkt Malga Saisera (1004 m), 5 km vom Dörfchen Valbruna.
Wegverlauf Malga Saisera – Biv. Stuparich (1578 m) – »Via Amalia« – Biv. Suringar; Abstieg über das große Band (Grande Cengia) zur Forca dei Disteis (Montasch-Normalweg, einige Drahtseile).
Gehzeiten Insgesamt 5½ Std.; Malga Saisera – Biv. Stuparich 2 Std., »Via Amalia« – Biv. Suringar 3½ Std. Abstieg zum Rif. Brazza 1¾ Std.
Hinweis Vom Biv. Suringar kommt man über die »Via Findenegg« in gut 1 Std. zum Gipfel des Montasch. Kletterroute, überwiegend I, Schlüsselstelle II+, rot markiert (keine Sicherungen!).
Hütten Biv. Stuparich (1578 m), Biv. Suringar (2430 m), Notunterkünfte, stets zugänglich.
Orientierung Nicht ganz problemlos; Zugang zur »Via Amalia« zwar rot markiert, ab Drachengrat kaum mehr Bezeichnung, Vorsicht bei Nebel.
Einstufung Mittel. Im unteren Teil der Route ungesicherte IIer Stellen.

Durch die Nordflanke des Montasch verlaufen zwei gesicherte Routen: die »Via Amalia« und der »Kugy-Weg«.

247 Via ferrata Norina
Cresta de la Viene, 2121 m

Leicht

Es gibt in den Juliern keine Ferrata, die mit mehr Liebe fürs Detail angelegt worden ist, doch das Zeug zum »Renner« hat die »Norina« trotzdem nicht: zu abgelegen, zu weit der Anmarsch aus dem Val Dogna. Über 1000 Steigungsmeter und eine lange Querung am Wandfuß hat man bereits hinter sich, ehe das erste Drahtseil in Sicht kommt, und dann läuft die Route nicht einmal am Gipfel aus. Macht nichts, uns hat sie trotzdem gefallen, und das liegt auch an der grandios-einsamen Kulisse. Die Route, nördlich des Viene-Kamms auf etwa 350 Höhenmetern gesichert, führt, das Terrain optimal nutzend, unmittelbar an den Höllenschlund der Vandùl-Schlucht heran; durch einen engen Spalt steigt man aus auf den Wiesenkamm, gut eine Stunde noch vom Gipfel des Cimone del Montasio (2379 m) entfernt. Rascher kommt man auf den Wiesenrükken vom Montaschplateau, von der »Via Alta« über ein Zickzackweglein, oberhalb der Forca di Vandùl am Drahtseil.

Wo? Dogna (425 m) liegt im Canal del Ferro, unmittelbar am Eingang ins Val Dogna, 35 km von Gemona, 30 km von Tarvisio.
Ausgangspunkt Kilometer 4 der Val-Dogna-Straße, an einer scharfen Linkskurve. Parkmöglichkeit gleich dahinter.
Wegverlauf Val Dogna – Biv. Cividale (1414 m) – »Ferrata Norina« – Viene-Kamm (2121 m).
Gehzeiten Val Dogna – Biv. Cividale 2¾ Std., »Ferrata Norina« 3 Std.; Abstieg auf dem gleichen Weg 4 Std. oder südöstlich zum Montasch-Plateau 1¾ Std.
Tips Vom Viene-Kamm aus kommt man in einer Stunde zum Gipfel des Cimone, markiert (I). Die lange Querung zum Einstieg der Ferrata kann man umgehen; markierter Alternativzustieg von Pleziche (820 m) im Val Dogna, CAI-Nummer 655. Abenteuerpfad, nur scheinbar kürzer.
Hütte Biv. Cividale (1414 m), Notunterkunft, stets zugänglich.
Orientierung Leicht, gut markierte Wege; CAI-Nummer 640.
Einstufung Gesicherte Passagen leicht, hervorragende Sicherungen; Querung am Nordwandfuß des Cimone kann, je nach Jahreszeit, problematisch sein (Lawinenreste, Eis).

Optimale Sicherungen zeichnen die »Ferrata Norina« aus.

248 Ziffer-Weg
Due Pizzi, 2046 m

Leicht

Aussicht und Rückblicke, historische. Beides bieten die Wege zwischen Jôf di Dogna (1961 m) und Mittagskofel (Jôf di Miezegnot, 2087 m), Aussicht nördlich bis zum Alpenhauptkamm, vor allem aber auf den riesigen, nahen Bergstock des Montasch (Jôf di Montasio, 2753 m). Und die Stellungsreste, denen man hier überall begegnet, erinnern daran, daß die Alpenfront im Ersten Weltkrieg über diese Höhen ging, daß hier vor einer großen Kulisse gekämpft und gestorben wurde. Aus jener unseligen Zeit stammt auch der »Sentiero Ziffer«, quer in die steilen Felsflanken der Due Pizzi trassiert, in den siebziger Jahren rekonstruiert und mit Drahtseilsicherungen versehen. Kein Klettersteig, aber eine luftige (gut gesicherte) Promenade. Zum höheren der beiden »Pizzi« kommt man dann über einen Latschenweg.

Wo? Ins Val Dogna kommt man von Dogna (425 m) auf einer ordentlichen, kurvenreichen Asphaltstraße, 20 km bis zur Sella di Somdogna.
Ausgangspunkt Brücke (1268 m), etwa 2 km vor der Sella di Somdogna.
Wegverlauf Straße – Forchia di Cjanalot (1830 m) – »Sentiero Ziffer« – Cima Alta.
Gehzeiten Insgesamt 5¾ Std.; Straße – Forchia di Cjanalot 2¼ Std., »Sentiero Ziffer« – Cima Alta 1¼ Std., Abstieg auf dem gleichen Weg 2¼ Std.
Hinweis An der Mittagskofelkette sind kürzere und lange Höhenwanderungen möglich, auch unter Einbeziehung des »Sentiero Ziffer«; Ausgangspunkte an der Straße zur Sella di Somdogna.
Hütte Ricovero Bernardinis (ca. 1950 m) oberhalb der Forchia di Cjanalot, Notunterkunft, stets zugänglich.
Orientierung Problemlos, gut markierte Steige; CAI-Nummern 648, 649.
Einstufung Leicht.

249 Monte Plauris, gesicherter Steig

Monte Plauris, 1958 m

Mittel

Daß Berge leben, daß nichts unveränderlich ist auf dieser Erde; der Monte Plauris, ein »Riese auf tönernen Füßen«, zeigt es anschaulich: mächtige Geröllströme, zersplitterte Grate, labile Steilhänge, Muren – eine Wildnis, wie man sie in den Alpen nur selten antrifft. Kein Zufall auch, daß dieser Berg genau im Epizentrum jenes verheerenden Erdbebens steht, das 1976 das Friaul erschütterte und immense Schäden anrichtete. Wer den Monte Plauris über seine Ostflanke, aus dem Valle del Resartico, besteigt, weiß hinterher ganz genau, was »Abenteuer Alpen« bedeutet. Ein paar Drahtseile, die über eine Steilstufe oberhalb verfallener Bergwerksanlagen helfen, sind dabei eher nebensächlich. Schlicht grandios die Kulisse, und vom Gipfel bietet sich dann eine immense Rundschau auf hundert Gipfel »senza nome« – zumindest für die meisten Bergsteiger aus deutschsprachigen Landen.

Wo? Der Monte Plauris erhebt sich über dem Zusammenfluß von Tagliamento und Fella. Talort im Westen ist Venzone (232 m), im Norden Resiutta (315 m) am Eingang ins Val Résia.

Ausgangspunkt Borgo Povici (349 m), Weiler 2 km südlich von Resiutta.

Wegverlauf Borgo Povici – ex-Bergwerk – Forca Slips (1695 m) – Monte Plauris.

Gehzeiten Insgesamt 9 Std.; Borgo Povici – ex-Bergwerk 2 Std., weiter zur Forca Slips 2¼ Std., zum Gipfel 1¼ Std., Abstieg auf dem gleichen Weg 3½ Std.

Hinweis Man kann alternativ auch westlich zum Tagliamento absteigen; es gibt drei ordentlich markierte Routen.

Orientierung CAI-Weg 702 bis zur Forca Slips, Weiterweg für Pfadfinder (verblaßte Bezeichnungen).

Einstufung Mittel, rauhe Wege, ab Forca Slips praktisch weglos mit leichten Kletterstellen (I). Im Hochsommer sehr heiß!

250 Dobratsch, »Touristensteig«

Dobratsch, 2166 m

Leicht

An der Villacher Alpe gibt's eine Alpenstraße, ein Gipfelhaus, eine Sendeanlage und einen Alpengarten, herrscht an Schönwettertagen natürlich viel Betrieb. Ganz einsam ist es dagegen auf dem längsten, steilsten, heißesten Anstieg, dem auf einer kurzen Passage gesicherten »Touristensteig«. Er verläuft durch die felsige Südflanke des Bergstocks, über die 1348 ein gewaltiger Bergsturz als Folge eines schweren Erdbebens abging. Das gut markierte Weglein schlängelt sich listig über den riesigen Abbruch; man genießt prächtige Tiefblicke, und im Süden tauchen über den grünen Vorbergen mehr und mehr Felszacken der Julischen Alpen auf. Etwas für Liebhaber abseitiger Wege, besonders schön mit einer Übernachtung im Gipfelhaus.

Wo? Die Villacher Alpe (Dobratsch, 2166 m) erhebt sich westlich der Stadt Villach.

Ausgangspunkt Nötsch (564 m) am Südwestfuß des Bergstocks etwas abseits der Gail gelegen.

Wegverlauf Nötsch – »Schütt« (Bergsturzgelände) – »Touristensteig« – Dobratsch – Lärchgraben – Nötsch.

Gehzeiten Insgesamt 8½ Std.; Zugang zum »Touristensteig 1¼ Std., Aufstieg 4½ Std., Abstieg 2¾ Std.

Hütte Ludwig-Walter-Haus (2134 m), bewirtschaftet Mitte Mai bis Ende Oktober; Tel. (0 42 42)21 95 12.

Orientierung AV-Wege, Aufstieg Nr. 294 B, Abstieg 296.

Einstufung Leicht, Ausdauer erforderlich. Im Hochsommer zu heiß!

251 Norbert-Schluga-Steig

Hohe Wand, 1002 m

Mittel

Wenn drüben im Karnischen Hauptkamm die Gipfel noch (oder wieder) ihre Schneekappen aufhaben, kann man an der Sonnseite des Gailtals dem »eisernen« Vergnügen auf dem »Schluga-Klettersteig« in den Steilabstürzen der Hohen Wand nachgehen: kurzer Zustieg, ein paar rassige, sparsam gesicherte (Draht-)Seillängen zum Auftakt, dann läuft die Route diagonal durch die gegliederte Wand, Steilpassagen wechseln ab mit Querungen. Dabei bieten sich immer wieder packende Tiefblicke in den breiten Talboden und zum Pressegger See (560 m). Jenseits des breiten Talgrabens stehen die markanten Gipfelprofile von Poludnig, Gartnerkofel und Trogkofel (2280 m).

Wo? Hermagor (603 m), ein hübscher Marktflecken, ist Hauptort des Untergailtals, 31 km von Kötschach-Mauthen, 42 km von Villach.

Ausgangspunkt Beim Weiler Obervellach (603 m); Zufahrt von der B111, Abzweigung beim Gh. Schluga (2 km östlich von Hermagor). Kleiner Parkplatz.

Wegverlauf Obervellach – »Schluga-Steig« – Hohe Wand – Obervellach.

Gehzeiten Insgesamt 3 Std.; Aufstieg über den Klettersteig 2 Std., Abstieg 1 Std.

Hinweis In etwa 850 m Höhe Wandbuch; hier kann man rechts über ein unmarkiertes Weglein absteigen.

Orientierung Einfach; beim Ausstieg die Markierungen genau beachten!

Einstufung Mittel; unterwegs keine Steine ablassen!

252 Reißkofel, Überschreitung

Reißkofel, 2371 m

Mittel

Der Berg hat Statur, keine Frage, er dominiert die Kulisse des Gailtals ganz locker, zeigt sich von Kötschach-Mauthen als elegante Felspyramide. Nur, einen richtigen Klettersteig gibt's am Reißkofel nicht, bloß ein paar wenige Sicherungen am Westgrat (Plattach) und am direkten Südanstieg. Der schwindelt sich gekonnt durch die recht abweisend wirkende Felsflanke, die Schwierigkeiten überschreiten an keiner Stelle den unteren II. Grad. Das Panorama vom Gipfel ist dann eine gelungene Mischung zwischen nah und fern, weit und tief; im Süden hat man die Karnische Hauptkette, nach Norden geht die Sicht bis hinauf zu Austrias höchstem Gipfel, dem Großglockner (3797 m). Stimmungsvoll die Tiefblicke ins Tal der Gail mit seinen vielen Dörfern.

Wo? Der Reißkofel steht zwischen den Tälern der Drau und der Gail; Talort im Norden ist Greifenburg (645 m), im Süden Reisach (686 m).
Ausgangspunkt Reißkofelbad (988 m) am Fuß des Berges, Zufahrt von Reisach bzw. Grafendorf (689 m) je 3 km.
Wegverlauf Reißkofelbad – Wurzen (1492 m) – Alplspitz (1959 m) – Reißkofel – Plattach – Jaukensattel (1615 m) – Reißkofelbad.
Gehzeiten Insgesamt 8 Std.; Aufstieg 4½ Std., Reißkofel – Jaukensattel 2 Std., Abstieg zum Reißkofelbad 1½ Std.
Hütte Reißkofelbiwak (1825 m) oberhalb vom Jaukensattel.
Orientierung Gut markierte Wege.
Einstufung Mittel, im Aufstieg leichte Kletterstellen (I–II).

253 Zabarot-Jägersteig

Hochstadelhaus, 1780 m

Leicht

Auch das gibt's: eine »Via di legno«, ein Steig also, der nicht mit Eisen, sondern mit Holz(leitern) versehen ist, die über felsige Geländestufen hinweghelfen. Die leicht abenteuerlich anmutende Route durch die Sockelfelsen (Zabrat oder Zabarot) des Hochstadelmassivs wurde bereits 1882 entdeckt, später dann zum Steig ausgebaut. Faszinierend die Tiefblicke auf die Drau, über der sich die einsamen Kämme der Kreuzeckgruppe aufbauen. Noch weit umfassender ist natürlich die Rundschau vom Hochstadel (2680 m), den man von der gleichnamigen Hütte aus leicht in 2¾ Std. besteigt – sehr lohnend! Eine Tour für (fast) jedermann/frau, aber natürlich nur mit einer Übernachtung in dem AV-Haus. Immerhin liegen mehr als 2000 Höhemeter zwischen der Drau und dem Gipfelkreuz am Hochstadel.

Wo? Der Hochstadel ist östlichster Hauptgipfel der Lienzer Dolomiten, die sich zwischen den Tälern der Drau und der Gail erheben.
Ausgangspunkt Bahnstation Nikolsdorf (671 m) im Drautal, 12 km östlich von Lienz.
Wegverlauf Station Nikolsdorf – »Zabarot-Jägersteig« – Hochstadelhaus – Unterpirkach (634 m) – Station Nikolsdorf.
Gehzeiten Insgesamt 6½ Std.; Nikolsdorf – Hochstadelhaus 3½ Std., Hochstadelhaus – Unterpirkach 2 Std., Rückweg nach Nikolsdorf 1 Std.
Hütte Hochstadelhaus (1780 m), bewirtschaftet Mitte Juni bis Ende September; Tel. (04710) 2778.
Orientierung Markierte Wege.
Einstufung Leicht.

254 Rudl-Eller-Weg

Hohes Törl, 2233 m

Leicht

Zweifellos der schönste Zugang zur Karlsbader Hütte führt über das Hohe Törl: überwiegend Wanderpfad, ein bißchen Klettersteig und vor allem Aussichtspromenade. Da stehen sie Parade, die Kletterzacken rund um den Laserzkessel; ganz nah und scheinbar in den Himmel greifend, die Laserzwand (2614 m), jenseits des Laserztals Bloßkofel, Gamswiesenspitzen, Kerschbaumer Törlkopf, Teplitzer Spitzen, im Talhintergrund der doppelgipflige Simonskopf. Für etwas Pfiff auf der dreistündigen Wanderung sorgen die gesicherten Passagen gleich zu Beginn am Weißstein (1751 m) sowie beiderseits des Hohen Törls, und am Aueringköpfl (2026 m) stehen die kleinen Sehenswürdigkeiten am Weg: Blumen ohne Zahl.

Vom »Rudl-Eller-Weg« hat man Aussicht auf die Felskulisse des Laserzkessels.

Wo? Lienz (672 m) liegt im Drautal an der Mündung der Isel. Eine mautpflichtige Straße führt über Tristach bzw. Lavant hinauf zur Lienzer Dolomitenhütte (1616 m).
Ausgangspunkt Parkplatz knapp vor der Lienzer Dolomitenhütte.
Wegverlauf Parkplatz – »Rudl-Eller-Weg« – Hohes Törl – Karlsbader Hütte – Lienzer Dolomitenhütte (Abstieg auf der Straße, Kehren können abgekürzt werden).
Gehzeiten Insgesamt 4½ Std., Aufstieg 3 Std., Abstieg 1½ Std.
Hütte Karlsbader Hütte (2260 m).
Orientierung Leicht, Wege gut bezeichnet.
Einstufung Leicht, im Frühsommer hinter dem Hohen Törl oft harter Altschnee. Am Hohen Törl einige Drahtseilsicherungen.

255 Ari-Schübel-Weg
Große Sandspitze, 2772 m

Mittel

Die höchste Erhebung der Lienzer Dolomiten, das sei hier nicht verschwiegen, hat ihren Namen zu Recht: Sand, Geröll – davon gibt's an diesem Weg mehr als genug; er liegt auf den Bändern, macht den Aufstieg zum Schartenschartl (2575 m), wo eine Bronzetafel den Beginn der Ferrata markiert, zum Geduldspiel nach dem Motto: zwei vor, ein Schritt zurück. Aber bekanntlich kommt die Arbeit ja vor dem Vergnügen, und wer bei gutem Wetter oben am Gipfel sitzt, den weiten Horizont um sich und keine Gewitterwolken in der Nähe, ist dem Bergsteigerhimmel recht nah.
Der »Ari-Schübel-Weg« ist ordentlich gesichert; er führt westlich um die Kleine Sandspitze (2762 m) herum in die Scharte zwischen den beiden Gipfeln und dann über steile, aber gestufte Felsen zum höchsten Punkt.

Felseinstieg am »Ari-Schübel-Weg«.

Ausgangspunkt Parkplatz knapp vor der Lienzer Dolomitenhütte (ca. 1600 m).
Wegverlauf Lienzer Dolomitenhütte – Karlsbader Hütte – Schartenschartl (2575 m) – »Ari-Schübel-Weg« – Große Sandspitze.
Gehzeiten Insgesamt 7 Std.; Lienzer Dolomitenhütte – Karlsbader Hütte 2 Std., Karlsbader Hütte – Schartenschartl ¾ Std., »Ari-Schübel-Weg« – Große Sandspitze 1¼ Std., Abstieg auf dem gleichen Weg 3 Std.
Hinweis Beim »Gebirgsjägerweg« handelt es sich um eine mit Theniushaken versehene Kletterroute, die teilweise parallel mit dem »Ari-Schübel-Weg« verläuft; grüne Markierung.
Hütte Karlsbader Hütte (2260 m).
Orientierung Straßenhatscher mit Abkürzungen bis zur Karlsbader Hütte, dann blau markiert.
Einstufung Mittel, viel Geröll.

256 Kerschbaumer Törlspitz, Südostgrat-Steig
Kerschbaumer Törlspitz, 2389 m

Mittel

Im Felshalbrund des Laserzkessels ist er nur ein kleiner, aber formschöner Zacken, direkt über dem Kerschbaumer Törl stehend. Wer über den »Rudl-Eller-Weg« zur Karlsbader Hütte aufgestiegen ist, kann die kleine Ferrata am Südostgrat des Törlspitz leicht anhängen: ein paar wenige (Draht-)Seillängen, etwas Kletterei, schon ist man oben.

Wo? Lienz (672 m) liegt im Drautal an der Mündung der Isel. Eine mautpflichtige Straße führt von Tristach bzw. Lavant hinauf zur Lienzer Dolomitenhütte (1616 m).
Ausgangspunkt Parkplatz knapp vor der Lienzer Dolomitenhütte.
Wegverlauf Lienzer Dolomitenhütte – Karlsbader Hütte – Kerschbaumer Törl (2285 m) – Kerschbaumer Törlspitz – Kerschbaumer Törl – Lienzer Dolomitenhütte.
Gehzeiten Insgesamt 5 Std.; Lienzer Dolomitenhütte – Karlsbader Hütte 2 Std., Karlsbader Hütte – Kerschbaumer Törl ¾ Std., Kerschbaumer Törlspitz ¾ Std. hin und zurück, Abstieg vom Kerschbaumer Törl zur Lienzer Dolomitenhütte 1½ Std.
Hinweis Steigt man über den »Rudl-Eller-Weg« zur Karlsbader Hütte auf, erhöht sich die Gesamtgehzeit auf 6 Std.
Orientierung Leicht, gut markierte Wege. Vom Kerschbaumer Törl auf blau markierter Spur um den Törlspitz herum zum Ansatzpunkt des Südostgrats. Hier entdeckt man das erste Drahtseil. Weiterweg nicht zu verfehlen.
Einstufung Mittel, kurz. Solide Drahtseilsicherungen, zwei Haken.

257 Spitzkofel, gesicherter Steig
Spitzkofel, 2717 m

Leicht

Ein paar lausige Höhenmeter fehlen ihm zur Krone des höchsten Lienzer Dolomitengipfels, doch das macht nichts. Seine Besteigung gehört auf jeden Fall zu den »Klassikern« in den Lienzer Hausbergen, auch auf dem Normalweg. Kletterer interessieren sich allerdings mehr für den fünftürmigen Nordgrat, was man nach einem ersten Blick auf die steilgestellten Felsschichten leicht verstehen kann. Da bietet der Normalweg von der Kerschbaumer Hütte herauf vergleichsweise geringe Schwierigkeiten.

Wo? Lienz (672 m) liegt im Drautal an der Mündung der Isel. Fährt man auf der B100 in Richtung Sillian, kommt hinter Leisach links die Galitzenklamm ins Blickfeld; wenig weiter zweigt die schmale Straßenzufahrt ins Kerschbaumertal ab.
Ausgangspunkt Klammbrückl (1096 m) oberhalb der Galitzenklamm. Wanderparkplatz.
Wegverlauf Klammbrückl – Kerschbaumer Hütte (1902 m) – Hallebachtörl (2399 m) – Linderhütte (2684 m) – Spitzkofel.
Gehzeiten Insgesamt 8¼ Std.; Klammbrückl – Kerschbaumer Hütte 2¼ Std., Kerschbaumer Törl – Hallebachtörl 1½ Std., Hallebachtörl – Spitzkofel 1½ Std., Abstieg auf dem gleichen Weg 3 Std.
Hütten Kerschbaumer Hütte (1902 m); Linderhütte (2684 m) knapp unter dem Gipfel, unbewirtschaftet, stets zugänglich.
Orientierung Leicht; die Wege sind ordentlich bezeichnet; Weg zum Hallebachtörl AV-Nummer 213, Gipfelsteig blau markiert.
Einstufung Leicht, gute Kondition erforderlich. Einige gesicherte Passagen unterhalb der Linderhütte und am Gipfelaufbau.

VON DEN STEINER ALPEN ZU DEN HOHEN TAUERN

258 Spitzenstein, gesicherter Steig

Spitzenstein, 2265 m

Leicht

Westlicher Eckpfeiler der Lienzer Dolomiten, ihr erster felsiger Zacken ist der Spitzenstein. Und seinen Namen hat er durchaus zu Recht, zeigt er sich doch von allen Seiten als »spitzer Stein«. Da verwundert es nicht, daß kein Wanderweg auf den Gipfel führt, der leichteste Anstieg mit dem Schwierigkeitsgrad II bewertet wird. Falsch: bewertet wurde; seit kurzem ist der Anstieg von Südosten mit ein paar Drahtseilen entschärft.

Wo? Der Kartitscher Sattel (1526 m) verbindet das Drau- mit dem Lesachtal, 11 km von Sillian, 47 km von Kötschach-Mauthen über die (sehr kurvenreiche) B111.
Ausgangspunkte Der Kartitscher Sattel; alternativ kann man die Tour auch an der Straße Richtung Obertilliach beginnen, wo zwei Wege zum »Gailtaler Höhenweg« abgehen, Markierungen 48 und 49.
Wegverlauf Kartitscher Sattel – Dorfberg (2115 m) – Folmasihöhe (2113 m) – Spitzenstein.
Gehzeiten Insgesamt 6 Std.; Kartitscher Sattel – Dorfberg 2¼ Std., Dorfberg – Folmasihöhe ¾ Std., Folmasihöhe – Spitzenstein ¾ Std., Abstieg auf dem gleichen Weg 2¼ Std.
Orientierung Leicht, gut bezeichnete Wege.
Einstufung Leicht.

259 Predigtstuhl, gesicherter Steig

Predigtstuhl, 2543 m

Leicht

Die Niederen Tauern, das weiß ich, haben ihre Liebhaber, und die verdienen sie auch, doch Klettersteigler sind das in aller Regel nicht. Sie vergnügen sich weiter nördlich am Dachstein, wo mittlerweile so ziemlich alles geboten wird, das das Herz eines gewieften »Ferratista« höher schlagen läßt. Die hätten für die paar Drahtseile am Predigtstuhl möglicherweise bloß ein leicht abschätziges Achselzucken übrig; und dann der lange Anmarsch … Macht nichts, die Tour auf den Predigtstuhl ist kein Knaller, aber sehr abwechslungsreich, bietet viel Interessantes: typisch Niedere Tauern halt.

Wo? Der Predigtstuhl steht in den Schladminger Tauern; Talort im Süden ist Krakauebene (1305 m).
Ausgangspunkt Rantengraben (ca. 1420 m), etwa 5 km von Krakauebene. Der Tälerbus fährt weiter bis zur Emottlhütte (1587 m), zu Fuß ½ Std.
Wegverlauf Emottlhütte – Rantensee – Predigtstuhl.
Gehzeiten Insgesamt 5¾ Std.; Emottlhütte – Rantensee 1¼ Std., Rantensee – Predigtstuhl 2¼ Std., Abstieg auf dem gleichen Weg 2¼ Std.
Orientierung Gut bezeichnete Wege.
Einstufung Leicht; am Gipfel Drahtseilsicherungen.

260 Mosermandl, Überschreitung

Mosermandl, 2680 m

Leicht

Nicht der höchste, aber einer der markantesten Gipfel der Radstädter Tauern ist das Mosermandl, ein Wahrzeichen des inneren Zederhaustals. Besonders lohnend ist die Überschreitung des Bergstocks: Aufstieg von der Franz-Fischer-Hütte via Windischscharte (2306 m) und durch eine seilgesicherte Steilrinne, Abstieg (Drahtseile) über den gestuften Südgrat.

Wo? Ins Zederhaustal kommt man von St. Michael im Lungau (1075 m), 20 km bis Wald (1328 m).
Ausgangspunkt Untere Eßlalm (1540 m), Zufahrt von Wald über die Schlierer Alm (1495 m), 6 km. Parkplatz.
Wegverlauf Untere Eßlalm – Franz-Fischer-Hütte (2020 m) – Windischscharte (2306 m) – Mosermandl – Südgrat – Franz-Fischer-Hütte – Untere Eßlalm.
Gehzeiten Insgesamt 7¼ Std.; Untere Eßlalm – Franz-Fischer-Hütte 1½ Std., Franz-Fischer-Hütte – Mosermandl 2¾ Std., Abstieg über den Südgrat zur Franz-Fischer-Hütte und ins Tal 3 Std.
Hütte Franz-Fischer-Hütte (2020 m).
Orientierung Markierte AV-Steige.
Einstufung Leicht; im Frühsommer Altschneefelder am Fuß der nordseitigen Felsen.

Die Schlüsselstelle am Schleinitz-Klettersteig verlangt einen kräftigen Bizeps.

261 Hochalmspitze, Detmolder Grat

Hochalmspitze, 3360 m

Schwierig

Der »Hochalmer« (bei den Einheimischen) ist zweifellos einer der schönsten Gipfel der Hohen Tauern, eine ebenmäßige Pyramide über vier Graten, auf allen Seiten von Gletschern umgeben. Seine Besteigung gilt bei guten äußeren Bedingungen als mäßig schwierig, setzt aber auf allen Wegen Erfahrung in Eis und Fels (bis Schwierigkeitsgrad II) sowie eine entsprechende Ausrüstung voraus. Der Normalweg, den auch Paul Grohmann 1859 nahm, verläuft über das Trippkees und den Südostgrat; auf einigen kürzeren Passagen gesichert ist der »Detmolder Grat«, eine lange, anstrengende Kammüberschreitung, bei der man den Säuleckgipfel (3086 m) tangiert und den Schneewinklspitz (3015 m) überschreitet. An der Lassacher Winklscharte (2862 m) mündet ein Zustieg von der Grießener Hütte.

Wo? In den Gößgraben kommt man vom Maltatal über die ehemalige Werksstraße, 12 km von Koschach.
Ausgangspunkt Obere Thomanbaueralm (1677 m) am Endpunkt der Werksstraße, wenig unterhalb des Speichers Gößkar (1704 m).
Wegverlauf Thomanbaueralm – Gießener Hütte (2215 m) – Mallnitzer Scharte (2672 m) – Detmolder Grat – Hochalmspitze – Steinerne Mannln (3158 m) – Gießener Hütte – Thomanbaueralm.
Gehzeiten Insgesamt etwa 12 Std.; Thomanbaueralm – Gießener Hütte 1¾ Std., Gießener Hütte – Mallnitzer Scharte 2 Std., Detmolder Grat – Hochalmspitze knapp 5 Std., Abstieg via Steinerne Mannln zur Gießener Hütte 2½ Std., Gießener Hütte – Thomanbaueralm 1 Std.
Hinweis Anspruchsvolle Runde, nur für gute Bergsteiger mit entsprechender Ausrüstung. Sicheres Wetter (Grat) sehr wichtig!
Hütte Gießener Hütte (2215 m), bewirtschaftet Juli bis September; Tel. (04733)336.
Orientierung Bei Nebel problematisch!
Einstufung Schwierig, Abstieg über Gletscher; am Detmolder Grat und unterhalb der Steinernen Mannln Sicherungen. Kletterpassagen bis maximal II. Grad.

262 Törlkopf, gesicherter Steig

Törlkopf, 2517 m

Leicht

Lonzaköpfl (2318 m) und Törlkopf sind zwei hübsche Aussichtspunkte über dem Talkessel von Mallnitz, mit freier Sicht zum Alpenhauptkamm. Besonders markant über dem Seebachtal der Ankogel (3252 m), weiter rechts die Hochalmspitze. Den Aufstieg verkürzt der Häusleralm-Sessellift.

Wo? Mallnitz (1191 m) liegt am Südeingang zum Tauern-Eisenbahntunnel, 39 km von Spittal an der Drau.
Ausgangspunkt Bergstation des Häusleralm-Sessellifts (1862 m), Talstation etwas außerhalb von Mallnitz.
Wegverlauf Häusleralm – Lonzaköpfl (2318 m) – Törlkopf – Lonzaköpfl – Lassacherhöhe (2162 m) – »Dolomitenblick« – Häusleralm.
Gehzeiten Insgesamt 4½ Std.; Aufstieg 2¼ Std., Abstieg über die Lassacherhöhe 2¼ Std.
Orientierung Markierte Wege.
Einstufung Leicht, bei Nässe ist der Übergang vom Lonzaköpfl zum Törlkopf trotz der Sicherungen nicht ungefährlich.

263 Schleinitz-Klettersteig

Schleinitz, 2904 m

Mittel

Eigentlich sind schon die Neualplseen, zwischen Granitbuckeln in den Karboden unter der Schleinitz getupft, ein lohnendes Ziel, doch spätestens, wenn der lange Grat der vier Sattelköpfe (2697 m) und die zerfurchte Ostflanke der Schleinitz ins Blickfeld kommen, ist klar: hinauf! Das geht bis zum kreuzgeschmückten Östlichen Sattelkopf (2651 m) ganz leicht, verlangt an der Überschreitung zur Trelebitsch-Scharte (2663 m) einen sicheren Tritt, am Aufstieg zur Schleinitz etwas Kletterfertigkeit – oder einen starken Bizeps. Vor allem die kompakte Platte hoch am zerschrundenen Ostgrat ist bloß mit kräftigem Armzug zu meistern. Der Schönheitsfehler ist nur: man kann sie, wie fast alle gesicherten Passagen, leicht umgehen. Wozu also diese »Ferrata«?

Wo? Lienz (672 m) liegt im Drautal an der Mündung der Isel. Über Thurn (885 m) führt eine mautpflichtige Serpentinenstraße hinauf zum Zettersfeld (1812 m), 11,5 km. Die Chalet- und Hotelsiedlung erreicht man auch bequem mit der Zettersfeld-Seilschwebebahn; ein Sessellift führt weiter zum Steinermandl (2213 m).
Ausgangspunkt Knapp unterhalb der Rottmannalm (1894 m). Kleiner Parkplatz neben der Straße (ca. 1860 m).
Wegverlauf Rottmannalm – Schoberköpfl (2281 m) – Neualplschneid – Neualplseen – Sattelköpfe – Trelebitsch-Scharte (2663 m) – Schleinitz – Neualplseen – Schoberköpfl – Rottmannalm.
Gehzeiten Insgesamt 7½ Std.; Rottmannalm – Neualplseen 2 Std., Aufstieg zum Östlichen Sattelkopf ¾ Std., Überschreitung der Sattelköpfe und Aufstieg zur Schleinitz 2¼ Std., Abstieg zu den Neualplseen 1 Std., Neualplseen – Rottmannalm 1½ Std.
Hinweis Benützt man den Sessellift zum Steinermandl, verkürzt sich die Gesamtgehzeit um etwa 1½ Std.
Orientierung Sehr gut markierte Wanderwege; der Klettersteig ist mangelhaft bezeichnet, lediglich ein paar alte blau-weiße Farbkleckse. Die Route umgeht den zweiten Sattelkopf südseitig, die »Köpfe« drei und vier werden überschritten.
Einstufung Mittel, die Schlüsselstelle (kann umgangen werden) schwierig. Ungesicherte Stellen I–II, wenig zuverlässiger Fels, viel Geschröf. Keinesfalls gehen, wenn noch Altschnee in den Rinnen liegt.

264 Alpinsteig

Wangenitzsee-Hütte, 2508 m

Mittel

Gerade mal etwas mehr als 500 Höhenmeter liegen zwischen dem Ausgangspunkt des »Alpinsteigs« und der Wangenitzsee-Hütte, bei einer Gehzeit von etwa sechs Stunden. Das sagt einiges aus über diese Route. Alpin ist in den nordseitigen Karwinkeln über dem Wangenitztal nicht nur die Kulisse, sondern auch der Weg, der sich in fast ständigem Auf und Ab durchs Wiesen-, Block- und Felsgelände schlängelt, auf kürzeren Abschnitten gesichert. Langeweilig wird's einem unterwegs garantiert nicht, bloß der Schritt dürfte bei manchem nach und nach etwas schwer werden: noch ein Gegenanstieg.

Wo? Die Schobergruppe erhebt sich zwischen den Tälern der Isel und der Möll.
Ausgangspunkt Raneralm (1908 m) am Südrand der Schobergruppe; schmale Zufahrt vom Iselsberg (1204 m).
Wegverlauf Raneralm – »Familienwanderweg« – Pichler Alm (1920 m) – »Alpinsteig« – Wangenitzsee-Hütte (2508 m) – Obere Seescharte (2604 m) – »Wiener Höhenweg« – Raneralm.
Gehzeiten Insgesamt 11 Std.; »Familienwanderweg« 2 Std., »Alpinsteig« 6 Std., Wangenitzsee-Hütte – Obere Seescharte – »Wiener Höhenweg« – Raneralm 3 Std.
Hütte Wangenitzsee-Hütte (2508 m) bewirtschaftet Mitte Juni bis Mitte September; Tel. (04826)229.
Hinweis Von der Wangenitzsee-Hütte besteigt man in 2½ das Petzeck (3283 m), markierter Weg.
Orientierung Gut bezeichnete Steige.
Einstufung Mittel, am »Alpinsteig« mehrere gut gesicherte Passagen.

Es empfiehlt sich, den »Alpinsteig« in eine Zweitagerunde durch die südliche Schobergruppe einzubeziehen; von der Wangenitzhütte bietet sich zusätzlich eine Besteigung des Petzecks (3283 m) an.

265 Vordere Kendlspitze, gesicherter Steig

Vordere Kendlspitze, 3088 m

Leicht

Ein Dreitausender in den Hohen Tauern mit Aussicht auf einige der höchsten Gipfel Österreichs, dazu ein gesicherter Anstieg: genug für einen Bergtag. Die Hälfte des Anstiegs kann man luftig am Liftseil zurücklegen, auf den letzten 250 Höhenmetern zum eigenwillig gestalteten Gipfelkreuz helfen ebenfalls Drahtseile, dazu ein paar »Thenius-Haken«. Dazwischen liegt eine aussichtsreiche Höhenwanderung, links bzw. rechts um den Weißen Knopf (2593 m) und die Blauspitze (2575 m) herum ins Hochtor und zum Fuß des Tschadinhörndl.

Wo? Matrei (975 m) liegt an der Felber-Tauern-Route, etwa auf halber Strecke zwischen dem Scheiteltunnel und Lienz im Iseltal, Kals (1325 m) erreicht man über eine gut ausgebaute Straße, die in Huben von der Felber-Tauern-Route abzweigt.
Ausgangspunkte Bergstation der beiden von Matrei bzw. Kals ausgehenden Sessellifte Goldried (2150 m) und Glocknerblick (1970 m).
Wegverlauf Goldried – Kals-Matreier-Törl (2207 m) – Hochtor (2477 m) – Tschadinhörndl – Südgratsteig – Vordere Kendlspitze – »Saazerweg« – Dürrenfeldscharte (2823 m) – Hochtor (2477 m) – Kals-Matreier-Törl – Goldried.
Gehzeiten Insgesamt 8 Std.; Goldried – Hochtor 2½ Std., Hochtor – Vordere Kendlspitze 2¼ Std., Abstieg 3¼ Std.
Hinweis Von der Bergstation des Glocknerblick-Sessellifts (1970 m) aus muß man mit einer Gesamtgehzeit von etwa 6½ Std. rechnen; Aufstieg knapp 4 Std.
Hütte Kals-Matreier-Törlhaus (2207 m).
Orientierung Leicht, die Wege sind bestens bezeichnet.
Einstufung Leicht, auch am »Saazerweg« (Abstieg) kurze, mit Drahtseilen gesicherte Passagen.

Schieferberge vor Tauerneis: am Gipfel der Kreuzspitze.

266 Rote-Saile-Klettersteig
Rote Saile, 2822 m

Schwierig

Ein Felserlebnis der besonderen Art bietet die gesicherte Route an der Roten Saile: Kein griffiger Kalk, auch keine blockigen Granitklötze bauen den steilen Grat auf, sondern Glimmerschiefer, der im frischen Bruch bleigrau erscheint, dann gelb oder rötlich-braun verwittert, oft mit (erzführenden) Ganggesteinen durchsetzt ist. Typisch für diese Schiefer sind mächtige, blanke Plattenschüsse, in Tirol »Bratschen« genannt. Eine absolut glatte, etwa 15 Meter hohe Platte ist denn auch »Pièce de résistance« der Route; eine solide Leiter hilft über die Vertikale hinweg. Im weiteren Verlauf hat man bloß noch das fix verankerte Drahtseil, das über den steilen, rundgeschliffenen Fels leitet. Selbstsicherung ist hier absolut unerläßlich, zumal das Gestein ziemlich bröselig, die Ausgesetztheit an einigen Stellen leicht atemberaubend ist.

An der senkrechten Leiter des Rote-Saile-Klettersteigs.

Wo? Ins Virgental kommt man von Matrei auf guter Straße, 16 km bis Prägraten.
Ausgangspunkt Bichl (1495 m), Ortsteil von Prägraten (Zufahrt knapp 2 km).
Wegverlauf Bichl – Sajathütte (2570 m) – Rote-Saile-Klettersteig – Abstieg auf markiertem Weg – Sajathütte – Bichl.
Gehzeiten Insgesamt 6½ Std.; Bichl – Sajathütte 3 Std., Rote-Saile-Klettersteig 1 Std., Abstieg zur Hütte ½ Std., weiter ins Tal 2 Std.
Orientierung Leicht, die Wege sind gut markiert, der Einstieg zum Klettersteig (links) am Eingang ins Sajat-Hochkar nicht zu übersehen.
Einstufung Schwierig.

267 Kreuzspitze, gesicherter Steig
Kreuzspitze, 3164 m

Leicht

Das Steiglein auf die Kreuzspitze hält keinen Vergleich aus mit der luftig-verwegenen Ferrata am Ostgrat der Roten Saile; es ist mehr (gesicherter) Wanderweg. Dafür bietet der Gipfel das große Tauernpanorama, freie Sicht auf den Hauptkamm inklusive. Die Felsbarriere zwischen Karwinkel und Grat überwindet man auf komoden Bändern, die zudem mit Drahtseilen versehen sind. Wer in der gemütlichen, auch architektonisch ansprechenden Sajathütte übernachtet, kann den leichten Steig an der Kreuzspitze mit der steilen Route an der Roten Saile verbinden. Das geht zwar als Tagestour vom Tal aus auch, ist dann aber ein rechter »Schinder« (2000 Höhenmeter).

Wo? Ins Virgental kommt man von Matrei auf guter Straße, 16 km bis Prägraten.
Ausgangspunkt Bichl (1495 m), Ortsteil von Prägraten (Zufahrt knapp 2 km).
Wegverlauf Bichl – Sajathütte (2570 m) – Kreuzspitze.
Gehzeiten Insgesamt 7¾ Std.; Bichl – Sajathütte 3 Std., Sajathütte – Kreuzspitze 2 Std., Abstieg auf dem gleichen Weg 2¾ Std.
Hütte Sajathütte (2570 m).
Orientierung Leicht; die Wege sind gut markiert.
Einstufung Leicht.

Rauhes, unbekanntes Bergland: die Càrnia. Am ersten (leichten) Abschnitt der »Ferrata dei Cinquanta«.

Karnische Alpen

Die Karnischen Alpen liegen halt »hinter den sieben Bergen«, zumindest aus unserer Perspektive. Den Venezianern sind sie alpine Nachbarschaft, ideal für Wochenendtouren – ganz wie das Karwendel für die Münchner. Und noch eine Parallele gibt es: das Gestein, heller Kalk über grünen Tälern. Die sind allerdings wilder, oft fast unzugänglich, die Gipfel zwar nicht höher, aber abweisend schroff, und bevor man endlich zum Fels kommt, ist in der Regel harte Arbeit erforderlich: Unterholz, verstraucht und kratzig, mächtige Schuttreißen, typisch für die Karnischen Berge.
Das mindert den Reiz dieser südlichen Gebirgsregion, die sich über rund 3500 Quadratkilometer zwischen den Dolomiten und den Julischen Alpen im Osten erstreckt, aus der Sicht jener Bergsteiger, die vor allem kurze Zustiege und rasche Gipfelerfolge suchen – für Naturfreunde ist die Càrnia ein Paradies: Da kann man (mitten in den Alpen) auf Entdeckungsreise gehen. Wer kennt schon einen Zuc dal Bôr, wer war in den »Pesariner Dolomiten«, hat die Schluchten der Cellina besucht, ist dem Monte Pramaggiore aufs Haupt gestiegen? Und was ist mit den Klettersteigen der Gegend, immerhin etwa 40 an der Zahl? Manche sind zwar eher kurz, bei anderen handelt es sich um restaurierte Kriegssteige, einige sind ganz neu (und sehr anspruchsvoll), doch eines haben sie alle gemeinsam: den großen Landschaftsrahmen. Die Càrnia – terra incognita?

Karten und Führer

An Führerliteratur gibt es (in italienischer Sprache) einiges; vor allem bei »Tamari« sind Führer über mehrere Regionen der Karnischen Alpen in der Reihe »Itinerari Alpini« erschienen. Die Klettersteige am Karnischen Hauptkamm finden sich im Klettersteigführer »Julische und Steiner Alpen mit Karawanken und Karnischem Hauptkamm« von Hanns Heindl, im Bergverlag Rother, München.
Sehr gute, auch aktuelle Landkarten im Maßstab 1:25 000 bietet »Tabacco«: Blätter 01, 02, 09, 012, 013, 018, 021. Vor Ort überall erhältlich.

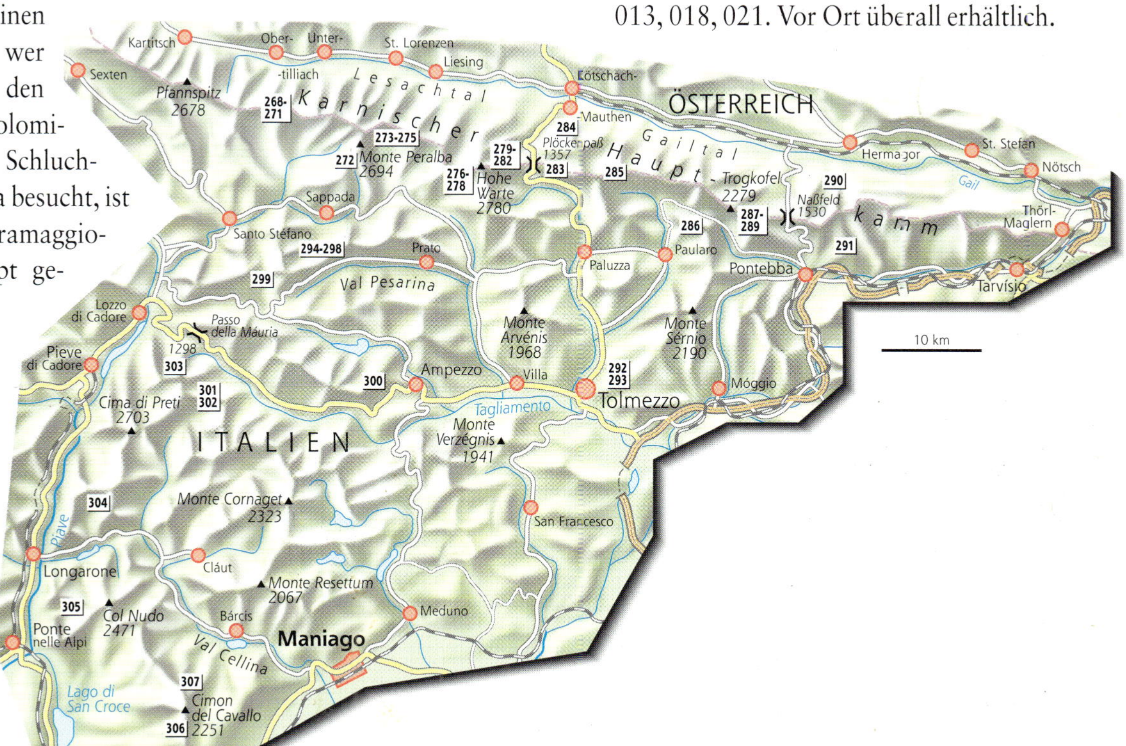

Eine Buchempfehlung

»Pianeta Rifugio«, erschienen bei Tamari Montagna Edizioni 1995 in der Reihe »Itinerari Alpini«. Der »Planet Hütte« bietet eine Fülle von Informationen und Anregungen, von kulinarischen Tips bis zu Tourenbeschreibungen. Auch für Leute, die nie über den Italienisch-Grundkurs hinausgekommen sind, durchaus nützlich.

Meine Favoriten

- »Sentiero attrezzato D'Ambros Corrado« – ein romantischer Weg (269)
- »Klabautersteig« – Wasserspiele (284)
- »Via ferrata dei Cinquanta« – der Dolomitensteig in der Càrnia (298)
- »Percorso Osvaldo Zandonella« – weit, mühsam, eisenarm, großartig (304)

Ganz neu, ganz groß: die »Ferrata dei Cinquanta«.

268 Große Kinigat, gesicherte Steige

Große Kinigat/Monte Cavallino, 2689 m

Leicht

Ganz im Westen des Karnischen Hauptkamms, den Sextener Dolomiten bereits recht nah (Aussicht!), stehen Königswand (2686 m), Große und Kleine Kinigat. Den schönsten Anblick bietet die Königswand von Osten, ein elegantes Felsdreieck über dem Filmoor. Die beiden ehemaligen, von den »Dolomitenfreunden« rekonstruierten und gesicherten Kriegswege tangieren diesen Gipfel aber nicht; sie führen von Westen bzw. Süden auf die Große Kinigat. Während der Gratweg vom »Sandigen Boden« herauf für leichtes Ferrata-Feeling sorgt, wartet der (meist im Abstieg begangene) Südweg lediglich mit ein paar (ziemlich verlotterten) Drahtseilen auf, die Stand und Halt auf dem mächtigen Diagonalband garantieren soll(t)en. Wer sein Augenmerk mehr aufs Eisen als auf die Landschaft richtet, wird eher enttäuscht sein. Es empfiehlt sich deshalb, die Kinigat-Besteigung mit einer Überschreitung des Cresta della Pitturina (siehe 269) zu verbinden. Ausdauernde können auch noch die Porze mitnehmen (siehe 270/271).

Wo? Zum Kartitscher Sattel (1526 m) kommt man von Sillian bzw. von Kötschach-Mauthen über die (sehr kurvenreiche) B 111, 11 bzw. 47 km.
Ausgangspunkte/Zugang Am besten durch eines der Karnischen Nordtäler im Bereich des Kartitscher Sattels (Winkler-, Erschbaumer, Schön- oder Leitnertal). Recht holprige Güterwege, jeweils auf ein paar Kilometer befahrbar; markierte Anstiege zum Grenzkamm, 2 bis 2½ Std.
Wegverlauf Schöntal – Standschützenhütte (2350 m) – Filmoorsattel (2453 m) – Grenzweg, Mark. 160 – »Sandiger Boden« (2515 m) – Westgratsteig – Große Kinigat – Südabstieg – Filmoorsattel – Schöntal.
Gehzeiten Insgesamt 6 Std.; Aufstieg 3¾ Std., Abstieg 2¼ Std.
Tip Kombinationsmöglichkeit mit »Sentiero attrezzato D'Ambros Corrado«, siehe 269.
Orientierung Problemlos, ordentlich bezeichnete Wege.
Hütte Standschützenhütte (2350 m) im Filmoor.
Einstufung Leicht.

269 Sentiero attrezzato D'Ambros Corrado

Cresta della Pitturina/Filmoorhöhe, 2457 m

Leicht

Gipfelstürmer entdecken zwischen Kinigat und Porze am Karnischen Hauptkamm kaum ein lohnendes Ziel; dafür gibt es aber eine hübsche gesicherte Route, den »Sentiero attrezzato D'Ambros Cor- →

Wo? Obertilliach (1450 m) liegt am Oberlauf der Gail, erreichbar von Sillian via Kartitscher Sattel bzw. von Kötschach-Mauthen durch das Lesachtal, 18 bzw. 40 km. In das hier von Süden mündende Obertilliacher Tal führt eine kleine Straße.
Ausgangspunkt Beim Klapfweiher (ca. 1700 m), 7 km von Obertilliach. Weiterfahrt zur Porzehütte nur an Wochenenden gestattet.
Wegverlauf Klapfweiher – Porzescharte (2362 m) – »Sentiero attrezzato D'Ambros Corrado« – Filmoorsattel (2453 m) – Standschützenhütte – Heretriegel (2170 m) – Klapfweiher. →

Eine Gratroute mit wenig Eisen, aber viel Aussicht: der »Sentiero Corrado«. Blick zur Königswand.

➡ rado«. Er folgt dem Grat von der Filmoorscharte östlich bis zum Wildkarleck/Cima Vallona (2532 m), wenig schwierig, gut gesichert. Und neben Ausblicken, die westlich bis zu den Dolomiten gehen, südlich im Gipfelgewirr der Cárnia hängenbleiben, gibt es ein paar recht originelle Passagen. So entsteigt man etwa an der Filmoorhöhe aus einem alten, steil ansteigenden Kriegsstollen direkt auf den Grat.

➡

Gehzeiten Insgesamt 5¾ Std.; Klapfweiher – Porzescharte 2 Std., Porzescharte – »Sentiero Corrado« – Filmoorsattel 2 Std., Rückweg über den Heretriegel 1¾ Std.

Hinweis Markierter Notabstieg vom Gratsteig nördlich zum Oberen Stuckensee (2036 m). Kombinationsmöglichkeiten mit den Steigen an der Kinigat und an der Porze, siehe Touren 268, 270 und 271.

Hütten Porzehütte (1942 m) unterhalb vom Tilliacher Joch; Standschützenhütte (2350 m) im Filmoor. Bivacco Piva (2216 m) am Südgrat des Wildkarlecks (Costone delle Mandrette).

Orientierung Problemlos, durchweg gut markierte Wege, AV-Nummern 461, 403.

Einstufung Leicht, einige etwas luftige Gratpassagen.

270 Via dei Camosci
271 Austriaweg
Porze/Cima Palombino, 2599 m

Leicht

Sie hat zwei Gesichter, die Porze. Von Süden gibt sie sich eher unauffällig, wenig Fels, steile Grashänge, dafür dominiert ihre Nordwand, immerhin 300 Meter hoch und fast einen Kilometer breit, das Obertilliacher Tal: ideales Gelände für gesicherte Routen. Davon gibt es hier gleich zwei, beide aus dem Ersten Weltkrieg stammend, in jüngster Zeit restauriert. Die eine führt aus dem obersten Val Dignas über ein breites Gamsband (»Via dei Camosci«) und leichte Felsen auf den Ostgrat der Porze; Bändern folgt auch der ➡

Über das »Gamsband« kommt man vom Tilliacher Joch leicht auf die Porze.

Wo? Obertilliach (1450 m) liegt am Oberlauf der Gail, erreichbar von Sillian via Kartitscher Sattel bzw. von Kötschach-Mauthen durch das Lesachtal, 18 bzw. 40 km. In das hier von Süden mündende Obertilliacher Tal führt eine kleine Straße.

Ausgangspunkt Beim Klapfweiher (ca. 1700 m), 7 km von Obertilliach. Weiterfahrt zur Porzehütte nur an Wochenenden gestattet.

Wegverlauf Klapfweiher – Porzehütte (1942 m) – Tilliacher Joch (2094 m) – »Via dei Camosci« – Porze – »Austriaweg« – Porzescharte – Klapfweiher.

➡

➡ »Austriaweg« aus der gleichnamigen Scharte hinauf zum Westgrat. Daraus resultiert eine hübsche Runde, zwar nicht das ganz große »eiserne« Erlebnis, doch mit viel Aussicht und üppigem Blumenschmuck am Weg. Mit etwas Glück kann man rund um die Porzescharte Murmeltiere beim Herumtollen beobachten. Und in der Porzehütte gibt's erst noch eine ordentliche Brotzeit – wenn das nicht ausreicht für einen Tag im Gebirge …

➡

Gehzeiten Insgesamt 4¾ Std.; Klapfweiher – Tilliacher Joch 1¼ Std., Tilliacher Joch – »Via dei Camosci« – Porze 1¾ Std., »Austriaweg« ½ Std., Porzescharte – Klapfweiher 1¼ Std.
Hinweis Mit Ausgangspunkt Porzehütte verkürzt sich die Gesamtgehzeit auf etwa 3¾ Std.
Tip Kombinationsmöglichkeit mit dem »Sentiero attrezzato D'Ambros Corrado«, siehe Tour 217.
Hütte Porzehütte (1942 m) unter dem Tilliacher Joch.
Orientierung Problemlos, die Wege sind erst jüngst vom Wirt der Porzehütte neu markiert worden, AV-Nummern 459, 461.
Einstufung »Via dei Camosci« und »Austriaweg«: leicht, bestens gesichert.

272 Via ferrata Sartor
Hochweißstein/Monte Peralba, 2694 m

Leicht

Der Hochweißstein ist vor allem ein Aussichts- und Kletterberg; vom Gipfel genießt man ein großes Panorama, und im festen Fels der Südseite stecken viele Haken. Noch mehr Eisen entdeckt man im Ostteil der Wand: die »Ferrata Sartor«, ein gesicherter Aufstieg, wenig schwierig, aber als Kernstück einer Überschreitung sehr lohnend. Die kann man hüben (im Kärntner Frohntal) oder drüben (im Val di Sesis) beginnen. Kürzer ist der Zugang von Süden, was den Vorteil hat, daß man die »Ferrata Monte Chiadenis« gleich noch anhängen kann: zwei Klettersteige an einem Tag!

Wo? St. Lorenzen (1128 m) liegt im Lesachtal, 23 km von Kötschach-Mauthen auf der B 111. Gleich hinter der Brücke über den Radegundebach zweigt die Zufahrt in das zum Karnischen Hauptkamm ansteigende Frohntal ab.
Sappada (Bladen, 1218 m), einst deutsche Enklave am Oberlauf des Piave, ist heute ein vielbesuchter Ferienort, 48 km von Innichen via Kreuzbergsattel und Santo Stefano di Cadore. Im Ortsteil Cima Sappada (1298 m) zweigt die Zufahrt nach Norden ins Val di Sesis ab.
Ausgangspunkte Im Frohntal kann man über die Abzweigung nach Frohn hinaus bis zu einem kleinen Parkplatz (ca. 1605 m) vor der Ingridhütte (1646 m) fahren. Die letzten 3 km sind allerdings sehr rauh, nicht gerade das Richtige für die Familienlimousine.
Das Asphaltsträßchen ins Val di Sesis endet beim Rif. Sorgenti del Piave (1830 m), 9 km ab Cima Sappada. Knapp 1 km vorher Parkplatz (1815 m) an der Abzweigung des Hüttenweges (Schotterpiste) zum Rif. Calvi.
Wegverlauf Frohntal – Hochalpljoch (2280 m) – Passo Sesis (Bladner Joch, 2312 m) – »Ferrata Sartor« – Hochweißstein – Abstieg über den Nordostrücken – Hochalpljoch – Frohntal.
Val di Sesis – Rif. Calvi (2164 m) – »Ferrata Sartor« – Hochweißstein – Hochalpljoch – Passo di Sesis (Bladner Joch, 2312 m) – Rif. Calvi – Val di Sesis.
Gehzeiten Frohntal – Passo di Sesis 2½ Std., »Ferrata Sartor« – Hochweißstein 1½ Std., Abstieg ins Hochalpljoch 1 Std., Hochalpljoch – Frohntal 1 Std.; insgesamt 6 Std.
Val di Sesis – Rif. Calvi 1 Std., »Ferrata Sartor« 1¾ Std., Abstieg zum Hochalpljoch 1 Std., Hochalpljoch – Val di Sesis 1½ Std.; insgesamt 5¼ Std.
Hütten Hochweißsteinhaus (1867 m) am Weg zum Hochalpljoch, Rif. Calvi (2164 m) unter der Südostwand des Hochweißsteins.
Orientierung Gut markierte Wege, AV-Nummer 448, CAI-Nummer 132.
Einstufung Leicht, Steinschlag durch Voraussteigende möglich (Helm!). Im Frühsommer am Abstiegsweg oft harter Altschnee.

273 Via ferrata Monte Chiadenis
Monte Chiadenis, 2459 m

Schwierig

Als steiler Zahn steht der Monte Chiadenis über den Quellen des Piave: ein Kletterberg par excellence. Doch nicht alle, die in seinen Flanken herumturnen, sind auch »richtige« Steilwandartisten; manche halten sich ans Fixseil der Ferrata. Die führt zwar nicht ganz auf den (Süd-)Gipfel, bietet aber dennoch ein veritables Felserlebnis. Teilweise folgt die abwechslungsreiche Route alten Kriegssteigen, hoch in ➡

Ganz schön eng! Passage am Chiadenis-Klettersteig.

Wo? Sappada (Bladen, 1218 m), einst deutsche Enklave am Oberlauf des Piave, ist heute ein vielbesuchter Ferienort, 48 km von Innichen via Kreuzbergsattel und Santo Stefano di Cadore. Im Ortsteil Cima Sappada (1298 m) zweigt die Zufahrt nach Norden ins Val di Sesis ab.
Ausgangspunkt Das Asphaltsträßchen ins Val di Sesis endet beim Rif. Sorgenti del Piave (1830 m), 9 km von Cima Sappada. Knapp 1 km vorher Parkplatz (1815 m) an der Abzweigung des Hüttenweges (Schotterpiste) zum Rif. Calvi.

➡

→ der Ostwand und im Abstieg durch eine Steilrinne. Da tut man dann gut daran, einen Helm aufzusetzen: Manche Klettersteigler können einfach nicht sauber gehen, müssen immer etwas »abräumen«. Und in dem Canalone gibt's für Steine nur eine Richtung – also Vorsicht! Leichter und auch nicht steinschlaggefährdet ist der Aufstieg vom Rifugio Calvi, dafür scheint der Berg Blitz und Donner anzuziehen wie ein Zwetschgendatschi die Wespen. Oder wie soll man es sich sonst erklären, daß die Erbauer der »Ferrata« ins durchlaufende Drahtseil gleich einen Bakelit-Isolator eingebaut haben, der einer Hochspannungsleitung alle Ehre machen würde?

→

Wegverlauf Val Sesis – Rif. Calvi (2164 m) – »Ferrata Monte Chiadenis« – Passo di Sesis (2312 m) – Rif. Calvi – Val Sesis.

Gehzeiten Insgesamt 4¼ Std.; Val Sesis – Rif. Calvi 1 Std., »Ferrata Chiadenis« – Passo di Sesis 2¼ Std., Abstieg ins Val di Sesis 1 Std.

Hinweis Will man die schwierigsten Passagen lieber im Aufstieg begehen, empfiehlt sich Gegenuhrzeigerrichtung: hinauf zum Passo di Sesis, dann auf Pfadspuren unter dem Felsfuß hindurch zum ostseitigen Einstieg.

Tip Man kann die Tour auch vom (Kärntner) Frohntal aus machen, siehe »Ferrata Sartor«.

Hütte Rif. Calvi (2164 m) unter der Südostwand des Hochweißsteins.

Orientierung Leicht; bei Nebel ist der Weg vom Ausstieg hinüber zum Passo di Sesis nicht ganz leicht zu finden, rot-weiße CAI-Markierung 132.

Einstufung Aufstieg vom Rif. Calvi mittel, Abstieg schwierig (Ketten, ein paar Haken).

274 Raudenspitz, gesicherter Steig

Raudenspitz/Monte Fleons, 2507 m

Leicht

Was für ein Kontrast: hier heller Riffkalk, dort dunkle Schiefer. Nicht ungewöhnlich für die Karnischen Alpen, die ohnehin aus den verschiedensten Gesteinen zusammengewürfelt sind. Besonders augenfällig wird das beim Anstieg vom Öfner Joch zum Raudenspitz; der Kamm besteht aus fast schwarzen Schiefern des Devon, doch rundum treten immer mehr bleiche Kalkzacken ins Bild, das sich am Gipfel zu einem großen Panorama verbindet. Und wer zum ersten Mal eine Bergtour im Karnischen Hauptkamm unternimmt, wird nicht schlecht staunen, was sich alles »dahinter« verbirgt: Gipfel ohne Zahl, für die meisten aber auch ohne Namen – die Cárnia.

Die Überschreitung der Raudenspitze, auf kürzeren Abschnitten gesichert, ist reines Vergnügen, für Geübte eher ein alpiner Spaziergang. Einziger Schönheitsfehler: Nach dem Abstieg ins Obergailtal wartet auf jene, die zum Ausgangspunkt im Frohntal zurück müssen, der Schinder über die Schreibachhöhe (ca. 2070 m), erst einmal elend steil, im Abstieg ebenfalls wenig bequem mit Querungen in steilen Grashängen. Glücklich, wer im Obergailtal abgeholt wird ...

Ruck, zuck! Der letzte, steile Aufschwung vor dem Gipfel der Raudenspitze.

KARNISCHE ALPEN

Wo? St. Lorenzen (1128 m) liegt im Leschatal, 23 km von Kötschach-Mauthen auf der B 111. Gleich hinter der Brücke über den Radegundebach zweigt die Zufahrt in das zum Karnischen Hauptkamm ansteigende Frohntal ab.

Ausgangspunkt Im Frohntal kann man über die Abzweigung nach Frohn hinaus bis zu einem kleinen Parkplatz (ca. 1605 m) vor der Ingridhütte (1646 m) fahren. Es empfiehlt sich, das Fahrzeug unterhalb der Zollhütte abzustellen (ca. 1570 m; kleiner Parkplatz).

Wegverlauf Frohntal – Hochweißsteinhaus (1867 m) – Öfner Joch (2011 m) – Raudenspitz – Schönjöchl – Obergailtal (ca. 1750 m) – Schreibachhöhe – Frohntal.

Gehzeiten Insgesamt 6½ Std.; Frohntal – Öfner Joch 1¼ Std., Öfner Joch – Raudenspitz 1¾ Std., Raudenspitz – Obergailtal 1¼ Std., Rückweg über die Schreibachhöhe 2¼ Std.

Hütte Hochweißsteinhaus (1867 m) im innersten Frohntal.

Orientierung Weg über den Raudenspitz sehr gut markiert. Beim Abstieg ins Obergailtal heißt es aufpassen, daß man die Abzweigung hinauf zur Schreibachhöhe nicht verpaßt (ca. 1750 m; Brunnen). AV-Nummern 448, 445, 403.

Einstufung Leicht, im Auf- und Abstieg ein paar gesicherte Passagen (Drahtseile).

275 Gratsteig Edigon – Letterspitzl

Edigon, 2511 m; Steinwand, 2520 m; Letterspitzl, 2463 m

Mittel

Weg und Steg gab's hier früher schon, doch die stammten aus einer Zeit, an die man sich weniger gerne erinnert: die Kriegsjahre 1915–17. Die Front verlief über den Karnischen Kamm, beiderseits wurde gegraben, befestigt. Noch heute, drei Generationen später, sind die Spuren unübersehbar, auch am neuen Höhenweg, der die Raudenscharte (Schönjöchl, 2295 m) mit dem Obergailjoch (2216 m) verbindet. Er folgt dem mehrgipfligen Grat, gelegentlich in die Nord- oder Südflanke ausweichend, ein Auf und Ab vor großer Kulisse, nicht üppig, aber doch ausreichend gesichert und auch markiert. Und wer im Hochweißsteinhaus (1867 m) übernachtet, kann die Aussichtstour um die Überschreitung des Raudenspitz (siehe 222) verlängern und anschließend in die Wolaye weiterwandern: noch mehr Klettersteige, an der Hohen Warte und rund um den Plöckenpaß.

Wo? Liesing (1044 m) und Klebas sind zwei kleine Ortschaften im Kärntner Lesachtal, 20 bzw. 21 km von Kötschach-Mauthen. Gleich hinter den Häusern von Klebas zweigt links ein kurvenreiches Sträßchen nach Obergail (1094 m) ab; es setzt sich in das zum Karnischen Hauptkamm ansteigende Tal des Obergailbachs fort.

Ausgangspunkt Obergail (1094 m), Parkmöglichkeit beim »Mühlenstüberl«, ca. 3 km von der B111.

Wegverlauf Obergail – Obergailalm (1426 m) – Raudenscharte – Gratsteig über Edigon zum Letterspitzl – Obergailjoch (2216 m) – Obergailalm – Obergail.

Gehzeiten Insgesamt 9¼ Std.; Obergail – Obergailalm 1 Std., Obergailalm – Raudenscharte 2½ Std., Raudenscharte – Obergailjoch 3½ Std., Obergailjoch – Obergailalm 1½ Std., Obergailalm – Obergail ¾ Std.

Hütte Letterspitz-Biwak (2080 m), östlich unterhalb des Letterspitzls am »Karnischen Höhenweg«, stets zugänglich.

Hinweis Kombination mit Raudenspitz-Überschreitung; siehe 274.

Orientierung Wenig schwierig. Aufstieg zur Raudenscharte rot-weiß markiert, am Klettersteig rot-gelbe Markierungen, Abstieg auf einem Teilstück des »Karnischen Höhenwegs«.

Einstufung Mittel, Schlüsselstelle schwierig (trittarme Passage an einer Scharte). Am Letterspitzl einige leichte (ungesicherte) Kraxelstellen.

276 Prusiksteig

Austriascharte/ Tacca di Sasso Nero, ca. 2350 m

Mittel

Etwas im Schatten der Hohen Warte stehen die Gipfel des Biegengebirges: Seekopf (2554 m), Monte Canale (2536 m), Wolayer Kopf (2472 m) und Biegenköpfe (2348 m). Eigentlich schade, bilden sie doch durchwegs lohnende Gipfelziele. Im Ersten Weltkrieg waren auch diese Berge stark befestigt, und so verwundert es wenig, daß von Süden ein alter italienischer Kriegssteig bis zum Wolayer Kopf führt. Schwieriger gestaltet sich dagegen der Zustieg von der Wolayer Alpe. Unterhalb der Austriascharte ist eine steile Felsbarriere zu überwinden. Der vor vielen Jahren angelegte »Prusiksteig« tat das recht elegant, bis ein mächtiger Felssturz die Sicherungen wegriß. Seither dämmert die Route vor sich hin; eine Wiederherstellung ist zwar geplant, aber noch nicht realisiert (?). So bleibt für jene, die sich den Wolayer Kopf/Monte Volaia zum Ziel nehmen, nur der Weg von »hinten herauf«, über italienisches Gebiet. Aber zu Zeiten von EU und nach Schengen ist das ja nun wirklich kein Problem mehr …
Der »Prusiksteig« führt aus dem Almgelände der Wolaye über das Kar unter dem Sasso Nero (2468 m) bergan. Einen Vorbau muß man ohne Sicherungen meistern (Stellen I–II); ab 2220 Meter wird's dann eisenhaltig: über leichte Felsen, ein markantes Band und durch eine steile Verschneidung in die Grenzscharte, wo der italienische (Wander-)Weg heraufkommt. Zum Gipfel hat man dann noch etwa eine halbe Stunde (Kriegssteig).

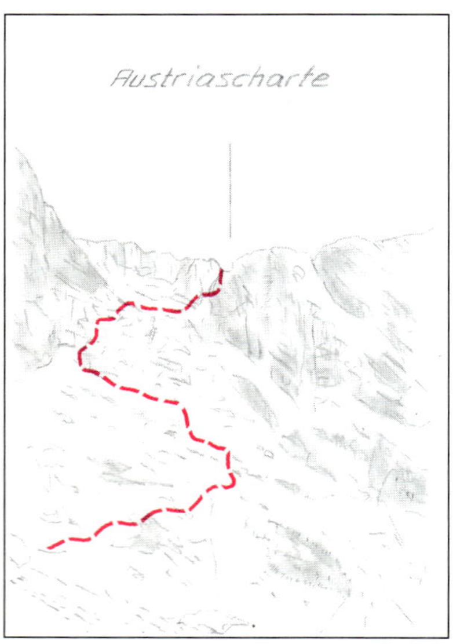

Wo? Birnbaum liegt im Kärntner Lesachtal, 14 km von Kötschach-Mauthen auf der B111. Hinter dem Ort zweigt das schmale Serpentinensträßchen nach Nostra (1038 m) ab; es setzt sich ungeteert und recht rauh ins Wolayer Tal fort.

Ausgangspunkt Bei der Hubertuskapelle (1114 m) oder an der Unteren Wolayer Alm (1218 m) auf zuletzt schlechter Piste, 9 km ab Birnbaum. Parkplatz.

Wegverlauf Untere Wolayer Alm – Obere Wolayer Alm – Austriascharte – Wolayer Kopf.

Gehzeiten Insgesamt 6½ Std.; Untere Wolayer Alm – Obere Wolayer Alm 1½ Std., Obere Wolayer Alm – Austriascharte 2 Std., Weiterweg zum Wolayer Kopf ½ Std., Abstieg auf dem gleichen Weg 2½ Std.

Hütte Eduard-Pichl-Hütte (1967 m) am Wolayer See.

Hinweis Auf der Pichlhütte Infos über den aktuellen Steigzustand einholen!

Einstufung Ursprünglich mittel, im Bereich des Bergsturzes muß der Steig neu trassiert werden. Einige leichte Kletterstellen.

Die guten Tips für Kötschach-Mauthen

Kötschach-Mauthen (705 m) liegt im Oberen Gailtal, nahe der italienischen Grenze.
Anreise Mit der Bahn über Villach–Hermagor, mit dem Auto über die Tauernautobahn oder (meistens günstiger) über die Felbertauernstraße nach Lienz und weiter über den Gailbergsattel (981 m).
Infos Fremdenverkehrsverein, Postfach 30, A-9640 Kötschach-Mauthen; Tel. (04715)8516, Fax 851331.
Unterkunft Gut und preiswert untergebracht ist man im Gasthaus »Zebedin« in Würmlach; Tel. (04715)443. Für Bergsteiger gibt's ab 6 Uhr Frühstück.
Echte Abenteuer offeriert das Hotel »Post« in Kötschach, auch für Familien (Indianerdorf, Rafting, Bergsteigen usw.), Tel. (04715)221, Fax 22159.
Essen und Trinken Falls es im Urlaub etwas zu feiern gibt; bei Sissy Sonnleitner im Restaurant »Kellerwand« wird Spitzenküche geboten – Kreditkarte nicht vergessen! Tischreservierung Tel. (04715)269.
Sehenswert Die spätgotische Pfarrkirche in Kötschach (1518–1527). Museum 1915–18 im Rathaus, geöffnet Mitte Mai bis Mitte Oktober, Mo.–Fr. 10–13, 15–18 Uhr, Sa., So. 14–18 Uhr.
Busverbindungen In die Täler und Ortschaften der Umgebung; Abfahrt beim Bahnhof und am Hauptplatz in Kötschach.
Radl-Verleih Fahrradgeschäft Ertl in Würmlach; Tel. (04715)341.
Landkarten Am besten fährt man mit den Karten des Bundesamtes für Eich- und Vermessungswesen, 1:50000 (oder den Vergrößerungen 1:25000), Blätter 196, 197, 198.
Daneben gibt es auch die 50000er von Freytag & Berndt.

KARNISCHE ALPEN

277 Hohe Warte, Nordwandsteig
278 Sentiero Spinotti
Hohe Warte/Monte Coglians, 2780 m

Mittel

Drunten im Tal, bei den Einheimischen, genießt die Nordwand der Hohen Warte keinen allzu guten Ruf. Das mag daran liegen, daß die Bergwacht immer mal wieder ausrücken muß, weil Touristen in der mächtigen Felsflanke nicht vor und nicht zurück wissen. Denn was bei guten äußeren Bedingungen für Erfahrene ein ebenso genußvolles wie problemloses Unterfangen bildet, wird bei einem Wettersturz schnell zum gefahrvollen Abenteuer. Dazu kommt die Länge der Tour (bzw. des Zustiegs), die weniger Trainierte bald einmal an ihr persönliches Limit führt. Warum nicht in der gemütlichen Pichlhütte übernachten und anderntags früh zum Klettersteig starten: statt fast drei nur eine halbe Stunde zum Einstieg?
Der mittlerweile schon recht betagte Steig läuft über die mächtige Geröllterrasse in der Wandmitte, die, nach steilem Zustieg, von links nach rechts gequert wird. Mit Hilfe von Drahtseilen kommt man auf den Westgrat und über ihn zum Gipfel. Beim Abstieg wandelt (treffender: rutscht) man auf den Spuren der Erstbesteiger (Paul Grohmann, 1865) südseitig zu Tal. Dafür gibt's dann am »Sentiero Spinotti« nochmals solides Eisen, eine kurze Kraxelei unterhalb des Costone Stella, ehe am Wolayer Törl die Pichlhütte mit ihrem See wieder ins Blickfeld kommt. Dann heißt es: hinab oder hinauf. Wer auf der Unteren Wolayer Alm gestartet ist, kann's gemütlich auslaufen lassen, für die anderen wartet erst noch die gut halbstündige Gegensteigung zum Valentintörl (2138 m), ehe es endgültig bergab geht.

Wo? Der Plöckenpaß/Passo di Monte Croce Carnico (1357 m) verbindet das Kärntner Gailtal mit dem Tal des But, 14 km von Kötschach-Mauthen, 33 km von Tolmezzo.
Von der Nordrampe Zufahrt zur Unteren Valentinalm (1218 m), knapp 2 km.
Ausgangspunkte Untere Valentinalm; man kann die Tour auch vom Wolayer Tal aus machen, siehe 224.
Wegverlauf Untere Valentinalm – Valentintörl – Nordwandsteig – Hohe Warte – Abstieg über den südseitigen Normalweg – »Sentiero Spinotti« – Wolayer Törl – Valentintörl – Untere Valentinalm.
Gehzeiten Insgesamt 9½ Std.; Untere Valentinalm – Valentintörl 2½ Std., Nordwandsteig 2½ Std., Abstieg über die Südseite und den »Sentiero Spinotti« 2½ Std., Pichlhütte – Valentintörl – Untere Valentinalm 2 Std.
Mit Ausgangspunkt auf der Unteren Wolayer Alm beläuft sich die Gesamtgehzeit auf etwa 9 Std.
Hütte Eduard-Pichl-Hütte (1967 m) am Wolayer See.
Orientierung Ordentlich markierte Wege, AV-Nummer 403, CAI-Nummern 143, 145.
Einstufung Mittel.

Nicht zu unterschätzen: die schattige Nordwand der Hohen Warte.

279 Kollinkofel, gesicherter Kriegssteig

Kollinkofel/Creta di Collina, 2689 m

Leicht

Viel Aussicht, aber nur wenig Eisen bietet der Aufstieg zum Kollinkofel, dazu ein paar militärhistorische Reminiszenzen. Aus den Kriegsjahren 1915–17 stammt auch der Südanstieg; er überwindet den Felsgürtel oberhalb der Scaletta und führt schließlich über den mäßig steilen Südrücken zum Gipfel. Absteigen kann man (aber nur bei guter Sicht!) nach Osten zur Grünen Schneid/Cresta Verde (2086 m) im Rücken des Cellon; die Route ist zwar (spärlich) markiert, weist aber einige leichte Kletterstellen auf (II, keine Sicherungen).

Wo? Der Plöckenpaß/Passo di Monte Croce Carnico (1357 m) verbindet das Kärntner Gailtal mit dem Tal des But, 14 km von Kötschach-Mauthen, 33 km von Tolmezzo.
Ausgangspunkt Parkplatz auf der Paßhöhe.
Wegverlauf Plöckenpaß – Casera Collinetta di sopra (1641 m) – Scaletta – Kollinkofel, Abstieg auf dem gleichen Weg oder über die Ostflanke (Kletterstellen, II).
Gehzeiten Insgesamt 6½ Std.; Plöckenpaß – Kollinkofel 4 Std., Abstieg 2½ Std.
Orientierung Problemlos; Abstieg zur Grünen Schneid nicht leicht zu finden. CAI-Nummern 146, 171, 147.
Einstufung Leicht, knapp 100 Höhenmeter sind gesichert.

280 Cellonstollen

Cellonschulter, 1670 m

Leicht

Die Umgebung des Plöckenpasses ist seit einigen Jahren ein großes militärhistorisches Freilichtmuseum. Auf den Spuren des Gebirgskrieges 1915/17 wandelt man aber nicht nur drüben am Kleinen Pal (1867 m), sondern auch am Cellon, der ebenfalls stark befestigt war. Davon zeugt u.a. der 180 Meter lange Cellonstollen, der im Berg einen Höhenunterschied von 110 Metern überwindet.

Wo? Der Plöckenpaß/Passo di Monte Croce Carnico (1357 m) verbindet das Kärntner Gailtal mit dem Tal des But, 14 km von Kötschach-Mauthen, 33 km von Tolmezzo.
Ausgangspunkt Parkplatz auf der Paßhöhe.
Hinweis Helm (autsch!) und Taschenlampe für den Stollen vorteilhaft.
Wegverlauf Plöckenpaß – Cellonstollen (1670 m) – Cellonschulter – Plöckenpaß.
Gehzeiten Für die ganze Runde etwa 2 Std.
Einstufung Leicht.

281 Weg ohne Grenzen/ Ferrata senza confine

Cellon/Frischenkofel, 2241 m

Sehr Schwierig

Grenzen, hartumkämpfte, gab's hier früher schon, am Berg und in manchen Köpfen; die Erbauer der »Ferrata senza confine« wußten natürlich darum. Ob sie 1995 auch an die Aufhebung der Grenze zwischen Österreich und Italien gedacht haben? Mittlerweile erfreut sich die Route großer Beliebtheit bei den Klettersteiglern hüben wie drüben; allerdings dürften sich an der Ferrata, die eine aufregend luftige Linie in herrlich festem Kalkfels zieht, für manche ganz andere Grenzen auftun: die ihrer Leistungsfähigkeit.
Die mit rund 700 m Drahtseil hervorragend gesicherte Route führt über leichte Felsen zunächst auf eine steile Plattenrampe, dann am luftigen Grat hinauf zum Gipfelkamm (ca. 2120 m), wo der »Steinbergerweg« mündet. Die schwierigsten Stellen, wie etwa ein Kamin am ersten Gratturm und ein steiler, trittarmer Riß, der in eine Verschneidung überleitet, verlangen ordentlichen Armzug – oder ausgefeilte Klettertechnik.

Wo? Der Plöckenpaß/Passo di Monte Croce Carnico (1357 m) verbindet das Kärntner Gailtal mit dem Tal des But, 14 km von Kötschach-Mauthen, 33 km von Tolmezzo.
Ausgangspunkt Siehe 280.
Wegverlauf Plöckenpaß – Cellon-Stollen – Südostgrat-Ferrata – Cellongipfel – Grüne Schneid – Plöckenpaß.
Gehzeiten Insgesamt 5½ Std.; Plöckenpaß – Südostgrat-Ferrata – Cellon 3½ Std., Abstieg über die Grüne Schneid 2 Std.
Tip Man kann natürlich auch über den »Steinbergerweg« absteigen (siehe 282), aber vorsichtig: keine Steine lostreten!
Orientierung Zugang zum Klettersteig am Felsfuß ist durch eine Wegtafel gut bezeichnet. Links über Geröll zum Einstieg (ca. 1850 m).
Einstufung Sehr schwierig; Höhenunterschied der Ferrata knapp 300 m.

282 Steinbergerweg

Cellon/Frischenkofel, 2241 m

Leicht

Mit dem Bau des neuen Klettersteigs am Südostgrat des Cellon hat der »Steinbergerweg« stark an Attraktivität verloren: Gratklettern am straff gespannten Drahtseil statt mehr oder weniger mühsames ➡

Wo? Der Plöckenpaß/Passo di Monte Croce Carnico (1357 m) verbindet das Kärntner Gailtal mit dem Tal des But, 14 km von Kötschach-Mauthen, 33 km von Tolmezzo.
Ausgangspunkt Parkplatz auf der Paßhöhe.
Wegverlauf Plöckenpaß – »Steinbergerweg« – Cellon – Grüne Schneid – Plöckenpaß.
Gehzeiten Insgesamt 5 Std.; Plöckenpaß – Cellon 3 Std., Abstieg über die Grüne Schneid 2 Std.
➡

→ **Tip** Wen's interessiert: Mehr über die Alpenfront erfährt man im Plöckenmuseum »Karnische Front 1915–1918« im Rathaus von Kötschach-Mauthen.

Orientierung Leicht, markierte Wege. Abstieg CAI-Nummer 147.

Einstufung Leicht, Drahtseilsicherungen. Helm nicht vergessen!

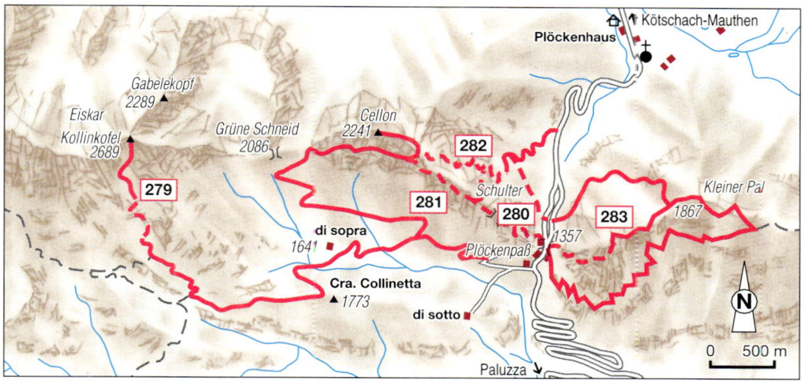

→ Hochsteigen in der markanten Ostrinne. Dazu kommt, daß man auf der »alten« Route stets mit Steinschlag rechnen muß, ausgelöst meistens durch freundliche »Bergkameraden«. Dafür entschädigt der Zustieg über steile Wiesenhänge, auf denen der ganze Blumenreichtum der Karnischen Alpen versammelt zu sein scheint, und oben am Gipfel genießt man eine stimmungsvolle Rundschau, gewürzt mit packenden Tiefblicken ins Tal des Valentinbachs.

283 Oberst-Gressel-Gedenkweg

Kleiner Pal/Pal Piccolo, 1867 m

Sehr Schwierig

Berühmt geworden ist er durch den Krieg, als Teil des Freilichtmuseums am Plöckenpaß wird er heute viel besucht. Bergsteiger ließen ihn allerdings bisher meist links liegen, und Klettersteig-Liebhaber steuerten zielsicher den Cellon an. Das wird sich wohl ändern; seit dem Sommer 1995 zieht eine veritable Ferrata, mit etwa 500 Metern Drahtseil ausgestattet, durch die Nordwestwand hinauf zur Westkuppe (1703 m) des Kleinen Pal. Steilaufschwünge wechseln dabei ab mit leichterem Gelände; eigentliche Schlüsselstelle ist ein kurzer Überhang knapp vor dem Ausstieg, der vollen Einsatz und einen kräftigen Bizeps verlangt. Absteigen kann man dann sowohl über Kärntner als auch über Friauler Gebiet (markierte Wege).

Wo? Der Plöckenpaß/Passo di Monte Croce Carnico (1357 m) verbindet das Kärntner Gailtal mit dem Tal des But, 14 km von Kötschach-Mauthen, 33 km von Tolmezzo.

Ausgangspunkt Parkplatz auf der Paßhöhe.

Wegverlauf Plöckenpaß – Klettersteig – Westschulter (1703 m) – Kleiner Pal; Abstieg westlich zur »Maschinengewehrnase« und zum Plöckenpaß oder südwestlich über italienisches Gebiet, CAI-Markierung 401.

Gehzeiten Insgesamt 3 Std.; Plöckenpaß – Klettersteig – Westschulter 1½ Std., Westschulter – Gipfel ½ Std., Abstieg über den Wanderweg 1 Std.

Hinweise Der Kleine Pal ist Kernstück des kriegshistorischen Freilichtmuseums.

Orientierung Die Ferrata startet etwa 50 m nördlich des ehemaligen Zollgebäudes; Hinweistafel und roter Pfeil oberhalb der Straße.

284 Klabautersteig

Mauthner Klamm, 965 m

Mittel

Ein Klettersteigerlebnis der besonderen Art: Ziel ist weder eine Steilwand noch ein Felsgipfel, sondern eine veritable Schlucht, der Horizont eng, und für besondere Effekte sorgt das Wasser, mal mehr, mal weniger, gelegentlich auch hüfttief. Mit trockenen Füßen kommt man gerade ein paar Meter weit, weshalb es auch wenig Sinn hat, das feuchte Vergnügen mit teuren Bergstiefeln in Angriff zu nehmen. Turnschuhe mit griffiger Sohle reichen absolut, dazu etwas Unerschrockenheit. Einige Passagen haben es nämlich durchaus in sich. Den Auftakt machen die Erste und Zweite Finsternis, dann folgen sechs Wasserfälle, die man über gesicherte Felsen umgeht, dazwischen die Klabauterplatten, der Sonnenstrand und die »Märchenhafte Moosdusche« (ganz schön rutschig). Zum Routenbuch kommt man auch nur »übers Wasser«, und der Aufschwung gleich dahinter ist durchaus für ein unfreiwilliges Bad geeignet ...
Natürlich macht das Ganze nur im Hochsommer richtig Spaß (da trocknet die naße Hose auch recht bald wieder); bei hohem Wasserstand ist die Klamm ungangbar, ein Versuch kann lebensgefährlich sein!

Ein Klettersteig-Erlebnis der besonderen Art bietet die Mauthner Klamm.

Wo? Der Doppelort Kötschach-Mauthen (705 m) liegt im Kärntner Gailtal am Nordfuß der Plöckenpaß-Straße.

Ausgangspunkt Mauthen, Parkplatz beim Schwimmbad.

Wegverlauf Mauthen – alter Klammweg – »Klabautersteig«, Abstieg rechts des Valentinbachs auf dem Römerweg (teilweise Forststraßen).

Gehzeiten Insgesamt 4 Std.; alter Klammweg ½ Std., »Klabautersteig« 2 Std., Rückweg 1½ Std.

Hinweis Man kann vom »Klabautersteig« auch auf die Plöckenstraße aussteigen. Ein paar Minuten talauswärts das Gh. Eder (965 m). Schlechte Busverbindung mit Kötschach.

Orientierung »Auswegslos« einfach: aufwärts!

Einstufung Mittel. Bei starker Wasserführung siehe links!

285 Hoher Trieb, Klettersteig
Hoher Trieb/Cuestalta, 2199 m

Mittel

Nicht ohne Reiz, aber halt recht kurz ist der neue Klettersteig am Hohen Trieb. Und da man auf einer mautpflichtigen Schotterstraße bis zur Steinwender-Hütte (1738 m) fahren kann, ergibt sich höchstens ein halber Bergtag. Mein Vorschlag: Abstieg vom Gipfel über den (teilweise recht exponierten, aber ungesicherten) Südostgrat zur Creta Rossa und weiter zum Rifugio Fabiani (1539 m), Rückweg übers Zollner Törl (1797 m). Das ergibt eine Gesamtgehzeit von immerhin etwa 4½ Std., viel Aussicht und ein paar leichte Kraxelstellen dazu. Kürzer wird die Runde, wenn man den westlich vom Klettersteig verlaufenden, markierten Abstieg nimmt.

Wo? Weidenburg (683 m) liegt im Oberen Gailtal, etwa 5 km östlich von Mauthen.

Ausgangspunkt Die Steinwender-Hütte (1738 m), Etappenort am »Karnischen Höhenweg«, erreicht man von Weidenburg über eine 14 km lange, mautpflichtige Schotterstraße (Schlüssel für Sperrschranke im »Gratzerhof«). Parkplatz wenig unterhalb der Hütte.

Wegverlauf Steinwender-Hütte – Kleiner Trieb – Hoher Trieb -Südostgrat – Rif. Fabiani – Zollner Törl – Steinwender-Hütte.

Gehzeiten Insgesamt 4½ Std.; Steinwender-Hütte – Kleiner Trieb 1 Std., Kleiner Trieb – Klettersteig – Hoher Trieb 1 Std., Abstieg zum Rif. Fabiani 1½ Std., Rückweg über das Zollner Törl 1 Std.

Hütten Steinwender-Hütte (1738 m) westlich vom Zollner See. Rif. Fabiani (1539 m) ist vor ein paar Jahren abgebrannt; Wiederaufbau unsicher.

Orientierung Ordentlich markierte Wege. CAI-Nummern 448, 454.

Einstufung Mittel, einige recht ausgesetzte Passagen am Nordostgrat des Hohen Trieb.

286 Monte Zermula, Nordwand-Ferrata
Monte Zermula, 2143 m

Leicht

Böse Zungen mögen lästern, daß man für die Fahrt zum Passo del Cason di Lanza – mit dem Auto, wohlgemerkt! – länger brauche als für den Aufstieg zum Gipfel über die Nordwand-Ferrata. Und da ist etwas dran, denn selbst wenn die Route nicht gerade wegen eines Bergrutsches gesperrt wurde, beschleicht einen auf der Fahrt hinauf zu den Almen im Süden des Karnischen Hauptkamms das Gefühl, zum »End' der Welt« unterwegs zu sein. Oben angelangt, hat man – etwas überspitzt formuliert – das Gröbste schon hinter sich. Bloß die Steinschlaggefahr ist noch nicht ganz gebannt, vor allem, wenn viel »Verkehr« auf dem Klettersteig ist (was aber selten vorkommt). Nennenswerte Schwierigkeiten weist die 1983 eröffnete Route nicht auf, der Riffkalk bietet überall ausreichend Tritt und Griff, das durchlaufende Fixseil sorgt für Sicherheit. Am Gipfel darf dann jeder an dem Spiel »Welcher Berg ist das?« teilnehmen, für Nordländer in der Cárnia eine ziemlich aussichtslose Angelegenheit. Wer kennt schon die Creta Grauzaria, einen Zuc dal Bôr oder den Monte Flop?

Wo? Der Monte Zermula liegt – gut versteckt – wenig südlich des Karnischen Hauptkamms über dem innersten Canale d'Incaroio. Anfahrt von Tolmezzo über Paularo bzw. von Pontebba über schmale Bergstraßen, 36 bzw. 15 km.

Ausgangspunkt Passo del Cason di Lanza (1552 m), Almsattel im Norden des Monte Zermula.

Wegverlauf Passo del Cason di Lanza – Nordwand-Ferrata – Monte Zermula, Abstieg über die Forca di Lanza (1831 m) auf markierten Wanderwegen.

Gehzeiten Insgesamt 3¼ Std.; Nordwand-Ferrata 2 Std., Abstieg 1¼ Std.

Orientierung Leicht; die Route verläuft durch das markante Kar unter der Nordwand. CAI-Nummer 442, 442A.

Einstufung Leicht, Felshöhe etwa 250 m.

287 Uiberlacherweg
288 Trogkofel, Rampa Sud
Trogkofel/Creta di Aip, 2280 m

Leicht

Wer im Gailtal unterwegs ist, kann sein unverwechselbares Profil nicht übersehen: das mächtige, leicht abgeschrägte Dach, die steilen Felsflanken. Wanderanstiege ➡

Den Trogkofel kann man auf gesicherten Steigen überschreiten.

Wo? Aus dem Gailtal führt eine Schotterstraße hinauf zur Rudnigalm (1622 m), 13 km ab Tröpolach.

Ausgangspunkt Parkplatz auf der Rudnigalm.

Wegverlauf Rudnigalm – Kammhöhe – »Karnischer Höhenweg« – »Ferrata della Rampa Sud« – Trogkofel – »Uiberlacherweg« – Rudnigalm.

➡

→ gibt es am Trogkofel keine, dafür zwei (leichte) Klettersteige: den »Uiberlacherweg«, der sich von Osten zum Dach hinaufschwindelt, und die kurze italienische Ferrata, die in origineller Wegführung die »Rampa Sud« überwindet. Beide lassen sich leicht zu einer Runde verbinden; von der anfahrbaren Rudnigalm aus gerade ein Halbtagspensum. Wem das zu wenig ist, der kann ja noch den Roßkofel (2239 m) anhängen, siehe 289.

→

Gehzeiten Insgesamt 3¼ Std.; Aufstieg über italienische Ferrata 2¼ Std., Abstieg über den »Uiberlacherweg« 1¼ Std.

Orientierung Leicht; bei Nebel kann man sich auf der Gipfelabdachung leicht verlaufen. Die südseitige Ferrata ist rot-blau markiert, der »Uiberlacherweg« rot-weiß, AV-Nr. 413.

Einstufung Leicht, italienische Ferrata (1980–2080 m) mit Ketten gesichert; am »Uiberlacherweg« ein paar Drahtseile, zwei Leitern.

289 Ferrata Enrico Contin

Roßkofel/Monte Cavallo di Pontebba, 2239 m

Mittel

Seine Nordwand genießt bei Kletterern einen guten Ruf, die Überschreitung vom Monte Malvueric (1899 m) zum Rudnigsattel beschert ein prächtiges Landschafterlebnis (nebst ein paar kurzen Kraxelstellen) – und die Ferrata? Sie ist hier bloß Zugabe, war ursprünglich wohl auch als bequemer Rückweg ins Winkeltal (nach der Klettertour) gedacht. Inzwischen hat sich der Klettersteig als kürzester (und entsprechend beliebter) Weg zum Roßkofel etabliert. Die Gipfelabdachung – groß genug für ein Polospiel, aber halt etwas steinig – bietet Aussicht auf viele weitere schöne Ziele in der Càrnia, zwischen Montasch und Hochweißstein. Warum sich nicht verführen lassen?

Wo? Die Straße über das Naßfeld (Passo di Pramollo, 1530 m) verbindet das Kärntner Gailtal mit dem Val Canale, 12 km von der B111, 12,5 km von Pontebba.

Ausgangspunkt An der Südrampe der Paßstraße, Kehre (ca. 1460 m) bei der Abzweigung des Schottersträßchens ins Winkeltal.

Wegverlauf Naßfeldstraße – Winkeltal – »Ferrata Contin« – Roßkofel – Sella della Pridola (1644 m) – Winkeltal – Naßfeldstraße.

Gehzeiten Insgesamt 4¼ Std.; Aufstieg über die Ferrata 2½ Std., Abstieg 1¾ Std.

Orientierung Leicht; am Klettersteig rote Markierungen, Gipfelüberschreitung mit Abstieg in den Pridola-Sattel als Teilstück der »Alta via CAI Pontebba« rot-blau markiert.

Einstufung Mittel, am Abstiegsweg einige kurze (ungesicherte) Kletterstellen (I).

290 Garnitzenklamm, gesicherter Steig

Garnitzenklamm, Klause, 1107 m

Leicht

Eine Schluchtwanderung ist (fast) wie ein Einkaufsbummel unter Lauben: das Wetter spielt keine große Rolle. Wenn die hohen Berge sich in Wolken hüllen, Nullsicht am Gipfel angesagt ist, kommt beim Besuch der Garnitzenklamm garantiert kein Frust auf. Immer neue Blickpunkte tun sich auf an dem Klammweg: Mauern links wie rechts, mitunter den Himmel fast verschließend, dazu die verwegenen Wasserspiele des Garnitzenbachs, der mal über Felsstufen herabstiebt, dann wieder stille Gumpen bildet, zwischen Steinen gurgelt, und zum Schluß, im obersten, erst vor ein paar Jahren erschlossenen Teil der Schlucht sogar ein paar (gesicherte) Kraxelfelsen. Und darüber, was sich hier in den letzten Jahrmillionen so alles abgespielt hat, geben ein paar Schautafeln des Geo-Trail Auskunft. Keine »Via ferrata« also, aber garantiert ein toller Spaß, auch mit Kindern!

Wo? Hermagor (603 m) liegt im Kärntner Gailtal, 31 km von Kötschach-Mauthen.

Ausgangspunkt Klammwirt (612 m) am Eingang in die Garnitzenklamm, erreichbar von der B111 über Möderndorf auf der Straße zur Egger Alm, 3 km. Parkplatz.

Wegverlauf Klammwirt – Garnitzenklamm (4 Teilstrecken) – Klause (1107 m), Abstieg über St. Urban (875 m) zum Klammwirt.

Gehzeiten Klammsteig 2½ Std., Abstieg (vom Notunterstand in der Schlucht) über St. Urban knapp 2½ Std.

Tip Nach der Klammwanderung kann man das Gailtaler Heimatmuseum besuchen – es lohnt sich!

Hinweis Für die Begehung der Klamm wird eine Gebühr erhoben. Auf halber Wegstrecke Notunterstand.

Orientierung Problemlos, AV-Nummern 409, 410.

Einstufung Leicht, im obersten Teil der Klamm einige gesicherte Passagen, die einen sicheren Tritt und Schwindelfreiheit verlangen.

291 Sentiero attrezzato Rio degli Uccelli

Sella del Monte Brisiach, 1421 m

Mittel

Lust auf eine große Landschaft, auf Bergeinsamkeit nur wenige Kilometer vom Betonband der A23, auf etwas Kraxelei am (sichernden) Drahtseil? All das kann man im und über dem Vallone degli Uccelli erleben, an einem kleinen Abenteuerweg. Er verläuft hoch über der wilden Klamm, ist abschnittweise sehr ausgesetzt (und an diesen Stellen auch gesichert), also nichts für Ungeübte. Das Gelände wirkt insgesamt sehr »lebendig«, was man dann →

Wo? Pontebba (561 m) liegt im Tal der Fella, 22 km von Tarvisio, 41 km von Gemona.

Ausgangspunkt Pontebba, Straße hinter dem Güterbahnhof.

→

→ im Aufstieg gegen den Monte Bruca nochmals überdeutlich erfährt: zwei Schritte vor, einer zurück. Vor dieser »Prüfung« steht allerdings der Abstieg in den Vallone degli Uccelli (ca. 900 m). Hier quert man zweimal den Bach, was im Frühling (oder nach Schlechtwetter) kaum ohne nasse Füße abgeht. Dafür bietet das Flußbett mit seinen mächtigen Felsblöcken und hübschen Gumpen herrliche Rast- und Badeplätze. Ins Schwitzen kommt man garantiert beim (bereits angesprochenen) Anstieg, und am Weg zur Sella del Monte Brisiach (1421 m) ist dann nochmals eine heikle Passage (Kette) zu meistern. Die Runde schließt mit dem Abstieg über den »Sentiero Della Schiava«.

→
Wegverlauf Pontebba – Vallone degli Uccelli – Rio degli Uccelli (ca. 910 m) – Sella di Monte Brisiach (1421 m) – Pontebba.
Gehzeiten Insgesamt 6¼ Std.; Pontebba – »Sentiero attrezzato Rio degli Uccelli« – Rio degli Uccelli 2½ Std., Aufstieg und Querung in die Sella di Monte Brisiach 2 Std., Abstieg 1¾ Std.
Orientierung Problemlos, wenn man den Weganfang einmal hat (keine Hinweistafel, nur Markierung). CAI-Nummern 521, 501.
Einstufung Mittel, einige exponierte Querungen in Rutschgelände.

292 Sentiero Romano Cimenti
293 Monte Amariana, Südanstieg

Monte Amariana, 1905 m

Leicht

Auf der Fahrt vom Mauriapaß hinab nach Ampezzo taucht über der Talmündung ein elegantes, hohes Felsdreieck auf: der Monte Amariana. Und wenn man frühmorgens unterwegs ist, stilisiert das Gegenlicht den Berg zur vollkommenen Silhouette. Das täuscht, wer ihn je an einem Sommertag bestiegen hat, möglicherweise gar über die Südflanke (etwas für Alpin-Masochisten!), wird vor allem eines in Erinnerung behalten: Hitze, Schweiß – eine üble Plackerei. Neben der Hitze gibt es noch einen guten Grund, den Monte Amariana im Sommer zu meiden: das Gipfelpanorama. Den Blick bis zur Adria, auf die tausend Gipfel rundum, all das erlebt man (vielleicht) im Herbst, aber fast nie im Sommer. Da ist die Chance ungleich größer, von einem veritablen Gewitter erwischt, vom Berg heruntergespült zu werden. Wegen des »Eisens« braucht man den Amariana auch nicht unbedingt anzugehen: ein paar eher kümmerliche Drahtseile am »Sentiero Cimenti«, nicht viel mehr am Südanstieg. So bleiben eine Postkartenansicht und ein großes Panorama, zwei fast normale Gipfelwege – und eine Geröllreiße, die mit über 1000 Meter(!) Höhe selbst für die Alpensüdabdachung ungewöhnliche Dimensionen aufweist. Ihr Geschiebe bildet mittlerweile einen riesigen Kegel im Tal.

Wo? Der Monte Amariana erhebt sich östlich über der Kleinstadt Tolmezzo (323 m), 50 km von Udine.
Ausgangspunkte Der Nordanstieg beginnt in Illegio (576 m), etwa 7 km von Tolmezzo.
Amaro (322 m) ist Basis für den (heißen!) Südanstieg. Ein geschottertes Serpentinensträßchen führt hinauf bis gegen den Cristo di Forchia (1058 m); für normale Pkw (und Fahrer) nur bis zu einer Brücke 2 km hinter Amaro praktikabel.
Wegverlauf Illegio – Ricovero Cimenti (1080 m) – »Sentiero Cimenti« – Monte Amariana.
Amara (Brücke, 406 m) – Cristo di Forchia (1058 m) – Canalone Sud – Monte Amariana.
Gehzeiten Illegio – Monte Amariana 4 Std., Abstieg auf dem gleichen Weg 2½ Std.
Amaro – Cristo di Forchia 2 Std., Cristo di Forchia – Monte Amariana 2¾ Std., Abstieg auf dem gleichen Weg 2¾ Std.
Tip Jeweils am 8. Dezember wird am Gipfel eine Messe zelebriert.
Orientierung Einfach, ordentlich markierte Wege; CAI-Nummern 443 (»Sentiero Cimenti«) bzw. 414.
Einstufung Leicht; nichts für den Sommer! Der Südanstieg ist im Bereich des Canalone steinschlaggefährdet (Helm).

294 Sentiero attrezzato di Geu

Casera Geu alta, 1785 m

Mittel

Wenn auf der Fahrt durch den Canale di Gorto links die hellen Kalkzinnen der »Pesariner Dolomiten« auftauchen, bricht leicht Gipfelfieber aus: Monte Siera (2443 m), Monte Creta Forata (2462 m) und Monte Cimon (2422 m) sind interessante Ziele, weitgehend allerdings ohne Weg und Steg. Dafür gibt es hier jede Menge Natur, karnische Bergnatur und das heißt: rauh, aber herzlich! Gestrüpp, dichtes Unterholz und viel Geröll machen so manchen Anstieg zum unvergeßlichen Erlebnis. Einen kleinen Eindruck vermittelt der Anstieg zur Malga Geu (1785 m), als Zugabe mit einer kurzen, drahtseilgesicherten Steilstufe unterhalb der Terrazzi del Pra Sartor. Die Mini-Ferrata geht in einen ziemlich »verwachsenen« Hang über, und schließlich krabbelt man im Bachbett des Rio Geu zwischen Felstrümmern hinauf zur (aufgegebenen) Alm. Hier kann, wer die Lust noch nicht verloren hat, zur Creta Forata (2462 m) starten.

Wo? Sappada (Bladen, 1218 m), einst deutsche Enklave am Oberlauf des Piave, ist heute ein vielbesuchter Ferienort, 48 km von Innichen via Kreuzbergsattel und Santo Stefano di Cadore, 46 km von Tolmezzo.
Ausgangspunkt Talstation des Siera-Sesselliftes (1276 m) wenig außerhalb des Ortsteils Cima Sappada.
Wegverlauf Cima Sappada – »Sentiero attrezzato Geu« – ex-Malga Geu (1785 m); Rückweg über den Passo Geu bassa (1876 m) und die Casera Tuglia (1597 m) oder über die Terrazzi del Pra Sartor zur Bergstation des Siera-Liftes (Rif. Siera, 1621 m).
Gehzeiten Cima Sappada – ex-Malga Geu 2 Std., Rückweg via Casera Tuglia oder Rif. Siera je 1¾ Std.
Tip Von der Geu-Alm besteigt man in etwa 2 Std. die Creta Forata. Markiert, eine kurze gesicherte Passage.
Orientierung Problemlos, markierte Wege. CAI-Nummern 320, 230, 321.
Einstufung Mittel, aber nur kurz. Helm!

295 Ferrata Hoberdeirer
Forcella Hoberdeirer, ca. 2150 m

Mittel

Der Name paßt auf den ersten Blick gar nicht in die italienische Cárnia, ein zweiter Blick (zurück in die Geschichte) liefert die Erklärung: Sappada ist eine Osttiroler Gründung des Spätmittelalters, hieß früher Bladen (und besitzt immer noch einen deutschsprachigen Bevölkerungsteil). Manche Flur- und Bergnamen haben sich, oft ziemlich verballhornt, erhalten, so auch »Hoberdeirer«. Der Gipfel zur Scharte ist nur unwesentlich höher, ganz leicht zu besteigen und ein bemerkenswertes »Belvedere« mit großer Schau auf die Gebirgskulisse von Sappada. Da staunt man dann nicht schlecht über die Dolomitenzacken, die im weiten Halbrund aufragen, von der Terza Grande (2586 m) im Westen über den Creton di Clap Grande (2487 m) bis zum Monte Siera (2443 m) im Osten. Insgesamt bietet die Runde aus dem »Hinteren Kar« (Cadin di Dentro) ins Cadin di Elbel und hinab in die Enghe starke Eindrücke. Und das »Sahnehäubchen« aufs Eis liefert der gut gesicherte Steig, der den nahezu senkrechten Westabbruch an der Forcella Hoberdeirer recht luftig umgeht.

Wo? Sappada (Bladen, 1218 m) ist ein vielbesuchter Ferienort am Oberlauf des Piave, 48 km von Innichen via Kreuzbergsattel und Santo Stefano di Cadore, 46 km von Tolmezzo.

Ausgangspunkt Am Piave; kurze Zufahrt von der Hauptstraße (Abzweigung bei der Pfarrkirche) hinab zum Flußbett. Parkplatz.

Wegverlauf Sappada – Biv. Del Gobbo (1980 m) – Forcella Hoberdeirer – Cadin di Elbel – Enghe – Sappada.

Gehzeiten Insgesamt 6¾ Std.; Sappada – Biv. Del Gobbo 3 Std., Biv. Del Gobbo – Forcella Hoberdeirer 1 Std., Abstieg in die Enghe 1½ Std., Rückweg nach Sappada 1¼ Std.

Hinweis Mini-Abstecher zum Gipfel des Monte Hoberdeirer (2208 m), 15 Min. hin und zurück.

Hütte Biv. Del Gobbo (1980 m) im Cadin di Dentro, stets zugänglich.

Orientierung Nicht ganz einfach. Verzweigung 317–322 am Weg zum Biv. Del Gobbo ohne Hinweis (ca. 1520 m), hier rechts über ein ausgetrocknetes Bachbett. Beim Biv. kein Hinweis auf den Weiterweg Richtung Hoberdeirer (Spur aber deutlich zu erkennen). Beim Abstieg ins Cadin di Elbel muß man gut auf die spärlichen Markierungen achten. CAI-Nummern 317, 322, 315, 314.

Einstufung Mittel, kurz.

Großes Landschaftserlebnis mit (kurzer) Klettersteigeinlage: an der »Ferrata Hoberdeirer«.

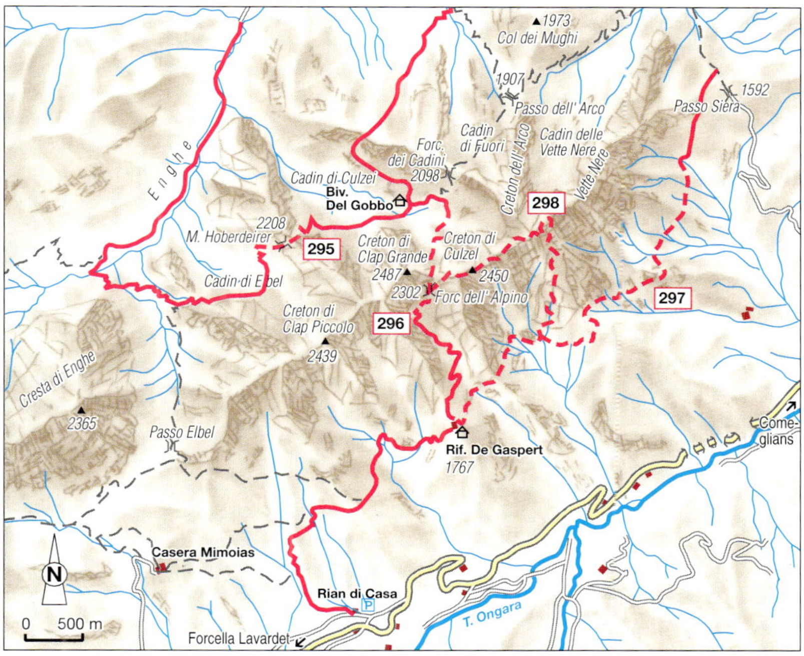

296 Force dell'Alpino, gesicherter Übergang
Forca dell'Alpino, 2302 m

Mittel

Daß die Gipfel zwischen Sappada und dem Val Pesarina mitunter als »Pesariner Dolomiten« bezeichnet werden, verdanken sie natürlich ihrem Zackenprofil, das stark an die berühmten Berge westlich des Piave erinnert. Und davon kann man sich am Weg »über den Berg«, in diesem Fall über die Forca dell'Alpino, überzeugen: Felsfluchten rundum, bizarre Zacken und Türme. Noch eindrucksvoller sind allerdings die Geröllreißen beiderseits der hochgelegenen Scharte, und da wird sich wohl mancher frustriert fragen, ob »karnisch« nicht vielleicht doch von (Geröll-)Kar kommt … Stimmt nicht, mit den Alpi Carniche sind die Berge der Cárnia gemeint, die Landschaft am Oberlauf des Tagliamento und seiner Zuflüsse. Egal; der Übergang aus dem Cadin di Dentro zum ➡

Wo? Sappada (Bladen, 1218 m) ist ein vielbesuchter Ferienort am Oberlauf des Piave, 48 km von Innichen via Kreuzbergsattel und Santo Stefano di Cadore, 44 km von Tolmezzo.

Ausgangspunkt Am Piave; kurze Zufahrt von der Hauptstraße (Abzweigung bei der Pfarrkirche) hinab zum Flußbett. Parkplatz.

➡

➡ Rifugio De Gasperi verdient auf jeden Fall das Prädikat »rauh«, setzt gute Kondition und eine stabile Psyche voraus. Der – meist ziemlich lädierten – Eisenteile wegen wird man ihn kaum begehen, schon eher in Verbindung mit dem »Sentiero Corbellini«, was dann eine interessante Runde ergibt (»Giro dell'Arco«). Und nach einer Übernachtung geht's am nächsten Tag auf die »Ferrata dei Cinquanta«, den Hit unter allen Klettersteigen der Karnischen Alpen!

➡

Wegverlauf Sappada – Biv. Del Gobbo (1980 m) – Forca dell'Alpino (2302 m) – Rif. De Gasperi (1767 m).
Gehzeiten Insgesamt 5¼ Std.; Sappada – Biv. Del Gobbo 3 Std., Biv. Del Gobbo – Forca dell'Alpino 1 Std., Forca dell'Alpino – Rif. De Gasperi 1¼ Std.
Hütten Rif. De Gasperi (1787 m) am Clap Grande. Biv. Del Gobbo (1980 m) im Cadin di Dentro.
Orientierung Leicht; CAI-Nummern 317, 232.
Einstufung Mittel, ganz kurze gesicherte Passagen beiderseits der Scharte. Steinschlaggefahr!

297 Sentiero Corbellini
Passo Siera, 1592 m

Leicht

Ein Weg für Genießer, mehr Kulisse als Eisen, im Frühsommer von der üppigen Karnischen Flora gesäumt, mit Aus- und Einblicken: übers Val Pesarina auf die sanftwelligen Bergrücken im Süden, zum Monte Siera (2443 m), in die wilden Karwinkel unter dem Creton di Culzei (2458 m) und der Cima di Riobianco (2400 m), in Gräben und Schluchten. Ursprünglich wohl eine komfortable Promenade, hat der Zahn der Zeit dem Weg ziemlich zugesetzt, doch ist er problemlos zu begehen. Zahlreiche Passagen sind gesichert, meist Querungen, teilweise auch etwas ausgesetzt. In knapp zwei Stunden wandert man von der De-Gasperi-Hütte in den weiten Wiesensattel des Passo Siera (1592 m); hier gibt es einen markierten Abstieg südlich ins Val Pesarina. Zurück zum Ausgangspunkt bei der Bar »Pian di Casa« hilft der ausgestreckte Daumen am besten, sonst steht ein langer Straßenhatscher (5 km) an ...

Wo? Ins Val Pesarina kommt man aus dem Canale di Gorto bzw. über die Forcella Lavardet auf der Strada Statale No. 465, 18 km von Comeglians, 20 km von Santo Stefano di Cadore.
Ausgangspunkt Bar »Pian di Casa« (1236 m) im oberen Val Pesarina. Großer Parkplatz.
Wegverlauf Pian di Casa – Rif. De Gasperi – »Sentiero Corbellini« – Culzei (970 m).
Gehzeiten Insgesamt 4½ Std.; Pian di Casa – Rif. De Gasperi 1½ Std., »Sentiero Corbellini« – Passo Siera 1¾ Std., Abstieg nach Culzei 1¼ Std.
Tip Man kann natürlich auch auf dem »Sentiero Corbellini« zurückgehen. Eine interessante Variante: Rif. De Gasperi – Forca dell'Alpino – Passo dell'Arco – Passo Siera – »Sentiero Corbellini« – Rif. De Gasperi, 6½ Std.
Hütte Rif. De Gasperi (1767 m) am Clap Grande.
Orientierung Problemlos.
Einstufung Leicht.

298 Via ferrata dei Cinquanta
Creton di Culzei, 2458 m

Schwierig

Seit 1994 gibt es sie in den »Pesariner Dolomiten«: eine Super-Ferrata, die jeden Vergleich mit Vorbildern in den benachbarten »Bleichen Bergen« spielend aushält. Da fordert nicht nur die »zackige« Kulisse Vergleiche mit berühmten Zinnen westlich des Piave heraus, auch Verlauf, Länge und Anforderungsprofil der »Ferrata dei Cinquanta« lassen keine Wünsche offen. Der Zustieg von der Hütte ist angenehm kurz. Vier Stunden (mindestens!) ist man am Drahtseil unterwegs, auf Bändern und in Rinnen, an Graten und im Steilfels; nach gut einem Drittel der Wegstrecke gibt es einen Zwischenabstieg – falls das Wetter nicht mitspielt oder man sich von der Tour überfordert fühlt. Denn die »Ferrata Cinquanta« zeigt erst auf dem zweiten Abschnitt so richtig ihre Zähne; da wird der Fels entschieden steiler, die Abgründe gähnen tiefer, man muß gelegentlich kräftig zupacken, gleich oberhalb der Forca Alta di Culzei und vor allem am »Pilastro dei Cinquanta«. Leichteres Gelände dann am Übergang von der Cima di Riobianco (2400 m) zur Creton di Culzei (2458 m); der Abstieg in die Forca dell'Alpino, teilweise gesichert, folgt weitgehend dem alten Normalweg. Und zuletzt geht's steil hinab zum Rif. De Gasperi.

Wo? Ins Val Pesarina kommt man vom Canale di Gorto bzw. über die Forcella Lavardet, auf der Strada Statale No. 465, 18 km von Comeglians, 20 km von Santo Stefano di Cadore.
Ausgangspunkt Bar »Pian di Casa« (1236 m) im oberen Val Pesarina. Großer Parkplatz.
Wegverlauf Pian di Casa – Rif. De Gasperi – »Sentiero Corbellini« – »Ferrata dei Cinquanta« – Forca dell'Alpino – Rif. De Gasperi – Pian di Casa.
Gehzeiten Insgesamt 8½ bis 9 Std.; Pian di Casa – Rif. De Gasperi 1½ Std., Rif. De Gasperi – Einstieg zur Ferrata am »Sentiero Corbellini« ½ Std., »Ferrata dei Cinquanta« – Forca Alta di Culzei 1¾ Std., Forca Alta – Creton di Culzei – Forca dell'Alpino 2½ bis 3 Std., Abstieg zum Rif. De Gasperi 1¼ Std., Rif. De Gasperi – Pian di Casa 1 Std.
Hütte Rif. De Gasperi (1767 m) am Clap Grande.
Hinweis Zwischenabstieg an der Forca Alta di Culzei nicht markiert, aber leicht zu finden: erst im Geröll abfahren, dann durch das Cadin delle Vette Nere hinaus (leicht rechts halten, Spuren). Schließlich stößt man auf ein Weglein (ziemlich verwachsen), das fast horizontal in die weite Senke des Passo Siera (1592 m) führt.
Orientierung Weitgehend problemlos; keine Hinweistafel am Einstieg zur »Ferrata«, aber deutliche Spur nach dem markanten Zwischenabstieg am »Corbellini-Steig«. Am Klettersteig rote Triangel-Markierung.
Einstufung Erster Teil mittel, zweiter Abschnitt schwierig. Hervorragend gesichert, sehr lang (Kondition).

Grandiose Kulisse am »Corbellini-Steig«.

299 Sentiero attrezzato al Cornòn

Bivacco Caimi, 2047 m

Leicht

Noch stiller als drüben in den »Pesariner Dolomiten« ist es in der Brentoni-Gruppe. Auch hier gibt es eine kleine gesicherte Route, quer durch die Ostflanke des Cornòn zum Biv. Caimi. Weg und Hütte gehen auf den Ersten Weltkrieg zurück, dienen aber längst zivilen Zwecken. Und warum nicht gleich in der Holzhütte übernachten und anderntags den Monte Cornòn (2378 m) besteigen? Die Anstiegsroute auf den markanten Zacken ist allerdings nicht bezeichnet und weist zudem einige leichte Kletterstellen (II) auf.

Wo? Das Val Frison trennt die Brentoni-Gruppe von den benachbarten »Pesariner Dolomiten«. Am ihrem Südrand verläuft die Strada Statale No. 619.
Ausgangspunkt Sella Ciampigotto (1790 m) an der Staatsstraße Nr. 619, 14 km von Lozzo di Cadore, 7 km von der Forcella Lavardet. Wenig östlich der Scheitelhöhe steht das Rif. Fabbro (1783 m).
Wegverlauf Sella Ciampigotto – Forcella Camporosso – Forcella Valgrande (2044 m) – »Sentiero al Cornòn« – Biv. Caimi.
Gehzeiten Insgesamt 7 Std.; Sella Ciampigotto – Forcella Valgrande 2¾ Std., Forcella Valgrande – Biv. Caimi 1 Std., Rückweg 3¼ Std.; alternativ auch Abstieg ins Val Frison möglich, 1½ Std.
Hütte Biv. Caimi (2045 m), stets zugänglich.
Orientierung Problemlos, bezeichnete Wege; CAI-Nummern 332, 334.
Einstufung Leicht, nur kurze gesicherte Passagen.

300 Monte Tinisa, Überschreitung

Monte Tinisa, 2120 m

Leicht

Wer sich in diesen abgelegenen Bergwinkel nordwestlich von Ampezzo verirrt, erlebt eine kleine Überraschung. Nein, den Stausee mit seiner kühn zwischen die Felswände verankerten Betonmauer meine ich nicht (obwohl's an ihr eine luftige »Via ferrata« gibt, immerhin etwa 100 Meter hoch und extrem steil), sondern die Kirche von Sauris: Tiroler Gotik. Hier siedelten nämlich im Spätmittelalter Bauern aus Osttiol. Einige Häuser in Ober- und Unterzahre (heute amtlich: Sáuris) zeigen ebenfalls noch unverkennbar nordische Formen, und es soll sogar noch ein paar alte Leute geben, die ihre Muttersprache nicht verlernt haben ...
Überraschendes hält auch die Flora bereit, die einen selbst für südalpine Verhältnisse ungewöhnlichen Artenreichtum aufweist. Erleben kann man diese »kleinen« Sehenswürdigkeiten auf einem markierten Naturlehrpfad (»Sentiero Tiziana Weiss«). Er bildet gewissermaßen die Verlängerung der abschnittweise gesicherten Kammroute am Monte Tinisa: etwas Ferrata-Feeling, ein tolles Panorama und jede Menge Natur – genug für einen schönen Bergtag, oder?

Wo? Sáuris (1205 m) liegt in einem Seitentals des Tagliamento, 14 km von Ampezzo durch die wilde Klamm des Lumiei-Bachs. Man erreicht den Ort auch über eine ehemalige Militärstraße (Ampezzo – Passo della Pura – Sauris, 22 km).
Ausgangspunkt Rif. Tita Piaz (1417 m) wenig nördlich des Passo della Pura.
Wegverlauf Rif. Tita Piaz – Rio della Calcina – Monte Tinisa – Forcella Malpasso (ca. 1960 m) – Casera Tintina (1495 m) – Rif. Tita Piaz.
Gehzeiten Insgesamt 5¼ Std.; Rif. Tita Piaz – Monte Tinisa 3 Std., Rückweg über die Forcella Malpasso 2¼ Std.
Verlängert man die Runde um den »Sentiero Tiziana Weiß« über die Forca di Montôf (1822 m), ergibt sich eine Gesamtgehzeit von etwa 7½ Std.
Hütte Rif. Tita Piaz (1417 m) am Passo della Pura.
Orientierung Problemlos, gut markierte Wege. CAI-Nummern 215, 240, 233.
Einstufung Leicht, ein paar gesicherte Passagen am Kamm des Monte Tinisa.

301 Ferrata Cassiopea

Torrione Comici, ca. 2220 m

Sehr schwierig

Nur etwa 100 Höhenmeter ist sie hoch, die Ferrata mit dem galaktischen Namen, doch die haben es in sich: naturbelassen eine Route im oberen IV. Grad, mit durchlaufender Drahtseilsicherung und einer (wesentlich leichteren) Abstiegsvariante. Leider sind die Fixseile keineswegs straff gespannt, sie hängen teilweise erheblich durch, was entweder zu sauberem Klettern oder artistischen Einlagen zwingt. Ersteres ist beabsichtigt, dürfte aber eher eine Illusion bleiben; da halten sich die meisten (schon aus Gewohnheit) lieber am Drahtseil fest.
Der Torrione Comici, benannt nach dem italienischen Kletterer Emilio Comici, steht im hinteren Val di Suola. Den schönsten Blick auf die kühn aufstrebende Nordostkante des Turms hat man vom erst jüngst renovierten Rifugio Flaiban-Pancherini (1587 m). Am Aufstieg zum Passo del Mus kommt dann auch die Nordflanke ins Bild – »solo per esperti«!

Wo? Forni di Sopra (894 m) liegt am Oberlauf des Tagliamento, 32 km von Pieve di Cadore, 43 km von Tolmezzo.
Ausgangspunkt Am Tagliamento, unmittelbar bei der Mülldeponie (Brücke, 837 m). Kurze Zufahrt vom Ortsteil Andrazza, Parkmöglichkeit.
Wegverlauf Tagliamento-Brücke – Rif. Flaiban-Pacherini (1587 m) – Passo del Mus (2063 m) – »Ferrata Cassiopea« – Torrione Comici.
Gehzeiten Insgesamt 6½ bis 7 Std.; Tagliamento-Brücke – Rif. Flaiban-Pacherini 2 Std., Rif. Flaiban-Pacherini – Passo del Mus 1½ Std., »Ferrata Cassiopea« ½ bis ¾ Std., Abstieg auf dem gleichen Weg 2½ bis 2¾ Std.
Hütte Rif. Flaiban-Pacherini (1587 m) im Val di Suola.
Orientierung Einfach, CAI-Nummer 362. Am Weg von der Hütte zum Passo del Mus aufpassen, daß man bei einer (nur undeutlich) bezeichneten Verzweigung nicht geradeaus läuft!
Einstufung Sehr schwierig, Abstieg leichter.

302 Sentiero attrezzato Vittorio Barini

Forcella La Sidon, 2280 m

Leicht

Es muß ja nicht immer ein verwegen-luftiges Steilwandabenteuer sein! Das Tourenrevier rund ums Val di Suola bietet auch leichtere Ziele, große dazu wie den Monte Pramaggiore (2478 m). Und der (lange) Anstieg auf den höchsten Gipfel der gleichnamigen Berggruppe hält sogar ein paar gesicherte Passagen bereit, im neu trassierten Anstieg zur Forcella La Sidon. Er mündet etwas oberhalb des düsteren Schlundes (alter Zugang, steinschlaggefährdet, aber noch begehbar) auf den Kamm; wenig später ist die Forcella Pramaggiore (2295 m) erreicht, und eine halbe Stunde danach steht man ganz oben, am gleichnamigen Gipfel, genießt die faszinierende Rundschau. Und wer dann noch nicht versteht, weshalb die Berge im Winkel zwischen Tagliamento und Piave »Dolomiti d'oltre Piave« heißen!

Wo? Forni di Sopra (894 m) liegt am Oberlauf des Tagliamento, 32 km von Pieve di Cadore, 43 km von Tolmezzo.
Ausgangspunkt Am Tagliamento, unmittelbar bei der Mülldeponie (Brücke, 837 m). Kurze Zufahrt vom Ortsteil Andrazza, Parkmöglichkeit.
Wegverlauf Tagliamento-Brücke – Rif. Flaiban-Pacherini – Passo di Suola – »Sentiero Barini« – Forcella La Sidon – Forcella Pramaggiore (2295 m) – Monte Pramaggiore (2478 m).
Für den Abstieg bietet sich zwischen der Forcella Pramaggiore und dem Passo di Suola alternativ Weg 363 an, eine recht wilde, leider auch steinschlaggefährdete Route.
Gehzeiten Insgesamt 8¼ Std.; Tagliamento-Brücke – Rif. Flaiban-Pacherini 2 Std., Rif. Flaiban-Pacherini – Forcella La Sidon 2¼ Std., Forcella La Sidon – Monte Pramaggiore ¾ Std., Abstieg auf dem gleichen Weg 3¼ Std.
Hütte Rif. Flaiban-Pacherini (1587 m) im Val di Suola.
Orientierung Einfach, durchweg gut markierte Wege; CAI-Nummern 362, 363, 363A, 366.
Einstufung Leicht, Tour insgesamt sehr lang.

Felsbänder, oft schuttbeladen, zeichnen den Verlauf des »Sentiero Olivato« vor.

KARNISCHE ALPEN

303 Sentiero attrezzato Olivato

Bivacco Vaccari, 2050 m

Leicht

Kein Weg für Himmelsstürmer! Wer sein Glück darin findet, oben zu sein, am Gipfel, möglichst am größten, höchsten, dem kann der »Sentiero Olivato« wenig bieten. Denn hier ist der Weg das Ziel, und der führt fatalerweise sogar leicht abwärts, vom Einstieg am Höhenrücken La Balota auf Geröll- und Felsbändern quer durch die Westabstürze des Cresta di Miaròn. Etwas für Genießer, die gerne unterwegs sind, die sich von einer Landschaft verzaubern lassen und auch kleine Sehenswürdigkeiten, wie etwa die Schopfige Teufelskralle, die hier überall im senkrechten Fels blüht, nicht übersehen. Da macht es dann auch nichts, daß man fast 150 Meter tiefer aus der malerisch-verwunschenen Kulisse entlassen wird, und diese »verlorene« Höhe beim Anstieg zur Forca del Cridola wieder eingeholt werden muß. Und wer ganz gut drauf ist, kann ja doch noch seinen Gipfel »abholen«: Über dem Karwinkel steht die Cridola (2581 m), eine verführerische Felsgestalt …

Wo? Der Passo della Máuria (1298 m) verbindet die Täler des Piave und des Tagliamento, 21 km von Pieve di Cadore, 31 km von Ampezzo.
Ausgangspunkt Passo della Máuria (1298 m). Großer Parkplatz.
Wegverlauf Passo della Máuria – La Balota (ca. 1850 m) – »Sentiero Olivato« – Biv. Vaccari (2050 m) – Forca del Cridola – Forcella della Méscola (1967 m) – Passo della Máuria.
Gehzeiten Insgesamt 6¼ Std.; Passo della Máuria – La Balota 1¾ Std., »Sentiero Olivato« – Forca del Cridola 2¾ Std., Abstieg zum Mauriapaß 1¾ Std.
Hinweis Wer vom Biv. Vaccari aus die Cridola (2581 m) besteigen will, muß mit einer Gehzeit (hin und zurück) von etwa 3 Std. rechnen, markierter Weg (I).
Hütte Biv. Vaccari (2050 m) im obersten Valle del Cridola, stets zugänglich.
Orientierung Problemlos, die Wege sind gut markiert; CAI-Nummern 325, 340, 348.
Einstufung Leicht, Steinschlaggefahr.

304 Percorso alpinistico Osvaldo Zandonella

Spalla del Duranno, 2234 m

Mittel

Eine Warnung vorab: Die Berge östlich des Piave, »le Dolomiti d'oltre Piave«, sie sind so wild wie einsam, lange, rauhe Wege überall. Wer große Touren mag, sich weder von Latschendickicht noch von sehr »lebendigen« Geröllreißen abschrecken läßt, wer ewiges Auf und Ab an Graten als Herausforderung empfindet und nicht gleich wegen ein paar fehlender Markierungen in Panik gerät, der ist hier goldrichtig. Willkommen im »Club«!
Exakt eine Prüfung dieser Art hält der »Percorso Zandonella« bereit: zum Auftakt ein langer Talhatscher, dann gut tausend Höhenmeter hinauf zum Kamm, wo die fünfstündige Überschreitung erst beginnt, weitgehend weglos, aber ordentlich markiert, da und dort auch gesichert. Eine Traumroute, die man sogar noch verlängern kann, über La Palazza (2210 m) hinaus bis zum Monte Borga (2228 m) – gut 10 Stunden oben, Tiefe rundum, im Panorama tausend Zacken, einfach grandios. Da trifft es sich gut, daß wenigstens am Fuß des Monte Duranno (2652 m) ein bewirtschaftetes Rifugium steht, die Maniago-Hütte (1730 m) …

Wo? Longarone (473 m), nach der Vajont-Katastrophe von 1963 (über 3000 Todesopfer!) völlig neu aufgebaut, liegt im Piavetal, auf halbem Weg zwischen Belluno und Pieve di Cadore. Östlich führt die Strada Statale No. 251 durch die Vajontschlucht nach Erto und weiter über den Passo di San Osvaldo (828 m) ins Cellinatal.

Ausgangspunkt Erto (778 m). Parkmöglichkeiten über dem Ort an der ins Valle Zemola führenden Straße.

Wegverlauf Erto – Rif. Maniago (1730 m) – Forcella della Spalla (2127 m) – »Percorso Zandonella« – Forcella Pagnàc di Dentro (1938 m) – Casera Bedin di Sopra (1711 m) – Erto.

Gehzeiten Insgesamt 11 Std.; Erto – Rif. Maniago 3 Std., Rif. Maniago – Forcella della Spalla 1¼ Std., »Percorso Zandonella« – Forcella Pagnàc di Dentro 4 Std., Forcella Pagnàc di Dentro – Erto 2¾ Std.

Hinweis Der zweite (ungesicherte) Abschnitt des »Percorso alpinistico Zandonella« führt von der Forcella di Zita (1958 m) auf teilweise schmalen Bändern durch die Westabstürze der Palazza und des Buscada-Kamms in die Forcella Borga (1793 m): zusätzlich etwa 4 Std., markiert.

Orientierung Die Route ist zwar markiert, bei Nebel muß man aber im teilweise weglosen Gelände gut auf die roten Farbtupfer achten. Biwakausrüstung!

Einstufung Mittel. Nur für erfahrene, konditionsstarke Bergsteiger bei guten äußeren Bedingungen!

305 Percorso attrezzato Rino Costacurta

Cresta di Fagoreit, ca. 2080 m

Schwierig

Noch so ein Abenteuertrip, weit und einsam, die Runde um den Monte Teverone (2345 m). Mit viel Gesellschaft unterwegs darf man nicht rechnen, Belluno und seine Piazza Grande sind Lichtjahre weit weg, und »hinter« dem Teverone, auf den Gamsbändern und Felswinkeln, ist einem sogar der Blick hinunter auf die ins Grün getupften Dörfer des Alpago verwehrt. Doch tut man auch gut daran, sich auf die dünne Wegspur zu konzentrieren; einige Passagen sind sehr exponiert, die Sicherungen eher sparsam gesetzt. Nichts für jene, die das schnelle Felsabenteuer am straffen Drahtseil lieben – hier ist der »altmodische« Bergsteiger gefordert, dem der Tag nicht lang genug, der Weg nie zu weit sein kann.

Wo? Östlich von Belluno, über dem Lago di Santa Croce, liegen vor einem Kranz hoher Berge die Dörfer des Alpago. Hauptort ist Pieve d'Alpago (691 m), kurvenreiche, aber gut ausgebaute Zufahrten von der Autobahn A 27.

Ausgangspunkt Casera Stabali (1049 m) am Eingang in den Venal di Montanes, Zufahrt ab Pieve d'Alpago über Plòis (888 m) und das Rif. Carota (1002 m) 7 km.

Wegverlauf Casera Stabali – Forcella Bassa dietro il Teverone (1928 m) – »Percorso Costacurta« – Cresta di Fagoreit (ca. 2080 m) – Casera Venal (1260 m) – Degnona (1102 m) – Casera Stabali (teilweise Straße).

Gehzeiten Insgesamt 7½ Std.; Casera Stabali – Forcella Bassa 2¼ Std., »Percorso Costacurta« 2¼ Std., Cresta di Fagoreit – Casera Venal 1½ Std., Rückweg via Degnona 1½ Std.

Orientierung Schwierig; Aufstieg bis zur verfallenen Alm Scalet Alta (1590 m) gut markiert, Weiterweg in die Forcella Bassa dietro il Teverone kaum bezeichnet, ebenso Abstieg zur Casera Venal. Rückweg zwar nicht markiert, mit Hilfe der Karte aber leicht zu finden.

Einstufung Schwierig. Einige sehr exponierte Passagen, Sicherungen nicht immer in bestem Zustand. Im Frühsommer ist die Route gefährlich (Altschnee, Steinschlag).

Nur selten stößt man auf so liebevoll gestaltete Wegschilder …

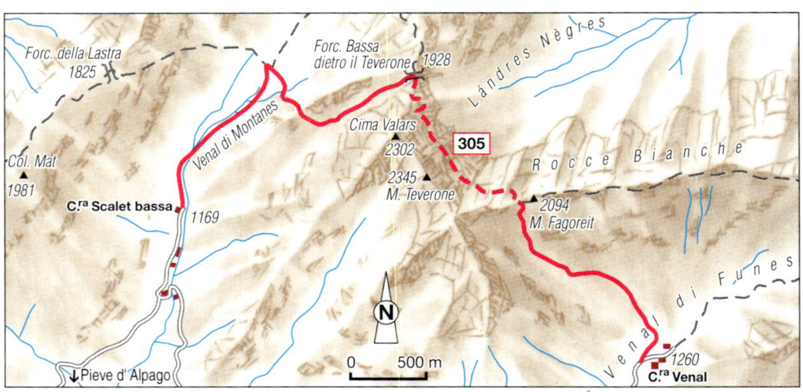

306 Cimon del Cavallo, Ferrata Sud

Cimon del Cavallo, 2251 m

Leicht

Es gibt gleich mehrere Gründe, auf den »Pferdeberg« zu steigen: die Aussicht, von so einem Belvedere am (Süd)Alpenrand natürlich riesig, und – besonders im Frühsommer – die Flora, schlicht überwältigend. Und dann ist da noch eine Via ferrata, nichts Aufregendes; gut 100 Höhenmeter kraxelt man am Drahtseil aus dem innersten Winkel des Val Sughet über die steile Gras-Fels-Flanke hinauf zum Gipfel.

Keine Ähnlichkeit mit einem Pferd: der Cimon del Cavallo, vom Weg zum Rif. Semenza.

Wo? Piancavallo (1283 m) ist ein Retortenskiort im Hinterland von Pordenone – zum Wegschauen. Breite Straßenzufahrt, knapp 20 km von Aviano.

Ausgangspunkt Piancavallo, beim großen Sportzentrum.

Wegverlauf Piancavallo – Val Sughet – »Ferrata Sud« – Cimon del Cavallo – Südwestgrat – Forcella del Cavallo (2055 m) – Val Sughet – Piancavallo.

Gehzeiten Insgesamt 5 Std.; Piancavallo – »Ferrata Sud« – Cimon del Cavallo 3 Std., Abstieg über die Forcella del Cavallo 2 Std.

Tip Eine sehr dankbare Runde, allerdings fast ohne Eisen, hat ihren Ausgangspunkt oberhalb von Tambre (Alpago) am Col Indes (1161 m, Parkplatz). Aufstieg zum Rif. Semenza (2020 m), dann über den Nordgrat (eine Passage gesichert) zum Cimon del Cavallo, Abstieg über den Südwestgrat und um den Cimon di Palantina (2190 m) herum zum Col del Cuc (1627 m); etwa 5½ Std., Stellen I. Und noch eine wilde Tour: die Überschreitung des langen Grates über dem Val Salatis, vom Rif. Semenza (2020 m) zum Biv. Toffolón (1990 m) ein halbes Dutzend Gipfel, Kletterstellen bis II, zahlreiche exponierte Passagen, teilweise gesichert, gut 8 Std. Wouwh!

Orientierung Leicht, ordentlich markierte Steige; CAI-Nummer 924.

Einstufung Mittel, am Südwestgrat des Cimon del Cavallo ungesicherte Stellen I.

307 Sentiero alto del Prescudin

Monte-Messer-Nordostgrat, ca. 1490 m

Mittel

Diesen Winkel in den Karnischen Voralpen braucht man als »tedesco« nun wirklich nicht zu kennen; die Venezianer allerdings wußten den hochstämmigen Wald in ihrem Hinterland sehr zu schätzen, wie ein Dokument aus dem 14. Jahrhundert beweist: Holz für den Schiffsbau. Heute steht der Bosco del Prescudin unter Naturschutz, im Talinnern gibt es zwei Biwaks und einen markierten Höhenweg. Er schneidet die nach Nordosten gerichteten Bergflanken in Höhen zwischen 1200 und 1500 Metern, zwischen Wald und Fels. Ein gemütlicher »Sentiero«? Keineswegs, die Route ist ein einziges Auf und Ab, sie läuft in felsige Winkel, folgt schmalen Bändern, man traversiert abschüssige Rinnen auf sehr beweglichem Untergrund, arbeitet sich über Geröllreißen, im Frühsommer gelegentlich über beinharte Lawinenkegel. Kein Wanderweg, aber auch keine »Via ferrata«, obwohl längere Passagen mit Drahtseilen entschärft sind, ein richtiger Abenteuerpfad halt, der garantiert keine Langeweile aufkommen läßt, versprochen!

Wo? In den Bosco del Prescudin kommt man vom Val Cellina, 30 km von Longarone, 18 km von Maniago.

Ausgangspunkt Westlich der Häuser von Arcola, an der Brücke (428 m) über die Cellina. Parkmöglichkeit, Weiterfahrt ins Val Prescudin nicht gestattet (Sperrschranke).

Wegverlauf Cellina-Brücke – Palazzo Prescudin (640 m; Straße) – Val del Tasseit – Sentiero alto del Prescudin – Biv. Val Zea (1245 m) – Val Prescudin – Cellina-Brücke.

Gehzeiten Insgesamt 8¾ Std.; Cellina-Brücke – Palazzo Prescudin 1¼ Std.; Palazzo Prescudin – Val del Tasseit (Abzweigung Biv. Pastour, ca. 1270 m) 2 Std., Sentiero alto del Prescudin – Biv. Val Zea 3 Std., Abstieg zum Palazzo Prescudin 1½ Std., Rückweg zum Val Cellina 1 Std.

Hütte Biv. Val Zea (1245 m), stets zugänglich.

Orientierung Ordentlich markierte Wege; CAI-Nummern 978, 978A, 980, 969.

Einstufung Mittel. Einige Drahtseilsicherungen.

KARNISCHE ALPEN

Kleiner Steig, ganz groß: die (Hütten-)»Ferrata del Canalone«.

Die Dolomiten

Hier die berühmten Eisenwege der Dolomiten anzupreisen, hieße tatsächlich, Eulen nach Athen zu tragen. Wer kennt sie nicht, die »Costantini«, den »Pößnecker«, die »Tomaselli«, um nur einige zu nennen? Die Dolomiten sind – auch heute noch, trotz alpenweitem Boom – das Dorado für Klettersteiggeher, bieten sie doch weit mehr als nur einen schlichten Drahtseilakt. Der mag anderswo immer waghalsiger zelebriert werden, bleibt aber halt trotzdem Kopie. Was für ein Hochgefühl, über den steilen Grat der Punta Anna zu turnen, quer durch die Westflanke des Elferkofels zu spazieren, den zerklüfteten Südabsturz der Moiazza zu durchklettern! Einzudringen in die Felswinkel rund um die Riesenskulptur des Sass Maor, die Sellaburg am Drahtseil zu entern oder der Civetta aufs Haupt zu steigen.

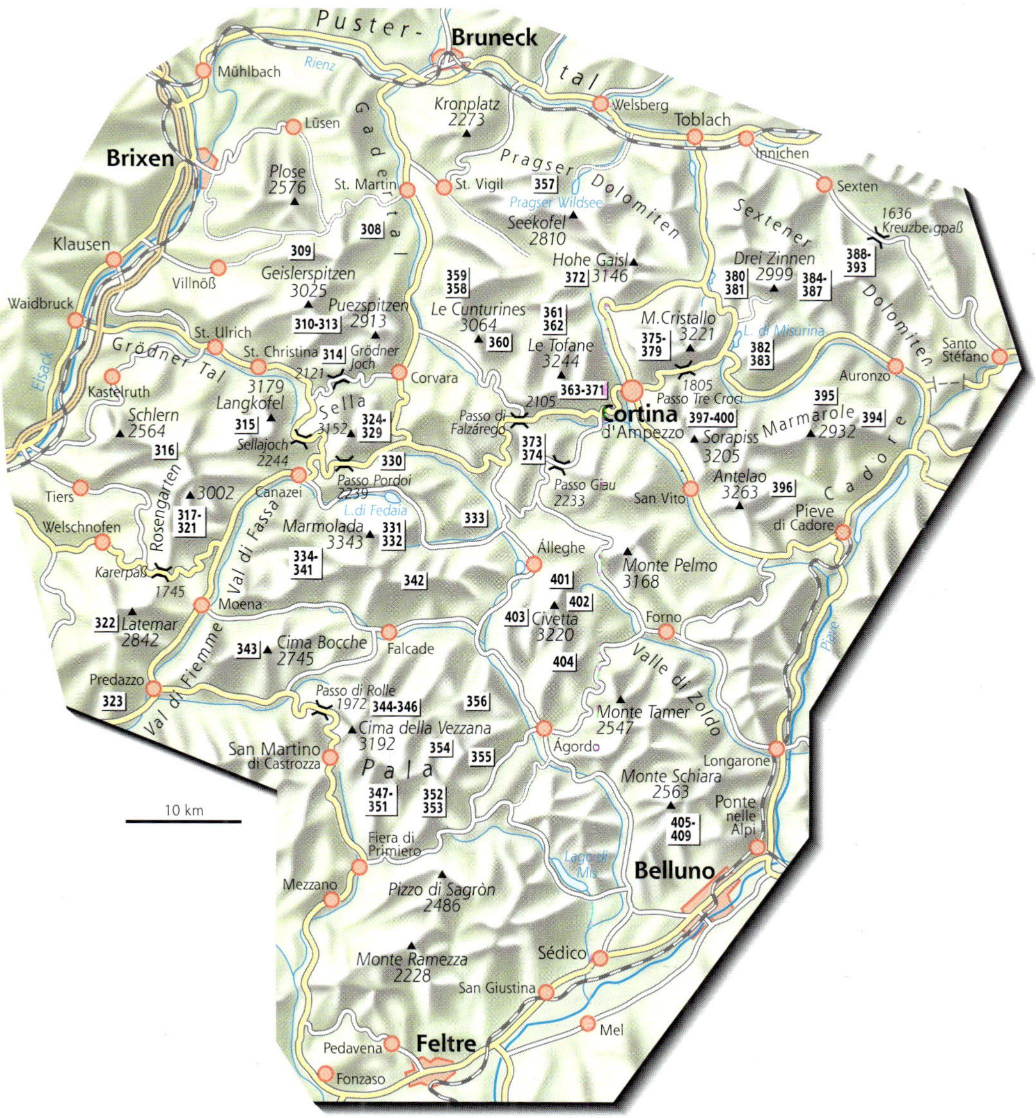

Genug geschwärmt! Natürlich gibt es auch zwischen Eisack und Piave manche Eisenroute, die besser nie gebaut worden wäre, etwa rund um das Fassatal, ist mancherorts des Guten zuviel getan worden. Und so heil ist die (Berg-)Welt schon lange nicht mehr: zu viele Drahtseile, vor allem aber solche fürs Wintergeschäft!

Meine Favoriten

- »Ferrata Bolver-Lugli« – fast eine Kletterroute (345)
- »Via ferrata del Portòn« – »Sentiero del Cacciatore« – ein steiler Landschaftstraum (348–350)
- »Via ferrata Olivieri« – was für ein Grat! (368)
- »Via ferrata degli Alleghesi« – »Via ferrata Tissi« – die schönste Überschreitung (401–402)
- »Via ferrata Costantini« – Kommentar überflüssig (404)
- etc., etc. ...

Karten und Führer

Die Wander- und Kletterführer über die Dolomiten füllen ein ganzes Buchregal. Als Landkarten sind neben den »Tabacco« 1:25 000 auch die genauen und sehr plastischen Karten von LagirAlpina, ebenfalls im Maßstab 1:25 000, zu empfehlen. Nur vor Ort erhältlich. Führer über die Klettersteige der Dolomiten gibt es drei: »Klettersteige Dolomiten, Brenta, Gardasee« von Paul Werner und Horst Höfler (Bergverlag Rother, Ottobrunn), »Klettersteige in den Dolomiten« von Hans Kammerer (Tappeiner, Lana) und »Dolomiten-Klettersteige mit Brenta« von Eugen E. Hüsler (Denzel, Innsbruck).

Eine Buchempfehlung

»Erlebnis Dolomiten« von Bernd Ritschel und Eugen E. Hüsler, erschienen bei Bruckmann: schwelgen (in den Bildern) und lesen (den Text). Viel Spaß!

308 Peitlerkofel, gesicherter Steig

Peitlerkofel, 2875 m

Leicht

Viel Aussicht, aber wenig Eisen bietet dieser Gipfel im Nordwesten der Dolomiten. Da taucht der Blick tief ein ins Zackenmeer der »Bleichen Berge«, und im Norden und Nordwesten stehen die Dreitausender des Alpenhauptkamms Parade. Für den Aufstieg braucht es nicht mehr als einen sicheren Tritt – und etwas Geduld am felsigen, mit ein paar eisernen Antiquitäten versehenen Gipfelaufbau. Denn an Schönwettertagen im Sommer ist der Ansturm bisweilen beträchtlich, was dann zu Staus führt. Wer schlau ist, quert in diesem Fall gleich hinüber zum Kleinen Peitlerkofel, genießt den Blick in die senkrechte Nordwand des »Großen« und wartet auf eine günstige Gelegenheit fürs Finale.

Wo? Die etwas hochtrabend als »Brixner Dolomitenstraße« (Brixen – Gadertal) bezeichnete Route läuft direkt am Peitlerkofel vorbei.
Ausgangspunkt Würzjoch (1987 m), 29 km ab Brixen, 13 km von St. Martin in Thurn.
Wegverlauf Würzjoch – Peitlerscharte (2357 m) – Peitlerkofel; Abstieg auf dem gleichen Weg.
Gehzeiten Insgesamt 5¼ Std; Würzjoch – Peitlerscharte 1¾ Std., Peitlerscharte – Peitlerkofel 1¼ Std., Abstieg 2¼ Std.
Tip Als Ausgangspunkte für die Peitlerkofel-Tour kommen auch die Zannser Alm im Villnößtal sowie Campill in Frage.
Orientierung Problemlos.
Einstufung Leicht.

309 Günther-Messner-Gedächtnissteig

Aferer Geiseln, 2646 m

Leicht

Die Aferer Geiseln teilen das Schicksal so vieler Berge in unmittelbarer Nachbarschaft berühmter Gipfel: alpine Stiefmütterchen, kaum beachtet, wenig begangen. Wenn sich drüben am felsigen Kopf des Peitlerkofels die Gipfelstürmer gegenseitig auf die Zehen (oder Finger) treten, ist man auf der abschnittweise gesicherten Höhenroute, die nach dem im Himalaya tödlich verunglückten Bruder von Reinhold Messner benannt ist, meistens allein, allein mit der großen Schau auf die renommierten Nachbaren, die Geislerspitzen. Große alpinistische Anforderungen stellt die Route nicht, nur etwas Ausdauer muß sein. Kein spektakuläres Ferrata-Abenteuer, aber eine dankbare Runde, größtenteils auf gebahnten Wegen, gut markiert (auch Abstecher zum Tullen, 2653 m; 20 Min.).

Wo? Die Aferer Geiseln erheben sich zwischen dem Aferer und dem Villnößtal. Zufahrten über die »Brixner Dolomitenstraße« und durch das Villnößtal zum Halsl (1863 m).
Ausgangspunkt Russiskreuz (1729 m), 22,5 km von Brixen, 19 km von Klausen via St. Peter in Villnöß.
Wegverlauf Russiskreuz – Kofelwiesen – Furtschelle (2168 m) – »Günther-Messner-Steig« – Peitlerscharte (2357 m) – Russiskreuz.
Gehzeiten Insgesamt 7½ Std.; Russiskreuz – »Günther-Messner-Steig« – Peitlerscharte 5¼ Std., Rückweg nördlich der Aferer Geiseln zum Russiskreuz 2¼ Std.
Hütte Schlüterhütte (2297 m), 20 Min. südwestlich der Peitlerscharte.
Orientierung Problemlos, Steig mit »GM« markiert.
Einstufung Leicht, Ausdauer erforderlich. Nur auf kürzeren Passagen gesichert.

Dolomitenprofil: am »Günther-Messner-Steig«.

310 Sass Rigais, gesicherter Normalweg
311 Sass Rigais, gesicherter Ostanstieg
312 Villnösser Einstieg
Sass Rigais, 3025 m

Leicht/Mittel

Langkofelgruppe, Sellastock und Geislerspitzen bilden die berühmte Felskulisse des Grödner Tals, ihre Hauptgipfel sind seit Luis Trenkers Jugendzeit beliebte Tourenziele. Aus jener Epoche dürften auch die ersten Sicherungen am Sass Rigais stammen. Er steht wuchtig über den weiten Almböden von Cisles; seine massig-breite Gestalt signalisiert vergleichsweise leichte Durchstiegsmöglichkeiten. Und der Normalweg über die Südwestflanke verlangt auch bloß einen sicheren Tritt.
Etwas anspruchsvoller, aber auch abwechslungsreicher ist die Überschreitung des mächtigen »Steins« von Ost nach West, aus dem Wasserrinnental zur Mittagscharte: Da bekommt man mehr Eisen in die Finger, der Fels ist steiler und einige ausgesetzte Passagen sorgen für angenehm leichten Kitzel. Der Aufstieg aus der Wasserrinnenscharte wartet mit einer fast senkrechten, aber bestens gesicherten 10-Meter-Rampe auf; am »Villnösser Einstieg« sorgen einige Querungen für etwas Spannung. Angelegt wurde der »Einstieg« 1983, um für die aus dem Villnößtal Kommenden den lästigen Zwischenabstieg zum südseitigen Normalweg auszuschalten.

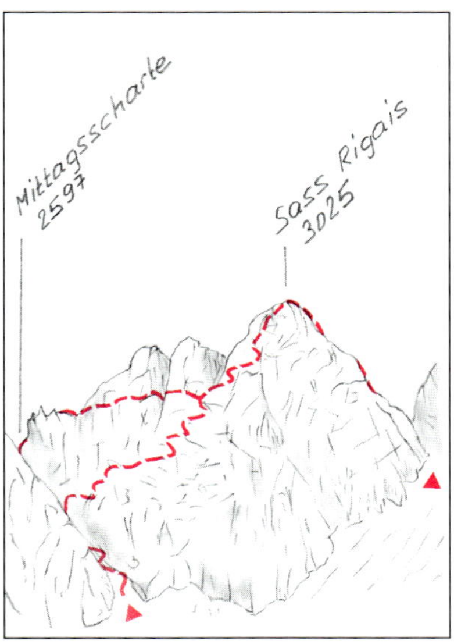

Wo? Ins Grödner Tal kommt man von der Brenner-Autobahn, Ausfahrt »Klausen«, 25 km bis St. Christina.

Ausgangspunkt Talstation des Gondelliftes zum Col Raiser, 1 km nördlich von St. Christina am Eingang ins Cislestal. Parkplatz.

Wegverlauf Col Raiser (2104 m) – Geislerhütte (Regensburger Hütte, 2037 m) – Cislesalm – gesicherter Normalweg – Sass Rigais.
Col Raiser – Geislerhütte – Wasserrinnental – Ostanstieg – Sass Rigais – »Villnösser Einstieg« – Mittagscharte – Col Raiser.

Gehzeiten **Normalweg:** Insgesamt 5¼ Std.; Col Raiser – Cislesalm 1 Std., Cislesalm – Sass Rigais 2¼ Std.; Abstieg auf dem gleichen Weg 2 Std. (bis St. Christina 3 Std.).
Ost-West-Überschreitung: Insgesamt 6¼ Std.; Col Raiser – Wasserrinnenscharte 3 Std., Ostanstieg 1 Std.; Abstieg zur Mittagscharte 1 Std, weiter zum Col Raiser 1¼ Std.

Hütte Geislerhütte (Regensburger Hütte, 2037 m).

Orientierung Problemlos, gut markierte, vielbegangene Wege.

Einstufung Normalweg leicht, Ostanstieg und »Villnösser Einstieg« mittel.

313 Piz Duledes, gesicherter Steig

Piz Duledes, 2909 m

Leicht

Einen Schönheitspreis bekommen die Puezspitzen ganz bestimmt nicht; Liebhaber archaisch-wilder Landschaften werden einen Abstecher auf die Höhen über dem Langental aber bestimmt genießen. Die kurze gesicherte Route unterhalb der Nivesscharte (2740 m), die einen Zugang von Westen ermöglicht, ist dabei eher Zugabe, sie verleiht der Besteigung des Piz Duledes aber etwas Pfiff. Für den Abstieg/Rückweg bietet sich die markierte und an einigen Stellen ebenfalls gesicherte Route über den Siëllesgrat an, und wer an der Forcella Forces de Siëlles (2505 m) dann noch nicht genug hat, kann den Col dla Pieres (2747 m) auch noch »mitnehmen«.

Wo? Ins Grödner Tal kommt man von der Brenner-Autobahn, Ausfahrt »Klausen«, 25 km bis St. Christina.
Ausgangspunkt Talstation der Gondelbahn zum Col Raiser, 1 km nördlich von St. Christina am Eingang ins Cislestal. Parkplatz.
Wegverlauf Col Raiser (2104 m) – Geislerhütte (Regensburger Hütte, 2037 m) – Val dla Roa – Forcella Nives (2740 m) – Piz Duledes (2909 m); Abstieg auf dem gleichen Weg oder zur Forcella Forces de Siëlles.
Gehzeiten Insgesamt 5¾ Std.; Col Raiser – Piz Duledes 3½ Std., Abstieg über den Siëllesgrat zum Col Raiser 2¼ Std.
Orientierung Bietet kaum Probleme; AV-Wegnummern 3, 2.
Einstufung Leicht.

314 Cirspitze V, Klettersteig

Cirspitze V, 2520 m

Mittel

Der Sägezahnkamm über dem Grödner Joch, filigranes Gegenstück zur Felsenfestung des Sellamassivs, ist beliebtes Fotomotiv der Dolomiten-Touristen, ihr höchster Zacken, der Gran Cir (Große Cirspitze, 2592 m), ein frequentiertes Gipfelziel mit kontrastreicher Aussicht und ein ganz klein wenig »Ferrata-Feeling«: zwei, drei Drahtseile erleichtern den Aufstieg über die teilweise ziemlich rundgetretenen Felsen. Einen richtigen Klettersteig bietet dagegen die Cirspitze V: kurz, aber steil, gut gesichert und recht luftig, zusammen mit dem Gran Cir ein Halbtagspensum.

Wo? Die Grödner-Joch-Paßstraße verbindet das Grödner Tal mit dem Hochabtei, 11 km von Wolkenstein, 10 km von Corvara.
Ausgangspunkt Grödner Joch (2121 m). Parkplätze beiderseits der Scheitelhöhe.
Wegverlauf Grödner Joch – Liftstation Dantercepies (2298 m) – Cirspitze V, Abstieg auf dem gleichen Weg.
Gehzeiten Insgesamt 2 Std.; Grödner Joch – Cirspitze V 1¼ Std., Abstieg 40 Min.
Tip Natürlich lohnt sich auch die Besteigung der Großen Cirspitze, ab Grödner Joch aus etwa 2 Std. hin und zurück. Von Dantercepies kann man hinüberqueren zum markierten Gipfelsteig.
Orientierung Problemlos.
Einstufung Mittel.

315 Oscar-Schuster-Steig

Plattkofel, 2964 m

Leicht

Platt ist er, aber nur auf der einen Seite: eine riesige Schräge, nach oben hin weiß, kalk- oder schneeweiß, je nach Jahreszeit. Kein sehr einladender Anblick, und den Aufstieg wird man wohl nur im Winter gerne auf sich nehmen, der tollen Abfahrt wegen. Ganz anders dagegen die Innenseite des Plattkofels; da konkurriert er mit den bizarren Felsbauten von Zahnkofel, Innerkoflerturm, Langkofelkarspitze. Und durch dieses Dolomitenszenario der Spitzenklasse schlängelt sich der »Oscar-Schuster-Steig« gipfelwärts, insgesamt sechs Passagen sind gesichert, im übrigen ist man auf seinen sicheren Tritt angewiesen. Der ist wichtig, vor allem in der Linksquerung oberhalb der engen Scharte, die der Steig nur tangiert: keine Steine ablassen, es könnte ja noch jemand auf der Einstiegsrampe unterwegs sein!

Wo? Ins Grödner Tal kommt man von der Brenner-Autobahn, Ausfahrt »Klausen«, 25 km bis St. Christina.
Ausgangspunkt Monte Pana (1636 m), 2 km südlich über St. Christina. Asphaltierte Zufahrt, Parkplatz.
Wegverlauf Monte Pana – »Santnersteig« – Langkofelhütte (2253 m) – Plattkofelkar – »Oscar-Schuster-Steig« – Plattkofel – Plattkofelhütte (2300 m) – Piza da Urdil (2101 m) – Monte Pana.
Gehzeiten Insgesamt 8 Std.; Monte Pana – Langkofelhütte 2½ Std., Langkofelhütte – Plattkofel 2½ Std., Abstieg über die Plattkofelhütte zum Monte Pana 3 Std.
Hinweis Man kann die Tour auch oben an der Langkofelscharte (2681 m) starten: Bergfahrt vom Sellajochhaus mit der Gondelbahn in die Scharte, dann Abstieg durchs Langkofelkar zur Langkofelhütte. Für die Besteigung des Plattkofels (und zurück über den »Friedrich-August-Weg«) muß man mit einer Gesamtgehzeit von 6 Std. rechnen.
Orientierung Gut markierte Steige.
Einstufung Leicht. Im schattigen Plattkofelkar bleibt der Schnee bis weit in den Sommer hinein liegen. Steigeisen (nebst Wanderstöcken) mitnehmen!

Chronik der laufenden Ereignisse

- **1843** Am Normalweg zum Hohen Dachstein werden die ersten Sicherungen angebracht.
- **1869** Der Stüdlgrat am Großglockner wird gesichert.
- **1892** Eröffnung des »Wasserfallweges« in den Gesäusebergen.
- **1899** Der »Heilbronner Weg« wird fertiggestellt.
- **1903** Der Westgrat der Marmolada erhält seinen Klettersteig.
- **1906** Mit dem »Königschußwand-Steig« wird eine erste Kletterroute in der Rax zur Ferrata ausgebaut.
- **1915–1917** Im Ersten Weltkrieg werden entlang der Alpenfront zahllose Felsensteige gebaut; viele von ihnen sind inzwischen als Vie ferrate rekonstruiert, vor allem in den Dolomiten, am Karnischen Hauptkamm und in den Julischen Alpen.
- **1936** Das erste Teilstück der »Via delle Bocchette«, des großen Brenta-Höhenweges, ist fertiggestellt.
- **1938** Die »Ferrata Tissi« wird eingeweiht.
- **1952** Mit der »Ferrata Zacchi« entsteht der erste der Schiara-Klettersteige.
- **1967–1969** Einige der berühmten Dolomiten-Klettersteige werden gebaut: die »Lipella« an der Tofana di Rozes, die »Pisciadù« in der Sella und die »Tomaselli« in der Fanis.
- **1968** Mit der »Ferrata de Freissinières« bekommt Frankreich seinen ersten Klettersteig.
- **1970** Der Cimòn della Pala erhält zum Hundertsten seiner Erstbesteigung eine Ferrata: die »Bolver-Lugli«.
- **1972** Das letzte Teilstück am Bocchette-Weg, der »Sentiero Benini«, wird eröffnet.
- **1974** Die Super-Ferrata der Dolomiten: »Via ferrata Costantini«.
- **1976** Mit dem »Monte Albano« wird einer der ersten Sportklettersteige gebaut.
- **1986** Eröffnung des »Innsbrucker Klettersteigs«.
- **1987** Die Ferrata auf die Cima dell'Uomo in den Dolomiten wird wieder abgebaut.
- **1991** Nach der Eröffnung der beiden Klettersteige oberhalb von Les Vigneaux setzt in den Französischen Alpen ein Ferrata-Boom ein.
- **1993** Die Schweiz hat ihre erste Via ferrata: Tälli-Klettersteig.

DIE DOLOMITEN

316 Maximilianweg
Roterdspitze, 2655 m

Leicht

Zwischen dem mächtigen Schlern und den eleganten Felsbauten des Rosengartens wirken die Roßzähne bestenfalls wie der kümmerliche Rest eines stolzen (Fels-)Gebisses. Ein richtiger Gipfel läßt sich nicht ausmachen; die Karte verzeichnet – nahezu gleich hoch – einen Großen Roßzahn (2653 m) und die Roterdspitze (2655 m). Beide überschreitet man aus dem abschnittweise gesicherten »Maximilianweg«, einer weinig anspruchsvollen, aber recht reizvollen und druchgehend gut markierten Gratroute, die viel Aussicht auf die »richtigen« Dolomitengipfel rundum bietet.

Wo? Die Seiser Alm liegt am Westrand der Dolomiten, hoch über dem Eisacktal. Zufahrten via Kastelruth oder Völs, 20 km von Waidbruck, 26 km von Blumau.

Ausgangspunkt Hotelsiedlung Kompatsch (1844 m) am Endpunkt der Seiser-Alm-Straße. Großer Parkplatz.

Wegverlauf Kompatsch – Roßzähne-Scharte (2499 m) – Tierser-Alpl-Hütte (2440 m) – »Maximilianweg« – Schlernrücken – »Touristensteig« – Saltnerhütte – Kompatsch.

Gehzeiten Insgesamt 7¾ Std.; Kompatsch – Tierser-Alpl-Hütte 2¾ Std., »Maximilianweg« 2 Std., Schlernrücken – Kompatsch 3 Std.

Tip Für Konditionsstarke kommt auch Weißlahnbad (1173 m) als Ausgangspunkt für die Überschreitung der Roßzähne in Frage; Aufstieg durch das Tschamintal, Abstieg durch die »Bärenfalle« (ein paar Sicherungen, sehr steil). Gesamtgehzeit etwa 9½ Std.

Hütten Tierser-Alpl-Hütte (2440 m), Schlernhäuser (2450 m).

Orientierung Am Schlernrücken kann man sich bei Nebel leicht verlaufen. Insgesamt gut markierte Wege. Westlich des Großen Roßzahns markierter Abstieg zur Seiser Alm.

Einstufung Leicht.

317 Santnerpaß-Klettersteig
Santnerpaß, 2734 m

Leicht

Er gilt als Klassiker unter den Rosengarten-Klettersteigen, ist keine »moderne« Ferrata, aber beim Südtirol-Publikum nach wie vor sehr beliebt: Dolomiten pur, Fels zum Anfassen, Postkartensujets en masse. Und der Knaller zum Schluß: das Felstriumvirat der Vajolettürme. Beim Anblick der schlanken Felstürme, die ➡

Wo? Die »Rosengartenstraße« verläuft parallel zum Hauptkamm der Dolomitengruppe, von Tiers herauf zum Nigerpaß und weiter zur ➡

Vom Kesselkogel schaut man hinüber zur Rosengartenspitze (2981 m) und zum Santnerpaß, an dem ein beliebter Klettersteig ausläuft.

➡ hoch in den azurblauen Himmel wachsen, ist man dem siebten (Bergsteiger-)Himmel dann recht nahe … Und der Abstieg/Rückweg durchs Gartl zur Vajolethütte und über das Tschagerjoch (2630 m) zurück zur Rosengartenhütte (2339 m) und zur Gondelbahn bietet dann nochmals viel fürs Auge (und die Kamera).

➡ »Großen Dolomitenstraße, 35 km ab Bozen bis zur Frommer Alm (1740 m).
Ausgangspunkt Mit dem Laurinlift schwebt man bequem hinauf zur Rosengartenhütte (2339 m), Ausgangspunkt mehrerer Höhen- und Paßwege.
Wegverlauf Rosengartenhütte – Santnerpaß – Gartl – Vajolethütte (2243 m) – Tschagerjoch (2630 m) – Rosengartenhütte.
Gehzeiten Insgesamt 5½ Std.; Rosengartenhütte – Santnerpaß 2 Std., Santnerpaß – Vajolethütte ¾ Std., Vajolethütte – Tschagerjoch – Rosengartenhütte 2¾ Std.
Abstieg über den Klettersteig zur Rosengartenhütte 1½ Std.
Tip Wer in der Vajolet- oder Preußhütte übernachtet, kann anderntags eine Kesselkogel-Überschreitung (siehe 319) unternehmen oder den anspruchsvollen Laurenzi-Klettersteig (siehe 267) begehen.
Hütten Rosengartenhütte (2339 m), Santnerpaßhütte (2734 m), Gartlhütte (2621 m), Vajolethütte (2243 m), Preußhütte (2243 m).
Orientierung Problemlos, gut bezeichnete, vielbegangene Wege, CAI-Nummern 542, 541, 550.
Einstufung Leicht. Im Frühsommer in den Steilrinnen Hartschnee (Steigeisen).

318 Sentiero delle Scalette
Passo di Lausa, 2720 m

Leicht

Seit der Sperrung der Straße ins Vajolettal ist es rund um die Gardeccia etwas ruhiger geworden: die Blechlawine bleibt ausgesperrt. Nichts geändert hat sich dagegen auf den Wegen im Larsec-Massiv; da war man auch früher schon fast immer allein, allein in einer faszinierenden Bergregion: türmebesetzt ihre Mauern, Mondlandschaft im Innern. Den Einstieg erleichtert der Scalette-Weg, ein gesicherter Steig, aber unschwierig, etwas für echte Genießer, die den Reiz einer Route nicht bloß am »Eisengehalt« messen. Am Scalette-Weg braucht's keinen starken Bizeps, dafür eine gute Kondition, ist die Runde doch ganz schön lang. Noch anstrengender wird es, wenn man eine Überschreitung des Kesselkogels (3002 m) – einziger Dreitausender des Rosengartens – mit einbezieht; siehe 319.

Wo? Ins Fassatal kommt man von Bozen über den Karerpaß (1745 m), aus dem Grödner Tal über das Sellajoch, 41 bzw. 39 km bis Pera di Fassa (1326 m). Sessellift ins Vajolettal.
Ausgangspunkt Bergstation der Liftkette im Bosch de Larjes (2010 m).
Wegverlauf Bosch de Larjes – Gardeccia (1950 m) – »Sentiero delle Scalette« – Passo di Lausa – Antermojapaß (2770 m) – Grasleitenpaß (2599 m) – Vajolethütte (2243 m) – Bosch de Larjes.
Gehzeiten Insgesamt 6½ Std.; Bosch de Larjes – Gardeccia ½ Std., »Sentiero delle Scalette« – Passo di Lausa 3 Std., Passo di Lausa – Antermojapaß – Vajolettal – Bosch de Larjes 3 Std. – Mit Abstieg nach Pera di Fassa 7¾ Std. Gesamtgehzeit; bei einer Überschreitung des Kesselkogels kommt man auf etwa 9 Std.
Hütten Grasleitenpaßhütte (2599 m), Vajolethütte (2243 m), Preußhütte (2243 m), Rif. Gardeccia (1950 m).
Orientierung Im Larsecmassiv kann man sich bei Nebel leicht verlaufen, CAI-Wege 583, 584, 546.
Einstufung Leicht.

319 Kesselkogel, Überschreitung

Kesselkogel, 3002 m

Leicht

Er ist der einzige Dreitausender im Rosengarten und – etwas provokant ausgedrückt – der häßlichste Gipfel zwischen Rotwand und Molignon: oben flach, wie ein zerbeulter Kesselboden eben, massig, mit zerfurchten Flanken. Diesen »Furchen« folgen die beiden gesicherten Anstiege, vom Grasleitenpaß herauf über das markante, von weither sichtbare Westband, und aus dem Antermojakessel, auch über ein Diagonalband. Daraus ergibt sich eine Überschreitung, die neben packenden Dolomitenbildern auch etwas »Ferrata-Feeling« vermittelt. Letzteres muß man sich allerdings verdienen, sind die Zugangswege doch durchweg lang. Wer auf einer Hütte übernachtet, hat da bessere Karten: z. B. am nächsten Tag über die »Laurenzi-Ferrata« in den Karboden von Antermoia und anschließend via »Scalette-Weg« zurück ins Vajolet- und ins Fassatal (siehe 320 und 318).

Wo? Pozza di Fassa und Pera (1326 m) liegen im Val di Fassa, 40 km von Bozen auf der »Großen Dolomitenstraße«.
Ausgangspunkt Ins Vajolettal kommt man mit dem Sessellift. Talstation bei Pera, Umsteigestation auf Pian Pecei (1806 m), Bergstation Bosch de Larjes (2010 m).
Wegverlauf Bosch de Larjes – Vajolethütte – Grasleitenpaß (2599 m) – Westweg – Kesselkogel – Ostweg – Antermojapaß (2770 m) – Grasleitenpaß – Vajolethütte – Pera.
Gehzeiten Insgesamt 8½ Std.; Bosch de Larjes – Grasleitenpaß 2½ Std., Grasleitenpaß – Kesselkogel 1½ Std., Ostweg – Antermojapaß – Grasleitenpaß 1¼ Std., Grasleitenpaß – Gardeccia – Pera 3¼ Std.
Hinweis Man braucht ostseitig nicht bis in den Karboden von Antermoja abzusteigen, sondern kann am Felsfuß gleich gegen den Antermojapaß hinüberqueren. Markierte Spur.
Hütten Vajolethütte (2243 m), Preußhütte (2243 m), Grasleitenpaßhütte (2599 m), Rif. Gardeccia (1950 m).
Orientierung Problemlos, gut bezeichnete Wege.
Einstufung Leicht, gute Kondition erforderlich. Steinschlaggefahr auf den Bändern des Kesselkogels.

320 Laurenzi-Klettersteig

Molignon, 2852 m

Schwierig

Ganz »hinten« im Rosengarten, fernab vom Rummel rund um Rotwand, Santnerpaß und Vajolettürme, erhebt sich der massige, dreigipflige Molignon, kein Modeberg, und das wird er auch nie werden, trotz der Drahtseile, die ihm vor ein paar Jahren angelegt wurden. Es handelt sich dabei um keine »Super-Ferrata«, doch die Gratüberschreitung ist nicht ohne Pfiff, vor allem ein großes Erlebnis mit der Überschrift »Rosengarten«. Und am Äußeren Molignon (2779 m) sowie beim Abstieg vom Inneren Molignon hat man doch einige recht rassige Klettersteigpassagen.

Wo? Ins Fassatal kommt man von Bozen über den Karerpaß (1745 m), von Gröden über das Sellajoch.
Ausgangspunkte Man kann die Tour sowohl im Val Duron als auch im Vajolettal beginnen. Von Campitello (1414 m) kurze Zufahrt bis zu einem Wanderparkplatz (ca. 1550 m), knapp 2 km. Von Pera di Fassa (1326 m) führt eine Liftkette ins Vajolettal, Bergstation Bosch de Larjes (2010 m).
Wegverlauf Val Duron – Malga Miravalle – Passo Ciarégole (2282 m) – Rif. Antermoia (2497 m) – »Laurenzi-Klettersteig« – Tierser-Alpl-Hütte (2440 m) – Mahlknechtjoch (2168 m) – Val Duron. Bosch de Larjes – Gardeccia (1950 m) – Grasleitenpaß (2599 m) – Molignonpaß (2598 m) – »Laurenzi-Klettersteig« – Val Antermoia – Antermojapaß (2770 m) – Grasleitenpaß – Gardeccia – Bosch de Larjes.
Gehzeiten Insgesamt 9½ Std.; Val Duron – Rif. Antermoia 4 Std., »Laurenzi- Klettersteig« – Tierser-Alpl-Hütte 3 Std., Abstieg ins Duron-Tal 2½ Std.
Insgesamt 8¾ Std.; Bosch de Larjes – Gardeccia ½ Std., Gardeccia – Molignonpaß 3 Std., »Laurenzi-Klettersteig 2½ Std., Rückweg über den Antermojapaß 2¾ Std.
Hütten Vajolethütte (2243 m), Preußhütte (2243 m), Grasleitenpaßhütte (2599 m), Rif. Antermoia (2497 m), Tierser-Alpl-Hütte (2440 m), Rif. Gardeccia (1950 m).
Orientierung Leicht, die Wege sind gut markiert, CAI-Nummern 532, 578, 580, 584, 594, 554.
Einstufung Schwierig, gute Kondition unerläßlich.

321 Masarè-Rotwand-Klettersteig

Rotwand, 2806 m

Mittel

Der Santnerpaß mag das klassische Traumbild des Rosengartens bieten, der vielzackige Felsgrat von der Punta Masarè (2585 m) zur Rotwand ist dafür das schönste Klettersteigrevier mit einer originell angelegten Route. Sie läuft um, über und zwischen den Türmen und Türmchen, ein lustiges, nie schwieriges Auf und Ab, das stets neue, überraschende Blick- →

Wo? Der Karerpaß (1745 m) verbindet das Eggental mit dem Fassatal, 30 km von Bozen. Rosengarten-Sessellift.

→

→ punkte bietet, Fernsicht nach beiden Seiten inklusive. Unter dem Fensterlturm (2670 m) kann man die Übung abbrechen und zur Rotwandhütte absteigen; der zweite Abschnitt der Ferrata führt über die Rotwand in den Vajolonpaß, mit der steilen Schlüsselstelle gleich am Anfang. Der Rest ist dann mehr Wandern als Klettern, trotz fast durchlaufender Drahtseilsicherungen am zahmen Nordgrat. Doch was der Route hier an Pfiff fehlt, macht (zumindest bei klarer Sicht) das Gipfelpanorama wett.

→

Ausgangspunkt Bergstation des Liftes beim Rif. Paolina (2125 m). Man kann natürlich am Paß starten; die Gesamtgehzeit erhöht sich dadurch um etwa 1½ Std.

Wegverlauf Rif. Paolina – Rotwandhütte (2280 m) – Punta Masarè (2585 m) – »Masarè-Rotwand-Klettersteig« – Rotwand – Vajolonpaß – Rif. Paolina.

Gehzeiten Insgesamt 6 Std.; Rif. Paolina – Rotwandhütte – Punta Masarè 1¾ Std., »Masarè-Rotwand-Klettersteig« – Vajolonpaß 3 Std., Abstieg zum Lift 1¼ Std.

Hütten Rif. Paolina (2125 m), Rotwandhütte/Rif. Roda de Vael (2280 m).

Orientierung Bietet keine Probleme, ordentlich bezeichnete Wege; CAI-Nummern 549, 551, 552.

Einstufung Masarè mittel, Rotwand mit Ausnahme des Wandls gleich hinter dem Fensterlturm leicht.

Viel Kletterspaß bietet die Überschreitung von der Punta Masarè zur Rotwand. Am Horizont die Pala-Zacken.

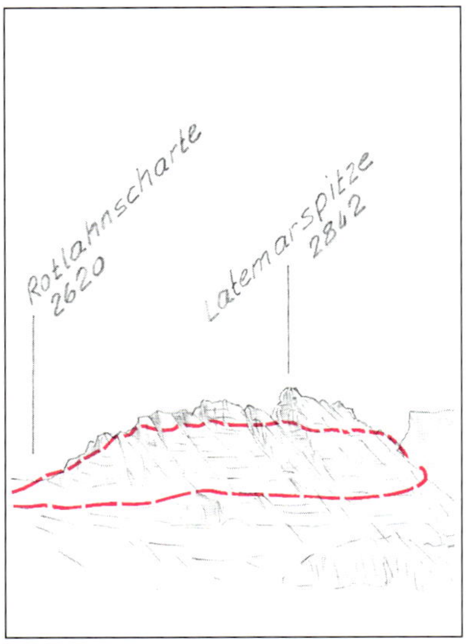

322 Sentiero attrezzato »Campanili del Latemar«

Rotlahnscharte – Große Latemarscharte, 2650 m

Leicht

Zweifellos gehört das Latemar, Felskulisse des Karersees, zu den meistfotografierten Bergen der Dolomiten, doch – Hand aufs Herz! – wer war schon oben, hat hinuntergeguckt zu dem bedauernswerten, im Sommer regelmäßig von Touristenhorden heimgesuchten Gewässer? Es lohnt sich, auch wenn das wenig zuverläßige Gestein kaum Kletterer anzieht; dafür hüpft auf der Rückseite des hohen Zackengrates ein Steig von Scharte zu Scharte, gut gesichert und wenig schwierig, für Geübte ein Panoramapfad erster Klasse mit zwar langen, aber nie langweiligen Zustiegen.

Wo? Den Ferienort Obereggen (1561 m) erreicht man von Bozen durchs Eggental über Birchabruck, 23 km. Sessellift Oberholz.

Ausgangspunkt Bergstation des Liftes (Oberholz, 2150 m). Alternativ kann man auf dem Reiterjoch-Sträßchen bis zum Epircher Lahner (1826 m) fahren; die Gesamtgehzeit erhöht sich dadurch um etwa 1 Std.

Wegverlauf Oberholz – Gamsstallscharte (2636 m) – Rotlahnscharte (2620 m) – Sentiero attrezzato »Campanili del Latemar« – Große Latemarscharte – Gamsstalljoch – Oberholz.

Gehzeiten Insgesamt 5¾ Std.; Oberholz – Rotlahnscharte 2¼ Std., Sentiero attrezzato »Campanili del Latemar« 1 Std., Große Latemarscharte – Gamsstallscharte 1¼ Std., Gamsstallscharte – Oberholz 1¼ Std.

Hinweis Für den Hin- oder Rückweg empfiehlt sich der Umweg über das Rif. Torre di Pisa (2671 m) – sehr lohnend. Gesamtgehzeit knapp 7 Std.

Hütten Biv. Rigatti (2650 m) an der Großen Latemarscharte, Notunterkunft, stets zugänglich. Rif. Torre di Pisa (2671 m).

Orientierung Leicht, die Steige sind ordentlich bezeichnet. Wegnummern 18, 516.

Einstufung Leicht, luftigste Stelle eine senkrechte Leiter, sonst Drahtseilsicherungen.

323 Sentiero Attilio Sieff
Punta Polse, 1450 m

Mittel

Man kann den kreuzgeschmückten Felsen, der oberhalb von Ziano di Fiemme aus dem Wald herausguckt, leicht übersehen. Wie auch das kleine Hinweisschild an der Hauptstraße, gleich gegenüber der Kirche: »Sentiero attrezzato«. Der Weiterweg ist dann kaum mehr zu verfehlen, und nach einer Stunde steht man am Einstieg: etwa 100 Höhenmeter am Drahtseil, mit einer originellen »Untendurch-Passage« und einem hübschen Blick aufs Fleimstal vom Gipfel.

Wo? Ziano di Fiemme (954 m) liegt im Fleimstal (Val di Fiemme), 9 km von Cavalese, 4 km von Predazzo.
Ausgangspunkt Ziano di Fiemme; Parkplatz bei der Kirche.
Wegverlauf Ziano di Fiemme – »Sentiero Sieff« – Punta Polse.
Gehzeiten Insgesamt 2½ Std., Aufstieg 1½ Std., Abstieg auf dem gleichen Weg 1 Std.
Orientierung Problemlos.
Einstufung Mittel, bei Nässe rutschig.

Auf diese stabile Hängebrücke mündet der beliebte Pisciadù-Klettersteig.

324 Pisciadù-Klettersteig
Rifugio Pisciadù, 2585 m

Mittel

Zahlen gibt's zwar keine, aber in einer »Hitliste« der Dolomiten-Klettersteige wäre dem »Pisciadù« (»Via ferrata Brigata Tridentina«) ein Spitzenplatz sicher: Kaum eine andere Ferrata erfreut sich einer ähnlichen Popularität, und an dem Parkplatz beim Einstieg kann man bei Schönwetter schon mal hundert Autos zählen. Auf den vielen Eisensprossen kommt es dann leicht zu Staus, ein bunter Tatzelwurm ringelt sich um den aus festem Schlerndolomit aufgebauten Exner Turm, Karabiner klicken, schleifen an den fest verankerten Drahtseilen, die Tiefe nimmt rasch zu und den finalen Gag liefert eine solide Hängebrücke (die übrigens von der Grödner-Joch-Straße aus zu sehen ist), die aus dem Steilfels überleitet ins Flache: ein zweistündiger Kraxelspaß auf hervorragend gesicherter Route, vor einer großen Kulisse.

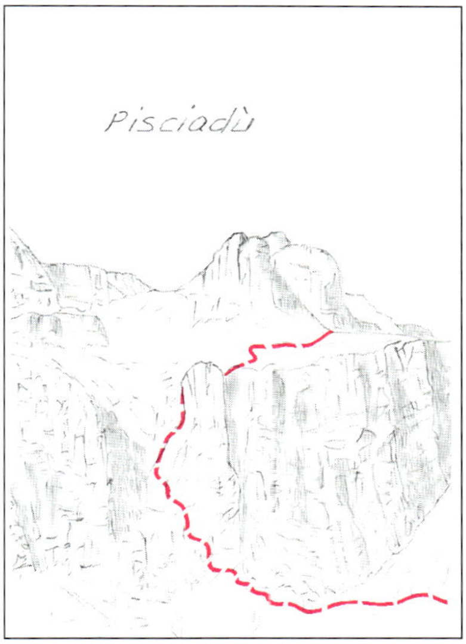

Wo? Das Grödner Joch (2121 m) verbindet Grödner Tal und Hochabtei (Alta Badia), 18 km von St. Ulrich, 10 km von Corvara.
Ausgangspunkt Parkplatz in einer Schottergrube (1956 m) an der Ostrampe der Paßstraße.
Wegverlauf Grödner-Joch-Straße – »Pisciadù-Klettersteig« – Rif. Pisciadù – Val Setus – Grödner-Joch-Straße.
Gehzeiten Insgesamt 3½ Std.; »Pisciadù-Klettersteig« – Rif. Pisciadù 2½ Std., Abstieg 1 Std.
Hütte Rif. Pisciadù (2585 m).
Orientierung Problemlos.
Einstufung Mittel, zweite Routenhälfte exponiert, mit Eisenbügeln und Drahtseilen aber komfortabel gesichert.

DIE DOLOMITEN

325 Pößnecker Klettersteig
Piz Selva, 2941 m

Schwierig

Daß Klettersteige keine Erfindungen unserer Zeit sind, belegt der »Pößnecker« auf eindrucksvolle Weise: Bereits 1910 angelegt, ist er eine reinrassige Ferrata, kühn in den fast senkrechten Sellafels trassiert. Und die rund 250 Höhenmeter bis zu dem großen Gerölltrichter unter dem Piz Ciavazes (2831 m) haben es wirklich in sich, von dem neuen Einstieg zu einer winzigen Kanzel und über die kaum gegliederte Wand. Da greift man gern zum dicken Seil, und nicht jede/r genießt den Blick in die schwindelnde Tiefe. Der zweite Abschnitt – hinauf zum Piz Selva – ist dann wesentlich leichter, vollzieht sich auch nicht mehr »außen« an der Sella-Burgmauer. Und anschließend: eine Höhenwanderung am Rand der Festung entlang, ein Gipfelchen nach dem andern bis zur Gamsscharte. Da muß man sich dann entscheiden: rechts hinab ins Val Lasties und hinaus zur Sellajoch-Straße oder nördlich hinunter zur Pisciadù-Hütte und zum Grödner Joch. Zurück zum Ausgangspunkt hilft dann der ausgestreckte Daumen …

Wo? Die Sellajoch-Straße verbindet Grödner und Fassatal, 18 km von St. Ulrich, 12 km von Canazei.
Ausgangspunkt Scheitelhöhe (2244 m) der Paßstraße.
Wegverlauf Sellajoch – »Pößnecker Steig« – Piz Selva – Gamsscharte (Forcella dai Ciamorces, 2923 m) – Val Lasties – Sellajoch.
Gehzeiten Insgesamt 7½ Std.; Sellajoch – Einstieg ¼ Std., »Pößnecker Steig« – Piz Selva 3 Std., Piz Selva – Piz Gralba (2972 m) – Piz Beguz (2974 m) – Gamsscharte 1¼ Std., Abstieg durch das Val Lasties und Rückweg zum Sellajoch 3 Std.
Hinweis Bei einem Abstieg zum Grödner Joch ergibt sich eine Gesamtzeit von 6½ Std.
Orientierung Bei Nebel auf dem Altopiano delle Meisules gut auf Markierungen achten! CAI-Nummern 649, 647, 656.
Einstufung Schwierig, am Morgen kann die westexponierte Route u. U. vereist sein.

326 Via ferrata Cesare Piazzetta

Piz Boè, 3152 m

Sehr schwierig

Etwas für die »Extremen« unter den Klettersteiglern, für Leute mit Schmalz in den Armen und ohne jede Angst vor der Tiefe. Kraft (oder exzellente Klettertechnik) braucht's auf der jüngst verlängerten Route allemal, ein flaues Gefühl im Magen oder gar zittrige Knie kann man beim Gang durch den Steilfels überhaupt nicht gebrauchen. Konzentriertes Steigen, voller Einsatz wird verlangt, auch da, wo kein Drahtseil mehr weiterhilft. Die in jeder Beziehung äußerst anspruchsvolle Route läßt sich auch nur bedingt etwa mit der »Pisetta« vergleichen; man bewegt sich hier in hochalpinen Regionen, Schnee und Eis sind auch im Sommer möglich. Auf jeden Fall nur bei trockenem Wetter einsteigen! Immerhin gibt's (nach zwei Dritteln der Route) einen Ausstieg zur Pordoischarte.

Wo? Das Pordoijoch (2239 m) verbindet das Fassatal mit dem Buchenstein (Livinallongo), 12 km von Canazei, 10 km von Arabba.
Ausgangspunkt Ossario del Pordoi (2229 m), etwa 1,5 km östlich vom Pordoijoch. Parkplatz.
Wegverlauf Ossario – Val de Joèl – Einstieg (ca. 2640 m) – »Ferrata Piazzetta« – Piz Boè – Forcella Pordoi – Pordoijoch – Ossario.
Gehzeiten Insgesamt 5¾ Std.; Ossario – Einstieg 1½ Std., »Ferrata Piazzetta« – Piz Boè 2½ Std., Abstieg 1¾ Std.
Hütten Capanna Fassa (3152 m) am Piz Boè, Rif. Forcella Pordoi (2829 m).
Orientierung Wenig schwierig, die Ferrata mündet unter dem Gipfelaufbau des Piz Boè in Weg 638.
Einstufung Sehr schwierig, auch äußerst ausgesetzt.

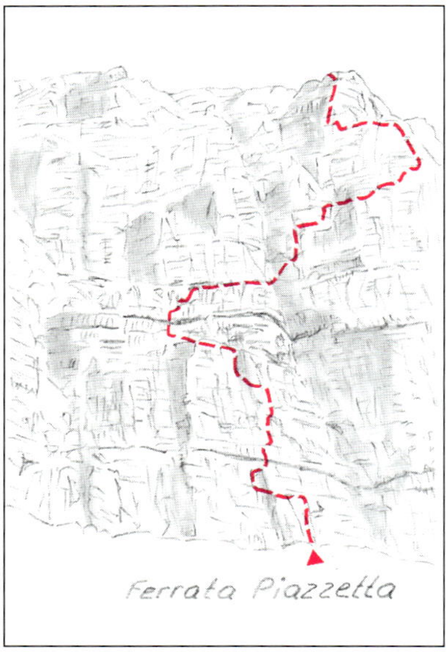

»Solo per esperti«: der senkrechte Einstieg zur »Ferrata Piazzetta« in der Sella.

327 Lichtenfelser Steig
328 Vallon-Klettersteig

Piz Boè, 3152 m

Leicht

Auf den Piz Boè kommt man nicht nur über senkrechten Fels, sondern auch gemütlich wandernd, und das tun Tausende jeden Sommer, vorzugsweise von der Seilbahnstation am Sass Pordoi (2950 m) aus. Nicht viel schwieriger, aber ungleich schöner ist der Anstieg von Osten, über den »Lichtenfelser Steig«: Ausdauer und ein sicherer Tritt genügen auf dem Weg, den einst die Sektion Lichtenfels des DuÖAV anlegte. Wem die große Kulisse und ein paar Drahtseile zu wenig sind, kann alternativ aus dem Vallon-Kessel zum »Lichtenfelser« aufsteigen: etwas mehr Eisen, sogar eine kleine Brücke und ein paar steilere Felsen. Unter der Eisseespitze (3009 m) stoßen die beiden Routen zusammen, und spätestens am Piz Boè ist es dann aus mit der »Bergesruh'«: unter dem übergroßen, mehr als nur häßlichen Reflektor herrscht rund um die Capanna Fassa gelegentlich ein Auftrieb wie am Stachus …

Wo? Corvara (1555 m) ist ein renommierter Ferienort im Hochabtei (Alta Badia), 36 km von Bruneck, 47 km von der Brenner-Autobahn über das Grödner Joch (2121 m). Eine Seilbahn führt südlich hinauf zum Crep de Mont (2198 m), ein Sessellift dann weiter an den Rand des Vallon-Kessels.
Ausgangspunkt Bergstation des Liftes (2537 m).
Wegverlauf Vallon – »Lichtenfelser Steig« – Eisseespitze (3009 m) – Piz Boè – Abstieg über Weg 638 – Vallon
Gehzeiten Insgesamt 4 Std.; Vallon – Piz Boè 2½ Std., Abstieg 1½ Std. Bei einem Aufstieg über den Vallon-Klettersteig erhöht sich die Gesamtgehzeit nur unwesentlich; absteigen tut man dann mit Vorteil über den »Lichtenfelser Steig«.
Hinweise Natürlich kann man die Tour auch am Crep de Mont beginnen; die schönste Runde beginnt allerdings am Pordoijoch (2239 m) mit der Panoramawanderung auf der großen Geröllterrasse (ca. 2600 m) zur Kostner-Hütte. Vom Gipfel steigt man dann über die Pordoischarte ab zum Paß, ca. 7 Std.
Hütte Franz-Kostner-Hütte (2517 m) am Col de Stagn.
Orientierung Leicht, die Wege sind gut markiert; CAI-Nummer 672, 638.
Einstufung Leicht; am »Lichtenfelser Steig« kürzere, mit Drahtseilen gesicherte Passagen, Vallon-Klettersteig mit einer etwas anspruchsvolleren Stelle gleich hinter der kurzen Eisenbrücke.

329 Boèseekofel, Südwand-Klettersteig

Boèseekofel, 2911 m

Mittel

Kein gesicherter Wanderweg wie der »Lichtenfelser«, aber auch keine Extremroute wie die »Piazzetta«: der Klettersteig am Boèseekofel ist solides Mittelmaß. Solide verankert sind auch Drahtseile und die beiden fast senkrechten, sehr exponierten Leitern hoch in der Wand, über die man von einem schmalen Felsband in leichteres Gelände entsteigt. Sie bilden die Schlüsselstelle der Via ferrata. Zum Gipfel ist es dann nicht mehr weit, und für den Abstieg nimmt man den aussichtsreichen »alten« Weg, über den Ostrücken, zuletzt nochmals über ein Felswandl (Eisenbügel).

Wo? Corvara (1555 m) ist ein renommierter Ferienort im Hochabtei (Alta Badia), 36 km von Bruneck, 47 km von der Brenner-Autobahn über das Grödner Joch (2121 m). Eine Seilbahn führt südlich hinauf zum Crep de Mont (2198 m), ein Sessellift weiter an den Rand des Vallon-Kessels.
Ausgangspunkt Bergstation des Liftes (2537 m).
Wegverlauf Vallon – Südwand-Klettersteig – Boèseekofel – Ostrücken – Vallon.
Gehzeiten Insgesamt 3 Std.; Südwand-Klettersteig 2 Std., Abstieg über den Ostrücken 1 Std.
Hinweis Man kann die Tour natürlich auch am Crep de Mont oder gleich am Passo di Campolongo (1875 m) beginnen; Gesamtgehzeit 4½ bzw. 6 Std.
Hütte Am Col de Stagn steht die Franz-Kostner-Hütte (2517 m).
Orientierung Leicht, die Wege sind ordentlich markiert.
Einstufung Mittel, Höhe der Ferrata etwa 300 m; einige Passagen sehr ausgesetzt.

Stets im Blickfeld an der »Ferrata delle Trincee«: das Marmolada-Massiv, hier die Punta Serauta. Über die Riesenschräge läuft die »Via Eterna«.

330 Via ferrata delle Trincee

La Mésola, 2727 m

Schwierig

Trincee – Schützengräben. Ihnen begegnet man an dieser Route allenthalben, doch das ist für Dolomiten-Klettersteige kaum ungewöhnlich. Viel ungewöhnlicher ist das Gestein: kein heller, griffiger Kalk, sondern Tuffe vulkanischen Ursprungs bauen den Padònkamm auf. Der Fels ist dunkel, fast schwarz, wirkt wie vernarbt. Was für ein Kontrast zum hell schimmernden Firnschild der Marmolada, zur doppelstöckigen Riesenburg der Sella!
Die »Ferrata delle Trincee« folgt dem zerklüfteten Kamm von der Porta Vescovo östlich bis in den Passo Padòn. Kernstück ist dabei die Überschreitung der Mésola; auch erfahrene Klettersteigler werden ordentlich gefordert, die Exposition ist teilweise beträchtlich, und das Vulkangestein erweist sich als ausgesprochen griffarm.
Hinter dem Mésola-Ostgipfel kann man die Übung abbrechen und über Wiesenhänge zur Porta Vescovo zurückspazieren. Die Fortsetzung der gesicherten Route bis zum Padònpaß stellt keine vergleichbaren Anforderungen mehr, ist aber sehr lohnend und führt mehr als einmal ins (Tunnel-)Dunkel. Da ist man dann um ein Lichtlein froh – also Taschenlampe mitnehmen!

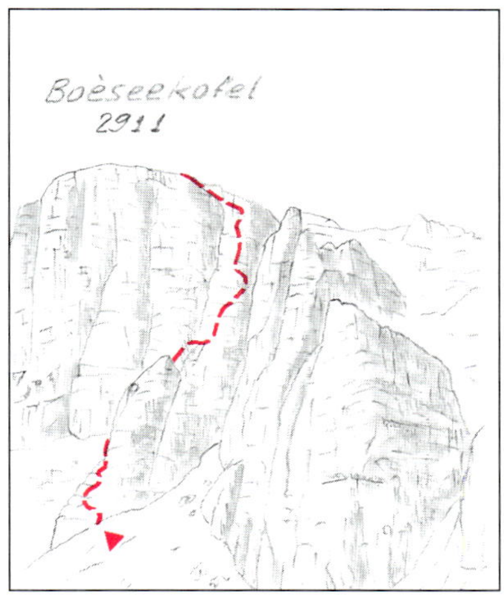

Wo? Der Padònkamm erhebt sich zwischen den großen Dolomitenmassiven der Sella und der Marmolada. Nördlich verläuft die »Große Dolomitenstraße« (Pordoijoch) südlich die Straße über den Passo di Fedaia (2056 m).
Ausgangspunkte Lago di Fedaia (2054 m), 12 km von Canazei bis zur Staumauer bzw. zum Rif. Castiglioni. Parkplatz.
Porta Vescovo (2478 m), Bergstation der von Arabba ausgehenden Seilschwebebahn.
Wegverlauf Rif. Castiglioni – Porta Vescovo – »Ferrata delle Trincee« – Passo Padòn (2369 m) – Lago di Fedaia.
Gehzeiten Insgesamt 5¾ Std.; Rif. Castiglioni – Porta Vescovo 1¼ Std., »Ferrata delle Trincee« – Passo Padòn 3¼ Std., Passo Padòn – Lago di Fedaia 1¼ Std.
Geht man von der Porta Vescovo aus, reduziert sich die Gesamtgehzeit auf 4½ Std. bzw. 2½ Std. (für den ersten Wegabschnitt).
Tip Länger, aber sehr aussichtsreich ist der Zugang vom Pordoijoch (2239 m) aus über die »Alta via del Padòn«, die als Kammroute sozusagen »eine Etage« über dem »Bindelweg« verläuft (den man für den Rückweg nehmen kann); Gesamtgehzeit 8½ Std.
Hinweis Die kurze Ferrata am Sas Ciapel (2557 m) ist nie fertiggestellt worden; es stecken aber noch ein paar Haken im Fels. Unbegehbar!
Hütten Rif. Padòn (2369 m); Biv. Bontadini (2550 m), Notunterkunft, stets zugänglich.
Orientierung Die Gratroute ist nicht zu verfehlen. Zugänge ordentlich markiert.
Einstufung Erster Abschnitt schwierig, sehr luftig; zweites Teilstück leicht.

331 Westgrat-Klettersteig
Marmolada, 3343 m

Mittel

Die Marmolada, ladinisch Marmoleda, ist ein Berg der Superlative: höchster Gipfel der Dolomiten mit dem größten Gletscher, mit der größten (Süd-)Wand, der längsten Seilbahn – und dem ältesten Klettersteig. Zumindest in den Dolomiten, denn der »Hans-Seyffert-Weg« wurde bereits kurz nach der Jahrhundertwende (also vor dem »Pößnecker«) angelegt: Noch heute ist der Aufstieg an den langen Bügelreihen ein Erlebnis, nicht zuletzt natürlich aufgrund der großen Kulisse, zur Linken der Gletscher, rechts die 800-Meter-Mauer. Wer aus dem Contrintal heraufkommt, hat kaum Eisberührung, nur ganz oben läuft man in der ausgetretenen Firnspur zur Capanna Punta Penia und zum Kreuz, das den Gipfel der Dolomiten markiert. Der alte Gletscherweg vom Pian dei Fiacconi herauf, vielfach als Abstieg benutzt, darf nicht unterschätzt werden: Erfahrung in kombiniertem Gelände ist da unerläßlich (Eisausrüstung).

Wo? Zur Marmolada kommt man von Canazei über die Fedaiastraße, 12 km bis zum Stausee bzw. zur Talstation der Marmolada-Gondelbahn.
Ausgangspunkte Bergstation des Liftes am Pian dei Fiacconi (2626 m). Alba (1517 m), Parkplatz der Ciampac-Seilschwebebahn.
Wegverlauf Pian dei Fiacconi – Forcella della Marmolada (2896 m) – »Westgrat-Klettersteig« – Marmolada (Punta di Penia, 3343 m) – Abstieg auf dem gleichen Weg oder über den Marmolada-Gletscher.
Von Alba kommt man über das Rif. Contrin (2016 m) zur Marmolada-Scharte.
Gehzeiten Insgesamt 6½ Std.; Pian dei Fiacconi – Forcella della Marmolada 1¾ Std., »Westgrat-Klettersteig« 2 Std., Abstieg auf dem gleichen Weg 2¾ Std.
Gesamtgehzeit ab Alba mit Abstieg über den Gletscher 8½ Std., mit Abstieg auf dem Anstiegsweg etwa 11 Std.; Alba – Rif. Contrin 2 Std., Rif. Contrin – Forcella della Marmolada 2½ Std.
Hütten Rif. Contrin (2016 m); Capanna Punta Penia (3343 m), stets zugänglich, aber nur zeitweise bewirtschaftet.
Orientierung Klettersteig problemlos; Zugangswege gut markiert, CAI-Nummern 606, 602. Auf den Gletschern in der Regel ausgetretene Spur, am stark geschrumpften Vernel-Gletscher kaum Spalten.
Einstufung Mittel. Hochalpine Tour, nur bei sicherem Wetter gehen, von Alba aus mit Nächtigung im Rif. Contrin. Seil, Pickel und Steigeisen für den Gletscher!

332 Via Eterna
Punta Serauta, 2962 m

Schwierig

Eterna steht für »endlos«, und das paßt ganz gut zu der neuen Ferrata. Auf der Fahrt von Canazei zum Fedaiapaß, vorbei am gleichnamigen See, hat man ihn direkt vor sich, den hohen Gratrücken, der eine kleingezackte Linie zur Punta Serauta zieht, dann über gewaltige Plattenschüsse zum Pian di Lobia abfällt. Wer am Drahtseil die gut 800 Höhenmeter vom Einstieg wenig oberhalb des Passo di Fedaia zur Punta hinaufgekraxelt ist, kann's nachvollziehen: endlos. Und oben heißt in diesem Fall keineswegs, daß man am Ziel ist, ganz im Gegenteil, der rund einen Kilometer lange Kamm wartet mit ein paar sehr exponierten Passagen auf, da zeigt die Ferrata, daß sie nicht nur ungewöhnlich lang ist, sondern auch Klasse besitzt. Wen der Anstieg aber zu sehr geschlaucht hat, wer müde ist, kann dem (gesicherten) Tanz über dem Abgrund nicht mehr viel abgewinnen. Deshalb mein Vorschlag: einmal anders herum gehen. Die Seilbahn von Malga Ciapela zur Forcella Serauta nicht – wie es die meisten tun – für den Abstieg nehmen, sondern gleich mit der ersten Bahn hinauffahren und die »Eterna« von oben angehen: zuerst der Genußgrat, dann »abseilen« zum Fedaiapaß. Und zurück zum Ausgangspunkt hilft garantiert der ausgestreckte Daumen …

Wo? Über den Passo di Fedaia (2056 m) führt eine gut ausgebaute Straße, 14 km von Canazei, 17 km von Caprile.
Ausgangspunkt Scheitelhöhe bzw. viertoberste Straßenkehre an der Ostrampe der Paßstraße (ca. 1890 m).
Wegverlauf Passo di Fedaia – »Via Eterna« – Punta Serauta – Seilbahnstation Serauta (2930 m).
Gehzeiten Passo di Fedaia – Punta Serauta 4 Std., Punta Serauta – Seilbahnstation Serauta 2 Std.; in umgekehrter Richtung insgesamt etwa 4½ Std.
Orientierung Ein riesiges »F«, auf den Fels gemalt, markiert den Einstieg (2160 m) zur »Via Eterna«. Von der Forcella Serauta kann man durch den Vallon d'Antermoia absteigen, Markierungen und Wegzustand unsicher! Abstieg über den Gletscher nur mit Steigeisen!
Einstufung Schwierig, sehr anstrengend. Auf den Plattenschüssen Steinschlaggefahr durch Voraussteigende (Helm).

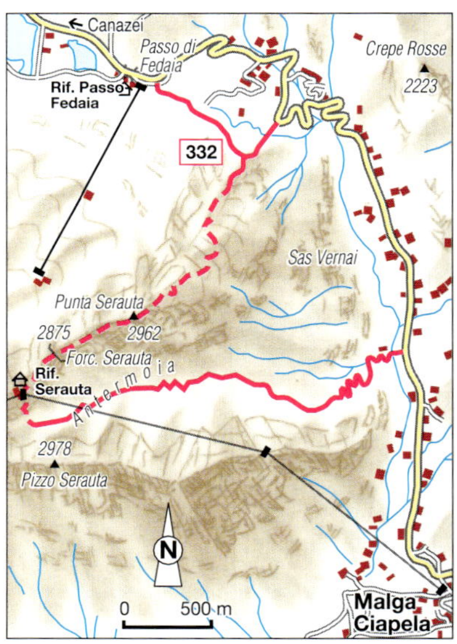

Auf den langen Klammerreihen des Marmolada-Klettersteigs.

333 Sass da Rocia, Via ferrata
Sass da Rocia, 1614 m

Leicht

Sie ist so kurz wie originell – und nicht leicht zu finden, die »Ferrata«. Denn beim Sass da Rocia handelt es sich um einen vergleichsweise winzigen Felsturm im Niemandsland zwischen Marmolada und Civetta. Gerade mal gut 50 Meter hoch sind Fels und Steig; der steinerne Würfel ist aber mehrfach gespalten. Daraus resultiert ein ungewöhnlicher Wegverlauf: zuerst zwängt man sich durch eine enge Felsklamm, dann leiten Eisenklammern senkrecht hinauf zu einer ersten soliden Brükke; eine zweite, längere »ponte« leitet hinüber zum Gipfelplateau. Und da steht eine schmucke (Selbstversorger-)Hütte mit dem poetischen Namen »Bivacco delle Stelle«, was die Vermutung nahelegt, daß der abgelegene Platz unter den Sternen wohl nicht nur tagsüber Besuch bekommt …

Die kleinste Ferrata der Dolomiten: Sass da Rocia.

Wo? Zufahrt von der Strada Statale No. 563 (Salesei – Caprile). Am Ortsrand von Digonera (1157 m) zweigt eine Serpentinenstraße hinauf nach Laste ab; sie setzt sich von Val bis zum Weiler Ronc (1508 m) fort, 5 km.

Ausgangspunkt Kleiner Parkplatz am Straßenende. Hinweistafel »Ferrata«.

Gehzeit Für den kleinen Abstecher gut 30 Min. hin und zurück.

Einstufung Leicht.

334 Ferrata Ombretta
Cima Ombretta di Mezzo, 2983 m

Mittel

Über die Nordflanke kommt man leicht auf den west-ost gerichteten Kamm der Cime d'Ombretta, eine Stunde Gerölltreten vom Passo Ombretta (2702 m). Einen markierten Zugang gibt es auch von Südwesten; er führt über den zwischen Ombretta und Sasso Vernale (3058 m) eingebetteten Karwinkel mit seinem winzigen Gletscher. Die rund 60 Meter hohe Felsbarriere am Westgrat des Vernale wird mit Hilfe solider Sicherungen überwunden; eine Stunde später steht man vor der grandiosen Südansicht der Marmolada.

Wo? Canazei (1450 m) ist ein berühmter Ferienort im obersten Fassatal, am Fuß der Paßstraßen zum Pordoi und zur Sella.
Ausgangspunkt Alba (1517 m), 3 km von Canazei. Großer Parkplatz bei der Talstation der Ciampac-Seilbahn.
Wegverlauf Alba – Rif. Contrin (2016 m) – Val de le Cirele – »Ferrata Ombretta« – Cima Ombretta di Mezzo – Passo Ombretta (2702 m) – Rif. Contrin – Alba.
Gehzeiten Insgesamt 8 Std.; Alba – Rif. Contrin 2 Std., Rif. Contrin – Wegverzweigung im Val de le Cirele 1½ Std., »Ferrata Ombretta« – Cima Ombretta 1½ Std., Cima Ombretta – Passo Ombretta – Rif. Contrin 1½ Std., Rif. Contrin – Alba 1½ Std.
Hütte Rif. Contrin (2016 m).
Orientierung Die Wege sind ordentlich markiert, CAI-Nummern 602, 607, 650, 610.
Einstufung Mittel.

335 Via ferrata dei Finanzieri
Colàc, 2715 m

Schwierig

Einst ein echtes »Mauerblümchen« in der großen Dolomitenkulisse von Canazei, ist der Colàc mittlerweile »sportlich« bestens erschlossen: im Winter baggert die große Seilbahn Skiläufer hinauf nach Ciampac (2147 m), im Sommer sind es die Klettersteigler, die mit der Funivia bequem bis fast zum Einstieg der »Ferrata dei Finanzieri« kommen. Die Route ist klar vorgezeichnet; sie folgt der mächtigen Verschneidung in der Westwand des Colàc gegen den Nordostgrat, gewinnt dann über gestuften Fels den Gipfel – ein rasanter Klettersteigspaß für Geübte. Und der Abstieg, der »hintenherum« in die Forcia Neigra führt, wartet ebenfalls mit etwas Eisen auf – Zugabe!

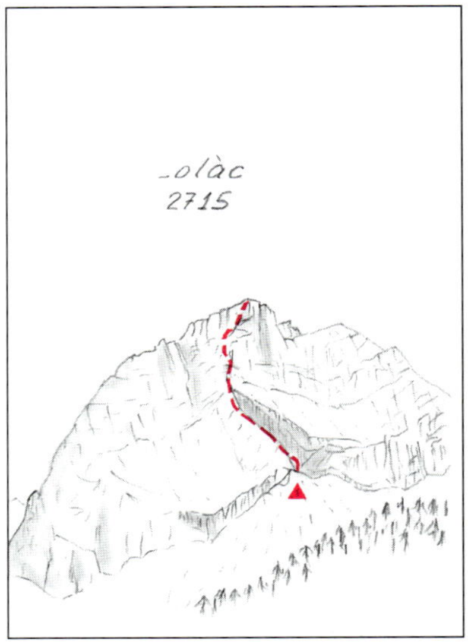

Wo? Canazei (1450 m) ist ein berühmter Ferienort im obersten Fassatal, am Fuß der Paßstraßen zum Pordoi und zur Sella. In Alba (1517 m), 3 km, liegt die Talstation der Ciampac-Seilbahn.
Ausgangspunkt Bergstation Ciampac (2147 m).
Wegverlauf Ciampac – »Ferrata dei Finanzieri« – Colàc – Forcia Neigra (2509 m) – Ciampac.
Gehzeiten Insgesamt 3¾ Std.; »Ferrata dei Finanzieri« – Colàc 2½ Std., Abstieg über die Forcia Neigra 1¼ Std.
Tip Man kann alternativ auch über den Passo di San Nicolò (2338 m) ins Val Contrin absteigen, vom Gipfel bis Alba 3½ Std., sehr lohnend.
Orientierung Problemlos.
Einstufung Schwierig, Steinschlaggefahr (Helm).

336 Ferrata Col Ombert
Col Ombert, 2670 m

Schwierig

Vor ein paar Jahren hat das (üppige) Klettersteigangebot des Fassatals nochmals Zuwachs bekommen: eine Ferrata, die im steilen Fels auf den Col Ombert führt. Das wenig auffallende Felsdreieck über dem inneren Contrintal bietet ein faszinierendes Panorama, in dem Marmolada, Colàc und Cima dell'Uomo dominieren. Daß der Berg vor ein paar Jahrzehnten mehr Besuch bekam, spürt man unterwegs auf Schritt und Tritt: überall Kriegsspuren, Kavernen, Wege und Stellungen aus den Jahren 1915/17. Den Soldaten jener Zeit ist die Route denn auch gewidmet. Sie ist zwar nicht besonders lang, aber recht anspruchsvoll – und ziemlich steinschlaggefährdet. Deshalb ist der Kopfschutz (Helm) hier besonders wichtig.

Wo? Der Col Ombert erhebt sich zwischen den Tälern von San Nicolò und Contrin. Zufahrt von Pozza di Fassa.
Ausgangspunkt Ciampiè (1855 m) im innersten Val di San Nicolò, 7,5 km vom Fassatal.
Wegverlauf Ciampiè – Passo di San Nicolò (2338 m) – Klettersteig – Col Ombert – Passo Paschè (2498 m) – Ciampiè.
Gehzeiten Insgesamt 5 Std.; Ciampiè – Col Ombert 1½ Std., Klettersteig – Col Ombert 1½ Std., Abstieg über den Passo Paschè 2 Std.
Hütte Rifugio Passo di San Nicolò (2340 m).
Orientierung Markierte Wege, Querung zu CAI-Weg 609 teilweise weglos.
Einstufung Schwierig, Steinschlaggefahr!

337 Sentiero attrezzato Lino Pederiva

Sass de Roces, 2618 m

Leicht

Was für ein Kontrast zum Fassatal! Wenn sich auf der »Großen Dolomitenstraße« die Autos stauen und ihre Abgase in den blauen Himmel blasen, in Vigo und Pozza ein rechtes Gewusel herrscht, ist man droben im hintersten Sankt-Nikolaus-Tal (fast) allein, allein mit einer großartigen Kulisse. Marmolada, Civetta, Pelmo, Langkofel und Rosengarten, Uomo und Cimòn della Pala, sie alle stehen Parade bei der hübschen Höhenwanderung quer durch die abschüssigen Südhänge des Sass de Roces. Daß dabei ein paar Drahtseile über die Grasbänder leiten, nimmt man eher beiläufig zur Kenntnis: nichts für eingefleischte Ferratisten, aber eine schöne Promenade für Naturfreunde. Als Ausgangspunkte bieten sich das Val di San Nicolò und die Seilbahnstation Ciampac an; eine Kombination mit der »Ferrata dei Finanzieri« (siehe 335) ist möglich.

Wo? Der Sass de Roces erhebt sich zwischen den Tälern von San Nicolò und Contrin. Zufahrt von Pozza di Fassa oder mit der von Alba (1517 m) ausgehenden Ciampac-Seilbahn.
Ausgangspunkte Ciampiè (1855 m) im innersten Val di San Nicolò, 7,5 km. Bergstation der Ciampac-Seilbahn (2147 m).
Wegverlauf Vom Val di San Nicolò aus: Ciampiè – Passo di San Nicolò (2338 m) – »Sentiero Pederiva« – Forcella Roseal (ca. 2440 m) – Foscac – Ciampiè.
Ausgangspunkt Ciampac: Ciampac – Sella Brunec (2428 m) – »Sentiero Pederiva« – Forcia Neigra (2509 m) – Ciampac.
Gehzeiten Gesamt ab Ciampiè 3½ Std., ab Ciampac 4½ Std.
Hinweis Der Sass de Roces (2618 m) wird vom »Sentiero Pederiva« nur tangiert; Besteigung über den Westgrat mit heikler IIer Stelle, unmarkiert.
Hütte Rif. Passo di San Nicolò (2338 m).
Orientierung Die Wege sind überwiegend gut markiert, CAI- Nummern 608, 613B, 613. Nicht bezeichnet ist der Abstieg aus der kleinen Gratsenke vor der Roseal-Kuppe; es handelt sich dabei um alte Almwege (leicht zu finden).
Einstufung Leicht.

338 Via ferrata Franco Gadotti

Sass Aut, 2555 m, und Valacia, 2637 m

Leicht

Etwas für Klettersteigler, denen nach mehr oder weniger ausgiebigem Kolonnengehen im Rosengarten der Sinn nach ruhigeren Berggefilden steht. Und da ist der Klettersteig auf der anderen Seite des Fassatals gerade richtig: nie überlaufen, aber eine interessante, wenig schwierige Überschreitung mit ein paar originellen Passagen, etwa am »Teufelsloch«, dazu einer fußballfeldgroßen Gipfelwiese (am Sass Aut) und einem grandiosen Panorama, mit massenhaft Edelweiß. Und der Gewißheit hinterher, einen ebenso schönen wie ausgefüllten Bergtag erlebt zu haben. Sicherungen gibt's nur am Sass Aut, in seinen Sockelfelsen, am Anstieg vom Nordgrat zum Gipfelplateau und in der langen, steilen Geröllrinne, durch die man absteigt, um anschließend über Geröllterrassen, Schneefelder und Karwinkel die Valacia anzusteuern.

Die »Ferrata Gadotti« beginnt mit einer recht exponierten Querung.

Wo? Ins Val di San Nicolò kommt man von Pozza di Fassa auf einer ordentlichen Straße, 4 km bis zur Malga Crocefisso (1526 m).
Ausgangspunkt Parkplatz bei der Malga Crocefisso; beschränkte Parkmöglichkeit auch an der ins Valle dei Monzoni führenden Straße (Sperrschranke an der ersten Kehre, ca. 1600 m).
Wegverlauf Malga Crocefisso – Baita Monzoni (1792 m) – Biv. Zeni (2090 m) – »Ferrata Gadotti« – Sass Aut – Valacia – Rif. Valacia (2275 m) – Baita Monzoni – Malga Crocefisso.
Gehzeiten Insgesamt 7¼ Std.; Malga Crocefisso – Biv. Zeni 2 Std., »Ferrata Gadotti« – Valacia 3½ Std., Valacia – Malga Crocefisso 1¾ Std.
Hinweis Zum Biv. Zeni kann man auch vom Rif. Soldanella über eine »Direttissima« aufsteigen: sehr steil, 1½ Std.
Hütten Baita Monzoni (1792 m), Rif. Valacia (2275 m); Biv. Zeni (2090 m), Notunterkunft, stets zugänglich.
Orientierung Bei der Querung von der Baita Monzoni zum Biv. Zeni verläßt man die Forststraße nach etwa einer Halbstunde links; hier gut auf Markierungen achten, sonst droht ein Verhauer! CAI-Nummern 603, 637, 630, 624.
Einstufung Leicht.

339 Alta via Bruno Federspiel

Spiz di Tariciogn, 2647 m

Leicht

Die Monzoni waren seit jeher das Ziel der Geologen, der Naturfreunde, nicht der Bergsteiger, und wenn man es in den schrofigen Bergflanken hämmern hört, hat das nichts mit Klettern zu tun: Mineralien- ➡

Wo? Ins Val di San Nicolò kommt man von Pozza di Fassa auf einer ordentlichen Straße, 4 km bis zur Malga Crocefisso (1526 m).
Ausgangspunkt Parkplatz bei der Malga Crocefisso; beschränkte Parkmöglichkeit auch an der ins Valle dei Monzoni führenden Straße (Sperrschranke an der ersten Kehre, ca. 1600 m).
Wegverlauf Malga Crocefisso – Baita Monzoni (1792 m) – Rif. Taramelli (2040 m) – Pas da le Sele (2528 m) – »Alta via Federspiel« – Sforcela de ➡

DIE DOLOMITEN

➡ sucher. Schon Alexander von Humboldt wußte um den Mineralienreichtum der Monzoni, die sich auch optisch stark von den benachbarten Dolomitgruppen unterscheiden. Also kein Kletterrevier, aber immerhin gibt es einen Gratweg, abschnittweise gesichert, teilweise in extrem brüchigem Gestein verlaufend. Den Zwischenabstieg vom Spiz del Malinvern (2630 m) ins Murmeltierrevier des Cadin Brut kann man sich mittlerweile zwar sparen; die Route folgt weiter dem Kamm über die Pale Rabbiosa (2559 m) bis zur Costela, doch ist das Gestein hier gefährlich brüchig. In der Costela empfiehlt es sich auf jeden Fall, noch den Abstecher zur Valacia (siehe 338) anzuhängen; für den knapp halbstündigen Aufstieg entschädigt ein Panorama, das die meisten Gipfel der westlichen Dolomiten einschließt.

➡
Ricoleta (2431 m) – Spiz del Malinvern (2630 m) – La Costela (2491 m) – Baita Monzoni – Malga Crocefisso.
Gehzeiten Insgesamt 7¾ Std.; Malga Crocefisso – Pas da le Sele 2¾ Std., »Alta via Federspiel« – Spiz del Malinvern – La Costela 3½ Std., La Costela – Malga Crocefisso 1½ Std.
Hinweise Aus der Sforcela de Ricoleta kann man nordseitig weglos ins innerste Monzonital absteigen. Gesamtgehzeit dann etwa 6 Std. Von einer Überschreitung der Pale Rabbiosa zur Costela kann ich nur abraten: Bruch!
Hütten Rif. Taramelli (2040 m), Rif. Passo le Selle (2530 m), Rif. Valacia (2275 m).
Orientierung Gut markierte Wege, CAI-Nummern 603, 616, 624.
Einstufung Leicht, aber sehr weit.

340 Sentiero Gino Badia
Forcela del'Ort, 2507 m

Leicht

In einen stillen, landschaftlich aber sehr reizvollen Winkel des westlichen Costabella-Kamms führt der kleine gesicherte Steig – eine Alternative zum vielbegangenen Weg aus dem Val dei Monzoni herauf. Und die Forcella del'Ort ist garantiert die engste Scharte weitum!

Wo? Ins Val di San Nicolò kommt man von Pozza di Fassa auf einer ordentlichen Straße, 4 km bis zur Malga Crocefisso (1526 m).
Ausgangspunkt Parkplatz bei der Malga Crocefisso.
Wegverlauf Malga Crocefisso – Pont de Ciamp (1737 m) – Forcela dal Pieif (2186 m) – »Sentiero Gino Badia« – Forcella del'Ort – Pas da le Sele (2528 m) – Rif. Taramelli (2040 m) – Malga Crocefisso.
Gehzeiten Insgesamt 5½ Std.; Malga Crocefisso – Forcela dal Pieif 1¾ Std., Forcela dal Pieif – Pas da le Sele 1¾ Std., Abstieg 2 Std.
Hütten Rif. Passo le Selle (2530 m) am Pas da le Sele, Rif. Taramelli (2040 m), Biata Monzoni (1792 m).
Orientierung Markierte Steige.
Einstufung Leicht, Zugang über Geröll recht mühsam.

341 Alta via Bepi Zac
Cima di Costabella, 2762 m

Leicht

Sie gehören nicht zu den Modebergen, die Gipfel und Grate der südlichen Marmolada-Gruppe, die meisten fristen seit jeher ein Mauerblümchendasein, werden nur selten besucht. Wie der langgestreckte Kamm, der von den Monzoni über die Cima di Costabella ostwärts zieht und schließlich in dem Koloß der Cima dell'Uomo (3010 m) kulminiert. Nur einmal, für ein paar Jahre, lieferten diese Berge (traurige) Schlagzeilen: In Europa herrschte Krieg, die Front ging quer durch die Dolomiten. Und noch heute ist es der Kontrast zwischen der großen Landschaft und den Relikten jener unseligen Zeit, der den Wanderer besonders beeindruckt: dunkle Löcher im Fels, Schützengräben, Kavernen. Die wenigen Drahtseilsicherungen sind eher Nebensache, zumindest seit dem Abbau der Ferrata auf die Cima dell'Uomo. Und auch der gesicherte Zustieg zur Cima Colbel existiert nicht mehr, weshalb man mit Vorteil aus der Forcella de Ciadin zum Passo di San Pellegrino absteigt.

Wo? Der Passo di San Pellegrino (1919 m) verbindet das Fassatal mit dem Tal des Biois, 12 km von Moena, 18 km von Cencenighe Agordino.
Ausgangspunkt Passo di San Pellegrino (1919 m); Parkplätze im Bereich der Scheitelhöhe. Bei Benützung des Sesselliftes »Paradiso« verkürzt sich der Anstieg zum Pas da le Sele um ¾ Std.
Wegverlauf Passo di San Pellegrino – Pas da le Sele (2528 m) – »Alta via Bepi Zac« – Cima di Costabella – Forcella de Ciadin (2664 m) – Passo di San Pellegrino.
Gehzeiten Insgesamt 6 Std.; Passo di San Pellegrino – Pas da le Sele 1¾ Std., »Alta via Bepi Zac« – Forcella de Ciadin 3 Std., Abstieg zum San-Pellegrino-Paß 1¼ Std.
Hinweis Man kann die Tour in östliche Richtung über die Cima delle Vallate (2837 m) bis zur Cima del Colbel (2809 m) fortsetzen und dann über den Om Picol (2483 m) zum San-Pellegrino-Paß absteigen, teilweise gesichert; Gesamtgehzeit 7¾ Std. Siehe oben!
Hütte Rif. Passo le Selle (2530 m).
Orientierung Die Wege sind ordentlich markiert.
Einstufung Leicht.

342 Via ferrata Paolin-Piccolin
Cima dell'Auta Orientale, 2624 m

Mittel

Der ebenmäßig gebaute Doppelgipfel der Cime dell'Auta – ein unverkennbares Profil – ist von vielen Dolomitenhöhen aus zu sehen; ihren Namen weiß aber kaum jemand. Dafür stehen zahlreiche berühm-te Dolomitenberge im Panorama der »Hohen« (= auta) Zinnen. Und schon allein der faszinierenden Aussicht wegen lohnt sich ihre Besteigung, doch da sind noch die Blumenwiesen am Felsfuß, südalpin-üppig – und eine Via ferrata. Die wiederum zieht nicht unbedingt Blumenfreunde an, dafür Klettersteigler. Die Ferrata ➡

→ gehört zwar nicht zu den großen Klassikern in den »Bleichen Bergen«, rundet eine Gipfelüberschreitung aber angenehm ab. Und der Einstieg, 25 Meter in der Vertikalen, sorgt immerhin für etwas Kitzel; wer ohne zittrige Knie drüberkommt, hat schon bestanden, kann sich auf die Gipfelschau freuen – siehe oben.

Wo? Caviola (1127 m) ist ein kleiner Ferienort im Valle del Biois, 8 km von Cencenighe Agordino.
Ausgangspunkt Colmean (1274 m), Häusergruppe nördlich von Caviola, 2 km. Parkplatz.
Wegverlauf Colmean – Baita dei Cacciatori (1751 m) – »Ferrata Paolin-Piccolin« – Forcella del Medìl (ca. 2470 m) – Cima dell'Auta Orientale – Ostgrat – Weggabelung am Corn Negher – Baita dei Cacciatori – Colmean.
Gehzeiten Insgesamt 7 Std.; Colmean – Baita dei Cacciatori 1½ Std., Baita dei Cacciatori – »Ferrata Paolin-Piccolin« – Cima dell'Auta 3 Std., Abstieg 2½ Std.
Hütte Baita dei Cacciatori (1751 m).
Orientierung Die Wege sind ordentlich bezeichnet.
Einstufung Mittel, Steinschlaggefahr in der Rinne unterhalb der Forcella del Medìl.

343 Via attrezzata del Gronton
Gronton, 2622 m

Leicht

Porphyr ist kein Dolomit, die rote Farbe verrät es gleich, und zum Klettern eignet sich dieser Fels auch nur bedingt. Genaugenommen, zumindest aus der Sicht des Geologen, gehört die Bergkette südlich des San-Pellegrino-Passes ohnehin nicht mehr zu den Dolomiten, sondern zu dem (ebenfalls aus Porphyr aufgebauten) Lagorai. Und bei der »Via attrezzata« handelt es sich auch bloß um einen Höhenweg, mit ein paar Drahtseilen ausgestattet, keineswegs um eine echte »Ferrata«. Was soll's, auch wenn jetzt mancher eingefleischte Klettersteigler die Nase rümpft; die Gratüberschreitung von der Sforcela del Cajerin bietet vielleicht wenig Eisen, aber dafür viel Aussicht auch auf die »richtigen« Dolomiten; und die drei Lúsiaseen, stille Augen im Grün und Braun einer langgestreckten Karmulde, verleiten möglicherweise zu einem (kühlen) Bad …

Wo? Zum Passo di Lúsia (2055 m) kommt man von Moena über die San-Pellegrino-Straße. Nach 2,5 km zweigt rechts die geschotterte und abschnittweise steile Zufahrt ab, weiter 6 km. Alternativ bietet sich eine Fahrt mit der »Funivia di Lúsia« an; von ihrer Bergstation Le Cune (2202 m) steigt man in ¼ Std. ab zum Passo di Lúsia.
Wegverlauf Passo di Lúsia – Sforcela del Cajerin (2363 m) – »Via attrezzata del Gronton« – Gronton – Sforcela de Boce (2543 m) – Laghi di Lúsia – Passo di Lúsia.
Gehzeiten Insgesamt 4 Std.; Passo di Lúsia – Sforcela del Cajerin 1¼ Std., »Via del Gronton« 1¼ Std., Abstieg 1½ Std.
Tip Von der Sforcela de Boce aus besteigt man in knapp ¾ Std. di Cima Bocche (Cimon de Boce, 2745 m).
Orientierung Problemlos, bis zur Sforcela de Boce CAI-Nummer 633.
Einstufung Leicht, einige Drahtseilsicherungen.

344 Sentiero attrezzato del Canalino
Passo Mulaz, 2619 m

Mittel

Zur Mulaz-Hütte kommt man auf verschiedenen Wegen: herauf aus dem Tal des Biois, vom Passo Costazza (2170 m) und seit ein paar Jahren auch über den »Sentiero del Canalino«. Der Ausgangspunkt (Passo di Valles) liegt verführerisch hoch, der Zugang ist eine einzige Aussichtspromenade, gesäumt von südalpinem Blumenzauber, der Aufstieg durch den Canalino dann rauh, steil, aber ordentlich gesichert. Mit Steinschlag muß man in dem engen Felskanal allerdings rechnen, ein riesiger Klemmblock zwingt zu einer akrobatischen Turnübung an soliden Eisenbügeln. Und am Paß heißt es dann: Fünf Minuten hinab zur Hütte oder noch eine Dreiviertelstunde hinauf zur Gipfelglocke auf dem Monte Mulaz (2906 m). Da bietet sich dann die große Rundschau: Blickfang und ganz nah ist die Nordkette der Pala mit Cima del Focobon (3054 m), Campanile di Val Grande und Cima dei Bureloni (3130 m).

Wo? Der Passo di Valles (2031 m) verbindet die Täler des Travignolo und des Biois, 20 km von Predazzo, 19 km von Cencenighe Agordino.

Ausgangspunkt Passo di Valles (2031 m); Parkplatz.
Wegverlauf Passo di Valles – Forcella Venegia (2217 m) – »Sentiero del Canalino« – Passo Mulaz – Focchetti di Focobon (2291 m) – Passo di Venegiota (2303 m) – Forcella Venegia – Passo di Valles.
Gehzeiten Insgesamt 5 Std.; Passo di Valles – Einstieg zum Canalino (ca. 2400 m) 2 Std., »Sentiero del Canalino« – Passo Mulaz ¾ Std., Rückweg über die Focchetti di Focobon 2¼ Std.
Hütte Rif. Mulaz (2571 m) am gleichnamigen Paß.
Orientierung Bis hinter die Forcella Venegia CAI-Mark. 749, dann rote Pfeile, erst üppig, hinter dem Vallon della Venegiota teilweise undeutlich (schräg ansteigend zu einer auffallenden Kuppe). Rückweg CAI-Nummer 751.
Einstufung Mittel, Steinschlaggefahr im Canalino. Sicherungen teilweise beschädigt.

DIE DOLOMITEN

345 Via ferrata Bolver-Lugli
Bivacco Fiamme Gialle, 3005 m

Schwierig

Wenn's einen Klettersteig gibt, den ich besonders mag in der Pala, dann den »Bolver-Lugli«. Nicht nur wegen der großen Kulisse, der weiten Aussicht nach Westen, dem überraschenden Szenenwechsel oben am Grat; diese Route läßt einen klettern, das Drahtseil schaut zu, sichert – und aus dem »Ferratisten« wird unversehens ein »Climber«, der den III. Grad locker meistert. Die Route beginnt am schrofigen Wandvorbau eher gemütlich, zeigt erst oberhalb der 2500-Meter-Marke ihre Klasse. Im festen Schlerndolomit steigt man rasch höher, der Fels liefert überall gute Haltepunkte, nur an einer einzigen Stelle, dem Überstieg aus einer winzigen Scharte in die Wand, ist (zu Recht) ein Eisenstift angebracht. Die »Bolver-Lugli« zeichnet die Originalführe der Gebrüder Langes von 1921 elegant nach, wer gut drauf ist, genießt Tiefblicke, Aussicht und die Kletterei gleichermaßen.

Wo? San Martino di Castrozza (1466 m) liegt an der Südrampe der Rolle-Paßstraße, 30 km von Predazzo. Zufahrt zur Talstation des Col-Verde-Sessellifts.
Ausgangspunkt Col Verde (1965 m), Bergstation des Sesselliftes.
Wegverlauf Col Verde – »Ferrata Bolver-Lugli« – Biv. Fiamme Gialle – Passo del Travignolo (2925 m) – Valle dei Cantoni – Passo Bettega (2630 m) – Rif. Rosetta (2581 m) – Col Verde.
Gehzeiten Insgesamt 6¾ Std.; Col Verde – Einstieg (ca. 2280 m) 1 Std., »Ferrata Bolver-Lugli« 3 Std., Abstieg zum Col Verde 2¾ Std.
Vom Passo del Travignolo (2925 m) besteigt man in ¾ Std. die Cima della Vezzana (3192 m), den höchsten Gipfel der Pala; Markierung 716.
Beim Abstieg kann man sich den Umweg über das Rif. Rosetta sparen; vom Passo Bettega gibt es einen markierten Abkürzer.
Hütten Rif. Rosetta (2581 m), Biv. Fiamme Gialle (3005 m), Notunterkunft, stets offen.
Orientierung CAI-Wege 706, 716, 701.
Einstufung Schwierig.

346 Via ferrata Gabitta D'Ignoti
Cima della Vezzana, 3192 m

Leicht

Als »Dach« der Pala bekommt die Cima della Vezzana natürlich recht häufig Besuch. Die meisten steigen von der Rosettahütte auf, da hilft die Seilbahn bis zum Pala-Plateau, andere nehmen den eleganten Weg über die »Ferrata Bolver-Lugli« (siehe 345). Schließlich gibt es auch noch einen nordseitigen Anstieg aus dem Val Grande, der das (arg geschrumpfte) Firnfeld des Val-Strut-Gletschers tangiert und über eine kompakte, wenig steile Felsrampe den Gipfel ansteuert – viel Geröll (Steinschlag!) und wenig Eisen, lediglich bei einer Überschreitung des großen Gipfels als Abstieg zu empfehlen. Die Drahtseilsicherungen befinden sich in einem recht desolaten Zustand.

Wegverlauf Col Verde (1965 m) – »Ferrata Bolver-Lugli« – Biv. Fiamme Gialle – Passo del Travignolo (2925 m) – Cima della Vezzana (3192 m) – »Ferrata Gabitta D'Ignoti« – Val Strut – »Sentiero delle Farangole« – Rif. Rosetta (2581 m) – Col Verde – San Martino di Castrozza.
Gehzeiten Insgesamt 9¾ Std.; Col Verde – »Ferrata Bolver-Lugli« – Biv. Fiamme Gialle 4 Std., Biv. Fiamme Gialle – Cima della Vezzana 1 Std., Cima della Vezzana – »Ferrata D'Ignoti« – Rif. Rosetta 3 Std., Rif. Rosetta – San Martino di Castrozza 1¾ Std.
Hütten Rif. Rosetta (2581 m); Biv. Brunner (2665 m) im Val Strut, Notunterkunft, stets zugänglich.
Orientierung CAI-Wege 706, 716, 703, 701.
Einstufung »Ferrata D'Ignoti« leicht, aber steinschlaggefährdet. Ziemlich verlotterte Sicherungen.

347 Sentiero Nico Gusella
Forcella Stephen, 2650 m

Leicht

Mehr Höhenweg als Klettersteig, bezaubert der »Sentiero Gusella« vor allem durch Bilder der unvergleichlichen Pala-Architektur: Fels bizarr. Und wenn dann unvermittelt das Traumduo Cima della Madonna-Sass Maor ins Bild kommt, ist man der Faszination dieser Berge wohl endgültig verfallen. Daß die gesicherten Passagen beim Aufstieg zur Forcella Stephen und in der Westflanke der Cima di Ball (2802 m) den erfahrenen Klettersteigler kaum besonders fordern, stört nicht; schließlich läßt sich der »Sentiero Gusella« ja bestens mit der überaus eisenhaltigen »Ferrata del Portòn« (siehe 348) kombinieren. Und auch die »Ferrata del Velo« – Fortsetzung zum Rifugio Velo – bietet noch etwas Eisen.

Wo? San Martino di Castrozza (1466 m) liegt an der Südrampe der Rolle-Paßstraße, 30 km von Predazzo. Mit Sessellift und Seilbahn kommt man bequem auf das Pala-Plateau.
Ausgangspunkt Bergstation (2609 m) der Rosetta-Seilbahn.
Wegverlauf Rosetta – Passo di Ball (2443 m) – »Sentiero Gusella« – Forcella Stephen (2680 m) – Forcella del Portòn (2480 m) – »Ferrata del Velo« – Rif. Velo della Madonna (2358 m) – San Martino di Castrozza. ➡

➡
Gehzeiten Insgesamt 6½ Std.; Rosetta – Passo di Ball 1½ Std., »Sentiero Gusella« – Forcella del Portòn 2 Std., »Ferrata del Velo« ¾ Std., Abstieg nach San Martino 2¼ Std.
Hinweis Vom Portòn kann man auch direkt in das Cadin sora Ronz absteigen; siehe 293/294.
Hütte Rif. Velo della Madonna (2358 m).
Orientierung CAI-Wege 702, 714, 739, 713, 721.
Einstufung Leicht; in der Schlucht unterhalb der Forcella Stephen Steinschlaggefahr.

Dolomitenzauber: Sass Maor (2814 m) und Cima Canali (2900 m).

348 Via Ferrata del Portòn
349 Via ferrata del Velo
Forcella del Portòn, 2450 m

Schwierig

»Fels pur.« Das bietet der Übergang von der Pradidali-Hütte zum Rifugio Velo della Madonna, hier ist man mitten im Kletterdorado Pala, rundum steiler Fels, dazu eine gesicherte Route, die kaum Wünsche offen läßt. Schon die erste »Himmelsleiter«, mit der die »Ferrata del Portòn« startet, läßt das Herz höher schlagen – oder ein Stückchen nach unten rutschen. Fast 120 Meter gewinnt man auf den Hakenreihen an Höhe, dann wendet sich die Route in die steinschlaggefährdete Klamm, die vom Portòn herabzieht. Im Rücken hat man die Cima Canali (2900 m), den Pradidali-Kessel dominierend, oben an der »Pforte« kommt die »Magic line« der Pala ins Blickfeld: die berühmte Schleierkante, italienisch Velo della Madonna. Die Fortsetzung der Klettersteigroute heißt denn auch logischerweise »Schleierweg«; vor dem Bau der Hütte führte der Klettersteig hinab zu den Wiesen von Ronz: »Ferrata della Vecchia« heißt die – mit etwas Vorsicht noch begehbare – alte (= vecchia) Route. Am Rifugio Velo della Madonna hat man dann die Qual der Wahl: hinab oder noch mehr Klettersteig, am »Sentiero Buzzati« oder am »Jägerweg«? Wer gleich in der Hütte übernachtet, kann sich ein besonders reichhaltiges »Eisenmenue« zubereiten.

Ausgangspunkt Bergstation (2609 m) der Rosetta-Seilbahn.
Wegverlauf Rosetta – Passo di Ball (2443 m) – Rif. Pradidali (2278 m) – »Ferrata del Portòn« – »Ferrata del Velo« – Rif. Madonna del Velo (2358 m) – San Martino di Castrozza.
Gehzeiten Insgesamt 6¼ Std.; Rosetta – Rif. Pradidali 1¾ Std., »Ferrata del Portòn« 1½ Std., »Ferrata del Velo« ¾ Std., Abstieg nach San Martino 2¼ Std.
Hinweis Man kann die Tour auch im Val Canali beginnen und über den »Sentiero Buzzati« oder den »Jägerweg« absteigen (siehe 350/351).
Hütten Rif. Pradidali (2278 m), Rif. Velo della Madonna (2358 m).
Orientierung CAI-Wege 715, 739, 713, 721.
Einstufung Schwierig, Steinschlaggefahr.

350 Sentiero del Cacciatore
351 Sentiero attrezzato Dino Buzzati
Cima della Stanga, 2550 m

Leicht

Jagdsteige sind Schleichwege, und folgerichtig schleicht sich der »Sentiero del Cacciatore« über Bänder und kleine Felsstufen, durch Karwinkel und über Schrofenhänge hinauf zur Cima della Stanga: keine Ferrata, aber ein Dolomitenerlebnis par excellence, eine einzige Abfolge schönster Bergbilder: Kalenderwandern. Und das Frontbild liefert der Sass Maor (2814 m), eine Titanenskulptur.
Noch mehr »Art natur« bietet der »Buzzati-Steig«, ideale Ergänzung zum »Sentiero del Cacciatore«. Er läuft zunächst hinüber zum Cimerlo und steigt dann zwischen den Zacken und Türm(ch)en ab zu den Prati del Cimerlo. Und wenn leichte Nebel aufziehen, verwandelt die tiefstehende Sonne den steinernen Wald in ein phantastisches Szenario – da denkt man unwillkürlich an die Bilder und Geschichten des einheimischen Dichters, Malers und Alpinisten Dino Buzzati.

Wo? Fiera di Primiero (713 m) liegt im Tal des Cismon, am Südfuß des Rollepasses. Von Nordosten mündet das malerische Val Canali.
Ausgangspunkt Straßengabelung unterhalb der Prati Fosne (ca. 1320 m), Zufahrt von Fiera di Primiero über Piereni oder das Rif. Cant del Gal (1160 m), 10 km.
Wegverlauf Prati Fosne – »Troi de Ródena« – Pedemonte (1627 m) – »Sentiero del Cacciatore« – Cima della Stanga – »Sentiero Buzzati« – Prati Fosne.
Gehzeiten Insgesamt 7¼ Std.; Prati Fosne – Pedemonte 1¼ Std., »Sentiero del Cacciatore« – Cima della Stanga 3 Std., Abstieg über den »Sentiero Buzzati« 3 Std.
Orientierung CAI-Wege 719, 742, 747.
Einstufung Leicht.

DIE DOLOMITEN

352 Via ferrata Fiamme Gialle
Bivacco Reali, 2615 m

Mittel

So allmählich, ich merk' es schon, kommt mir die Objektivität abhanden: noch so eine Traumrunde. Aufstieg aus dem hintersten Val Canali über die »Ferrata Fiamme Gialle«, dann auf schmaler Spur um die Cime dei Vani Alti herum, im Vorblick den Sass d'Ortiga (2634 m) mit seiner Westkante, Abstieg auf der (Beinahe-)Ferrata durch die Vani Alti. Schöner, behaupte ich mal, sind die Dolomiten nirgendwo. Die Runde ist weit länger als der Klettersteig schwierig, und wenn man auch noch die Croda Granda (2849 m) besteigen will, ist eine Nächtigung in der Treviso-Hütte auf jeden Fall angebracht. Anderntags kann man ja den Sass d'Ortiga besteigen. Da gibt's allerdings keine Sicherungen, dafür ein paar leichte Kletterstellen (I, II).

Wo? Fiera di Primiero (713 m) liegt im Tal des Cismon, am Südfuß des Rollepasses. Von Nordosten mündet das malerische Val Canali.
Ausgangspunkt Wanderparkplatz knapp unterhalb der Malga Canali (1302 m), 8,5 km von Fiera.
Wegverlauf Val Canali – Rif. Treviso (1631 m) – »Ferrata Fiamme Gialle« – Biv. Reali; Abstieg auf dem gleichen Weg oder über die Forcella Vani Alti und den »Sentiero dei Vani Alti«.
Gehzeiten Insgesamt 7¼ Std.; Val Canali – Rif. Treviso 1¼ Std., Rif. Treviso – »Ferrata Fiamme Gialle« – Biv. Reali 3¼ Std., Abstieg auf dem gleichen Weg 2¾ Std.
Abstieg über den »Sentiero Vani Alti« 3½ Std.
Hinweis Für die Besteigung der Croda Granda muß man ab Biv. Reali 2 Std. rechnen (hin und zurück).
Hütten Rif. Treviso (1631 m); Biv. Reali (2615 m), Notunterkunft, stets zugänglich.
Orientierung CAI-Weg 707 bis zur (markierten) Abzweigung der »Ferrata Fiamme Gialle«. Klettersteig rot bezeichnet, ebenso der Abstieg über die Forcella Vani Alti. Croda-Granda-Anstieg grün markiert.
Einstufung Klettersteig mittel, Abstieg durch die Vani Alti mit IIer Stellen. Die Route sollte ursprünglich zum Klettersteig ausgebaut werden, Haken stecken im Fels (Partnersicherung möglich).

353 Ferrata del Canalone
Punta della Disperazione, Westgrat 1730 m

Schwierig

Viel mehr als eine Marginalie sind sie nicht, die etwa 50-Klettersteigmeter an dem Westpfeiler der Punta della Disperazione. Aber zu verzweifeln (= disperare) braucht darüber niemand; die Hüttenferrate, publikumswirksam in Sichtweite der Terrasse verlaufend, ist mit Sorgfalt angelegt, steil zwar (durchlaufendes Drahtseil, Eisenhaken), aber bestens gesichert. Und ob man zuschauen oder selber glänzen will, bleibt ja schließlich jedem/jeder überlassen …

Ausgangspunkt Wanderparkplatz knapp unterhalb der Malga Canali (1302 m), 8,5 km von Fiera di Primiero.
Wegverlauf Val Canali – Rif. Treviso – »Ferrata del Canalone« – Abstieg durch eine Geröllrinne (»Canalone«) – Rif. Treviso – Val Canali.
Gehzeit Insgesamt 2½ Std.; Val Canali – Rif. Treviso 1¼ Std., »Ferrata del Canalone« mit Abstieg ½ Std., Rif. Treviso – Val Canali ¾ Std.
Hütte Rif. Treviso (1631 m).
Orientierung Problemlos.
Einstufung Schwierig.

354 Sentiero del Dottor
Forcella dell'Orsa, 2330 m

Mittel

Die Wanderung von Col di Prà durch das Valle d'Angheraz hinauf zur »Bärenscharte« ist ein einziger Steigerungslauf, optisch zumindest: Aus einer Talumrahmung, die Kenner zu den schönsten der Dolomiten (schon wieder!) zählen, wird am Weg zum Bivacco Dordei (1370 m) ein grandioses Gipfelhalbrund, aus dem Wanderpfad ein Klettersteig, der die Felsbarriere luftig, aber mit soliden Sicherungen überwindet. Atemberaubend der Blick in den Talschluß und hinüber auf die von der Croda Granda zum Agner ziehende Kette. Der weitere Aufstieg vollzieht sich durch den steilen Schlauch des Valle d'Orsa, und am Drahtseil gewinnt man schließlich den schmalen Einschnitt der Forcella dell'Orsa. Und da gibt's dann den finalen Blick übers Val Canali, auf Sass Maor und Sass d'Ortiga. Bergsteigerherz, was willst du mehr?

Wo? Ins Valle di San Lucano kommt man von Taibon Agordino (618 m) auf einem ordentlichen Sträßchen.
Ausgangspunkt Col di Prà (843 m), 7 km von Taibon. Parkmöglichkeit.
Wegverlauf Col di Prà – Biv. Dordei (1370 m) – »Sentiero del Dottor« – Forcella dell'Orsa – Passo di Canali (2469 m) – Forcella del Miel (2520 m) – Col dei Fagher (1658 m) – Col di Prà.
Gehzeiten Insgesamt 8½ Std.; Col di Prà – Biv. Dordei 1¾ Std., Biv. Dordei – Forcella dell'Orsa 3 Std., Forcella dell'Orsa – Forcella del Miel 1 Std., Forcella del Miel – Col di Prà 2¾ Std.
Hinweise Knapp vor der »Bärenscharte« zweigt rechts der markierte »Sentiero Furlan« zur Forcella del Miel ab, rot-weiß-gelb markiert, etwas kürzer als der Weg über den Passo Canali. Von der Forcella dell'Orsa steigt man

in 1¼ Std. ab zum Rif. Treviso; vgl. 352.
Orientierung CAI-Wege 767, 707, 705.
Einstufung Mittel, gute Kondition erforderlich.

355 Via ferrata Stella Alpina

Monte Agnèr, 2872 m

Sehr schwierig

Der »Edelweißsteig« ist ganz klar die anspruchsvollste Ferrata in der Pala, ein echter Leckerbissen, aber »solo per esperti!«. Rund 300 Höhenmeter im Steilfels, durch Risse und Verschneidungen, über Platten und durch Kamine, teilweise extrem ausgesetzt und ohne künstliche Tritte, nur mit einem straff gespannten Drahtseil – das verlangt Kletterfertigkeit, Kraft und Kondition. Anschließend quert man über Edelweißwiesen und riesige Plattenhänge (= Lastei), nur mehr mäßig steigend, in die Forcella del Pizzon (2623 m). Hier mündet der »Sentiero del Gran Canalone«, beginnt der – teilweise gesicherte, aber höchstens mäßig schwierige – Gipfelanstieg. Beim Abstieg tut man gut daran, den schlecht markierten und stark von Steinschlag bedrohten »Sentiero del Gran Canalone« zu meiden; etwas weiter, aber ungleich schöner ist der »Weg der Erstbegeher« mit ganz leichten Kletterstellen (I).

Wo? Der kleine Ferienort Frassenè (1084 m) liegt an der Strada Statale No. 347, 10 km von Agordo, 23 km von Fiera di Primiero. Mitten im Ort befindet sich die Talstation des Sesselliftes zum Rif. Scarpa.
Ausgangspunkt Bergstation (1704 m) des Liftes.
Wegverlauf Rif. Scarpa (1735 m) – Einstieg (ca. 2000 m) – »Ferrata Stella Alpina« – Forcella del Pizzon (2623 m) – Monte Agnèr – Forcella del Pizzon – »Weg der Erstbesteiger« – Colle Colander – Rif. Scarpa.
Gehzeiten Insgesamt 7 Std.; Rif. Scarpa – Forcella del Pizzon 3½ Std., Forcella del Pizzon – Monte Agnèr 1 Std., Abstieg über den »Weg der Erstbesteiger« 2½ Std.
Geht man von Frassenè aus, erhöht sich die Gesamtgehzeit auf etwa 10 Std.
Hütten Rif. Scarpa (1735 m); Biv. Biasin (2650 m) an der Forcella del Pizzon, Notunterkunft, stets zugänglich.
Orientierung Zugang zur Ferrata rot bezeichnet; »Weg der Erstbesteiger« deutlich gelb markiert, zweigt unterhalb der Forcella del Pizzon vom »Sentiero del Canalone« links ab (bei ca. 2480 m).
Einstufung Sehr schwierig.

356 Sentiero Miola

Bivacco Bedin, 2220 m

Schwierig

Auch in den Dolomiten, nicht nur in exotischen Ländern, kann man sie noch finden, die »letzten Paradiese«. Wer je über den »Sentiero Miola« hinaufgestiegen ist zum Plateau der Pale di San Lucano, vielleicht sogar die Nacht im mustergültig eingerichteten, blitzsauberen Bivacco Bedin verbracht hat, wird es bestätigen. Daß der Weg weit, auch nicht ganz einfach ist, so manchen Bogen schlägt und im innersten Valle della Besausega unversehens zur Ferrata wird, paßt ganz gut zu diesem weltabgeschiedenen Winkel der berühmten (überlaufenen?) Dolomiten. Klettersteiglern könnte allerdings das bißchen Eisen zuwenig, dafür die rund 1600 Höhemeter zuviel sein – und ob sie all die Wunder rundum auch sehen?

Wo? Forno di Val (635 m) liegt am Eingang ins Valle di San Lucano, 4 km von Agordo.
Ausgangspunkt Kieswerk (659 m) rechts der Straße am Ortsende. Parkmöglichkeit.
Wegverlauf Forno di Val – »Sentiero Miola« – Biv. Bedin (2220 m) – Forcella Besausega (2131 m) – Malga d'Ambrosogn (1700 m) – Pradimezzo (873 m) – Cencenighe (774 m).
Gehzeiten Insgesamt 9½ Std.; Forno di Val – Biv. Bedin 6½ Std., Abstieg nach Cencenighe 3 Std.
Hinweis Die »Ferrata Miola«, die eine Überschreitung des Monte San Lucano (2409 m) erlaubte, ist längst wieder abgebaut!
Hütte Biv. Bedin (2220 m), Notunterkunft, stets zugänglich.

Am »Sentiero Miola«.

Orientierung Der »Sentiero Miola«, CAI-Nummer 765, ist zwar markiert, gelegentliche Wegsuche aber dennoch unvermeidlich. Abstieg nach Cencenighe CAI-Weg 765, 764.
Einstufung Ferrata schwierig, aber kurz (nur knapp 100 Höhenmeter). Nur für Konditionsstarke, im Sommer sehr heiß!

357 Olanger Klettersteig

Hochalpenkopf, 2542 m

Mittel

Man kann den »Olanger Klettersteig« natürlich von Olang aus angehen; doch das wird dann auf jeden Fall zum tagfüllenden Unternehmen. Und weil die Ferrata nur recht kurz, auch nicht besonders spektakulär ist, plädiere ich für die kürzere Variante: erst motorisiert zum Pragser Wildsee, dann »per pedes« hinauf zum Kühwiesenkopf (2140 m) und am Grat entlang zum Drahtseil. Beim Kaserkopf (2414 m) steigt man über den Grat auf die sonnige Südflanke aus, und am Hochalpenkopf gibt's das große Panorama.

Wo? Zum Pragser Wildsee (1492 m) kommt man vom Pustertal über eine gut ausgebaute Zufahrt, 9 km.
Ausgangspunkt Parkplatz vor dem Nordufer des Wildsees.
Wegverlauf Pragser Wildsee – Kühwiesenkopf (2140 m) – »Olanger Klettersteig« – Hochalpenkopf – Pragser Furkel (2225 m) – Pragser Wildsee.
Gehzeiten Insgesamt 5¼ Std.; Pragser Wildsee – Kühwiesenkopf 2 Std., »Olanger Klettersteig« – Hochalpenkopf 1½ Std., Abstieg über die Pragser Furkel 1¾ Std.
Orientierung AV-Wegmarkierungen 20, 61.
Einstufung Mittel, bei Nässe unangenehm rutschig.

358 Heiligkreuzkofel, gesicherter Steig
359 Zehner-Klettersteig
Heiligkreuzkofel, 2907 m, und Zehner, 3026 m

Leicht/Mittel

Gleich einem Schiffsbug steht das kantige Profil des Heiligkreuzkofels über dem Hochabtei, senkrecht fällt der Fels ab zu den Lärchen und Almböden rund um das Wallfahrtskirchlein Heiligkreuz (2045 m). Ein Revier nur für die Extremen der Bergsteigerzunft? Keineswegs, immerhin schlängelt sich ein rot-weiß markiertes Weglein, gelegentlich mit Drahtseilen versehen, durch die riesige Mauer. Nach gut zwei Stunden steht man oben am Kreuzkofeljoch (2612 m), nach einem verblüffend leichten »Felsgang«, der nicht viel mehr als einen sicheren Tritt sowie Schwindelfreiheit voraussetzt. Während des Aufstiegs wird jede Menge Aussicht geboten, über das Hochabtei geht der Blick zu den Geislerspitzen, zu Langkofel, Sella, Marmolada. Und am Grat tut sich eine neue, ganz andere Landschaft auf: das Zauberreich der Fanes.
Wem der Sinn nach so viel Formen und Farben noch nach einem »sportlichen« Finale steht, wandert hinüber zum Zehner, wo ein straff gespanntes Drahtseil über den steilen Gipfelgrat zum höchsten Punkt leitet: 3026 Meter.

Wo? Ins Hochabtei kommt man vom Pustertal über die Strada Statale No. 244, 29 km bis Pedratsches (1330 m).
Ausgangspunkt Bergstation des Sesselliftes Pedratsches – Heiligkreuz (1840 m).
Wegverlauf Liftstation – Hospiz Heiligkreuz (2045 m) – Kreuzkofelscharte (2612 m) – Heiligkreuzkofel.
Gehzeiten Insgesamt 6 Std.; Liftstation – Hospiz Heiligkreuz ½ Std., Heiligkreuz – Kreuzkofelscharte 2 Std., Kreuzkofelscharte – Heiligkreuzkofel 1 Std., Abstieg auf dem gleichen Weg 2½ Std.
Abstecher zum Zehner: hin und zurück 1¼ Std.
Hinweise Landschaftlich sehr reizvoll ist der Rückweg/Abstieg von der Kreuzkofelscharte über die Lavarella-Scharte (2533 m); markiert, knapp 1 Std. länger.
Hütte Hospiz Heiligkreuz (2045 m).
Orientierung AV-Wegnummer 7, von der Kreuzkofelscharte zum Gipfel rote Farbtupfer.
Einstufung Heiligkreuzkofel leicht, Zehner mittel, kurz.

360 Tru Dolomieu
Piz dles Cunturines, 3064 m

Leicht

Wer Sinn hat für epische Szenerien, große, dramatische Landschaften, der kommt hier voll auf die Kosten. Und der gesicherte Steig, obwohl nur kurz und auch wenig schwierig, liefert das Finale zur großen Tour. Als »Ferrata« kann man ihn allerdings kaum bezeichnen, auch deshalb nicht, weil die Steighilfen überwiegend aus Holz bestehen. Eine »Via legnata«?

Wo? Zur Capanna Alpina kommt man über die Valparola-Straße, 6,5 km von Stern bis zur Brücke über den Sarèbach (1652 m), 9 km vom Falzáregopaß (2105 m), dann Schotterpiste zum Plan da l'Ega, 1,5 km.
Ausgangspunkt Capanna Alpina (1720 m); großer Parkplatz.
Wegverlauf Capanna Alpina – Passo Tadega (2157 m) – Vallon de Lavares – »Tru Dolomieu« – Piz dles Cunturines.
Gehzeiten Insgesamt 8¾ Std.; Capanna Alpina – Passo Tadega 2 Std., Passo Tadega – Grathöhe (ca. 2900 m) 2½ Std., »Tru Dolomieu« 1 Std., Abstieg auf dem gleichen Weg 3¼ Std.
Hinweis Der markierte Weg führt in die Senke nördlich der Zweischartenspitze (2929 m); beim Rückweg kann man abkürzend von der südlichen Scharte direkt ins Tal »abfahren« (Spur).
Orientierung AV-Weg 11 bis zum Tadegapaß, rot-weiße Markierungen zum Piz dles Cunturines.
Einstufung Leicht, etwa 100 Höhenmeter gesichert.

361 Via della Pace
362 Furcia-Rossa-Klettersteig
Cime di Furcia Rossa, 2792 m

Leicht/Mittel

Den Spuren des Gebirgskrieges folgen die beiden gesicherten Steige am Kamm der Furcia-Rossa-Spitzen; in den Jahren 1973–75 wurden hier mehrere Wege von den »Dolomitenfreunden« rekonstruiert, neue Sicherungen angebracht. Der Abstecher zum Monte Vallon Bianco (2687 m) ist mehr Wanderung als Kletterei, für die Überschreitung des Furcia-Rossa-Kamms braucht's schon etwas Erfahrung mit gesicherten Routen. Da die Zugänge sehr lang sind, empfiehlt es sich – falls man nicht eine Übernachtung einplant – per Jeep-Taxi aus dem Rautal zur Faneshütte (2060 m) hinaufzufahren.

Wo? Ins Rautal kommt man vom Pustertal über St. Vigil (1193 m), 30 km von Bruneck. Im Sommer verkehren regelmäßig Jeeps zwischen Pederü (1540 m) und den Hütten auf der Kleinen Fanesalpe.
Ausgangspunkt Faneshütte (2060 m) nördlich unter dem Limojoch.
Wegverlauf Faneshütte – Limojoch (2172 m) – Große Fanesalpe – »Via della Pace« – Monte Vallon Bianco (2687 m) – Biv. Baccon-Barborka (2620 m) – »Furcia-Rossa-Klettersteig« – Biv. della Pace (2760 m) – Große Fanesalpe – Faneshütte.
Gehzeiten Insgesamt 9¼ Std.; Faneshütte – Große Fanesalpe 1 Std., »Via della Pace« – Monte Vallon Bianco 2½ Std., Monte Vallon Bianco – Abzweigung Furcia Rossa 1 Std., »Furcia-Rossa-Klettersteig« – Biv. della Pace 2¾ Std., Rückweg zur Faneshütte 2 Std.
Hinweise Ohne Monte Vallon Bianco ergibt sich eine Gesamtgehzeit von 6¾ Std. – Von der dritten Furcia-Rossa-Spitze führt ein Zwischenabstieg nördlich hinunter zur Großen Fanesalpe (markiert, ein paar Drahtseile).
Orientierung Straßenwanderung zur Großen Fanesalpe, »Via della Pace« mit VB markiert, »Furcia-Rossa-Klettersteig« mit FR. Abstieg zur Großen Fanesalpe AV-Wegnummer 17.
Einstufung »Via della Pace« leicht, »Furcia-Rossa-Klettersteig« mittel. Sicherungen etwas vernachlässigt.

Die guten Tips für Stern im Hochabtei

Stern/La Villa (1420 m) liegt verkehrsgünstig im Hochabtei (Alta Badia), am Fuß der Paßstraßen zum Valparolajoch, zum Grödner Joch und zum Passo Campolongo.

Anreise Bahnverbindung bis Bruneck, weiter per Bus zu den Ortschaften des Hochabtei. Anreise mit dem Auto über die Ausfahrt »Brixen« der Brenner-Autobahn A 22 und durch das Pustertal oder von Klausen über das Grödner Joch.

Infos Tourismusverein Alta Badia, I-39030 Stern; Tel. (0471) 847037, Fax 847277.

Unterkunft Gut aufgehoben ist man im Hotel »La Majun«; der Besitzer geht (wenn er Zeit hat) auf Klettersteige und ist ein begeisterter Bergradler, gibt gerne Tips (Kellner Charly ebenfalls). Sehr gute, regional geprägte Küche. Liegt im Zentrum von La Villa; Tel. (0471) 847030, Fax 847074.

Sehenswert In dem »Pic Museo Ladin« in St. Kassian sind Überreste jener Höhlenbären (Ursus Spelaeus) ausgestellt, die 1987 in den Cunturines entdeckt wurden.

Busverbindungen Mit den Ortschaften im Alta Badia und den Nachbartälern.

Autovermietung Auto Alta Badia, Pedratsches; Tel. (0471) 839865.

Bergführer Andrea Oberbacher, Kolfuschg; Tel. (0471) 836258.

Bergrettung »Aiüt Alpin Dolomites«, Tel. (0471) 836500.

Radl-Verleih Im Hotel »La Majun« (siehe oben).

Führer Einen Wanderführer über die Region Alta Badia bekommt man beim Tourismusverein.

Landkarten Empfehlenswert ist die »Tabacco« 1:25000, Blatt 07.

Eine Klassetour: die »Ferrata Costantini«.

DIE DOLOMITEN

363 Via ferrata Cesco Tomaselli

Südliche Fanisspitze, 2980 m

Schwierig

Sie gehört zu den echten »Klassikern« unter den Dolomiten-Klettersteigen, in dem Vierteljahrhundert seit ihrem Bau hat sie nichts von ihrer Popularität eingebüßt. Wen wundert's, vermittelt die »Tomaselli« doch ein höchst intensives Erlebnis. Die zweistündige Kletterei am sichernden Drahtseil, gelegentlich nahe der Vertikalen, und eine grandiose Kulisse ergeben jenen herrlichen Mix, aus dem nicht nur Träume, sondern gelegentlich auch (besonders schöne) Bergtage sind. Bereits der Auftakt sorgt für höchste Anspannung: eine trittarme Querung über dem gähnenden Abgrund. Das große Horizontalband erlaubt ein Verschnaufen, nur kurz, ehe die Route erneut in die Senkrechte geht. Droben am Gipfel freut man sich über die eigene Leistung, die Tiefblicke vom hohen Turm und ein Pamorama, in dem fast alle großen Dolomitengipfel stehen. Der Abstieg verlangt nochmals Konzentration, zwei kurze, senkrechte Passagen vollen Einsatz, ehe die Ferrata über ein Felsband ausläuft.

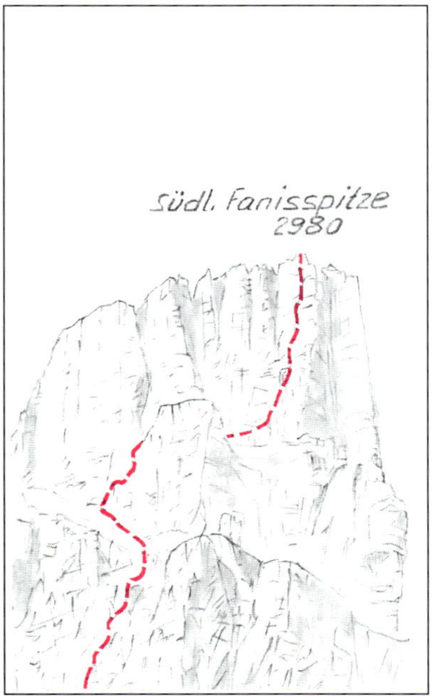

Wo? Über den Passo Falzárego führt die berühmte »Große Dolomitenstraße«, 17 km von Cortina, 21 km von Arabba. Parkplatz, Seilbahn zum Lagazuoi Piccolo (2778 m).

Ausgangspunkte Passo Falzárego (2105 m) oder Bergstation der Lagazuoi-Seilbahn (2750 m).

Wegverlauf Passo Falzárego – Forcella Travenanzes (2507 m) – Biv. Della Chiesa (2640 m) – »Ferrata Tomaselli« – Selletta Fanis (ca. 2820 m) – Forcella Travenanzes – Passo Falzárego.

Gehzeiten Insgesamt 6¼ Std.; Passo Falzárego – Biv. Della Chiesa 2 Std., »Ferrata Tomaselli« 2¾ Std., Rückweg zum Falzárego 1½ Std.
Fährt man mit der Seilbahn hinauf zum Lagazuoi Piccolo, verkürzt sich die Gesamtgehzeit um 1 Std.

Tip Von der Seilbahnstation am Lagazuoi kann man durch die »Galleria del Lagazuoi«, einen 1100 m langen, ehemaligen Kriegsstollen, zum Falzárego-Paß absteigen, 1½ Std. Markiert, Galerie mit Drahtseilen versehen. Taschenlampe unerläßlich!

Hinweis Die »Alta via Fanis«, in den sechziger Jahren gesichert, ist abgebaut worden.

Hütte Biv. Della Chiesa (2640 m) auf der Forcella Grande, Notunterkunft, stets zugänglich.

Orientierung CAI-Wegnummer 402 bis in die Forcella Travenanzes, dann Weg 20B zum Biv. Della Chiesa.

Einstufung Schwierig, lediglich mit Fixseilen gesichert.

364 Lagazuoi-Tunnel

Piccolo Lagazuoi, 2778 m

Leicht

Auf Spuren des Gebirgskrieges 1915/17 stößt man in den Dolomiten allenthalben. Besonders hart umkämpft war der Piccolo Lagazuoi, der sich nördlich über dem Passo Falzárego (2105 m) erhebt. Wie drüben am Col di Lana wurde auch hier versucht, gegnerische Stellungen mittels Sprengungen zu zerstören. Eine Hinterlassenschaft dieses Minenkrieges ist die 1100 Meter lange »Galleria del Lagazuoi«, die – wieder begehbar gemacht – einen Abstieg im Bergesinnern ermöglicht.

Wo? Der Passo Falzárego (2105 m) liegt an der »Großen Dolomitenstraße«, 17 km von Cortina d'Ampezzo.
Ausgangspunkt Bergstation der Seilschwebebahn (2728 m) am Kleinen Lagazuoi.
Wegverlauf Piccolo Lagazuoi – Lagazuoi-Tunnel – Passo Falzárego.
Gehzeit Abstieg zum Straßenpaß 1½ bis 2 Std.
Hinweise Wichtiges Requisit für die »Im-Berg-Tour«: eine Taschenlampe (an der Seilbahnstation werden auch Fackeln abgegeben), dazu Handschuhe.
Hütte Rifugio Lagazuoi (2750 m).
Orientierung Problemlos.
Einstufung Leicht. Achtung: der Tunnel kann vereist sein!

365 Via ferrata Giovanni Lipella

Tofana di Rozes, 3225 m

Schwierig

Die Vordere Tofana hat drei Seiten, und jede ihr Publikum: der Südabsturz, Postkartensujet auf der Fahrt über die »Große Dolomitenstraße« zum Falzáregopaß, ist das Revier der Kletterer, da gibt es ein paar berühmte Routen; über die schrofige Nordflanke kann man (bei guten Verhältnissen) zum Gipfel hinaufwandern; die mächtig gebänderte Westflanke dagegen gehört den Klettersteiglern. Für sie gibt es hier die »Ferrata Lipella«, eine ebenso lange wie großartige Route, mit einem »finsteren« Auftakt – 500 Meter im Bergesinnern –, schier endlosen Felsbändern, meist bequem breit, und einem fulminanten Finale, hinauf zum Nordostgrat und zum Ausstieg knapp über der Dreitausendmeterlinie. Eine gute halbe Stunde später steht man ganz oben, vor einem Panorama, das (bei schönem Wetter) mindestens die Klasse der »Lipella« hat. Wouwhh!

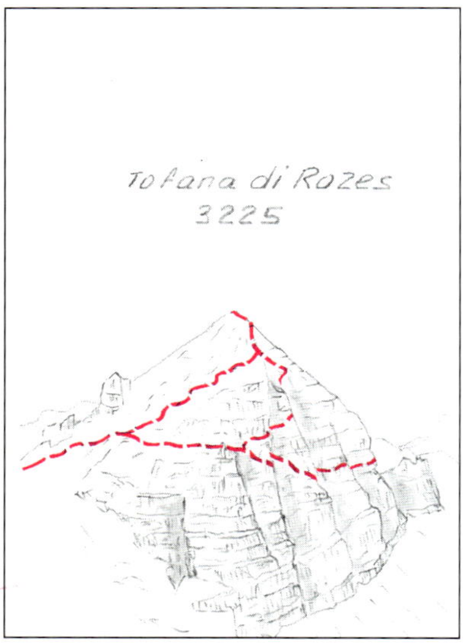

Wo? Der berühmte Ferienort Cortina d'Ampezzo (1210 m) liegt im Tal des Boite, am Fuß der Paßstraßen zum Tre Croci (1805 m) und zum Falzárego (2105 m). Von letzterer zweigt die schmale Zufahrt zu den Berghütten Dibona und Duca d'Aosta ab, 4 km.
Ausgangspunkt Rif. Dibona (2030 m); großer Parkplatz.
Wegverlauf Rif. Dibona – Grotta della Tofana – »Ferrata Lipella« – Tofana di Rozes – Rif. Giussani – Rif. Dibona.
Gehzeiten Insgesamt 7 Std.; Rif. Dibona – Einstieg Ferrata 1½ Std., »Ferrata Lipella« – Tofana di Rozes 3½ Std., Abstieg 2 Std.
Hinweis Von den Tre Dita (2694 m), 2 Std. vom Alpinistollen, kann man auf einer Wegspur durch die Nordflanke der Tofana hinüberqueren zum Rif. Giussani, ½ Std.
Hütte Rif. Giussani (2561 m) an der Forcella Fontananegra.
Orientierung Zugang CAI-Wegnummern 442, 404; Abstieg zum Rif. Giussani blau markiert, Weiterweg CAI-Nummer 403. Für den Alpinistollen unbedingt Taschenlampe mitnehmen!
Einstufung Bis Tre Dita mittel, dann schwierig. Helm! Der Abstieg über die Nordflanke kann bei Schneelage und schlechter Sicht problematisch sein.

366 Scala del Menighel

Val Travenanzes, ca. 2150 m

Mittel

Am Sockelfelsen der Tofana di Rozes (3225 m) gibt es eine aus dem Ersten Weltkrieg stammende, rekonstruierte »Mini-Ferrata«,. Sie überwindet eine etwa 70 Meter hohe, nahezu senkrechte Felsbarriere und verkürzt so den Weg von der Forcella Col dei Bos (2331 m) ins Masarè-Kar unterhalb der Giussani-Hütte. In der Regel wird die »Scala del Menighel« auf der Tour rund um die Tofana begangen.

Wo? Die Tofana di Rozes (3225 m) mit ihrer riesigen Südwand ist Schaustück an der »Großen Dolomitenstraße«.
Ausgangspunkt Rif. Dibona (2030 m), Zufahrt von der »Großen Dolomitenstraße« 4 km, ab Cortina d'Ampezzo 12 km. Großer Parkplatz.
Wegverlauf Rif. Dibona – Forcella Col dei Bos (2331 m) – Val Travenanzes – »Scala del Mengihel« – Rif. Giussani (2580 m) – Rif. Dibona.
Gehzeit Für die ganze Runde etwa knapp 5 Std.
Hinweis Besuchenswert: die Grotta della Tofana am Fuß der Südwand (gesicherter Zustieg).
Hütte Rif. Giussani (2580 m).
Orientierung Gut markierte Wege.
Einstufung Mittel, sehr exponiert.

367 Sentiero Astaldi
Rifugio Pomedes, 2280 m

Leicht

Das Weglein ist in erster Linie Aussichtspromenade, dazu Naturlehrpfad (Geologie!), trotz ein paar Drahtseilen bestimmt keine Ferrata. Doch das stört nicht, denn für Klettersteigler ist der »Sentiero Astaldi« ohnehin nur Auftakt zum großen Eisenabenteuer, hinauf zur Punta Anna und auf die Tofana di Mezzo (siehe 368/369).

Wo? Der berühmte Ferienort Cortina d'Ampezzo (1210 m) liegt im Tal des Boite, am Fuß der Paßstraßen zum Tre Croci (1805 m) und zum Falzárego. Von letzterer zweigt die schmale Zufahrt zu den Berghütten Dibona und Duca d'Aosta ab, 4 km.
Ausgangspunkt Rif. Dibona (2030 m); großer Parkplatz.
Wegverlauf Rif. Dibona – Vallon – »Sentiero Astaldi« – Rif. Pomedes – Rif. Dibona.
Gehzeit 1¾ Std. für die kleine Runde.
Hütte Rif. Pomedes (2208 m).
Orientierung CAI-Wege 403, 421, »Sentiero Astaldi« mit roten Markierungen.
Einstufung Leicht, Steinschlaggefahr unter der Südwand der Punta Anna.

368 Via ferrata Giuseppe Olivieri
Punta Anna, 2731 m

Schwierig

Eine Klasseroute, so richtig nach dem Geschmack erfahrener Klettersteiggeher, gut gesichert, aber ohne künstliche Tritte, exponiert und logisch im Verlauf, dazu rund 300 Meter hoch. Man quert vom Einstieg oberhalb der Pomedeshütte zunächst links hinaus zum Südgrat, wo das »steile Vergnügen« beginnt. Eine gute Klettertechnik steigert den Spaß noch, da bleibt das Fixseil Sicherung, der Fels liefert ausreichend Tritt und Griff. Größere Absätze bieten immer wieder Gelegenheit, kurz innezuhalten und die große Dolomitenkulisse zu genießen, den Blick hinab auf das Talbecken von Cortina, hinüber zu den »Riesen« Cristallo, Sorapìs und Antelao.
Man kann die Tour beim Rifugio Dibona beginnen oder mit der großen Tofana-Seilbahn zur Zwischenstation Ra Valles (2470 m) hinauffahren und dann – teilweise gesichert – über den Dos de Tofana absteigen zum Rifugio Pomedes.

Ausgangspunkte Rif. Dibona (2030 m), Zufahrt von der »Großen Dolomitenstraße«. Ra Valles (2470 m), Zwischenstation der Tofana-Seilbahn (»Freccia nel cielo«).
Wegverlauf Rif. Dibona – »Sentiero Astaldi« – Rif. Pomedes (2280 m) – »Ferrata Olivieri« – Punta Anna – Vallon – Rif. Dibona.
Ra Valles – Doss de Tofana – Rif. Pomedes (2280 m) – »Ferrata Olivieri« – Punta Anna – Ra Valles.
Gehzeiten **Ab Rif. Dibona:** Insgesamt 4¾ Std.; »Sentiero Astaldi« – Rif. Pomedes 1 Std., »Ferrata Olivieri« – Punta Anna 2 Std., Punta Anna – Rif. Dibona 1¾ Std.
Ab Ra Valles: Insgesamt 4¼ Std.; Abstieg zum Rif. Pomedes 1 Std., »Ferrata Olivieri« 2 Std., Abstieg nach Ra Valles 1¼ Std.
Hinweis Man kann die Klettersteigtour natürlich über die »Ferrata Aglio« zum Gipfel der Tofana di Mezzo fortsetzen (siehe 369).
Hütte Rif. Pomedes (2280 m).
Orientierung Die Steige sind ordentlich bezeichnet; die Abstiegswege zweigen am Kamm hinter der Punta Anna, im Bereich des Torre Pomedes III ab, rote Markierung ins Vallonkar, blaue Bezeichnung nach Ra Valles.
Einstufung Schwierig, nur Drahtseilsicherungen.

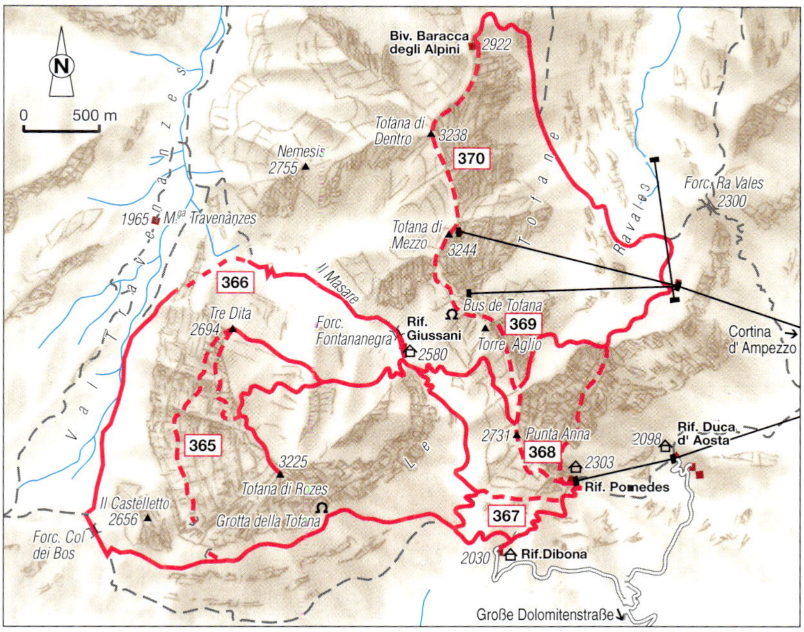

369 Via ferrata Gianni Aglio
Tofana di Mezzo, 3244 m

Schwierig

Durch den Bau des »Himmelspfeils« ist die Mittlere Tofana als Tourenziel einigermaßen entwertet, obwohl man sich – das sei nicht unterschlagen – nach dem kräftezehrenden Anstieg ganz gerne sanft und bequem wieder zu Tal tragen läßt, und das schont ja auch noch die Gelenke. Nicht gerade schonend sind die Seilbahnbauer mit ihrem Gipfel umgegangen: Massentourismus in hochalpinen Gefilden. Das wird Klettersteigler aber nicht davon abhalten, von der Punta Anna zumindest zum Torre Aglio und zum großen Felsenfenster »Bus de Tofana« weiterzugehen, hält dieser Routenabschnitt doch ein paar besonders spektakuläre Passagen bereit. Wer etwa an der Querung der leicht überhängenden Ostwand des Torre Aglio ➡

Wegverlauf Rif. Dibona (2030 m) – »Sentiero Astaldi« – Rif. Pomedes (2280 m) – »Ferrata Olivieri« – Punta Anna – »Ferrata Aglio« – Bus de Tofana (ca. 2900 m) – Tofana di Mezzo. »Abstieg« mit der Seilbahn.
Gehzeiten Rif. Dibona – Rif. Pomedes – Punta Anna 3 Std., Punta Anna – Bus de Tofana 1¾ Std., Bus de Tofana – Tofana di Mezzo 1¼ Std. Vom Bus de Tofana steigt man in 1½ ab zum Rif. Dibona. ➡

➡ (den man am Drahtseil »besteigen« kann) beim Blick in die Tiefe nicht wenigstens ein kleines Kribbeln verspürt, sollte eine Karriere als Trapezkünstler ins Auge fassen. Am Tofana-Fenster kann man links in den Vallon »abfahren«, für Geübte eine schnelle Rutschpartie, oder – den Sicherungen folgend – über den gestuften Grat weiter zum Gipfel des großen Dreitausenders aufsteigen.

Nicht nach unten gucken! Die atemberaubend luftige Querung am Torre Aglio.

➡
Hinweis Nur in Verbindung mit den anderen Klettersteigen an der Tofana di Mezzo; siehe 368, 370.
Orientierung Problemlos: immer den Eisenteilen nach.
Einstufung Schwierig, kurze Passagen maximal exponiert!

370 Tofana di Dentro, Überschreitung

Tofana di Dentro, 3238 m

Mittel

Als (fast unvermeidliche) Folge des Seilbahnbaus hat auch die Hintere Tofana ihren Eisenweg erhalten: Kein Vergleich mit der großen Ferrata über die Punta Anna und den »Bus de Tofana« (siehe 368/369). Und natürlich tummeln sich auf der Route nun auch immer wieder »Seilbahntouristen«, die von Cortina heraufgefahren sind und dann plötzlich Geschmack am Abenteuer bekommen ...
Als Tourenziel taugt die Route wenig; wer früh aufgestanden ist, über sehr viel Ausdauer verfügt und den Biwaksack dabeihat, kann – den Versuchungen des modernen Tourismus widerstehend – die Tour nach dem langen, anstrengenden Aufstieg über die Punta Anna via Tofana di Dentro und den Formenton-Rücken hinab nach Ra Valles (2470 m) fortsetzen. Da hat die Seilbahn ihren Betrieb (für diesen Tag) wohl längst eingestellt, also bleibt nur der weitere Abstieg »auf Schusters Rappen«, mindestens bis zum bewirtschafteten Rifugio Col Druscie (1779 m). Ob nicht nur die Kondition, sondern auch die Motivation für eine solche Riesentour ausreicht?

Ausgangspunkt Tofana di Mezzo (3244 m), Bergstation der großen Seilbahn »Freccia nel cielo« von Cortina herauf.
Wegverlauf Tofana di Mezzo – Tofana di Dentro – Biv. Baracca degli Alpini (2922 m) – Ra Valles (2470 m).
Gehzeiten Tofana di Mezzo – Tofana di Dentro 1 Std., Abstieg nach Ra Valles 2½ Std.
Hinweis Wer eine Überschreitung der Mittleren und Hinteren Tofana auf den Klettersteigen (z.B. vom Rif. Dibona aus) plant, muß seinen individuellen Zeitplan aufstellen. Tempo ist da (fast) alles ...
Hütte Bivacco Baracca degli Alpini (2922 m) am Formenton-Rücken, Notunterkunft, stets zugänglich.
Orientierung Bei guten äußeren Bedingungen (kein Schnee oder Eis) nicht schwierig, Steige markiert.
Einstufung Mittel.

371 Via ferrata Ettore Bovero

Col Rosà, 2166 m

Mittel

Das kecke Felshorn des Col Rosà zählt nur zu den »Kleinen« in der berühmten Gebirgskulisse von Cortina, ist eigentlich bloß ein Anhängsel des Tofanamassivs. Dafür gehört die Ferrata an seiner steilen Südwestflanke zum »eisernen« Inventar des Dolomitenortes, seit mittlerweile drei Jahrzehnten: Mit 320 Meter Drahtseil gesichert, bietet sie ein anregendes Klettersteigerlebnis, gewürzt mit packenden Tiefblicken. Und dank des sonnseitigen Verlaufs, verbunden mit der verhältnismäßig geringen Gipfelhöhe, kann man am Col Rosà meist schon früh im Jahr herumkraxeln.

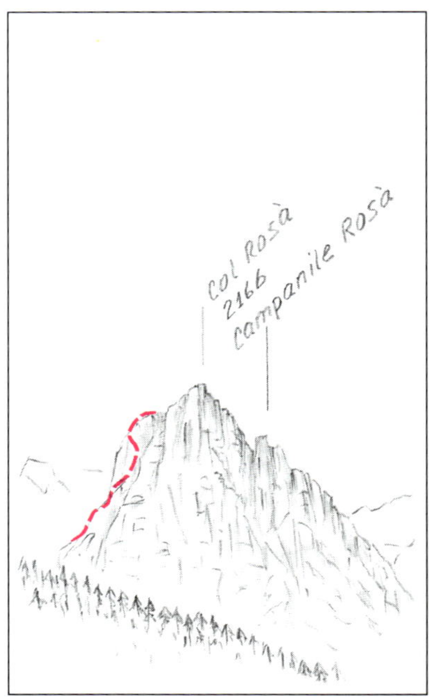

Wo? Der berühmte Ferienort Cortina d'Ampezzo (1210 m) liegt im Tal des Boite, am Fuß der Paßstraßen zum Tre Croci (1805 m) und zum Falzárego (2105 m), 32 km von Toblach.
Ausgangspunkt Camping Olympia (1283 m), knapp 5 km nördlich von Cortina etwas abseits der Straße nach Toblach. Parkplatz am Eingang.
Wegverlauf Camping – Passo Posporcora (1711 m) – »Ferrata Bovero« – Col Rosà – Abstieg über den Nordrücken – Camping.
Gehzeiten Insgesamt 4¾ Std.; Camping – Passo Posporcora 1½ Std., »Ferrata Bovero« 1¼ Std., Abstieg 2 Std.
Orientierung Zum Passo Posporcora CAI-Weg 408, Abstieg 447.
Einstufung Mittel.

372 Via ferrata Giovanni Barbara

Cascata di Fanes, ca. 1400 m

Leicht

Dolomitenkenner wissen um die Schönheit des Fanestals, seine malerisch-versteckten Winkel, sie kennen den Zauber dieser stillen Dolomitenlandschaft. Dazu gehören natürlich auch die Wasser, Gumpen, Tümpel und zwei kleine Seen am Oberlauf des Fanesbachs, zwei prächtige Wasserfälle weiter flußabwärts. Beide kann man auf markierten Steigen besuchen; besonders lohnend ist der Abstecher vom Pian de Loa zur Cascata di Fanes, im Bereich der Kaskade sogar zur Mini-Ferrata ausgebaut. Und daß man dabei leicht ein paar Wasserspritzer abbekommen kann, mindert das Vergnügen keineswegs.

Wo? Der berühmte Ferienort Cortina d'Ampezzo (1210 m) liegt im Tal des Boite, am Fuß der Paßstraßen zum Tre Croci (1805 m) und zum Falzárego (2105 m). Rund 6 km nördlich zweigt von der Strada Statale No. 51 die Zufahrt ins Fanestal ab, 2,5 km bis zum Pian de Loa (1350 m).
Wegverlauf Pian de Loa – Cascata di Fanes – Ponte Alto (1460 m) – Pian de Loa.
Gehzeit 2¼ Std. für die kleine Runde.
Tip Etwa eine Stunde weiter talaufwärts stößt man an der alten Militärstraße auf die Abzweigung des kurzen, gesicherten Steigs zum oberen Wasserfall.
Orientierung Problemlos.
Einstufung Leicht.

373 Via ferrata Averau

Averau, 2647 m

Mittel

Auf den markanten »Stockzahn« des Averau, höchste Erhebung der kleinen Nuvolao-Gruppe, führt aus der Forcella Nuvolao eine Mini-Ferrata. Im Gegensatz zum benachbarten Steiglein an der Ra Gusela (siehe 374) muß man hier aber doch ordentlich zupacken; Schüsselstelle ist ein kurzer, senkrechter Kamin (kann gesichert umgangen werden).

Wo? Die Nuvolao-Gruppe wird verkehrsmäßig von den beiden Paßstraßen zum Falzárego und zum Giau und durch den Cinque-Torri-Sessellift erschlossen.
Ausgangspunkte Passo Falzárego (2105 m) bzw. Passo Giau (2233 m), je 17 km von Cortina d'Ampezzo. Bergstation des Cinque-Torri-Sessellifts (2230 m).
Wegverlauf Passo Falzárego – Forcella Nuvolao (2413 m) – »Ferrata Averau« – Averau.
Gehzeiten Insgesamt 3½ Std.; Passo Falzárego – Forcella Nuvolao 1¼ Std., »Ferrata Averau« 1 Std., Abstieg auf dem gleichen Weg 1¼ Std.
Geht man vom Cinque-Torri-Sessellift aus, ergibt sich eine Gesamtgehzeit von 2¼ Std.
Hütte Rif. Averau (2413 m) in der Forcella Nuvolao.
Hinweis Die »Ferrata Averau« läßt sich leicht mit dem gesicherten Steig am Ra Gusela verbinden; siehe 374.
Orientierung Zugang vom Passo Falzárego CAI-Weg 441, vom Sessellift 439.
Einstufung Mittel, nur kurz. Sicherungen erneuert.

374 Sentiero attrezzato Ra Gusela

Nuvolao, 2574 m

Leicht

Ein kleiner Klettersteig, jede Menge Aussicht, ein Gipfel mit (bewirtschafteter) Hütte – das ergibt locker einen halben Wandertag, da reicht es sogar noch für den kleinen »Seitensprung« zum Averau (siehe 373), und wer lieber drei statt zwei Gipfel(chen) besteigt, kann auch die Ra Gusela (2595 m) noch »mitnehmen«. Das gesicherte Steiglein, wegen eines Bergsturzes vor ein paar Jahren im untersten Abschnitt neu trassiert, mündet über eine solide Leiter direkt auf die Hütte am Nuvolao-Gipfel.

Ausgangspunkte Passo Giau (2233 m), Straßenübergang von Cortina ins Cordevole-Tal, bzw. Bergstation des Cinque-Torri-Sessellifts (2230 m).
Wegverlauf Passo Giau – »Sentiero Ra Gusela« – Nuvolao – Forcella Nuvolao (2413 m) – Passo Giau. Cinque-Torri-Lift – Forame – »Sentiero Ra Gusela« – Nuvolao – Forcella Nuvolao – Cinque-Torri-Lift.
Gehzeit Insgesamt je etwa 3 Std.
Hütten Rif. Nuvolao (2574 m), Rif. Averau (2413 m).
Orientierung CAI-Wege 438, 439, 452, 443, 439.
Einstufung Leicht, auch für Familien geeignet.

375 Via ferrata Albino Michielli »Strobel«

Punta Fiames, 2240 m

Mittel

In der Conca d'Ampezzo setzt der Pomagagnon, obwohl eigentlich nur Vorbau des Cristallomassivs, einen markanten Akzent. Die südseitige Exposition der steilen, auffallend gebänderten Felsabstürze verrät, daß man hier schon früh im Jahr ➡

Wo? Der berühmte Ferienort Cortina d'Ampezzo (1210 m) liegt im Tal des Boite, am Fuß der Paßstraßen zum Tre Croci (1805 m) und zum Falzárego (2105 m).
Ausgangspunkt Albergo Fiames (1293 m), etwa 5 km nördlich von Cortina an der Straße nach Toblach.
Wegverlauf Albergo Fiames – »Ferrata Michielli« – Punta Fiames – Forcella del Pomagagnon (2178 m) – Albergo Fiames.
Gehzeiten Insgesamt 4½ Std.; Aufstieg über den Klettersteig 3 Std., Abstieg 1½ Std.
Hinweis Läßt sich gut mit der »Passegiata di Croda« kombinieren; siehe 376. ➡

DIE DOLOMITEN

Eine Panoramaroute der Spitzenklasse: der »Sentiero Dibona«. Im Hintergrund die Hohe Gaisl.

➡ klettern kann. Schneefrei ist auch bald einmal die gesicherte Route auf die Punta Fiames, die »Michielli-Strobel«, und beim Abstieg durch die mächtige Geröllschlucht kann ein bißchen Schnee sogar ganz angenehm sein, hält er doch den sehr »beweglichen« steinigen Untergrund zusammen …
Die »Michielli-Strobel« ist eine Route der Mittelklasse, nicht besonders schwierig, aber teilweise ziemlich exponiert, nicht lang und auch ohne ermüdend weiten Zustieg.

➡
Orientierung Zugang zum Klettersteig ordentlich bezeichnet; beim Abstieg unterhalb der großen Geröllschlucht gut auf die roten Markierungen achten; CAI-Nummer 202 führt nach Cortina.
Einstufung Mittel.

Sonnenverwöhnt: die Felsen des Pomagagnon, hier an der »Ferrata Michielli«.

376 Passegiata di Croda
Pomagagnon-Grat, ca. 2220 m

Mittel

Nach der »Abfahrt« durch die mächtige Pomagagnon-Geröllschlucht kann man gleich in das »dritte Band« einsteigen: noch ein luftiger Gang, schräg durch die Wände von Testa und Costa Bartoldo (2435 m) sowie der Croda Cestelis (2342 m) verlaufend, nur sparsam gesichert. Das Diagonalband, gelegentlich komfortabel breit, dann wieder beängstigend schmal, am Einstieg latschenbewachsen, meist geröllbedeckt, ermöglicht Geübten einen faszinierenden Gang quer durch die Klettermauern des Pomagagnon, mit schwindelerregenden Tiefblicken auf Cortina, Aussicht auf die Tofana und zu den Dreitausendern des Zoldano; am Grat kommt auch der Südwestflügel des Cristallostocks ins Blickfeld und mit ihm ein besonders schöner Höhenweg: der »Dibona-Steig« (siehe 377).

Wo? Der berühmte Ferienort Cortina d'Ampezzo (1210 m) liegt im Tal des Boite, am Fuß der Paßstraßen zum Tre Croci (1805 m) und zum Falzárego (2105 m).
Ausgangspunkt Chiave (1319 m), Häusergruppe nördlich von Cortina, Zufahrt über die Strada Statale No. 51, 2,5 km ab Ortsmitte.
Wegverlauf Chiave – »Passegiata di Croda« – Pomagagnon-Kamm – Forcella Zumeles (2072 m) – Chiave.
Gehzeiten Insgesamt 5½ Std.; Chiave – Einstieg (ca. 1880 m) 1½ Std., »Passegiata di Croda« – Forcella Zumeles 2½ Std., Abstieg nach Chiave 1½ Std.
Orientierung Zustieg CAI-Weg 202, »Passegiata« neu bezeichnet und ausgeschildert, Abstieg CAI-Nummer 204.
Einstufung Mittel, sehr exponiert, Steinschlaggefahr!

377 Sentiero ferrato Ivano Dibona

Forcella Staunies – Col dei Stombi

Leicht

Den Aufstieg, immerhin über 1000 Höhenmeter vom Passo Tre Croci, nimmt einem die Seilbahn ab, und der Rückweg erfolgt auf der Straße, motorisiert natürlich. Dazwischen liegt ein langer Weg, ein großes Dolomitenerlebnis: der »Sentiero Dibona«, eine abschnittweise gesicherte Route, die dem Westgrat des Cristallomassivs folgt, hinüber und hinab bis zu seinem letzten Ausläufer, dem Col dei Stombi, dabei fast durchweg alte, teilweise rekonstruierte Kriegspfade benützend. Fulminant der Auftakt, über Leitern zum Kamm und gleich anschließend auf die schwankende »Cristallo-Hängebrücke« führend. Dahinter kann man am Drahtseil kurz zum Cristallino d'Ampezzo (3008 m) hinüberturnen; weitere Stationen an der Panoramaroute sind dann die Scharten Grande (2874 m), Padeon (2760 m), Alta (2640 m), Bassa (2417 m), die Gipfel(chen) Zurlon (2379 m) und Col dei Stombi (2168 m). Abschließend wandert man durch das Val Padeon hinaus und hinab zur »Strada d'Alemagna« oder hinauf und zurück zur Liftstation Somforca (2215 m).

Wo? Der berühmte Ferienort Cortina d'Ampezzo (1210 m) liegt im Tal des Boite, am Fuß der Paßstraßen zum Falzárego (2105 m) und zum Tre Croci (1805 m). Letzterer folgt man bis zur Talstation der Cristallo-Lifte bei der Capanna Rio Gere (1698 m), 6 km.
Ausgangspunkt Liftstation an der Forcella Staunies (2918 m); nahebei das Rif. Lorenzi (2932 m).
Wegverlauf Forcella Staunies – Cristallino d'Ampezzo (3008 m) – Forcella Grande – Forcella Padeon (2760 m) – Forcella Alta – Forcella Bassa (2417 m) – Zurlon (2379 m) – Col dei Stombi (2168 m) – Val Padeon – Ospitale.
Gehzeiten Insgesamt 6 Std.; Forcella Staunies – Forcella Alta 2½ Std., Forcella Alta – Col dei Stombi 2 Std., Col dei Stombi – Ospitale 1½ Std.
Hinweis Von der Forcella Bassa (2417 m) kann man ins oberste Val Padeon absteigen (rauhe Spur) und die Tour so abkürzen. Bei einem Abstieg vom Col dei Stombi ins Val Padeon und Rückweg zur Liftstation Somforca ergibt sich eine Gesamtgehzeit von etwa 7½ Std.
Hütte An der Forcella Padeon offener Notunterstand.
Orientierung Problemlos, markierter Gratsteig.
Einstufung Leicht.

378 Via ferrata Marino Bianchi

Cima di Mezzo, 3154 m

Mittel

Im Gegensatz zum Hauptgipfel des mächtigen Dolomitenstocks bekommt die Cima di Mezzo viel Besuch. Des Rätsels Lösung? Zwei Lifte und ein Klettersteig. So werden die gut 200 Meter Höhenunterschied von der Forcella Staunies zum Gipfel des Dreitausenders zu einer anregenden Kraxelei am Drahtseil, teilweise ausgesetzt. Schlüsselstelle der Route ist ein fast senkrechter, gelblicher Aufschwung (Leiter); am Gipfel genießt man natürlich eine phantastische Dolomitenschau. Und ganz nah, noch etwas höher, ragt still der Monte Cristallo (3221 m) in den blauen Himmel.

Ausgangspunkt Liftstation an der Forcella Staunies (2918 m); nahebei das Rif. Lorenzi (2932 m).
Wegverlauf Forcella Staunies – »Ferrata Bianchi« – Cima di Mezzo.
Gehzeiten Insgesamt 2½ Std., »Ferrata Bianchi« 1½ Std., Abstieg über den Klettersteig 1 Std.
Orientierung Am Klettersteig problemlos.
Einstufung Mittel, mit einigen ziemlich luftigen Passagen.

379 Via ferrata Renè De Pol

Punta Ovest del Forame, 2385 m

Mittel

Ähnlich wie drüben am »Sentiero Dibona« (siehe 377) folgt die »Ferrata De Pol« ehemaligen Frontsteigen; hier sind es die österreichischen Stellungen am Foramestock. Angesichts der dunklen Löcher im Fels, verfallener Kavernen und Gräben tut man sich schwer, die eindrucksvolle Felskulisse richtig zu würdigen, zumal der offene, heitere Horizont fehlt. Der ordentlich gesicherte Steig kann – wie der »Dibona-Weg« – im Abstieg begangen werden.

Spuren des Krieges: Überreste eines verwegen angelegten Steiges am Foramestock.

Ausgangspunkte Liftstation an der Forcella Staunies (2918 m). – Ospitale (1490 m) an der Strada Statale No. 51, 11 km von Cortina d'Ampezzo, 21 km von Toblach.
Wegverlauf Forcella Staunies – »Sentiero Dibona« – Forcella Grande – Gravon del Forame – Forcella Verde (2380 m) – »Ferrata Renè De Pol« – Ospitale.
Ospitale – »Ferrata Renè De Pol« – Forcella Verde (2380 m) – Ospitale.
Gehzeiten Ab Forcella Staunies: Insgesamt 4½ Std.; Forcella Staunies – Forcella Grande ¾ Std., Forcella Grande – Forcella Verde 1 Std., Abstieg über die »Ferrata De Pol« 2¾ Std.
Ab Ospitale: Insgesamt 6 Std., Aufstieg über die »Ferrata De Pol« bis zur Forcella Verde 3¾ Std., Abstieg und Rückweg 2¼ Std.
Orientierung Bei Nebel im Gravon del Forame nicht ganz einfach. Abstieg von der Forcella Verde nordöstlich durch das Val Pra del Vecio zum Gemärk (1530 m) markiert.
Einstufung Mittel.

380 Hauptmann-Bilgeri-Gedächtnissteig
381 Heeresbergführer-Steig
Monte Piana, 2324 m

Leicht

Er ist viel mehr als nur ein großartiger Aussichtsgipfel, er ist Mahnmal und Freilichtmuseum, hier begegnet einem der Wahnsinn des Krieges auf Schritt und Tritt. Die teilweise rekonstruierten Stellungen lassen sich auf dem »Historischen Rundweg« besichtigen; wiederhergestellt wurden auch zwei gesicherte Nachschubwege, der »Bilgeri-Steig« und der »Heeresbergführer-Steig«. Die kann man allerdings auch aus dem Tal angehen, vom Dürrensee (1403 m), was zwar viel weiter, aber auch wesentlich schöner ist. Der »Pioniersteig«, der sich für den Aufstieg anbietet, zickzackt in vielen Kehren durch die Steilflanke des Monte Piana.

Wo? Zum Lago di Misurina (1751 m) kommt man von Cortina d'Ampezzo über den Passo Tre Croci (1805 m), von Toblach via Schluderbach, 14 bzw. 20 km. Wenig nördlich vom See zweigt die »Drei-Zinnen-Straße« ab, von ihr wiederum die Zufahrt zum Monte Piana.

Ausgangspunkt Rif. Angelo Bosi (2205 m) am Endpunkt der Straße, 7,5 km vom Misurinasee. Parkplatz, große Informationstafel zum Freilichtmuseum »Monte Piana«.

Wegverlauf Rif. Bosi – Monte-Piana-Südkuppe (2324 m) – Forcella dei Castrati (2272 m) – »Heeresbergführer-Steig« – »Pioniersteig« (Abstieg bis ca. 2180 m) – »Bilgeri-Steig« – Monte-Piana-Nordkuppe (Toblacher Kreuz, 2305 m) – Forcella dei Castrati – Rif. Bosi.

Tip Viel weiter, aber sehr lohnend, ist eine Besteigung des Monte Piana vom Dürrensee (1403 m) aus; Ausgangspunkt beim Gasthaus Alpenrose, Aufstieg über den »Pioniersteig« und den »Bilgeristeig« zum Toblacher Kreuz (2305 m), dann über den »Heeresbergführer-Steig« zum »Touristensteig«, der den Abstieg Richtung Schluderbach vermittelt. Tagestour, Gesamtgehzeit 6 bis 7 Std.

Orientierung Im »Weggestrüpp« am Monte Piana kann man leicht von der richtigen Fährte abkommen, zumal Wegzeiger und Markierungen nicht gerade optimal gesetzt sind.

Einstufung Leicht, Steinschlaggefahr am »Bilgeri-Steig«.

382 Sentiero Bonacossa
Col de Varda – Forcella Longeres

Leicht

Mehr Höhenweg als Ferrata – und dennoch ein Hit. Denn was dem »Sentiero Bonacossa« an spektakulären Klettersteigpassagen fehlen mag, macht die Kulisse hier locker wett. Und wenn irgendwo das Wort von der »filigranen« Dolomitenarchitektur zutrifft, dann in den Cadini: ein Zackenwald, Stein neben Stein, Zinnen und Türme wie aus dem Versandhauskatalog – alle Formen, alle Größen und im Dutzend billiger. So wird das Eisen auf dem Weg quer durch diesen »versteinerten Garten« zur Nebensache, und wenn am Grat zum Monte Campedelle (2362 m), nach einem Leiternanstieg, auch noch die Drei Zinnen ins Bild kommen, bleibt selbst dem Dolomitekenner nur Staunen: Zauber der Berge.

Wo? Zum Lago di Misurina (1751 m) kommt man von Cortina d'Ampezzo über den Passo Tre Croci (1805 m), von Toblach via Schluderbach, 14 bzw. 20 km. Am Südufer liegt die Talstation des Col-de-Varda-Sesselliftes; Parkplatz.

Ausgangspunkt Liftstation Col de Varda (2128 m).

Wegverlauf Col de Varda – Forcella di Misurina (ca. 2370 m) – Cadin della Neve – Forcella del Diavolo (2480 m) – Rif. Fonda Savio (2367 m) – Forcella Rimbianco (2176 m) – Monte Campedelle (2346 m) – Forcella Longeres (Drei-Zinnen-Straße, 2320 m) – Lago d'Antorno (1866 m) – Lago di Misurina.

Gehzeiten Insgesamt 5½ Std.; Col de Varda – Rif. Fonda Savio 2 Std., Rif. Fonda Savio – Forcella Longeres 2 Std., Abstieg zum Misurinasee 1½ Std.

Tip Der »Bonacossa-Weg« läßt sich mit dem »Sentiero Durissini« zu einer zauberhaften Runde durch und um die südlichen Cadini verbinden, etwa 5 Std. vom Col de Varda.

Hinweis Vom Rif. Fonda Savio kann man einerseits zum Misurinasee absteigen, anderseits die Cima Cadin Nord-Est (2788 m) über die »Ferrata Merlone« besteigen (siehe 383).

Hütte Rif. Fonda Savio (2367 m).

Orientierung CAI-Wege 117, 101.

Einstufung Leicht, mit Drahtseilen und Leitern gesicherte Passagen an den Scharten Misurina und Diavolo sowie am Anstieg zum Campedelle-Kamm.

383 Via ferrata Merlone
Cima Cadin di Nord-Est, 2788 m

Mittel

In den sechziger Jahren wurde heftig gehämmert und gebohrt in den Alpen, »künstliches Klettern« nannte man das. Und aus jener Zeit stammt – wen wundert's? – auch die »Ferrata Merlone«, ein ziemlich »künstliches« Gebilde: über 300 Leiternsprossen im Steilfels, samt Ausstieg auf einen Geröllhang. Das erhöht die Spannung zusätzlich, hat natürlich auch schon zu Unfällen geführt. Wenn mehrere Gruppen unterwegs sind, ist ein Beschuß fast garantiert! Also erst einmal gucken, wer sich so alles auf den Feuerwehrleitern tummelt und erst dann einsteigen. Oben darf man dann nicht nur aufatmen; die Rundschau ist von erlesener Schönheit, man steht in und über dem Zackenwald der Cadini, in der zweiten Reihe setzen sich die Sextener mit den Drei Zinnen, dem Cristallo und dem Sorapìs wirkungsvoll ins Bild, und vom fernen Horizont lugen sogar ein paar Dreitausender des Alpenhauptkamms herein.

Wo? Zum Lago di Misurina (1751 m) kommt man von Cortina d'Ampezzo über den Passo Tre Croci (1805 m), von Toblach via Schluderbach, 14 bzw. 20 km. Wenig nördlich vom See, am Col Sant'Angelo (1757 m), zweigt die »Drei-Zinnen-Straße« ab.

Ausgangspunkt Abzweigung eines Waldsträßchens, gut 1 km auf der »Drei-Zinnen-Straße«; Wegzeiger »Rif. Fonda Savio«.

➡

➡
Wegverlauf Drei-Zinnen-Straße – Rif. Fonda Savio – »Ferrata Merlone« – Cima Cadin di Nord-Est.

Gehzeiten Insgesamt 4¾ Std.; Drei-Zinnen-Straße – Rif. Fonda Savio 1½ Std., »Ferrata Merlone« 1¼ Std., Abstieg auf dem gleichen Weg 2 Std.

Hütte Rif. Fonda Savio (2367 m).
Orientierung Hüttenweg CAI-Nummer 115.
Einstufung Mittel.

384 Innerkofler-De Luca-Steig
385 Sentiero delle Forcelle
Paternkofel, 2744 m

Mittel

Noch so ein »historischer«, vom Gebirgskrieg gezeichneter Gipfel, einst hart umkämpft, durch die Italiener zur Felsenfestung ausgebaut. Heute sind die Gipfelstürmer unbewaffnet, ihre Absichten friedlich, und wenn sie dennoch einmal schießen, dann (unabsichtlich) mit Steinen. Diese Gefahr ist am Paternkofel allerdings vergleichsweise gering, da man oberhalb der Drei-Zinnen-Hütte, unweit vom »Frankfurter Würstl«, gleich eintaucht ins Bergesinnere. Der Helm erweist sich (nebst der Taschenlampe) trotzdem als praktisch, verhindert er doch allzu harten Kontakt mit der niedrigen Decke der »Galleria Paterna«. An der Gamsscharte (ca. 2650 m) verzweigt sich der Weg gleich doppelt: hinauf, hinab oder hinüber, am Drahtseil zum Gipfel des Paternkofels, zum Paternsattel oder auf dem »Sentiero delle Forcelle« (Schartenweg) am Zackengrat der Bödenknoten entlang zum Büllelejoch. Für Klettersteigler eigentlich keine Frage: erst hinauf zum Paternkofel, dann über die Scharten.

Wo? Die mautpflichtige »Drei-Zinnen-Straße« hat ihren Ausgangspunkt wenig nördlich vom Misurinasee.
Ausgangspunkt Endpunkt der Straße beim Rif. Auronzo (2320 m), 7 km. Riesige Parkplätze.
Wegverlauf Rif. Auronzo – Paternsattel (2454 m) – Drei-Zinnen-Hütte (2405 m) – »Innerkofler-De Luca-Steig« – Paternkofel – »Sentiero delle Forcelle« – Büllelejoch (2522 m) – Pian di Cengia – Rif. Auronzo.
Gehzeiten Insgesamt 6½ Std.; Rif. Auronzo – Drei-Zinnen-Hütte 1½ Std. »Innerkofler-De Luca-Steig« – Paternkofel 1¼ Std., »Sentiero delle Forcelle« – Büllelejoch 2¼ Std., Rückweg 1½ Std.
Hinweise Läßt sich mit dem »Leiternsteig« am Toblinger Knoten verbinden; siehe 386.
Als Ausgangspunkt für eine Besteigung des Paternkofels mit Überschreitung zum Büllelejoch kommt auch das Fischleintal in Frage; Gesamtgehzeit 8 Std.
Hütten Rif. Lavaredo (2344 m), Drei-Zinnen-Hütte (2405 m), Büllelejochhütte (2528 m).
Orientierung CAI-Wege 101, 104.
Einstufung Mittel. Taschenlampe nicht vergessen!

386 Leiternsteig
387 Feldkurat-Hosp-Steig
Toblinger Knoten, 2617 m

Mittel/Leicht

Wer gerne auf Leitern herumturnt, kommt am Toblinger Knoten voll auf seine Kosten: eine Serie von nicht weniger als 17 solide verankerten Eisenleitern führt von der schattigen Nordseite durch mehrere Kamine zum Gipfel, dessen Profil an Wildwestfilme von John Ford erinnert. Doch das Death Valley ist weit, und gestorben wird (Gott sei Dank!) in diesen Bergen schon lange nicht mehr. Trotzdem, der Geschichte kann man auch in den Sextenern nicht ausweichen, und so ist der Blick in die phantastische Felskulisse halt auch immer ein Blick zurück: nie wieder!

Ausgangspunkt Endpunkt der Drei-Zinnen-Straße beim Rif. Auronzo (2320 m). Riesige Parkplätze.
Wegverlauf Rif. Auronzo – Paternsattel (2454 m) – Drei-Zinnen-Hütte – »Leiternsteig« – Toblinger Knoten – »Hosp-Steig« – Drei-Zinnen-Hütte – Rif. Auronzo.
Gehzeiten Insgesamt 4½ Std.; Rif. Auronzo – Drei-Zinnen-Hütte 1½ Std., Überschreitung des Toblinger Knoten 1½ Std., Drei-Zinnen-Hütte – Rif. Auronzo 1½ Std.
Hütten Rif. Lavaredo (2344 m), Drei-Zinnen-Hütte (2405 m).
Orientierung Der Einstieg zum »Leiternweg« befindet sich – von der Drei-Zinnen-Hütte aus gesehen – im Rücken des Toblinger Knoten; Zugang über Weg 105.
Einstufung Mittel, »Hosp-Steig« leicht.

Weltberühmtes Profil: die Drei Zinnen.

DIE DOLOMITEN

388 Klettersteig Sextener Rotwand

Sextener Rotwand, 2936 m

Leicht

In der berühmten Sextener Sonnenuhr ist die Sextener Rotwand der »Zehner«; wer den Gipfel über die Nordwandroute besteigen will, tut allerdings gut daran, die Tour zu beginnen, bevor die Sonne über dem Gipfel steht. Der Rotwandwiesen-Gondellift verkürzt die Tour zwar angenehm; bis zur Rotwand hat man trotzdem noch rund 1000 Höhenmeter. Gesichert sind längere Passagen an den Rotwandköpfen und am Gipfelaufbau. Der höchste Punkt (Vinatzerturm, 2965 m) wird nicht betreten; die leichte Via ferrata läuft an der Nordkuppe aus.
Den Abstieg nehmen die meisten über den gesicherten Steig; für erfahrene Klettersteigler mit viel Ausdauer bietet sich eine Kombination mit der »Ferrata Zandonella« und dem »Alpinisteig« an.

Wo? Der bekannte Ferienort Sexten (1316 m) liegt an der Straße von Innichen zum Kreuzbergsattel. Bei Bad Moos (1356 m) befindet sich die Talstation des Rotwandwiesenliftes.
Ausgangspunkt Bergstation (1910 m) der Gondelbahn.
Wegverlauf Rotwandwiesen – Rotwandköpfe – Sextener Rotwand.

Gehzeiten Insgesamt 6 Std.; Aufstieg 3½ Std., Abstieg auf dem gleichen Weg 2½ Std.
Hütten Rotwandwiesenhütte (1899 m).
Orientierung Markierter Anstieg.
Einstufung Leicht.

389 Via ferrata Zandonella

Sextener Rotwand, 2936 m

Schwierig

Zu den wildesten Winkeln der Sextener Dolomiten gehört das Vallone Popera, mit Hochbrunnerschneid (3046 m), Elferkofel (3092 m) und Sextener Rotwand (2965 m) als Gipfelrahmen. Doch wenn drüben im Fischleinboden der Parkplatz überquillt, viel Betrieb herrscht auf allen Wegen, ist man im Poperatal (fast) allein. Hier sind die Anstiege länger, rauher. Dies gilt auch für die »Ferrata Zandonella«, die eine tolle Überschreitung der Sextener Rotwand (Croda Rossa) ermöglicht. Für den Aufstieg nimmt man mit Vorteil die Südroute, die durch den steilen Canalone 1° verläuft, den Abstieg südöstlich zum Canalone 2°. Durch den kann man dann bequem zum Anstiegsweg »abfahren«; es empfiehlt sich aber, von der Forcella »A« nochmals kurz zu jenem Band anzusteigen, das die Südabstürze der Guglie nahezu horizontal durchzieht: eine »Superstrada« mit faszinierenden Ausblicken auf die Felskulisse des Poperatals!

Wo? Ins Comelico kommt man von Innichen über den Kreuzbergsattel, 26 km bis Pádola. Zwei Kilometer vor dem Ort zweigt rechts die Zufahrt zum Rif. Lunelli ab.
Ausgangspunkt Rif. Lunelli (1568 m), 5 km von der Strada Statale No. 52.
Wegverlauf Rif. Lunelli – Rif. Berti (1950 m) – Vallone Popera – »Ferrata Zandonella« (Südroute) – Sextener Rotwand – »Ferrata Zandonella« (Südostroute) – Canalone 2° oder Cengia delle Guglie – Rif. Berti – Rif. Lunelli.

Gehzeiten Insgesamt 8½ Std.; Rif. Lunelli – Rif. Berti 1¼ Std., Rif. Berti – Sextener Rotwand 3¾ Std., Abstieg über die Südwestroute zum Rif. Berti 2¾ Std., Rif. Berti – Rif. Lunelli ¾ Std. Mit dem Abstecher über das »Guglie-Band« ergibt sich eine Gesamtgehzeit von gut 9 Std.
Orientierung Zustieg CAI-Markierung 101, »Ferrata Zandonella« mit rot-grünen Dreiecken bezeichnet.
Einstufung Schwierig.

390 Alpinisteig

Sentinellascharte, 2717 m

Mittel

Der Klassiker unter allen gesicherten Steigen der Sextener Dolomiten. Wer kennt nicht jenen Schatteriß aus dem Äußeren Loch, Standardsujet in (fast) jedem Dolomitenbuch und -kalender? Natürlich bietet die berühmte »Strada degli Alpini« noch viel mehr, herrliche Aussicht auf die Bergumrahmung des Fischleintals, Einblicke in wilde Felswinkel, ein wenig Kitzel am luftigen Salvezza-Band und schließlich nochmals längere gesicherte Passagen hinter der Elferscharte. Hier stößt man aber auch auf den »Schönheitsfehler« der Route: erhebliche Steinschlaggefahr bei der Querung zur Sentinellascharte, zudem bis in den Sommer hinein harte, abschüssige Altschneefelder. Bei schlechten Bedingungen steigt man deshalb von der Elferscharte mit Vorteil direkt ab ins Fischleintal.

Wo? Von Sexten (1316 m) führt eine gut ausgebaute Straße südlich ins Fischleintal.
Ausgangspunkt Touristenparkplatz (1450 m) am Fischleinboden, 3,5 km von Sexten-Moos.
Wegverlauf Fischleinboden – Zsigmondyhütte (2224 m) – »Alpinisteig« – Elferscharte (2610 m) – Sentinellascharte (2717 m) – Fischleinboden.
Gehzeiten Insgesamt 8¼ Std.; Fischleinboden – Zsigmondyhütte 2½ Std., »Alpinisteig« – Sentinellascharte 3½ Std., Abstieg 2¼ Std.
Hinweise Steigt man von der Elferscharte ab, verkürzt sich die Gesamtgehzeit auf etwa 7 Std. – Kombination mit Steigen an der Sextener Rotwand möglich; siehe 388, 389.
Hütte Zsigmondyhütte (2224 m).

Altbekannter Steig, berühmtes Bild: am »Alpinisteig« in den Sextener Dolomiten.

Orientierung Gut markierte Wege, CAI-Nummern 103, 101, 122.
Einstufung Bis zur Elferscharte leicht, aber teilweise ausgesetzt. Weiterweg und Abstieg mittel, stark von den Verhältnissen abhängig. In der Zsigmondyhütte Zustand erfragen!

391 Via ferrata Roghel
392 Cengia Gabriella
Rifugio Berti – Forcella dei Campanili, 2550 m – Rifugio Carducci

Schwierig/Mittel

Dolomiten total. So könnte man die große Tour in den südöstlichen Sextenern überschreiben: höchster Landschaftgenuß und Klettersteigspaß in einem. Ganz ordentlich gefordert wird man auf der neuen »Ferrata Roghel«, deren Fixseile den Grat zum Valle della Stallata südöstlich der Forcella delle Guglie passieren; das »Cengia Gabriella«, das man über eine lange Sprossenreihe vom Bivacco Battaglione Cadore (2219 m) ansteuert, ist vor allem Aussichtsroute, auf kürzeren Abschnitten gesichert. Am Rifugio Carducci (2297 m) läuft die Route aus; wer in der Hütte (oder jenseits der Forcella Giralba) übernachtet, kann das »Erlebnis Sextener Klettersteige« anderntags am »Alpinisteig« (siehe 390) und auf der »Ferrata Zandonella« (siehe 389) fortsetzen: die Sextener »Eisenrunde« schlechthin.

Wo? Ins Comelico kommt man von Innichen über den Kreuzbergsattel, 26 km bis Pádola. Zwei Kilometer vor dem Ort zweigt rechts die Zufahrt zum Rif. Lunelli ab.
Ausgangspunkt Rif. Lunelli (1568 m), 5 km von der Strada Statale No. 52.
Wegverlauf Rif. Lunelli – Rif. Berti (1950 m) – »Ferrata Roghel – Biv. Battaglione Cadore (2219 m) – »Cengia Gabriella« – Rif. Carducci (2297 m).
Gehzeiten Insgesamt 7½ Std.; Rif. Lunelli – Rif. Berti 1¼ Std., Rif. Berti – Biv. Battaglione Cadore 3¼ Std., »Cengia Gabriella« – Rif. Carducci 3 Std.
Hinweise Abstiegsmöglichkeiten ins Val d'Ansiei und über das Giralbajoch (2431 m) ins Fischleintal, je etwa 2½ Std.
Die alte »Ferrata Roghel« mit ihrer Leiternserie ist nicht mehr begehbar (Bergsturz)!
Hütten Rif. Berti (1950 m). Rif. Carducci (2297 m), bewirtschaftet Ende Juni bis Ende September, Tel. (0435)97136. Rif. Zsigmondy (2224 m, nördlich des Giralbajochs), bewirtschaftet 20. Juni bis Anfang Oktober, Tel. (0474)70358.
Orientierung CAI-Wege 101, 109, 110.
Einstufung »Ferrata Roghel« schwierig, »Cengia Gabriella« mittel.

393 Via ferrata Mazzetta
Passo di Tacco, 2347 m

Mittel

Croda di Tacco (2612 m), Croda da Campo (2712 m) und Monte Aiarnola (2456 m) stehen – je nach Betrachtungsweise – ganz hinten oder ganz vorn in den Sextenern. Jedenfalls dürften sich nur selten Bergsteiger aus deutschen Gefilden in diese (sehr reizvolle) Ecke ganz am Rand der Dolomiten verirren. Dabei besteht ein ordentlich markiertes Wegnetz, das beispielsweise eine Überschreitung des Monte Aiarnola erlaubt, und am Passo di Tacco stößt man sogar auf eine kleine Ferrata. Der Zustieg aus dem Ansieital ist allerdings sehr weit, weshalb man den »Eisenweg« vorteilhaft in eine Runde von Pádola einbezieht. Sie läuft über die beiden Scharten von Ambata (2413 m) und Tacco (2347 m): viel Landschaft, wenig Eisen.

Wo? Pádola ist der Hauptort des Comelico, 26 km von Innichen über den Kreuzbergsattel.
Ausgangspunkt Parkplatz bei den Skiliften am Ortsrand.
Wegverlauf Pádola – Col dei Bagni (1743 m) – Forcella d'Ambata (2413 m) – Biv. Gera (2240 m) – »Ferrata Mazzetta« – Passo di Tacco – Casera Aiarnola (1602 m) – Pádola.
Gehzeiten Insgesamt 7¼ Std.; Pádola – Forcella d'Ambata – Biv. Gera 4 Std., »Ferrata Mazzetta« 1¼ Std., Abstieg nach Pádola 2 Std.
Hütte Biv. Gera (2240 m), Notunterkunft, stets zugänglich.
Orientierung CAI-Wege 151, 126, 152.
Einstufung Mittel; lange, recht mühsame Zugangswege.

394 Sentiero Amalio Da Pra
Forcella di San Pietro, 2298 m

Mittel

Wer sich die Mühe macht, auf der schmalen, holperigen Straße 15 Kilometer von Lozzo di Cadore zum Pian de Buoi hinaufzufahren, muß schon einen guten Grund haben. Ob eine schöne Aussicht, die südalpin-üppigen Blumenteppiche und die Polenta im Rifugio Ciareido da genügen? Immerhin gibt es auch noch einen gesicherten Steig, der quer durch die von tiefen Gräben durchfurchte Nordwestflanke des Monte Ciareido (2504 m) läuft und an einigen Stellen gesichert ist – keine große Ferrata, aber eine hübsche Halbtagestour. Damit es zum sportlichen Tagespensum wird, kann man ja auch mit dem Radl über die vielen Serpentinen der ehemaligen Kriegsstraße zu der im Sommer bewirtschafteten Hütte hinaufkurbeln, statt eine Stunde hinter dem Lenkrad zu schwitzen. Ich hab's vor gut zwanzig Jahren getan, mit dem Rennrad allerdings, doch damals gab's weder eine Ferrata am Monte Ciareido noch »Mountainbikes« mit griffigen Stollenreifen.

Wo? Lozzo di Cadore (754 m) liegt im oberen Piavetal, 8 km von Auronzo, 11 km von Pieve di Cadore. Im Ort Abzweigung der Straße zum Pian de Buoi (1825 m), ca. 15 km.
Ausgangspunkt Parkplatz etwa 10 Min. unterhalb vom Rif. Ciareido.
Wegverlauf Rif. Ciareido (1969 m) – Forcella di San Lorenzo (2223 m) – »Sentiero Da Pra« – Forcella San Pietro (2298 m) – Rif. Ciareido.
Gehzeit Für die gesamte Runde 3½ Std.
Hütten Rif. Ciareido (1969 m), Rif. Marmarole (1786 m).
Orientierung Abzweigung zur Forcella di San Lorenzo nur undeutlich markiert, am »Sentiero Da Pra« rote Farbtupfer.
Einstufung Mittel; Steinschlaggefahr, im Frühsommer unangenehme Schneerinnen.

DIE DOLOMITEN

395 Via attrezzata dei Camosci

Forcella dei Baranci, 2099 m

Mittel

Wer einsame Landstriche, rauhe Wege und eine wilde Kulisse liebt, wen gelegentliche Pfadsuche ebensowenig aus dem Gleichgewicht bringt wie endlose Schuttreißen, der gehört in die Marmarole. Und eine gute Gelegenheit, dieses Gebirge am Rand der Dolomiten näher kennenzulernen, bietet der »Gamssteig«: mehr Spur als Weg, kümmerlich markiert, mit ein paar Sicherungen versehen – halt etwas für die vom Aussterben bedrohte Spezies der »Alpenindianer«. Wem's gefällt, für den habe ich nur eine Empfehlung: die »Strada Sanmarchi«, garantiert autofrei.

Wo? Auronzo (866 m) liegt im unteren Ansieital zwischen den Ausläufern der Sextener Dolomiten und der Marmarole, 34 km von Cortina d'Ampezzo. Im Westen des langgestreckten Straßendorfes zweigt die Zufahrt ins Val da Rin ab.
Ausgangspunkt Parkplatz am Straßenende (ca. 1100 m), 4 km von der Strada Statale No. 48.
Wegverlauf Val da Rin – Biv. Fanton (1750 m) – »Via dei Camosci« – Cengia dei Camosci – Forcella dei Baranci – Pomadonna-Kar – Pian delle Ciave – Val da Rin.
Gehzeiten Insgesamt 6½ Std.; Val da Rin – Biv. Fanton 2 Std., »Via dei Camosci« 3 Std., Abstieg ins Tal 1½ Std.
Hütte Biv. Fanton (1750 m), Notunterkunft, stets zugänglich.
Orientierung Zugang zum Bivacco CAI-Markierung 270; an der »Via dei Camosci« nur gelegentlich Farbtupfer. Gleich hinter der Hütte durch eine wilde Schlucht kurz aufwärts, dann links auf das »Gamsband«.
Einstufung Mittel. Viel Geröll, leichte Felsen, nur wenige (Drahtseil-) Sicherungen.

396 Sentiero degli Alpini

Forcella Jau de la Tana, 2650 m

Mittel

Von Süden, aus dem Val d'Oten, präsentiert sich die Marmarole als steinerne Phalanx. Den einzigen Zugang vermittelt der schon recht angejahrte »Sentiero degli Alpini«, ein mit mehreren Leitern und Drahtseilen gesicherter Steig. Oben an der Forcella Jau de la Tana öffnet sich der Blick in die Nordflanke des Massivs mit seinen riesigen Karen und Karren, Graten und Gipfeln. Und dahinter, jenseits des Ansieitals, stehen die berühmten Kletterberge der Sextener Dolomiten.

Wo? Calalzo di Cadore (809 m) ist ein Nachbarort von Pieve di Cadore. In das sich hier von Nordwesten öffnende Val d'Oten führt ein ordentliches Sträßchen, bis über Praciadelan hinaus asphaltiert.
Ausgangspunkt Hütten von Praciadelan (1044 m), 5,5 km ab Calalzo. Parkmöglichkeit.
Wegverlauf Praciadelan – Rif. Chiggiato (1911 m) – »Sentiero degli Alpini« – Forcella Jau de la Tana.
Gehzeiten Insgesamt 8½ Std.; Praciadelan – Rif. Chiggiato 2¼ Std., »Sentiero degli Alpini« – Forcella Jau de la Tana 3 Std., Abstieg auf dem gleichen Weg 3¼ Std.
Hinweis Man kann die Tour zum Biv. Tiziano (2246 m) fortsetzen, siehe »Strada Sanmarchi«.
Hütte Rif. Chiggiato (1911 m).
Orientierung CAI-Weg 260.
Einstufung Mittel.

397 Sentiero della Cengia del Doge

Cengia del Doge, ca. 2100 m

Leicht

Auf der Fahrt vom Misurinasee hinab ins Val d'Ansiei hat man die Marmarolegruppe und den Antelao direkt vor sich; bald einmal wird auch der Blick in das tief eingeschnittene Val di San Vito frei. Und da steht es: das »Horn des Dogen« (Corno del Doge), ein Riesenturm, schlank und auffallend gebändert. Quer durch den senkrechten Fels, auf knapp halber Höhe, läuft eine markierte und mit ein paar Drahtseilen gesicherte Pfadspur – eine kleine »Via delle Bocchette« in den östlichen Dolomiten!

Völlig neu trassiert wurde die »Ferrata Tissi«.

Wo? Ins Val di San Vito kommt man vom Ansieital aus; Zufahrt über die Strada Statale No. 48.
Ausgangspunkt Ponte degli Alberi (1134 m) am Eingang ins Val di San Vito; Parkmöglichkeit.
Wegverlauf Ponte degli Alberi – Val di San Vito – Val Grande – »Sentiero della Cengia del Doge« – Val di San Vito – Ponte degli Alberi.
Gehzeiten Insgesamt 5¾ Std.; Ponte degli Alberi – Wegverzweigung Val Grande 3 Std., »Bänderweg« 1 Std., Abstieg zur Ponte degli Alberi 1¾ Std.
Orientierung CAI-Wege 226, 278.
Einstufung Leicht, teilweise recht exponiert.

Die »Strada Sanmarchi«

Eine »Straße« ist sie nicht, die »Strada Sanmarchi«, auch keine Via ferrata, eher schon ein gesicherter Höhenweg, ganz bestimmt aber eine Traumroute. Nicht unbedingt für jene Zeitgenossen, die das schnelle, prickelnde Erlebnis suchen; um die Marmarole kennenzulernen, braucht es vor allem eines: Zeit. Erst nach und nach, Schritt für Schritt, erschließt sich dem Wanderer die ganze Schönheit dieser Landschaft, die den berühmten Gipfeln der Dolomiten so nah, dem großen Trubel so fern ist. Die Straße, die keine ist, läuft quer durch die Marmarole, durch vergessene Karwinkel, über hohe Scharten, immer wieder neue Blickpunkte, andere Perspektiven eröffnend. Seit ein paar Jahren ist sie ordentlich markiert, einige Passagen sind auch gesichert, dennoch ist die »Strada Sanmarchi« weit mehr als eine Ferrata oder ein Wanderweg – eine Traumtour halt.

Für die Zwei-Tage-Tour muß man mit einer Gesamtgehzeit von etwa 18 Stunden rechnen. Aufstieg zum Bivacco Tiziano (2246 m), dann auf der »Strada Sanmarchi« zum Bivacco Musatti (2111 m; Nächtigung) und weiter ins Val Grande, hier Abstieg ins Ansieital. CAI-Markierungen 260, 280, 278, 226.

398 Sentiero ferrato Berti
399 Sentiero Minazio
400 Via ferrata Vandelli
Sorapìs-Runde

Mittel

Der Sorapìs (3205 m) ist weit mehr als ein Berg, ein richtiges Gebirge mit hohen Graten, die den stimmungsvollen Sorapìssee (1923 m) wie Flügel umschließen, mit drei winzigen Gletschern – und einem Höhenweg, auf dem man das Massiv umrunden kann. Er besteht aus drei Teilstücken, die alle mehr oder weniger lange gesicherte Passagen aufweisen. Der »Sentiero Berti« verbindet die einer Mondlandschaft ähnliche Karmulde der Tondi di Sorapìs mit dem Bivacco Slataper (2620 m) über die mächtige Terrasse in der Westwand der Croda Marcora (3154 m); dabei ist ein wilder, steinschlaggefährdeter Kessel zu queren (Leitern). Der »Sentiero Minazio« führt dann, kaum gesichert, auf teilweise latschenbewachsenen Bändern hoch über dem Val di San Vito zum zweiten Biwak (Comici, 2000 m); ein eisenhaltiges Finale bietet schließlich die »Ferrata Vandelli«, über die man zum Rifugio Vandelli am smaragdgrünen Sorapìsee absteigt. Eine große Runde, ein grandioses Dolomitenerlebnis für mehr als nur einen Tag!

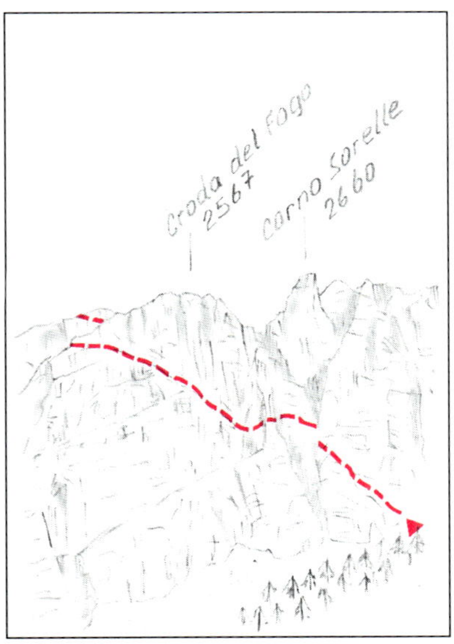

Wo? Der Passo Tre Croci verbindet das Boite- mit dem Ansieital, 8 km von Cortina d'Ampezzo, 26 km von Auronzo.

Ausgangspunkt Passo Tre Croci (1805 m). Großer Parkplatz.

Wegverlauf Passo Tre Croci – Rif. Vandelli (1928 m) – Forcella sora la Cengia del Banco (2416 m) – »Sentiero Berti« – Biv. Slataper (2620 m) – »Sentiero Minazio« – Biv. Comici (2000 m) – »Ferrata Vandelli« – Rif. Vandelli – Passo Tre Croci.

Gehzeiten **1. Tag:** Insgesamt 6¾ Std.; Passo Tre Croci – Rif. Vandelli 1¾ Std., Rif. Vandelli – »Sentiero Berti« – Biv. Slataper 5 Std.
2. Tag: Insgesamt 8 Std.; Biv. Slataper – »Sentiero Minazio« – Biv. Comici 3½ Std., »Ferrata Vandelli« 3 Std., Rif. Vandelli – Passo Tre Croci 1½ Std.

Hinweise Zustiege zur »Sorapìs-Runde« gibt es auch vom Boitetal über das Rif. San Marco (1823 m) und aus dem Val d'Ansiei. – Übernachtung in einer der beiden Biwakschachteln.

Hütten Rif. Vandelli (1928 m); Biv. Slataper (2620 m) und Biv. Comici (2000 m), beides Notunterkünfte, stets zugänglich.

Orientierung Markierte Wege; Einstieg zum »Sentiero Berti« im Kar Tondi di Sorapìs nicht ganz leicht zu finden. CAI-Nummern 215, 242, 247, 243.

Einstufung Mittel. Am »Sentiero Berti« erhebliche Steinschlaggefahr.

401 Via ferrata degli Alleghesi
Civetta, 3220 m

Schwierig

Ein großer Gipfel, eine große Ferrata. Da sind Superlative fällig, und wer den ➡

Wo? Das Civettamassiv erhebt sich zwischen dem Tal des Cordévole und dem Zoldano. Den besten Zugang vermittelt ein recht holperiger Fahrweg, der nördlich von Pecol von der Staulanza-Paßstraße abzweigt.

Ausgangspunkt Almgelände an der Forcella d'Alleghe (1816 m), ➡

➡ »Alleghesi-Steig« bei gutem Wetter gegangen ist, wird mir beipflichten: eine der schönsten Eisenrouten zwischen Eisack und Piave! Ausreichend, aber nicht übermäßig gesichert, logisch im Verlauf, spannend und natürlich sehr lang; vom Einstieg bis zum Gipfel sind es immerhin über 800 Höhenmeter. Und wenn man anschließend noch über die »Ferrata Tissi« (siehe 402) absteigt, ist der »Klettersteig-Traum« perfekt.

➡ 3,5 km von der Strada Statale No. 251. Parkmöglichkeit.
Wegverlauf Forcella d'Alleghe – Rif. Coldai (2132 m) – »Sentiero Tivan« – Einstieg (ca. 2450 m) – »Ferrata degli Alleghesi« – Civetta – Rif. Torrani – Normalweg – »Sentiero Tivan« – Rif. Coldai – Forcella d'Alleghe.
Gehzeiten Insgesamt 10 Std.; Forcella d'Alleghe – Rif. Coldai 1 Std., »Sentiero Tivan« – Einstieg 1½ Std., »Ferrata degli Alleghesi« – Civetta 3½ Std., Abstieg zum »Sentiero Tivan« 2½ Std., Rückweg zur Forcella d'Alleghe 1½ Std.
Tip Ein günstiger Ausgangspunkt für die Civetta-Tour, vor allem, wenn man eine Überschreitung plant, ist die Alpe della Grava; siehe 402.
Hinweis Nächtigung in der Coldai-Hütte ratsam.
Hütten Rif. Torrani (2984 m). Rif. Coldai (2132 m), bewirtschaftet 10. Juni bis 20. September, Tel. (0437) 789160.
Orientierung Einstieg zur Ferrata oberhalb des »Sentiero Tivan« am markanten Ostpfeiler der Punta Civetta.
Einstufung Schwierig, ungesicherte Passagen I–II. Abstieg darf nicht unterschätzt werden (Stellen I); gute Kondition unerläßlich.

402 Via ferrata Attilio Tissi
Rifugio Torrani, 2984 m

Schwierig

Ihr Ruf ist legendär, lange Zeit galt die bereits 1938 angelegte und nach dem Civetta-Pionier benannte »Tissi« als das Maß aller (Klettersteig-)Dinge; immer wieder beschädigte Sicherungen machten ihre Begehung aber zum riskanten Unternehmen (ich kann's bestätigen), was schließlich eine amtlich verfügte Sperrung nach sich zog. Inzwischen gibt es eine »neue« Ferrata, weniger steinschlaggefährdet, aber auch nicht so spektakulär-verwegen im Verlauf. Sie steigt am rechten Rand des Van delle Sasse steil an zu einem Felskessel, gewinnt dann ein markantes Felsband, das an dem Sattel zwischen Civetta und Cima di Tomè (3004 m) ausläuft. Die Route ist fast durchgehend mit Fixseilen gesichert.

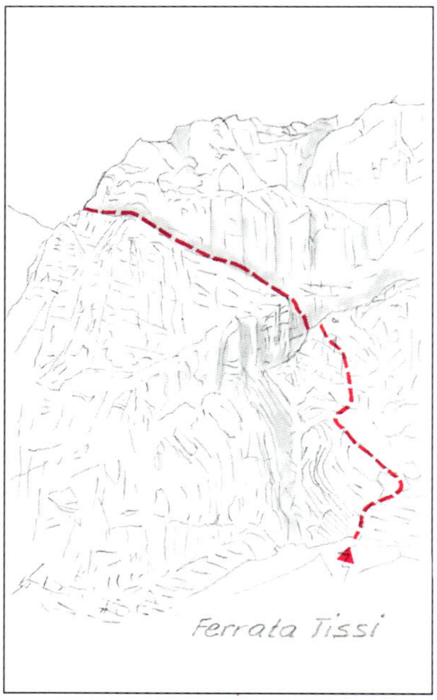

Wo? Die Häuser von Listolade (683 m) liegen am Eingang ins Val Corpassa, 4 km von Agordo, 16 km von Alleghe.
Ausgangspunkt Rif. Trieste (1135 m) im Val Corpassa, 4 km ab Listolade.
Wegverlauf Rif. Trieste – Rif. Vazzoler (1714 m) – Van delle Sasse (Einstieg ca. 2600 m) – »Ferrata Tissi« – Rif. Torrani.
Gehzeiten Insgesamt 11 Std.; Rif. Trieste – Rif. Vazzoler 2 Std., Rif. Vazzoler – Van delle Sasse 3 Std., »Ferrata Tissi« – Rif. Torrani 1½ Std., Abstieg auf dem gleichen Weg 4½ Std.
Hinweise Natürlich wird man bei ordentlichem Wetter den Gipfel der Civetta (3220 m) nicht auslassen; ¾ Std. vom Rif. Torrani auf markierter Geröllspur. Nächtigung im Rif. Vazzoler.
Tip Günstiger Ausgangspunkt für die Civetta-Tour, vor allem bei einer Überschreitung »Tissi-Alleghesi«, ist die Alpe della Grava (1627 m); Zufahrt von Chiesa (1242 m) an der Ostrampe der Duran-Paßstraße, 3,5 km (Fahrverbot ein paar hundert Meter nach der Abzweigung, Zufahrt zur Alm wird aber toleriert). Aufstieg über die Forcella delle Sasse (2476 m) ins Van delle Sasse, Markierung 558, knapp 3 Std. bis zum Einstieg der »Ferrata Tissi«.
Hütte Rif. Torrani (2984 m). Rif. Vazzoler (1714 m), bewirtschaftet 15. Juni bis 20. September, Tel. (0437) 660008.
Orientierung CAI-Wege 556, 558 ins Van delle Sasse, Einstieg zur »Tissi« nicht zu übersehen.
Einstufung Schwierig.

403 Via ferrata Monte Pelsa – Fiamme Gialle
La Palazza Alta, 2255 m

Schwierig

Das Schild drunten in Cencenighe weist lapidar auf die »Via ferrata« hin, und der Blick hinauf in die hohe, von Grasbändern durchzogene Wand verrät nur wenig mehr. Nicht sichtbar ist aus dieser Froschperspektive die Civetta, die auf dem ➡

Wo? Cencenighe (774 m) liegt im Tal des Cordévole, je 10 km von Alleghe bzw. Agordo.
Ausgangspunkt Bastiani (971 m), winziger Weiler oberhalb von Cencenighe, 3 km. Kleiner Parkplatz. – Nimmt man den Abstieg über die »Direttissima«, empfiehlt es sich, bis Bricol (1097 m) weiterzufahren.
Wegverlauf Bastiani – Einstieg (ca. 1480 m) – »Ferrata Monte Pelsa« – La Palazza Alta – Pian di Pelsa (1954 m) – Forcella di Col Mandro (2032 m) – Col Mandro (1844 m) – Collaz (1031 m) – Bastiani.
Gehzeiten Insgesamt 8¼ Std.; Bastiani – Einstieg 1¾ Std., »Ferrata Monte Pelsa« 3 Std., La Palazza ➡

➡ Sockelfelsen des Monte Pelsa (2413 m) steht und der hier alle Aufmerksamkeit gilt. Sie kommt erst oben am Grat ins Bild, als optisches Finale einer Route, die für mich zu den schönsten in den Dolomiten zählt: rund 700 Höhenmeter, fast durchgehend mit Drahtseilen gesichert, mit einem steilen Auftakt und äußerst luftigem Finale (»Variante difficile«), alles in bestem Schlerndolomit. Der liefert reichlich Tritt und Griff, erlaubt über längere Strecke richtiges Klettern – am sichernden Fixseil. Und nach dem Klettererlebnis noch die große Schau auf der Wanderung hinüber zur Forcella Col Mandro (2032 m) und hinab ins Tal des Cordévole: Civetta, Sella, Marmolada und Pala stehen dabei Parade.

➡ Alta – Forcella di Col Mandro 1½ Std., Abstieg nach Bastiani 2 Std.
Tips Von der Gratsenke nördlich der Palazza Alta führt eine markierte Route extrem steil und ungesichert (Stellen II) zu Tal: nicht empfehlenswert. Weit lohnender ist die markierte Spur, die auf einer riesigen Terrasse unter dem Monte Pelsa zum Col Mandro (1844 m) hinüberläuft, Markierung 571; Gesamtgehzeit etwa 7½ Std.
Orientierung CAI-Wege 562, 560, 567.
Einstufung Schwierig.

404 Via ferrata Costantini

Cima Moiazza Sud, 2878 m

Sehr schwierig

Kenner wissen es: Sie ist die Dolomitenferrata schlechthin, wer »in« sein will, muß sie einfach gemacht haben. Und ein Erlebnis der Sonderklasse ist der Gang durch den sonnenverwöhnten 900-Meter-Südabsturz der Cresta delle Masenade allemal, mit rasanten Passagen gleich zu Beginn und der »Diagonale« auf knapp halber Höhe. An dieser Schlüsselstelle scheidet sich endgültig die Spreu vom Weizen, und wer drüber ist, hat höchste Klettersteigweihen gewonnen. Bis zum Grat bleibt die Route steil, dann wird sie zur grandiosen Aussichtspromenade, und das Tüpfchen aufs »i« bietet dann der Gipfelabstecher – natürlich auch am sichernden, fix verankerten Drahtseil. Schließlich folgt als letzter Höhepunkt der Runde das »Engelsband« (Cengia Angelini), ehe man über mächtige Plattenschüsse in den Van dei Cantoi absteigt.

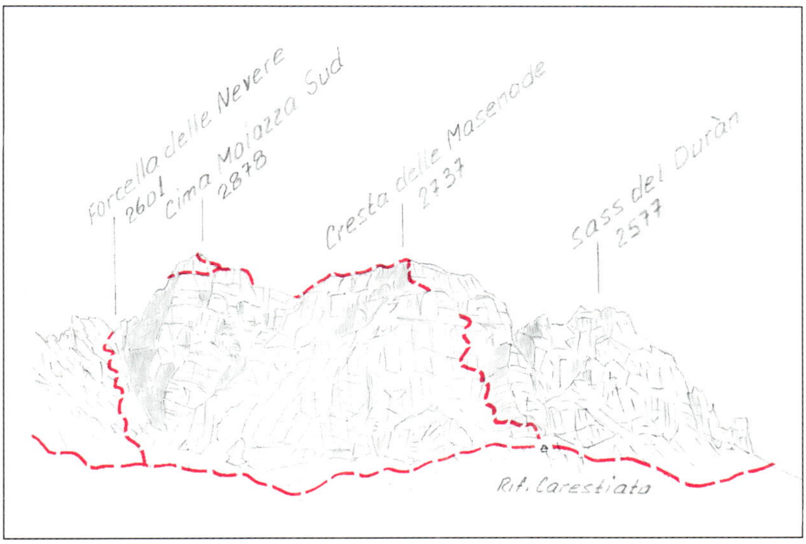

Die Traumroute in den Dolomiten: am »Engelsband« der »Ferrata Costantini«.

Wo? Der Passo Duran (1601 m) verbindet das Tal des Cordévole mit dem Zoldano, 13 km von Agordo, 12 km von Forno di Zoldo.
Ausgangspunkt Paßhöhe; großer Parkplatz beim Rif. San Sebastiano.
Wegverlauf Passo Duran – Rif. Carestiato (1834 m) – »Ferrata Costantini« – Cresta delle Masenade (2737 m) – Cima Moiazza Sud – Cengia Angelini – Forcella delle Nevere (2601 m) – Van dei Cantoi – Rif. Carestiato – Passo Duran.
Gehzeiten Insgesamt 9½ Std.; Passo Duran – Rif. Carestiato 1 Std., »Ferrata Costantini« – Cresta delle Masenade 3½ Std., Cresta delle Masenade – Cima Moiazza Sud 1¾ Std., Abstieg über die Forcella delle Nevere 3¼ Std.
Tip Eine wesentlich leichtere, aber landschaftlich trotzdem sehr lohnende Runde ergibt sich, wenn man vom Van dei Cantoi aufsteigt, über das »Engelsband« zur Forcella delle Masenade (2650 m) quert und dann nördlich durch das Vant della Moiazza zum »Sentiero Angelini« absteigt; insgesamt knapp 9 Std. ab Passo Duran.
Hütten Rif. Carestiato (1834 m). Rif. San Sebastiano am Passo Duran, von Anfang Juni bis Ende Oktober bewirtschaftet, Tel. (0437) 62360. Biv. Moiazza in der Forcella delle Nevere, Notunterkunft, stets zugänglich.
Orientierung Bis auf den Abstieg ins Vant della Moiazza (Variante) gut markierte Steige.
Einstufung Sehr schwierig, anstrengend!

405 Via ferrata Luigi Zacchi
406 Via ferrata Antonio Berti
407 Via ferrata Marmol
Monte Schiara, 2565 m

Schwierig/Mittel

Mit nicht weniger als fünf Vie ferrate auf engstem Raum ist die Schiara ein echtes Klettersteig-Dorado. Und schon beim Anmarsch durch das tief eingeschnittene Valle d'Ardo macht sich angesichts der mächtigen Schiara-Südwand erwartungsfrohe Unruhe bemerkbar, wird der Schritt etwas schneller. Die große, klassische Tour schließt die drei Steige »Zacchi«, »Berti« und »Marmol« ein; Höhepunkt der eisernen Runde über den höchsten Gipfel der kleinen Dolomitengruppe ist der Anstieg auf der »Ferrata Zacchi« mit einigen sehr spektakulären Passagen und der luftigen Querung zur unglaublich schlanken Felsnadel der Gusela als Finale. Nach dem großen Panorama bietet die »Ferrata Marmol«nochmals recht viel Eisen.

Wo? In die Schiara-Gruppe kommt man von Belluno auf ordentlichen Straßen über Bolzano Bellunese (541 m).
Ausgangspunkt Case Bortòt (694 m) am Eingang ins Valle d'Ardo, 7 km von Belluno. Kleiner Parkplatz.
Wegverlauf Case Bortòt – Rif 7° Alpini (1490 m) – »Ferrata Zacchi« – Biv. Bernardina (2320 m) – »Ferrata Berti« – Monte Schiara – Biv. Marmol (2280 m) – »Ferrata Marmol« – Rif. 7° Alpini – Case Bortòt.
Gehzeiten Insgesamt 11¾ Std.; Case Bortòt – Rif. 7° Alpini 2¾ Std., »Ferrata Zacchi« 3½ Std., »Ferrata Berti« 1 Std., Abstieg über die »Ferrata Marmol« zum Rif. 7° Alpini 2½ Std., Rückweg nach Case Bortòt 2 Std.
Hinweis Ohne Übernachtung im Rif. 7° Alpini kaum zu machen. – Kombinationsmöglichkeiten mit der »Ferrata Sperti« (siehe 408) und dem »Sentiero Guardiano« (siehe 409).
Hütten Rif. 7° Alpini (1490 m), bewirtschaftet Mitte Juni bis Ende September, Tel. (0437) 9416 31. Biv. Bernardina (2320 m), Biv. Marmol (2280 m).
Orientierung Die Wege sind gut markiert, Zugang AV-Nummer 501.
Einstufung »Ferrata Zacchi« schwierig, »Berti-Steig« und »Ferrata Marmol« mittel.

408 Via ferrata Gianangelo Sperti
Forcella della Gusela, ca. 2300 m

Mittel

Der »Sperti-Steig«, der, das stark gegliederte Felsgelände im Westteil der Schiara-Südwand geschickt nutzend, zum Kamm ansteigt und sich dann um die Pale del Balcon (2371 m) und den Nason herumschlängelt, bildet eine Alternativroute zur »Zacchi«: weniger spektakulär im Verlauf, nicht so schwierig, aber landschaftlich sehr reizvoll.

Die jüngste (und kürzeste) Ferrata der Schiara führt auf den Gipfel des Pelf.

Ausgangspunkt Rif. 7° Alpini (1490 m).
Wegverlauf Rif. 7° Alpini – Biv. Sperti (ca. 2050 m) – Forcella Sperti (ca. 2250 m) – Forcella della Gusela.
Gehzeit Gut 4 Std. ab Rif. 7° Alpini.
Hütte Biv. Sperti (ca. 2050 m), Notunterkunft, stets zugänglich.
Orientierung CAI-Markierung 504.
Einstufung Mittel, Steinschlaggefahr unterhalb der Forcella Sperti.

409 Sentiero attrezzato Marino Guardiano
Monte Pelf, 2502 m

Schwierig

Nun hat auch der Pelf, stiller Nachbar der Schiara, seinen Klettersteig, eine kurze, aber rassige Route, auf der man von der Forcella del Marmol (2262 m) rasch zum Gipfelgrat kommt – logische Fortsetzung der »Ferrata Marmol« (siehe 407). Mächtig in die Knie geht dann der Abstieg auf dem alten Normalweg – fast 2000 »Tiefenmeter« hinab ins Valle d'Ardo.

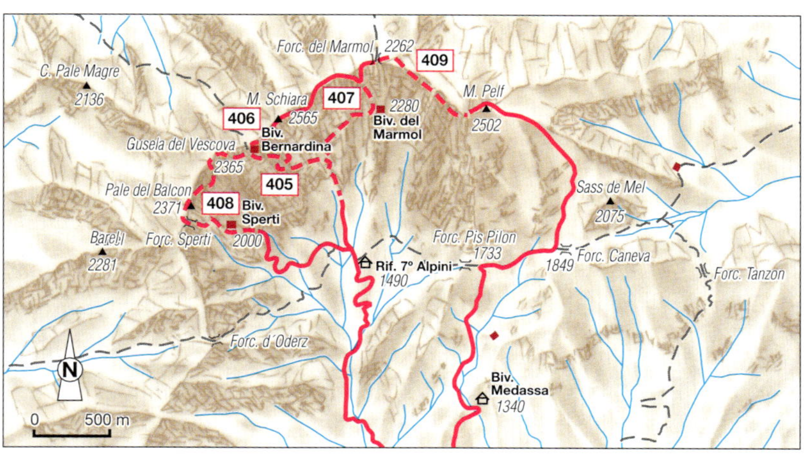

Ausgangspunkt Case Bortòt (694 m), 7 km von Belluno. Kleiner Parkplatz.
Wegverlauf Case Bortòt – Rif. 7° Alpini (1490 m) – »Ferrata Marmol« – Forcella del Marmol (2262 m) – »Sentiero Guardiano« – Monte Pelf – Forcella Caneva (1849 m) – Biv. Medassa (1340 m) – Case Bortòt.
Gehzeiten Insgesamt 11½ Std.; Case Bortòt – Rif. 7° Alpini 2¾ Std., »Ferrata Marmol« – Forcella del Marmol 3½ Std., »Sentiero Guardiano« – Monte Pelf 1¼ Std., Abstieg und Rückweg 4 Std.
Hütten Rif. 7° Alpini (1490 m); Biv. Marmol (2280 m), Biv. Medassa (1340 m), beides Notunterkünfte, stets zugänglich.
Orientierung CAI-Wege 501, 514, 511.
Einstufung Schwierig, kurz.

Im untersten Abschnitt nehmen die »Via Zacchi« und die »Via Marmol« einen gemeinsamen Verlauf. Blick zum Monte Pelf.

Südtirol, Gardasee, Brenta

Südtirol ist Wanderland, ein Traumziel für Bergfreunde – sofern sie keine Ferrataliebhaber sind. Denn deren Revier beginnt eigentlich erst dort, wo Südtirol wieder aufhört: an der Salurner Klause. Daß es zwischen Ortler und Bozen ein paar gesicherte Steige gibt, fällt kaum ins Gewicht, ebensowenig die Tatsache, daß die einzige richtige Ferrata, der »Fennberg-Klettersteig«, fast schon auf Trentiner Boden verläuft. Aber gleich jenseits der Sprach- und Kulturgrenze wird es zunehmend »eisenhaltig«, und die Gardaseeregion ist auch längst kein Geheimtip mehr – weder für Surfer noch für Ferratisten. Wenig bekannt sind dagegen die Klettersteige der Monti Lessini.

Berühmt, weit über die Grenzen Italiens hinaus, ist die »Via delle Bocchette«, jener Höhen-, Bänder- und Aussichtsweg, der am Hauptkamm des Brenta-Massivs von Scharte zu Scharte (= bocchetta) läuft: eine Traumroute, mehrfach verzweigt und so

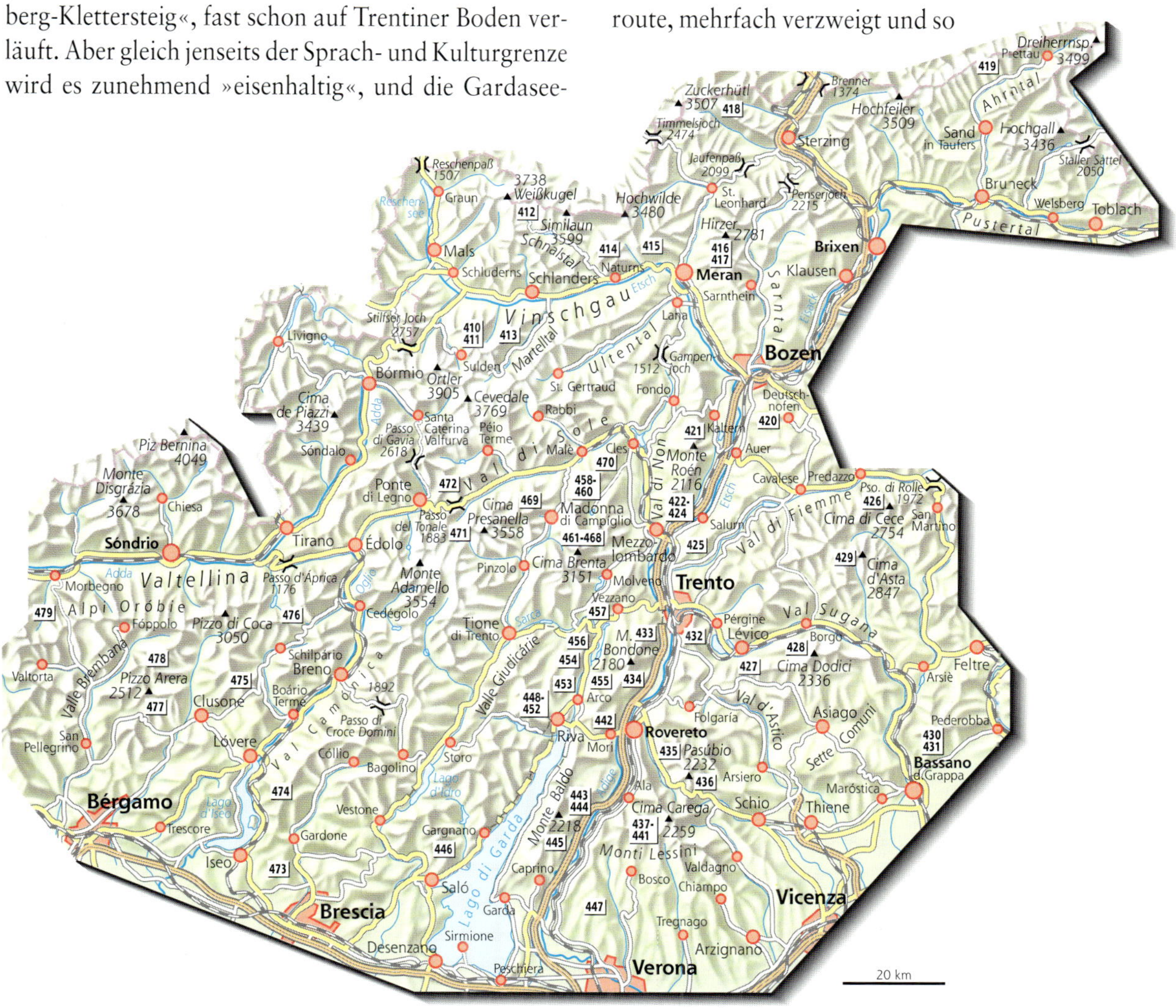

zu einer ganzen Tourenwoche einladend. Am westlichen Horizont glitzern dabei die Gletscher von Adamello und Presanella: etwas für Hochtourengeher, aber kein Revier für Klettersteigler, so wenig wie der riesige Gebirgsraum der Bergamasker Alpen – mit Ausnahme der Comer-See-Region. Doch das ist ein anderes Kapitel – das nächste.

Meine Favoriten

- »Via ferrata Rio Secco« – klein, aber gepfeffert! (425)
- »Sentiero Falcipieri« – etwas für Genießer (436)
- »Susatti« – »Foletti« – »Camminamenti« – nirgends ist der Gardasee schöner (448–450)
- »Ferrata Che Guevara« – was für eine Wand! (456)
- »Via delle Bocchette« – einfach faszinierend, der »Obere Radlerweg« (461–463)

Karten und Pläne

Neben den Kompass-Karten, die nicht immer durch besondere Zuverlässigkeit auffallen, gibt es für dieses große Gebiet am Südrand der Alpen vor allem Einzelblätter, die man meist nur vor Ort bekommt. Sehr gut ist natürlich die AV-Karte der Brenta, und LagirAlpina hat eine ordentliche Gardasee-Karte im Maßstab 1:50 000 herausgebracht.

Die Klettersteige der Brenta und der Gardasee-Region sind in Paul Werners »Dolomiten-Klettersteigführer« (Bergverlag Rother) beschrieben. Die Brentawege findet man in den »Dolomiten-Klettersteigen« von Eugen E. Hüsler (Denzel, Innsbruck).

Eine Buchempfehlung

»Gardasee/Verona/Trentino« von Walter Pipke und Ida Pallhuber (DuMont): eine geballte Ladung Kunst und Kultur, der richtige Kontrast zum Landschaftserlebnis.

410 Otto-Erich-Steig

Tschenglser Hochwand, 3375 m

Leicht

Vom Etschtal aus ist er wirklich eine »hohe Wand«, im Gipfelkranz des inneren Zaytals nur einer von zahlreichen Dreitausendern, nicht einmal der höchste. Und nimmt man den Sessellift zur Kanzel, sind es bis zur Tschenglser Hochwand gerade noch knapp 1000 Höhenmeter. Der Anstieg verläuft über den Südgrat; er ist mit Drahtseilen und kurzen Leitern gesichert. Zugang über den Weg zum Zayjoch, Abzweigung bei der ersten Lacke (2886 m) im innersten Kessel des Zaytals. Abstieg auf dem »alten« Weg, der von Südwesten zum Gipfel führt und ordentlich bezeichnet ist.

Wo? Sulden (1906 m) ist ein bekannter Ferienort im Ortlermassiv. Zufahrt vom Obervinschgau über Gomagoi, 20 km von Spondinig. Sessellift zur Kanzel.
Ausgangspunkt Bergstation des Kanzel-Sessellifts (2350 m).
Wegverlauf Kanzel – Düsseldorfer Hütte (2721 m) – »Otto-Erich-Steig« – Tschenglser Hochwand – Normalweg – Düsseldorfer Hütte – Kanzel.
Gehzeiten Insgesamt 6 Std.; Aufstieg 3¾ Std., Abstieg über den »alten« Weg 2¼ Std.
Hütte Düsseldorfer Hütte (Zaytalhütte, 2721 m).
Orientierung Breiter Hüttenweg; »Otto-Erich-Steig« gelb, Normalweg rot bezeichnet.
Einstufung Leicht, am »Erich-Otto-Weg« einige Drahtseile und drei Eisenleitern.

411 Hoher Angelus, Nordwestgrat

Hoher Angelus, 3521 m

Mittel

Auch am Hohen Angelus hat der Wirt der Düsseldorfer Hütte ein paar Sicherungen angebracht. Die neue Nordwestgratroute ersetzt den alten, stark durch Steinschlag gefährdeten Weg; mit Drahtseilen versehen sind der erste Aufschwung zum Grat sowie eine kurze Querung. Der Rest ist leichte Blockkletterei bis zum firnbedeckten Gipfelgrat. Oben genießt man ein grandioses Panorama; unmittelbarer Nachbar im Südwesten ist die massige Vertainspitze (3545 m) mit ihrem (arg geschrumpften) Hängegletscher. Übrigens: Obwohl er immer noch in einigen Publikationen herumgeistert, gibt es keinen Klettersteig an der Vertainspitze (Kletterei, III)!

Wo? Sulden (1906 m) ist ein bekannter Ferienort im Ortlermassiv. Zufahrt vom Obervinschgau über Gomagoi, 20 km von Spondinig. Sessellift zur Kanzel.
Ausgangspunkt Bergstation des Kanzel-Sessellifts (2350 m).
Wegverlauf Kanzel – Düsseldorfer Hütte – Nordwestgrat – Hoher Angelus.
Gehzeiten Insgesamt 7¼ Std.; Kanzel – Düsseldorfer Hütte 1½ Std., Nordwestgrat – Hoher Angelus 2¾ Std., Abstieg auf dem gleichen Weg 3 Std.
Hütte Düsseldorfer Hütte (Zaytalhütte, 2721 m), bewirtschaftet Ende Juni bis Ende September, Tel. (0473) 613115.
Orientierung Nordwestgrat des Hohen Angelus gelb markiert.
Einstufung Mittel.

412 Grawand, gesicherter Steig

Grawand, 3251 m

Leicht

Wer mit der »Schnalstaler Gletscherbahn« in hochalpine Regionen hinaufgeschwebt ist, kann sich am felsigen Kamm der Grawand gleich weiterer Drahtseile bedienen. Der Übergang ins Finailjoch ist vor ein paar Jahren gesichert worden: erst am blockigen Grat (Drahtseile) hinüber und hinab in die Scharte, dann durch das malerische Finailtal hinaus zum Vernagt-Stausee (1690 m) und abseits der Straße zurück nach Kurzras.

Wo? Kurzras (2004 m) liegt im innersten Schnalstal, 25 km von Naturns auf guter Straße. Großer Parkplatz bei der Talstation der Seilbahn zur Grawand.
Ausgangspunkt Bergstation (3212 m) am Verbindungsgrat von der Grauen Wand (3202 m) zur Grawand.
Wegverlauf Seilbahnstation – Grawand – Finailjoch (3125 m) – Finailhof – Kurzras.
Gehzeiten Insgesamt 4 Std., Seilbahnstation – Finailjoch ¾ Std., Abstieg zum Finailhof 1¾ Std., Rückweg nach Kurzras 1½ Std.
Orientierung Markierte Wege.
Einstufung Leicht, an der Grawand einige Drahtseilsicherungen.

413 Göflaner See, gesicherter Steig

Göflaner See, 2519 m

Leicht

Berühmter als die Laaser Berge ist der weiße Marmor, der im Laaser Tal sowie unterhalb des Göflaner Sees gebrochen wird. Und der gesicherte Steig über eine harmlose Felsstufe hinauf zu dem stimmungsvoll unter der Jennewand (2962 m) gelegenen Bergsee darf als echter Geheimtip gelten. Besonders reizvoll ist diese Wanderung, wenn man sie um die Schleife über das Göflaner Schartl (2396 m) erweitert. Als Belohnung für den einstündigen Anstieg zu dem gutmütigen Grat über dem unteren Marteltal gibt's dann einen Prachtblick auf die vergletscherten Dreitausender des Ortlermassivs.

Vinschgauer Landschaft: am Sonnenberg, im Hintergrund die Ortlerberge.

Wo? Schlanders (738 m) ist der Hauptort des mittleren Vinschgau.
Ausgangspunkt Haslhof (1489 m), Zufahrt von Göflan (737 m) bei Schlanders 8 km.
Wegverlauf Haslhof – Göflaner Alm (1826 m) – Albergo Covelano (2007 m; Werkskantine) – Göflaner See – Albergo Covelano – Göflaner Schartl (2396 m) – Kreuzjöchl (2053 m) – Haslhof.
Gehzeiten Insgesamt 8 Std.; Haslhof – Albergo Covelano 2¾ Std., Göflaner See und zurück 2½ Std., über das Göflaner Schartl zum Kreuzjöchl 1¾ Std., Abstieg 1 Std.
Orientierung Markierte Wege, örtliche Nrn. 2, 3, 3A, 23, 1.
Einstufung Leicht.

414 Franz-Huber-Steig

Sattelspitze, 2428 m

Leicht

Viel Aussicht, dazu einige gesicherte, für Gebübte aber problemlose Passagen bietet der »Franz-Huber-Steig«, der das Hochganghaus (1839 m) mit der Lodnerhütte (2259 m) verbindet, dabei die Südflanke des Tschigat (2999 m) quert und, von der Sattelspitze absteigend, ins innerste Zieltal führt: eine einzige Panoramawanderung mit Tiefblicken auf die Kurstadt Meran und in den Vinschgau, Fernsicht bis zu den Dolomiten und zum Cevedale. Es empfiehlt sich allerdings, für die Begehung des Höhenweges eine Nächtigung einzuplanen, am besten in der Lodnerhütte; anderntags kann man dann das Roteck (3337 m) besteigen: noch etwas »Eisen« am Ostgrat und das ganz große Südtiroler Panorama vom Gipfel!

Wo? Algund (376 m), Nachbarort von Meran, liegt unterhalb der Töll in einer sonnigen, windgeschützten Talmulde. Straßenzufahrt nach Vellau (906 m), bis hierher auch Sessellift, der sich als Gondelbahn zur Leiteralm (1522 m) fortsetzt.
Ausgangspunkt Bergstation der Gondelbahn (1485 m) knapp unterhalb der Leiteralm.
Wegverlauf Leiteralm – Hochganghaus (1839 m) – »Franz-Huber-Steig« – Lodnerhütte (2259 m) – Nassereith-Hütte (1560 m) – Tabland (1243 m) – Algund.
Gehzeiten Insgesamt 10 bis 10½ Std.; Leiteralm – Hochganghaus 1¼ Std., Hochganghaus – »Franz-Huber-Steig« – Lodnerhütte 4¾ Std., Lodnerhütte – Nassereithhütte 1½ Std., Nassereithhütte – Tabland – Algund 2½ bis 3 Std.
Tip Von der Lodnerhütte besteigt man in 3½ Std. das Roteck; markiert, einige Sicherungen.
Hütten Hochganghaus (1839 m) unterhalb des Hochgangs (2450 m), Lodnerhütte (2259 m) im innersten Zieltal, bewirtschaftet Mitte Mai bis Ende Oktober; Tel. (0473) 98222.
Orientierung Problemlos, bestens gesicherte Steige; Wegnummern 24, 7B, 8, 26, P.
Einstufung Leicht, als Tagestour ein Schinder.

SÜDTIROL, GARDASEE, BRENTA

415 Vellauer Felsenweg
Hochmut, 1361 m

Leicht

Nach Hochmut kommt man ganz bequem mit der Seilbahn; Seile gibt's auch am Fußweg hinauf zu der prächtigen Aussichtswarte über dem Meraner Talkessel, am »Vellauer Felsenweg« nämlich. Der führt von Vellau (906 m) zunächst in die Klamm des Grabbachs, dann über einen felsdurchsetzten Steilhang hinauf nach Hochmut. Hier kann man die Tour auf dem »Hans-Frieden-Felsenweg« zur Leiteralm fortsetzen.

Wo? Meran (323 m), die historische Hauptstadt Tirols, liegt am Zusammenfluß von Etsch und Passer; 30 km bis Bozen.
Ausgangspunkt Vellau (908 m), Straße und Sessellift ab Algund (354 m) bei Meran.
Wegverlauf Vellau – »Vellauer Felsenweg« – Hochmut – »Hans-Frieden-Felsenweg« – Leiteralm (1522 m) – Vellau.
Gehzeiten Für die Runde 3¼ Std.
Hinweis Sehr beliebt ist die Tour über den Hochgang (2441 m) zur Spronser Seenplatte; etwa 3 Std. ab Leiteralm. Unterhalb des Hochgangs gesicherte Passage.
Hütten Hochmut (1361 m), Leiteralm (1522 m).
Orientierung Markierte Steige, örtliche Wegnummern 22, 24, 25.
Einstufung Leicht, auch für Familien geeignet.

416 Großer Ifinger, gesicherter Steig
Großer Ifinger, 2581 m

Leicht

Sein markantes Felsprofil steht hoch über dem Meraner Talkessel – eine Herausforderung für jeden Bergfreund. Entsprechend vielbesucht ist der Gipfel; Wanderer begnügen sich in der Regel allerdings mit dem Kleinen Ifinger (2552 m), der fast so hoch ist wie der Hauptgipfel und (natürlich) ebenfalls ein tolles Panorama bietet. Der kurze Übergang zum Großen Ifinger ist mit ein paar Drahtseilen gesichert, also kein Wanderpfad mehr.

Wo? Meran (325 m), Kurstadt an der Mündung der Passer in die Etsch, ist Ausgangspunkt der Seilschwebebahn in das Ski- und Wandergebiet »Meran 2000«. Zufahrt vom Zentrum über Obermais zur Talstation am Eingang ins Naiftal, 5 km.
Ausgangspunkt Bergstation der Seilbahn am Piffinger Köpfl (2010 m).
Wegverlauf Piffinger Köpfl – Oswaldscharte (2323 m) – Kleiner Ifinger (2552 m) – Großer Ifinger (2581 m).
Gehzeiten Insgesamt 3¼ Std.; Piffinger Köpfl – Großer Ifinger 2 Std., Abstieg auf dem gleichen Weg 1¼ Std.
Hütte Meraner Hütte (1960 m) auf der Kirchsteigeralm (liegt nicht am Weg zum Ifinger, Umweg ¾ Std.).
Orientierung Problemlos, gut markierte Wege, AV-Nummern 3, 19.
Einstufung Leicht, kurze gesicherte Passage am Gipfel.

417 Verdinser Plattenspitze, gesicherter Steig
Verdinser Plattenspitze, 2680 m

Leicht

Gipfelnachbar des Ifinger ist die Verdinser Plattenspitze: ein wenig höher, aber viel seltener besucht. Und dies, obwohl es sogar einen gesicherten Gipfelsteig gibt. Der Zugang erfolgt über das St.-Oswald-Kirchlein und die Südwestflanke in eine kleine Scharte.

Wo? Meran (325 m), Kurstadt an der Mündung der Passer in die Etsch, ist Ausgangspunkt der Seilschwebebahn in das Ski- und Wandergebiet »Meran 2000«. Zufahrt vom Zentrum über Obermais zur Talstation am Eingang ins Naiftal, 5 km.
Ausgangspunkt Bergstation der Seilschwebebahn am Piffinger Köpfl (2010 m).
Wegverlauf Piffinger Köpfl – St.-Oswald-Kirchlein (2185 m) – Verdinser Plattenspitze.
Gehzeiten Insgesamt 4 Std.; Aufstieg 2½ Std., Abstieg auf dem gleichen Weg 1½ Std.
Orientierung Leicht, bis zur Abzweigung Oswaldscharte Wegnummer 19.
Einstufung Leicht, Steinschlaggefahr.

418 Becherhaus, Hüttenweg
Becherhaus, 3191 m

Mittel

Wer zum Becherhaus aufsteigt, nimmt sich meistens einen Dreitausender des Stubaier Hauptkamms zum Ziel. Manche sind auch auf Hüttentour: vom Pfitscher Tal bis in die Meraner Gegend, quer durch ein hochalpines Revier südlich des Alpenhauptkamms. Hochalpine Eindrücke vermittelt auch der Anstieg zum Becherhaus; zudem sind einige Passagen gesichert. Von der Hütte bietet sich ein faszinierender Blick auf den Übeltalferner.

Wo? Ins Ridnauntal kommt man von Sterzing auf einer gut ausgebauten Straße.
Ausgangspunkt Maiern-Ridnaun (1426 m), 17 km von Sterzing.
Wegverlauf Maiern – Teplitzer Hütte (2586 m) – Becherhaus.
Gehzeiten Insgesamt 11 Std.; Maiern – Teplitzer Hütte 3½ Std., Teplitzer Hütte – Becherhaus 3¼ Std., Abstieg auf dem gleichen Weg 4¼ Std.
Tip Leichtestes Gipfelziel ist der Wilde Freiger (3418 m), 1 Std. Nur mit Gletscherausrüstung!
Hütten Teplitzer Hütte (2586 m), bewirtschaftet Mitte Juni bis Ende September; Tel. (0472) 65 62 56. Becherhaus (3191 m), bewirtschaftet Juli bis September; Tel. (0472) 75 68 84.
Orientierung Markierte Hüttenwege, unter dem Becher ist die nördliche Seitenzunge des Übeltalferners (Spalten) zu queren.
Einstufung Mittel, am Becherfelsen Sicherungen. Gletscherausrüstung.

Nie realisiert

Auch so etwas gibt es: Klettersteige, die nie gebaut wurden, Projekte, die – erst einmal publik geworden – bald wieder in einer Schublade verschwanden. Was für einen Riesenwirbel entfachte vor ein paar Jahren das Gerücht um einen »geplanten« Klettersteig über den Kopftörlgrat im Wilden Kaiser!
Einmal lanciert, wurde die Angelegenheit umgehend zum Skandal, die Alpenvereine traten auf den Plan, es hagelte Proteste, die Kitzbüheler AV-Sektion richtete sogar eine Resolution an die Tiroler Landesregierung. Die Dementis folgten auf dem Fuß und am Schluß stellte sich alles als ein Hornberger Schießen heraus ...
Auch der Gantkofel, dessen steil abfallende Felsstirn das Etschtal zwischen Meran und Bozen beherrscht, sollte einen Klettersteig bekommen; er ist nie realisiert worden. Natürlich gab es auch hier Befürworter und kritische Stimmen, doch verlief die Auseinandersetzung nicht so emotionsgeladen, wohl auch deshalb, weil der Gantkofel – im Gegensatz zum Kopftörlgrat – von Kletterern (des Gesteins wegen!) eher gemieden wird.

419 Schwarzensteinhütte, gesicherter Zustieg

Schwarzensteinhütte, 2922 m

Leicht

Der Gang über die Trippachschneide (fälschlicherweise oft als »Kamin« bezeichnet) ist für die meisten nur ein Wegstück im Aufstieg zum Dreitausender im Zillertaler Hauptkamm. Manche nehmen auch den »unteren« Weg, der durch das Gletscher- bzw. Geröllbecken des Rotbachkees verläuft. Schöner, weil sehr aussichtsreich, ist die Gratroute, eine teilweise recht luftige Kraxelei. Die Sicherungen sind erst vor kurzem total erneuert worden. Und nach einer Nacht auf der Hütte geht's anderntags natürlich auf den Schwarzenstein (3369 m).

Wo? Ins Ahrntal kommt man von Bruneck auf guter Straße, 24 km bis St. Johann (1018 m).

Ausgangspunkte Großstallhof (1216 m), anfahrbar von Luttach über die Brunnbergstraße, oder Stalliler Hof (1472 m), erreichbar von St. Johann über die Rohrbergstraße.

Wegverlauf Stalliler Hof – Daimerhütte (1872 m) – Trippachschneide – Schwarzensteinhütte.

Gehzeiten Insgesamt 7 Std.; Stalliler Hof – Daimerhütte 1¼ Std., Daimerhütte – Schwarzensteinhütte 3 Std., Abstieg über das Rotbachkees 2¾ Std. Geht man vom Großstallhof aus, erhöht sich die Gesamtgehzeit auf etwa 8 Std.

Hinweis Der Schwarzenstein (3369 m) ist eine leichte Gletschertour, 1½ Std. von der Hütte.

Hütten Daimerhütte (1872 m) im Rotbachtal, Schwarzensteinhütte (2922 m), bewirtschaftet Anfang Juli bis Mitte September; Tel. (0474) 671160.

Orientierung Problemlos, gut markierte Hüttenwege, AV-Nummer 23.

Einstufung Leicht, sofern die Schneide schneefrei ist. Gipfel nur mit Gletscherausrüstung!

420 Leiferer Höhenweg

Brantental, ca. 900 m

Leicht

Kein Steig der Superlative, aber ein hübscher Spaziergang über dem Brantental, quer durch seine felsdurchsetzten Sonnenhänge. Der gut angelegte Steig quert in leichtem Auf und Ab mehrere Rinnen, insgesamt neun etwas ausgesetzte Passagen sind mit Drahtseilen gesichert, und ganz zuletzt öffnet sich der Blick hinab zur Etsch, auf Leifers, das an der Mündung des Brantentals liegt, und hinüber zum Mendelkamm. Einen Schönheitsfehler hat die Runde, den »Hatscher« auf der Talstraße zurück zum Ausgangspunkt. Der läßt sich allerdings vermeiden, wenn man Deutschnofen als Ausgangspunkt wählt und zum »Leiferer Höhenweg« absteigt.

Wo? Leifers (255 m) liegt am Eingang ins Brantental, 7 km südlich von Bozen.

Ausgangspunkt Gh. Thaler (700 m) im Brantental, 4 km von Leifers. Parkplatz.

Wegverlauf Gh. Thaler – »Leiferer Höhenweg« – Brunnerhof – Leifers-Ortsrand – Gh. Thaler (Straße).

Gehzeiten Insgesamt 4½ Std.; Gh. Thaler – »Leiferer Höhenweg« – Brunnerhof 2 Std., Abstieg nach Leifers 1 Std., Straßenwanderung zum Gh. Thaler 1½ Std.

Tip Man kann die Runde auch von Deutschnofen aus machen, mit dem Abstieg zum alten Bergwerk und zum »Leiferer Höhenweg« beginnen und den Rückweg (aufsteigend) über den Breitenberg nehmen. Damit erspart man sich den wenig aufregenden Straßenhatscher, und das Wandern droben am Regglberg ist ohnehin schöner. Markierungen 10, 12.

Orientierung Problemlos, gute bezeichnete Wege; AV-Nummern 12, 11, 5. Beim Abstieg Richtung Leifers hält man sich zuletzt besser an die Straße (Tunnel), die etwas näher am Brantental in den Rückweg mündet.

Einstufung Leicht, auch mit Kindern.

421 Roënberg-Klettersteig

Roënberg/Monte Roen, 2116 m

Leicht

Der langgestreckte, hohe Mendelkamm, felsige Westflanke des Etschtals von Meran bis über die Salurner Klause hinaus, lockt natürlich viele Ausflügler an. Ganz Bequeme fahren gleich hinauf zum Aussichtsturm am Penegal (1737 m), um hier die große Schau auf das »Land an er Etsch und im Gebirg'« zu genießen. Auch auf den Roënberg kommt man mit wenig Anstrengung; nur gut eine Stunde benötigt ein durchschnittlich trainierter Südtirol-Urlauber von der anfahrbaren Malga Romeno (1768 m) zum Gipfelkreuz, und wer vom Mendelpaß den Sessellift bis Halbweg (1594 m) nimmt, braucht auch nicht viel länger.

Entschieden weiter, schöner aber auch, ist der Aufstieg von Süden. Ein ausgefüllter Bergtag wird's bestimmt, und dazu noch mit zwei gesicherten Steigen, von denen einer horizontal verläuft, der andere steil nach oben. Der »Gemsensteig« führt auf Bändern und quer über Schuttreißen vom Schwarzen Kopf zur Überetscher Hütte. Hier beginnt der ostseitige Klettersteig auf den Roënberg, eine eher harmlose Angelegenheit, mit Drahtseilen und einem einzigen Haken ausreichend gesichert. Beim Abstieg, der erst einmal mehr Höhenwanderung bis hinüber zum Schwarzen Kopf (2030 m) ist, hat man dann ausreichend Muße, das große Panorama zu genießen, bis zum Alpenkamm und in die Dolomiten, ehe der steile Abstieg über die Kanzel nach Graun nochmals Konzentration auf den Weg verlangt. Und wenn ein paar Drahtseile auch noch keine »echte« Ferrata machen – eine interessante Tour war's allemal!

Wo? Der Weiler Graun (823 m) liegt auf einer Anhöhe oberhalb von Kurtatsch (333 m); ordentlich ausgebaute Zufahrt, 6,5 km.
Ausgangspunkt Parkmöglichkeit im Ort oder an der Forststraße zum Grauner Joch, etwa 1 km von der Dorfmitte.
Wegverlauf Graun – Grauner Joch/Passo di Córedo – Wetterkreuz (1868 m) – »Gemsensteig« – Überetscher Hütte (1773 m) – Roënberg – Schwarzer Kopf (2030 m) – Wetterkreuz – Kanzel – Graun.
Gehzeiten Insgesamt 8½ Std.; Graun – Grauner Joch 2¾ Std., Grauner Joch – »Gemsensteig« – Überetscher Hütte 2 Std., Roën-Klettersteig 1 Std., Roënberg – Wetterkreuz ¾ Std., Abstieg über die Kanzel 2 Std.
Hinweis Man kann die Tour auf den Roënberg natürlich auch von der Malga Romeno (1768 m) bzw. vom Mendelpaß (evt. Sessellift) aus starten.
Hütte Überetscher Hütte (1773 m) am Roënberg.
Orientierung Leicht, gut bezeichnete Wege, Hinweistafeln an den Verzweigungen. AV-Nummern 1, 1A, B, 560, 523, 6, 6A.
Einstufung Leicht. Die (wenigen) Sicherungen am »Gemsensteig« sind oft beschädigt – Steinschlaggefahr.

422 Fennberg-Klettersteig

Unterfennberg, 1051 m

Mittel

Sieht man einmal von den Dolomiten ab, gibt es in ganz Südtirol nur eine einzige richtige Ferrata. Und das ist – gut geraten! – der Fennberg-Klettersteig. Mit den ganz großen »Eisenwegen« kann er zwar nicht konkurrieren, doch der fast dreistündige Aufstieg aus dem Etschtal zum Fennberg bietet viel Abwechslung, ein paar steile, ziemlich ausgesetzte Felspassagen, die mit Leitern und Eisenbügeln gangbar gemacht sind, dazu packende Tiefblicke. Und wer nicht nur aufs Eisen guckt, entdeckt links und rechts des Weges so manche botanische Rarität, im Frühling beispielsweise den stark duftenden Diptam (Dictamnus albus); die Behaarte Alpenrose (Rhododendron hirsutum) steigt hier bis zur 500-Meter- Höhenmarke ab. Was für ein Kontrast zum EU-genormten Einerlei drunten im Talboden der Etsch, Apfelbäumchen, zurechtgestutzt, in schier endlosen Reihen …

Wo? Margreid (226 m) liegt im Unterland, nahe der Provinz- und Sprachgrenze zum Trentino, 16 km von Kaltern, 8 km von Salurn.
Ausgangspunkt An der Straße Richtung Roverè della Luna, 4 km von Margreid. Parkmöglichkeit neben der Straße.
Wegverlauf Etschtal – Fennberg-Klettersteig – Unterfennberg; Abstieg durch das Höllental nach Roverè della Luna (250 m) oder durch die Fenner Schlucht nach Margreid (226 m).
Gehzeiten Fennberg-Klettersteig 3 Std., Abstieg nach Roverè della Luna bzw. Margreid 1¾ bzw. 1½ Std. Und wer sich nicht auf den ausgestreckten Daumen verläßt, hat dann noch je etwa 4 km in der Asphaltspur …
Hinweis Im Plattenhof in Unterfennberg gibt's eine gute Brotzeit!
Orientierung Problemlos, gut markierte Wege; AV-Nummern K, 502, 3.
Einstufung Mittel; anspruchsvollste Passage ist der senkrechte Kamin, der den Auftakt zur gesicherten Route macht. Im mittleren Wandteil fast nur Gehgelände.

423 Rocca Piana, Sentiero attrezzato

Rocca Piana, 1873 m

Mittel

Dem Fennberg wendet er seine schönste Seite zu: ein elegantes Felsdreieck, überhaupt nicht »piana«. Daß man den Rocca Piana ganz leicht besteigen kann, über seine »weiche« Rückseite, läßt sich von der Mittelgebirgsterrase aus höchstens erahnen; nicht zu sehen ist natürlich auch die dünne Wegspur, die aus dem Fenner Joch als Gratroute über den Monte Cuc (1809 m) auf den Gipfel führt. Sie ermöglicht seit dem Sommer 1995 eine große Runde ganz im Süden des Mendelkamms, vor einem tollen Panorama, gewürzt mit mehreren gesicherten Stellen beiderseits der markanten Scharte zwischen Monte Cuc und Rocca Piana, wo man fast 200 Meter an Höhe »verliert«. Solches passiert einem dann auch beim Rückweg; der sehr reizvolle Weg rund um das Höllental ist ein einziges Auf und Ab, von der Malga Graun bis Oberfennberg.

Der Rocca Piana ist ein markanter Felsgipfel im Süden des Mendelkamms.

423
Wo? Auf den Fennberg kommt man von Kurtatsch (333 m) über eine ordentliche Bergstraße, 12 km.
Ausgangspunkt Oberfennberg (1163 m), an der Abzweigung des »Rhätersteigs« zum Fenner Joch. Parkmöglichkeit an der Straße.
Wegverlauf Oberfennberg – Fenner Joch (1563 m) – Sella d'Arza (1503 m) – Monte Cuc (1809 m) – La Portaza (1643 m) – Rocca Piana – Malga Graun (1217 m) – Unterfennberg (1051 m) – Oberfennberg.
Gehzeiten Insgesamt 8½ Std.; Oberfennberg – Fenner Joch 1 Std., Fenner Joch – Sella d'Arza 1½ Std., Sella d'Arza – Rocca Piana 2 Std., Rocca Piana – Malga Graun 1 Std., Malga Graun – Unterfennberg 2½ Std., Unterfennberg – Oberfennberg ½ Std.
Hinweis Der in manchen Karten noch eingezeichnete Abstieg von der Sella d'Arza zum Verbindungsweg Malga Graun – Fennberg ist aufgelassen.
Hütte Malga Graun (1217 m).
Orientierung Problemlos, sehr gut markierte Wege (Übergang zum Rocca Piana ganz neu).
Einstufung Mittel. Gute Kondition erforderlich.

424 Sentiero attrezzato Burrone-Giovanelli

Baita dei Manzi, 858 m

Leicht

Für den Tourismus entdeckt wurde die wilde Klamm unweit der Nonstalmündung bereits zu Beginn unseres Jahrhunderts; der Burrone-Steig ist eine echte »Antiquität«, Baujahr 1906, jüngst ergänzt durch eine Zustiegsvariante mit zwei steilen Leitern. Und bis auf den heutigen Tag hat der Burrone di Mezzocorona nichts von seiner Anziehungskraft eingebüßt – ein kleines, weitgehend ungefährliches Abenteuer, das man (bei entsprechender Vorsicht) auch mit Kindern wagen darf. Sie werden an der phantastischen Szenerie und an den stiebenden Wassern bestimmt ihre helle Freude haben!

Kurz, knackig und (manchmal) gar nicht »secco«: die »Ferrata Rio Secco«.

Wo? Mezzocorona (219 m) liegt im Etschtal, ein paar Kilometer südlich der Salurner Klause. Autobahnausfahrt »San Michele all'Adige/ Mezzocorona«.
Ausgangspunkt An der Mündung der Klamm, schmale Zufahrt von der Straße Richtung Mezzolombardo. Parkplatz am Waldrand.
Wegverlauf Mezzocorona – »Burrone-Steig« – Baita dei Manzi; Abstieg westlich (kürzer, aber wenig lohnend) oder östlich über den Weiler Monte (891 m).
Gehzeiten »Burrone-Steig« – Baita dei Manzi 2 Std., Abstieg auf dem Schottersträßchen 1½ Std., Rückweg via Monte 2½ Std. (bei Seilbahnbenützung 1½ Std.).
Hinweis Einkehrmöglichkeit nur in Monte.
Orientierung Problemlos.
Einstufung Leicht, Steinschlaggefahr (Helm)! Für die Leitern der Zustiegsvariante absolute Schwindelfreiheit erforderlich.

425 Via ferrata Rio Secco

Dosson, ca. 620 m

Schwierig

Gut versteckt ist sie, die »Ferrata Rio Secco«, kein großes Schild an der Brennerstraße, aber auch kein Hinweis, daß »sec« meistens nicht stimmt. In doppelter Hinsicht, denn beim kräfteraubenden Gang durch die malerische Klamm fließt immer Wasser. Weniger Geübten treibt die ziemlich verwegene Routenführung leichten Angstschweiß auf die Stirn, im Sommer ist man bereits am Einstieg gut durchgeschwitzt. Und nasse Füße gibt's möglicherweise auch noch, ein paar Spritzer bekommt man am »trockenen Bach« auf jeden Fall ab. Doch das ist ja der Clou dieser Ferrata; ganz ohne, wenn der Rio wirklich »secco« ist, macht das Ganze höchstens halb soviel Spaß, garantiert!

Wo? Die »Ferrata Rio Secco« hat ihren Ausgangspunkt direkt an der Brennerstraße, auf halbem Weg zwischen Salurn und San Michele all'Adige.
Ausgangspunkt Beim Ristorante Cadino (214 m), 6 km von Salurn. Parkmöglichkeit auf dem Terrain der aufgelassenen Tankstelle.
Wegverlauf Cadino – »Ferrata Rio Secco« – Ausstieg am Dosson (ca. 620 m) – Abstiegsweg – Cadino.
Gehzeiten Insgesamt 2½ Std.; Aufstieg 1¾ Std., Rückweg ¾ Std.
Orientierung Problemlos; vor den beiden letzten Aufschwüngen Notausstieg.
Einstufung Schwierig, Fixseile und ganz wenige Haken; bei »Hochwasser« u. U. gefährlich!

SÜDTIROL, GARDASEE, BRENTA

426 Sentiero Don Battistin
Costa Valmaggiore, ca. 2250 m

Leicht

Der 1986 eröffnete Höhenweg verbindet den Laghetto Caserina (2087 m) mit der Forcella di Valmaggiore (2180 m); er ermöglicht eine interessante, sehr aussichtsreiche Runde an den nordwestlichen Ausläufern des Cima-di-Cece-Massivs (2754 m). Lediglich einige kürzere Passagen sind mit Drahtseilen gesichert; also nicht unbedingt eine Angelegenheit für notorische »Eisenfresser«. Das Porphyrgestein ist halt kein (steiler) Kalkfels; aber den hat man aber wenigstens im Blickfeld. Von der Costa Valmaggiore zeigen sich am nördlichen Halbrund zahlreiche Zinnen und Türme der Dolomiten: das Klettersteigrevier Nummer eins!

Wo? Der Lagoraikamm begleitet die Täler des Travignolo und Avísio im Süden, vom Rollepaß bis zu den Mittelgebirgshöhen über dem Etschtal. Wichtigste Talorte im Norden sind Cavalese (993 m) und Predazzo (1018 m).
Ausgangspunkt Malga di Valmaggiore (1608 m), Zufahrt von Predazzo (1018 m) 7 km, im Hochsommer jeweils So. tagsüber gesperrt.
Wegverlauf Malga di Valmaggiore – Forcella di Valmaggiore (2180 m) – »Sentiero Don Battistin« – Costa Valmaggiore – Laghetto Caserina (2087 m) – Lago di Cece (1879 m) – Malga di Valmaggiore.
Gehzeiten Insgesamt 6 Std.; Malga di Valmaggiore – Forcella di Valmaggiore 1½ Std., »Sentiero Don Battistin« – Laghetto Caserina 3 Std., Laghetto Caserina – Malga di Valmaggiore 1½ Std.
Hütte Bivacco Paolo e Nicola (2180 m) in der Forcella di Valmaggiore, stets zugänglich.
Orientierung Markierte Steige, SAT-Nrn. 335, 336B, 336.
Einstufung Leicht; bei Nässe nicht ratsam.

427 Sentiero Clemente Chiesa
Albergo Monterόvere, 1255 m

Leicht

Bei der Fahrt durchs Valsugana werden ihn die meisten glatt übersehen, den Einschnitt des Val Scura. Erst kommt der Lago di Caldonazzo ins Bild, dann zieht der Bugfelsen der Cima della Vezzena (1908 m) den Blick auf sich. Dabei verdient das Tal, das eigentlich eine Schlucht, mehr noch erdgeschichtliches Bilderbuch ist, auf jeden Fall einen Besuch. Man braucht aber nicht gleich zum Handbuch für Geologie zu greifen; das Szenario, von der Natur in Jahrtausenden aus der Bergflanke gesägt, läßt sich auch ohne Fachwissen als Fest der Formen und Farben erleben, bunt, bizarr, faszinierend. Den Zugang vermittelt ein markierter, auf einigen Abschnitten gesicherter Steig, und der ist – garantiert! – nicht langweilig. Dieser Meinung waren jedenfalls auch Korbinian (sieben) und Maria (vier), mit denen wir durch diese Zauberwelt gewandert sind …

Wo? Der Lago di Caldonazzo (450 m) liegt etwa 10 km östlich von Trento. Zur Mündung des Val Scura kommt man von der bei Lévico Terme abzweigende Straße, Wegweiser »Lavarone«.
Ausgangspunkt An der ersten Straßenkehre (542 m), ein paar hundert Meter nach dem Albergo »La Vedova«. Parkmöglichkeit an der Straße.
Wegverlauf Straßenkehre – »Sentiero Clemente Chiesa« – Albergo Monterόvere; Abstieg entlang der ehemaligen Kriegsstraße, die Kehren abkürzend.
Gehzeiten Aufstieg 2½ Std., Abstieg 1½ Std.
Orientierung Problemlos; CAI-Markierungen 233, 202.
Einstufung Leicht.

428 Cima Dodici, gesicherter Steig
Cima Dodici, 2336 m

Mittel

Jedem, der im Val Sugana, etwa zwischen dem Lago di Caldonazzo und Grigno, unterwegs ist, fallen die schroff ansteigenden Berge auf der südlichen Talseite ins Auge, mit der Cima della Vezzana (1908 m) als Bugfelsen, dem »Zwölfer« (Cima Dodici, 2336 m) als höchster Erhebung. So abweisend-steil und felsig sie sich von Norden zeigen, so wenig steil flachen diese Berge nach Süden ab, über riesige Karrenböden und Almen nur ganz allmählich zum Hochplateau von Asiago, einst das Gebiet der zimbrischen »Sieben Gemeinden«. Entsprechend selten begangen werden die Nordanstiege: zu steil, zu lang (und im Hochsommer zu heiß). Also etwas für jene, die Touren mit leicht abenteuerlichem Touch mögen. An der Cima Dodici winkt als Belohnung eine große Rundschau, hinaus ins flache Land der Poebene, weit hinein ins Innere des Alpenbogens. Sehr schön im Westen, jenseits des Etschtals, die Zinnen der Brentagruppe; noch mehr heller Kalk im Nordosten: die Dolomiten, von der Marmolada bis zu den Palazacken. Nicht zu übersehen sind auch die Relikte aus dem Ersten Weltkrieg, auf die man allenthalben stößt; das Hochplateau von Asiago war damals engstes Frontgebiet. Ein Denkmal am Monte Origara (2105 m) erinnert an diese schreckliche Zeit, an die unzähligen Opfer hüben wie drüben.

Wo? Ins Val Sugana kommt man von Trento auf einer vielbefahrenen Schnellstraße, die sich durch den Canale di Brenta nach Bassano del Grappa am Alpensüdrand fortsetzt.
Ausgangspunkt Valle di Sella; Zufahrt von Borgo, Parkplatz 3 km hinter Olle (442 m) an der südseitigen Talstraße.
Wegverlauf Valle di Sella – Vallon delle Dodici – Cima Dodici – Baita Buse delle Dodese (2050 m) – Vallon delle Trappole – Valle di Sella.
Gehzeiten Insgesamt 9 Std.; Valle di Sella – Cima Dodici 5½ Std., Abstieg durch den Vallon delle Tappole 3½ Std.
Hütte Baita Buse delle Dodese (2050 m), Notunterkunft, stets zugänglich.
Orientierung Markierte Wege, CAI-Nummern 211, 231, 208. Vorsicht auf dem Plateau bei Nebel!
Einstufung Mittel. Kondition!

429 Sentiero attrezzato Giulio Gabrielli

Cresta di Socede, 2568 m

Leicht

Geologisch ist sie ein Unikum, die Cima d'Asta (2847 m), deren hoher Gipfelgrat im Panorama vieler Berge des Trentino auffällt: ein Granitmassiv neben der aus Porphyr aufgebauten Lagoraikette, umgeben von Schiefer, dazu mit ein paar Kalkeinsprenkeln. Und der Granit macht die Tour, den »Sentiero Gabrielli zu etwas Besonderem; immerhin steht die Cima d'Asta rund 70 Kilometer südlich des Alpenhauptkamms! Da erwartet man Kalkfelsen, bleichen Dolomit, keine Granitzacken wie an der Cresta di Socede. Weniger aufregend als die Kulisse ist der Steig selbst, gut markiert und mit einigen Drahtseilen versehen. Wer im Rifugio Brentari nächtigt, kann anderntags den großen Gipfel angehen; als Tagespensum sind »Sentiero Gabrielli« und Cima d'Asta etwas viel …

Wo? Zur Cima d'Asta kommt man vom Valsugana über kurvenreiche Bergstrecken, ab Strigno (463 m) oder Grigno (263 m) via Pieve Tesino (871 m).
Ausgangspunkt Malga Sorgazza (1450 m), 10 km von Pieve Tesino. Parkmöglichkeit auf der Alp.
Wegverlauf Malga Sorgazza – Forcella Magna (2117 m) – »Sentiero Gabrielli« – Cresta di Socede (2568 m) – Rif. Brentari (2473 m) – Malga Sorgazza.
Gehzeiten Insgesamt 7 Std.; Malga Sorgazza – Forcella Magna 2¼ Std., »Sentiero Gabrielli« – Rif. Brentari 2¾ Std., Abstieg 2 Std.
Hinweis Vom Rif. Brentari besteigt man auf markiertem Weg in 1¼ Std. die Cima d'Asta. Biwak am Gipfel.
Hütte Rif. Ottone Brentari (2473 m) am Lago di Cima d'Asta.
Orientierung Leicht, gut bezeichnete Wege; CAI-Nummern 326, 327.
Einstufung Leicht.

430 Percorso attrezzato Sass Brusai

Monte Boccaòr, 1532 m

Schwierig

Der erste Eindruck von San Liberale ist eher enttäuschend: ein Talkessel, ein paar Häuser und je nach Jahreszeit grüne oder braune Hänge rundum, dazwischen einige Felsen. Da erwartet auch der Klettersteigler nicht unbedingt Aufregendes – ganz zu Unrecht, wie sich herausstellen soll. Und natürlich kommt der große Gag zum Schluß, als Finale nach etwa 300 ziemlich eisenhaltigen, auch steilen Höhenmetern in gestuftem Felsgelände: eine Hängebrücke, drei Drahtseile, zwei oben zum Festhalten, eines zum Draufstehen – fast wie unter der Zirkuskuppel. Das Netz fehlt allerdings, doch das wird kaum jemanden von dem spektakulären Gang in luftiger Höhe abhalten, oder? Zur Beruhigung: Man kann problemlos auf die Militärstraße, über die das Dreiseil gespannt ist, absteigen.

Da fehlt nur das Zirkuszelt: am Hochseil des »Percorso Sass Brusai«.

Wo? Nach San Liberale kommt man von Bassano del Grappa (128 m) über Crespano del Grappa (301 m), 14 km.
Ausgangspunkt Parkplatz bei San Liberale (589 m).
Wegverlauf San Liberale – Monte Boccaòr – Sella delle Mure (1500 m) – San Liberale.
Gehzeiten Insgesamt 5½ Std.; San Liberale – Einstieg zur Ferrata (ca. 1170 m) 2 Std., »Ferrata Sass Brusai« – Monte Boccaòr 1½ Std., Abstieg über die Sella delle Mure 2 Std.
Tip Ein volles Tagespensum ergibt sich, wenn man beide Klettersteige am Monte Grappa begeht; Gesamtgehzeit etwa 8 Std. Siehe 431.
Orientierung Bietet keine Schwierigkeiten; aufpassen muß man bloß, um die Abzweigung zur Ferrata oberhalb von San Liberale nicht zu übersehen. Klettersteig rot bezeichnet, Abstieg CAI-Nummer 153.
Einstufung Schwierig, nur Drahtseilsicherungen.

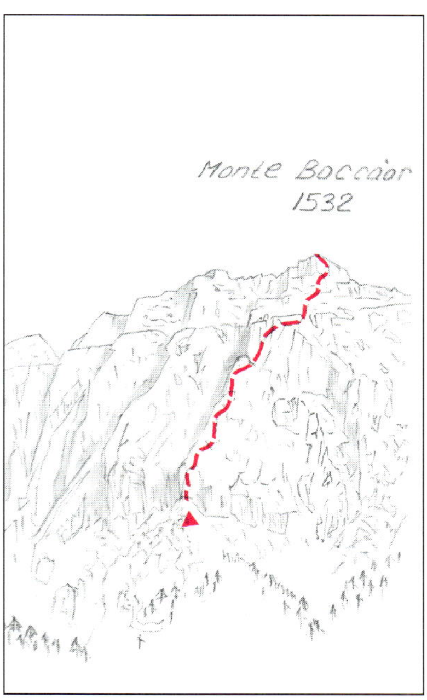

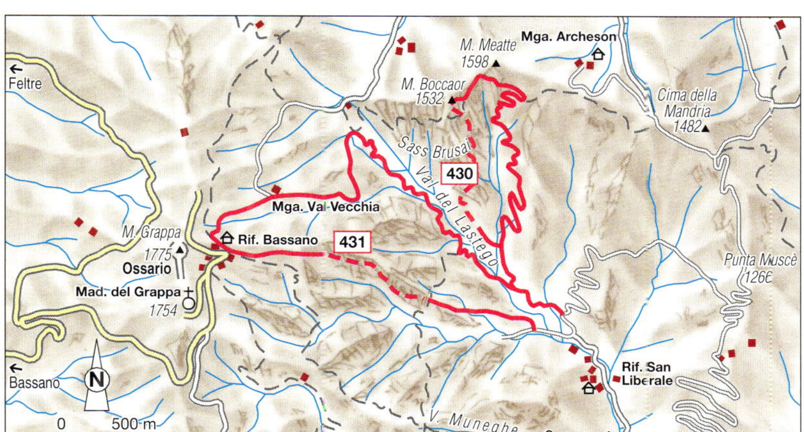

431 Percorso attrezzato Carlo Guzzella

Monte Grappa, 1775 m

Mittel

Ein Weg der großen Kontraste, aus dem Talschluß von San Liberale hinauf zum Gipfel des Monte Grappa, wo einen (bei klarer Sicht) nicht nur ein phantastisches Panorama erwartet, sondern (bei fast jedem Wetter) ein großer Rummel rund um das bombastische Ossario am Gipfel: Nationalismus, rückwärtsgewandt, falsches Pathos. Mir jedenfalls haben die verfallenen Schützengräben am Weg hinauf zum Monte Grappe mehr über das einsame, sinnlose Sterben der Soldaten verraten.

Wo? Nach San Liberale kommt man von Bassano del Grappa (128 m) über Crespano del Grappa (301 m), 14 km.
Ausgangspunkt Parkplatz bei San Liberale (589 m).
Wegverlauf San Liberale – »Percorso Guzzella« – Monte Grappa – Malga Val Vecchia (1542 m) – Pian della Bala (1380 m) – San Liberale.
Gehzeiten Insgesamt 6½ Std.; San Liberale – Einstieg zur Ferrata (ca. 1220 m) 2 Std., »Guzzella-Steig« – Monte Grappa 2 Std., Abstieg 2½ Std.
Hütte Rif. Bassano (1730 m) am Monte Grappa.
Orientierung Leicht; die Wege sind gut bezeichnet, Abstieg CAI-Nummer 151.
Einstufung Mittel, gut 350 Höhenmeter mit fast durchlaufenden Seilsicherungen.

Der »Guzella-Steig« zieht eine recht steile Linie über die zerklüfteten Abstürze des Napon; fest verankerte Drahtseile sichern die Route, die auf den Alpweiden von Prà Gallina (ca. 1600 m) ausläuft. Eine Halbstunde später ist man am Monte Grappa.

432 Sentiero attrezzato Giordano Bertotti

Croce del Chegùl, 1263 m

Leicht

Ein Blick auf die Landkarte macht rasch deutlich, weshalb der Monte Marzola (1738 m) gelegentlich als »Rigi des Trentino« bezeichnet wird: das Panorama, eine gelungene Mischung von nah und fern, mit Tiefblicken auf die Provinzhauptstadt Trento und den Caldonazzo-See. Klettersteigler gucken vor allem hinüber zum Bondone, durch dessen zerklüftete Ostflanke ein beliebter, recht anspruchsvoller Klettersteig läuft, die »Ferrata Degasperi«. Mit ihr kann der »Sentiero Bertotti« nicht konkurrieren; er gehört in die Kategorie der harmlosen gesicherten Steige, überwindet mit zwei Leitern und ein paar Drahtseilsicherungen die Felsstufe unterhalb des Croce del Chegùl am Nordgrat der Marzola. Der Gipfel ist dann noch etwa eineinhalb Stunden entfernt; aus der Senke zwischen Spiazzo Grande (1326 m) und Doss dei Corvi (1477 m) kann man aber auch über das Rifugio Fontana dei Gai (1112 m) absteigen.

Wo? Der Marzola-Stock erhebt sich südöstlich über Trento; Zufahrt vom Stadtzentrum über Pantè (418 m) und den Passo Cimirlo (733 m).
Ausgangspunkt Etwa 2 km südlich vom Passo Cimirlo, insgesamt 11 km ab Trento. Parkmöglichkeit an der Straße, Hinweistafel »Chegùl«.
Wegverlauf Straße – »Sentiero Bertotti« – Croce del Chegùl – Spiazzo Grande – Rif. Fontana dei Gai (1112 m) – Straße.
Gehzeiten Insgesamt 2¼ Std.; »Sentiero Bertotti« – Croce del Chegùl 1¼ Std., Rückweg/Abstieg 1 Std.
Hinweis Mit einer Überschreitung des Monte Marzola (1738 m) (Abstieg westlich zum Rif. Maranza, 1077 m) erhöht sich die Gesamtgehzeit auf gut 4 Std.
Hütte Rif. Fontana dei Gai (1112 m).
Orientierung Problemlos, ordentlich markierte Wege, »Sentiero Bertotti« mit CAI-Nummer 418.
Einstufung Leicht; Drahtseile und eine Leiter.

433 Sentiero attrezzato Pero Degasperi

Il Palòn, 2090 m

Schwierig

Wer im Etschtal zwischen Salurn und Rovereto unterwegs ist, kann ihn nicht übersehen, den Hausberg von Trient mit seinem eleganten Profil und dem riesigen Antennenstachel. Der Bondone ist ein Berg der Kontraste, er zeigt unzugängliche Steilflanken, aber auch Wälder und Wiesen, ist neolithische Fundstelle und Blumenwunder, auch Spielwiese für den Homo ludens, verziert mit allerlei Scheußlichkeiten moderner Freizeitarchitektur. An seinen Nordosthängen tummeln sich im Winter – wenn's denn genug Schnee hat – die Skifahrer; die über mächtige Gräben zur Etsch hin abfallende Ostflanke ist ein gutes Revier für Gemsen – und Klettersteigler. Die sind in aller Regel zwar nicht ganz so gut zu Fuß wie die Vierbeiner, müssen sich deshalb ans sichernde Seil hängen. Doch wenn man auch noch einen Helm aufsetzt und über etwas einschlägige Erfahrung verfügt, vermittelt der »Sentiero attrezzato Degasperi« ein aufregendes Kraxelvergnügen mit einer langen, aber keineswegs langweiligen Querung zum Auftakt und einer Schlüsselstelle, die vollen Einsatz verlangt. Der Ausstieg erfolgt auf den Nordgrat des Palòn (ca. 1910 m); den Gipfel mit seinen zeitgenössischen »Verzierungen« kann man sich schenken. Viel Aussicht, verbunden mit packenden Tiefblicken, bietet auch die Ferrata.

Wo? Den Zugang zum Bondone vermittelt eine serpentinenreiche Höhenstraße, die Trento mit den Ortschaften am Westfuß des Massivs verbindet und ihren Kulminationspunkt (1650 m) am Plateau von Viote hat.
Ausgangspunkt Baita Montesèl (1480 m), 18 km von Trento über Sardagna, Candria (1025 m) und Vaneze. Großer Parkplatz.
Wegverlauf Baita Montesèl – Querung zum Einstieg (ca. 1650 m) – »Sentiero Degasperi« – Palòn-Nordgrat (ca. 1910 m) – Baita Montesèl.
Gehzeiten Insgesamt 4¼ Std.; Baita Montesèl – Einstieg 2 Std., »Sentiero Degasperi« 1½ Std., Abstieg ¾ Std.
Orientierung Problemlos, CAI-Nummer 690.
Einstufung Schwierig.

434 Via attrezzata Giulio Segata

Dos d'Abramo, 2140 m

Sehr schwierig

Unter Naturfreunden sind die Tre Cime del Bondone vor allem für ihren Blumenreichtum bekannt; Klettersteigler wissen um die 100-Meter-Vertikale am Südabsturz des Dos d'Abramo, eine Ferrata mit Höchstschwierigkeiten. Spektakulär der Auftakt durch ein Felsloch, kräfteraubend die senkrechte Verschneidung im Mittelteil der Route. Nach einer leicht überhängenden Passage steigt man schließlich durch ein zweites Loch auf die Gipfelwiese aus.
Zweifellos gehört die »Segata« in die Kategorie der anspruchsvollen Klettersteige; neben dem straff gespannten Seil wurden nur ganz wenige Eisenstifte gesetzt. Unerschrockenheit und ein kräftiger Bizeps sind hier vonnöten; wer sich überfordert fühlt, kann vor der Verschneidung auf ein bequemes Band aussteigen.

Wo? Den Zugang zum Bondone vermittelt eine serpentinenreiche Höhenstraße, die Trento mit den Ortschaften am Westfuß des Massivs verbindet und ihren Kulminationspunkt (1650 m) am Plateau von Viote hat.
Ausgangspunkt Parkplatz (ca. 1540 m) am Eingang ins Val Mana; Zufahrt von der Bondone-Höhenstraße, Abzweigung südlich vom Rif. Viote.
Wegverlauf Val Mana – Costa dei Cavai – Cornetto-Sattel (ca. 2040 m) – »Ferrata Segata« – Cima Verde (2102 m) – Val Mana.
Gehzeiten Insgesamt 4 Std.; Val Mana – Einstieg 2 Std., »Ferrata Segata« ½ Std., Abstieg über die Cima Verde 1½ Std.
Tips Im Frühsommer ist der Botanische Garten von Viote auf jeden Fall einen Besuch wert!
Wer große Touren mag, kann die »Ferrata Segata« im Zug einer Runde an der zerklüfteten Südostflanke der Tre Cime machen. Ausgangspunkt ist die Häusergruppe Pietra (700 m) oberhalb von Còvolo im Val di Cei; Aufstieg über den (an einigen Stellen gesicherten) »Sentiero del Coraza«, CAI-Nummer 638, Abstieg auf dem »Sentiero dei Sparavei« (Drahtseile), Weg 630. Insgesamt etwa 9 Std.
Orientierung Leicht, die Wege sind gut bezeichnet; CAI-Nummern 607, 636.
Einstufung Sehr schwierig.

Ein Hundertmeter-Kraftakt: die »Via Segata« am Bondonemassiv.

435 Sentiero Franco Galli

Corno Battisti, 1761 m

Leicht

Wandern und Bergsteigen am Pasúbio und in den Monti Lessini ist stets auch eine Geschichtslektion: Allenthalben stößt man auf die Spuren des »Grande Guerra«. Die Front verlief vom Gardasee über diese Berge und Täler zum Valsugana. Und auch der »Sentiero Franco Galli« folgt einem alten Kriegsweg aus der Sella di Monte Tráppola über den Südwestgrat zum Gipfel des Corno Battisti. Ein paar Drahtseile sichern die Route. Während des Aufstiegs zeigt sich im Süden der Hauptkamm der Piccole Dolomiti; (über)mächtiger Nachbar ist der Pasúbio-Gipfel (2232 m).

Wo? In die Vallarsa kommt man von Rovereto über die Strada Statale No. 46.
Ausgangspunkt Anghébeni (632 m), ein bescheidener Flecken in der Vallarsa, 16 km von Rovereto. Parkmöglichkeit am Sträßchen ins Valle di Foxi.
Wegverlauf Anghébeni – Val di Grobe – Sella di Monte Tráppola (1410 m) – »Sentiero Galli« – Corno Battisti – Bocchetta di Foxi (1720 m) – Valle di Foxi – Anghébeni.
Gehzeiten Insgesamt 5¾ Std.; Anghébeni – Corno Battisti 3½ Std., Abstieg über die Bocchetta di Foxi 2¼ Std.
Orientierung Leicht, die Wege sind gut markiert; CAI-Nummern 121, 102.
Einstufung Leicht.

436 Sentiero attrezzato Gaetano Falcipieri

Cinque Cime, Cimòn del Soglio Rosso, 2040 m

Leicht

Der Pasúbio (Cima Palon, 2232 m) war ein Angelpunkt der Alpenfront im Ersten Weltkrieg. Um den Gipfel wurde erbittert gekämpft, sogar eine (damals) neue Form des Tötens erprobt: Minenkrieg, im Bergesinnern. Schrecklicher Höhepunkt war die Zündung von 50 Tonnen Sprengstoff unter der italienischen Gipfelstellung. Der ganze Bergstock ist heute noch ein riesiges Ruinenfeld mit Stellungsresten, überzogen von einem Netz allmählich verfallender Wege und Straßen, die dem Nachschub von Mensch und Material an die Front ➡

Wo? Über den Passo Pian delle Fugazze (1162 m) führt die Strada Statale No. 46, 27 km ab Rovereto, 21 km ab Schio. Östlich unterhalb der Scheitelhöhe, bei der Ponte Verde (901 m), zweigt die Straße zum Passo Xomo (1056 m) ab, ca. 8 km vom Passo Pian delle Fugazze.
Ausgangspunkt Passo Xomo (1056 m); Parkmöglichkeit. Weiterfahrt zur Bocchetta Campiglia nicht erlaubt.
Wegverlauf Passo Xomo – Bocchetta Campiglia (1216 m) – »Sentiero Falcipieri-Cinque Cime« – Bella Laita (1881 m) – Cima Cuaro (1939 m) – Monte Forni Alti (2023 m) – Cimòn del Soglio Rosso (2040 m) – Cima dell'Osservatore (2027 m) – Rif. Papa (1928 m) – »Strada delle ➡

SÜDTIROL, GARDASEE, BRENTA

➞ dienten. Ein Relikt aus jener Zeit ist auch die »Strada delle Gallerie«, 6,5 km lang mit Steigungsmaxima von 22% und 52 (!) Tunnels, zwei davon spiralförmig. Aus Aus unserer Zeit stammt dagegen der »Sentiero delle Cinque Cime«, der mehr oder weniger parallel zum Tunnelweg verläuft, aber fast immer eine Etage höher: über die Gipfel. Fünf sind es, was sich nicht nur im persönlichen Tourenbuch gut macht, sondern vor allem eine abwechslungsreiche, lange Überschreitung, viel Auf und Ab garantiert. Für die Strecke von der Bocchetta Campiglia (1216 m) bis zum Rifugio Papa (1928 m) ist man denn auch gut fünf Stunden (Pausen nicht eingerechnet) unterwegs, mal wandernd, dann wieder am Drahtseil. Und der Rückweg bietet erst noch ein Erlebnis der besonderen Art: die »Strada delle Gallerie«, aber nur mit Taschenlampe!

Spätherbst am Pasubio; über dem Nebel die Monti Lessini.

➞ Gallerie« – Bocchetta Campiglia – Passo Xomo.
Gehzeiten Insgesamt 8½ Std.; Passo Xomo – Bocchetta Campiglia ½ Std., Bocchetta Campiglia – »Sentiero Falcipieri« – Rif. Papa 5½ Std., Abstieg über die »Strada delle Gallerie« 2½ Std.

Hinweise Die »Strada delle Gallerie« war im Sommer 1995 wegen Einsturzgefahr gesperrt. Abstieg alternativ über die »Strada degli Scarubbi«, 2 Std. – Aus den Scharten vor und hinter dem Monte Forni Alti Rückzugsmöglichkeiten auf die »Strada delle Gallerie«.

Hütte Rif. Achille Papa an der Porte del Pasúbio (1928 m).
Orientierung Problemlos, »Sentiero Falcipieri« mit »5C« markiert. Taschenlampe für die Tunnels.
Einstufung Leicht, gute Kondition allerdings erforderlich.

437 Sentiero del Sengio Alto
Monte Cornetto, 1899 m

Leicht

Noch mehr Kriegssteige, dazu ein paar Tunnels, einige mit Drahtseilen gesicherte Passagen, ein schönes Gipfelhorn und eine faszinierende Felskulisse. Genug für einen ganzen Wandertag, zu wenig für »Eisen-Freaks«. Die werden drüben am langgestreckten Südwestgrat der Cima Carega besser bedient; die Überschreitung des Sengio Alto vom Passo di Campogrosso zum Monte Cornetto ist viel mehr Landschaftserlebnis als Ferrata. An Abwechslung fehlt's aber nicht, der Weg läuft über mehrere kleine Scharten am Kamm, verschwindet öfter in einem dunklen Loch, immer wieder bieten sich neue, überraschende Aus- und Einblicke.

Wo? Am Passo Pian delle Fugazze (1162 m), 27 km von Rovereto, zweigen die beiden Straßen zum Passo di Campogrosso (1464 m) ab, je 6 km.
Ausgangspunkt Rifugio Campogrosso (1456 m) am gleichnamigen kleinen Paß.
Wegverlauf Rif. Campogrosso – Sentiero del Sengio Alto – Passo dei Onari (1772 m) – Monte Cornetto – Passo dei Onari – »Sentiero d'arrocamento« (Tunnels) – Malga Boffetal (1435 m) – Rif. Campogrosso.
Gehzeiten Insgesamt 4½ Std.; Rif. Campogrosso – Monte Cornetto 2½ Std., Abstieg westlich zur Malga Boffetal 1 Std., Rückweg 1 Std.

Hinweis Im Frühsommer können die Tunneleingänge durch Altschnee blockiert sein. Helm und Taschenlampe nicht vergessen!
Hütte Rif. Campogrosso (1456 m) am Straßenpaß.
Orientierung Leicht, die Steige sind ordentlich markiert; Wegnummern 14, 46, 13.
Einstufung Leicht.

438 Via ferrata Carlo Campalani
439 Sentiero alpinistico Cesare Battisti

Cima Carega, 2259 m

Mittel

Da es keine Straßenverbindung über die Monti Lessini gibt (sieht man vom »ewigen« Provisorium am Passo Fittanze della Sega einmal ab), liegen die Klettersteige der »Piccole Dolomiti« für den von Norden Anreisenden buchstäblich »hinter den sieben Bergen«. Entsprechend selten ist hier deutsch zu hören, am ehesten noch in Giazza, das eigentlich Ljetzan heißt und eine deutsch-zimbrische Enklave im Hinterland von Verona ist – die letzte der »Dreizehn Kamäun von Bearn« (Dreizehn Gemeinden von Verona). Kleines Museum.

Wer dennoch einen Abstecher in die Monti Lessini wagt, wird bestimmt nicht enttäuscht, bietet diese Gebirgsregion am Südrand der Alpen doch eine Fülle von Tourenmöglichkeiten, ist sie auch für Klettersteigler ein ergiebiges Revier. Recht viel Eisen und noch mehr Landschaft bietet etwa die Runde am langgestreckten Südwestkamm der Cima Carega: rasant der Aufstieg über die »Ferrata Campalani«, ein großes Landschaftserlebnis dann der Abstieg über den Sentiero mit dem Namen des Trentiner Freiheitshelden.

Eine wenig schwierige, landschaftlich aber sehr reizvolle Route: der »Sentiero Battisti«.

Wo? Die Fahrt ins Valle d'Illasi beginnt im berühmten Weißweinrevier um Soave, an der Strada Statale No. 11 bzw. an der Autobahn A4, Ausfahrt »Verona Est«. Über Tregnago (317 m) kommt man taleinwärts nach Giazza (Ljetzan, 758 m), 28 km.
Ausgangspunkt Rif. Revolto (1336 m), weitere 8 km von Giazza. Parkplatz.
Wegverlauf Rif. Revolto – Passo Pértica (1522 m) – Alpe Campobrun (1761 m) – »Ferrata Campalani« – Cima Carega – »Sentiero Battisti« – Passo Pértica – Rif. Revolto.
Gehzeiten Insgesamt 6¼ Std.; Rif. Revolto – Alpe Campobrun 1½ Std., »Ferrata Campalani« – Cima Carega 1¾ Std., »Sentiero Battisti« – Passo Pértica 2½ Std., Rückweg auf der Straße zum Rif. Revolto ½ Std.
Hinweise Als Ausgangspunkte für Touren in den Monti Lessini kann man (nördlich) auch den Passo di Campogrosso (1464 m) oder (östlich) das anfahrbare Rif. Battisti (1265 m) wählen. Zugang in jedem Fall kompliziert, aber sehr reizvoll. Dies gilt ganz besonders für den »Sentiero del Vaio Scuro« und den »Sentiero Alto del Fumante«, die sich zu einer großen Runde verbinden lassen, ab Rif. Campogrosso etwa 7½ Std., nur für gute Bergsteiger (einige Sicherungen, Stellen I–II).
Hütten Rif. Passo Pértica (1522 m) und Rif. Scalorbi (1767 m) auf der Alpe Campobrun.
Orientierung Problemlos, die Steige sind ordentlich markiert.
Einstufung Mittel, Einstieg zur »Ferrata Campalani« anspruchsvollste Stelle.

440 Via ferrata Giancarlo Biasin

Cengia di Pértica, 1743 m

Schwierig

Hinauf, senkrecht! So eine richtige »Feuerwehrleiter« ist die »Biasin«, mit Eisenbügeln in die senkrechte Verschneidung an der Südflanke des Cengia di Pértica montiert, eine spektakuläre Turnübung ohne Netz, die neben Gewandtheit absolute Immunität gegen jede Menge Luft unter den Sohlen verlangt. Gut hundert Höhenmeter halten Steilheit und Exposition an, dann lehnt sich der Berg zurück, man kann aufatmen: geschafft!

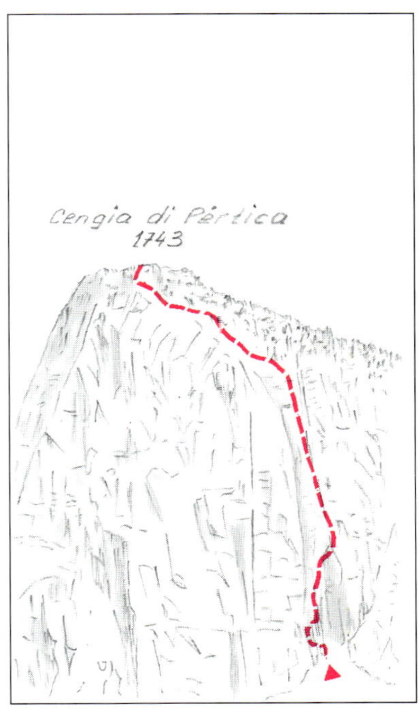

Wo? Die Fahrt ins Valle d'Illasi beginnt im berühmten Weißweinrevier um Soave, an der Strada Statale No. 11 bzw. an der Autobahn A4, Ausfahrt »Verona Est«. Über Tregnago (317 m) kommt man taleinwärts nach Giazza (Ljetzan, 758 m), 28 km.
Ausgangspunkt Rif. Revolto (1336 m), 8 km von Giazza. Parkplatz, Weiterfahrt zum Passo Pértica nicht gestattet (Sperrschranke).
Wegverlauf Rif. Revolto – Passo Pértica – »Ferrata Biasin« – Abstieg östlich zur alten Militärstraße – Passo Pértica – Rif. Revolto.
Gehzeiten Insgesamt 2¼ Std. Rif. Revolto – Passo Pértica ¾ Std., »Ferrata Biasin« ¾ Std., Abstieg ¾ Std.
Hinweis Man kann die Tour zur Costa Media und zur Cima Carega (2259 m) fortsetzen und anschließend über den »Sentiero alpinistico Cesare Battisti« absteigen; siehe 439.
Hütte Rif. Passo Pértica (1522 m) am gleichnamigen Paß.
Orientierung Problemlos.
Einstufung Schwierig, sehr exponiert.

441 Via ferrata Angelo Viali
Monte Gramolòn, 1814 m

Mittel

Der Monte Gramolòn dürfte hierzulande etwa so bekannt sein wie der Hirschhörnlkopf in Verona. Es lohnt sich aber schon, den versteckten Winkel in den Monti Lessini kennenzulernen; immerhin führt ein Klettersteig auf den Gipfel, oben hat man eine hübsche Aussicht, und nach dem Abstieg gibt's im Rifugio Bertagnoli zwar keinen bayrischen »Obatzdn«, aber dafür Pasta asciutta und einen guten Roten. Auch nicht zu verachten. – Die recht eisenhaltige Ferrata hat einen kleinen Schönheitsfehler: Sie verläuft teilweise in einer Schlucht, was natürlich erhöhte Steinschlaggefahr bedeutet, vor allem an den Wochenenden, wenn »sportive« Veroneser auf den Leitern und an den Drahtseilen herumturnen. Für Leute mit kräftigem Bizeps gibt's weiter oben als Zugabe noch eine »Direttissima« am dicken Drahtseil (die man aber leicht umgehen kann).

Wo? Ins Valle dei Chiampo kommt man von Arzignano über Chiampo (170 m), bis Fertazza gut ausgebaute Straße, 28 km bis zum Rif. Bertagnoli.
Ausgangspunkt Rif. Bertagnoli (1225 m). Parkplatz.
Wegverlauf Rif. Bertagnoli – »Ferrata Viali« – Monte Gramolòn – Passo delle Ristele (1641 m) – Passo della Scagina (1548 m) – Rif. Bertagnoli.
Gehzeiten Insgesamt 3¼ Std.; Rif. Bertagnoli – »Ferrata Viali« – Monte Gramolòn 2 Std., Abstieg 1¼ Std.
Hütte Rif. Bertagnoli (1225 m).
Orientierung Problemlos, gut bezeichnete Steige.
Einstufung Mittel, Steinschlaggefahr in der Schlucht (Helm)!

442 Via attrezzata Monte Albano
Monte Albano, 560 m

Sehr schwierig

Längst hat er den Status eines Klassikers, der 1976 angelegte »Mori-Steig«, doch die Traverse in den Felsen oberhalb des kleinen Städtchens ist dadurch kein bißchen weniger exponiert, die Tritte sind nicht einen Millimeter größer geworden. Im Gegenteil, durch die zahllosen Begehungen präsentiert sich der Fels teilweise ziemlich speckig, scharfe Kanten sind von zigtausend Schuhsohlen rundpoliert, was die Reibung beim Klettern naturgemäß stark reduziert. Immerhin, die Sicherungen werden gut gewartet, künstliche Tritte entschärfen die beiden 50-Meter-Kamine; das straff gespannte Seil suggeriert Sicherheit. Wer sich überfordert fühlt, kann die Übung auf einem »Sentiero d'emergenza« abbrechen. Höhepunkt der Route ist die »Traversata degli Angeli«, die vom »Zwillingskamin« zur großen Terrasse im Mittelteil der Wand hinüberleitet. Da wird sich schon manch eine/r einen Schutzengel gewünscht haben, der den Blick in die Tiefe ausspart und einen über die winzigen Tritte in sicheres Gelände führt. Beim Abstieg hat man die Wahl zwischen einem bequemen Wanderweg und einer (vergleichsweise) leichten gesicherten Route, die rechts der Ferrata verläuft.

Wo? Mori (204 m) liegt wenige Kilometer westlich der Autobahnausfahrt »Rovereto Sud/Lago di Garda Nord« an der Strecke zum Gardasee.
Ausgangspunkt Mori Vecchio, Parkplätze am Ortsrand.
Wegverlauf Mori – Madonna di Monte Albano (306 m) – »Via attrezzata Monte Albano«, Abstieg westlich über den bequemen »Sentiero rientro« oder östlich auf dem »Rientro attrezzato«, gesichert.
Gehzeiten Insgesamt 3¼ Std.; Mori – Madonna di Monte Albano 20 Min., »Via attrezzata Monte Albano« 2 Std., Abstieg 1 Std.
Orientierung Problemlos.
Einstufung Sehr schwierig.

Zu den bekanntesten Klettersteigen der Gardasee-Region gehört die »Ferrata Monte Albano«.

443 Sentiero attrezzato Corne di Bes
Corna Piana, 1736 m

Leicht

Wer zum Corna Piana pilgert, ist in der Regel Naturfreund, besucht – vorzugsweise Juni/Juli – den »Orto botanico«, ein 50 Hektar großes Areal, auf dem (fast) die gesamte Monte-Baldo-Flora versammelt ist. Den kürzesten Zugang hat man vom Rifugio Graziani (1620 m); schöner ist der Weg von San Valentino (1315 m) herauf. Er schneidet den Felsriegel, der das »flache Horn« wie eine Bauchbinde umzieht, diagonal auf schmalen Bändern (Drahtseile), bis sich schließlich eine Lücke auftut, durch die man auf den weiten Almboden von Bes (1511 m) entsteigt – keine Ferrata, aber ein hübscher (gesicherter) Steig. Der Gipfel bietet freie Sicht auf die Vizentiner Voralpen.

Wo? Die Bungalowsiedlung San Valentino (1315 m) am gleichnamigen Paß erreicht man von Mori über Brentonico auf guter Straße, 18 km.
Ausgangspunkt Parkmöglichkeit wenig westlich der Scheitelhöhe bei einem Rastplatz.
Wegverlauf San Valentino – »Sentiero delle Vipere« – Malga Bes (1511 m) – Corna Piana – Bocca del Creer (1617 m) – San Valentino (Straße).
Gehzeiten Insgesamt 2¾ Std.; San Valentino – Corna Piana 1¼ Std., Corna Piana – Bocca del Creer ½ Std., Bocca del Creer – San Valentino 1 Std.
Tip Das ganz große Panorama bietet der Monte Altissimo di Nago (2079 m), 1½ Std. von der Bocca del Creer.
Hütte Rif. Graziani (1620 m) an der Bocca del Creer.
Orientierung Leicht; die Wegmarkierungen am Corna Piana könnten allerdings eine Auffrischung vertragen. CAI-Nummer 650.
Einstufung Leicht.

Klettersteige – Himmelsleitern oder Teufelszeug?

Klettersteige, Vie ferrate. Was für ein Thema! Oder vielleicht gar keines, zumindest kein ernstzunehmendes? Für die einen wohl nicht, sie wollen mit dem Teufelszeug nichts zu tun haben; für andere vor allem eines, das sich für Hüttenabende eignet: Klettersteigler-Latein.
Natürlich sind die »Eisenwege« ein Thema, ein überaus kontroverses, man denke nur an die lange Liste entsprechender Veröffentlichungen, an das endlose Hin und Her der Argumente, da gibt's – nach gut deutschem Brauch – »Realos« und »Fundis«, »Puristen«, die den Bergen am liebsten das Mäntelchen der Unberührtheit umhängen würden, und (logisch) die Geschäftemacher – halt gut und schlecht wie im ganz gewöhnlichen Alltag, g'scheit und dumm (das sind in der Regel dann die anderen).
Aber ehrlich: Da hat der Berg gekreißt, und geboren war eine Maus, ein Mäuslein. Ökologisch gesehen zumindest, denn aus den Eisenteilen aller Ferrate zwischen Wien und der (wie oft: wehrhaften) Schweizer Grenze könnte man gerade einen oder zwei Sessellifte basteln. Mit den Umweltschäden kann es also nicht so weit her sein; im Vergleich mit anderen »Sündern« wie Straßen- und Pistenbauern bilden die Vie ferrate eine schlicht zu vernachlässigende Größe, den winzigkleinsten Nagel im Sarg jenes großen europäischen Gebirges, das zu lieben alle behaupten. Zu einfach argumentiert?
Da ist ja noch die »innere Verschandelung«, jene der Bergsteigerseele, die das Tun des dazugehörigen Körpers gerne etwas überhöht begreift, idealistisch zu empfinden gewohnt ist, »Hehres« fühlt und »Großes« durchlebt. Was soll man also von Leuten halten, die über Leitern und mit Hilfe von Drahtseilen auf Berge steigen, alle Regeln der Fairneß mißachten? Ignoranten sind das, die Prusiken möglicherweise für einen Modetanz aus dem Osten halten, das »Dachl« im Gesäuse mit dem Goldenen Dachl in Innsbruck verwechseln, hinter den »Scoiattoli« von Cortina putzige Vierbeiner vermuten und sich vor Brockengespenstern fürchten!
So muß der Berg halt leiden und der Bergsteigergedanke dazu. Kein Wort gegen Wandersleut', auch wenn sie in Massen auftreten (und da wo sie auftreten, gelegentlich kein Gras mehr wächst ...); im Fels, da gelten andere Regeln, werden Mut und Können verlangt, kurzum: ganze Kerls (pardon, meine Damen).

Und nun so was! Seile, Leitern, Eisenklammern, gnadenlos in den Fels getrieben, strade per tutti; wo es zuvor einen stolzen »Vierer« zu meistern galt, genügen auf einmal Schwindelfreiheit und ein kräftiger Bizeps, wo früher zwei oder drei Seilschaften unterwegs waren, tummeln sich Dutzende von »Alpinisten«. Das Ende des Bergsteigens?

444 Sentiero attrezzato Gerardo Sega

Prati della Cola, ca. 1200 m

Mittel

Es verhält sich wie bei einer guten Geschichte: Auf die Pointe kommt es an. Und die bietet der »Sentiero Sega« ohne Zweifel, stilgerecht allerdings erst nach einer längeren »Anlaufstrecke«: herauf aus dem innersten Valle dei Molini, dann flach über eine Rampe, bis man vor lauter Bäumen den Wald nicht mehr sehen mag. Und dann taucht er plötzlich auf, ein Höllenschlund, von Titanenhand aus dem Berg geschlagen. Es riecht förmlich nach Steinschlag, ein paar frische Ausbruchnarben hoch oben im Fels verleihen der Szenerie einen apokalyptischen Anstrich: ein »End' der Welt«. Aber kein Wegende, auch wenn man's zunächst nicht glauben mag, der »Sentiero« führt mitten durch die weit überhängende Riesenapsis, auf einer komfortablen Terrasse sogar. Eine Stunde später, der Vertikale entstiegen, ist dann beim Spaziergang hinüber nach Madonna delle Neve ausreichend Gelegenheit, die Route nochmals Revue passieren zu lassen, und drunten im Mühlental riskiert man einen letzten Blick hinauf zu den Felsen – phantastisch!

Listig angelegt: der »Sentiero Sega« am Monte Baldo.

444

Wo? Von Avio (131 m) führt eine ordentliche Asphaltstraße ins Valle dei Molini.

Ausgangspunkt Brücke über den Aviana-Bach, 3,5 km von Avio. Parkmöglichkeit.

Wegverlauf Valle dei Molini – Preafessa-Wasserfall (ca. 720 m) – »Sentiero Sega« – Prati della Cola – Madonna delle Neve (1082 m) – Aviana-Tal – Valle dei Molini.

Gehzeiten Insgesamt 5½ Std.; Valle dei Molini – Preafessa-Wasserfall 1¼ Std., »Sentiero Sega« – Prati della Cola 1¾ Std., Prati della Cola – Madonna delle Neve 1 Std., Abstieg 1½ Std.

Hinweis Man kann die Runde auch von Madonna delle Neve aus machen, etwa 4 Std., Zufahrt vom Valle dei Molini über den Passo Pozza della Cola (1289 m).

Orientierung Leicht, ordentlich bezeichnete Wege; CAI-Nummern 652, 685.

Einstufung Mittel, Steinschlaggefahr (Helm).

445 Ferrata delle Taccole

Vetta delle Buse, 2155 m

Mittel

Als »Giardino d'Europa« hat man den Monte Baldo bezeichnet, damit auf seinen immensen Blumenreichtum anspielend, ein ebenso schönes wie weitläufiges Wanderrevier ist er ohnehin. Paraglider starten an seinem hohen Kamm, im Winter kann man hier sogar skilaufen, Kletterer allerdings meiden die Gipfelfelsen am Monte Baldo: brüchig, lange Zustiege. Doch für Klettersteigler gibt's jetzt – überflüssigerweise – eine gesicherte Route. Auf die Vetta delle Buse (2155 m), den Ferrata-Gipfel, wandert man vor allem der Aussicht wegen, etwa eine Stunde von der Liftstation an der Costabella für jedermann/frau. Wer zum Drahtseil will, läßt die Vetta erst einmal links liegen, folgt kurz noch dem breiten Gratweg und steigt dann hinab in einen schattigen Karwinkel, wo es – endlich – losgeht: andiamo! Gut hundert Höhenmeter, zwei senkrechte Kamine und ein paar leichte Felsen, dann ist man (wieder) oben auf dem Wiesenbuckel.

Wo? Prada (1005 m) im Südwesten des Monte Baldo erreicht man von der Seeuferstraße aus, 18 km von Torri del Benaco über San Zeno di Montagna (585 m). Talstation des Costabella-Sessellifts.

Ausgangspunkt Liftstation (1815 m) an der Costabella.

Wegverlauf Costabella – Bocchetta di Coal Santo – Passo del Cammino – Forcella delle Pre (2087 m) – Valle delle Pre – »Ferrata delle Taccole« – Vetta delle Buse (2155 m) – Costabella.

Gehzeiten Insgesamt 2½ Std.; Costabella – Passo del Cammino – Valle delle Pre 1¼ Std., »Ferrata delle Taccole« ½ Std., Rückweg ¾ Std.

Hinweise Falls der Lift nicht fährt (was sehr oft vorkommt), verlängert sich die Gesamtgehzeit auf gut 6 Std. Da empfiehlt es sich dann, die Tour an der »Strada Graziani« zu beginnen, etwa 1 km oberhalb des Sattels Cavallo di Novezza. Aufstieg über Weg 652 zum Rif. Telegrafo (2147 m), dann südwärts bis zur Forcella delle Pre; insgesamt etwa 5 Std., mit einer Besteigung des höchsten Monte-Baldo-Gipfels (Cima Valdritta, 2218 m) gut 6 Std.

Hütte Rif. Cornetto (1815 m) an der Bergstation des Sesselliftes.

Orientierung Leicht, gut bezeichnete Wege; CAI-Nummer 658.

Einstufung Mittel, neue, gute Sicherungen.

446 Ferrata Spigolo della Bandiera

Rifugio Pirlo, 1165 m

Schwierig

Hütten-Klettersteige gibt's ja mittlerweile schon einige, vorzugsweise mit kurzem Zustieg und möglichst spektakulärem Verlauf. Die Ferrata mit dem wohlklingenden Namen beginnt allerdings nicht hinter dem Rifugio, sie endet bereits vor der Hüttentür: keine 100 Meter an einer Felskante, steil und ziemlich luftig. Doch deswegen wird wohl kaum jemand einen Ausflug zum Rifugio Pirlo unternehmen; mein Tip deshalb: die Gratüberschreitung vom Monte Spino (1513 m) mit einem absoluten Minimum an Sicherungen (ein Drahtseil!), aber einem Maximum an Eindrücken, leichten Kletterstellen – ein garantiert gut ausgefüllter Bergtag! Kürzer, aber ebenfalls sehr dankbar ist die Besteigung des aussichtsberühmten Monte Pizzocolo (1582 m), 1½ Stunden vom Rifugio Pirlo.

Wo? Ins Val di Sur kommt man auf gut ausgebauten Straßen, von Salò über Serniga, von Gardone Riviera via Tresnico, 7 bzw. 5 km bis San Michele (405 m).

Ausgangspunkt Im Val di Sur, gut 3 km von San Michele auf schmalem Fahrweg. Parkmöglichkeiten an der Straße.

Wegverlauf Val di Sur – »Ferrata Spigolo della Bandiera« – Rif. Pirlo (1165 m) – Passo di Spino (1160 m) – Val di Sur.

Gehzeiten Insgesamt 3¾ Std.; Aufstieg 2¼ Std., Abstieg 1½ Std.

Tip Große Runde über den Monte Spino (1513 m), bis zu den Hütten von Gardoncello gut bezeichnete Steige, Rückweg ins Val di Sur nicht ganz leicht zu finden; Kletterstellen I–II, Gesamtgehzeit etwa 8 Std.

Hütte Rif. Giorgio Pirlo (1165 m) am Passo di Spino.

Hinweis In der Nähe der Pirlohütte gibt es seit neuestem einen kurzen, knackigen Übungsklettersteig: 50 Meter in der Vertikale – etwas für Klettergewandte mit starkem Bizeps!

Orientierung Problemlos.

Einstufung Schwierig, aber kurz. Durchlaufendes Drahtseil, jüngst erneuert.

Über den Wolken ... Wunderwanderwelt am Gardasee.

Die guten Tips für Arco

Arco (86 m) liegt 6 km nördlich vom Gardasee am Fuß eines Burgfelsens.

Anreise Arco besitzt keinen Bahnanschluß; von Norden Anreisende müssen in Trento bzw. Rovereto (Brennerlinie) in den Bus umsteigen. Mit dem Auto erreicht man Arco über die Brenner-Autobahn A 22 (gebührenpflichtig), Ausfahrten »Trento Nord« oder »Rovereto Sud/Lago di Garda«.

Infos Azienda Promozione Turistica Arco, Viale delle Palme, 1, I-38062 Arco; Tel. (0464) 51 61 61, Fax 53 23 53.

Unterkunft Unmittelbar am Rand der hübschen kleinen Altstadt liegt das Hotel Pace, Via Vergolano, 50; Tel. (0464) 51 63 98, Fax 51 84 21. Beliebte Anlaufstelle für Biker und Bergsteiger ist der Campingplatz bei Arco, direkt unter den Kletterfelsen des Colodri. »Camping Arco«, Prabi di Arco; Tel. (0464) 51 74 91.

Essen und Trinken Sehr gut (aber nicht billig) ißt man im »La Lanterna« (Zufahrt vom Camping in Richtung Cengia), Via L. Cecoslovacchi, 30; Tel. (0464) 51 70 13. Eine sehr gute Pizza bekommt man im »Pace« (unterhalb vom Hotel), und nachher treffen sich Biker und Climber zu »caffè e vino« in der Bar Trentino (es gibt auch Weißbier).

Sehenswert Die winzige Altstadt mit der Collegiata, einem monumentalen Renaissancebau, und natürlich der Burgfelsen (Spazierweg).

Busverbindungen Mit den Ortschaften der Umgebung. Wichtig: Bei der »Atesina« (Trentiner Busgesellschaft) gibt es Fahrkarten im Busbahnhof oder auch im Bus. Für Fahrten zum südlichen See Tickets nur an den Verkaufsstellen in den größeren Ortschaften.

Autovermietung AVIS, Viale Madruzzo, 6, 38066 Riva del Garda; Tel. (0464) 55 95 53.

Bergführer Vertical World Sport, Via Segantini, 41, 38062 Arco; Tel./Fax (0464) 51 02 02.

Radl-Verleih Moser Sport, 38062 Arco, Via Marconi, 15; Tel. (0464) 51 62 51.

Führer »Wandern und Erleben Gardasee« von Helmut Dumler, »Naturwanderführer Gardasee« (beide bei Bruckmann, München).

Landkarten Eine recht genaue Wanderkarte vom See bietet Lagir-Alpina (1:50 000), nur leider mit (im Norden) zu kleinem Ausschnitt (vor Ort erhältlich). Als Ergänzung nimmt man die Kompass-Karte »Alto Garda/ Val di Ledro« (Blatt 096, 1:35 000)

447 Sentiero Val Sorda

Val Sorda, ca. 450 m

Leicht

Die Monti Lessini und ihre Ausläufer im Valpolicella (vino rosso!) sind bekannt für ihren Reichtum an Höhlen und Schluchten. Der malerisch-wilde Graben des Val Sorda ist durch einen originellen gesicherten Steig zugänglich – der Abstecher lohnt sich, auch für Familien!

Wo? Von Verona über San Pietro in Cariano nach Fumane, dann taleinwärts (Wegzeiger »Molina«).
Ausgangspunkt Ca. 5 km nördlich von Fumane bei der kleinen Trattoria. Parkplatz, Hinweistafel.
Gehzeit Für die Begehung des gesicherten Steiges hin und zurück 2 bis 3 Std.
Orientierung Problemlos.

Einstufung Leicht, auch für Familien mit größeren Kindern geeignet. Die Route ist mit Drahtseilen, Leitern, Stegen und Steigbäumen gangbar gemacht.

448 Sentiero attrezzato Fausto Susatti
449 Sentiero Mario Foletti
450 Sentiero dei Camminamenti

Cima Capi, 909 m; Cima Rocca, 1089 m

Leicht/Mittel

Wo? Riva del Garda (78 m) liegt am oberen Ende des Gardasees.
Ausgangspunkt An der Abzweigung der (gesperrten) Ponalestraße.
Wegverlauf Riva – Ponalestraße – Val Sperone – »Sentiero Susatti« – Cima Capi (909 m) – »Sentiero Foletti« – San Giovanni (858 m) – »Sentiero dei Camminamenti« – Cima Rocca – Bocca Sperone (987 m) – Riva.
Gehzeiten Insgesamt 6½ Std.; Riva – Cima Capi 2¾ Std., Cima Capi – Cima Rocca – Bocca Sperone 1¾ Std., Abstieg nach Riva 2 Std.

Hinweis Natürlich kann man auch die »Via dell'Amicizia« in die Runde am Rocchetta-Massiv einbeziehen; siehe 452.
Hütte Baita San Giovanni (860 m), Selbstversorgerhütte, stets zugänglich.
Orientierung Problemlos, die Wege an der Rocchetta sind bestens markiert, Hinweistafeln an den Verzweigungen; CAI-Nummern 405, 460, 405bis, 404.
Einstufung Leicht, Querung am »Sentiero Foletti« mittel.

Das engmaschige, erstaunlich gut erhaltene Wegnetz aus dem Ersten Weltkrieg, das den Rocchetta-Stock überzieht, wird längst touristisch genutzt, es ist bestens markiert, einige Steige sind rekonstruiert, andere gesichert, wie etwa der »Sentiero Susatti« und der kurze »Sentiero Foletti«. Beide gehören in die Kategorie der leichteren »Eisenrouten«, und der »Schützengrabenweg« ist auch nicht schwieriger. Bloß eine Taschenlampe braucht's da, denn der »Weg« verläuft zum Teil im, nicht am Berg. Und der 150 Meter lange Hauptstollen unter der Cima Rocca ist wirklich stockdunkel – auch wenn draußen die Sonne scheint. Das düstere Loch kann man allerdings umgehen, über den Gipfel, teilweise ebenfalls am Drahtseil.

Die drei Steige lassen sich zu einer abwechslungsreichen Runde verbinden, auf der es, trotz Drahtseilen, Tunnels und Gipfelzacken, nur einen Hauptdarsteller gibt: den Gardasee.

451 Sentiero delle Laste

San Giovanni, 858 m

Mittel

Und noch ein gesicherter Steig am Rocchetta-Stock. Er verbindet Biacesa im Val di Ledro mit der Kapelle San Giovanni und bildet so eine attraktive Alternative zum Wanderanstieg – vor allem für Klettersteigler.

Wo? Biacesa (418 m) liegt im unteren Val di Ledro, an der (Tunnel-)Straße zum Ledrosee, 7,5 km von Riva.
Ausgangspunkt Parkplatz am Ortsrand.
Wegverlauf Biacesa – »Sentiero del Bech« – »Sentiero delle Laste« – San Giovanni (858 m) – Biacesa.
Gehzeiten Für die Runde gut 2 Std.

Orientierung Abzweigung des »Sentiero del Bech« ein paar Minuten von Biacesa, Abstieg über CAI-Weg 417.
Einstufung Schlüsselstelle mittel, sonst leicht.

452 Via dell'Amicizia

Cima SAT, 1246 m

Mittel

Ihren Ruf diesseits der Alpen verdanken die Gardasee-Eisenwege zu einem gut Teil dem »Freundschaftsweg«, genauer: den beiden ewig langen Feuerwehrleitern hoch über den Dächern von Riva. Da dürften mittlerweile schon Tausende darübergestiegen sein, manche mit etwas Herzklopfen und leicht zittrigen Beinen. Auch die eine oder andere Freundschaft zwischen ihr und ihm wird auf den zahllosen Sprossen (Hier soll ich hinauf?) möglicherweise ein klein wenig ins Wanken geraten sein. Das tun die Eisenleitern nicht, die sind stabil verankert, die erste senkrecht, wenn auch mit einem Podest auf halber Höhe, die zweite (fast) ohne Ende. Daneben verblassen die hübschen Passagen im obersten Teil der Route leider etwas, ➡

Lustig-luftig: die letzten (Draht-)Seillängen an der »Via dell'Amicizia«.

➡ unvergeßlich bleiben aber die atemberaubenden Tiefblicke, auch wenn man sie möglicherweise erst auf dem Minigipfelchen mit der (eisernen) Flagge so richtig unbeschwert genießen kann. Ein Hit, die »Amicizia«!

452
Wo? Riva del Garda (78 m) liegt am oberen Ende des Gardasees.
Ausgangspunkt An der Hauptstraße Richtung Bréscia, hinter der Altstadt. Parkmöglichkeit längs der Straße.
Wegverlauf Riva – Capanna Barbara (560 m) – »Via dell'Amicizia« – Cima SAT – »Sentèr dei Crazedei« – San Giovanni – Riva.
Gehzeiten Insgesamt 6¼ Std.; Riva – Capanna Barbara 1½ Std., »Via dell'Amicizia« – Cima SAT 2½ Std., Abstieg 2¼ Std.
Hütte Capanna Barbara (560 m), Sommerwirtschaft, aber keine Nächtigung.
Orientierung Problemlos; CAI-Wegnummern 404, 404bis, 418, 402.
Einstufung Mittel, abschnittweise sehr exponiert.

453 Sentiero del Colodri
Il Colodri, 400 m

Mittel

Arco, daß heißt heute vor allem: senkrecht, mindestens! In den Sonnenfelsen über der Sarca tummelt sich an den mit Bohrhaken abgesicherten Routen die Crème der europäischen Kletterszene, in Wettkämpfen wird dann ausgemacht, wer die beste Technik, den längsten Schnauf und die kräftigsten Fingermuskeln besitzt. Bei so viel Können und KönnerInnen geniert man sich fast, über den »Sentiero del Colodri« hinaufzukraxeln, am Drahtseil und mit Hilfe künstlicher Tritte. Ursprünglich war die kleine Ferrata ja auch als bequemer Abstieg für die Climber gedacht, doch mittlerweile haben die Klettersteigler den »Sentiero attrezzato« für sich erobert. Und die nur wenig schwierige Kraxelei vermittelt auf jeden Fall packende Tiefblicke auf eine mediterrane Bilderbuchszenerie: Gardaseelandschaft.

Wo? Arco (86 m) liegt ein paar Kilometer nordöstlich von Riva an der Straße nach Trento.
Ausgangspunkt Campingplatz von Arco-Prabi, am rechten Sarca-Ufer; Zufahrt von der Straßenbrücke. Parkplatz.
Wegverlauf Prabi – »Sentiero del Colodri« – Laghèl – Arco – Prabi.
Gehzeiten Für die ganze Runde 2¼ Std. Man kann natürlich auch über die Ferrata absteigen.
Orientierung Problemlos, die Markierungen sind erst kürzlich erneuert worden.
Einstufung Mittel, gute gesichtert.

454 Sentiero dell'Anglone
Coste dell'Anglone, ca. 510 m

Leicht

Vogelschaubilder vom untersten Sarcatal und ein paar (ganz leichte) gesicherte Passagen bietet diese Runde zwischen Dro und Cengia. Auf- und Abstieg sind gesichert, letzterer weist eine originelle Passage im Rücken eines abgespaltenen Felsens auf, mit zwei Leitern gangbar gemacht.

Wo? Dro (123 m) liegt 5 km nördlich von Arco etwas abseits der Hauptstraße nach Trento.
Ausgangspunkt Jenseits der Sarca, beim (ehemaligen) Albergo »Al Ponte«. Hier Parkmöglichkeit.
Wegverlauf Dro – Coste dell'Anglone – Höhenweg – Cengia – Dro.
Gehzeiten Für die Runde 3 Std.
Orientierung Gut markierte Wege; CAI-Nummern 425, 428bis, 428. Kurz vor Beginn des Abstiegs darf man einen scharfen Rechtsknick des Weges nicht übersehen.
Einstufung Leicht, auch mit Kindern.

455 Ferrata Rio Sallagoni
Castel Drena, ca. 390 m

Schwierig

Kurz und knackig: der neue Klettersteig durch die malerisch-verwunschene Klamm des Rio Sallagoni: ideal zum Training oder als Ausweichziel (wenn die Sonne mal nicht scheint am Gardasee).

Wo? Nicht zu übersehen ist das Schloß Drena, das im unteren Sarcatal auf einem markanten Felssporn thront, Zufahrt von Dro.
Ausgangspunkt An der Straße von Dro nach Castel Drena und Cavedine. Bald nach Beginn der Steigung rechts Abzweigung einer Schotterstraße, Hinweistafel und Parkmöglichkeit.
Wegverlauf Aufstieg durch die Klamm, Abstieg abseits der Straßenschleifen.
Gehzeit Für die ganze Runde 1½ bis 2 Std.
Orientierung Markierte Steige.
Einstufung Schwierig, aber nur kurz.

456 Via ferrata Ernesto »Che« Guevara

Monte Casale, 1632 m

Mittel

Da müssen schon ein paar Superlative her: der neueste, längste, trockenste(!) und schönste Klettersteig der Gardasee-Region. Wer ist nicht schon vorbeigefahren an der riesigen Mauer, auf dem Weg zum Gardasee, oder hat von der »Pisetta« hinüber- und hinaufgeguckt zu dem Steilprofil, das fast ansatzlos aus dem Talboden aufsteigt, erst steil, dann senkrecht bis zum Kreuz und zur Gipfelwiese mit Fußballfeld-Ausmaßen? Pietramurata heißt das Dorf am Fuß des Monte Casale: »Steinwand«, und das stimmt ganz genau. Wer zu lange hinaufschaut, dem droht nicht nur Genickstarre, der handelt sich auch leicht ein etwas flaues Gefühl in der Magengegend ein. Zu Unrecht. Der Aufstieg ist, bedingt durch den gewaltigen Höhenunterschied des Klettersteigs, zwar sehr anstrengend, aber nur mäßig schwierig, mit viel Geschick in das Steilgelände trassiert und bestens gesichert: eine »Super-Ferrata«! Super ist auch das Gipfelpanorama, vom Alpenhauptkamm zum Alpenrand reichend.

Wo? Pietramurata (254 m) liegt an der Straße Riva – Trento, 13 km nördlich von Arco.

Ausgangspunkt Am nördlichen Ortsende. Parkmöglichkeit an der Strada Statale, gegenüber einer großen Autowerkstatt.

Wegverlauf Pietramurata – »Ferrata Che Guevara« – Monte Casale – Sarche (259 m) – Pietramurata.

Gehzeiten Insgesamt 7½ Std.; »Ferrata Che Guevara« – Monte Casale 5 Std., Abstieg nach Pietramurata etwa 2½ Std. Vom Busòn durchgehend mit Drahtseilen gesichert. Der bewaldete Steilhang ist bei Nässe aber trotzdem unangenehm bis gefährlich; Ausstieg über eine Leiter, dann Weglein, zuletzt Schotterstraße.
Der Abstieg nördlich nach Sarche weist gleich zu Beginn eine höchst unangenehm rutschige Passage auf, CAI-Markierung 427, bis Pietramurata etwa 3¼ Std.

Hütte Rif. Monte Casale »Don Zio« (1610 m).

Orientierung Leicht, vom Gipfel auf dem Kammweg südlich leicht bergab bis zum Busòn, hier Hinweistafel.

Einstufung Mittel, aber nur mit guter Kondition. Kernstück der Route, etwa 600 Höhenmeter, durchgehend mit Fixseilen und Klammern gesichert. Genug Wasser mitnehmen, unterwegs gibt's nur Sonne und Steine!

457 Via attrezzata Rino Pisetta

Dain Picol (Monte Garzolè), 971 m

Extrem schwierig

Neben dem Dain Alt (Monte Casale, 1632 m) wirkt der Dain Picol ja recht mickrig, trotz seiner senkrechten Felsstirn, doch ausgefuchste Klettersteigler wissen Bescheid: Die »Pisetta«, 1982 angelegt, ist längst ein Klassiker, den man einfach gemacht haben muß. Keine andere Route am Gardasee stellt vergleichbare Anforderungen. Immerhin, ohne die durchlaufenden Fixseile müßte man hier im V. Grad klettern, und das bei größter Ausgesetztheit. Etwas Klettertechnik oder ein starker Bizeps werden auch auf der Ferrata verlangt, und die »Luft unterm Hintern« ist ohnehin nicht weniger geworden. Die Einstiegswand trennt auch rasch die Spreu vom Weizen, und wer hier Probleme hat, sollte die Einladung zu einem geordneten Rückzug (»Rientro d'emergenza«) nicht ausschlagen. Könnern allerdings bietet die »Pisetta« ein Steilwanderlebnis, das man nicht so rasch vergißt.

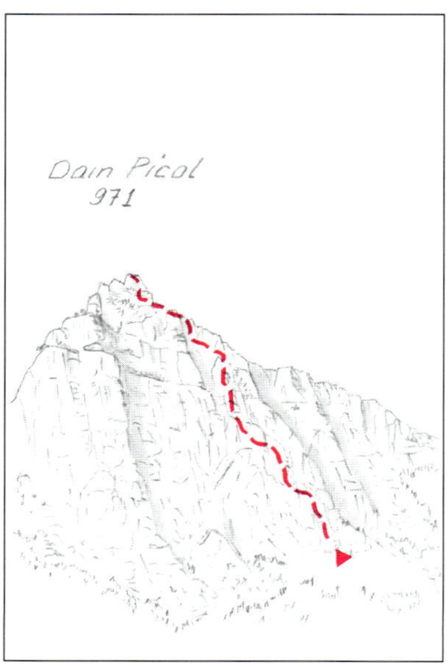

Wo? Sarche (259 m) liegt an der Straße zum Gardasee, 19 km von Trento, 22 km von Riva del Garda.

Ausgangspunkt An der großen Straßenkreuzung im Ort. Schautafel, Parkmöglichkeit.

Wegverlauf Sarche – »Via Pisetta« – Dain Picol – Ranzo (746 m) – Val Busa – Sarche.

Gehzeiten Insgesamt 5 Std.; »Via Pisetta« – Dain Picol 3 Std., Abstieg 2 Std.

Einstufung Extrem schwierig, keine Tritt- oder Griffeisen.

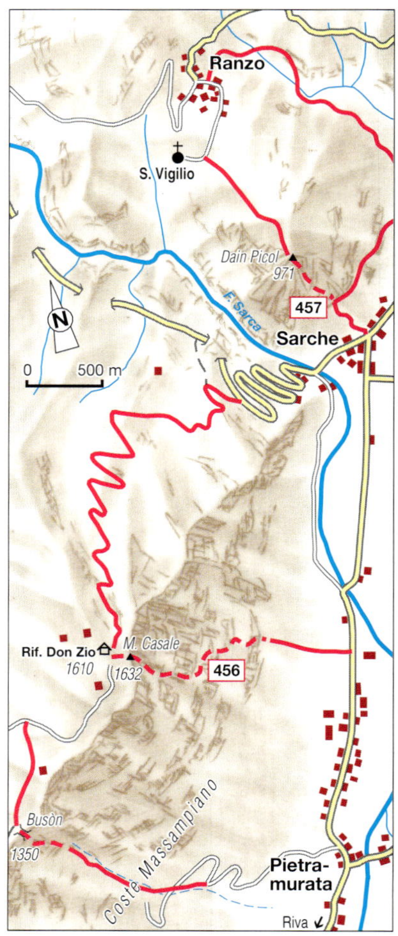

458 Sentiero Gustavo Vidi

Pietra-Grande-Südgrat, 2663 m

Leicht

Der kleine Klettersteig an der Pietra Grande ist, dieser Vergleich sei erlaubt, ein hübsches »Amusegueule«, appetitanregend vor den echten, großen Delikatessen: der »Via delle Bocchette«. Auch hier ein paar Leitern, horizontal verlaufende Bänder, Tief- und Fernblicke, nur halt alles mindestens ein Nummer kleiner. Macht trotzdem Appetit ... Und wer nach Norden schaut, nicht ins Herz der Brenta, hat die ganz große Tour gleich vor sich: den »Sentiero Costanzi« (459).

Wo? Der berühmte Touristenort Madonna di Campiglio (1522 m) liegt zwischen dem Presanellamassiv im Westen und der Brentagruppe im Osten. Anfahrt über die Strada Statale No. 239, 22 km von Malè im Val di Sole. Seilschwebebahn zum Passo del Grostè, Talstation oberhalb der Siedlung Richtung Campo Carlo Magno.

Ausgangspunkt Bergstation (2437 m) der Seilschwebebahn am Passo del Grostè (2446 m).

Wegverlauf Passo del Grostè – »Sentiero Vidi« – Rif. Graffer (2261 m) – Passo del Grostè.

Gehzeiten Für die kleine Runde 2¾ Std.

Hinweis Ohne Seilbahnbenützung erhöht sich die Gehzeit natürlich erheblich; von der Talstation kann man auf einem Sträßchen bis zum Parkplatz Pozza Vecchia (ca. 1780 m) fahren, 3 km.

Hütte Rif. Graffer (2261 m) unterhalb des Passo del Grostè.

Orientierung Leicht, Steige gut bezeichnet; CAI-Nummern 390, 336, 301.

Einstufung Leicht, einige Drahtseile, kurze Leitern.

459 Sentiero Claudio Costanzi

Cima Sassara, 2892 m

Mittel

Brentazauber ohne Brentarummel. Auf diese einfache Formel läßt sich das Erlebnis »Costanzi-Weg« bringen. Wenn die zentrale Brenta ihr obligates Augusthoch durchlebt, es auf den Hütten voll und an den Wegen nur selten ruhig ist, freut man sich am »Sentiero Costanzi« über jede Begegnung. Die meiste Zeit ist man ohnehin allein auf der großartigen Route, die, sparsam gesichert, in ständigem Auf und Ab über Gipfel und Scharten am Nordkamm der Brenta läuft, teilweise dem Grat folgend, dann wieder in die steilen, schrofigen Flanken ausweichend. Ein Weg, logisch angelegt, mit einem Minimum an Eisen und einem Höchstmaß an Landschaftsgenuß – einfach Klasse! Gut 8 Stunden lang ist man unterwegs vom Passo del Grostè bis zum Passo di Prà Castron (2505 m), wo man sich dann entscheiden muß: hinab (und zurück nach Madonna di Campiglio) oder weiter am Kamm entlang zum Rifugio Peller.

Wo? Der berühmte Touristenort Madonna di Campiglio (1522 m) liegt zwischen dem Presanella-Massiv im Westen und der Brentagruppe im Osten. Anfahrt über die Strada Statale No. 239, 22 km von Malè im Val di Sole, 31 km von Tione di Trento. Seilschwebebahn zum Passo del Grostè, Talstation etwas oberhalb der Siedlung Richtung Campo Carlo Magno.

Ausgangspunkt Bergstation (2437 m) der Seilschwebebahn am Passo del Grostè (2446 m).

Wegverlauf Passo del Grostè – »Sentiero Vidi« – Bocchetta dei Tre Sassi (2613 m) – »Sentiero Costanzi« – Passo di Prà Castron (2505 m) – Rif. Peller (1990 m) bzw. Campo Carlo Magno (1683 m).

Gehzeiten Insgesamt 11¼ bzw. 12½ Std.; Passo del Grostè – Bocchetta dei Tre Sassi 2¾ Std., Bocchetta dei Tre Sassi – Cima Sassara 2 Std., Cima Sassara – Cima Rocca (2830 m) – Passo di Prà Castron 3½ Std., Weiterweg zum Rif. Peller 3 Std., Abstieg und Rückweg nach Campo Carlo Magno 4¼ Std.

Hütten Biv. Bonvecchio (2780 m) an der Cima Sassara, stets zugänglich. Biv. Prà Castron (2365 m) nordwestlich des gleichnamigen Passes, stets zugänglich. Rif. Peller (1990 m).

Hinweis Rückweg zum Passo del Grostè auch über den »Sentiero delle Palete« möglich; siehe 460.

Orientierung Nicht ganz einfach, gut auf Markierungen achten, auch am Rückweg im Bereich der ehemaligen Malga Scale (1563 m). CAI-Nummern 390, 336, 329, 355.

Einstufung Mittel. Nur für gute Bergsteiger, viele (ungesicherte) Stellen I–II.

460 Sentiero delle Palete

Passo delle Palete, 2317 m

Leicht

Nicht oben am Kamm, sondern eine Etage tiefer, in der Ostflanke der Brenta Settentrionale, verläuft der »Sentiero delle Palete«, vom Passo del Grostè (2446 m) bis zum Passo di Prà Castron (2505 m) immerhin auch 7½ Stunden lang. Noch so ein stiller Pfad in einer großen Gebirgskulisse, mehr Wanderweg als Klettersteig. Gesichert sind etwa 100 Höhenmeter in den Ausläufern des Gran de Formenton, vom Val delle Giare hinauf zur Palete-Scharte. Der Rest: Wander-Wunderland Brenta. Und in Verbindung mit dem »Sentiero Costanzi« ergibt sich eine ebenso große wie großartige Zwei-Tage-Runde.

Die berühmten Brentanebel ...

Wegverlauf Passo del Grostè (2446 m) – Val delle Giare (ca. 2150 m) – Passo delle Palete – Livezza Grande (2187 m) – Campo Tuenno (2054 m) – Passo di Prà Castron (2505 m).

Gehzeit 7½ Std.

Hinweis Vor allem in Verbindung mit dem »Sentiero Costanzi« von Interesse, siehe 459.

Orientierung Leicht, gut markierter Weg; CAI-Nummer 306, zuletzt 310.

Einstufung Leicht.

461 Sentiero Alfredo Benini
462 Sentiero delle Bocchette Alte
463 Sentiero delle Bocchette Centrali

Passo del Grostè – Bocca di Brenta

Leicht/Mittel

Der Traumpfad schlechthin, in den Alpen ohne Gegenstück: die »Via delle Bocchette«, mehr als zehntausend Laufmeter über die legendären Felsbänder der Brenta, von Scharte zu Schärtchen (= Bocchette), an schwindelnden Abgründen entlang, über solide Leitern hinauf oder hinab zur nächsten Promenade, mit großer Aussicht und Einblicken in die verstecktesten Felswinkel der aus Hauptdolomit aufgebauten Gebirgsgruppe. Da ist der Weg das Ziel, die Gipfel sind nur (großartige) Kulisse. Immerhin, zwei von ihnen lassen sich verhältnismäßig leicht von der »Via delle Bocchette« aus besteigen: die Cima Falkner (2988 m) und die Cima Brenta (3151 m), nach der Cima Tosa (3173 m) zweithöchster Punkt des Gebirges.

Die »Via«, in den dreißiger Jahren begonnen, 1972 vollendet, setzt sich aus drei großen Teilstücken zusammen: dem »Sentiero Benini«, der vom Grostè-Paß in die Bocca di Tuckett führt, dann dem »Sentiero delle Bocchette Alte«, dem eigentlichen Kernstück, an der Cima Brenta bis über die 3000-Meter-Höhenkote ansteigend, und schließlich dem »Sentiero delle Bocchette Centrale«, dem ältesten Abschnitt, (fast) jedem Bergsteiger von Kalenderbildern bekannt. An der Bocca di Brenta (2549 m) läuft die »Via« aus. Drahtseile sichern den Weg auf Bändern, steile Auf- und Abstiege sind durch solide Leitern entschärft. »Benini« und »Centrale« dürfen sich schwindelfreie und trittsichere Bergwanderer durchaus zutrauen; mehr alpine Erfahrung verlangt der »Bocchette Alte«. Heikel sind vor allem die Querungen mehrerer Steilrinnen, oft bei beschädigten Sicherungen. Natürlich erlebt man diesen »Schaupfad« der besonderen Art nur selten allein, schon gar nicht im Hochsommer. Da sind auch die Hütten gelegentlich rappelvoll. Am schönsten ist die Brenta im Herbst, wenn die Rifugi bereits zugesperrt haben, die Massen abgezogen sind. Dann entfaltet sie ihren einzigartigen Zauber, im Tal verfärben sich die Lärchen, über den herbstlichen Nebeln ragen die Kalkzacken in den tiefblauen Himmel.

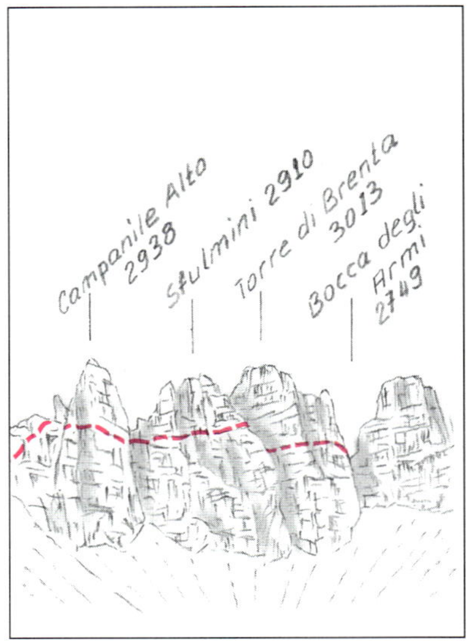

Die schönste »Aussichtspromenade« der Alpen: der »Bocchette-Weg«.

Wo? Der berühmte Touristenort Madonna di Campiglio (1522 m) liegt zwischen dem Presanellamassiv im Westen und der Brentagruppe im Osten. Anfahrt über die Strada Statale No. 239, 22 km von Malè im Val di Sole, 31 km von Tione di Trento. Seilschwebebahn zum Passo del Grostè, Talstation etwas oberhalb der Siedlung Richtung Campo Carlo Magno.

Ausgangspunkt Bergstation (2437 m) der Seilschwebebahn am Passo del Grostè (2446 m).

Wegverlauf »Sentiero Benini«: Passo del Grostè – Bocchetta dei Camosci (2774 m) – Bocca di Tuckett (2649 m). **»Sentiero delle Bocchette Alte«:** Bocca di Tuckett – Cengia Garbari (ca. 3020 m) – Bocchetta Bassa dei Massodi (2790 m) – Vedretta dei Sfúlmini. **»Sentiero delle Bocchette Centrale«:** Vedretta dei Sfúlmini – Bocca degli Armi (2749 m) – Bocchetta del Campanile Basso (2620 m) – Bocca di Brenta (2549 m).

Gehzeiten Insgesamt 11 Std.; »Sentiero Benini« 3½ Std., »Sentiero delle Bocchette Alte« 5 Std., »Sentiero delle Bocchette Centrale« 2½ Std.

Hinweise Wer gut drauf ist, kann die einzelnen Teilstrecken der »Via delle Bocchette« auch vom Tal aus machen, Aufstieg ab Rif. Vallesinella jeweils etwa 3½ bis 4 Std. Nach dem 20. September sind die Hütten ohnehin geschlossen (siehe oben).

Hütten im Bereich der »Via delle Bocchette«: Rif. Tuckett (2272 m), Tel. (0465) 41226. Rif. Alimonta (2591 m), Tel. (0465) 40366. Rif. Pedrotti (2483 m), Tel. (0461) 948115. Rif. Tosa (2442 m). Alle Hütten sind vom 20. Juni bis 20. September bewirtschaftet.

Orientierung Bei gutem Wetter problemlos; die Wege sind ordentlich bezeichnet. Nebel (in der Brenta sehr häufig) kann allerdings die Orientierung erschweren, auch auf den kleinen Gletschern. CAI-Nummer 305.

Einstufung »Sentiero Benini« und »Sentiero delle Bocchette Centrale« leicht, »Sentiero delle Bocchette Alte« mittel. Für die Zustiege können im Spätsommer Steigeisen nützlich sein, ebenso auf dem »Bocchette Alte« (Steilrinnen). Sind die Seilsicherungen in diesen Rinnen beschädigt (was öfter vorkommt), ist man um ein kurzes Seil froh.

464 Sentiero SOSAT
Rifugio Tuckett – Rifugio Brentei

Leicht

Ist der Steig über die »Hohen Scharten« (Bocchette alte) unpassierbar (Schnee, Eis), kann man auf den »Sentiero SOSAT« ausweichen, eine leichtere, aber durchaus reizvolle Alternativstrecke. Sie läuft in einem weiten Bogen um den mächtigen Bergstock der Cima Brenta herum, auf Bändern und über Geröllhänge. Kernstück der Route ist eine Schlucht, die man mit Hilfe von Drahtseilen und ein paar Leitern ab- und wieder ansteigend passiert.

... und natürlich die Leitern. Hier am »Sentiero SOSAT«.

Wegverlauf Rif. Tuckett (2272 m) – »Sentiero SOSAT« – Rif. Brentei/Rif. Alimonta.
Gehzeiten Zum Rif. Brentei 2¾ Std., zum Rif. Alimonta 3 Std.
Orientierung Problemlos.
Einstufung Leicht, mit Drahtseilen und Leitern (darunter einer langen, senkrechten Leiter) gesichert.

465 Sentiero Oliva Detassis
Bocchetta Bassa dei Massodi, 2790 m

Mittel

Etwas für angehende Feuerwehrler: Sie können an den senkrechten Leitern des »Detassis-Weges« ihre Eignung für luftige Einsätze testen, kostenlos. Den einen oder andern mag es aber immerhin etwas Überwindung kosten, die gut hundert Meter hohe Mauer anzugehen, und an der »Scala degli Dei« – leicht überhängend – zieht der Rucksack bereits schwer nach außen. Auf der Bocchetta Bassa dei Massodi (2790 m) endet der luftige Spaß, stößt man auf den »Sentiero delle Bocchette Alte«: links oder rechts, hinauf oder hinab?

Wo? Der berühmte Touristenort Madonna di Campiglio (1522 m) liegt zwischen dem Presanellamassiv im Westen und der Brentagruppe im Osten. Anfahrt über die Strada Statale No. 239, 22 km von Malè im Val di Sole, 31 km von Tione di Trento.
Ausgangspunkt Rif. Vallesinella (1513 m), Zufahrt von Madonna di Campiglio 4 km. Parkplatz (im Juli/August oft mehr Parknot).
Wegverlauf Rif. Vallesinella – Rif. Brentei (2182 m) – »Sentiero Detassis« – Bocchetta Bassa dei Massodi.
Gehzeiten Rif. Vallesinella – Rif. Brentei 2¼ Std., Rif. Brentei – Bocchetta Bassa dei Massodi 2 Std.
Hinweis Man wird den »Sentiero Detassis« meistens zusammen mit dem »Sentiero delle Bocchette Alte« begehen, siehe 462.
Hütten Rif. Brentei (2182 m), Rif. Alimonta (2591 m), 10 Min. vom Zustieg zum »Sentiero Detassis«.
Orientierung Problemlos: immer aufwärts, den Leitern nach!
Einstufung Mittel, aber maximal exponiert.

466 Sentiero Brentari
467 Sentiero dell'Ideale
Rif. Brentari – Rif. XII Apostoli

Mittel

Nicht ganz so spektakulär wie die Steige der zentralen Brenta, dafür von ernsthochalpinem Charakter sind die beiden Wege »Ideale« und Brentari«, die das Rifugio Pedrotti über drei Scharten (Bocchette) mit dem Rifugio XII Apostoli (2487 m) verbinden. Längere gesicherte Passagen gibt es nur im Bereich der Sella della Tosa (2859 m); dafür läuft die Spur mehrfach über Firn und Eis. Vom kleinen Ambiez-Gletscher kann man südlich zum Rifugio Agostini (2410 m) absteigen, um die Brenta-Tour auf den Leitern des »Castiglioni-Weges« (siehe 468) fortzusetzen.

Ausgangspunkt/Zustiege Siehe 461 bis 465.
Wegverlauf Rif. Pedrotti – Sella della Tosa – Ambiez-Gletscher – Bocca d'Ambiez (2871 m) – Bocca dei Camosci (2784 m) – Rif. XII Apostoli (2487 m).
Gehzeiten Insgesamt 3½ Std.; Rif. Pedrotti – Sella della Tosa 1½ Std., Sella della Tosa – Bocca d'Ambiez 1 Std., Bocca d'Ambiez – Rif. XII Apostoli 1 Std.
Hütten Rif. Pedrotti (2483 m) und Rif. Tosa (2442 m) an der Bocca di Brenta; Rif. XII Apostoli (2487 m).
Orientierung Bei guten Verhältnissen problemlos; CAI-Nummer 304.
Einstufung Mittel. Nur für gut ausgerüstete, hochalpin erfahrene Bergsteiger (Steigeisen, Pickel).

468 Sentiero Ettore Castiglioni
Bocca dei Due Denti, 2859 m

Mittel

Bei Klettersteiglern ist der »Castiglioni-Weg« natürlich beliebter als die hochalpine Bocchette-Originalroute »Ideale-Brentari«, vor allem wohl deshalb, weil er ungleich mehr Eisen bietet. Die langen Feuerwehrleitern, über die man von der Agostini-Hütte zur »Scharte der zwei Zähne« hinaufturnt, sind so richtig nach dem Geschmack der »Eisen-Freaks«. Manche empfinden sie allerdings eher als Relikt aus einer Zeit, in der alpenweit heftig »geschlossert« wurde – auch bei den Kletterern ... In aller Regel ist der »Sentiero Castiglioni« spektakulärer Schlußpunkt der »Via delle Bocchette«.

Wegverlauf Rif. Agostini – »Sentiero Castiglioni« – Bocca dei Due Denti – Rif. XII Apostoli

Gehzeiten Insgesamt 2¾ Std.; Rif. Agostini – Bocca dei Due Denti 1¾ Std., Abstieg zum Rif. XII Apostoli 1 Std.

Hütten Rif. Agostini (2410 m) im innersten Val d'Ambiez, Rif. XII Apostoli (2487 m).

Orientierung Problemlos; CAI-Weg 321.

Einstufung Mittel, sehr luftig. Steinschlaggefahr durch Voraussteigende (Helm).

469 Sentieri Bozzetto
Monte Zeledria, 2426 m

Leicht

Dunkler Granit statt heller Kalk. Madonna di Campiglio bietet beides, im seenreichen Presanella-Massiv jetzt sogar eine Ferrata, natürlich nicht so spektakulär wie die berühmten Bänder- und Leiternwege drüben in der Brenta. Aber gerade der Kontrast zu den Dolomiten macht den Reiz der »Sentieri Bozzetto« aus. Hinter dem Monte Zeledria kann man wahlweise nach Norden zu den Tre Laghi (2557 m) bzw. zum Lago Scuro (2160 m) absteigen oder die Gratüberschreitung bis unter den Monte Nambino (2678 m) fortsetzen und dann südlich zum Lago Seròdoli (2370 m) und hinab nach Madonna di Campiglio wandern.

Wo? Der berühmte Touristenort Madonna di Campiglio (1522 m) liegt zwischen den Presanella-Bergen im Westen und der Brentagruppe im Osten. Anfahrt über die Strada Statale No. 239, 22 km von Malè, 31 km von Tione di Trento. Seilbahn Pradalago.

Ausgangspunkt Bergstation der »Funivia Pradalago« unweit vom Rif. Agostini (2085 m).

Wegverlauf Seilbahnstation – »Sentiero Bozzetto« (Ostgrat) – Monte Zeledria – Westgrat – Lago Seròdoli – Lago Nambino – Madonna di Campiglio.

Gehzeiten Insgesamt 4¾ Std.; »Sentiero Bozzetto« – Monte Zeledria 1 Std., Monte Zeledria – Lago Seròdoli 2 Std., Abstieg nach Madonna di Campiglio 1¾ Std.

Hinweis Für die (Alternativ-)Runde über die Tre Lagi und den Lago Scuro muß man mit einer Gesamtgehzeit von etwa 3 Std. rechnen, sie läßt sich auch noch um die Schleife über den Lago Malghette (1890 m) erweitern.

Hütte Rif. Agostini (2085 m).

Orientierung Problemlos, rote Markierungen.

Einstufung Leicht, Drahtseile und einige Leitern.

470 Tovel-Waalwege
Val di Tovel, ca. 750 m

Leicht

Nicht bloß in Südtirol und im Wallis gibt es Waale, künstlich angelegte, oft in steilstes Gelände trassierte Wasserläufe. Auch im Nonstal kennt man diese Art der Bewässerung; ein besonders schönes Beispiel ist der fast 6 Kilometer lange Sanzeno-Waal. Oberhalb von San Romedio wurde er aus einer leicht überhängenden Felswand geschlagen – eine absolute Gänsehaut-Passage! Entschieden gemütlicher, auch durch ein Seilgeländer bestens gesichert ist der Tuenno-Waal, der das kostbare Naß aus dem Toveltal auf die Apfelhaine oberhalb von Tuenno leitet. Luftig allerdings auch er, in Verbindung mit dem Terres-Waal an der gegenüberliegenden Talflanke ergibt sich eine reizvolle Runde: gesicherte Wege der besonderen Art.

Wo? Ins Nonstal – die »Apfelkiste« des Trentino – kommt man aus dem Etschtal über den Mendelpaß (1363 m) oder von Mezzolombardo herauf.

Ausgangspunkt Tuenno (645 m) liegt unmittelbar am Eingang ins Val di Tovel, ab Bozen gut 50 km, ab Mezzolombardo 20 km.

Wegverlauf Tuenno – Tuenno-Waal – Val di Tovel – Terres-Waal – Terres.

Gehzeit Tuenno – Val di Tovel – Terres 4 Std., mit Rückweg nach Tuenno knapp 5 Std.

Orientierung Unmarkierte Wege, zum Tuenno-Waal durch Apfelhaine aufwärts. Ein Gitter sperrt den Waalweg ab (was aber niemand abschreckt). Einstieg zum Terres-Waal nicht leicht zu finden: auf der Talstraße etwa 5 Min. abwärts zu einem Picknickplatz.

Einstufung Leicht, Tuenno-Waal teilweise sehr ausgesetzt, aber mit solidem Seilgeländer; am Terres-Waal (nicht mehr in Betrieb) zwei Passagen, die Schwindelfreiheit und einen sicheren Tritt verlangen.

Am Tuenno-Waal, im Hintergrund Brentagipfel.

471 Sentiero dei Fiori
Corno di Lago Scuro, 3166 m

Mittel

Mitten in die Hochgebirgsregion von Adamello-Presanella führt der »Blumenweg«. Allerdings wird man hier vergeblich nach den kleinen, bunten Schönheiten der Berge Ausschau halten, verläuft der rekonstruierte Kriegsweg doch in Höhen zwischen 2900 und fast 3200 Metern: Eis und Fels rundum, nur der Blick hinaus ins Val Camonica und ins Val di Sole bringt etwas Grün in die von dunklem Tonalitfels und weißem Firn geprägte Szenerie. Die Route ist ordentlich gesichert, eine verfallene Brücke wurde durch eine massive Eisenkonstruktion ersetzt, ein längerer Tunnel ausgeräumt. Knapp unter dem Gipfel des Corno di Lago Scuro steht das Bivacco Amici della Montagna. Großartig die Rundschau mit den eisumwallten Tonalitgipfeln des Adamellomassivs als Blickfang. Einen wenig ansprechenden Kontrast setzen die Liftanlagen und Zweckbauten rund um das (Sommer-)Skigebiet in die erhaben-hochalpine Landschaft. Ein Tip: Man kann den »Sentiero dei Fiori« auch von Ponte di Legno (1257 m) aus angehen: Zufahrt bis zu den Häusern von Sozzine (1318 m), Aufstieg zum Passo del Castellaccio (2963 m; Mark. 44), Abstieg aus dem Passo di Lago Scuro (2970 m) westlich ins Valle Narcanello (Mark. 42): 2000 Steigungsmeter, gut 11 Stunden. Ganz schön weit, aber am Corno di Lago Scuro steht ja eine Biwakschachtel …

Wo? Der Passo del Tonale (1883 m) verbindet die großen Täler von Camonica und Sole, 41 km von Malè, 30 km von Edolo. Skistation; Seilschwebebahn zum Passo del Paradiso.
Ausgangspunkt Bergstation der Seilschwebebahn (2573 m).
Wegverlauf Passo del Paradiso – Passo del Castellaccio (2963 m) – »Sentiero dei Fiori« – Corno di Lago Scuro.
Gehzeiten Insgesamt 4½ Std.; Passo del Paradiso – Passo del Castellaccio 1½ Std., »Sentiero dei Fiori« 1½ Std., Abstieg auf dem gleichen Weg 1½ Std.
Hinweis Alternative Abstiegsmöglichkeit unmittelbar vor dem Tunnel rechts über eine Geröllreiße.
Orientierung Aufstieg zum Passo del Castellaccio schlecht markiert, Weiterweg dann nicht mehr zu verfehlen.
Einstufung Mittel; bei Vereisung ist von einer Begehung dringend abzuraten!

472 Sentiero dell'Albiolo
Cima dell'Albiolino, 2949 m

Mittel

Wie drüben am Passo del Paradiso (siehe »Sentiero dei Fiori«) stößt man auch nördlich des Tonalepasses allenthalben auf Spuren des Ersten Weltkrieges. Damals war auch die Punta dell'Albiolo (2969 m) als strategisch wichtiger Gipfel stark befestigt. Der »Sentiero dell'Albiolo« folgt alten Militärwegen durch die felsigen Flanken des fast 3000 Meter hohen Massivs; alle ausgesetzten Passagen sind mit Drahtseilen gesichert. Die Runde über dem Val di Viso vermittelt vielfältige Eindrücke; faszinierend die überhängende Wand des Albiolino, umfassend die Schau auf Ortler-Cevedale und Adamello-Presanella. Und etwas tiefer in den Bergwiesen blüht es während des Frühsommers farbenprächtig.

Wo? Talort für die Tour am Albiolo-Stock ist Ponte di Legno (1257 m), winziges Städtchen im obersten Val Camonica. Von Malè über den Tonalepaß 40 km.
Ausgangspunkt Case di Viso (1754 m), Almsiedlung im Val di Viso; Zufahrt von Ponte di Legno über Pezzo (1565 m) 8 km.
Wegverlauf Case di Viso – Rif. Bozzi (2478 m) – Forcellina di Montozzo (2613 m) – »Sentiero dell'Albiolo« – Cima dell'Albiolino – Passo dei Contrabbandieri (2681 m) – Rifugio Bozzi – Case di Viso.
Gehzeiten Insgesamt 7¼ Std.; Case di Viso – Rif. Bozzi – Forcellina di Montozzo 2½ Std., »Sentiero dell'Albiolo« – Passo dei Contrabbandieri 3 Std., Abstieg über das Rif. Bozzi 1¾ Std.
Orientierung Markierte Steige.
Einstufung Mittel.

473 Sentiero Cascate
Valle Gaina, ca. 400 m

Mittel

Ein Klettersteig im Hinterland von Brescia, fast schon in Stadtnähe? Markante Kletterzacken gibt's da zwar keine, aber einen kleinen Canyon. Ein gesicherter Steig erschließt die romantische Klamm; man wandert und kraxelt am Bach entlang, mal links, dann wieder rechts des Wassers, das über mehrere Kaskaden (= cascate) herabgischtet. Daran haben natürlich vor allem Kinder (auch große!) ihre helle Freude. Ketten, Holzstufen und Metalleitern sichern die Route, der bequeme Rückweg sorgt für einen beschaulichen Ausklang der Runde.

Wo? Monticelli Brusati (263 m) liegt im Nordwesten von Brescia; Anfahrt über die Schnellstraße zum Lago d'Iseo (Ausfahrt »Camignone).
Ausgangspunkt Parkplatz bei einer großen Fabrik.
Wegverlauf Monticelli Brusati – Gaina – »Sentiero Cascate« – Valle Gaina – Rückweg – Gaina – Monticelli Brusati.
Gehzeit Für die ganze Runde 2 bis 3 Std.
Tip Die Klammwanderung läßt sich gut mit einem Besuch der Stadt Brescia verbinden. Ihre kleine Città Vecchia ist nicht ohne Charme; sie birgt zudem einige beachtenswerte historische Bauten, allen voran den Duomo Vecchio (Rotundo) aus romanischer Zeit.
Orientierung Gut markiert; Wegzeiger mit »SC«, Klettersteig »per esperti«. Rückweg über Variante »B«.
Einstufung Mittel.

474 Punta Almana, Sentiero attrezzato

Punta Almana, 1390 m

Leicht

Die Punta Almana gehört zu den schönsten Aussichtswarten der Brescianer Voralpen; Blickfang in der stimmungsvollen Rundschau ist der Lago d'Iseo mit seinem Inselberg. Ein großes Felsabenteuer bietet die Halbtagsrunde allerdings nicht; immerhin sind oberhalb der Forcella di Sale einige Passagen am Aufstieg zur Punta Cabrera gesichert. Der Rest ist dann eine gemütliche Kammwanderung, im Frühling/Frühsommer durch ein Blumenmeer.

Wo? Der Lago d'Iseo (185 m) liegt am Südalpenrand, zwischen dem Comer See im Westen und dem Gardasee im Osten. Zufahrten u.a. von Bergamo und Bréscia.

Ausgangspunkt Von der Ostuferstraße führt ein Serpentinensträßchen hinauf zu den Rustici von Portole (560 m), Abzweigung bei Sale Marasino, 4,5 km.

Wegverlauf Portole – Forcella di Sale (1108 m) – Punta Cabrera (1294 m) – Punta Almana – Croce di Pezzolo (937 m) – Portole.

Gehzeiten Insgesamt 4¼ Std., Aufstieg 2¾ Std., Abstieg 1½ Std.

Orientierung Ordentlich markierte Wege, Überschreitung der Punta Almana ist als Teilstück des »Sentiero delle Tre Valli« blau-weiß bezeichnet.

Einstufung Leicht, im Anstieg zur Punta Cabrera Drahtseilsicherungen.

475 Sentiero della Porta

Monte Visolo, 2369 m

Mittel

Auf der letzten seiner sieben Etappen traversiert der »Sentiero delle Orobie« das Presolana-Massiv. Der Hauptgipfel des markanten Kalkstocks wird dabei östlich umgangen; die Route überquert den Bergstock am Monte Visolo, einem unbedeutenden Nebengipfel, und steigt dann südlich ab zum Giogo della Presolana. Insgesamt eine sehr abwechslungsreiche Tour, die man aber nicht zu früh im Jahr angehen sollte, halten sich in den schattigen Winkeln auf der Nordseite des Pizzo della Presolana (2521 m) Schneereste bis weit in den Sommer hinein. Den Auftakt zur Ferrata macht eine steile Leiternserie; insgesamt ist der »Sentiero della Porta« mit über 500 Meter Drahtseil, mit vielen Eisenbügeln und mehreren Eisenleitern gesichert, ganz im Stil der sechziger Jahre.

Wo? Das Giogo della Presolana (1297 m) verbindet die Täler von Seriana und Scalve, ab Clusone 15 km. Das Dörfchen Cólere (1017 m) liegt im Rücken des Presolana-Stocks, 9 km vom Giogo della Presolana. Sessellifte Plan del Sole – Cima Bianca (2165 m); nur im August täglich in Betrieb.

Ausgangspunkt Cólere (1017 m) oder Bergstation der Lifte (2165 m).

Wegverlauf Cima Bianca (Liftstation, 2165 m) – Rif. Albani (1939 m) – Colle della Guaita (1907 m) – »Sentiero della Porta« – Passo della Porta (2230 m) – Monte Visolo – Giogo della Presolana.

Gehzeiten Insgesamt 6¼ Std.; Cima Bianca – Rif. Albani 1 Std., Rif. Albani – »Sentiero della Porta« – Monte Visolo 3¼ Std., Abstieg zum Giogo della Presolana 2 Std.

Hinweise Von Cólere steigt man in 2½ Std. zum Colle della Guaita auf, Markierung 402. – Busverbindung über das Giogo della Presolana.

Orientierung Leicht, der »Sentiero delle Orobie« ist bestens markiert; CAI-Nummern 401, 316.

Einstufung Mittel; im Frühsommer nur mit Steigeisen und Pickel!

476 Sentiero Antonio Curo

Passo di Demignone, 2485 m

Leicht

Der »sentiero naturalistico«, ein rund zwanzig Kilometer langer Höhenweg zwischen dem Passo del Vivione (1828 m) und dem Val Seriana, wurde 1987 eröffnet; er weist im Bereich des Monte Demignone (2584 m) einige gesicherte Passagen (Drahtseile) auf. Dieses Kernstück des Weges läßt sich gut in eine zwar lange, aber sehr abwechslungsreiche Runde einbeziehen, die ihren Ausgangspunkt auf der Nordseite des Bergamasker Hauptkamms hat, unweit vom Passo Áprica (1172 m). Das Pensum kann man auch auf zwei Tage verteilen, steht doch am Passo di Venano das Rifugio Tagliaferri.

Wo? Áprica (1172 m) ist ein Ferienort auf dem gleichnamigen Paß zwischen dem Veltlin und dem Val Camonica, je etwa 15 km von Édolo und Tirano.

Ausgangspunkt Palazzina Falk (1373 m), Stausee-Werksgebäude; Zufahrt von der Strecke Tirano – Áprica 6,5 km.

Wegverlauf Palazzina Falk – Lago Belviso (1485 m) – Passo del Venerocolo (2314 m) – Passo del Demignone – Passo del Vò (2368 m) – Passo di Venano (2328 m) – Lago Belviso – Palazzina Falk.

Gehzeiten Insgesamt 8½ Std.; Palazzina Falk – Passo del Venerocolo 3¾ Std., »Sentiero Curo« – Passo di Venano 2 Std., Abstieg zum Palazzina Falk 2¾ Std.

Hütte Rif. Tagliaferri (2298 m), bewirtschaftet Juli bis September; Tel. (0346)55355.

Orientierung Markierte Steige, Wegnummern 11, 416, 13, 12.

Einstufung Leicht, als Tagestour ziemlich anstrengend.

477 Pizzo Arera, gesicherter Steig

Pizzo Arera, 2512 m

Leicht

Aufgrund seiner isolierten Lage über den Tälern von Brembana und Seriana gilt der mächtige Bergstock als einer der schönsten Aussichtsgipfel der Bergamasker Alpen, dem weiter südlich stehenden Monte Alben (2019 m) noch überlegen. Berühmt ist der Arera auch für seine Flora; nicht zufällig gibt es hier einen »Sentiero dei Fiori«, gut markiert und vielbegangen. Ein beliebtes Tourenziel ist natürlich auch der Gipfel des Pizzo Arera. Zwei Anstiege sind markiert; der Nordwestgrat weist einige Kettensicherungen auf, einen sicheren Tritt verlangt auch der südseitige Abstieg (I). Länger, aber landschaftlich sehr reizvoll, sind die Wege von Norden, aus dem Valcanale herauf.

Wo? Eine ordentliche Straße führt vom Valle Seriana über den Colle di Zambla (1257 m) ins Valle Brembana, 15 km von Ponte Nossa zur Paßhöhe.
Ausgangspunkt Plassa-Arera (1169 m), Zufahrt vom Dörfchen Zambla (1091 m) knapp 5 km. Parkplatz bei der Talstation der Sessellifte (Betriebszeiten unsicher).
Wegverlauf Plassa-Arera – Rif. Cà d'Arera – Rif. Capanna 2000 – Nordwestgrat – Pizzo d'Arera – Südwestgrat – Rif. Capanna 2000 – Plassa-Arera.
Gehzeiten Insgesamt 7 Std.; Plassa-Arera – Rif. Capanna 2000 2¼ Std., Rif. Capanna 2000 – Pizzo Arera 2¼ Std., Abstieg 2½ Std.
Hütten Rif. Cà d'Arera (1613 m), Rif. Capanna 2000 an der Bergstation der Lifte (1980 m).
Orientierung Markierte Wege; CAI- Nr. 244, am Gipfel rot-gelbe Bezeichnungen.
Einstufung Leicht.

478 Pizzo del Becco, gesicherter Steig

Pizzo del Becco, 2507 m

Leicht

Ziemlich genau im Zentrum der immerhin über 3500 Quadratkilometer großen Bergamasker Alpen steht der Pizzo del Becco. Wer sich also einen ersten Eindruck von diesem ebenso riesigen wie (zumindest bei den deutschsprachigen Bergsteigern) unbekannten Gebirges verschaffen möchte, ist hier richtig: der Blick auf sechs Seen und ein Meer von Gipfeln lohnt den fünfstündigen Aufstieg allemal. Des Klettersteiges wegen braucht man den Umweg über Bergamo nicht zu machen, auch wenn die paar Drahtseile großspurig als »Via ferrata« angepriesen werden. Da gibt's drüben am Comer See interessantere Ziele!

Wo? Ins Valle Brembana kommt man von Bergamo auf der Strada Statale No. 470 über San Pellegrino Terme, den bekannten »Mineralwasser-Ort«. Man kann auch von oben »einsteigen«, über den Passo di San Marco (1985 m), 60 km von Morbegno im untersten Veltlin auf teilweise kurvenreicher Bergstrecke.
Ausgangspunkt Carona (1116 m), oberstes Dorf im Valle Brembana, 28 km von San Pellegrino Terme.
Wegverlauf Carona – Lago Marcio (1841 m) – Rif. Laghi Gemelli (1968 m) – Lago Colombo (2046 m) – Pizzo del Becco.
Gehzeiten Insgesamt 8 Std.; Carona – Rif. Gemelli 2¾ Std., Rif. Laghi Gemelli – Pizzo del Becco 2¼Std., Abstieg auf dem gleichen Weg 3 Std.
Hinweis Man kann vom Lago Becco (1872 m) auch direkt zum Lago Colombo aufsteigen.
Hütte Rif. Laghi Gemelli (1968 m) an den (aufgestauten) Gemelli-Seen.
Orientierung Leicht, die Wege sind gut bezeichnet; CAI-Nummern 211, 213, 214.
Einstufung Leicht, einige Ketten- und Drahtseilsicherungen.

479 Via ferrata Pizzo Trona

Pizzo di Trona, 2510 m

Schwierig?

Der Pizzo dei Tre Signori (2554 m) mag der schönste Aussichtsberg der Region sein, auch der meistbesuchte, dafür hat der Pizzo di Trona seit kurzem eine Via ferrata. Sie folgt im wesentlichen dem Nordgrat des zerklüfteten Bergstocks, knapp 300 Höhenmeter am sichernden Drahtseil, Abstieg über die Südwestflanke. Detaillierte Infos im Rifugio Casera di Trona (1907 m) bzw. im Rif. FALC.

Wo? Morbegno (244 m) ist ein kleines Städtchen im unteren Veltlin (Valtellina), 16 km von Cólico, 23 km von Sondrio.
Ausgangspunkt Von Morbegno führt eine gute Straße zu dem kleinen Ferienort Gerola Alta (1053 m), 15 km. Parkmöglichkeit hinter dem Dorf beim Elektrizitätswerk La Sega (1087 m).
Wegverlauf Gerola Alta – Lago dell'Inferno (2085 m) – Einstieg – Via ferrata – Südwestflanke – Lago dell' Inferno – Gerola Alta.
Gehzeit Insgesamt etwa 7 Std.
Hütten Rif. Casera di Trona (1907 m), ¼ Std. oberhalb des Weges zum »Höllensee«. Rif. FALC (2115 m), 10 Min. vom Lago dell'Inferno.
Orientierung Einstieg zur Ferrata an Felsen deutlich bezeichnet.
Einstufung Schwierig.

Pizzo di Trona nach dem ersten Schneefall im Herbst.

Jede Menge »Fun« für Klettersteigler bieten die Berge über dem Comer See.

Rund um den Comer See

Muß es unbedingt der Gardasee sein? Der Comer See hat zwar weniger Fläche, aber mehr Tiefe, die Berge rundum sind höher, der südländische Zauber ist weniger stark »germanisiert«, der Espresso besser und das »Gewusel« erträglicher. Natürlich interessieren den Klettersteigler vor allem seine Wege. Davon gibt es am Lario doppelt so viele wie am Gardasee, und die »Rebuzzini« oder die »Ferrata GAMMA« am Dente del Resegone gehören im alpenweiten Vergleich zur absoluten Spitzenklasse. Doch sollte man das Auge hier nicht bloß aufs Eisen richten, gibt es doch viel mehr zu sehen, zu erleben. Und wer erst einmal durch den versteinerten Garten an der Grignetta gekraxelt ist, am »Sentiero del Fiume« nasse Füße bekommen hat oder oben am Grignone nach den Walliser Alpen und dem Monviso Ausschau hielt, der wird ohnehin wiederkommen. Spät im Jahr etwa, wenn die Alpennordseite bereits »Schnee bis in mittlere Lagen« meldet, hier am Comer See der Nordföhn den Dunst hinausbläst in die Poebene und für herrlich klare Sicht bis zum Apennin sorgt.

Meine Favoriten

- Grignetta – das Dolomitenwunder hoch über dem Comer See (487, 488, 489)
- »Ferrata Gruppo Alpini« – über den Dächern von Lecco (490)

Karten und Führer

Bei den Karten muß man auf zwei Blätter von Kompass zurückgreifen, »Lago die Como/Lago die Lugano« (91) und »Lecco/Valle Brembana« (105).
Führer über die Region gibt es einige, allerdings fast ausschließlich in italienischer Sprache. Alle Klettersteige der Region sind in dem Büchlein »Ferrate nel Lario e dintorni« von Dante Porta beschrieben (Edizioni Albatros).

Eine Buchempfehlung

Ein Buch für drei Seen: »Wanderungen an Lago Maggiore und Comer See« von Eugen E. Hüsler, erschienen bei Bruckmann (mit Luganer See).

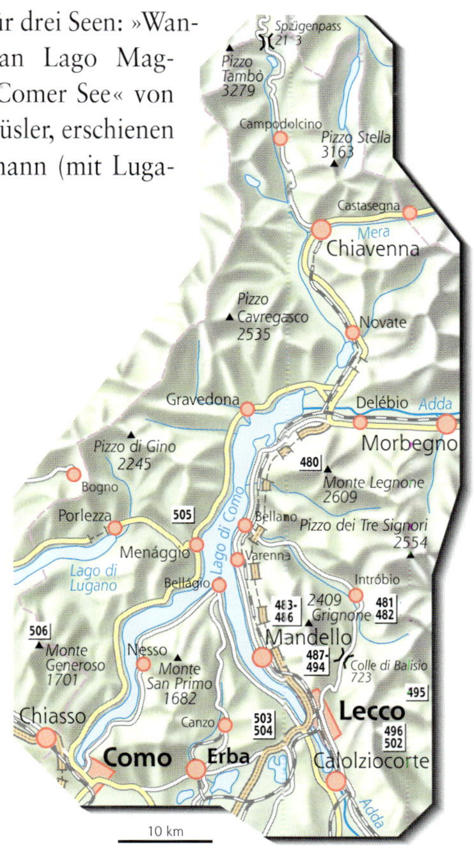

480 Sentiero Colombano
Monte Legnone, 2610 m

Leicht

Die Erbauer des »Colombano-Steigs« müssen von ihrem Werk wenig überzeugt gewesen sein, denn ein paar Jahre nach der Eröffnung präsentiert sich die Route bereits in ziemlich desolatem Zustand. Schade, ist die Route doch recht abwechslungsreich, eine einzige Aussichtspromenade zudem. Zwei Kilometer tiefer der Spiegel des Comer Sees, schroff in den Himmel ragend die Granitzacken der Bergeller Dreitausender im Norden. Nur einen Schönheitsfehler hat der »Sentiero Colombano«: sein Verlauf, nicht hinauf, hinüber, doch wohin? Wer den Legnone von Cólico (218 m) angeht, hat angesichts des gewaltigen Höhenunterschieds wohl kaum Lust auf einen größeren Umweg; für jene, die am Rifugio Roccoli Lorla (1463 m) starten, führt der Weg bergab, weg vom (nahen) Gipfel. Lohnend ist der Abstecher schon, so ein Auf und Ab aber halt nicht jedermanns Sache ... Der »Sentiero Colombano« zweigt knapp oberhalb der Cà da Legn (ca. 2230 m) vom Gipfelweg links ab, quert, allmählich an Höhe verlierend, die zerfurchte Nordwestflanke (lange Ketten, eine Leiter), läuft dann um den ausgeprägten Nordgrat herum und mündet schließlich am Passo Colombano in den Nordanstieg.

Wo? Zum Monte Legnone kommt man am besten durch das Valle Varrone. Gute, aber sehr kurvenreiche Straßen von Dervio (204 m) herauf, über Treménico (739 m) zum Rif. Roccoli Lorla, 18 km.

Ausgangspunkt Sattel (1450 m) zwischen dem Monte Legnoncino (1714 m) und dem langen Westgrat des Legnone. Parkplatz; wenig höher im Wald das Rif. Roccoli Lorla.

Wegverlauf Rif. Roccoli Lorla – Cà da Legn (2146 m) – »Sentiero Colombano« – Passo Colombano (1970 m) – Monte Legnone – Cà da Legn – Rif. Roccoli Lorla.

Gehzeiten Insgesamt 8¼ Std.; Rif. Roccoli Lorla – Cà da Legn 2¼ Std., »Sentiero Colombano« – Passo Colombano 1¾ Std., Passo Colombano – Monte Legnone 2 Std., Abstieg zum Rif. Roccoli Lorla 2¼ Std.

Hinweis Der Wegzeiger an der Abzweigung des »Sentiero Colombano« oberhalb der Cà da Legn ist entfernt worden; der Steig war im Frühsommer 1995 ziemlich vernachlässigt, z. T. beschädigte Ketten, mehrere Muren am Weg. Infos über Wegzustand im Rif. Roccoli Lorla.

Hütten Rif. Roccoli Lorla (1463 m). Cà da Legn (2146 m) am Westgrat des Monte Legnone, stets zugänglich (Stützpunkt an der »Alta via Valsássina«).

Orientierung Etwas Bergerfahrung erforderlich; Westanstieg und Weg vom Passo Colombano gut bezeichnet (rot-weiß, 1 B), Markierungen am »Sentiero Colombano« dürftig.

Einstufung Leicht, abschnittweise steinschlaggefährdet.

481 Ferrata Rebuzzini
Zucco di Pesciola, 2092 m

Sehr schwierig

Eine erste Adresse für Klettersteigler, die »Rebuzzini«, ohne Zweifel, nur: wie kommt man hin? Das ist nicht so ganz einfach, weil der Hinweis »Comer See« hier in die Irre führt. Der Campelli-Bergstock, aus Hauptdolomit aufgebaut, steht nämlich östlich über dem Valsássina, versteckt sich – vom See aus betrachtet – hinter den Grigne. Schaukelt man aber erst einmal mit der Gondelbahn von Barzio hinauf zu den Piani di Bobbio, ist der Weiterweg kaum mehr zu verfehlen: zum Rif. Lecco, wo ein Schild zur Ferrata weist. Am Klettersteig kann man sich dann ohnehin nicht verlaufen; da ist die Wahrscheinlichkeit erheblich größer, daß jemand das Unternehmen vorzeitig abbricht. In weiser Voraussicht haben die Erbauer des Steiges drei »Fluchtwege« angelegt; wer sich überfordert fühlt, braucht so nicht über die Ferrata abzusteigen. Kernstück der Route ist die »placca«, ein 80-Meter-Turm, gespickt mit mächtigen Überhängen. Die bleiben zwar links, doch der steile Gang durch diese Mauer hat es trotzdem in sich, verlangt einen starken Bizeps und ein solides Nervenkostüm. Nahe der Senkrechten arbeitet man sich aufwärts bis zu dem großen Band, das die ganze Wand durchzieht. Der Weiterweg, vorbei an den »Torri« und über ein paar Felsstufen zum Gipfel, ist dann fast nur noch Zugabe, Finale in einer fotogenen Felskulisse.
Die »Ferrata Domenico Rebuzzini«, 1982 von der CAI-Sektion Melzo angelegt, ist hervorragend gesichert: Drahtseile, ein paar wenige künstliche Tritte und – etwas ungewohnt, rund um den Comer See aber üblich – solide Ketten.

Wo? Ins Valsássina kommt man von der am Ostufer des Comer Sees verlaufenden Tunnel-Autobahn, Ausfahrt »Bellano«, bzw. von Lecco über den Colle Balisio (723 m), 26 bzw. 16 km bis Barzio (769 m).

Ausgangspunkt Talstation (ca. 840 m) der Gondelbahn zu den Piani di Bobbio (1662 m). Außerhalb der Sommersaison nur stark reduzierter Fahrplan.

Wegverlauf Piani di Bobbio – Rif. Lecco (1779 m) – »Sentiero degli Stradini« – »Ferrata Rebuzzini« – Zucco di Pesciola (2092 m), Abstieg durch den Canalone dei Camosci zum Rif. Lecco.

Gehzeiten Insgesamt 3¾ Std.; Piani di Bobbio – »Ferrata Rebuzzini« – Zucco di Pesciola 2¾ Std., Abstieg zur Gondelbahn 1 Std.
Wenn die Bahn nicht fährt, muß man zu Fuß von Barzio aufsteigen: 2½ Std. auf breitem Weg.

Hinweis Alternativ kann man auch über die »Ferrata Minonzio« absteigen; siehe 482.

Hütten Rif. Lecco (1779 m) und Rif. Ratti, beide auf den Piani di Bobbio.

Orientierung Leicht, ordentlich bezeichnete Wege.

Einstufung Sehr schwierig, aber bestens gesichert.

482 Ferrata Minonzio
Zuccone Campelli, 2159 m

Schwierig

Für jene, die der Variante »Drahtseil vertikal« nicht viel abgewinnen können, →

Wo? Ins Valsássina kommt man von der am Ostufer des Comer Sees verlaufenden Tunnel-Autobahn, Ausfahrt »Bellano«, bzw. von Lecco über den Colle Balisio (723 m), 26 bzw. 16 km bis Barzio (769 m).

Ausgangspunkt Talstation (ca. 840 m) der Gondelbahn zu den →

➡ gibt es seit kurzem in den Campelli eine abwechslungsreiche gesicherte Route, die, das Gelände geschickt nutzend, auf den höchsten Zacken der kleinen, isoliert aus dem Grün der umliegenden Almen aufragenden Dolomitgruppe führt. Sie nutzt die bequemen Bänder in der Ostflanke des Zucco Barbisino (2152 m), steuert dann aus dem hintersten Karwinkel durch eine steile Felsrinne den Verbindungsgrat (ca. 2120 m) zum Zuccone Campelli an, wo das recht aufregende Finale der Route mit einer steilen 20-Meter-Wand beginnt. Der Gipfel bietet ein großes Panorama, hinein in den Alpeninnenbogen, hinaus in die Tiefebene.

➡ Piani di Bobbio (1662 m). Außerhalb der Sommersaison nur stark reduzierter Fahrplan.
Wegverlauf Piani di Bobbio – Rif. Lecco – »Ferrata Minonzio« – Zuccone Campelli – Valle dei Camosci – Piani di Bobbio.
Gehzeiten Insgesamt 3½ Std.; Piani di Bobbio – »Ferrata Minonzio« – Zuccone Campelli 2½ Std., Abstieg durch das Valle dei Camosci 1 Std. Wenn die Bahn nicht fährt, muß man zu Fuß von Barzio aufsteigen: 2½ Std. auf breitem Weg.
Hinweis Normaler Abstiegsweg durch das Valle dei Camosci; eine aussichtsreiche Alternative bildet die (markierte) Überschreitung des Zucco Barbesino. Ferner kann man auch über die Scharte an der Corna Grande (2089 m) zu den Piani di Bobbio zurückwandern (etwas weiter).
Hütten Rif. Lecco (1779 m) und Rif. Ratti, beide auf den Piani di Bobbio.
Orientierung Nicht ganz einfach; vom Rif. Lecco etwa 100 m einer Schlepplifttrasse folgen, dann links hinauf in die markante Senke (ca. 1900 m) am breiten Kamm und rechts (gelbe Tupfer) zum Klettersteig.
Einstufung Schwierig, gute Sicherungen.

Jüngster Klettersteig am Comer See ist die »Ferrata Minonzio«.

483 Via ferrata CAI Mandello
Grignone, 2409 m

Mittel

In Garmisch gibt es zwar keinen See, aber der Vergleich ist dennoch hilfreich: Um 2200 Meter überragt die Zugspitze den bayrischen Ferienort, und genau so hoch steht der Grignone über dem Ufer des Comer Sees, das bei gerade der halben Horizontaldistanz! Doch keine Bange, man muß nicht gleich am Wasser starten, ein kurvenreiches Asphaltband, ausgehend von Varenna (220 m), reduziert die Steigung auf erträgliche 1200 Meter. Wer trotzdem am See, drunten in Mandello (214 m) losgehen mag, wird eine Übernachtung im Rifugio Bietti (1715 m) oder gleich am Gipfel, in der Brioschi-Hütte einplanen. Zwischen den beiden Refugien liegen 700 Höhenmeter – und die »Ferrata CAI-Mandello«, ein Klettersteig der soliden Mittelklasse mit viel Aussicht, ein paar hübschen, auch luftigen Steilpassagen. Er mündet an der Bocchetta di Releccio (2260 m) in den vielbegangenen Kammweg, der den Nord- und den Südgipfel der Grigne verbindet. Den Abstieg nimmt man in der Regel über die stark verkarstete, nur mäßig steile Nordflanke.

Wo? Varenna (202 m) liegt am Ostufer des Comer Sees, 21 km von Lecco, 43 km von Chiavenna, 4 km von Menaggio (mit der Ferry, der Autofähre).
Ausgangspunkt Rif. Cainallo (1241 m), erreichbar auf guter Straße von Varenna über Esino Lario (816 m), 18,5 km. Parkplatz bei den Liften.
Wegverlauf Rif. Cainallo – Bocchetta di Prada (1634 m) – Rif. Bietti (1715 m) – »Ferrata CAI Mandello« – Grignone – Rif. Bogani (1816 m) – Rif. Cainallo.
Gehzeiten Insgesamt 7 Std.; Rif. Cainallo – Rif. Bietti 1½ Std., Rif. Bietti – »Ferrata CAI Mandello« – Grignone 3 Std., Grignone – Rif. Bogani – Rif. Cainallo 2½ Std.
Hütten Rif. Bietti (1715 m), Rif. Brioschi (2403 m), Rif. Bogani (1816 m).
Orientierung Leicht, durchweg gut markierte Steige. Wegnummern 25, 24, 15.
Einstufung Mittel.

484 Zucco di Sileggio, Via ferrata
Zucco di Sileggio, 1365 m

Mittel

Ein kurzweiliger Weg zur großen Aussicht, mit steilem Finish. So läßt sich die Besteigung des »Zucco« über seinen Südgrat charakterisieren – eine abwechslungsreiche Tour aus den Kastanienwäldern des Valle Meria herauf über die Wiesen zum felsigen Gipfelaufschwung. Da sorgen dann zwei senkrechte Leitern, solide verankert, aber doch immerhin gut 20 Meter hoch, für etwas Nervenkitzel, und oben staunt man über die Klasse-Aussicht, ist der kleine Berg mit einem Mal ganz groß!

Wo? Mandello del Lario (214 m) liegt am Ostufer des Comer Sees, 10 km von Lecco, 31 km von Cólico.
Ausgangspunkt Der Weiler Sonvico (386 m) über dem Eingang ins Valle Meria, 3 km von der Uferstraße. Parkplatz vor dem Ort.
Wegverlauf Sonvico – Santa Maria (664 m) – Zucco di Tura (1051 m) – Zucco di Sileggio – Bocchetta di Verdascia (1267 m) – Valle Meria – Sonvico.
Gehzeiten Insgesamt 5¼ Std.; Sonvico – Santa Maria ¾ Std., Santa Maria – Zucco di Sileggio 2½ Std., Abstieg 2 Std.
Hinweis Das verzweigte Wegnetz rund um den Zucco di Sileggio ermöglicht verschiedene Rundwanderungen, mit und ohne Eisen.
Orientierung Leicht, die Steige sind gut bezeichnet; Wegnummern 15, 17A, 17.
Einstufung Mittel.

Dolomitenzauber über dem Comer See: an der »Direttissima«.

485 Sentiero del Fiume
Valle di Era, 800 m

Leicht

Der Name sagt es: Wasser spielt an diesem Weg die Hauptrolle, man wandert am und im Wasser, bestaunt die stiebenden und gischtenden Kaskaden, balanciert auf Steinen zwischen Gumpen und Rinnsalen, kraxelt über abschüssige Grasflanken – stets das Rauschen des Wassers im Ohr. Einige Passagen sind mit Ketten gesichert, was in diesem Fall zwar eher nebensächlich ist, aber das »Abenteuerliche« dieses Weges unterstreicht. Beim Rückweg auf dem alten Almweg, der hoch über dem wilden Graben verläuft, kann man dann hinabgucken in den wilden Graben des »Fiume«; vielleicht sind die Füße bereits wieder trocken …

Wo? Mandello del Lario (214 m) liegt am Ostufer des Comer Sees, 10 km von Lecco, 31 km von Cólico.
Ausgangspunkt Der Weiler Sonvico (386 m) über dem Eingang ins Valle Meria, 3 km von der Uferstraße. Parkplatz vor dem Ort.
Wegverlauf Sonvico – »Sentiero del Fiume« – Valle di Era (800 m) – Santa Maria – Sonvico.
Gehzeiten Insgesamt 3¼ Std.; »Sentiero del Fiume« 2 Std., Abstieg 1¼ Std.
Tip Läßt sich gut mit einer Besteigung des Zucco di Sileggio verbinden; siehe 484.
Orientierung Problemlos, Wegnummern 15B, 15.
Einstufung Leicht. Zwei, drei ungesicherte, exponierte Passagen (Kinder ans kurze Seil).

486 Ferrata Val Cassina
Bocchetta di Val Cassina, 1823 m

Leicht

Das markante Felsdreieck über dem innersten Valle Meria gibt die Richtung an, ohne eigentliches Tourenziel zu sein: senkrechter Fels, Revier für Spitzenkönner der Zunft. Nicht sichtbar vom Tal aus ist die enge Schlucht im Rücken des Sasso Cavallo (1920 m), über die der Vebindungsweg zwischen der Elisa- und der Bietti-Hütte geht: ein kurzer Klettersteig, schon etwas angejahrt und ziemlich steinschlaggefährdet. Er ist Kernstück einer Runde über dem Valle Meria, die zwar nicht auf den großen Gipfel (Grignone, 2409 m) führt, aber dennoch eine Vielzahl schönster Landschaftseindrücke beschert. Und selbst notorische Gipfelstürmer müssen nicht leer ausgehen; aus der Bocchetta di Val Cassina (Bocchetta di Sengg, 1823 m) leitet ein markiertes Weglein über den vergleichsweise zahmen Rücken auf den »Pferdestein«, der mit einer großen, stimmungsvollen Rundschau aufwartet.

Wo? Mandello del Lario (214 m) liegt am Ostufer des Comer Sees, 10 km von Lecco, 31 km von Cólico.
Ausgangspunkt Rongio (397 m), Ortsteil von Mandello über der Mündung des Valle Meria, 3 km von der Uferstraße. Kleiner Parkplatz.
Wegverlauf Rongio – Rif. Elisa (1518 m) – »Ferrata Val Cassina« – Bocchetta Val Cassina (1823 m) – Rif. Bietti (1715 m) – La Gardata (1043 m) – Valle Meria – Rongio.
Gehzeiten Insgesamt 8¼ Std.; Rongio – Rif. Elisa 3¾ Std., Rif. Elisa – »Ferrata Val Cassina« – Rif. Bietti 2 Std., Rif. Bietti – La Gardata 1½ Std., Gardata – Rongio 1½ Std.
Hinweis Vom Rif. Elisa kann man auch zum Gipfel des Grignone (2409 m) aufsteigen; am »Sentiero I Chignoli« gibt es.sogar ein paar kurze gesicherte Passagen (etwa 2½ Std., markiert.
Hütten Rif. Elisa (1518 m), Rif. Bietti (1715 m).
Orientierung Problemlos, ordentlich markierte Steige; Wegnummern 14, 16, 15, 18.
Einstufung Leicht, Steinschlaggefahr im Canalone (Helm).

Tracciolino – der andere Weg

Was andernorts als Sensation gepriesen würde, ist im Val Codera nicht einmal einen Hinweis wert. Doch in diesem Bilderbuchtal in den südöstlichen Bergeller Bergen ist einiges anders: Es gibt ein Dorf, Codera, aber keine Straße (und die Einwohner wollen auch keine). So kommt man »per pedes«, was den Vorteil hat, daß zum Schauen genug Zeit bleibt. Und wer auf der zweistündigen Wanderung nach Codera aufpaßt, entdeckt bald einmal an der gegenüberliegenden, überwiegend felsigen Talflanke eine nur gelegentlich unterbrochene horizontale Linie: der »Tracciolino«, eigentlich ein moderner Waalweg, der – immerhin etwa 15 Kilometer lang – das Coderatal mit dem benachbarten Valle dei Ratti verbindet, nur minimalstes Gefälle ausweist, dabei mehrere tiefe Gräben quert und durch fast senkrechte Felsflanken läuft – die wohl ungewöhnlichste Promenade in den Alpen, bequem breit und, wo erforderlich, mit einem soliden Geländer versehen, also gesichert. Wiederholt verschwindet der »Tracciolino« auch im Berg; der längste der zahlreichen Tunnels mißt immerhin rund 400 Meter! Ganz besonders kühn trassiert ist der Weg in den zerklüfteten Westabstürzen der Cima di Provinaccio; er endet schließlich an der Staumauer eines Speicherbeckens hinter den wenigen Häusern von Càsten.

Der ganz andere Steig, auch gesichert: am »Tracciolino«.

Die Tour in Stichworten: Ausgangspunkt ist Novate Mezzola (212 m) am gleichnamigen See, wenige Kilometer nördlich vom Lago di Como. Hinweis »Val Codera«; Wanderweg bis etwa eine Halbstunde über Codera hinaus, dann bei einer Bachfassung zum Beginn des »Tracciolino«. Abstieg von Càsten (markiert) nach Verceia. Gesamtgehzeit etwa 8 Std. Viel Spaß!

487 Direttissima
488 Sentiero Cecilia
489 Cresta Sinigaglia

Grignetta, 2177 m

Leicht

Dolomitenzauber über dem Comer See! Ein Wald aus Stein, so bizarr, daß man gleich an ein Spielbergsches Hollywood-Märchen denkt. Und viel Spaß ist garantiert auf den gesicherten Steigen, die sich durch diese phantastische Kulisse schlängeln, zwischen hundert Türmen und Zacken hindurch, über enge Scharten, durch steile Rinnen bis hinauf zum Gipfel, zur Grignetta, wo man dann ein ganz großes Panorama genießt, das an klaren Tagen mitunter bis zum Monviso und zum Apennin reicht. Am nördlichen Horizont stehen die Drei- und Viertausender Parade, vom Montblanc bis zum Ortler. Und tief drunten, oft im Dunst mehr zu erahnen als wirklich sichtbar, der Alpenfjord des Comer Sees.

Die Runde an der Grignetta (Grigna Meridionale, 2177 m) ist ein Erlebnis der besonderen Art, da vergißt man vor lauter Schauen und Staunen fast schon, daß einiges an Eisen geboten wird. Zahlreiche Passagen an der »Direttissima« (die das genaue Gegenteil von einem direkten Weg ist), am Steig mit dem Mädchennamen und am Südostgrat (Cresta Sinigaglia) sind gesichert, nie schwierig, aber immer wieder überraschend, auch im Verlauf. Und meines Wissens ist die »Direttissima« der einzige Klettersteig überhaupt, wo eine große Fahr(!)verbotstafel vor einem Verhauer warnt …

Wo? Das Sport- und Erholungsgebiet der Piani Resinelli (1280 m) erreicht man von Lecco über Ballabio (661 m) auf gut ausgebauten Straßen, 16 km.

Ausgangspunkt Großer Parkplatz am Ende der Steigung auf den Piani Resinelli. Die Zufahrt zum Rif. Porta ist wenig oberhalb der Abzweigung durch eine Schranke abgesperrt.

Wegverlauf Piani Resinelli – Rif. Porta (1425 m) – »Direttissima« – »Sentiero Cecilia« – Grignetta – Cresta Sinigaglia – Rif. Porta – Piani Resinelli.

Gehzeiten Insgesamt 5½ Std.; Piani Resinelli – Rif. Porta ½ Std., »Direttissima« 1½ Std., »Sentiero Cecilia« – Grignetta 1½ Std., Abstieg über den Sinigaglia-Grat 2 Std.

Tip Von der Wegverzweigung knapp vor dem Colle Valsecchi kann man alternativ auch über die Bocchetta del Giardino (2004 m) zur Grignetta aufsteigen, ebenfalls mit einigen gesicherten Passagen; etwa 1 Std.

Hütten Rif. Porta (1425 m) oberhalb der Piani Resinelli. Biv. Ferrario (2177 m) am Gipfel der Grignetta, stets zugänglich.

Orientierung Wenig schwierig; Abzweigungen sind mit Wegweisern versehen, die Steige insgesamt gut markiert; Wegnummern 8, 11, 10, 1.

Einstufung Leicht.

490 Ferrata Gruppo Alpini
Corno Medale, 1028 m

Schwierig

Als Klettergarten ist er eindeutig zu groß, der Corno Medale, wenn seine Südwand auch direkt über der Stadt aufragt, mit »Straßenanschluß« sozusagen. In der City gibt es bestimmt viele Computer-Arbeitsplätze mit Blick auf die Wand. Gut 500 Meter hoch ist sie, und zahlreiche Stars der Szene wie Bonatti, Cassin und Casati haben in dem Steilfels Routen der gehobenen Klasse eröffnet. Als schwierig ist auch die »Ferrata Gruppo Alpini« einzustufen; sie tastet sich ebenfalls an die Vertikale heran, doch das durchlaufende Drahtseil, fix verankert, und dazu ein paar Griff- bzw. Tritteisen machen aus der V-er Führe einen (fast) idealen Klettersteig. Wer's gerne luftig mag, ist hier richtig, wird allerdings bedauern, daß nach etwa 200 genußvollen Klettermetern die Route aus der Wand in »gemischtes« Gelände ausweicht – aus der Superferrata wird ein durchschnittlicher Klettersteig. Oben genießt man dann den Blick auf die Dächer von Lecco. Zum See hin zeichnet sich der kleine historische Stadtkern ab, nach Süden hin dominieren grau und schwarz: die Areale der Schwerindustrie. Nicht unbedingt ein schöner Anblick; da gefällt die breite, von mehreren markanten Pfeilern gestützte Felsfront des Resegone (1875 m) schon eher: noch ein Revier für Ferrata-Freaks.

Elegante Routenführung zeichnet die »Ferrata Gruppo Alpini« am Corno Medale aus.

Wo? Die alte »Eisenstadt« Lecco (214 m) liegt unmittelbar am Abfluß des Comer Sees.
Ausgangspunkt Rancio (371 m), Vorort von Lecco, knapp 3 km vom Stadtzentrum (Bus).
Wegverlauf Rancio – »Ferrata Gruppo Alpini« – Corno Medale; Abstieg ostseitig (steil, aber direkt) zum Rif. Corno Medale (528 m), westlich über die Cappella San Martino.
Gehzeiten Insgesamt 3½ bzw. 4½ Std., je nach Abstieg; Rancio – »Ferrata Gruppo Alpini« – Corno Medale 2½ Std., Abstieg zum Rif. Corno Medale 1 Std., Rückweg via San Martino 2 Std.
Hütte Rif. Corno Medale (528 m).
Orientierung Leicht, gut bezeichnete Wege; Abzweig zur Ferrata am Weg nach San Martino. Wegnummern 52, 56.
Einstufung Schwierig, aber bestens gesichert.

491 Sentiero dei Tecett
492 Sentiero dei Pizzetti
493 Sentiero della Val Verde
494 Sentiero G.E.R.
Monte Coltignone, 1473 m

Leicht

Das verzweigte Wegnetz in den Flanken des Coltignone-Stocks lädt zu Wanderungen zwischen Stadt, See und Gipfel ein. Und das felsdurchsetzte Gelände sorgt dabei immer wieder für ein paar »eiserne« Einlagen, beispielsweise am »Sentiero dei Pizzetti«, einem hübschen, auf kürzerem Abschnitt gesicherten Anstieg von Lecco hinauf zum ehemaligen Bergklösterchen von San Martino (772 m). Das beliebte Ausflugsziel erreicht man auch über den mit ein paar Ketten ausgestatteten »Sentiero dei Tecett«. Für den Weiterweg Richtung Monte Coltignone bieten sich dann der steile Anstieg durch das Val Verde oder der »Sentiero G.E.R.« an. Letzterer hat seinen Ausgangspunkt eine Etage höher, im Rücken des Corno Medale (1028 m); er steigt nach längerer Querung durch eine steile Rinne, dann über Felsrippen und Wiesen hinauf zum Gipfel. Kein Vergleich natürlich mit der luftig-verwegenen »Ferrata Gruppo Alpini« (siehe 490), aber dennoch lohnend, vor allem für Wandertage im Frühling (Blumen!) oder spät im Herbst (Aussicht!).

Wo? Die alte »Eisenstadt« Lecco (214 m) liegt unmittelbar am Abfluß des Comer Sees.
Ausgangspunkte Rancio (371 m), Vorort von Lecco, knapp 3 km vom Stadtzentrum. – Der Einstieg zum »Sentiero dei Tecett« befindet sich unweit vom Ristoro di Pradello; etwas umständliche Anfahrt über die Schnellstraße Richtung Mandello.
Wegverlauf (Vorschlag) Rancio – »Sentiero dei Pizzetti« – San Martino (772 m) – »Sentiero della Val Verde« – Forcellino (1287 m) – Monte Coltignone – »Sentiero G.E.R.« – Cappella San Martino – Rancio.
Gehzeiten Insgesamt 6¼ Std.; Rancio – San Martino 1½ Std., San Martino – Val Verde – Monte Coltignone 2¾ Std., Abstieg über den »Sentiero G.E.R« nach Rancio 2 Std.
Hütte Rif. Piazza (772 m) beim ehemaligen Bergklösterchen San Martino; an Wochenenden geöffnet (keine Nächtigung).
Orientierung Leicht, gut bezeichnete Steige; Wegnummern 53, 52, 54, 56.
Einstufungen Leicht.

495 Ferrata Monte Due Mani

Forcola, 1308 m

Schwierig

Keine Ahnung, ob sich der CAI Ballabio von dem Namen inspirieren ließ; jedenfalls braucht man auf der Route, die dem gestuften Südgrat des Bergstocks folgt, beide Hände. Und gute Nerven, sind einige Passagen trotz solider Drahtseile und Ketten doch recht anspruchsvoll. Wer überfordert ist, kann fast überall auf den parallel (und in Sichtweite) verlaufenden Wanderweg aussteigen. Witzig oder blöd? Mir hat die Kulisse jedenfalls besser gefallen als die Ferrata, und auch die Erbauer schienen mit dem Ergebnis nicht so ganz zufrieden zu sein, fehlt doch seit Jahren jeder Hinweis auf den Klettersteig …

Wo? Ballabio (661 m) liegt 8 km nördlich von Lecco an der Straße ins Valsássina. Am Ortseingang zweigt rechts die Zufahrt nach Morterone ab.
Ausgangspunkt Bei Kilometer 5 der Straße Richtung Morterone in einer markanten Linkskurve (910 m). Nur beschränkte Parkmöglichkeiten.
Wegverlauf Val Boazzo – Klettersteig – Forcola (1308 m), Abstieg auf dem (steilen) Wanderweg.
Gehzeiten Insgesamt 3 Std.; Aufstieg über die Ferrata zur Forcola etwa 2 Std., Abstieg zur Straße knapp 1 Std.
Hinweis Natürlich lockt der Hauptgipfel (1667 m) des Bergstocks, gut 1 Std. auf markiertem Gratweg (Stellen I).
Orientierung Zugang und Einstieg nicht bezeichnet: von der Straße auf guter Spur über einen steilen Wiesenhang kurz aufwärts zu einer Weggabelung, hier links zum ersten Aufschwung (ca. 970 m). Weiterweg dann problemlos. Insgesamt ziemlich verlotterte Ferrata.
Einstufung Schwierig; man kann aber jederzeit auskneifen.

Alle Hände voll zu tun hat man an der »Ferrata Monte Due Mani«.

496 Via ferrata GAMMA al Pizzo d'Erna

Pizzo d'Erna, 1362 m

Mittel

Fast alle, die hinaufwollen zum Pizzo d'Erna, hängen sich ans Drahtseil. Ausflügler nehmen die große Seilbahn, und die Klettersteigler wissen, daß es am felsigen Südwestgrat eine sehr eisenhaltige Ferrata gibt: Drahtseile, Ketten und nicht weniger als 22 Leitern – wohl ein Rekord! – reduzieren das Felsgelände teilweise zur reinen Kulisse, machen aus Bergsteigern (schwindelfreie) Feuerwehrleute. Luftig ist die Route, und einige Passagen verlangen ganzen Einsatz, etwa das 15-Meter-Einstiegswandl sowie eine Querung, bei der man sich gehörig strecken muß, um das »rettende« Eisen zu erreichen. Wer nach dem steilen Auftakt überfordert ist, kann über einen »Sentiero d'emergenza« (Rettungsweg) nach rechts zum Rifugio Stoppani (890 m) auskneifen; bei einem Glas Rotwein findet das etwas angeschlagene Nervenkostüm dann leicht wieder zu gewohnter Stabilität zurück …

Wo? Die alte »Eisenstadt« Lecco (214 m) liegt unmittelbar am Abfluß des Comer Sees.
Ausgangspunkt Talstation der »Funivia del Pizzo d'Erna« (603 m), kurvenreiche Zufahrt von der Stadtmitte (auch Bus). Großer Parkplatz.
Wegverlauf Seilbahnstation – »Ferrata GAMMA« – Pizzo d'Erna – Piani d'Erna (1291 m) – Rif. Stoppani (890 m) – Seilbahn.
Gehzeiten Insgesamt 4 Std.; Aufstieg über die Ferrata 2¾ Std.; Abstieg via Rif. Stoppani 1¼ Std.
Tip Am Pizzo d'Erna oben ist man dem Resegone bereits ziemlich nahe; warum nicht gleich hinauf, auf einer der (gesicherten) Routen?
Orientierung Leicht; am Weg zum Rif. Stoppani stößt man nach etwa einer Viertelstunde auf die Abzweigung zum Klettersteig. Wegnummern 1, 22, 7.
Einstufung Mittel, viel Eisen.

497 Via ferrata del Cinquantenario
498 Ferrata De Franco Silvano
499 Sentiero Carlo Villa
Resegone, 1875 m

Leicht

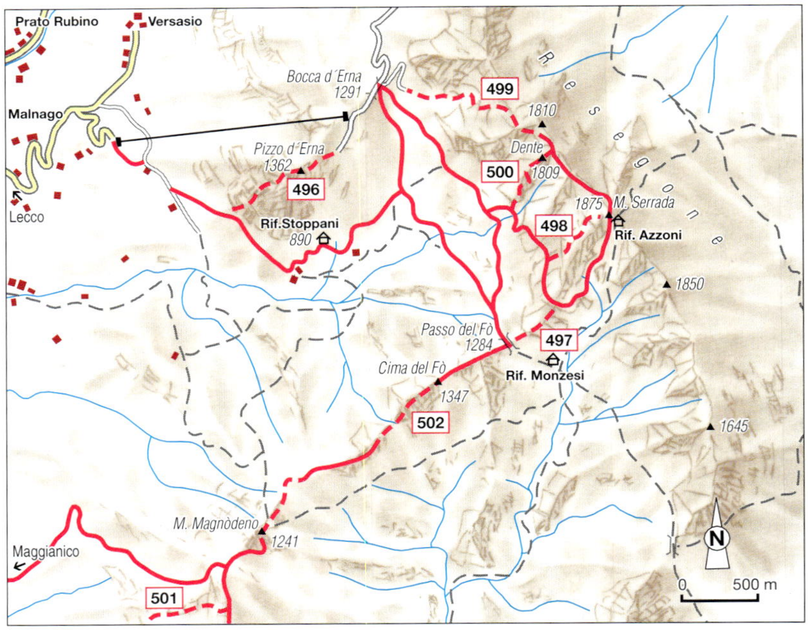

Mit seiner breiten, von mächtigen Felspfeilern gestützten Front ist er – mehr noch als die Grigne – der Kulissenberg von Lecco schlechthin. Und natürlich ein überaus beliebtes Tourenziel. Oben am riesigen Gipfelkreuz trifft sich ein buntgemischtes Völkchen: Wanderer, Klettersteigler und solche, die das Seil gleich selber mitnehmen. Wer von Norden oder Osten kommt, braucht höchstens etwas Ausdauer, die gesicherten Steige an der Westflanke sind mit Ausnahme der »Ferrata GAMMA« (siehe 500) nur mäßig schwierig; zudem lassen sie sich leicht zu einer abwechslungsreichen Runde verbinden. Am meisten Eisen bietet der kurze »Jubiläumsweg« (»Cinquantenario«) vom Passo del Fò herauf, seine Fortsetzung ist eher gesichertes Steiglein als echte Ferrata, und der Weg durch den Canalone Bobbio bloß mit ein paar wenigen Ketten versehen. Trotzdem macht die Runde am Resegone viel Spaß; da sind faszinierende Aus- und Tiefblicke, hinaus in die Poebene, hinunter auf Lecco und seine Seen, tief hinein in den Alpeninnenbogen. Und wer ein Auge dafür hat, dem werden auch die kleinen bunten Sehenswürdigkeiten am Weg nicht entgehen: Blumenpracht, südalpin.

Wo? Lecco (214 m), gut 50 000 Einwohner, liegt unmittelbar am Abfluß des Comer Sees.
Ausgangspunkt Bergstation der »Funivia del Pizzo d'Erna« (1330 m). Zur Talstation (609 m) kommt man vom Stadtzentrum über eine kurvenreiche Zufahrt (Bus). Großer Parkplatz.
Wegverlauf Piani d'Erna – Passo del Fò (1284 m) – »Via ferrata del Cinquantenario« – »Ferrata De Franco Silvano« – Resegone – »Sentiero Carlo Villa« – Bocca d'Erna (1291 m) – Seilbahnstation.
Gehzeiten Insgesamt 4½ bzw. 5¾ Std.; Piani d'Erna – Passo del Fò – Resegone 3 Std., Abstieg über den »Sentiero Villa« zu den Piani d'Erna 1½ Std., zur Talstation der Seilbahn 2¾ Std.
Hinweis Außerhalb der Saison verkehrt die »Funivia« nur an Wochenenden regelmäßig.
Hütte Rif. Azzoni (1860 m) am Gipfel des Resegone.
Orientierung Abzweigung vom Normalweg auf den Resegone zur »Ferrata De Franco Silvano« ist nicht markiert! Sonst ordentlich bezeichnete Steige.
Einstufung Leicht; Steinschlaggefahr, vor allem durch Voraus- bzw. Nachsteigende!

500 Ferrata GAMMA al Dente del Resegone
Dente del Resegone, 1809 m

Sehr schwierig

Der Super-Klettersteig am Resegone: fester Fels, eine ideale Route, maximale Exposition, gute Sicherungen. Die Ferrata GAMMA (nicht zu verwechseln mit der »GAMMA« am Pizzo d'Erna) hat ihren Ausgangspunkt am Normalweg zum Resegone, wenig oberhalb des Crocifisso am Pian delle Betulle (1280 m); sie führt über die Südostkante des »Zahns«, wobei die Steilaufschwünge immer wieder von leichterem Gelände unterbrochen werden, Querungen auf Wandstellen folgen. Schlüsselstelle ist eine trittlose Platte, senkrecht und überaus luftig. Durch einen langen Kamin gewinnt man schließlich den Ausstieg; ein letztes Drahtseil leitet zum grasigen, abgeflachten Kopf des Dente del Resegone. Und für den Weg zurück (ins Tal) hat man dann die Wahl: 497, 498 oder 499?

Wo? Lecco (214 m) liegt unmittelbar am Abfluß des Comer Sees.
Ausgangspunkt Bergstation der »Funivia del Pizzo d'Erna« (1330 m). Zur Talstation (609 m) kommt man vom Stadtzentrum über eine kurvenreiche Zufahrt (Bus). Großer Parkplatz.
Wegverlauf Piani d'Erna – Val Comera – Crocifisso (1280 m) – »Ferrata GAMMA« – Dente del Resegone – »Sentiero Carlo Villa« – Piani d'Erna.
Gehzeiten Insgesamt 4¼ Std.; Piani d'Erna – Crocifisso 1 Std., Klettersteig 2 Std., Abstieg auf dem »Sentiero Carlo Villa« 1¼ Std.
Geht man von der Talstation der Seilbahn aus, erhöht sich die Gesamtgehzeit auf 7¼ Std.
Orientierung Leicht, gut markierte Steige; Wegnummern 1, 10.
Einstufung Sehr schwierig; Höhenunterschied an der Ferrata knapp 500 m. Die Route wurde 1998 neu gesichert; man hat die Drahtseile durch Ketten ersetzt und zahlreiche Tritt-Griffeisen angebracht, auch an der Schlüsselstelle.

Schroffe Berge am Südalpenrand: Dente del Resegone, Monte Coltignone und Grignetta-Ausläufer.

501 Via attrezzata Ghislanzoni

502 Cresta della Cima Fò

Monte Magnòdeno, 1241 m; Cima del Fò, 1347 m

Mittel

Falls Klettersteigler auch mal Buße tun müssen, bietet sich hierzu die »Via attrezzata Ghislanzoni« an, vorzugsweise an einem Hochsommertag, wenn die Luft im Talkessel von Lecco »steht«, das Thermometer die 30-Grad-Marke weit hinter sich gelassen hat… Aber auch bei weniger extremen äußeren Bedingungen kommt an der Ferrata kaum Freude auf; der ziemlich dilettantisch angelegte Steig zwängt sich im Unterholz über ein paar recht mickrige Felsen in der Westflanke des Monte Magnòdeno. Einmal am Grat angelangt, wartet – man glaubt's kaum – noch eine Steigerung: drei, vier Felsen, die isoliert im grasigen Gipfelhang stehen, sind mit Drahtseilen überspannt … Überspannt, oder?
Etwas versöhnlich stimmt dann die Aussicht vom Gipfel, der Blick in die Felsfront des Resegone, hinaus in die Ebene. Und dann sind da noch die zahllosen bunten Tupfer am Monte Magnòdeno: die Flora, von der selbst Kenner schwärmen. Der Übergang zum Passo del Fò ist abschnittweise ebenfalls gesichert (Ketten, Drahtseile), mit einigen exponierten Passagen.

Wo? Lecco (214 m) mit seinen gut 50 000 Einwohnern liegt unmittelbar am Abfluß des Comer Sees.
Ausgangspunkt Der Vorort Maggianico im Süden der Stadt, über dem Ostufer des Lago di Garlate. Hinauf zur Kirche, dann etwa 200 m rechts und bei einer Kapelle wieder links aufwärts zur Mündung des Val Braula (ca. 290 m).
Wegverlauf Maggianico – »Via Ghislanzoni« – Monte Magnòdeno – Cima del Fò (1347 m) – Passo del Fò (1284 m) – Campo di Boi (679 m) – Germanedo – Maggianico.
Gehzeiten Insgesamt 7 Std.; Maggianico – Klettersteig – Monte Magnòdeno 3 Std., Monte Magnòdeno – Passo del Fò 1¼ Std., Abstieg nach Germanedo 2 Std., Germanedo – Maggianico (Straßen) ¾ Std.
Hütten Biv. Magnòdeno am Gipfel des Monte Magnòdeno, stets zugänglich. Rif. Alpinisti Monzesi (1176 m) östlich unter dem Passo del Fò.
Orientierung Hat man den Weganfang erst einmal gefunden (auf gepflastertem Weg neben dem Bach aufwärts), ist die weitere Orientierung problemlos; Wegnummern 28, 23, 25A, 27.
Einstufung »Via Ghislanzoni« mittel (mit Varianten »difficile«), zwei Felsen am Gipfelaufbau des Monte Magnòdeno schwierig, Cresta della Cima Fò mittel.

503 Ferrata Trentennale OSA

Corno Rat, 906 m; Corno Orientale di Canzo, 1232 m

Schwierig

Einen Schönheitspreis wird Valmadrera (234 m) wohl nie bekommen; steigt man aber hinauf zu den Höhen um die Corni di Canzo (1371 m), so ändert sich das Bild sehr schnell. Und wenn – was oft vorkommt – ein Dunstschleier über dem Comer See liegt, verliert man das wenig ansprechende Konglomerat von Fabriken, Wohnsilos und Straßen bald einmal aus dem Blickfeld. Dafür kommen die Felsen allmählich näher, die zerfurchten Südabstürze des Monte Moregallo (1276 m) und natürlich die »Hörner« von Canzo. Leicht übersieht man dabei den Felsbuckel des Corno Rat (906 m), der über dem Val del Gatton aus dem Wald guckt. Er ist die »pièce de résistance« der »Ferrata Trentennale OSA«, ein nahezu senkrechter Aufschwung, mit Ketten und Drahtseilen sowie ein paar wenigen Tritteisen gangbar gemacht und gesichert. Der Weiterweg zum östlichen der drei Corni di Canzo bietet dann, obwohl ebenfalls mit einigen Klettersteigeinlagen, keine vergleichbaren Schwierigkeiten mehr.

Wo? Der Industrieort Valmadrera (234 m) liegt gegenüber von Lecco am Abfluß des Comer Sees.
Ausgangspunkt Belvedere, Wohngebiet über der Stadt, erreichbar von der Ortsmitte über ein paar Straßenkehren. Kleiner Parkplatz (ca. 310 m).
Wegverlauf Belvedere – San Tomaso (576 m) – »Ferrata Trentennale OSA« – Corno Rat – Corno Orientale di Canzo – Bocchetta di Sambrosera (1110 m) – Valle di San Antonio – Belvedere.
Gehzeiten Insgesamt 4½ Std.; Belvedere – San Tomaso ¾ Std., San Tomaso – Corno di Canzo 2¼ Std., Abstieg durch das Valle di San Antonio 1½ Std.
Tip An der Bocchetta di Sambrosera kann man die Überschreitung des Monte Moregallo (1276 m) anhängen, am Aufstieg ein paar Ketten. Sehr lohnend, von der Scharte bis Valmadrera etwa 2¾ Std.
Hinweis Zwischenabstieg vom Corno Rat möglich (markiert).
Orientierung Leicht, gut markierte Wege; Nummern 3, 7.
Einstufung Schwierig, Passage am Corno Rat sehr luftig!

504 Via ferrata del Venticinquennale

Corni di Canzo, 1371 m

Mittel

Noch ein »Jubiläumsweg«, etwas weniger anspruchsvoll als jener auf das »kleine« Horn, aber recht lohnend. Das liegt nicht nur an der Route, die gleich nach dem Einstieg mit einer etwas kniffligen Passage aufwartet; vom Gipfel genießt man eine stimmungsvolle Rundschau in Blau, Weiß, Grün und Grau. Über den Comer See ➡

Wo? Valbrona (490 m) liegt an der Straße von Asso nach Onno am Comer See. Im Ort zweigt eine Asphaltstraße hinauf zu den Wochenendhäuschen im Bereich der Alpe Oneda (719 m) ab.
Ausgangspunkt Parkplatz vor Sperrschranken, 2,5 km von Valbrona.
Wegverlauf Alpe Oneda – Rif. SEV – Westgrat – »Ferrata Venticin- ➡

Kraxeln am Saum der Alpen: die »Ferrata del Venticinquennale« an den Corni di Canzo.

➡ geht der Blick bis hinauf zum Alpenhauptkamm mit seinen firnbedeckten Dreitausendern, fast einen Kilometer tiefer liegt das waldumsäumte Tälchen von Valbrona, im Osten stehen die Kalkmauern von Grigne und Resegone.
Die »Venticinquennale« verläuft über den Westgrat des Corno Occidentale (1371 m); Schlüsselstelle ist eine fast senkrechte, trittlose Platte, die man mit viel Armzug am fixen Drahtseil meistert. In leichterem Gelände quert die Route dann zu einer gut 10 Meter hohen Leiter; durch eine Steilrinne läuft sie schließlich zum Gipfelgrat aus.

➡ quennale« – Rif. SEV – Alpe Oneda.
Gehzeiten Insgesamt 4 Std.; Alpe Oneda – Corno Occidentale 2¾ Std., Abstieg 1¼ Std.
Tip Ein ganz kleiner »Seitensprung« führt hinüber zum Corno Centrale (1371 m), 15 Min. hin und zurück aus der Scharte zwischen den beiden »großen« Hörnern.
Hütte Rif. SEV (1225 m) nördlich unter den Corni di Canzo.

Orientierung Leicht, bis zum Rif. SEV hat man einen Güterweg; Querung unter den Felsen zum Ansatz des Westgrates markiert, aber nicht leicht zu finden!
Einstufung Mittel.

505 Ferrata del Centenario
Monte Grona, 1736 m

Schwierig

Parallelen zum Klettersteig am Monte Due Mani (siehe 495) sind augenfällig: hier wie dort ein Grat, an dem Steilaufschwünge mit flachen Passagen abwechseln, Fels und Gras, dazu die Möglichkeit, auf einen parallel verlaufenden Wanderweg auszuscheren. Und doch, welch ein Unterschied! Was an der »Ferrata del Centenario« (für Geübte) zum echten Vergnügen wird, bleibt drüben am Monte Due Mani in Ansätzen stecken, der Routenverlauf wirkt dort gesucht. Und dann, sozusagen als Sahnehäubchen, die Aussicht vom Monte Grona auf tausend Gipfel und hinab auf die beiden Seen von Como und Lugano. Die 1985 eröffnete Ferrata folgt dem Südgrat über insgesamt vier Türme. Eigentliche Schlüsselstelle ist der dritte Turm, fast 15 Meter nahe der Vertikalen, und für ganz Unerschrockene (mit starken Oberarmen) gibt's sogar eine »Variante difficile«.

Wo? Menaggio (203 m) ist ein bekannter Ferienort am Westufer des Comer Sees, 34 km von Como, 27 km von Lugano.
Ausgangspunkt Monti di Breglia (996 m), auf guter Asphaltstraße von Menaggio über Breglia (749 m), knapp 10 km. Parkplatz am Ortseingang von Breglia, beschränkte Parkmöglichkeiten auch in Monti di Breglia.
Wegverlauf Breglia – Monti di Breglia – Rif. Menaggio (1380 m) – »Ferrata del Centenario« – Monte Grona – Rif. Menaggio – Monti di Breglia – Breglia.
Gehzeiten Insgesamt 5 bis 5¾ Std.; Breglia – Rif. Menaggio 1¾ Std., »Ferrata Centenario« – Monte Grona 2 Std., Abstieg (je nach Wegwahl) 1¼ bis 2 Std. Startet man in Monti di Breglia, verkürzt sich die Gesamtgehzeit um knapp 1 Std.
Hütte Rif. Menaggio (1380 m) am Monte Grona.

Orientierung Problemlos, alles gut markiert. Beim Abstieg hat man die Wahl zwischen der »Direttissima« (kurz, steil), dem Weg über die Forcoletta (1611 m) und dem »Sentiero Panoramico« (am schönsten, aber etwas weiter).
Einstufung Schwierig. Nur Drahtseilsicherungen.

506 Ferrata Monte Generoso
Monte Generoso, 1701 m

Mittel

Um es gleich vorwegzunehmen: Der Ferrata wegen braucht niemand auf den »Rigi der Südschweiz« zu steigen (bzw. zu fahren). Drei Leitern, ein paar Ketten und schließlich eine Brücke – das ist ein bißchen dürftig. Ganz im Gegensatz zur Gipfelschau, die dem Berg ja auch den Vergleich mit dem Innerschweizer Berg eingetragen hat. Eine weitere Parallele zum Rigi ist die Zahnradbahn, deren Schienen erst knapp unterhalb des Gipfels enden. Entsprechend still ist es auf den (langen, steilen) Wegen von Rovio herauf, bequemer kommt man über italienisches Gebiet zum Generoso: keine 500 Höhenmeter von der Bocca d'Orimento (1275 m), Ferrata inklusive.

Wo? Das Generoso-Massiv erhebt sich zwischen dem Luganer See und dem Südwestarm des Lario. Von Capolago führt eine Zahnradbahn auf den Berg (Generoso Vetta, 1601 m); von Osten kommt man auf ordentlichen Straßen von Argegno über das Intelvi bis zur Bocca d'Orimento.
Ausgangspunkte Generoso Vetta (1601 m), Endstation der Zahnradbahn. Bocca d'Orimento (1725 m), 8,5 km von Casasco d'Intelvi. Beschränkte Parkmöglichkeit am Paß.
Wegverlauf Generoso – »Sentiero alto« – Ferrata – Monte Generoso – Generoso Vetta.
Bocca d'Orimento – »Sentiero alto« – Ferrata – Monte Generoso – »Sentiero basso« – Bocca d'Orimento.

Gehzeiten Ab Generoso Vetta 1 Std. Bocca d'Orimento – Ferrata – Monte Generoso 1¾ Std., Abstieg über den »Sentiero basso« 1 Std.; insgesamt 2¾ Std.
Orientierung Problemlos. Der »Sentiero alto« verläuft auf italienischem Gebiet knapp unterhalb des Grates; Einstieg zur Ferrata am Felsfuß des Baraghetto (1659 m).
Einstufung Mittel, die (kurzen) Leitern am Baraghetto, dem Nordgipfel des Generoso, sind senkrecht.

Himmlische Aussicht – kein Teufel weit und breit: an der »Ferrata Diavolo«.

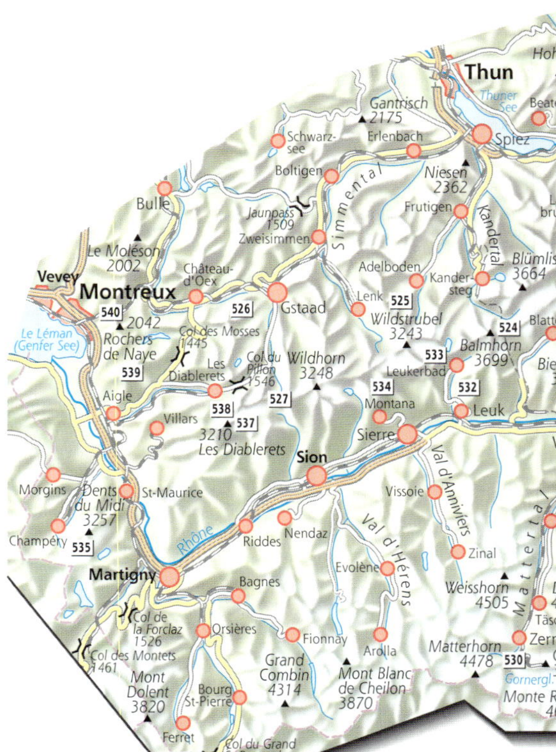

Meine Favoriten

- »Tälli-Klettersteig« – die Genußroute im Berner Oberland (522)
- »Baltschieder Klettersteig« – viel Natur, wenig Eisen (531)
- »Leukerbadner Klettersteig« – Superferrata im Wallis, vor der grandiosen Hochgebirgskulisse (533)

Die Schweiz

Times are changing. Auch in der Schweiz und sogar in den Schweizer Bergen. Was bis vor ein paar Jahren noch kaum vorstellbar war, ist Tatsache: Es boomt in Sachen Klettersteigen im Lande Tells. Nachdem die Haslitaler 1993 mit ihrem »Tälli« den Anfang gemacht hatten, war der Bann gebrochen; mittlerweile verzeichnet der (Ferrata-) Chronist eine stattliche Anzahl lohnender Eisenwege. Vorbei die Zeiten, als die Schweiz noch ein weißer Fleck auf der Klettersteig-Landkarte war, und wie im benachbarten Frankreich ist die Entwicklung keineswegs abgeschlossen. Nur konzentriert man sich hier weniger auf den Bau talnaher Sportklettersteige; vielmehr sind zahlreiche ausgeprägt alpine Routen angelegt worden, im Wallis etwa und in der Innerschweiz. Das wissen vor allem jene zu schätzen, denen Vie ferrate mehr als nur an den Fels geheftetes Sportgerät sind …

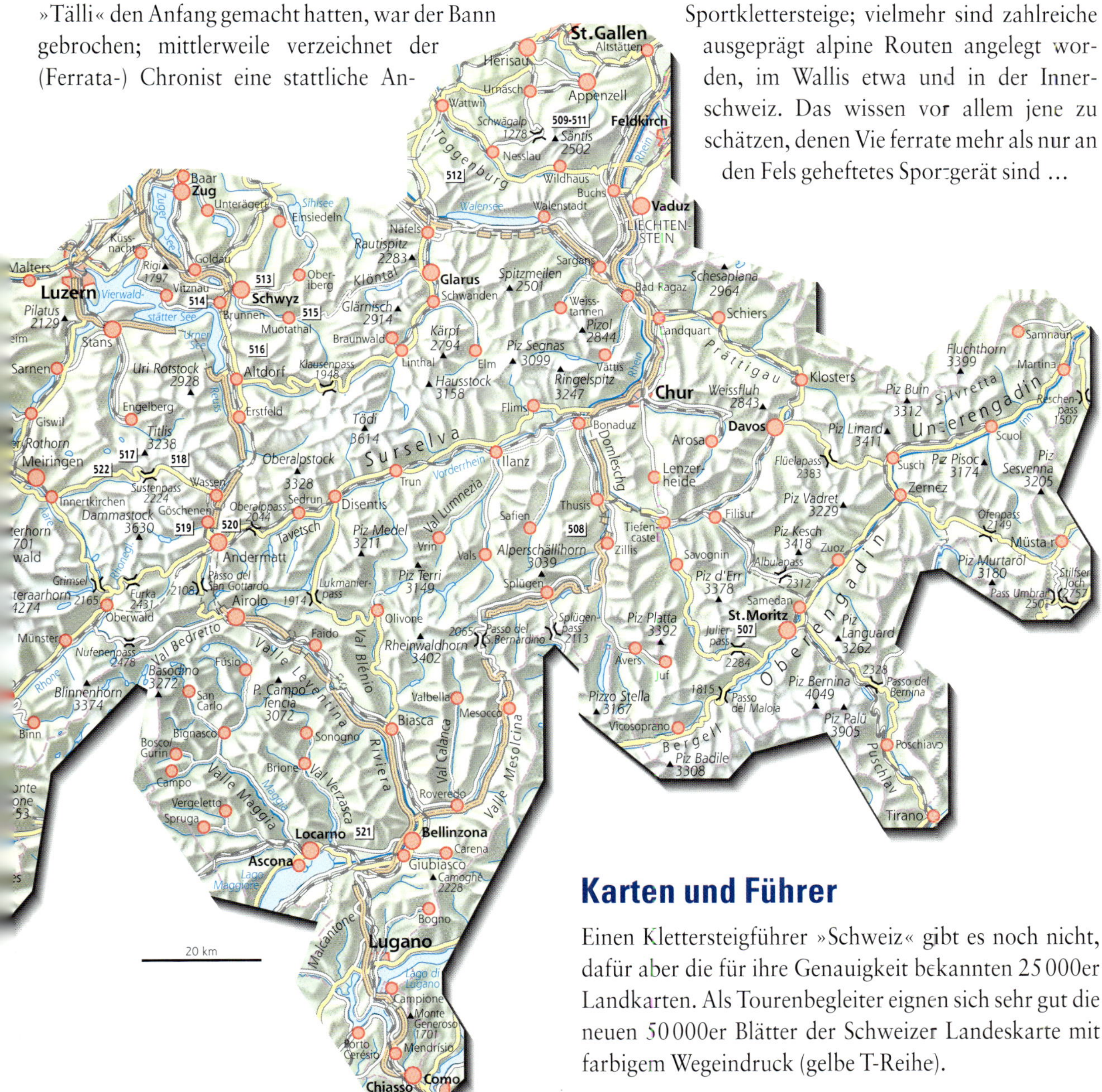

Karten und Führer

Einen Klettersteigführer »Schweiz« gibt es noch nicht, dafür aber die für ihre Genauigkeit bekannten 25 000er Landkarten. Als Tourenbegleiter eignen sich sehr gut die neuen 50 000er Blätter der Schweizer Landeskarte mit farbigem Wegeindruck (gelbe T-Reihe).

507 Piz Güglia, gesicherter Steig

Piz Güglia/Piz Julier, 3380 m

Leicht

Es gibt gute Gründe für eine Reise ins Engadin, aufs »Dach der Alpen«, wie eine Eigenwerbung das berühmte Hochtal einmal nannte – Klettersteige gehören (noch?) nicht dazu. Dafür aber viele lohnende Gipfel, darunter auch ein paar stattliche Wander-Dreitausender. Blickfang im Panorama all dieser Höhen ist das stark vergletscherte Berninamassiv. Freie Sicht auf den einzigen Viertausender der Ostalpen (Piz Bernina, 4049 m) und seine Trabanten bietet auch der Piz Güglia. Und etwas (gesicherten) Fels dazu: der Normalweg ist am Crasta da la Senda mit Seilgeländern und Ketten versehen.

Wo? St. Moritz (1822 m), weltberühmter Ferienort, ist das touristische Zentrum des Oberengadins.
Ausgangspunkt Bergstation der Signal-Seilbahn (2130 m), Talstation St. Moritz Bad (1773 m).
Wegverlauf Signal – Alp Suvretta (2211 m) – Fuorcla Albana (2870 m) – Piz Güglia.
Gehzeiten Insgesamt 6½ Std.; Aufstieg 4 Std., Abstieg 2½ Std.
Hinweis Startet man gleich in St. Moritz, erhöht sich die Gesamtgehzeit um etwa 1¼ Std.
Orientierung Vielbegangener, markierter Steig.
Einstufung Leicht.

508 Piz Beverin, Überschreitung

Piz Beverin, 2997 m

Leicht

Seine markante Gestalt beherrscht das Domleschg: Felsenburg über Burgfelsen. Der leichteste Anstieg verläuft aus dem Schons über die Südostflanke. Etwas anspruchsvoller, landschaftlich sehr reizvoll ist die Überschreitung des Berges vom Glaspaß nach Mathon. Die Gipfelschau vereinigt stimmungsvolle Tiefblicke mit einer informativen Schau über fast die gesamte Bündner Bergwelt.

Wo? Thusis (723 m) liegt im Domleschg, unmittelbar am Eingang in die Viamala, 25 km von Chur.
Ausgangspunkt Der Glaspaß (1846 m) ist ein seit alters her benützter Übergang ins innere Safiental. Schmale Bergstraße ab Thusis, 14 km; Postbus bis nach Oberschappina (1577 m).
Wegverlauf Glaspaß – Beverin-Westflanke – Lücka (2826 m) – Piz Beverin – Südostgrat – Beverin Pintg (2587 m) – Mathon (1527 m).
Gehzeiten Insgesamt 7 Std.; Aufstieg 4 Std., Abstieg 3 Std.
Hinweis Nur bei trockenem Wetter gehen! Die abschüssigen Rinnen (brüchige Schiefer) in der Westflanke des Beverin sollten unbedingt schneefrei sein.
Orientierung Problemlos, markierte Bergwege.
Einstufung Leicht; in der Westflanke sind zur Lücka hin mehrere etwas heikle Rinnen zu queren, am Grat zum Beverin Pintg gut 10 Meter hohe Leiter.

509 Säntis-Überschreitung

Säntis, 2502 m

Mittel

Der Säntis gehört zu den großen Aussichtsbergen im Osten der Schweiz, und neben einer Seilbahn führen auch mehrere Wege auf den (arg verbauten) Gipfel. Es handelt sich dabei zwar nicht um echte Vie ferrate, doch sind diese Steige jeweils auf kürzeren Passagen gesichert. Landschaftlich besonders reizvoll ist die »Nasenlöcher-Route«, in Verbindung mit dem Abstieg über Tierwis ergibt sich eine sehr dankbare Runde.

Der Säntis, höchster Gipfel des Alpsteinmassivs.

Wo? Der Säntis, höchster Gipfel des Alpsteinmassivs, erhebt sich zwischen dem Obertoggenburg und dem Appenzellerland. Talorte Urnäsch (832 m) und Wildhaus (1090 m).
Ausgangspunkt Schwägalp (1352 m), Talstation der Säntis-Seilschwebebahn. Zufahrten von Urnäsch bzw. Neu St. Johann je 12 km.
Wegverlauf Schwägalp – Chammhaldenhütte (1394 m) – Dreihütten – »Nasenlöcherweg« – Höch-Nideri-Sattel (2121 m) – Blaues Eis – Girensattel – Blauschneelücke (2397 m) – Säntis – Girensattel – Gh. Tierwis (2085 m) – Schwägalp.
Gehzeiten Insgesamt 7 Std.; Schwägalp – Höch-Nideri-Sattel 3 Std., Höch-Nideri-Sattel – Säntis 1½ Std., Säntis – Tierwis 1¼ Std., Tierwis – Schwägalp 1¼ Std.
Hütten Berggh. Säntis, Gh. Tierwis (2085 m).
Orientierung Leicht, rot-weiß und blau-weiß mark. Steige.
Einstufung Mittel. Am »Nasenlöcherweg« einige wenige Sicherungen, ebenso unterhalb des Girensattels und im Abstieg vom Gh. Tierwis. Steilrinne aus der Blauschneelücke zum Stollen am Säntisgipfel durchgehend gesichert.

510 Lisengrat
Säntis, 2502 m

Leicht

Mit dem Baujahr 1904 ist er ein echter Veteran, ein beliebter dazu, gilt der »Lisengrat« doch als schönster Weg auf den berühmten Aussichtsberg. Der allerdings mußte sich in den vergangenen Jahren allerhand gefallen lassen, die futuristischen Anlagen der Telecom weisen bereits ins nächste Jahrhundert, und die von der Schwägalp heraufziehende Seilbahn sorgt auch nicht gerade für Ruhe rund um den Gipfel. Keinen Abbruch tut das dem großen Alpenpanorama – nur das Wetter muß halt mitspielen …

Wo? Der Säntis gehört je zur Hälfte den Kantonen St. Gallen und Appenzell-Innerrhoden. Talort im Westen ist Unterwasser (906 m), im Nordosten Appenzell (775 m).
Ausgangspunkte Thurwis (1207 m), etwa 4 km von Unterwasser.
Wasserauen (868 m), 6 km von Appenzell. Parkplatz bei der Talstation der Ebenalp-Seilbahn.
Wegverlauf Thurwis – Rotsteinpaß (2120 m) – Lisengrat – Säntis – Chlingen (1662 m) – Thurwis.
Wasserauen – Seealpsee (1141 m) – Meglisalp (1517 m) – Rotsteinpaß (2120 m) – Lisengrat – Säntis – Rossegg – Seealpsee – Wasserauen.
Gehzeiten Ab Thurwis: Insgesamt 7¾ Std.; Thurwis – Rotsteinpaß 3 Std., Lisengrat – Säntis 2 Std., Abstieg via Chlingen 2¾ Std.
Ab Wasserauen: Insgesamt 9½ Std.; Wasserauen – Rotsteinpaß 4 Std., Lisengrat – Säntis 2 Std., Abstieg via Rossegg 3½ Std.
Hütten Meglisalp (1517 m), Rotsteinpaß (2120 m), Berggh. Säntis.
Orientierung Bestens markierte und ausgeschilderte Bergwege.
Einstufung Leicht.

511 Altmann, gesicherter Steig
Altmann, 2435 m

Mittel

Zweithöchster Berg des Alpsteinmassivs ist der Altmann, ein markanter Felsgipfel, der sich zwischen dem Rotstein- und dem Zwinglipaß südöstlich vom Säntis erhebt. Verschiedene Varianten möglich; besonders lohnend ist eine Überschreitung vom Seealpsee nach Unterwasser unter Einbeziehung der Löchlibetter-Route.

Talort Appenzell (775 m), Hauptort des Kantons Appenzell-Innerrhoden, gut 20 km von St. Gallen.
Ausgangspunkt Wasserauen (868 m), Häusergruppe 6 km südlich von Appenzell. Endstation der Bahnlinie.

Der felsig-schroffe Altmann, rechts dahinter der Säntis.

Wegverlauf Wasserauen – Seealpsee (1141 m) – Meglisalp (1517 m) – Löchlibettersattel (2152 m) – Altmannsattel (2368 m) – Altmann – Altmannsattel – Rotsteinpaß (2120 m) – Thurwis (1207 m) – Unterwasser (906 m).
Gehzeiten Insgesamt 8½ Std.; Wasserauen – Meglisalp 2½ Std., Meglisalp – Löchlibetter – Altmann 2½ Std., Altmann – Rotsteinpaß ¾ Std., Rotsteinpaß – Unterwasser 2¾ Std.
Hinweis Tour läßt sich gut mit einer Überschreitung des Säntis verbinden.
Hütten Meglisalp (1517 m), Rotsteinpaß (2120 m).
Orientierung Leicht, bis zum Altmannsattel markierte Wege.
Einstufung Mittel; an den Löchlibettern Sicherungen, einzelne Eisenstifte auch am Altmanngipfel, dazu hier leichte Kletterpassagen (I–II).

512 Speer-Nordwand
Speer, 1950 m

Mittel

Aufgrund seiner weit gegen Westen vorgeschobenen Lage bietet der Speer ein kontrastreiches, sehr stimmungsvolles Panorama. Besonders schön aufgeschlossen zeigt sich das Glarnerland mit seinem hohen Gipfelkranz; glitzernd im Westen der langgestreckte Zürichsee, fern im Nordwesten, jenseits des Rheins, die Höhenzüge des Schwarzwalds. Ein hübscher kleiner Klettersteig führt über die Nordwand des markant geschichteten Gipfels – nicht ganz neu, aber steiles Finale einer lohnenden Tour.

Wo? Der Speer erhebt sich zwischen dem Toggenburg und dem unteren Walensee. Talorte Ebnat-Kappel (637 m) und Amden (935 m).
Ausgangspunkt Steintal (825 m) im gleichnamigen Tal, schmale Zufahrt von Ebnat-Kappel, 5 km. – Man kann die Tour auch in Amden bzw. an der Bergstation des Niederschlag-Sesselliftes (1290 m) starten, Zugang über die Hinter Höhi (1416 m).
Wegverlauf Steintal – Tanzboden (1443 m) – Chli Speer (1713 m) – Nordwandsteig – Speer (1950 m) – Leiterli – Wolzenalp – Steintal.
Gehzeiten Insgesamt 7 Std.; Steintal – Tanzboden 1½ Std., Tanzboden – Speer 2¾ Std., Speer – Wolzenalp 2 Std., Wolzenalp – Steintal ¾ Std.
Orientierung Problemlos, gut markierte Wege.
Einstufung Mittel; kürzere ungesicherte Kletterstellen (I–II). Nordflanke sollte unbedingt schneefrei sein!

DIE SCHWEIZ

513 Großer Mythen, gesicherter Steig

Großer Mythen, 1899 m

Leicht

Mythen. Das paßt ganz gut zum Mythos Tell, der ja untrennbar mit dem Selbstverständnis der Schweizer verbunden ist, und zur sagenumwobenen Entstehungsgeschichte der Eidgenossenschaft. Daß gerade in Schwyz, am Fuß der beiden Mythen, die Gründungsurkunden der Schweiz aufbewahrt werden, ist kein Gerücht, sondern Tatsache. Und den abschnittweise gesicherten Steig auf den Großen Mythen gibt's ebenfalls, samt Hütte am Gipfel sowie (bei schönem Wetter) einem großen Alpenpanorama.

Wo? Der Mythen erhebt sich über dem weiten Talboden von Schwyz; Talorte für seine Besteigung sind Einsiedeln und Schwyz.
Ausgangspunkte Bergstation der Holzegg-Seilbahn (1405 m), Talstation Brunni, 10 km von Einsiedeln.
Bergstation der Rotenflue-Seilbahn (1520 m), Talstation in Rickenbach (586 m) bei Schwyz.
Wegverlauf Rotenflue – Holzegg – Großer Mythen.
Gehzeiten Insgesamt 4 Std.; Rotenflue – Holzegg ½ Std., Holzegg – Mythen 1¾ Std., Mythen – Rotenflue 1¾ Std.

Hütten Holzegg (1405 m), Gipfelhütte am Großen Mythen.
Orientierung Problemlos, bestens markierte, vielbegangene Wege.
Einstufung Leicht. Vorsicht bei Nässe, keinesfalls vom markierten Steig abgehen (steile Grashänge über senkrechten Felsen)!

514 Rigi Hochflue, Überschreitung

Rigi Hochflue, 1699 m

Leicht

Im Gegensatz zum Rigi Kulm (1797 m) gibt's an der Hochflue weder Bergbahnen noch ein Gasthaus, dafür aber auch keine Besuchermassen. Das Panorama ist (fast) so umfassend, vielleicht sogar stimmungsvoller als drüben am Innerschweizer Renommierberg, und die Gipfelwege warten mit ein paar gesicherten Passagen auf.

Aussichtswarte Rigi Hochflue: Tiefblick auf den Vierwaldstätter See und Brunnen; darüber der Fronalpstock, am Horizont die Urner und Glarner Alpen.

Wo? Die Rigi Hochflue erhebt sich zwischen Arth-Goldau und Brunnen.
Ausgangspunkte Gätterli (1190 m), Sattel zwischen Rigi Scheidegg (1656 m) und Rigi Hochflue; Zufahrt von Gersau 8 km.
Bergstation der Urmiberg-Seilbahn (1120 m), Talstation an der Straße von Brunnen nach Gersau.
Wegverlauf Gätterli – Hochflue – Chälen – Gätterli.
Urmiberg – Egg (1288 m) – Hochflue – Zilistock (1387 m) – Bärfallen (856 m) – Brunnen.

Gehzeiten Ab Gätterli insgesamt 2¾ Std.; Gätterli – Hochflue 1½ Std., Hochflue – Chälen – Gätterli 1¼ Std.. Ab Urmiberg insgesamt 4½ Std.; Urmiberg – Egg – Hochflue 2¼ Std., Hochflue – Zilistock – Brunnen 2¼ Std.
Orientierung Problemlos; markierte Bergwege. Variante Egg – Nordostgrat – Hochflue bei Nässe nicht ratsam.
Einstufung Leicht, am Anstieg von der Egg kurze Steilpassage mittel. Am Weg vom Gätterli herauf etwa 15 Meter hohe Leiter, am Abstieg nach Chälen Drahtseile.

515 Hölloch

Hölloch, ca. 700 m

Mittel

Das ganz andere Klettersteigerlebnis: nicht auf, sondern in den Berg! Das Hölloch, 1875 entdeckt und seit 1900 systematisch erforscht, ist mit einer (bis heute) vermessenen Länge von 170 Kilometern das größte Höhlensystem Europas und das drittgrößte der Welt. Die Höhle ist grundsätzlich nur in Begleitung ausgebildeter Führer zugänglich; mehrere Passagen sind mit Leitern, künstlichen Tritten und Seilsicherungen versehen. Ein einmaliges Erlebnis im Bauch des Berges: enge Gänge (mit vielen Kriechpassagen), riesige Hohlräume, bizarre Kalkablagerungen, mehrere Seen und ein gischtender Wasserfall.

Wo? Ins Muotatal führt von Schwyz (516 m) eine gute Straße, 13 km bis Muotathal.
Ausgangspunkt Der Eingang zum Hölloch (734 m) befindet sich oberhalb des Weilers Stalden (664 m).
Wegverlauf Durch den etwa zwei Kilometer langen Hauptgang zur ersten größeren Verzweigung des Höhlensystems, dann durch den Seengang in den Riesensaal, anschließend zum Wasserdom (Wasserfall) und in einer Schleife durch die »Schlange« und den Äolsgang zurück zum Riesensaal.

Gehzeit Die Führung dauert etwa 8 Std. (nur im Winter, von November bis März).
Einstufung Mittel, Trittsicherheit und etwas Kletterfertigkeit notwendig. Und natürlich muß man immun sein gegen klaustrophobische Anwandlungen.

516 Chaiserstock, gesicherter Steig

Chaiserstock, 2515 m

Mittel

Die schlanke Felspyramide erhebt sich zwischen dem Riemenstalden- und dem Schächental – ein beliebtes Tourenziel mit kurzen Kletterpassagen (II) sowie ein paar Drahtseilsicherungen. Der markierte Aufstieg führt von der Lidernenhütte zunächst über die Lidernenalp gegen die Senke des Liderner Plänggeli (2194 m), biegt dann nach links um und steuert ansteigend eine markante Scharte im Nordwestgrat an. Anschließend um den ersten Gratturm herum, dann am Grat, teilweise mit Drahtseilsicherungen, zum Gipfel.

Wo? Riemenstalden (1030 m) erreicht man von Sisikon am Ostufer des Urner Sees über eine schmale Bergstraße.
Ausgangspunkt Talstation der Seilbahn zur Alp Gitschen (1182 m), knapp 2 km hinter dem Dörfchen.
Wegverlauf Riemenstalden – Lidernenhütte – Lidernenalp – Chaiserstock.
Gehzeiten Insgesamt 7¾ Std.; Riemenstalden – Lidernenhütte 1¾ Std., Lidernenhütte – Chaiserstock 3 Std., Abstieg auf dem gleichen Weg 3 Std.
Hütte Lidernenhütte (1727 m).
Orientierung Problemlos, mark. Steig.
Einstufung Mittel; ungesicherte Stellen maximal Schwierigkeitsgrad II.

517 Titlis-Klettersteig

Kleintitlis, 3032 m

Mittel

Der Titlis gehört zu den großen Bergen der Zentralschweiz, mit Seilbahn, Eisgrotte, Riesenpanorama und Besuchermassen. Japaner heiraten gelegentlich sogar auf dem Berg – ein besonderer Gag, möglich gemacht durch die rührigen Tourismuspromotoren Engelbergs. Ob sie auch den neuen Klettersteig mitfinanziert haben, entzieht sich meiner Kenntnis; seit 1998 jedenfalls führt ein »Eisenweg« durch die mächtige Südwand des Titlis hinunter auf den Wendengletscher bzw. zum Grassenbiwak. Der Einstieg ist nur rund 300 Meter von der Bergstation der Titlis-Seilbahn entfernt, was manche »Ferratisti« als sehr praktisch empfinden werden, dann allerdings führt die Route bergab (!), und drunten auf dem Firn gibt's für die meisten nur einen Weiterweg: zurück und hinauf. Wer weiter will zur Sustlihütte (siehe 518) oder gar über den Wendengletscher absteigen möchte, um unter den Wendenstöcken hinüber zum »Tälli-Klettersteig« (siehe 522) zu queren, sollte auf jeden Fall gletschertauglich ausgerüstet sein. Möglich ist auch ein Abstieg über den Firnalpeligletscher nach Herrenrüti (1165 m) und Engelberg.

Wo? Das bekannte Ferien- und Klosterdorf am Fuß des Titlis (3239 m) erreicht man von Luzern auf guter Straße bzw. per Bahn.
Ausgangspunkt Bergstation der Titlis-Seilschwebebahn am Chli Titlis (3028 m).
Wegverlauf Abstieg zum Wendenjoch (2582 m); 200 m weiter östlich, am Tierberg (2650 m), steht das unbewirtschaftete Grassenbiwak.
Gehzeiten Insgesamt 5 Std.; Abstieg 2 Std., Aufstieg 3 Std.
Hinweis Einstieg zum Klettersteig unmittelbar neben dem Fernmeldegebäude am Chli Titlis, ein paar hundert Meter von der Seilbahn. Tafel.
Tip Bei guter Fernsicht wird man natürlich den Abstecher zum Titlis (3238 m) nicht versäumen. Ausgetretene Spur, 40 Min.
Hütte Grassenbiwak (2650 m), stets zugänglich.
Orientierung Am Klettersteig problemlos: immer den Sicherungen nach.
Einstufung Mittel, die Route ist mit Drahtseilen und ein paar Leitern bestens gesichert. Helm!

518 Sustlihütte, gesicherter Zugang

Sustlihütte, 2257 m

Leicht

Natürlich haben die meisten Gäste der Sustlihütte mehr im Sinn als nur einen Hüttenbummel; schließlich stehen Dreitausender in weitem Halbkreis über dem gastlichen Haus. Der kleine Abstecher beschert auch Aussicht auf die hohen Grate südlich des Meientals: Fleckistock (3416 m), Stucklistock (3313 m), Sustenhorn (3504 m). Und dann gibt's – als Alternative zum normalen Hüttenzugang – noch ein gesichertes Steiglein, das genußreiches Hinaufturnen vor großer Kulisse erlaubt.

Wo? Die Sustenstraße verbindet Wassen (916 m) im Reusstal mit Innertkirchen (625 m) im Haslital.
Ausgangspunkt Chli Sustli (1907 m) an der Ostrampe der Paßstraße. Bushaltestelle, Parkplatz.
Gehzeiten Insgesamt 1¾ Std.; Aufstieg über den gesicherten Steig 1 Std., Abstieg knapp ¾ Std.
Orientierung Problemlos.
Einstufung Leicht, ein paar Leitern. Auch für Familien gut geeignet.

Wichtig im Gebirge: gute Markierungen.

519 Salbit-Kettenweg

Salbitbiwak, 2400 m

Mittel

Berühmt sind die Granitzacken des Salbitschijen vor allem als Kletterrevier. Besonders eindrucksvoll präsentieren sich die bizarren Westgrattürme vom Salbit-Kettenweg, der, mit Drahtseilen und Ketten gesichert, das abschüssig-wilde Mittwaldcouloir quert. Angelegt wurde die Route als Zugang von der Salbithütte zum gleichnamigen Biwak.

Urner Kletterrevier: die Granitzacken des Salbitschijen.

Wo? Ins Göschener Tal führt von Göschenen (1101 m) eine gute Straße, 10 km bis zur Staumauer des Göscheneralpsees (1797 m).
Ausgangspunkt Ulmi (1195 m), Bushalt 2,5 km von Göschenen.
Wegverlauf Ulmi – Salbithütte (2105 m) – Kettenweg – Salbitbiwak (2400 m) – Horefelli (1786 m) – Göscheneralpstraße (Voralpkehre, 1404 m) – Talweg – Ulmi.
Gehzeiten Insgesamt 7 Std.; Ulmi – Salbithütte 2½ Std., Kettenweg 1½ Std., Salbitbiwak – Voralpkehre 2¼ Std., Talweg ¾ Std.
Hütte Salbithütte (2105 m).
Orientierung Problemlos, Wege gut markiert.
Einstufung Mittel, im Mittwaldcouloir und im Abstieg vom Salbitbiwak Sicherungen. Steinschlaggefahr (Helm!).

520 Ferrata Diavolo

Schöllenen, 1800 m

Mittel

Von dem »teuflischen« Namen braucht sich niemand abschrecken zu lassen, und die Schöllenenschlucht gibt eine passende Kulisse für das steile (aber bestens gesicherte) Felsabenteuer ab. Als Erbauer dieser höchstens mäßig schwierigen Route zeichnet übrigens die Gebirgskampfschule Andermatt der Schweizer Armee. Und noch mehr »Kriegerisches«: Der Einstieg befindet sich unmittelbar neben dem Suworow-Denkmal, das an den unglücklichen Alpenfeldzug des russischen Generals während der Koalitionskriege erinnert (1799).

Berühmte Kulisse zu steiler Route: die Schöllenenschlucht, Ausgangspunkt der »Ferrata Diavolo«.

Wo? Die Schöllenenschlucht war einst »pièce de résistance« an der Gotthardroute. Göschenen – Andermatt 6 km.
Ausgangspunkt Bahnhof Andermatt (1436 m).
Wegverlauf Andermatt – Schöllenen (1405 m) – »Ferrata Diavolo« – Tüfelstalboden (1820 m) – Andermatt.
Gehzeiten Für die Runde knapp 3 Std.
Orientierung Problemlos, alles bestens markiert.
Einstufung Mittel, Einstiegsrippe und Finale etwas luftig, dazwischen auch grasige Bänder. Schon fast übergesichert: Schweizer Qualität halt …

521 Sassariente, gesicherter Steig

Sassariente, 1768 m

Leicht

Wandern zwischen Merlot und Gipfelglück. So ließe sich die Tour auf den Sassariente treffend umschreiben. Nur den süffigen Roten (von dem es sogar eine feine Lage mit der Bezeichnung »Sassariente« gibt) trinkt man mit Vorteil erst hinterher. Denn das Finale zum Gipfelkreuz ist ganz schön steil und verlangt zumindest einen sicheren Tritt. Berauschend dann (vor allem im Herbst) die Aussicht, tief hinab in die Magadinoebene und zum Lago Maggiore, hinaus über die randalpinen Höhen und hinein in die Bergwelt des Sopra Ceneri. Angesichts der »gächen« Hänge, der zerfurchten Talflanken und der steinigen, nur über schmale Wege zugänglichen Weiden wird einem rasch klar, weshalb im Tessin immer mehr Bauern ihre Almen, Äcker und Höfe aufgeben, die jungen Leute in der Stadt Arbeit suchen. Dafür ziehen immer mehr Deutschschweizer in die alten Rustici, genießen nun streßgeplagte Städter neu die (Tessiner) Natur. Verkehrte Welt?

Wo? Der Sassariente erhebt sich über der Mündung des Val Verzasca.
Ausgangspunkt Berzona (486 m), kleines Dorf am Ostufer des Lago di Vogorno, 6 km von Gordola (222 m) in der Magadinoebene. Kleiner Parkplatz am Ortsausgang. Alternativ kann man die Tour auch in Monti di Motti (1067 m) starten (Zufahrt von Cugnasco) – nur halb so lang, aber auch nur halb so schön.
Wegverlauf Berzona – Lignasca (844 m) – Monti della Scesa (1279 m) – Sassariente.
Gehzeiten Insgesamt 6½ Std.; Berzona – Sassariente 4 Std., Abstieg auf dem gleichen Weg 2½ Std.
Orientierung Ordentlich markierte Wege.
Einstufung Leicht; die letzten 80 m zum Gipfel sind mit Hanfseilen, Haken und ein paar Eisenbügeln gesichert. Bei Nässe unangenehm!

Endlich! Im Spätsommer 1993 wurde die erste Ferrata der Schweiz eröffnet, der »Tälli-Klettersteig«.

Das Phantom in der Wand

Auch das gibt es: Klettersteige, die's eigentlich gar nicht gibt!
Das braucht man nicht auf Anhieb zu verstehen. Aber es existieren ein paar von diesen »Phantomsteigen«, Klettersteige, die man zwar begehen, über die man aber nicht berichten soll. In einem Fall fürchtet ein (initiativer) Südtiroler Bergführer, zu viel Publizität könnte fatale Folgen für seinen Klettersteig haben: Abbruch. Anderswo droht ein Waldbesitzer und Oberjäger den rührigen Erbauern zweier kleiner Steige, daß sie ihren »Eisenweg« umgehend abbauen müßten, wenn er bekannt würde: Herren und Knechte im (modernen?) Österreich. Und im Bündner Land gibt es eine uralte Via ferrata, einst als (schwindelerregender) Zugang zu einer Wiese mitten im steilen Felsgelände angelegt. Im SAC-Führer findet sich sogar noch ein Hinweis auf diese Route; auf Anfrage beschied allerdings die Gemeinde nach Rücksprache mit den Besitzern, man möge auf eine Veröffentlichung verzichten. In diesem Falle verständlich, müßte die Route doch erst einmal saniert werden.
Kaum mehr etwas zu richten gibt's an jener historischen Ferrata, die einst im Berner Oberland auf den Rotstock (2663 m) führte. So steht es in einer Broschüre aus dem Jahr 1903: »Die Station Rothstock liegt bei Kilometer 2,880 (der Jungfraubahn) auf 2530 Meter über Meer und ermöglicht auf künstlich angelegtem Felspfade die Besteigung des aussichtsreichen Rothstocks (2669 m ü.M.), der einen schönen Fernblick nach Norden über das Lauberhorn auf die vielen Seen des Mittellandes und die Juraketten bietet.«
Die Station Rothstock der Jungfraubahn ist längst aufgelassen - der Klettersteig Geschichte. Es sei denn, jemand kommt auf die Idee, den Steig auf die Aussichtskanzel vor der Eiger-Nordwand zu rekonstruieren. »Eisenwege« einst und jetzt ...

522 Tälli-Klettersteig

Horlauipfeiler, ca. 2530 m

Mittel

Die langgestreckte Felsfront der Gadmerflue ist seit langem als Kletterrevier bekannt; 1993 wurde hier die erste waschechte Via ferrata der Schweiz eröffnet. Die Route, hervorragend gesichert, läuft vom Alpligerstöckli (2067 m) in einer Diagonale über steile Felsen, Bänder, Risse und Pfeiler auf die Abdachung des Horlauipfeilers: ein landschaftlich sehr reizvoller Anstieg mit faszinierenden Blicken auf die teilweise vergletscherten Dreitausender um Gadmer Tal und Haslital, abschnittweise recht exponiert, aber nur von mittlerer Schwierigkeit. Sehr reizvoll auch der Abstieg nach Norden, und am Weg über das Sätteli blüht es im Sommer üppig.

Wo? Ins Gadmer Tal kommt man über die Sustenpaßstraße, 12 km von Innertkirchen, 34 km von Wassen bis Gadmen. Zwischen Furen und Gadmen zweigt das 4 km lange Privatsträßchen zur Birchlauialp (1597 m) ab. Maut bezahlt man auf der Alp.
Ausgangspunkt Parkplatz Lägerrain (ca. 1600 m).
Wegverlauf Lägerrain – Tällihütte (1717 m) – Alpligerstöckli (2067 m) – »Tälli-Klettersteig« – Horlauipfeiler – Abstieg zum Engstlenweg (ca. 1920 m) – Sätteli (2120 m) – Tällihütte – Lägerrain.
Gehzeiten Insgesamt 7 Std.; Lägerrain – Tällihütte 20 Min., Tällihütte – Einstieg 1 Std., »Tälli-Klettersteig« 2½ Std., Abstieg und Rückweg ca. 3 Std.
Hütte Tällihütte (1717 m).
Orientierung Problemlos, markierte Wege.

Einstufung Mittel, die schwierigsten Passagen befinden sich am Anfang des Steiges. Im Frühsommer am Alpligerstöckli steiles Schneefeld.

Ein landschaftlich großartiges Klettersteigerlebnis bietet der »Tälli«.

523 Schwarzhorn-Klettersteig
Schwarzhorn, 2928 m

Leicht

Das schönste Belvedere vor der Viertausenderparade der Berner Alpen hat einen kleinen Klettersteig bekommen, was dem Weg zum großen Schauerlebnis zusätzliche Würze verleiht. Die Ferrata verläuft über die Große Chrinne und den gestuften Südwestgrat; sie ist mit drei Leitern sowie Fixseilen bestens gesichert – eine ideale Route für Einsteiger.

Wo? Grindelwald (1034 m), berühmter Ferienort im Berner Oberland, 20 km von Interlaken.

Ausgangspunkt Bergstation der First-Gondelbahn (2167 m), Talstation Grindelwald.

Wegverlauf First – Chrinneboden – Große Chrinne (2635 m) – Schwarzhorn – Südgrat – Chrinneboden – First.

Gehzeiten Insgesamt 5 Std.; First – Klettersteig – Schwarzhorn 3 Std., Abstieg über den Südgrat 2 Std.

Orientierung Problemlos; markierte Wege.

Einstufung Leicht.

524 Römerweg
Lötschenpaß, 2690 m

Leicht

Vor dem Bau des Gemmiweges war der (vergletscherte) Lötschenpaß ein wichtiger Übergang vom Berner Oberland ins Wallis; heute fährt die Bahn (Lötschbergtunnel) unten durch. Die Wanderung über den Paß bietet faszinierende Hochalpenbilder, eigentlich ist ja bereits das Gasterntal eine Reise wert. Und wer ganz gut zu Fuß ist, steigt gleich noch dem Hockenhorn (3239 m) aufs Haupt, einem leichten Dreitausender mit formidabler Rundschau.

Der Paßweg wartet mit einer interessanten Variante auf: dem »Römerweg«, einst vom Militär angelegt und erst jüngst rekonstruiert. Er überwindet die Felsstufe oberhalb vom Schönbielboden links der (abgeschmolzenen) Zunge des Lötschberggletschers, mit Drahtseilen und einer Leiter bestens gesichert. Dabei wird der (harmlose) Firn (im Gegensatz zum Normalweg) nicht betreten.

Wo? Der Lötschberg verbindet Kandersteg (1176 m) mit Ferden (1375 m) im Lötschental.

Ausgangspunkt Selden (1537 m) im Gasterntal, Zufahrt von Kandersteg 10 km, mautpflichtig und zeitlich geregelt.

Wegverlauf Selden – Gfelalp (1847 m) – »Römerweg« – Lötschenpaß – »Alter Weg« – Gfelalp – Selden.

Gehzeiten Insgesamt 6 Std.; Selden – »Römerweg« – Lötschenpaß 3½ Std., Lötschenpaß – »Alter Weg« – Selden 2½ Std.

Hinweis Für den Abstecher zum Hockenhorn muß man mit gut 3 Std. (hin und zurück) rechnen. Nur bei sicherem Wetter; Wegspur, Steinmännchen.

Hütte Gfelalp (1847 m), Lötschenpaßhütte (2690 m).

Orientierung Rot-weiß und blau-weiß markierte Wege.

Einstufung Leicht.

Der »Römerweg« überwindet gut gesichert die Felsstufe zwischen dem Schönbielboden und dem Lötschberggletscher.

DIE SCHWEIZ

525 Aeugiweg
Ammertenspitz, 2613 m

Leicht

Mehr Wanderweg als Klettersteig, aber durchaus nicht ohne Reiz ist die Überschreitung des Ammertenspitz' auf dem »Aeugiweg«, vor allem mit Ausgangs- und Endpunkt im Oberen Simmental. So umgeht man wenigstens teilweise das wenig ansprechende Skirevier rund um den Hahnenmoospaß, und auch der Abstieg bietet nochmals Interessantes: das idyllische Ammertentäli und zuletzt die stiebenden Simmenfälle. Blickfang vom Gipfel ist das mächtige, mehrgipflige Massiv des Wildstrubel (3243 m).

Wo? Der Ammertenspitz erhebt sich zwischen dem Engstligen- und dem Simmental im Vorfeld des Wildstrubel. Talorte sind Adelboden (1348 m) und Lenk (1068 m).
Ausgangspunkte Bergstation der Metsch-Seilbahn (1480 m), Talstation südlich von Lenk im Simmental. Hahnenmoospaß (1950 m), Zufahrt von Adelboden bis Geilsbüel (1707 m), dann Sessellift.
Wegverlauf Ab Metsch: Metsch – Metschhorn (1901 m) – Bummerepaß (2055 m) – »Aeugiweg« – Ammertenspitz – Ammertenpaß (2443 m) – Ammertentäli – Simmenfälle – Talstation Metschbahn.
Ab Hahnenmoos: Hahnenmoospaß – Bummerepaß (2055 m) – »Aeugiweg« – Ammertenspitz – Ammertenpaß (2443 m) – Engstligenalp (1964 m).
Gehzeiten Ab Metsch: Insgesamt 7¼ Std.; Metsch – Bummerepaß 2¼ Std., Bummerepaß – Ammertenspitz 1¾ Std., Ammertenspitz – Ammertentäli – Simmenfälle 2¾ Std., Simmenfälle – Talstation Metschbahn ½ Std.
Ab Hahnenmoos: Insgesamt 3¾ Std.; Hahnenmoospaß – Bummerepaß ½ Std., Bummerepaß – Ammertenspitz 1¾ Std., Ammertenspitz – Ammertenpaß – Engstligenalp 1½ Std.
Hinweis Von der Engstligenalp führt eine Seilbahn hinab nach Birg (1400 m), weiter per Bus nach Adelboden.
Orientierung Bis auf den Anstieg zum Metschhorn (spärliche Markierungen) problemlos.
Einstufung Leicht, am Aufstieg zum Ammertenspitz Kettensicherungen und zwei aufwendige Treppenkonstruktionen. Originellste Passage ist der »Jumpfere Zwick«, ein schmaler Felsdurchlaß, der auf die Südseite des Grats leitet.

526 Via ferrata de Rougemont
Le Rubli, 2284 m

Leicht/Schwierig

Ein prächtiger Aussichtsberg war Le Rubli schon immer, das Panorama reicht vom Mont Blanc bis zum Eiger. Den recht langen Aufstieg von Rougemont verkürzt seit ein paar Jahrzehnten eine Gondelbahn, und jüngst hat der Gipfel nun noch ein paar Drahtseile bekommen: eine Via ferrata. Sie ermöglicht ein zwar kurzes, aber recht intensives Felsabenteuer; die Erbauer haben dabei auch an Anfänger gedacht und zwei Routen gelegt: »peu difficile« die eine, mit immerhin 500 Metern Drahtseil gesichert, anspruchsvoll und mit sehr exponierten Passagen die andere.

Kurz und knackig: die Ferrata auf den Rubli.

Wo? Rougemont (1007 m) liegt ein paar Kilometer westlich von Saanen an der Straße nach Château-d'Oex.
Ausgangspunkt Bergstation Videmanette (2130 m) der Gondelbahn, Talstation Rougemont.
Wegverlauf Videmanette – Le Rubli.
Gehzeiten Wer beide Routen begeht, benötigt etwa 2 Std., mit Abstieg nach Rougemont 3½ Std.
Hütte Cabane de Videmanette (2130 m) bei der Seilbahnstation.
Orientierung Problemlos.
Einstufung Leicht (voie 1) bzw. schwierig (voie 2).

527 Gstellihorn-Nordostgrat, gesicherter Steig
Gstellihorn-Nordostgrat, ca. 2510 m

Leicht

Ganz nah an der Wasserscheide Rhein – Rhone und bereits auf Walliser Boden (die Kantonsgrenze verläuft hier etwas nördlich vom Sanetschpaß, 2251 m) überquert ein neu angelegter und markierter Steig den Nordostgrat des Gstellihorns (Dent Blanche, 2818 m): eine abwechslungsreiche Wanderrunde mit überraschenden Fernblicken bis zu den Walliser Hochgipfeln. Den Übergang von Creux de la Lé zum Karrenplateau des Verlornenbergs erleichtern Drahtseile und eine Metalleiter.

Wo? Gsteig (1184 m) ist ein kleines Bergdorf an der Straße von Gstaad zum Col du Pillon.
Wegverlauf Gsteig – Lac de Sénin (Sanetschsee, 2034 m) – Creux de la Lé – Gstellihorn-Nordostgrat – Verlornenberg – Gsteig.
Gehzeiten Insgesamt 7 Std.; Gsteig – Lac de Sénin 2¾ Std., Lac de Sénin – Verlornenberg 2 Std., Abstieg nach Gsteig 2¼ Std.
Orientierung Bezeichnete Wege; am Karrenplateau gut auf Markierungen achten, vor allem bei Nebel!
Einstufung Leicht.

528 Klettersteig Aletsch

Stausee Gibidum, 1436 m

Mittel

Auf die Idee muß man erst einmal kommen! Da ist ein Speicherbecken, knapp 2 Kilometer lang, zwischen steile Felsen eingebettet, mit einer Betonmauer vorne. Und rund um diesen künstlichen See läuft der »Klettersteig Aletsch«, bestens gesichert mit etwa 3 Kilometer (!) Drahtseil und vielen Eisentritten – ein faszinierender Gang über dem Wasser, allerdings fast ohne Sicht auf den Gletscher, von dem die Route ihren Namen hat. Dafür bietet sie einen ganz besonderen Gag: eine 84 Meter (!) lange Hängebrücke, 60 Meter übers Gletscherwasser gespannt!

Wo? Blatten (1327 m) ist ein kleines Walliser Dorf in sonniger Hanglage über dem Rhonetal, 9 km von Brig.
Ausgangspunkt Staumauer des Speichers Gibidum (1437 m), Zufahrt von Blatten knapp 3 km. Parkplatz.
Wegverlauf Rund um den Stausee.
Gehzeit 3 bis 4 Std., je nach Tempo.
Orientierung Wer sich da verläuft …
Einstufung Mittel, wenig anstrengend.

Landschaftswunder im Wallis: der Aletschgletscher.

529 Leiternweg Weissmieshütte – Grüebe

Jegihorn-Südgrat, ca. 2770 m

Leicht

Wandern vor einer grandiosen Hochgebirgskulisse läßt es sich im Saaser Tal leicht; besonders beliebt sind etwa die beiden Hang- bzw. Höhenwege, die von Gspon und Grächen in das Tal führen. Sozusagen eine Etage höher, unter dem Jegihorn (3206 m), verläuft der »Leiternweg«. Er verbindet die Weissmieshütte (2720 m) mit den Seewjine und der Alp Grüebe und ist am Südgrat des Jegihorns auf einem kürzeren Abschnitt gesichert. Also: viel mehr Aussicht als »ferro«, nichts für »Eisenfresser«, aber eine prächtige Panoramatour vor dem mehrgipfligen, stark vergletscherten Mischabelmassiv (Dom, 4545 m).

Wo? Ins Saaser Tal führt von Visp eine gute Straße, 23 km bis Saas Grund (1559 m).
Ausgangspunkt Mittelstation Chrüzbode (2397 m) der Hohsaas-Seilbahn, Talstation Saas Grund.
Wegverlauf Chrüzbode – Weissmieshütte (2726 m) – »Leiternweg« – Zu dri Seewjine (2720 m) – Grüebe (2300 m) – Trift (2072 m) – Saas Grund.
Gehzeiten Insgesamt 4¾ Std.; Chrüzbode – Weissmieshütte – »Leiternweg« – Grüebe 2½ Std., Grüebe – Trift – Saas Grund 2¼ Std.
Hinweis Bei sicherem Wetter wird man die Besteigung des Jegihorns (3206 m) auf markiertem Weg kaum auslassen, 2 Std. von der Weissmieshütte; Abzweig im Täli unweit vom Einstieg zum »Leiternweg«.
Hütte Weissmieshütte (2726 m).
Orientierung Problemlos, bestens markierte Wege.
Einstufung Leicht.

530 Gornerschlucht-Klettersteig

Furi, 1864 m

Schwierig

Ganz im Trend zum »Fun-Urlaub« steht der neue Canyon-Klettersteig oberhalb von Zermatt. Er bietet ein überraschungsreiches Abenteuer in der Gornerschlucht; die Route wartet mit Seilrutschen, Hängebrücken und einem Pendelschwung über die Schlucht auf (am Kletterseil). Vor allem letzterer sorgt garantiert für einen stark erhöhten Adrenalinspiegel. Die Tour kann nur im »Abwärtsgang« gemacht werden – und in Begleitung eines autorisierten Bergführers aus Zermatt. Gegen einen entsprechenden Obolus selbstverständlich …

Wo? Zermatt (1616 m), weltberühmter Ferienort am Fuß des Matterhorns. Bahnzufahrt ab Visp, Straße bis Täsch 30 km.
Ausgangspunkt Seilbahnstation Furi (1864 m) südlich von Zermatt.
Wegverlauf Furi – Gornerschlucht – Zermatt.
Gehzeiten Geführte Tour (siehe oben).
Hinweis Die Tour wird das ganze Jahr über (auch im Winter!) angeboten! Keinesfalls auf eigene Faust gehen; nach der zweiten Seilrutsche ist eine Umkehr praktisch unmöglich!
Tip Als Gegenstück zum Zermatter Gornerschlucht-Klettersteig bietet Saas Fee die Gorge Alpine zwischen Saas Fee und Saas Grund eine spektakuläre Klamm, auf ähnliche Weise begehbar gemacht. Darf nur mit Bergführer begangen werden!
Einstufung Schwierig, vor allem aber spektakulär. Nichts für Ängstliche!

531 Baltschieder Klettersteig
Wiwannihütte, 2470 m

Schwierig

Ein alter Wasserweg, ein unter Naturschutz stehendes Tal, tausend Blumen am Weg, eine Hütte mit unvergleichlichem Panoramablick – und ein alpiner Klettersteig dazu: ganz schön viel für einen Bergtag! Langeweile kommt unterwegs garantiert nicht auf; damit der Weg aber nicht zu lang wird, braucht's eine ordentliche Kondition. Der »Baltschieder Klettersteig« darf keinesfalls unterschätzt werden; die gut 600 m Steilanstieg können ordentlich schlauchen, und die Schlüsselstelle – ein schroffer Gratturm – setzt gute Nerven sowie einen kräftigen Bizeps voraus. Dafür hat man sich dann auf der kleinen Wiwannihütte eine zünftige Brotzeit verdient – mit Blick übers Rhonetal auf die Walliser Viertausender notabene!

Eine Ferrata vor großer Kulisse: der »Baltschieder Klettersteig«.

Wo? Das Baltschieder Tal mündet bei Visp von Norden ins Rhonetal.
Ausgangspunkt Ausserberg (1008 m), Terrassendorf und Station an der BLS (Bern-Lötschberg-Simplon-Bahn); Zufahrt von Visp 7,5 km.
Wegverlauf Ausserberg – Niwärch – Baltschieder Tal (Ze Steinu, 1287 m) – »Baltschieder Klettersteig« – Wiwannihütte – Ausserberg.
Gehzeiten Insgesamt 8 Std.; Ausserberg – Baltschiedertal 1¾ Std., Baltschiedertal – Einstieg 1 Std. »Baltschieder Klettersteig« 2¾ Std., Abstieg 2½ Std.
Hinweis Das Baltschieder Tal ist bekannt für eine üppige, artenreiche Flora.
Hütte Wiwannihütte (2470 m).
Orientierung Zugang ins Baltschiedertal (Niwärch) und Abstieg rot-weiß markiert, Zustieg zum »Baltschieder Klettersteig« blau bezeichnet.
Einstufung Einstieg und Gratturm schwierig, dazwischen leichte Passagen im steilen Gras (gesichert).

532 Albinen-leitern
Albinen, 1274 m

Leicht

Hier wird der Klettersteigler unversehens zum Historiker: Die »Leitern« gibt's nämlich schon seit ein paar Jahrhunderten; sie überwinden eine markante Felsstufe über dem Lochwald und bilden das »hölzerne« Kernstück einer ebenso aussichtsreichen wie gemütlichen Wanderung. Und dabei darf man gelegentlich auch mal einen Blick hinauf in den riesigen Felsabbruch des Daubenhorns (2942 m) riskieren – zum großartigen »Leukerbadner Klettersteig« (siehe 533).

Mein Vorschlag: frühmorgens mit dem Postbus nach Leukerbad, dann über die Leitern nach Albinen (1274 m) und anschließend vor dem großen Panorama der Walliser Alpen hinab nach Leuk (731 m). Und da kommen dann die kulturhistorisch Interessierten wieder auf ihre Kosten: das winzige Städtchen besteht fast nur aus alten Mauern (Bischöfliches Schloß, spätgotische Pfarrkirche, ehemaliger Turm der Vitztume), und die Ringackerkapelle, die etwas unterhalb in den Weinbergen steht, gilt als Juwel der Barockkunst.

Wo? Leukerbad (1402 m), berühmter Thermalkurort am Fuß des Gemmipasses, 16 km von Susten bzw. Leuk im Rhonetal. Busverbindung.
Wegverlauf Leukerbad – »Albinenleitern« (1498 m) – Albinen (1274 m) – Leuk (731 m).
Gehzeit Insgesamt 3 Std.
Hinweis Einen ähnlichen alten »Leiternsteig« gibt es jenseits der Dalaschlucht zwischen Varen und Inden (»Varner Leitern«).
Orientierung Bestens markierte Wege.
Einstufung Leicht.

533 Leukerbadner Klettersteig

Daubenhorn, 2942 m

Mittel/Schwierig

Bereits der Blick auf die Landkarte läßt kaum einen Zweifel: Beim »Leukerbadner« muß es sich ganz einfach um einen Klettersteig der Sonderklasse handeln. Immerhin ist die stark zerklüftete Südwestwand des Daubenhorns, die es zu durchsteigen gilt, rund 900 Meter hoch, dazu respektgebietend steil. Also nichts für Anfänger! Das war auch den Leukerbadner Bergführern klar, weshalb sie eine kürzere (und leichtere) Variante anlegten, die von der Oberen Gamsfreiheit (2303 m) über Mielsäss hinableitet zum »Geissweg«. Der große Klettersteig bietet dann gehobenes »Ferrata-Feeling« und neben atemberaubend luftigen Passagen ein paar originelle Passagen wie die Durchsteigung einer gut 100 Meter hohen Höhle und eine lediglich aus drei Fixseilen bestehende Hängebrücke sowie jede Menge Luft unter den Sohlen. Und dazu stehen die Viertausender der Walliser Alpen Parade – Kletter-steigler, was willst du mehr!?

Wo? Leukerbad liegt im Dalatal an der Südflanke der Berner Alpen; Zufahrt von Susten im Rhonetal 16 km.
Ausgangspunkt Gemmipaß (2322 m), seit alters her genutzter Übergang vom Berner Oberland ins Wallis. Seilbahn Leukerbad – Paßhöhe.
Wegverlauf Gemmipaß – Untere Schmitte (2070 m) – Kleiner Klettersteig – Obere Gamsfreiheit (2303 m) – Großer Klettersteig – Daubenhorn (2942 m) – Gemmipaß.
Gehzeiten Gemmipaß – Kleiner Klettersteig – Gemsfreiheit – Mielsäss – Leukerbad 5 Std.
Gemmipaß – Kleiner Klettersteig – Gamsfreiheit – Großer Klettersteig – Daubenhorn – Gemmipaß 8 Std.
Hinweis Nur bei sicherem Wetter gehen, nicht nach Regenfällen (Steinschlaggefahr)!
Hütte Gemmipaß (2314 m).
Orientierung Steige beschildert, nicht zu verfehlen. Abstieg über den (spaltenfreien) kleinen Daubenhorngletscher zum Gemmipaß markiert.
Einstufung Kleiner Klettersteig mittel, 1300 m Drahtseil, 116 m Leiter. Großer Klettersteig schwierig, einige Passagen eher sehr schwierig, 800 m Drahtseil und 100 m Leitern.

534 Bisse du Ro

Val Ertentse, 1663 m

Leicht

Die »Bisse du Ro« zählt zu den kühnsten Wasserwegen im Wallis; sie leitet das kostbare Naß aus dem Tälchen der Ertentse auf die Felder oberhalb von Crans. Schwindelfreiheit vorteilhaft, ansonsten harmlose Wanderung abseits der Chaletsiedlungen von Montana-Crans. Läßt sich mit der »Grande Bisse de Lens« zu einer ausgedehnten Tagestour verbinden (→ »Hüslers Bergwanderatlas Alpen«).

Immer im Blickfeld bei Touren auf der Südseite der Berner Alpen: die Drei- und Viertausender der Walliser Alpen.

Wo? Crans Montana (1495 m), mondäner Ferienort, liegt auf einer Sonnenterrasse über dem Rhonetal, 15 km von Sierre.
Ausgangspunkt Plan Mayens (1620 m), Chaletsiedlung oberhalb von Crans.
Wegverlauf Plan Mayens – »Bisse du Ro« – Ertentse (1662 m) – Pra du Taillour (1399 m) – Pas de l'Ours (1520 m) – Plan Mayens.
Gehzeiten Insgesamt 4 Std.; »Bisse du Ro« 1¼ Std., Rückweg via Pra du Taillour 2¾ Std.
Orientierung Problemlos; markierte Wege.
Einstufung Leicht.

535 Via ferrata de Tière

Falaise de Tière, 1239 m

Schwierig

Nach Les Diablerets und Leysin hat nun auch Champéry seinen Klettersteig. Die rund 400 Meter lange Route führt in Tal- und Ortsnähe über einen steilen Felsabbruch. Dabei wird der Torrent de Tière zweimal auf schwankenden Konstruktionen gequert; Steilpassagen sind »à la française« mit Eisenbügeln und Fixseilen bestens gesichert. Erbaut wurde die Ferrata allerdings von einheimischen Bergführern. Auf dem kleinen Plateau von Tière kann man dann Maß nehmen für ein großes Ziel: die Dents du Midi. Oder man hängt den Abstecher zur »Galerie Défago« an, einen hübschen Aussichtsweg, der quer durch die Felsabbrüche verläuft.

Wo? Champéry (1053 m) liegt im Unterwallis. Zufahrt von Aigle via Monthey 22 km.
Ausgangspunkt Champéry, Ortszentrum.
Wegverlauf Champéry – Einstieg – »Via ferrata de Tière« – Tière (1239 m) – Champéry
Gehzeiten Für die gesamte Runde knapp 2 Std.
Orientierung Markierte Steige.
Einstufung Schwierig, einige sehr luftige Passagen.

536 Klettersteig Grande Chenalette

Grande Chenalette, 2889 m

Leicht

Die Drahtseile des Liftes zur Petite Chenalette (2789 m) sind längst außer Dienst gestellt, also steigt man zu Fuß hinauf zu dem Aussichtspunkt. Gleich dahinter tauchen andere Eisenteile auf: die Sicherungen der Via ferrata auf die Grande Chenalette. Vom Gipfel bietet sich ein phantastischer Hochalpenrundblick.

Hochgebirge pur: das Mont-Blanc-Massiv.

Wo? Der Große Sankt Bernhard (Col du Grand Saint-Bernard, 2469 m) ist ein altberühmter, schon zu Römerzeiten benutzter Übergang vom Wallis ins Aostatal, 44 km ab Martigny, 34 km ab Aosta.
Ausgangspunkt Hospiz auf der Schweizer Seite des Passes. Parkplatz.
Wegverlauf Col du Grand St-Bernard – Petite Chenalette (2789 m) – Grande Chenalette.
Gehzeiten 2¾ Std. hin und zurück.
Hinweis Entschieden lohnender als ein Gipfelabstecher ist die Runde über die Lacs de Fenêtre (2456 m). Am Grat zur Pointe de Drône (2949 m) vereinzelt Seilsicherungen, Rückweg über das Fenêtre de Ferret (2698 m); insgesamt 5¼ Std. Personalausweis mitnehmen!
Orientierung Markierte Wege.
Einstufung Leicht, Aufstieg zur Grande Chenalette üppig gesichert.

537 Via ferrata de Pierredar

Col de Prapioz, 2848 m

Mittel

Der Blick von Les Diablerets in das große Felshalbrund des Creux de Champ erinnert ein wenig an den berühmten Cirque de Gavarnie. Die (Kalk-)Felsen sind deutlich geschichtet, ein paar Wasserfälle stürzen vom darüberliegenden Eis herab, das im Sommet des Diablerets (3210 m) gipfelt. Anders als in den Pyrenäen gibt's hier aber eine Seilschwebebahn, die vom Col du Pillon (1546 m) hinaufzieht zum Sex Rouge (2940 m). Und unweit der Bergstation, in der Firnsenke des Col de Prapioz, läuft auch der Klettersteig aus. Zufall? Immerhin eine Möglichkeit, nach dem langen Anstieg bequem wieder ins Tal hinabzukommen. Bei immerhin gut 1800 Höhenmetern doch recht verlockend?
Die Ferrata führt, das Terrain optimal nutzend (Bänder), über den Felsriegel oberhalb des Refuge de Pierredar hinauf zum Glacier de Prapioz, den man, schräg ansteigend, zur obersten Barriere hin quert. Leitern helfen über dieses letzte Hindernis hinweg; am Col de Prapioz muß man sich dann entscheiden: links zur Seilbahn, rechts zum Gipfel der Diablerets (3210 m).

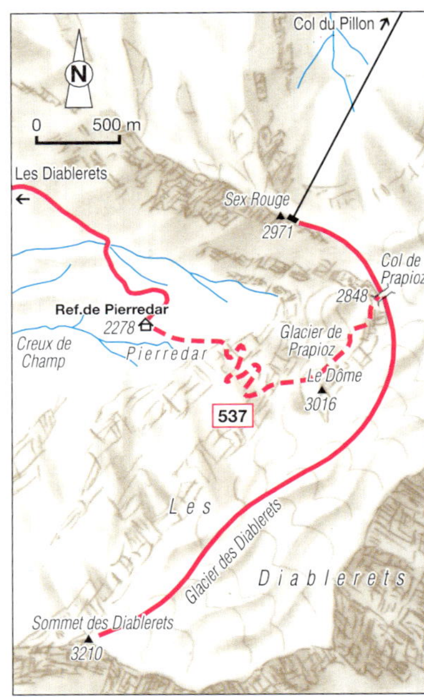

Wo? Les Diablerets (1151 m) liegt am Col du Pillon, 19 km von Aigle, 22 km von Gstaad.
Ausgangspunkt Talboden am Eingang zum Creux de Champ (1183 m).
Wegverlauf Les Diablerets – Ref. de Pierredar (2278 m) – Klettersteig – Col de Prapioz (2848 m) – Sex Rouge (2940 m).
Gehzeiten Insgesamt 6½ Std.; Les Diablerets – Ref. de Pierredar 3½ Std., Klettersteig – Col de Prapioz 2½ Std., Col de Prapioz – Sex Rouge ½ Std.
Hinweise Vom Col de Prapioz besteigt man in 1½ Std. den Sommet des Diablerets (3210 m). Leichte Gletschertour. Letzte Talfahrt vom Sex Rouge um 16.40 Uhr; Postbus nach Les Diablerets.
Hütte Ref. de Pierredar (2278 m).
Orientierung Bei guten Verhältnissen problemlos; Vorsicht bei Nebel auf dem Gletscher!
Einstufung Mittel. Die Route ist mit Fixseilen und ein paar Leitern bestens gesichert. Gletscherausrüstung für den Glacier du Prapioz (Spalten!) und Aufstieg zum Sommet des Diablerets.

538 Via ferrata du Rocher Jaune

Rocher Jaune, 2480 m

Schwierig

Der Weg ist das Ziel! Hier stimmt es allemal, führt die neue Via ferrata doch auf keinen Gipfel, vielmehr quert sie fast ohne Höhengewinn die senkrechte Wandflucht der »Gelben Felsen« unterhalb des Tête de Chamois (2525 m). Das garantiert reichlich Luft unter den Schuhsohlen; die Route folgt natürlichen Bändern, die mal komfortabel breit sind, dann wieder schmal und abschüssig, auch einige Unterbrechungsstellen aufweisen. Dazwischen sind kurze senkrechte Kletterstellen eingestreut, an denen man ordentlich zupacken muß – alles bestens gesichert. Halt eine Via ferrata à la française.

Wo? Les Diablerets (1151 m) liegt am Col du Pillon, 19 km von Aigle, 22 km von Gstaad.
Ausgangspunkt Zwischenstation der Diablerets-Seilbahn am Tête de Chamois (2525 m), Talstation Col du Pillon.
Wegverlauf Tête de Chamois – »Ferrata du Rocher Jaune« – Tête de Chamois.
Gehzeit Für die Runde etwa 2 Std.
Orientierung Problemlos, alles markiert.
Einstufung Schwierig, sehr exponierte Passagen.

539 Via ferrata Tour d'Aï

Tour d'Aï, 2331 m

Schwierig

Der markante Felsturm oberhalb von Leysin ist nicht nur eine großartige Aussichtskanzel über dem Genfer See und vor dem Panorama der Walliser Alpen, er besitzt seit kurzem auch eine Via ferrata à la française. Insider wissen da gleich Bescheid: So eine Route hat's meistens in sich, da werden Nerven und Bizeps gleichermaßen strapaziert, doch alles ist mit viel Eisen (Drahtseile, Bügel) hervorragend gesichert. Die Ferrata folgt zunächst einer alten Kletterroute, das Felsgelände optimal nutzend, ehe sie kompromisslos in die Senkrechte geht. Einige kürzere Passagen hängen sogar leicht über. Knapp unter dem Gipfel entsteigt man der Wand, und manch einer wird wohl nicht nur der Südexposition wegen ganz ordentlich ins Schwitzen kommen ...

Wo? Leysin (1253 m), Waadtländer Ferienort oberhalb von Aigle mit Bahn- und Straßenverbindung nach Aigle.
Ausgangspunkt Bergstation des Berneuse-Sessellifts (2048 m), Talstation Leysin.
Wegverlauf Berneuse – Lac d'Aï (1892 m) – Via ferrata – Tour d'Aï – Südostgrat – Leysin.
Gehzeiten Insgesamt 4 Std.; Berneuse – Via ferrata – Tour d'Aï 2 Std., Abstieg nach Leysin 2 Std.
Orientierung Problemlos; markierte Wege.
Einstufung Schwierig, sehr exponierte Route, aber bestens gesichert.

Nur Wasser gibt's leider keins ...

540 Rochers de Naye, gesicherter Steig

Rochers de Naye, 2042 m

Leicht

Was der Pilatus für die Luzerner, sind die Rochers de Naye für die Waadtländer: das schönste Belvedere am Rand der Alpen, mit Seeblick und Zahnradbahn. Viel alpine Gipfelprominenz im weiten Rund, an den Rochers de Naye noch ein Alpenblumengarten – und im Nordostgrat eine mächtige Höhle. Wer eine Taschenlampe dabei hat, kann die Grottes de Naye durchsteigen (Sicherungen); wenn Schnee liegt, benützt man den außen herum verlaufenden, mit Drahtseilen gesicherten Steig.

Wo? Die Rochers de Naye erheben sich über dem oberen Ende des Genfer Sees (Lac Léman, 372 m); Talort ist Montreux.
Ausgangspunkt Station Jaman (1758 m) der Zahnradbahn Montreux – Rochers de Naye.
Wegverlauf Station Jaman – Col de Bonaudon (1755 m) – Grottes de Naye – Grande Chaux de Naye (1982 m) – Rochers de Naye (2042 m) – Caux (1048 m).
Gehzeiten Insgesamt 4 Std.; Station Jaman – Grottes de Naye 1 Std.; Aufstieg zu den Rochers de Naye 1 Std., Abstieg nach Caux 2 Std.
Hütte Berghotel an den Rochers de Naye (1970 m).
Orientierung Leicht, rot-weiß und weiß-blau markierte Wege.
Einstufung Leicht; Taschenlampe für die Grottes de Naye.

Schweizer Alpen: Eiger, Mönch und Jungfrau – ein weltberühmtes Gipfeltrio.

DIE SCHWEIZ

Le Léman (Genfer See)
Evian
Thonon-les Bains
Châtel
Genève
Annemasse
Roc d'Enfer 2244
Morzine
Mont Salève 1375
Taninges
Bonneville
Samoëns
Cluses
Le Buet 3059
Pointe Percée 2752
Annecy
Chamonix
La Clusaz
St-Gervais
Megève
Flumet
Mont Blanc 4807
Ugine
Faverges
Aix-les Bains
Albertville
Chambéry
Aiguebelle
Montmélian
Pontcharra
Chartreuse
Voiron
Isère
Grenoble
St-Marcellin
Villard-Bonnot
Col du Glandon 1924
Col de la Croix de Fer 2068
St-Jean
St-Michel
Val Thorens
Col de la Madeleine 1984
Moûtiers
Cormet de Roselend 1967
Bourg-St-Maurice
Col du Petit St-Bernard 2188
Courmayeur
Col du Grand St-Bernard 2469
Grand Combin 4314
Matterhorn 4478
Breuil-Cervinia
Monte Rosa 4634
Rima
Bionaz
Alagna
Varallo
Champoluc
Gressoney
Châtillon
Aosta
Villeneuve
Valle d'Aosta
Borgosésia
Piedicavallo
Monte Barone 2044
Valgrisenche
Rhêmes-Notre-Dame
Cogne
Pont-St-Martin
Biella
Pont
Gran Paradiso 4061
Valprato
Tignes
Gde.Casse 3852
Val d'Isère
Col de l'Iseran 2764
Ceresole
Ivrea
Pralognan
Forno
Cuorgné
Lanslebourg
Bessans
Balme
Rocciamelone 3538
Modane
Col du Mont Cenis 2083
Margone
Ciriè
Mt.Thabor 3178
Bardonecchia
Susa
Torino
Pont
Villard-de-Lans
Vif
Vizille
L'Alpe d'Huez
La Grave
Col du Galibier 2645
Col du Lautaret 2058
Le Bourg-d'Oisans
La Meije 3982
Barre des Ecrins 4102
Giaveno
Chisone
Piossasco
Col de la Bataille 1313
La Mure
La Bérarde
Briançon
Sestriere
Col du Montgenèvre 1850
Prali
Pinerolo
Col de Rousset 1254
Mont Aiguille 2087
Clelles
L'Ailefroide
La Chapelle
Col d'Izoard 2361
Punta Ramière 3304
Torre
Die
Abriès
Bobbio
St-Firmin
Sirac 3440
L'Argentière-la-Bessée
ITALIEN
Châtillon
L'Obiou 2790
Monviso 3841
Crissolo
St-Etienne
Orcières
Col Agnel 2744
Saluzzo
Po
Col Bayard 1248
Le Mourre Froid 2994
Guillestre
Ponte-chianale
Col de Cabre 1180
Embrun
Aiguille de Chambeyron 3411
Busca
Gap
Col de Vars 2111
Acceglio
Dronero
Aspres-sur-Buëch
Montagne de l'Aup 1757
Lac de Serre-Ponçon
Serres
Barcelonnette
Col de Larche 1991
Cúneo
Mondovì
Pradlèves
Durance
Seyne
Col de la Bonette 2802
Vinádio
La Motte
Col d'Allos 2240
Borgo San Dalmazzo
Laragne-Montéglin
Tête de l'Estrop 2961
Allos
Col de la Cayolle 2327
Col de la Lombarde 2350
Terme di Valdieri
Bossea
Pta.Marguareis 2651
Séderon
Sisteron
FRANKREICH
Cima dell'Argentera 3297
Verdon
Var
Montagne de Lure 1826
Château-Arnoux
Digne-les-Bains
Guillaumes
St-Sauveur-sur Tinée
Cime du Gélas 3143
St-Martin-Vésubie
Tende
Colle di Nava 941
Monesi
Banon
Bléone
Puget-Théniers
Col de Turini 1607
Triora
Forcalquier
St-André-les-Alpes
Breil-sur-Roya
Sospel
Impéria
Moustiers-Ste-Marie
Castellane
Cime du Cheiron 1777
St-Martin-du-Var
Venti-miglia
Manosque
San Remo
Riez
Grand Canyon du Verdon
Menton
Vence
Monaco
Lac de Ste-Croix
Pertuis
Vinon-sur-Verdon
Comps-sur Artuby
Grasse
Nice
20 km
Antibes
Rians
Barjols
Salernes
Draguignan
Cannes
Aix-en-Provence
Le Muy
Fréjus
St-Raphaël
St. Maximin-la-Ste-Baume
Brignoles
Le Luc
Massif des Maures
Côte d'Azur
Ste-Maxime
Aubagne
Cogolin
St. Tropez
Toulon
Hyères
Mittel-meer
541
542
543
544
545
546
547
548-549
550
551
552
553
554
555
556
557
558-561
562
563
564
565
566
567
568-571
572-574
575-580
581
582
583
584-585
586
587-589
590-594
595
596
597-600
601
602
603
604
605
606
607
608
609
610

Die Westalpen

Vive la Révolution! Keine Angst, hier wird niemand um einen Kopf kürzer gemacht, diese Revolution ist absolut friedlich, ganz im Gegensatz zu jener vor gut zwei Jahrhunderten. Doch eine Bastion ist gefallen, der Virus verbreitet sich in Windeseile, erfaßt ganze Talschaften: Klettersteig-Boom in den französischen Westalpen.

Waren bis vor kurzem lediglich ein paar gesicherte Gipfelanstiege, vor allem in den vielbesuchten Bergen Savoyens, zu verzeichnen, so sprießen die Sportklettersteige nunmehr wie Pilze aus dem (felsigen) Boden: das Briançonnais machte den Anfang, die Maurienne zog erst jüngst – dafür um so fulminanter – nach. Mittlerweile gibt es bereits mehr als drei Dutzend reinrassiger »Vie ferrate«, aufwendig gesichert und mit einem unübersehbaren Hang zum Spektakulären. Was sich in der Kletterszene bereits seit längerem abzeichnet, vollziehen die Franzosen nun auch im Bereich der Klettersteige: kurzer Zustieg, möglichst viel »action« unterwegs.

Fast könnte man darüber die großen Landschaften vergessen. Doch neben all den »Sportklettersteigen« gibt es auch für jene, die beim Stichwort »Ferrata« zuerst an die Dolomiten und andere Hochalpenregionen denken, lohnende Ziele. Schlicht grandios etwa die dreitägige, abschnittweise gesicherte Route um das Mer de Glace: Mont Blanc pur. Mehr Genußtour als »sportif« sind auch die »Ferrata de l'Aiguillette du Lauzet« und die gesicherte Route bei La Grave; extremes Ferrata-Feeling unter dem provenzalischen Himmel bieten dafür die Routen am Col de Larche (St-Ours).

Karten und Führer

Gute Dienste leisten die 50000er Karten von Didier Richard, obwohl manche Blätter etwas unübersichtlich wirken; Blätter 2 bis 4, 6 bis 12. Wesentlich genauer, auch leichter zu lesen sind die Karten der Serie »Top 25« des IGN, ebenfalls mit farbigen Wegeindrucken.

Die Klettersteige der Französischen Alpen beschreibt Gérard Papandréou detailliert in seinen »107 Via ferrata« (Stand 1997), Verlag Didier Richard.

Hinauf! Viel Eisen, noch mehr Luft (unter den Schuhsohlen) am Jalouvre-Pfeiler.

Meine Favoriten

- Mer de Glace – ein Höhenweg der Sonderklasse, mit hochalpiner Attitüde (553)
- »Vie ferrate d'Aussois-Arvieux« – das Klettersteigparadies rund um die Arcschlucht, ein originelles Spektakel (575–580)
- »Via ferrata des Mines du Grand Clot« – steile Route vor der Meije (586)
- »Ferrata de l'Aiguille du Lauzet« – wenig schwieriges, aber sehr genußvolles Klettersteigvergnügen im Briançonnais (587)
- Vie ferrate de St-Ours – steil, steiler, am steilsten, und das unter südlicher Sonne (597–600)!

Buchempfehlungen

Viel Wissenswertes und jede Menge Tips für sportliche Leute enthalten die grünen »Guides IGN«; um den Inhalt auch richtig nutzen zu können, sind zumindest ein paar Lektionen französisch unerläßlich. Titel: Mont Blanc-Vanoise, Vercors-Diois-Buëch, Ecrins-Queyras, Ubaye-Verdon, Préalpes de Savoie.

541 Vires Büttikofer

Mont Salève, ca. 950 m

Schwierig

Wo? Der Salève (1379 m) liegt unmittelbar vor den Toren Genfs. Eine Seilschwebebahn (1097 m) und eine kurvenreiche Höhenstraße erschließen den Bergstock; Zufahrten über Veyrier, Collonges-sous-Salève (550 m) und St-Julien-en-Genevois.

Ausgangspunkt An der Straße von Collonges hinauf nach La Croisette (Salève, 1175 m). Parkplatz beim Restaurant »Le Refuge«, zwischen Le Combe und Le Coin (660 m).

Wegverlauf Le Refuge – Roche Fendue – »Vires Büttikofer« – »Sentier des Etournelles« – Trou de la Tine – Salève-Rücken (ca. 1300 m) – Grotte d'Orjobet – Le Coin – Le Refuge.

Gehzeit Etwa 3½ Std.; kürzere Variante mit Ausstieg von den »Vires Büttikofer« auf den »Sentier de Chafardon« gut 2 Std.

Orientierung Das verzweigte Wegnetz an der Nordwestflanke des Salève ist ordentlich markiert.

Einstufung Schwierig, abschnittweise sehr luftig.

Obowohl auf französischem Boden stehend, war der Salève (1379 m) stets Hausberg der Genfer. Wer das Musée des Beaux-Arts in der Calvinstadt besucht, bekommt sogar eine historische Ansicht des Berges zu Gesicht; Konrad Wirz malte ihn 1444 als Hintergrund zum »wunderbaren Fischzug«. Daß der Salève dann viel später, allerdings auch schon vor einem Jahrhundert, mit seiner markant gebänderten Nordwestflanke zum Trainingsgelände vor allem der Genfer Bergsteiger avancierte, verwundert kaum; erstaunlich ist dagegen, daß bereits im letzten Jahrhundert mehrere Routen, vor allem schmale Felsbänder (vires), mit Eisen leichter begehbar gemacht wurden. Sie sind längst verfallen, doch bestehen Pläne, einige dieser »antiquités« zu restaurieren. Gesicherte Wegpassagen gibt es in der felsigen Nordwestflanke des Salève bereits, etwa in der Grande Gorge, am »Sentier des Etournelles« oder am »Sentier des Etiollets«. Schon fast eine richtige Ferrata führt über die »Vires Büttikofer«: senkrechter Fels, fix verankerte Drahtseile, Eisenbügel – und viel Luft unter den Sohlen. Originell die Grotte d'Orjobet.

542 Pas du Roc, gesicherter Weg

Champ Laitier, 1354 m

Leicht

Wo? Thorens-Glières (670 m) liegt am Westfuß der Montagne de Sous-Dine, ein paar Kilometer von der Autobahn A 41, 20 km ab La Roche-sur-Foron.

Ausgangspunkt An der Straße zum Plateau des Glières, knapp vor der Brücke (947 m) oberhalb von Nant Sec.

Wegverlauf Brücke – Pas du Roc – Champ Laitier.

Gehzeiten Insgesamt 2¼ Std.; Straße – Champ Laitier 1½ Std., Abstieg auf dem gleichen Weg ¾ Std.

Hinweis Von Champ Laitier aus gibt es einen markierten Weg auf die Montagne de Sous-Dine (2004 m), etwa 2 Std.

Tip Das Schloß von Glières kann von April bis Oktober besichtigt werden (Sa./So., im Hochsommer täglich geöffnet).

Orientierung Markierter Weg.

Einstufung Leicht, ein paar Kettensicherungen.

Historischen Reminiszenzen begegnet man allenthalben auf diesem Weg in die Montagne de Sous-Dine: Über dem Taleingang thront das Château de Glières, der Weg stammt aus dem Jahr 1830, wurde damals als Zugang zu den Almen von Champ Laitier angelegt, und vor einem halben Jahrhundert befand sich auf dem benachbarten Plateau des Glières das savoyische Zentrum der Résistance. Tempi passati! Der Zweite Weltkrieg ist Geschichte, und die Gegenwart hat auch in Frankreich die Almwirtschaft längst eingeholt, aus den meisten Bauern Arbeiter gemacht. Geblieben ist ein hübscher Weg über die Felsbarriere am Pas du Roc: zwei Naturbrücken, ein Wasserfall und ein künstliches, aus dem senkrechten Fels geschlagenes Band (Kettensicherung) – genug für einen abwechslungsreichen halben Wandertag.

Savoyische Berge- und Seenlandschaft. Auf einige der Gipfel zwischen Annecy und Chambéry führen kleine gesicherte Steige.

543 Via ferrata de la Roche à l'Agathe

La Roche à l'Agathe, 895 m

Schwierig/Sehr schwierig

Auch Thônes (625 m), ein kleines Städtchen am Nordfuß der Tournette (siehe 544), hat seit jüngstem einen Sportklettersteig. In Ortsnähe angelegt, überwindet er am Agathafelsen in teilweise spektakulärem Verlauf einen Höhenunterschied von 235 Metern. Da fehlt kaum etwas, was zu einer richtigen Via ferrata »à la française« gehört: eine aus drei Seilen bestehende »Brücke« (Le Pont du Calvaire) gleich zum Auftakt, dann die steile »Rampe aux Chamois«, ein maximal exponiertes Felsband (»Vire d'la Sieste«), schließlich als Prüfung für Muckis und Nerven der »Surplomb de l'Ermite«. Nach etwa der Hälfte der Route ist am »Sortie du Pin sec« ein Ausstieg auf den bewaldeten Rücken möglich. Wer bis zum Finale durchhält, wird mit einem bezaubernden Blick auf die Berge rund um Thônes belohnt. Und am Nachmittag kann man ja immer noch zum Lac d'Annecy fahren, um ein erfrischendes Bad in dem prächtigen Voralpensee zu nehmen… Erholung muß sein, auch für »Ferratisti«.

Wo? Thônes (625 m) liegt im Tal des Fier, an der Strecke Annecy – La Clusaz, 21 km von der Hauptstadt des Departements Haute-Savoie.
Ausgangspunkt Thônes, Parkplatz im Ort. Zugang über den »Sentier de Calvaire«.
Wegverlauf Thônes – »Via ferrata de la Roche à l'Agathe« – Abstiegsweg – Thônes.
Gehzeiten Zustieg 10 Min., für die gesamte Runde etwa 2 Std.
Tip Sehr zu empfehlen ist ein Besuch der Altstadt von Annecy (448 m) mit hübschen Gäßchen, überragt von seinem Schloß (Museum).
Orientierung Problemlos; der steile Agathafelsen schiebt sich bis an den Ortsrand heran.
Einstufung Erster Teil schwierig, zweiter Teil sehr schwierig.

544 La Tournette, gesicherter Steig

La Tournette, 2352 m

Leicht

Im Südosten des Lac d'Annecy steht der höchste (und schönste) Gipfel der Region: die Tournette, mit ihren ausladenden Graten, kleinen Tälern und Karwinkeln fast schon ein kleines Gebirge. Sie ist berühmt für ihr großes Panorama, auch für eine besonders reiche Flora, und auf den Bändern der Tournette kann man mit etwas Glück Steinböcke beobachten. Dazu gibt's am Gipfelaufbau eine Mini-Ferrata (zwei Leitern, Drahtseile), und auch beim Abstieg helfen Fixseile über ein paar Felsstufen.

Wo? Zur Tournette kommt man über die teilweise schmale und kurvenreiche D 42, von Annecy über den Col de la Forclaz 23 km, von Faverges 13 km bis Montmin.
Ausgangspunkt Montmin (1060 m), winziger Flecken im Tal des Nant. Parkmöglichkeit auf dem Place de l'Eglise.
Wegverlauf Montmin – Pointe des Frêtes (2019 m) – Pas de Bajulaz – La Tournette – Ref. de la Tournette (1774 m) – Chalet de l'Aulp (1424 m) – Les Prés Ronds (1216 m, Straße) – Le Bois – Montmin.
Gehzeiten Insgesamt 7 Std.; Montmin – Pointe des Frêtes 3 Std., Pointe des Frêtes – La Tournette 1½ Std., Abstieg über das Ref. de la Tournette 2½ Std.
Hütte Ref. de la Tournette (1774 m).
Orientierung Leicht, markierte, vielbegangene Wege.
Einstufung Leicht.

DIE WESTALPEN

545 Via ferrata de la Tour du Jalouvre

Jalouvre-Südgrat, 1988 m

Sehr schwierig

Eine knackige Route, die für reichlichen Adrenalinausstoß sorgt, den Bizeps fordert und darüber hinaus noch viel Aussicht auf die Berge der Haute Savoie bietet – nebst schwindelnden Tiefblicken notabene! Kernstück der Route ist die 100-Meter-Vertikale am Jalouvre-Turm, in die man über eine lange, leicht schwankende Hängebrücke einsteigt. Wen da das Zittern ankommt, der kann hinter der Passerelle über den »Sortie à Fred« auskneifen.

Wo? La Clusaz (1040 m) ist das touristische Zentrum im Westen der Aravis-Kette, 32 km von Annecy, 19 km von Flumet über den Col des Aravis (1486 m).
Ausgangspunkt Parkplatz an der Straße zum Col de la Colombière (1613 m), etwa 3 km hinter Le Chinaillon (große Infotafel Klettersteig).
Wegverlauf Parkplatz – Einstieg – Passerelle – Tour du Jalouvre – Jalouvre-Südgrat (1988 m) – Combe du Rasoir – Colombière-Straße – Parkplatz.
Gehzeit Gesamt etwa 5 Std.
Hinweis Bei Schnee oder Vereisung ist vor allem der Abstieg objektiv gefährlich!
Orientierung Gratweg und Abstieg nur schwach markiert, bei Nebel ernsthafte Orientierungsprobleme. Keinesfalls vom Weg abweichen!
Einstufung Bis zum Notabstieg schwierig, Tour du Jalouvre sehr schwierig.

546 Via ferrata Yves Pollet-Villard

Falaise de Borderan, ca. 1850 m

Schwierig

Ein kurzer Zustieg, fester Kalkfels, ausgezeichnete Sicherungen, reichlich Luft unter den Sohlen, eine Hängebrücke 80 Meter über dem Boden und ein Überhang zum Ausstieg (kann umgangen werden): insgesamt eine abwechslungsreiche Ferrata. Und die Kulisse ist durchaus beeindruckend, dominiert vom hohen weißen Dom des Mont Blanc (4807 m). Die Route verläuft diagonal durch die langgestreckte Felsbarriere der Falaise de Borderan, was einen Wechsel von (luftigen) Querungen und kurzen, meist senkrechten Aufschwüngen ergibt.

Keine Angst, die Brücke hält garantiert!

Wo? Der Col des Aravis (1486 m) verbindet die Täler des Arly und der Borne, 12 km von Flumet und 7 km von La Clusaz.
Ausgangspunkt Parkplatz an der Westrampe des Passes (ca. 1350 m).
Wegverlauf Parkplatz – Einstieg (ca. 1550 m) – Ferrata Yves Pollet-Villard – Ausstieg (ca. 1850 m) – Combe de Borderan – Parkplatz.
Gehzeit Insgesamt 3 bis 4 Std.
Hinweise Zunächst der Paßstraße entlang bis zu großer Infotafel. Wegabschneider beim Abstieg vermeiden!
Orientierung Problemlos, bestens markierte Wege.
Einstufung Schwierig, Überhang vor dem Ausstieg (Variante) sehr schwierig.

547 Via ferrata du Saix du Tour

Le Saix du Tour, 2023 m

Schwierig

Manch einem mag's ja beim Anblick der Retortenstation von Avoriaz mit ihren Appartementsilos den Magen umdrehen. Im Winter wird hier heftig gewedelt, und für das stagnierende Sommergeschäft gibt es seit neuestem einen Klettersteig. Der startet buchstäblich »vor der Haustür« und schlängelt sich durch eine zerklüftete (und ziemlich brüchige) Südwestwand hinauf zum Saix du Tour. Neben Dauertiefblicken auf die Station bietet die Tour hübsche Aussicht auf viele Gipfel Hoch-Savoyens.

Wo? Avoriaz (1814 m) erreicht man von Morzine auf einer gut ausgebauten Straße, 14 km.
Ausgangspunkt Parkplatz in Avoriaz.
Wegverlauf Avoriaz – Ferrata – Le Saix du Tour – Gratweg – Avoriaz
Gehzeit Insgesamt 2 bis 3 Std.
Orientierung Problemlos.
Einstufung Schwierig, Steinschlaggefahr unterwegs (Helm)!

Kontraste im Gebirge: Avoriaz und seine Ferrata. »Départ« au Silo?

548 Tête de Lassy, gesicherter Steig

Tête de Lassy, 1689 m

Mittel

Blickfang im Arvetal hinter Magland ist die Cascade de l'Arpenaz, die bei Luzier über eine 260 Meter hohe Felsstufe herabstiebt – vor allem im Frühsommer ein tolles Naturschauspiel. Viel Natur kann man auch eine oder zwei Etagen höher genießen, am Weg über Le Lançoir zum Tête de Lassy. Dabei werden jede Menge Aus- und Tiefblicke geboten, dazu ein paar gesicherte Passagen: am langen, steilen Band von Lançoir (Drahtseile) und am »Kopf« von Lassy (Aluleiter, Ketten, Drahtseile). Im Rücken des Gipfels steht das (unbewirtschaftete) Refuge de Véran (1587 m); beim Abstieg folgt man dem breiten Güterweg, der die Felsrampe von Lançoir südlich umgeht. Zuletzt auf einem markierten Wanderweg hinunter nach Luzier.

Wo? Ins Tal der Arve kommt man von Genf über die »Autoroute Blanche«, Ausfahrt hinter Cluses.
Ausgangspunkt Parkplatz bei der Cascade de l'Arpenaz (523 m), beschilderte Abzweigung an der N205.
Wegverlauf Parkplatz – Le Lançoir – Tête de Lassy – Ref. de Véran (1587 m) – Luzier – Parkplatz.
Gehzeiten Insgesamt 5¾ Std.; Parkplatz – Tête de Lassy 3½ Std., Abstieg nach Luzier 2¼ Std.
Hinweis Nicht versäumen sollte man den kleinen Abstecher zur Cascade de l'Arpenaz.
Hütte Ref. de Véran (1587 m).
Orientierung Nicht ganz einfach, teilweise nur spärlich markierte Wege. Etwas Orientierungssinn und eine gute Karte unerläßlich!
Einstufung Mittel.

549 Crêtes de Flaine, gesicherter Steig

Pointe de Véret, 2122 m

Leicht

Nach Flaine (1650 m), einer Skistation »aus der Retorte«, in den sechziger Jahren nach Plänen des US-amerikanischen Architekten Marcel Breuer aufgebaut, kommen vor allem die Wintersportler. Im Sommer bietet die Region gute Wandermöglichkeiten und – an den Crêtes de Flaine – sogar einen kleinen gesicherten Steig. Er folgt dem felsigen Kamm vom Col de Pierre Carrée östlich bis zum Pointe de Véret: eine hübsche Gratwanderung, gut markiert und an den ausgesetzten Stellen mit Ketten und Drahtseilen gesichert. Einziger Schönheitsfehler: die vielen Drahtseile und Liftmasten rundum.

Wo? Flaine (1650 m) liegt über dem oberen Arvetal, Zufahrt von Cluses über Arâches (1020 m) und Les Carroz-d'Arâches, 24 km.
Ausgangspunkt Talstation (1747 m) des Skilifts von Vernant, knapp 6 km vor Flaine. Großer Parkplatz.
Wegverlauf Parkplatz – Col de la Pierre Carrée – Crêtes de Flaine – Pointe de Véret – Lac de Vernant (1838 m) – Parkplatz.
Gehzeiten Für die Runde 2½ Std.
Orientierung Problemlos, Wege markiert.
Einstufung Leicht.

550 Passage du Saix

Pointe d'Areu, 2462 m

Leicht

Sie steht etwas im Schatten der Pointe Percée (2752 m), dem höchsten Gipfel in der langgestreckten Aravis-Kette. Das stört aber kaum, ist die Areu-Tour doch ein sehr lohnendes Unternehmen, mit einer längeren gesicherten Passage und einem Panorama, das sich ebenfalls sehen lassen kann. Und dazu kommen die phantastischen Tiefblicke, fast zwei Kilometer hinab in den Boden des Arvetals. Schlüsselstelle des Aufstiegs ist die »Passage du Saix«, die den Zugang zu den Montagne de Chérente ermöglicht.

Wo? Magland liegt im Tal der Arve, 6,5 km hinter Cluses. Im Ort bzw. im benachbarten Gravin (519 m) zweigen kleine Sträßchen ab, die zu den Häusern an der westlichen Talflanke hinaufziehen.
Ausgangspunkt Les Ranziers (ca. 880 m) oberhalb von Gravin. Parkmöglichkeiten an der Straße. Forststraße zu den Chalets de Mont Ferron gesperrt. Parkmöglichkeit an der Straße.
Wegverlauf Les Ranziers – Chalets de Mont Ferron – Passage du Saix – Pointe d'Areu.
Gehzeiten Insgesamt 9 Std.; Aufstieg 5¼ Std., Abstieg auf dem gleichen Weg 3¾ Std.
Orientierung Bis zu den Montagne de Chérente als G. R. 96 gut markiert, Weiterweg nicht ganz einfach zu finden (Steinmännchen).
Einstufung Leicht. Einige leichte Kletterstellen (I) oberhalb der »Passage du Saix«, Gipfelgrat recht luftig.

551 Passage du Dérochoir

Le Marteau, 2289 m

Leicht

Der Berg hat Profil, ohne Zweifel, und seinem Namen (»Hammer«) macht er alle Ehre: ein gewaltiger Überhang, senkrechter Fels bis zum flachen Gipfelplateau. Daß der Weg herauf vom Plateau d'Assy in felsiges Gelände führt, überrascht da nicht; beim Anstieg zur Passage du Dérochoir (2220 m) gilt es, eine steile Felsrampe, die in eine Verschneidung mündet, zu meistern. Doch keine Angst, fixe Seile entschärfen diese Passage, und ist man erst einmal am Rand der Rochers de Fiz, kann man gemütlich zum Marteau hinüberwandern. Ein echter »Hammer« ist schließlich der Blick nach Südwesten, auf den höchsten Alpengipfel und seine Gletscher.

Wo? Den Talkessel von St-Gervais-les-Bains erreicht man über die »Autoroute Blanche« (A40). Nördlich führt eine kurvenreiche, aber gut ausgebaute Straße hinauf zum Plateau d'Assy.
Ausgangspunkt Station de Plaine Joux (1337 m), knapp 20 km von St-Gervais. Parkplatz. ➡

→

Wegverlauf Plaine Joux – Chalets d'Ayères (1637 m) – Passage du Dérochoir – Le Marteau.

Gehzeiten Insgesamt 6 Std.; Aufstieg 3¾ Std., Abstieg auf dem gleichen Weg 2¼ Std.

Hinweis Am Plateau d'Assy verdient die Kirche Notre-Dame-de-Toute-Grâce einen Besuch; an der Ausstattung des eigenwillig-modernen Baus (Novarina, 1950) wirkten u.a. Léger, Chagall, Braque und Matisse mit.

Orientierung Problemlos, gut bezeichnete Wege.

Einstufung Leicht.

552 Lac Blanc, gesicherter Steig

Lac Blanc, 2352 m

Leicht

Bergwandern vor dem Mont-Blanc-Massiv – da gehört die Show eindeutig der Riesenkulisse aus Granit, Schnee und Eis. Wer den Weg über den »Weißsee« nimmt kommt zusätzlich noch in den Genuß einer Mini-Ferrata; sie überwindet die Steilstufe zu dem Seenplateau unter den Aiguilles Rouges. Unterwegs zum Klettersteig kann man mit etwas Glück sogar die echten »grimpeurs« bei ihrem luftig-athletischen Vergnügen beobachten …

Wo? Nach Chamonix (1037 m) im obersten Arvetal kommt man über die »Autoroute Blanche« (ab Genf) oder über die Pässe Forclaz und Montets (1461 m).

Ausgangspunkt Tré-le-Champ (1417 m) knapp unterhalb des Col des Montets, 12 km von Chamonix.

Wegverlauf Tré-le-Champ – Le Bechar – gesicherter Steig – Lac Blanc (2352 m) – La Flégère (1877 m) – Chamonix.

Gehzeiten Insgesamt 5½ Std.; Tré-le-Champ – Lac Blanc 3½ Std., Lac Blanc – La Flégère ¾ Std., La Flégère – Chamonix 1¼ Std.

Hinweis Vom Lac Blanc gibt es auch markierte Abstiegsmöglichkeiten nach Les Tines, L'Argentière und Tré-le-Champ.

Hütten Chalet du Lac Blanc (2352 m), La Flégère (1877 m).

Orientierung Ordentlich markierte Wege, Teilstück der »Tour du Mont Blanc« (T.M.B.).

Einstufung Leicht, Drahtseile und ein paar Leitern.

553 Mer de Glace, Höhenweg

Refuge de la Charpoua – Refuge de Leschaux – Refuge de Requin

Mittel

Leitern, Drahtseile, richtiges »Klettersteig-Feeling« über dem Mer de Glace, dunkler Granit, zersplitterte Grate, dazwischen Eisströme, weiß und grau – was für eine Kulisse, was für ein Erlebnis! Drei Tage kann man das alles genießen auf der Runde um den größten Eisstrom des Mont Blanc, von Hütte zu Hütte, denn seit jüngstem sind die fünf Rifugien im Bereich des Mer de Glace durch einen Höhenweg verbunden. Etwa die halbe Wegstrecke führt über flache (aber spaltenreiche) Gletscher, größere Abschnitte verlaufen in felsigem Gelände, über Bänder, Aufschwünge. Die sind bestens gesichert, wie auch die Hüttenzustiege; die gesamte Runde ist markiert, mit Stangen auf dem Mer de Glace, sonst durch Steinmännchen. Klettern muß man auf dieser Runde nicht, doch sollte man schon etwas Hochgebirgserfahrung mitbringen – und die entsprechende Ausrüstung. Nicht unterschätzt werden darf das Wetter; bei Nebel oder Neuschnee sind Gletscher immer gefährlich!

Wo? Chamonix (1037 m) liegt im obersten Arvetal, 40 km von Martigny, 20 km von St-Gervais-les-Bains. Im Ort, am Gare de Montenvers, steigt man in den Zug nach Montenvers.

Ausgangspunkt Le Montenvers (1913 m), Endstation der Zahnradbahn zum Mer de Glace.

Wegverlauf/Gehzeiten **1. Etappe:** Montenvers – Mer de Glace – Les Echelets – Glacier de la Charpoua – Ref. de la Charpoua (2841 m; 3½ Std.) – »Point Vallot« – Tête du Courvecle (2735 m) – Ref. du Courvecle (2687 m), insgesamt 7 bis 8 Std.
2. Etappe: Ref. Courvecle – Les Egralets – Ref. de Leschaux (2431 m) – Glacier de Leschaux – Glacier du Tacul – Ref. de Requin (2516 m), insgesamt 6 bis 7 Std.
3. Etappe: Ref. de Requin – Ref. d'Envers les Aiguilles (2523 m) – Le Montenvers, insgesamt etwa 5 Std.

Hinweise Man kann natürlich auch einzelne Abschnitte der großen Runde als Tagestouren machen, z.B. zum Ref. de Charpoua (6 Std. hin und zurück) oder zum Ref. d'Envers les Aiguilles (5 Std. hin und zurück).

Hütten Ref. de la Charpoua (2841 m), Ref. du Courvecle (2687 m), Ref. de Leschaux (2431 m), Ref. de Requin (2516 m), Ref. de l'Envers des Aiguilles (2523 m).

Orientierung Bei guter Sicht leicht, bei Schlechtwetter (Nebel, Regen usw.) ist jeder Gletscher gefährlich!

Einstufung Gesicherte Passagen leicht; insgesamt handelt es sich um eine hochalpine Unternehmung, Gletscherausrüstung.

Im Mont-Blanc-Massiv: die Aiguille Verte (4122 m).

554 Bivacco Borelli, Via ferrata

Bivacco Borelli, 2316 m

Mittel

Da empfiehlt es sich, erst einmal hinaufzugucken, bevor man losgeht, hinauf zu dem schartigen Zackenprofil, das links über dem Glacier de la Brenva in den Himmel ragt: der Peuterey-Grat, eine der ganz großen Kletterrouten der Alpen, auf der ganzen Länge erstmals 1934 von A. Goettner, F. Krobath und L. Schmaderer begangen. Als Stützpunkt für Touren in dem herrlich festen Granit dient das Bivacco Borelli (Refuge de la Noire), zu dem man aus dem Val Veny in etwa drei Stunden aufsteigt, über eine echte Ferrata, mit Leitern und Drahtseilen bestens gesichert. So was spricht sich natürlich bei den »Eisen-Freaks« herum, und folglich begegnet man auf der steilen Route auch Klettersteiglern, die den luftigen Gang und die große Kulisse an der Südflanke des höchsten Alpengipfels genießen.

Wo? Courmayeur (1228 m), das italienische Pendant zu Chamonix, liegt im hintersten Aostatal, 35 km von Aosta, 20 km von Chamonix (durch den gebührenpflichtigen Mont-Blanc-Tunnel). Nach dem Brand vom Februar 1999 ist der Mont-Blanc-Tunnel bis auf weiteres gesperrt!
Ausgangspunkt Im Val Veny, bei den Häusern von Peuterey (1507 m), 6,5 km von Courmayeur. Camping, Parkplatz.
Wegverlauf Peuterey – Klettersteig – Biv. Borelli.
Gehzeiten Insgesamt 4¾ Std.; Aufstieg 2¾ Std., Abstieg 2 Std.
Hütte Biv. Borelli (2316 m), unbewirtschaftet, stets zugänglich.
Orientierung Problemlos.
Einstufung Mittel.

555 Mont Chétif, Sentiero attrezzato

Mont Chétif, 2343 m

Leicht

Natürlich ist es kein Zufall, daß der Mont Chétif gerade 1986 zu seinem gesicherten Steig kam: da jährte sich die Erstbesteigung des Mont Blanc zum zweihundertsten Mal. Und das war den Bergführern aus Courmayeur Grund genug, dem Panoramaberg über dem untersten Val Veny Ketten anzulegen. Die wiederum helfen auch weniger Geübten, mehr oder weniger problemlos alle felsigen Passagen zu meistern. Der geschickt angelegte Pfad folgt dem Ostgrat des Mont Chétif, steigt von einer Aussichtskanzel zur nächsten, zeigt Courmayeur aus der Vogelperspektive und die Parade der Viertausender. Besonders dankbar ist die Tour im Frühsommer, wenn in den Flanken des Berges die ebenso üppige wie artenreiche Flora ihren Farbenzauber entfaltet, und später im Jahr, nachdem der erste Schneefall die dreckigen Gletscherzungen frisch geweißelt hat. Oben gibt's das ganz große Panorama, zeitlos schön, aber gleichzeitig einen Vormarsch (des Menschen) und einen Rückzug (der Gletscher) dokumentierend: viel Beton und Asphalt in den Tälern, Skischneisen und Lifte rundum. Dafür hat sich der Glacier du Miage bereits hinter die Aiguilles Rouges du Brouillard verzogen, und die Zunge des Glacier de la Brenva hängt hoch über dem Val Veny. Ewigkeiten sind halt auch in den Alpen relativ …

➡

Wo? Courmayeur (1228 m), das italienische Pendant zu Chamonix, liegt im hintersten Aostatal, 35 km von Aosta, 20 km von Chamonix (durch den gebührenpflichtigen Mont-Blanc-Tunnel). Nach dem Brand vom Februar 1999 ist der Mont-Blanc-Tunnel bis auf weiteres gesperrt!
Ausgangspunkt Beim Eisstadion im Ortsteil La Villette (1198 m). Parkplatz.
Wegverlauf La Villette – »Sentiero attrezzato« – Mont Chétif – Pra Neiron – Dolonne (1212 m) – La Villette.
Gehzeiten Insgesamt 5¾ Std.; Aufstieg 3½ Std., Abstieg über Pra Neiron 2¼ Std.

Aussichtsberg mit Klettersteig: der Mont Chétif vor dem Mont-Blanc-Massiv.

Orientierung Leicht, bis auf Zugang gelb markiert, Abstieg teilweise auf Fahrwegen.
Einstufung Leicht.

556 Via ferrata Sperone di Vofrède

Col di Vofrède, 3130 m

Leicht

Der Pfeiler ist zwar markant, aber nur wenig steil, die Berge links und rechts erreichen im Vergleich mit den Walliser Hochgipfeln höchstens besseres Mittelmaß, der Glacier di Vofrède ist auch nicht gerade beeindruckend. All das eräbe eine zwar hübsche, aber wenig aufregende Tour – wäre da nicht das Matterhorn (Monte Cervino, 4478 m). Es steht genau in der Verlängerung des Vofrède-Pfeilers, alles überragend, ein Berg wie kein anderer: Traumziel ganzer Generationen von Bergsteigern, 1865 von Edward Whymper und Gefährten erstbestiegen.

Wo? Breuil-Cervinia (2006 m), Pendant zu Zermatt »hinter« dem Matterhorn; Zufahrt von Châtillon im Aostatal 27 km.
Ausgangspunkt Avouìl (1967 m), Häusergruppe vor dem Ortseingang. Kurze Zufahrt von der Talstraße. – Alternativ auch Start in Breuil möglich, dann auf Weg 11 und 10A zur Malga Bayettes.
Wegverlauf Avouìl – Malga Bayettes (2288 m) – Vallone di Vofrède – Via ferrata – Sperone di Vofrède – Colle di Vofrède – Rif. Vuillermoz (2900 m) – Fenêtre de Cignana (2441 m) – Avouìl.
Gehzeiten Insgesamt 8½ Std.; Avouìl – Malga Bayettes ¾ Std., Malga Bayettes – Ferrata – Colle di Vofrède 3¼ Std., Colle di Vofrède – Rif. Vuillermoz – Fenêtre de Cignana 2½ Std., Fenêtre de Cignana – Avouìl 2 Std.
Hütte Rif. Vuillermoz (2900 m).
Orientierung Gut markierte Wege; Klettersteig samt Zustieg gelb bezeichnet.
Einstufung Mittel; Klettersteig mit Drahtseilen, Ketten und ein paar Eisenhaken. Wer über den Glacier de Vofrède absteigen will (Variante), benötigt unbedingt Gletscherausrüstung; Weg zum Colle di di Vofrède meistens gespurt (Achtung Spalten!).

557 Via ferrata Béthaz-Bovard

Becca de l'Aouille, 2605 m

Mittel

Leicht rekordverdächtige Route, mit nicht weniger als 1550 Eisenbügeln gesichert (dazu 1200 m Seil)! Hoch einzustufen ist allerdings auch das Landschaftserlebnis; das Valgrisenche gilt immerhin als eines der schönsten Täler der Region Aosta. Etwas deplaziert wirkt da höchstens der (meist halbleere) Stausee; daß oben am Gipfel ein großer Reflektor der SIP steht, kann man ja auch als Hinweis auf faszinierende Aus- und Fernblicke verstehen.
Die lange, dadurch auch ziemlich anstrengende Ferrata gliedert sich in zwei Abschnitte. Der erste überwindet den gestuften Vorbau (2111 m) der Becca de l'Aouille; der zweite – steiler, luftiger – führt über eine Wand nahe der Senkrechten (endlose Klammerreihe), zuletzt am Grat entlang zum Gipfel. Beim (langen) Abstieg hat man dann Muße, die hochalpine Kulisse zu genießen.

Wo? Ins Valgrisenche führt von Arvier (776 m) im Aostatal eine ordentliche Straße, 16 km bis zum Dorf Valgrisenche (1664 m).
Ausgangspunkt Im Ort, bei der alten Festung hinter der Kirche.
Wegverlauf Valgrisenche – »Ferrata Béthaz-Bovard« – Becca d'Aouille – Einmündung in »Alta via no. 4« (2670 m) – La Béthaz (1615 m) – Valgrisenche.
Gehzeiten Insgesamt 6 Std.; Valgrisenche – Klettersteig – Becca d'Aouille 3½ Std., Abstieg nach La Béthaz 2 Std., La Béthaz – Valgrisenche ½ Std.
Hinweis Alternativ ist auch ein Abstieg über die Laghi di Morion (2804 m) und Arp Vieille (2200 m) möglich, Markierungen 18, 16, 17 (etwa 2½ Std. bis Valgrisenche).
Orientierung Gut markierte Steige; Ferrata rot-weiße Punkte, Abstieg Nr. 18.
Einstufung Mittel, einige exponierte, fast senkrechte Passagen. Gute Kondition wichtig.

558 Croix du Nivolet, gesicherter Steig

Croix du Nivolet, 1547 m

Leicht

Zweifellos den schönsten Blick auf die urbanisierte Talebene von Chambéry und zum Lac du Bourget genießt man vom Croix du Nivolet. Da lohnt sich der kurze, wenig anstrengende Weg zum (kleinen) Gipfel und (riesigen) Kreuz allemal. Ausgangspunkt ist Le Sire (1413 m), beliebter Startplatz für Paraglider. Man nimmt aber nicht den bequemen Kammweg, sondern fädelt bei den Chalets du Sire (ca. 1520 m) in den westseitigen Hangweg ein, der unterhalb der Felsen des Mont du Nivolet nach Süden läuft, zuletzt mit freier Sicht auf die Bergketten der Chartreuse. Über den steilen »Pas de l'Echelle« (eigentlich ein Kamin, in den Eisensprossen verankert sind) steigt man hinauf zum abgeflachten Ostrücken des Berges; wenige Minuten später sind Gipfel und Panoramablick gewonnen.

Wo? Auf den Mont Revard kommt man von Aix-les-Bains oder von Chambéry über den Col de Plainpalais (1173 m) auf guten Bergstraßen.
Ausgangspunkt Le Sire (1413 m), 2,5 km von der Mont-Revard-Ringstraße, Abzweigung in der Sportstation La Féclaz (1319 m). Parkplatz am Straßenende.
Wegverlauf Le Sire – Chalets du Sire (ca. 1520 m) – Hangweg – Pas de l'Echelle – Croix du Nivolet – Chalets du Sire – Le Sire.
Gehzeiten Insgesamt 3 Std.; Le Sire – Croix du Nivolet 1¾ Std., Rückweg am Kamm 1¼ Std.
Orientierung Wenig schwierig. Aufpassen muß man lediglich bei den Chalets du Sire, daß man (absteigend) in den gelb-blau markierten Hangweg einfädelt. Der Aufstieg zum Pas de l'Echelle beginnt auf einer Wiese unter dem Croix du Nivolet (freistehende Tanne).
Einstufung Leicht, nur ganz kurze gesicherte Passage.

559 Via ferrata de la Grotte à Carret

Croix du Nivolet, 1547 m

Mittel

Mehr Eisen als am Pas de l'Echelle, eine luftig-steile Passage, dazu zwei mächtige Grotten und einen spektakulären Wasserfall bietet die Ferrata im Osten des Croix du Nivolet. In Verbindung mit dem südseitigen Anstieg über den Pas de l'Echelle ergibt sich eine lohnende Runde.

Wo? Das Croix du Nivolet ist einer der »Hausberge« von Chambéry und südwestlicher Eckpfeiler des Massif des Bauges. Talort für die Ferrata ist St-Jean-d'Arvey (581 m), 9 km östlich von Chambéry.
Ausgangspunkt Parkplatz beim Château de Chaffardon (592 m); Zufahrt von St-Jean-d'Arvey Richtung Lovettaz.
Wegverlauf Chaffardon – Trou de la Doria – Grotte à Carret – »Ferrata de la Grotte à Carret« – Forêt de Charvette – Croix du Nivolet – Pas de l'Echelle – Chaffardon.
Gehzeiten Insgesamt 5 Std.; Chaffardon – Einstieg 1¼ Std., »Ferrata de la Grotte à Carret« ¾ Std., Forêt de Charvette – Croix du Nivolet 1 Std., Abstieg 2 Std.
Hinweise Vom Zustieg zur Ferrata empfehlenswerter Abstecher über seilgesicherte Bänder zur Karstquelle des Trou de la Dora, 5 Min. (Abzweigung in einer Wegkehre). Von der Ferrata führt eine originelle Leiter fast senkrecht zum Eingang der Grotte de l'Œil. Sehenswert auch die tiefe Grotte à Carret am Beginn des Klettersteigs.
Orientierung Ordentlich markierte Wege, Hinweistafel auf die Steige beim Parkplatz.
Einstufung Mittel; fast senkrechte Klammerreihe am Beginn der Route.

560 Mont Peney, gesicherter Steig

Mont Peney, 1356 m

Mittel

Im Schatten des Croix du Nivolet steht der bewaldete Rücken des Mont Peney: flacher Rücken, felsige Stirn, aber kein Seeblick – dafür eine kleine Ferrata. Die bietet allerdings (neben erheblicher Steinschlaggefahr) nur wenig Interessantes; da ist der Carret-Klettersteig eindeutig vorzuziehen.

Noch ohne Ferrata: der Trélod (2187 m) im Massif des Bauges.

Wo? Der Mont Peney erhebt sich ein paar Kilometer östlich des Croix du Nivolet. Talort ist St-Jean-d'Arvey (581 m), 9 km östlich von Chambéry.
Ausgangspunkt Parkplatz beim Chateau de Chaffardon (592 m); Zufahrt von St-Jean-d'Arvey Richtung Lovettaz.
Wegverlauf Chaffardon – Einstieg – gesicherter Steig – Passage de la Féclaz – Mont Peney (1356 m) – Col de la Doria (1136 m) – Chaffardon.
Gehzeiten Insgesamt 4¼ Std.; Aufstieg 2½ Std., Abstieg 1¾ Std.
Hinweis Am Felsfuß interessante Felsmalereien.
Orientierung Wege markiert, teilweise allerdings etwas dürftig.
Einstufung Mittel; Drahtseile und ein paar Eisenbügel.

561 Mont Margeriaz, gesicherter Steig

Mont Margeriaz, 1845 m

Mittel

Der Blick auf den (großen) See wird zwar durch den bewaldeten Rücken des Mont Revard versperrt, nicht aber die Sicht auf die Hochalpen und ins breite Tal der Isére. Der Aufstieg vom Col de Plainpalais ist kurz, steil und führt zuletzt über leichte Felsen, vorbei an einer tiefen Grotte (»Golet de l'Agneau«). Nach kurzer Kraxelei entsteigt man der Wand zum Gipfel. Beim Klettersteig handelt es sich um ein echt »antikes« Stück, teilweise sind die Verankerungen beschädigt – also Vorsicht!

Wo? Zum Col de Plainpalais kommt man von Chambéry über die gut ausgebaute D912, 17 km.
Ausgangspunkt Col de Plainpalais (1173 m), Parkmöglichkeit gegenüber vom Paßhotel.
Wegverlauf Col de Plainpalais – gesicherter Steig – Mont Margeriaz.
Gehzeiten Insgesamt 4 Std.; Aufstieg 2½ Std., Abstieg 1½ Std.
Orientierung Aufstieg leicht zu finden, markiert; Abstieg über Chalets des Carres nur spärlich bezeichnet.
Einstufung Mittel.

562 Mont Charvin, gesicherter Steig

Mont Charvin, 2409 m

Mittel

Der südliche Eckpfeiler der langgestreckten, felsigen Aravis-Kette ist ein großartiges Belvedere. Im Gipfelpanorama dominiert natürlich das Mont-Blanc-Massiv; sehr schön zeigen sich aber auch weitere Bergketten der Haute Savoie und das Massiv de la Vanoise. Auf- und Abstieg sind auf kürzeren Passagen gesichert, was eine interessante Überschreitung ermöglicht, mäßig schwierig nur, aber halt sehr schön. Eher etwas für Naturfreunde als für »Eisenfresser«.

Wo? Der Mont Charvin erhebt sich als südwestlicher Eckpfeiler der langgestreckten Aravis-Kette genau nördlich über dem Industriestädtchen Ugine (410 m).
Ausgangspunkt Parkplatz (1520 m) knapp unterhalb des Col de l'Arpettaz (1581 m), Zufahrt von Ugine auf einem schmalen Serpentinensträßchen, gut 15 km.
Wegverlauf Arpettaz – Golet de la Trouye – Südgrat – Mont Charvin – Pas de l'Ours – Merdassier du Milieu (1585 m) – Arpettaz.
Gehzeiten Insgesamt 6½ Std.; Aufstieg 4 Std., Abstieg 2 Std., Rückweg auf der Straße ½ Std.
Orientierung Markierte Wege.
Einstufung Mittel; am Südgrat und am Pas de l'Ours Seilsicherungen.

Ein schönes Tourenrevier: die Aravis-Kette.

563 Via ferrata de la Croix de Verdon

Croix de Verdon, 2739 m

Schwierig

Man darf sich nicht täuschen lassen: Zwischen der Seilbahnstation La Saulire und dem Croix de Verdon liegen zwar gerade mal 40 Höhenmeter, doch der Zackengrat – immerhin etwa zwei Kilometer lang – sorgt für einige »Aufregung«, bei manchen Ferrata-Aspiranten sogar für heftige Adrenalischübe. Insgesamt bietet die bestens gesicherte Route ein luftiges Spektakel in festem Kalk. Höhepunkte der Ferrata bildet die Überschreitung der schlanken Felsnadel des Curé (2681 m) und der Aufstieg zum Sommet Sud (2732 m): zweimal senkrechter Fels, viel Luft unter den Sohlen. Wer sich überfordert fühlt, kann am Col de la Croix ausscheren und nach Méribel absteigen. Der Gipfel bietet eine Rundschau unter dem Motto »schönhäßlich«: faszinierende Blicke in die Hochgebirgswelt der Vanoise, freie Sicht über die mit Pisten und Liftanlagen verunzierten Hänge rund um Courchevel und Méribel.

Wo? Courchevel 1850 und Méribel-les-Allues (1519 m) sind zwei der bekanntesten Wintersportplätze der Trois Vallées. Zufahrten von Moûtiers in der Tarentaise 24 bzw. 18 km.
Ausgangspunkt Bergstationen der von Courchevel 1850 bzw. Méribel ausgehenden Bergbahnen knapp unter dem Gipfel der Saulire (2738 m).
Wegverlauf Saulire – »Ferrata Croix de Verdon« – Croix de Verdon (2739 m) – Courchevel 1850.
Gehzeiten Insgesamt 4½ Std.; Liftstation Saulire – Croix de Verdon 2½ Std., Croix de Verdon – Courchevel 2 Std. Startet man in Courchevel, erhöht sich die Gesamtgehzeit um knapp 2 Std.
Hinweis Die Lifte auf die Saulire stehen auch während der Hauptreisezeit an manchen Tagen still; vorab in Courchevel bzw. Méribel-les-Allues Infos einholen!
Orientierung Problemlos: immer den Drahtseilen nach.
Einstufung Schwierig; zahlreiche senkrechte Passagen. Vorsicht beim Abstieg: keinen Steinschlag auslösen. Im Abstiegscouloir liegt oft bis in den Hochsommer Schnee.

564 Via ferrata des Bettières

Les Bettières, 1965 m

Sehr schwierig

Mitten in der (geschützten) Bergwelt des Vanoise-Massivs bewegt sich der Ferratist auf dieser steilen, anspruchsvollen Route. Weder Lifte noch Appartementsilos sind zu sehen, dafür genießt man ein Panorama, das sich mit zunehmender Höhe immer schöner entfaltet, mit finalem Traumblick auf den mächtigen Mont Pourri (3779 m). Analog zur Höhe steigen auch die Anforderungen der Ferrata, weshalb die Erbauer vernünftigerweise zwei »sorties« angelegt haben, einen ersten am Fuß des 50 Meter hohen, senkrechten Grand Pilier (1750 m), den zweiten nach dem schmalen Vire des Barmes. Schwierigste Passage ist der »Surplomb jaune« (gelber Überhang) im obersten Abschnitt der Route; für feuchte Hände sorgt gelegentlich auch der »Pont de Singe«, der, lediglich aus drei Drahtseilen bestehend, einen Abgrund überspannt. Insgesamt eine sehr dankbare Route für erfahrene Klettersteigler.

Wo? Peisey-Nancroix (1298 m) erreicht man aus der Tarentaise auf gut ausgebauter Straße, 15 km von Bourg-St-Maurice.
Ausgangspunkt Rosuel (1589 m), Häusergruppe knapp 6 km weiter taleinwärts. Parkplatz unweit vom Chalet-refuge Rosuel.
Wegverlauf Rosuel – »Ferrata des Bettières« – Les Bettières – Rosuel.
Gehzeiten Kleine Runde mit Ausstieg über die »Sortie des Croës« knapp 2 Std., große Runde etwa 4 Std.
Orientierung Problemlos, Abstieg über den Hüttenweg zum Ref. du Pourri.
Einstufung Kleine Runde mittel, große Runde sehr schwierig.

565 Via ferrata les Plates de la Daille

Plates de la Daille, 2216 m

Sehr schwierig

Val d'Isère, stets auf der Höhe der (touristischen) Zeit, bekam 1995 seine erste Ferrata: ein steiler, aber bestens gesicherter Sportklettersteig in den Felsen über dem Entrée zur Fremdenstadt. Die Route folgt teilweise natürlichen Bändern, dazwischen geht sie allerdings kompromißlos in die Vertikale; zwei kürzere Passagen sind leicht überhängend.

Senkrecht bis überhängend. Da lacht das Herz des passionierten Klettersteiglers!

Wo? Val d'Isère (1840 m) liegt in der obersten Tarentaise, an der Straße zum Col de l'Iseran, 24 km von Bourg-St-Maurice.
Ausgangspunkt Parkplatz bei den Appartements von La Daille (1795 m) an der Hauptstraße Richtung Lac de Tignes.
Wegverlauf La Daille – Ferrata – Plates de la Daille – Abstiegsweg – La Daille.
Gehzeiten Insgesamt 3 Std.; Klettersteig 2¼ Std., Abstieg ¾ Std.
Orientierung Problemlos; markierter, bequemer Abstieg.
Einstufung Sehr schwierig.

566 Via ferrata de la Tovière

La Tovière, 2347 m

Mäßig schwierig/Sehr schwierig

Gegenstück zu den Plates de la Daille ist links der Isère der Roc de la Tovière: noch so ein steiler Fels – und noch eine Ferrata. Insgesamt wurden hier 1400 Meter Drahtseil verbaut, dazu gibt es drei Hängebrücken à 3, 4, und 40 (!) Meter sowie eine fixe 6-Meter-Brücke. Und natürlich viel Luft unter den Sohlen, vor allem im dritten Abschnitt der Ferrata, etwa an der »Traversée du non retour« (250 m über Boden) oder an der »Montée de la déliverance«. Der erste, kürzeste Abschnitt ist leicht, für Kinder angelegt, im zweiten Teil sind die Anforderungen bereits deutlich höher, und gerade richtig für Ferrata-Freaks ist dann das Finale. Wer sich überfordert fühlt, kann nach dem ersten Pfeiler oder unmittelbar vor der großen Hängebrücke aussteigen.
Landschaft gibt's auch noch zu bestaunen, dazu Tiefblicke auf den Stausee von Chevril (1794 m), und das (wenig ansprechende) Skirevier von Val d'Isère kommt erst beim Abstieg wieder ins Blickfeld. Fast vergessen …

Wo? Val d'Isère (1840 m) liegt in der obersten Tarentaise, an der Straße zum Col de l'Iseran, 24 km von Bourg-St-Maurice.
Ausgangspunkt Parkplatz bei den Appartements von La Daille (1795 m) an der Hauptstraße Richtung Lac de Tignes. Eine Minute zum Einstieg (auch ein Rekord!).
Wegverlauf La Daille – »Ferrata de la Tovière« – Roc de la Tovière – Vallée Perdue – La Daille.
Gehzeiten Kinderparcours 1½ Std., »Via ferrata Junior« 2½ Std., große Runde etwa 5½ Std.
Orientierung Immer den Sicherungen nach …
Einstufung »Ferrata Junior« mittel, große Runde (L'Intégrale) sehr schwierig.

567 Via ferrata de la Chal

Mont Rond, 1522 m

Sehr schwierig

Früher war die Strecke hinauf zum Col du Glandon (1924 m) höchstens bei Radlern bekannt; seit sich St-Colomban-des-Villards einen Sportklettersteig zugelegt hat, rollen auch die »Ferratisti« an, um sich an der recht originellen, sehr luftig angelegten Route oberhalb von La Chal zu delektieren. Natürlich fehlt die (in Frankreich fast obligate) Hängebrücke nicht (21 m lang), noch luftiger sind allerdings die beiden Drei-Seil-Brücken, vollen Einsatz verlangen der gelbe Pfeiler (»Pillier Jaune«), und gar nichts für Angsthasen ist die »Traversée 66«. Viel Spaß!

Wo? St-Colomban-des-Villards (1099 m) liegt an der Strecke zum Col du Glandon, 12 km von La Chambre.
Ausgangspunkt La Chal (1208 m), Häusergruppe etwas weiter taleinwärts Richtung Glandonpaß.
Wegverlauf La Chal – Einstieg – »Ferrata de la Chal« – Mont Rond – La Chal.
Gehzeiten Insgesamt etwa 3 Std.
Hinweise Zustieg alternativ über kleinen Überungsklettersteig (»Le Rocher de Chapaillan«, 40 m). Nach der Hängebrücke Zwischenabstieg möglich.
Orientierung Problemlos.
Einstufung Sehr schwierig; hervorragend gesichert.

568 La Passerelle
569 Le Bastion

Mont Veyrier, ca. 770 m

Mittel/Sehr schwierig

Beim ersten Hingucken glaubt man an eine im Freien installierte moderne Eisenplastik, abstrakt natürlich, ehe das Auge, den Bügeln, Seilen, Haken und frei aufgehängten Leitern folgend, an der großen, hoch über der Schlucht schwebenden Passerelle (Hängebrücke) hängen bleibt: eine Via ferrata, und zwar eine mit großem »F«. Der Aufstieg über die bizarre Konstruktion bereitet sogar Spaß, ist auch nicht besonders schwierig, erst nach dem Zwischenabstieg zum Felsfuß, macht die Route ernst: An der »Bastion« überwindet sie knapp 200 Höhenmeter, senkrecht mit mehr als einem Überhang, was – trotz der üppigen Sicherungen – ein solides Nervenkostüm verlangt. Nebst einem kräftigen Bizeps notabene.

Wo? Pontamafrey (476 m) liegt in der Maurienne, etwa auf halber Strecke zwischen La Chambre und St-Jean-de-Maurienne. Anfahrt von Chambéry über die Autobahn A 43.
Ausgangspunkt Am Ortsausgang von Pontamafrey Richtung Montvernier. Parkplatz und große Schautafel.
Wegverlauf Pontamafrey – Passerelle – Felsfuß – Le Bastion – Mont Vernier – Wanderweg durch die Schlucht – Pontamafrey.
Gehzeiten Für die »Ferrata de la Passerelle« 1 Std., für beide Steige 3 Std.
Orientierung Selbst bei dickstem Nebel ...
Einstufung Passerelle mittel; Bastion sehr schwierig und extrem luftig.

Luftig und mit viel Eisen »garniert«: die »Ferrata La Passerelle«.

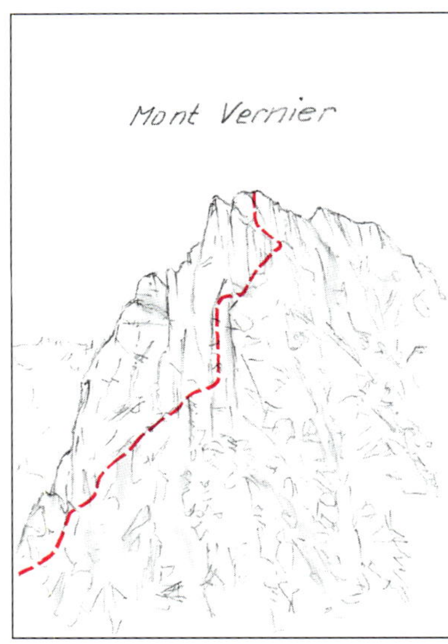

570 Via ferrata de la Croix des Têtes

Refuge-Bivouac de Bonnant, 1700 m

Mittel

Das hohe, elegante Felsdreieck des Croix des Têtes (2492 m) ist auf der Fahrt durch das Tal des Arc nicht zu übersehen; gleich hinter St-Jean-de-Maurienne kommt es links ins Blickfeld: alpine Ouvertüre auf dem Weg zu den vergletscherten Dreitausendern der Vanoise und der Grajischen Alpen. Bei der kletternden Bergsteigerzunft genießt der Kalkzacken einen hervorragenden Ruf; als Stützpunkt für Touren in den oberen Schwierigkeitsgraden dient das kleine Refuge am Fuß der Westwand. Früher war der Zugang bereits ➡

Wo? St-Julien-Mont-Denis (654 m) liegt etwas abseits der Route Nationale 6, wenige Kilometer hinter St-Jean-de-Maurienne.
Ausgangspunkt La Raie (780 m), Häusergruppe oberhalb von St-Julien. Parkplatz. ➡

➡ eine Klettertour; seit 1989 ist er als Klettersteig ausgebaut, gesichert mit Drahtseilen und einem Dutzend Leitern. Die Ferrata weist einige sehr exponierte, originelle Passagen auf. Eine lange und stark steinschlaggefährdete Querung (Drahtseile) macht den Auftakt, die luftige Leiternfolge, teilweise im Berg (Höhle) bildet das Kernstück der recht alpinen Route.

➡

Wegverlauf La Raie – La Parraz (ca. 1500 m) – »Ferrata de la Croix des Têtes« – Refuge de Bonnant.
Gehzeiten Insgesamt 5 Std., Aufstieg 3 Std., Abstieg 2 Std.
Tip Auf der Selbstversorgerhütte übernachten und anderntags den Südostgrat des Croix de Têtes auf der neuen → »Ferrata du Pin Brulé« überschreiten.
Hinweis Alternativ kann man die Tour auch in dem Weiler Tourmentier starten, mit Abstieg zum Klettersteig.
Orientierung Gut markierte Steige.
Einstufung Mittel, einige sehr luftige Querungen (Bänder).

571 Via ferrata du Pin Brulé

Südostgrat des Croix de Têtes, 2195 m

Schwierig

Mit dem Bau der »Fortsetzungs-Ferrata« auf den Südostgrat des Croix des Têtes ist eine interessante Überschreitung des wildabweisenden Felsstocks möglich geworden – ohne Gipfel allerdings. Der ist weiterhin (guten) Kletterern reserviert. Das schmälert den Reiz dieser Einsamkeitstour hoch über der pulsierenden Verkehrsader des Arctal keineswegs. Einziger Schönheitsfehler: Der Rückweg nach St-Julien-Mont-Denis ist den Bauarbeiten an der A 43 zum Opfer gefallen … Also Daumen raus oder gleich ein Taxi bestellen.

Ausgangspunkt Refuge-Bivouac de Bonnant (1700 m), Endpunkt der »Ferrata de la Croix des Têtes«.
Wegverlauf Ref. de Bonnant – Ferrata – Passage du Pin Brulé (2195 m) – La Planchette (1312 m) – St-Martin-de-la-Porte.
Gehzeiten Insgesamt 8 Std.; La Raie – Ref. de Bonnant 3 Std., Ref. de Bonnant – Passage du Pin Brulé 2 Std., Abstieg 3 Std.
Orientierung Leicht, Abstiegsweg rot-blau markiert.
Einstufung Leicht überhängende Einstiegswand schwierig, weiter mittel, nur noch teilweise gesichert.

572 Via ferrata du Télégraphe

Col du Télégraphe, 1566 m

Schwierig

Im Gegensatz zu den Routen bei Pontamafrey, Aussois und Valloire ist die »Ferrata du Télégraphe« kein typischer Sportklettersteig. Der Zustieg ist verhältnismäßig lang, die Schlüsselstelle, der 80-Meter-Pfeiler direkt über dem Col des Pylônes, hat's dann allerdings in sich: leichte Überhänge zum Auftakt, an der »Nase« eine atemberaubend luftige Querung. Mehrere Infotafeln vermitteln Wissenswertes über die Maurienne, ihre Geschichte und Kultur, über Flora und Fauna. Faszinierend die Aussicht auf den wilden Felsklotz des Croix des Têtes (2492 m), weniger schön der weitgehend verbaute Talboden – Dauerbeschallung von der Autobahn inklusive.

Wo? St-Michel-de-Maurienne (707 m) liegt am Nordfuß der berühmten Galibierstrecke; Zufahrt von Chambéry 70 km.
Ausgangspunkt Les Culées (698 m), Häusergruppe links des Arc, 2 km von St-Michel via St-Martin-d'Arc. Kleiner Parkplatz.
Wegverlauf Les Culées – »Ferrata du Télégraphe« – Col des Pylônes (1120 m) – Col du Télégraphe (1566 m) – Les Petites Seignères (936 m) – St-Martin-d'Arc – Les Culées.
Gehzeiten Insgesamt 6 Std.; Aufstieg 4 Std., Abstieg 2 Std.
Tip Man kann die Tour auch am Col du Télégraphe (1566 m; 12 km von St-Michel) starten. Abstieg links des Fort du Télégraphe über den »Chemin des Casses Blanches« (bis 965 m), dann Querung und (gesicherter) Anstieg zum Col des Pylônes (1120 m). Gehzeit etwa 4 Std.
Hinweis Aus dem Col des Pylônes Abstieg zum Kraftwerk Calypso (688 m) am Arcufer möglich.
Orientierung Problemlos, Einstieg oberhalb von Les Culées beim Sportplatz (große Tafel).
Einstufung Schlüsselstelle schwierig, aber hervorragend gesichert, sonst leicht bis mittel.

Steiles Vergnügen über dem Arctal: die neue »Via ferrata du Télégraphe«.

DIE WESTALPEN

573 Ferrata de Poingt Ravier
Poingt Ravier, 1660 m

Leicht

Gegensätze, eisern. Valloire bietet sie an seinen beiden »Dorffelsen«: ein gemütlicher Klettersteig in der Felsflanke unterhalb des Weilers Poingt Ravier und eine Extremroute am Rocher St-Pierre. Die »Ferrata de Poingt Ravier« ist gerade richtig für Anfänger, die sich hier ans Steigen auf Eisen und den Blick in die Tiefe gewöhnen können. Und im obersten Viertel der Route gibt's dann eine direkte Variante: etwas steiler, hervorragend gesichert.

Wo? Der beliebte Ferienort Valloire (1401 m) liegt an der Galibier-Paßstraße, 17 km von St-Michel-de-Maurienne, 52 km von Briançon.
Ausgangspunkt An der Brücke über die Valloirette Parkplatz und zwei große Ferrata-Schautafeln. Den Einstieg zum Poingt-Ravier-Steig erreicht man in wenigen Minuten auf der breiten Straße, die links des Bachs talauswärts führt.
Wegverlauf Aufstieg über die Ferrata, Abstieg von Poingt Ravier (1644 m) nach Valloire über ein paar Kehren oder (schöner) auf dem »Sentier éco-sylve« (Naturlehrpfad) in einem nördlich ausholenden Bogen.
Gehzeiten Ferrata de Poingt Ravier 1 Std., Abstieg ½ bis 1 Std.
Orientierung Problemlos.
Einstufung Leicht.

574 Via ferrata de St-Pierre
Rocher de St-Pierre, 1582 m

Sehr schwierig

Der erste Eindruck täuscht, zeigt einen ziemlich harmlos wirkenden Felsen mit Kapelle und Kreuz oben, einem Weglein unten, der den Eingang nach Valloire »bewacht«. Bei genauerem Hingucken entdeckt man dann bald ein paar »Installationen«: die »Ferrata de St-Pierre«. Und die hat es wirklich in sich, wie man spätestens an der »Vollgas-Passage« feststellt: senkrecht bis leicht überhängend, trotz bester Sicherungen kräfte- und nervenzehrend. Etwas leichter der Mittelabschnitt mit einer Leiter und nahezu vertikalen Sprossenreihen, spektakulär dann der Zugang zu einer soliden, über einen Felsspalt gespannten Hängebrücke: Von der Gipfelwiese steigt man direkt in einen überhängenden Felsen ein. Wer da nicht eine leichte Gänsehaut bekommt! Als Zugabe nochmals – logisch – senkrecht an einem Pfeiler abwärts, statt direkt zum (nahen) Ausstieg. Just for fun!

An der »Vollgas-Passage« der »Ferrata St-Pierre«.

Wo? Der beliebte Ferienort Valloire (1401 m) liegt an der Galibier-Paßstraße, 17 km von St-Michel-de-Maurienne, 52 km von Briançon.
Ausgangspunkt An der Brücke über die Valloirette Parkplatz und zwei große Ferrata-Schautafeln. Gleich jenseits der Brücke rechts Hinweis auf den Klettersteig.
Wegverlauf Aufstieg über die Ferrata, Abstieg auf bequemen Wegen entweder im Rücken des Kletterfelsens oder am Fuß der Wand. Man kann die Turnerei unterwegs dreimal abbrechen: vor der »Vollgas-Passage« (pleins gaz), vor der Leiter (échelle) und am Kreuz (croix).
Gehzeiten Für die Runde 1½ bis 2 Std.
Orientierung Problemlos.
Einstufung Sehr schwierig. Extrem ausgesetzte, teilweise überhängende Passagen; Klettergarten.

575 La Traversée des Anges
576 La Montée au Ciel
577 La Descente aux Enfers
578 La Montée au Purgatoire
579 Les Diablotins/ Les Angelots
580 Le Chemin de la Vierge
Fort Victor-Emmanuel, 1354 m

Mitte/Schwierig/Sehr schwierig

Was für ein Clou! Man tritt hinaus auf die Terrasse unterhalb der Redoute Marie-Thérèse, schaut leicht schaudernd hinab in den Grund der Arcschlucht, hinüber zu dem fast senkrechten Felsabsturz, den die mächtige Feste Victor-Emmanuel krönt – und entdeckt mitten in der Wand ein paar bunte Punkte: Klettersteigler.

Sie finden hier, zwischen historischen Mauern, zwischen Himmel (ciel) und Hölle (enfer), ein wahres Dorado, nicht weniger als sechs Routen, überwiegend knackig, aber bestens gesichert. Die »Traversée des Anges« etwa bietet eine extrem luftige Querung, bei der möglicherweise schon manche/r seinen Schutzengel angerufen hat, auf der »Montée du Ciel« geht's steil bis leicht überhängend zur Sache, nach dem Abstieg in die »Hölle« und dem Gang über die schwankende Hänge- ➡

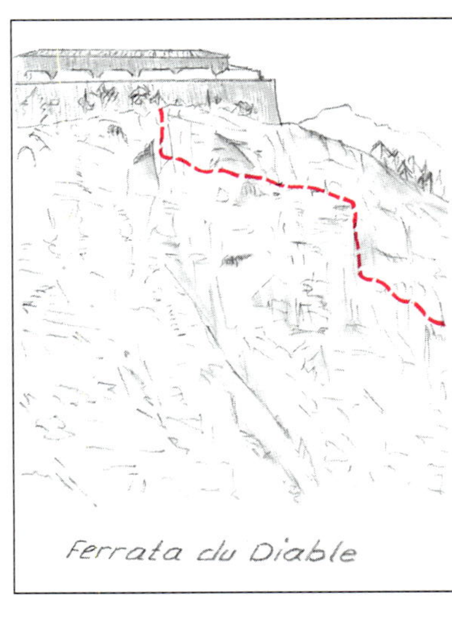

➡ brücke läuten die nach oben weisenden Sicherungen das würdige Finale ein: senkrechter Fels neben den stiebenden Wassern der Cascade du Nant.
Auch an die Kinder wurde beim Bau der Steige gedacht: Für die »Teufelchen« und »Engelchen« gibt's eine gesicherte Runde, die am Mauerfuß des Forts Victor-Emmanuel rund um die Festung läuft – sehr originell. Und beim Anbringen der Seile und Klammern hat man die (fehlende) Größe der Knirpse berücksichtigt.
Im Sommer 1999 erhielt der Klettersteiggarten noch einen Zusteig von Arvieux: den »Chemin de la Vierge«.

575–580
Wo? Die Festungswerke von Esseillon sperren das Tal des Arc zwischen Modane und Bramans, 6 km oberhalb des Grenzstädtchens.
Ausgangspunkt Parkplatz bei der jüngst restaurierten Redoute Marie-Thérèse (1260 m).
Wegverlauf Redoute Marie-Thérèse – »Traversée des Anges« – Pont du Diable – »Montée au Ciel« – Fort Victor-Emmanuel – »Descente aux Enfers« – Passerelle – »Montée au Purgatoire« – Redoute Marie-Thérèse.
Gehzeiten Für die ganze Runde (ohne Festungssteige) etwa 4 Std.; »Traversée des Anges« ¾ Std., »Montée au Ciel« 1½ Std., »Descente aux Enfers« ¾ Std., »Montée au Purgatoire« 1 Std.
Orientierung Problemlos.
Einstufung Sehr schwierig, an der »Montée au Ciel« und an der »Montée au Purgatoire« überhängende Wandstellen. Runde um die Festung mittel, mit einigen interessanten Passagen.

581 Grand Som, gesicherter Ostanstieg

Grand Som, 2026 m

Leicht

Echte Klettersteige gibt's im Chartreuse-Massiv (noch) keine, aber ein paar Gipfelwege mit gesicherten Passagen. Wie am Grand Som, der aufgrund seiner zentralen Lage den besten Überblick über das Kalkmassiv bietet, vom Mont Granier (1933 m) im Norden bis zur Chamechaude (2082 m) im Süden: heller Fels rundum, horizontal geschichtet, über den waldreichen Tälern stehend: Das macht Appetit, auch ohne Drahtseile und Leitern. Obwohl die Felsen geradezu einladen zum Bau luftig-verwegener Vie ferrate.

Wo? Zum Col du Cucheron (1139 m) kommt man von Chambéry über den Col du Granier (1134 m), von Grenoble über den Col de Porte (1326 m), 33 bzw. 36 km.
Ausgangspunkt Knapp 2 km südlich der Paßhöhe, bei den Häusern von La Coche (ca. 950 m).
Wegverlauf La Coche – Col des Aures (1631 m) – Le Racapé – Grand Som.
Gehzeiten Insgesamt 5½ Std.; La Coche – Col des Aures 2 Std., Col des Aures – Grand Som 1½ Std., Abstieg auf dem gleichen Weg 2 Std.
Orientierung Markierte Wege.
Einstufung Leicht, die felsige Passage im Bereich von Le Racapé ist gut gesichert (Drahtseile, Tritteisen).

582 Chamechaude, gesicherter Steig

Chamechaude, 2082 m

Mittel

Die Chamechaude zeigt das fürs Chartreuse-Massiv typische Profil einer Sahnetorte, vielschichtig, auf grünem Untergrund. Und die Gipfelwege gleichen sich ebenfalls: meist hat man zum Anfang einen Waldpfad, dann geht's steiler hinauf zum Felsfuß, wo die Spur zielsicher eine »Schwachstelle« in der Felsbarriere anpeilt, eine Rinne oder einen Kamin, wie an der Chamechaude: die Brèche Arnaud, mit Drahtseilen entschärft. Recht anspruchsvoll ist die Schlüsselstelle trotzdem, da muß man ordentlich zupacken.

Wo? Le Sappey-en-Chartreuse (1015 m) liegt an der Straße von Grenoble zum Col de Porte, 14 km.
Ausgangspunkt Oberhalb des Dorfes, bei den Häusern von Le Churut (1099 m).
Wegverlauf Le Churut – Habert de Chamechaude (1570 m) – Brèche Arnaud – Chamechaude – Source des Bachassons (1630 m) – Habert de Chamechaude – Le Churut.
Gehzeiten Insgesamt 5¼ Std.; Aufstieg 3 Std., Abstieg 2¼ Std.
Orientierung Ordentlich markierte Wege.
Einstufung Mittel, Brèche Arnaud steil, spärlich gesichert.

583 Pas de l'Echarasson, gesicherter Steig

Pas de l'Echarasson, ca. 890 m

Leicht

Wer das Vercors kennt, wundert sich angesichts des aktuellen Ferrata-Booms in Frankreich, daß es hier noch keinen richtigen Klettersteig gibt, bietet der Kalkfels, senkrecht und markant gebändert, doch ideale Voraussetzungen zum Bau gesicherter Steige. Die mancherorts als Ferrata angepriesenen Route in der Falaise des Presles existiert als solche nicht! Dafür gibt's schräg gegenüber, am Ausgang der Gorges de la Bourne, einen alten Pfad, der steil hinaufzieht zum Pas de l'Echarasson, mit einer Leiter und ein paar Drahtseilen gesichert. Immerhin …

Wo? In die großartigen Bourne-Schluchten kommt man von Pont-en-Royans (208 m) am Westfuß des Vercors auf gut ausgebauter Straße.
Ausgangspunkt Kraftwerk von Bournillon (305 m) am Eingang in die untere Bourne-Schlucht, 9 km von Pont-en-Royans.
Wegverlauf Bournillon – Pas de l'Echarasson.
Gehzeiten Hin und zurück 3 Std., mit Abstecher zum Porte du Diable (Felsenfenster) 1 Std. mehr.
Tip Sehr zu empfehlen ist ein Besuch der phantastischen Tropfsteinhöhle von Choranche (täglich Führungen).
Hinweis Nicht bei Nässe gehen (sehr rutschiger Weg)!
Orientierung Rot markierter Steig.
Einstufung Leicht.

DIE WESTALPEN

584 Via ferrata des Perrons

Les Perrons, 1720 m

Schwierig

Les Deux-Alpes, mit der benachbarten Alpe-d'Huez in stetem Wettstreit (mehr Gäste, mehr Lifte, mehr Fun), hat für einmal die Nase vorn: es besitzt seit 1997 eine Ferrata. Die startet allerdings fast 500 Meter tiefer und tangiert die wuchernde Chaletsiedlung bloß. Das stört aber kaum, könnte der Gegensatz zwischen dem alten Bergdörfchen Venosc (1019 m) und den völlig verbauten »Zwei Almen« doch nicht größer sein. Die Route zieht eine ziemlich direkte Linie durch die steilen Felsabbrüche der Perrons; auf gut gesicherte Wandpassagen folgen immer wieder leichtere Abschnitte. Sehr ausgesetzt eine Querung im oberen Wandteil. Packend die Ausblicke auf die Bergkulisse des Vallée du Vénéon; im Frühsommer blüht am Einstieg in die Gneismauer der seltene Affodil.

Steile Route vor großer Alpenkulisse: die »Ferrata des Perrons«.

Wo? Ins Vallée du Vénéon führt von Le Bourg-d'Oisans (719 m) eine ordentliche Straße, Abzweigung bei Le Clapier an der Mündung des Gorges de l'Infernet.

Ausgangspunkt Venosc (1019 m), kleines Bergdörfchen am Hang über dem Vénéon, 12 km von Le Bourg-d'Oisans. Großer Parkplatz bei der Talstation der Gondelbahn nach Les Deux-Alpes sowie am Dorfrand.

Wegverlauf Venosc – Einstieg (ca. 1270 m) – »Ferrata des Perrons« – Les Deux-Alpes – Venosc.

Gehzeiten Insgesamt 4½ Std.; Aufstieg 3 Std., Abstieg 1½ Std.

Orientierung Gut bezeichnete Steige, Tafel am Einstieg bereits vom Tal aus zu sehen.

Einstufung Schwierig, Höhe der Ferrata etwa 450 m.

585 Via ferrata de St-Christophe-en-Oisans

Vierge du Collet, 1544 m

Schwierig

Ein rauschender Fluß, eine veritable Klamm, Dreitausender über dem Tal. Dazu eine Ferrata, mehr quer als hoch verlaufend, mit originellen Passagen, natürlich auch einer Passerelle, zuletzt steil zur Vierge du Collet ansteigend, wo sich ein Prachtblick auf den hohen Gipfelkranz des Vallée du Vénéon bietet. Die »Ferrata de St-Christophe« – ein echter Erlebnis-Klettersteig!

Wo? Ins Vallée du Vénéon führt von Le Bourg-d'Oisans (719 m) eine ordentliche Straße, Abzweigung bei Le Clapier an der Mündung der Gorges de l'Infernet.

Ausgangspunkt Parkplatz am Plan du Lac (1203 m); Campingplatz, 19 km von Bourg-d'Oisans. Infotafel Klettersteig.

Wegverlauf Plan du Lac – »Ferrata de St-Christoph-en-Oisans« – Pont du Diable (1418 m; Straße) – Vierge du Collet – St-Christophe-en-Oisans.

Gehzeiten Insgesamt 3 Std.

Hinweis Die Tour läßt sich schön abrunden, wenn man von St-Christophe den linksufrigen Talweg zurückwandert – mit Blick auf die Ferrata notabene. Zusätzliche Gehzeit 1½ Std.

Orientierung Hinter dem Campingareal geht's los – nicht zu übersehen.

Einstufung Schwierig.

Am Einstieg zur Ferrata von St-Christophe-en-Oisans.

586 Via ferrata des Mines du Grand Clot

Plateau d'Emparis, 2157 m

Schwierig

Blickfang auf dieser Route ist die Meije (3982 m), schönster Gipfel im Massif des Ecrins, doch gibt es unterwegs noch viel mehr zu sehen. Faszinierend die wilde Felskulisse – ein französischer Gebietskenner bezeichnete sie als »décor wagnérien« –, interessant die Spuren des ehemaligen Silber- und Bleiabbaus. Und oben auf dem Hochplateau von Emparis blüht es im Frühsommer geradezu verschwenderisch üppig.

Die Ferrata darf, obwohl sich die technischen Schwierigkeiten in Grenzen halten, nicht unterschätzt werden. Sie ist vergleichsweise lang (rund 750 Höhenmeter), aber gut gesichert. Steil und teilweise luftig ist vor allem das erste Routendrittel; in einem leicht überhängenden Kamin muß man ordentlich zupacken.

Wo? La Grave (1526 m) liegt an der Westrampe der Paßstraße über den Col du Lautaret (2057 m), 28 km von Le Bourg-d'Oisans.

Ausgangspunkt Parkplatz bei der Häusergruppe Le Grand Clot (1328 m, Camping), etwa 3 km vor La Grave.

Wegverlauf Le Grand Clot – »Ferrata des Mines du Grand Clot« – Plateau d'Emparis – Le Chazelet – Kapelle Notre-Dame de Bon Repos – Route Nationale – Le Grand Clot.

Gehzeiten Insgesamt 5½ Std.; Aufstieg über die Ferrata 3½ Std., Abstieg 2 Std.

Orientierung Leicht; markierte Steige.

Einstufung Schwierig; alpiner Klettersteig.

Teuflisch ausgesetzt: an der »Ferrata Montée au Ciel« in der Maurienne.

587 Via ferrata de l'Aiguillette du Lauzet

Aiguillette du Lauzet, 2611 m

Mittel

Die Kulisse erinnert stark an Dolomitenbilder. Da dominiert die Vertikale, Kalkzacken ragen hoch in den Himmel, jenseits des Guisanetals blinken die Gletscher des Pelvoux-Massivs. Und die gesicherte Route, mit Baujahr 1991 bereits eine der älteren in der Region, hält den Vergleich mit berühmten Vorbildern in den »Bleichen Bergen« leicht aus. Der Auftakt ist zwar eher diskret, doch dann gewinnt die Ferrata rasch an Rasse und Klasse. Ein fast senkrechtes Wandl, bestens gesichert, zwei Querungen, die an Ausgesetztheit nichts zu wünschen übriglassen, und ein enger »Boîte de lettre« (Rucksack runter, Bauch einziehen!), zu dem man unter mächtigen Überhängen absteigt, sind Passagen, die auch hohen Ansprüchen gerecht werden. Ein mit Eisen gespickter Pfeiler leitet schließlich in leichteres Gelände, eine Zickzackspur in den Rücken des (Neben-)Gipfels; ein paar Minuten noch und man ist oben, genießt das Licht des Südens und den Blick auf die Berge des Briançonnais.

Wo? Le Monêtier-les-Bains (1470 m) liegt an der Straße zum Col du Lautaret (2057 m), etwa auf halber Strecke zwischen Briançon und der Paßhöhe.
Ausgangspunkt Le Pont de l'Alpe (1710 m) oberhalb vom Weiler Le Lauzet, 6 km von Le Monêtier. Parkplatz an der N 91. Große Hinweistafel.
Wegverlauf Pont de l'Alpe – Alpe du Lauzet (1940 m) – Klettersteig – Aiguillette du Lauzet, Abstieg zum Chemin du Roi oder über den Col de l'Aiguillette (2534 m).
Gehzeiten Insgesamt 6 Std.; Pont de l'Alpe – Alpe du Lauzet ¾ Std., Klettersteig – Aiguillette du Lauzet 3 Std., Abstieg 2¼ Std.
Hütte Alpe du Lauzet (1940 m).
Orientierung Leicht, Wegzeiger zum Einstieg oberhalb der Alpe du Lauzet.
Einstufung Mittel, einige sehr luftige Passagen.

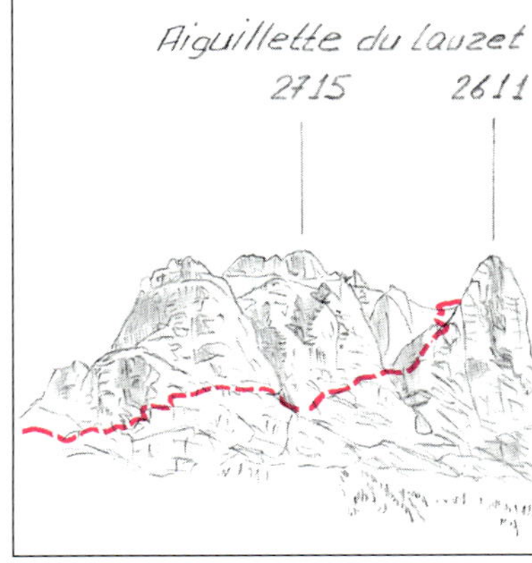

Ein richtiger alpiner Klettersteig, ganz untypisch für das Briançonnais, ist die »Ferrata de l'Aiguillette du Lauzet«.

588 Via ferrata de la Croix de Toulouse

Croix de Toulouse, 1976 m

Schwierig

Nicht umsonst steht oben am Croix de Toulouse eine »table d'orientation«; die Aussicht von diesem südlichsten Punkt der Crêtes de Peyrolle kann sich wirklich sehen lassen. Blickfang ist – neben dem Gipfelpanorama – natürlich Briançon mit seiner mauerumgürteten Altstadt und dem Festungskranz. Und die »höchstgelegene Stadt Europas«, die »über 300 Sonnentagen im Jahr« verzeichnet (Eigenwerbung), ist auch auf den endlosen Klammerreihen der neuen Ferrata fast ständig im Bild, allerdings nur, wenn man einen Blick in die Tiefe riskiert. Die wächst, bedingt durch den vertikalen Verlauf der Route, ganz rasch an; Konzentration beim Hochsteigen und Sichern ist also besonders wichtig. Felsberührung hat man auf der ersten Hälfte der Ferrata kaum: Die Füße stehen auf soliden Eisenbügeln, die Hände greifen ebenfalls zum Eisen. Besonderer Gag der Route ist die »Passerelle du Président«, die einen tiefen Felsspalt überspannt.

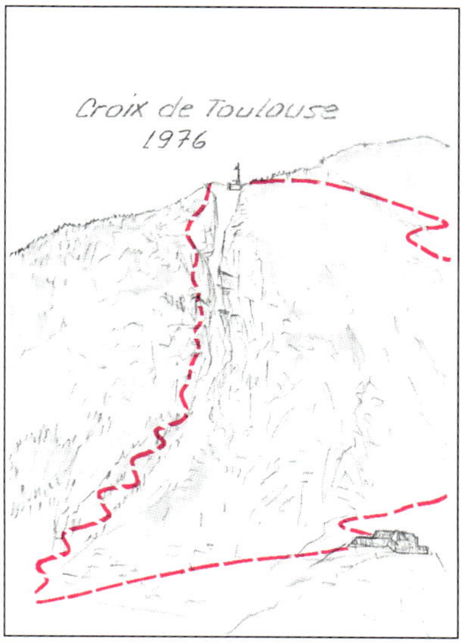

Wo? Briançon (1326 m) liegt im obersten Durance-Tal, an der Paßstraße über den Col de Montgenèvre.
Ausgangspunkt Champ de Mars, großer (Park-)Platz bei der Altstadt, unmittelbar an der Straße nach Italien.
Wegverlauf Über den asphaltierten Chemin des Salettes kurz aufwärts, vorbei an einer großen Info-Tafel, dann im Zickzack schattig zum Einstieg (ca. 1590 m), Ausstieg zum Croix de Toulouse, Abstieg östlich auf breitem Weg in bequemen Schleifen, vorbei am alten Fort des Sallettes..
Gehzeiten Insgesamt 3½ Std.; Zustieg 40 Min., Ferrata 1½ Std., Abstieg 1¼ Std.
Orientierung Problemlos.
Einstufung Schwierig. Feuerwehrübung!

589 Ferrata degli Alpini

Punta Charra, 2844 m

Leicht

Einen Grenzgang besonderer Art vermittelt die Besteigung der Punta Charra (Sommet du Charra): Militärwege dies- und jenseits der Grenze, teilweise in jüngster Zeit restauriert. Kriegsstraßen überziehen die Flanken der Selletta (2265 m) und der Punta della Mulattiera (2467 m); aus dem Passo della Mulattiera läuft ein 1940 angelegter Pfad, sanft ansteigend, durch die Nordabstürze der Punta Charra hinüber zum Col de la Grande Hoche – keine echte Ferrata, aber immerhin ein recht luftiger Gang über tiefen Abgründen, mit herrlicher Sicht auf die Berge rund um Bardonécchia. Dicke Drahtseile sichern am bequem breiten Weg; beim Gipfelgang über den langgestreckten, blockigen Ostgrat hat man dann lediglich noch blaue Punkte als Wegweiser.

Gar nicht markiert ist der Abstieg und Rückweg durch die Südhänge des Bergstocks, doch kann man die meist deutliche Spur kaum verlieren

Wo? Ins Vallée de la Clarée führt von Briançon eine ordentliche Straße, Abzweigung an der zum Col de Montgenèvre führenden N 94, 14,5 km bis Plampinet (1482 m).
Ausgangspunkt Plampinet (1482 m), Parkmöglichkeit am Ortsrand.
Wegverlauf Plampinet – Val des Acles – Col des Acles – Passo della Mulattiera (2412 m) – »Ferrata degli Alpini« – Col de la Grande Hoche (Passo della Sanità, 2629 m) – Punta Charra – Col de la Grande Hoche – Südweg – Col des Acles – Plampinet.
Gehzeiten Insgesamt 7 Std.; Plampinet – Passo della Mulattiera 2½ Std., »Ferrata degli Alpini« – Punta Charra 1½ Std., Abstieg 3 Std.
Orientierung Bis in den Col des Acles ist der Aufstieg als Teilstück des G. R. 56 deutlich rot-weiß markiert; Weiterweg zum Passo della Mulattiera breiter Saumpfad, dann gelegentlich blaue Markierungen bis zum Gipfel. Weg durch die Südhänge der Punta Charra bis auf einige wenige Steinmännchen unmarkiert.
Einstufung Leicht; in der Nordwand der Punta Charra Steinschlag nicht auszuschließen (Helm).

590 Via ferrata des Gorges de la Durance

Gorges de la Durance, 1148 m

Sehr schwierig

Etwas für »Eisenfresser« mit gut trainiertem Bizeps! Für's Spektakel garantieren die apokalyptische Kulisse über der rauschenden Durance und ein Routenverlauf, der auf Nervenkitzel geradezu abzielt. Besonders spektakulär natürlich die drei (!) Hängebrücken sowie die ganz schön kraftraubende Querung einer leicht überhängenden Wand. Zuletzt geht's an Eisenbügeln senkrecht zum Ausstieg – puhh!

In der Durance-Schlucht.

Wo? Argentière-la-Bessée (976 m) liegt an der Mündung der Vallouise, 15 km südlich von Briançon.
Ausgangspunkt Straßenbrücke über die Durance, etwa 1 km nördlich von L'Argentière-la-Bessée (1016 m) an der Route départemental 104A. Parkplatz rechts des Flusses.
Wegverlauf Durch die Ferrata vorgegeben.
Gehzeiten Etwa 3½ Std. für die Runde.
Hinweis Eintrittsgebühr!
Orientierung Siehe oben.
Einstufung Sehr schwierig.

591 Via ferrata des Vigneaux, Voie du Colombier
592 Via ferrata des Vigneaux, Voie des Balmes

Falaise de la Balme, 1629 m

Mittel/Schwierig

Wer in Frankreich auf Klettersteig-Tour ist, kommt an den beiden Eisenwegen am Eingang in die Vallouise nicht vorbei. Schon allein deshalb, weil ihr Bau 1991 den Boom so richtig auslöste; mittlerweile versuchen sich jedes Jahr über 5000 »Grimpeurs« an den steilen Routen in der Falaise de la Balme: fast 400 Höhenmeter, steil bis senkrecht, Nervenkitzel inklusive. Beide Vie ferrate sind bestens gesichert, die »Voie du Colombier« bietet, obwohl teilweise ebenfalls sehr luftig angelegt, nur mittlere Schwierigkeiten, wogegen die »Voie des Balmes« in einigen Passagen »ruhig Blut und entschlossenen Armzug« verlangt. Langes Zögern hilft da ebensowenig wie der Blick in die Tiefe, auf die Dächer (und den Friedhof!) von Vigneaux ...

Wo? Les Vigneaux (1113 m) liegt an der Mündung zum Vallouise, Zufahrten von L'Argentière-la-Bessée bzw. Prelles, 5 bzw. 8 km von der N 94.
Ausgangspunkt Östlich von Vigneaux, an der D 4 Richtung Prelles. Parkmöglichkeit an der Abzweigung einer Forstpiste (1114 m); große Info-Tafel.
Wegverlauf Zickzackweg zum Einstieg (ca. 1240 m), Verzweigung auf knapp halber Wandhöhe (Tafel): links geht die »Voie du Colombier«, rechts die (schwierigere) »Voie des Balmes« ab, Ausstieg (1629 m) zu einer Forstpiste; Abstieg über die Straße oder (kürzer) auf einem Zickzackweglein.
Gehzeiten »Voie du Colombier« 1½ Std., mit Abstieg 2½ Std. »Voie des Balmes« 2¼ Std., mit Abstieg 3¼ Std.
Hinweis Eintrittsgebühr!
Orientierung Problemlos.
Einstufung »Voie du Colombier« mittel, aber mit exponierten Passagen. »Voie des Balmes« schwierig, sehr steil und luftig.

Hier begann der französische Klettersteig-Boom: an der »Ferrata des Vigneaux«.

Der Col du Galibier trennt die (grün-weißen) Savoyer Alpen von den Wüstenlandschaften der Provenzalischen Alpen.

Die guten Tips für das Briançonnais

Briançon (1321 m), die höchstgelegene Stadt Europas, mit über 300 Sonnentagen (sagt die Eigenwerbung) liegt im obersten Durancetal unweit des Col de Montgenèvre (1850 m).

Anreise Mit der Bahn über Grenoble – Gap, mit dem Auto am besten von Genf via Chambéry und St-Michel-de-Maurienne (hier endet die Autobahn), dann über den Col du Galibier (2642 m).

Infos Office du Tourisme, F-05100 Briançon, 1, place du Temple; Tel. 0492210850, Fax 0492205645.

Unterkunft Für Klettersteigler eine gute Adresse ist »Aux 5 saisons« im Vallée de Freissinières (26 km südwestlich von Briançon); Tel. 0492209440. Der Besitzer hat die erste Ferrata im Briançonnais gebaut! Macht auch Führungen.

»L'Auberge Ensoleillée« in Villeneuve-La Salle, gut 10 km nordwestlich von Briançon an der N 91. Kleines Familienhotel im alten Ortskern, gute regionale Küche; Tel. 0492247404.

»Gîte d'étape des Boussards« an der Straße zum Col du Lautaret. Richtig für alle, die einfach reisen, aber eine sympathisch-saubere Unterkunft suchen; Tel. 0492247642.

Camping »Serre-Chevalier« in Chantemerle, 6 km nordwestlich von Briançon; Tel. 0492240114.

Sehenswert Die Altstadt mit ihrem mächtigen Festungsgürtel, unter Vauban (17./18. Jh.) angelegt. Führungen, Infos im Office du Tourisme.

Busverbindungen In die Täler der Umgebung, Abfahrt beim Bahnhof der SNCF in der Unterstadt (Ville-Basse).

Autovermietung Hertz, 47, avenue Général de Gaulle; Tel. 0492202074.

Bergführer Bureau des Guides, Central Parc; Tel. 0492201573.

Bergrettung PGHM, Tel. 0492211042.

Wetter Tel. 0492202040.

Radl-Verleih: Patrick Sport, 16, avenue Vauban; Tel. 0492212632.

Führer »Ecrins-Queyras«, Les Guides IGN (in französisch, bekommt man vor Ort). Viele aktuelle Infos, Sport, Sport, Sport …

Landkarten »Evian-Annecy-Briançon« (1:200000), Michelin, Blatt 89 (für die Anreise, zur Orientierung). »Massifs du Queyras & Haute Ubaye« (1:50000), Editions Didier-Richard, Blatt 10 (mit eingezeichneten Wanderrouten).
Am genauesten sind natürlich die 25000er Karten des IGN.

593 Via ferrata de Tournoux

Crête de la Coste de l'Ase, ca. 2050 m

Schwierig

Noch ein Klettersteig im Briançonnais, nicht so spektakulär wie etwa jener in den Gorges de la Durance, auch weniger anspruchsvoll, dafür mit stimmungsvollen Ausblicken auf mehrere Drei- und Viertausender des Pelvoux-Massivs (Massif des Ecrins). Weniger schön der Auftakt am schlaffen Drahtseil über eine sandige Rampe, reizvoll dafür ein paar steile Wandpassagen.

Alt und neu: Ob's hält?

Wo? Puy-St-Vincent (1390 m) ist ein kleiner Ferienort im unteren Vallouise, 10 km von L'Argentière-la-Bessée.
Ausgangspunkt Col de la Pousterle (1763 m), gut 5 km von Puy-St-Vincent auf schmaler Forststraße.
Wegverlauf Col de la Pousterle – Einstieg (ca. 1750 m) – »Ferrata de Tournoux« – Plateau d'Oreac – Col de la Pousterle.
Gehzeiten Für die Runde 2 Std.
Orientierung Gut bezeichnete Steige, Abstieg mit Hinweis »retour via ferrata«.
Einstufung Schwierig, nicht sehr lang (etwa 250 Höhenmeter).

594 Via ferrata de Freissinières

Clot du Puy, ca. 1635 m

Schwierig

Daß es gerade im Jahr 1968 war, als in Paris die französische Jugend rebellierte, mag Zufall sein: eine »revolutionäre« Tat ist der Bau des ersten richtigen Klettersteigs in Frankreich allemal gewesen. Und die Route – vor ein paar Jahren erheblich verlängert – erfreut sich großer Beliebtheit; sie vermittelt eine abwechslungsreiche Kraxelei im Steilfels, mit äußerst exponierten Passagen im zweiten Teil. Höhe gewinnt man auf der »Ferrata de Freissinières« nur wenig (knapp 200 m), dafür um so packendere Eindrücke, etwa auf der »traverse minérale gazeuse«, an der »dalle au surplomb« (luftige Querung unter großen Überhängen), auf dem »vire à quartz« (quarzhaltiges Gestein) und schließlich beim Finale, das extrem ausgesetzt über glatte Felsen zum Ausstieg (1635 m) führt. Wem's unterwegs zuviel wird, der kann am Beginn der großen Terrasse in der Wandmitte absteigen (Drahtseile).

Wo? Das Dörfchen Freissinières (1181 m) liegt in einem Seitental der Durance, 6,5 km von der N 94 (Abzweigung bei La Roche-de-Rame).
Ausgangspunkt Oberhalb von Freissinières, bei den Häusern von Les Houdouls. Zufahrt auf einem kurvenreichen Sträßchen (Hinweistafel »Les Roberts«) bis zu einer Linkskehre (1333 m). Beschränkte Parkmöglichkeit, große Hinweistafel.
Wegverlauf Auf gutem Weg zum Einstieg (ca. 1440 m) – Zwischenabstieg nach dem ersten Abschnitt – Ausstieg (ca. 1635 m) am Clot du Puy – Waldsattel (ca. 1630 m), Abstieg auf bequemem, breitem Pfad zum Wandfuß.
Gehzeiten Große Runde 3½ Std., kleine Runde (nur erster Teil der Ferrata) 2 Std.
Orientierung Problemlos.
Einstufung Schwierig.

595 Via ferrata Marcelinas
596 Via ferrata La Cascade

Marcelinas, ca. 1900 m

Mittel/Schwierig

Auch die Retortenstation Les Orres hat seit 1998 zwei Klettersteige: einen mäßig schwierigen Parcours (»Les Marcelinas«) und eine knackigere, aus zwei Teilstrecken bestehende Route (»La Cascade«).

Wo? Les Orres (1618 m) liegt in einem Seitental der oberen Durance, 17 km von Embrun.
Wegverlauf/Gehzeiten »Les Marcelinas« 2 Std., »La Cascade« 4 Std.
Orientierung Infos zur Ferrata im Office du Tourisme von Les Orres.
Einstufung »Les Marcelinas« mittel, »La Cascade« schwierig, sehr ausgesetzte Passagen.

Im Südwesten des Alpenbogens: der Lac de Serre Ponçon.

597 Via ferrata de l'Aiguille de Luce
598 Via ferrata de l'Ourson
599 Via ferrata de l'Aiguille du Coq
600 Via ferrata de la Tour d'Août

Aiguille de Luce, 2218 m/Aiguille du Coq, 2340 m/Tour d'Août, 2600 m

Leicht/Schwierig/Sehr schwierig

Längst ist der kleine Weiler St-Ours im obersten Ubayetal mehr als nur ein Geheimtip unter Insidern. Im Jahr 1993 wurde an der Aiguille de Luce die erste Route eröffnet; mittlerweile gibt es vier Vie ferrate, lohnend alle, aber von sehr unterschiedlichem Profil. Die »Ferrata de l'Ourson« ist gerade richtig für Anfänger, wogegen die »Ferrata de l'Aiguille de Luce« eine sehr schneidige Linie über den »schiefen Turm« von St-Ours zieht. Sie bietet routinierten Klettersteiglern auf gut 200 Höhenmetern viel Luft unter den Sohlen, dazu ein paar knackige Passagen. Am kurzen Zustieg wird kaum jemand außer Atem geraten, eher schon im steilen Finale. Da gibt's nämlich eine »Variante difficile« in trittarmem Fels.
Oben stellt man dann leicht erstaunt fest, daß die Aiguille de Luce bloß ein vergleichsweise bescheidener Zacken an dem mächtigen, schuttbeladenen Gebirgsstock der Rochers de St-Ours (Tête de la Courbe, 3089 m) ist. So etwa muß es auch den Ferratabauern vorgekommen sein; jedenfalls legten sie kurzerhand zwei weitere Türme in eiserne Fesseln: die Aiguille du Coq (2340 m) und den Tour d'Août (2630 m). Eine schwankende Passerelle, 16 Meter lang, leitet nach kurzem Zwischenabstieg von der Aiguille zum Felsfuß des »Spitzen Hahns«. Der anschließende Gipfelgang ist dann so steil wie luftig, dazu mit einem kurzen Überhang-Kraftakt gewürzt. Und nochmals eine Steigerung bietet schließlich der »Augustturm«: Nervenkitzel extrem zwischen vertikal und »surplombant«, aber mit soliden Sicherungen. Doch die helfen halt wenig, wenn man Schiß hat …

Klettern unter südlichem Himmel an der »Ferrata de l'Aiguille de Luce«.

Wo? St-Ours (1775 m) erreicht man aus dem Ubaye über die Straße zum Col de Larche. Hinter Meyronnes (1526 m) zweigt links die schmale, aber asphaltierte Zufahrt zu dem Weiler ab, 2,7 km.
Ausgangspunkt St-Ours, Parkplatz. Große Hinweistafel auf die Vie ferrate.
Wegverlauf Erst auf der Schotterpiste, dann (abkürzend) den gelben Markierungen folgend, hinauf zum Einstieg am Fuß der Aiguille de Luce (ca. 2020 m). Etwas weiter rechts der Start zur »Ferrata de l'Ourson« (ca. 1990 m). Die Verbindungswege zwischen den Klettersteigen sind rot markiert; für den Abstieg nimmt man wahlweise die »Ferrata de l'Ourson« oder den quer über das Kar von La Courbe verlaufenden Weg (einige Sicherungen).
Gehzeiten »Ferrata de l'Ourson« – Aiguille de Luce 2 Std., Abstieg über La Courbe 1½ Std.
»Ferrata de l'Aiguille de Luce« – Aiguille de Luce 2 Std., Abstieg über die »Ferrata de l'Ourson« 1½ Std.
Große Runde über die Aiguille de Luce, die Aiguille du Coq und den Tour d'Août 6 bis 7 Std.
Orientierung Gut bezeichnete Steige und Routen.
Einstufung »Ferrata de l'Ourson« mittel, »Ferrata de l'Aiguille de Luce« schwierig, »Ferrata de l'Aiguille du Coq« schwierig »Ferrata da la Tour d'Août« sehr schwierig.

601 Via ferrata des Gorges d'Agnielles

Gorges d'Agnielles, 940 m

Mittel

Etwas für die Romantiker unter den Ferratafans: eine malerische Klamm, der Duft von Lavendel, dazu (hoffentlich) die Sonne der Provence – und eine kleine Via ferrata. Sie folgt schmalen, teilweise sehr ausgesetzten Bändern in der nordseitigen Flanke der Gorges d'Agnielles – nur wenig anstrengend, aber durchaus reizvoll. Erst zuletzt, am senkrechten Aufschwung zum Ausstieg, muß man etwas kräftiger zupacken. Unterwegs heißt es auch mal »Kopf einziehen!«, wo die etwa 800 Meter lange Route durch kleine Höhlen läuft.

Wo? Das Val d'Agnielles liegt an der Route Nationale 75, die von Grenoble über den Col de la Croix Haute (1174 m) nach Sisteron führt.
Ausgangspunkt Zwischen La Faurie (824 m, 2 km) und Aspres-sur-Buëch (764 m) mündet das kleine Tälchen von Agnielles. Auf einer Forststraße 1 km bis zu einem Parkplatz (820 m).
Wegverlauf Parkplatz – »Ferrata des Gorges d'Agnielles« – Waldweg – Parkplatz.
Gehzeit Für die Runde etwa 2 Std.
Orientierung Vom Parkplatz, vorbei an dem Klettergarten, etwa 200 m taleinwärts, bis links ein Weglein (an Felsen Aufschrift »Via ferrata«) abgeht. Rückweg mit roten Markierungen.
Einstufung Mittel, luftig.

602 Via ferrata de Céüse
Montagne de Céüse, 2016 m

Mittel

Auf der Landkarte schaut der Montagne de Céüse aus wie ein erloschener Vulkan; da fehlt eigentlich nur der Kratersee. Dafür gibt's innen ein kleines Skigebiet und an der Ringmauer, die den Berg umzieht, eine Mini-Ferrata: 50 Meter an soliden Eisenbügeln senkrecht hinauf zum Rand des »Vulkans«. Und vom höchsten Punkt bietet sich eine schöne Aussicht über das Gapençais und auf die vergletscherten Hochgipfel des Massif des Ecrins.

Wo? Gap (733 m), Hauptstadt des Departements Hautes-Alpes, liegt im Tal der Durance, gut 100 km südlich von Grenoble.
Ausgangspunkt Col des Guérins (1312 m), etwa 20 km von Gap; Anfahrt über die N 85, Pelleautier und Sigoyer.
Wegverlauf Col des Guérins – »Ferrata de Céüse« – Montagne de Céüse (2016 m) – Crête Lumineuse (1796 m) – Forêt Domaniale de Céüse – Col des Guérins.
Gehzeiten Insgesamt 4 Std., Aufstieg und Rückweg je 2 Std.
Orientierung Zugang über den GR 94 (deutlich rot-weiß markiert), Abzweigung zur Ferrata signalisiert. Vom Gipfel auf dem nordseitigen Höhenweg um den »Kraterrand« herum und unterhalb der Felsen zurück zum GR 94.
Einstufung Mittel: kurz und luftig.

603 Via ferrata des Étroits
Les Étroits, 1240 m

Mittel/Schwierig

Nicht auf, sondern in den Berg führt diese originell angelegte Route, und die Klamm hat den Namen »étroit« (= eng) ganz zu Recht; immerhin verengt sich die Schlucht teilweise bis auf einen Meter! Entsprechend spektakuläre Eindrücke vermittelt die Ferrata, die aus zwei Abschnitten besteht: der nur mäßig schwierigen »Traversée des Beaumes« und der erheblich schwierigeren »Voie Vertigo«. Wer jetzt an den Grusel-Regisseur Alfred H. denkt, liegt nicht ganz daneben.

Wo? In den Dévoluy kommt man von Grenoble über La Mure und Corps, etwa 85 km bis St-Etienne-en-Dévoluy (1281 m).
Ausgangspunkt Unterhalb von St-Etienne, an der Giers-Brücke (1240 m). Parkplatz und Infotafel.
Wegverlauf Kurzer Zugang, dann immer den Sicherungen nach, nach knapp einem Drittel der gesamten Strecke Ausstieg der »Traversée des Beaumes«. Rückweg über die Straße.
Gehzeit Für die ganze Runde 3 bis 4 Std.
Orientierung Problemlos.
Einstufung »Traversée des Beaumes« mittel, »Voie Vertigo« schwierig, mit sehr originellen Passagen: Hängebrücke, Klemmblöcke als Brücken. Ausreichend gesichert, aber nur für ganz Schwindelfreie (siehe links).

604 Via ferrata de la Grande Fistoire
La Grande Fistoire, 1110 m

Sehr schwierig

Klettersteig als Entwicklungshilfe. So jedenfalls wurde der Bau einer Ferrata bei Le Caire begründet – und es funktioniert. Kaum ein Franzose wußte vor ein paar Jahren, wo das winzige Nest (Comune de la Motte) überhaupt liegt; mittlerweile pilgern sogar Ausländer (auch aus deutschen Landen) ins Lavendelland abseits der Durance, um sich an der »Via ferrata de la Grande Fistoire« zu verlustieren. Ein ganz ungetrübtes Vergnügen ist die Tour allerdings nur für Leute mit einigermaßen trainiertem Bizeps, vor allem der fette Überhang »Le Bombu« (provenzalisch, bombé = Überhang) kurz vor dem Ausstieg saugt die letzte Power aus den – schon arg strapazierten – Oberarmen. Ein Glück, daß sich diese Prüfung auch elegant umgehen läßt …

Im Jahr 1992 angelegt, dann wieder abgebaut: der Klettersteig auf den Mont Aiguilles (2087 m).

Wo? Gute Frage, auf den meisten Straßenkarten wird man Le Caire vergebens suchen. Einfachste Zufahrt von Norden, aus Richtung Gap: auf der N 85 bis Monêtier-Allemont (527 m), dann via Melve nach La Motte, hier links und auf der D 951 noch 4 km taleinwärts bis Le Caire.
Ausgangspunkt Parkplatz ein paar hundert Meter hinter dem Weiler (810 m) an der D 951 Richtung Faucon-du-Caire.
Wegverlauf Parkplatz – Einstieg (930 m) – »Ferrata de la Grande Fistoire« – Bergerie de la Fougère (1081 m) – Parkplatz.
Gehzeit Für die ganze Runde 2½ bis 3½ Std.
Hinweis Für das Begehen der Ferrata wird eine Gebühr erhoben.
Orientierung Verlaufen kann man sich nur mit geschlossenen Augen.
Einstufung Sehr schwierig. Die Route beginnt recht harmlos, doch nehmen Exposition und Anforderungen dann kontinuierlich zu. Luftig die Traverse »Le vire du Junipérus«, knackiges Finale »Le Bombu«.

605 Grand Canyon du Verdon, Sentier de l'Imbut – Sentier Vidal

Corniche Sublime, 802 m

Leicht

Das Landschaftswunder des Grand Canyon du Verdon – immerhin eine der eindrucksvollsten Schluchten Europas – braucht wohl nicht weiter vorgestellt zu werden. Daß man hier aber nicht nur gucken, fotografieren und herumfahren kann, daß es neben dem Fluß (zum Kajakfahren) und den senkrechten Felsen (für Extremkletterer) auch ein paar (gesicherte) Wege gibt, ist wohl nicht überall bekannt. Als Klassiker schlechthin gilt der »Sentier Martel«, breit ausgebaut mit längeren Tunnels und ein paar gesicherten Abschnitten (Chalet de la Maine – Point Sublime ca. 5 Std.; Taschenlampe und Wasser mitnehmen!). Packende Bilder der gigantischen Klamm mit ihren über 500 Meter hohen Felsflanken vermitteln auch der »Imbut-« und der »Vidal-Weg«, die sich zu einer Runde mit Ausgangs- und Endpunkt an der südlichen Aussichtsstraße, der Corniche Sublime, verbinden lassen. Einige Passagen sind gesichert (Drahtseile, Leitern); viel eindrucksvoller ist allerdings die Kulisse, akustisch untermalt vom Rauschen des Flusses, dem Summen und Zirpen unzähliger Insekten.

Gesicherte Passage am »Sentier de l'Imbut«.

Wo? Der Grand Canyon du Verdon, gut 20 Kilometer lang, liegt im Hinterland der Côte d'Azur. Man erreicht ihn von Grasse oder Digne über die »Route Napoléon« und gut ausgebaute Departementsstraßen, 60 km bis Comps-sur-Artuby, 54 km bis Castellane.
Ausgangspunkt Auberge des Cavaliers (802 m) an der Corniche Sublime, 21 km von Comps-sur-Artuby, 39 km von Castellane. Parkplatz.
Wegverlauf Les Cavaliers – Abstieg zum Verdon – Passerelle de l'Estellier (zerstört, 555 m) – »Sentier de l'Imbut« – »Sentier Vidal« – Corniche Sublime – Les Cavaliers.
Gehzeit Ganze Runde 4½ Std.
Orientierung Problemlos, ordentlich markierte Wege.
Einstufung Leicht, einige ausgesetzte Passagen

606 Via ferrata du Baus de la Frema

Baus de la Frema, 2246 m

Mittel/Schwierig/Sehr schwierig

Einer der schönsten Klettersteige der französischen Alpen, 1996 erbaut und ein Jahr später bis zum Gipfel Baus de la Frema verlängert. Im gebirgigen Hinterland der Riviera verbinden sich alpines Ambiente mit südlichem Flair, im Tal duftet es nach Lavendel, und oben am Baus de la Frema blüht das Edelweiß. Dazu bietet der Gipfel eine kontrastreiche Schau, von der Cima dell'Argentera (3297 m) bis zu den verstrauchten Hügeln über dem Mittelmeer.
Die Aufmerksamkeit der Klettersteigler gilt natürlich zunächst einmal dem Eisen: 1600 Meter lang ist die gesicherte Route, wobei die Anforderungen sukzessive zunehmen. Wer sich überfordert fühlt, kann an mehreren markierten Stellen »aussteigen«, u.a. an der Brèche I, der Brèche II und am Pont de Singe. Besonderer Gag der Route ist die 40 Meter lange Hängebrücke zwischen den Felszacken der Aiguillettes; im weiteren Verlauf folgen leicht überhängende Wandpartien, extrem luftige Bänder und schließlich noch eine weitere Brücke, kürzer, dafür bloß aus drei Drahtseilen bestehend. Für höchsten Adrenalinausstoß sorgt dann eine Leiter, über die man buchstäblich (mit dem Rücken zum Fels) »ins Nichts hinaus« steigt. Viel Luft unter dem Hintern bietet auch das sehr alpine Finale, das ins oben erwähnte Gipfelpanorama mündet.

Wo? Ins Vallée de la Tinée gelangt man von Nizza über eine breit ausgebaute Straße. Von La Mescla talaufwärts, knapp hinter den Häusern von La Bollinette zweigt rechts die Straße zum Col St-Martin (1500 m) ab, bis zur Station Valdeblore-La Colmiane auf dem Paß 38 km.
Ausgangspunkt Von La Colmiane auf einer Stichstraße, vorbei an der Skischule, zu einem Parkplatz (1745 m). Große Hinweistafel.
Wegverlauf Parkplatz – Pas du Chamois (1760 m) – Les Aiguillettes (Passerelle) – Brèche II – Pont de Singe – Baus de la Frema – Abstiegsweg – Parkplatz.
Gehzeiten Für die gesamte Runde 5 bis 6 Std.
Hinweis Gebühr!
Orientierung Problemlos.
Einstufung Les Aiguillettes mittel, Rest schwierig und sehr schwierig, abschnittweise extrem luftig. Durchwegs hervorragend gesichert.

607 Via ferrata des Comtes Lascaris

Crêtes de St-Sauveur, 1320 m

Mittel bis Sehr schwierig

Den Gestaden der Riviera schon ganz nah ist die Ferrata im obersten Royatal, nicht weit vom Col de Tende (1870 m). Mountainbiker mit Hang zu Extremtouren kennen die Gegend vielleicht, Eisenbahnfreaks sind möglicherweise mit der legendären (in den sechziger Jahren wiederaufgebauten) Tendabahn gefahren. Eine ganz andere, brandneue »Voie ferrée« verläuft hoch über dem Tal, an den steilen Felsen der Crêtes de St-Sauveur; sie bietet ein interessantes Klettererlebnis, gewürzt mit packenden Tiefblicken und allerlei historischen Reminiszenzen. Das mittelalterliche Schloß war einst Sitz der Grafen von Lascaris, die kleine Kapelle St-Sauveur stammt aus dem 13. Jahrhundert, und die »Grotte des Hérétiques« erinnert an die heftigen Glaubenskämpfe im Süden Frankreichs.

Wo? Tende (791 m) ist ein malerisch-verwinkeltes Dörfchen am Col de Tende, 45 km von Ventimiglia, 46 km von Cúneo.
Ausgangspunkt Parkplatz beim Bahnhof. Hier Schautafel.
Wegverlauf Tende – Einstieg – La Chapelle – Grottes de Hérétiques – Crêtes de St-Sauveur – Abstiegsweg – Tende.
Gehzeiten Für den gesamten Parcour etwa 5 Std., Teilbegehungen bzw. Zwischenabstiege möglich.
Hinweis Gebühr, ist im Bureau des Guides zu bezahlen.
Orientierung Markierter Zustieg und Rückweg.
Einstufung Bis zur Kapelle mittel, ebenso die Gratroute; Grottes des Hérétiques sehr schwierig.

608 Croce Moler, gesicherter Steig

Croce Moler, 989 m

Mittel

Ein wenig kraxeln, teilweise am Drahtseil, und zum Schluß ein hübscher Tiefblick auf Vernante: das bietet die Mini-Ferrata am Croce Moler. Die letzten 30 Meter zum großen Kreuz sind allerdings ungesichert, Schwierigkeitsgrad II in festem Fels – nichts für Ungeübte!

Wo? Vernante (785 m) liegt an der Tenda-Straße (und -Bahn), knapp 20 km südlich von Cúneo.
Ausgangspunkt Am Eingang ins Val Grande. Parkmöglichkeit an der Straße.
Wegverlauf Auf- und Abstieg über den gesicherten Steig.
Gehzeit Insgesamt 1¼ Std.; Aufstieg ¾ Std., Abstieg ½ Std.
Orientierung Leicht, rote Markierungen.
Einstufung Mittel, Stellen (ungesichert) II.

Typisch für die Südalpen Frankreichs: die Casse Déserte am Col d'Izoard.

609 Via ferrata Rolando Albertini

Rocce di Costabella, 1010 m

Mittel

Palestre di Frabosa heißen die bizarren Felsen in der Nähe von Frabosa Soprana: keine richtigen Gipfel, aber fester, kristalliner Fels, der zum Klettern einlädt. Und die Sektion Mondovi des CAI hat auch zahlreiche Routen mit Fixhaken versehen und sogar eine kleine Ferrata angelegt, über die man die Rocce di Costabella besteigen kann.

Wo? Frabosa Soprana (891 m), das an der Nordabdachung der Ligurischen Alpen liegt, erreicht man von Cúneo bzw. Mondovi auf guten Straßen, 32 bzw. 16 km.
Ausgangspunkt Ortsteil Serro (856 m); Parkmöglichkeit am Anfang der Via del Biale.
Wegverlauf Erst durch die Via del Biale, dann auf Weg entlang eines Bächleins zum Fuß der Felsen. Aufstieg über die Ferrata, Abstieg durch eine der mit Gras und Büschen bewachsene Rinne.
Gehzeiten Insgesamt 1 Std.
Orientierung Leicht, da man von Anfang an Sichtverbindung mit dem Ziel hat.
Einstufung Mittel.

610 Sentiero degli Alpini

Passo di Fonte Dragurina, 1810 m

Leicht

Bei Mountainbikern gilt das oberste Royatal mit seinem verzweigten Netz alter Militärstraßen längst als Dorado. Wanderern begegnet man vor allem auf der »Alta via dei Monti Liguri«, die dem Grenzkamm bis hinauf zum Monte Saccarello (2200 m) folgt. Im Bereich des Monte Toraggio (Mont Torrage, 1973 m) und des Monte Pietravecchia (Mont Peïrevieille, 2038 m) weicht die gut markierte Route auf französischen Boden aus; auf der italienischen Seite verläuft der »Sentiero degli Alpini«, zwischen 1936 und 1938 von Genietruppen angelegt. Er wurde abschnittweise aus den steilen Felsflanken des Monte Pietravecchia und des Monte Toraggio gesprengt und bietet entsprechend spektakuläre Eindrücke. Drahtseile sichern den überwiegend komfortabel breiten Weg; eine große Schau über die Seealpen bietet der Gipfel des »alten Steins« (Monte Pietravecchia, 2038 m), der sich von Norden über ein Militärsträßchen leicht besteigen läßt. Besonders dankbar ist die Rundwanderung im Frühsommer, wenn die ebenso üppige wie artenreiche Vegetation in voller Blüte steht.

Wo? Zum Colla Melosa kommt man von der Riviera auf zwar kurvenreicher, aber ordentlicher Bergstraße, 43 km ab Ventimiglia über Dolceacqua (51 m), Pigna (281 m) und den Colla Langan (1127 m).
Ausgangspunkt Colla Melosa (1540 m), kleiner Straßensattel oberhalb des Stausees von Tenarda. Parkplatz beim Rif. Allavena.
Wegverlauf Colla Melosa – Straßenkehre (ca. 1670 m) – »Sentiero degli Alpini« – Vallone dell'Incisa – Passo di Fonte Dragurina (1810 m) – »Alta via dei Monti Liguri« – Gola dell'Incisa (1865 m) – Passo della Valletta (1918 m) – Colla Melosa.
Gehzeiten Insgesamt 5 Std.; Colla Melosa – Passo di Fonte Dragurina 3 Std., Rückweg auf der »Alta via« 2 Std.
Orientierung Problemlos.
Einstufung Leicht.

In letzter Minute – 611 bis ...

Allerneuestes aus Frankreich, noch ein paar Steige, die im Sommer 1999 fertiggestellt wurden. Leider liegen keine detaillierteren Informationen vor.

Via ferrata du Roc du Vent (2360 m)
Ausgangspunkt: An der Straße von Beaufort zum Cormet de Roselend (Plan de la Laie, 1818 m), Anfahrt von Albertville. Alpine, landschaftlich sehr reizvolle Route, mit 850 m Drahtseil, einer Hängebrücke. Gesamtgehzeit 4 bis 5 Std.; Mittel.

Via ferrata du Lac de la Rosière
Klettersteig in der Nähe von Courchevel 1650, Anfahrt aus der Tarentaise via Moûtiers.

Via ferrata de la Cascade de Fraîche
Ausgangspunkt: Pralognan-la-Vanoise (1418 m), Anfahrt aus der Tarentaise. Kurze Route im Bereich des Wasserfalls. Gesamtgehzeit etwa 1½ Std.; Schwierig.

Via ferrata de la Bastille (450 m)
Klettern über den Dächern von Grenoble! Start am rechten Isèreufer, dann steil hinauf zum Fort Rabot. Ferrata mit 650 m Drahtseil und drei Hängebrücken.

Via ferrata La Traditionnelle (2274 m)
Ausgangspunkt Auron (1608 m) im obersten Vallée de la Tinée, Anfahrt von Norden über La Bonette (2802 m). Alpiner Klettersteig an der Cime de la Bercha (2274 m), aus sieben Teilstrecken bestehend, mit vier Hängebrücken und zwei Drei-Seil-Brücken. Gehzeit für die ganze Runde 3 bis 4 Std.; Leicht bis Sehr schwierig.

Alle Klettersteige nach Schwierigkeit

LEICHT

001 Hoher Freschen
003 Drei Schwestern
004 Hohe Köpfe
006 Liechtensteiner
007 Straußsteig
012 Platteinspitz-Steig
013 Hochgrat – Mittag
014 Besler
016 Heilbronner
018 Bäumenheimer
019 Reuttener Höhenweg
020 Thaneller
021 Friedberger
022 Gelbe-Wand-Steig
023 Ettaler-Manndl-Steig
025 Riffelweg
026 Zugspitz-Westweg
028 Brunntalgrat-Steig
029 Alpspitz-Ferrata
031 Nordwandsteig/ Schöne Gänge
032 Hermann-von-Barth-Weg
035 Hohe Munde, Westgrat
037 Mittenwalder
038 Freiungen-Höhenweg
040 Höttinger Schützensteig
044 Großer Bettelwurf
046 Felix-Kuen-Weg
048 Sagzahn
049 Julius-Mayr-Weg
052 Dr.-Angerer-Höhenweg
056 Hochstubaihütte
057 Lustige-Bergler-Steig
061 Rinnenspitze
063 Kirchdachspitze
068 Berliner Weg
069 Gamssteig
070 Simwel-Klettersteig
071 Pyramidenspitze
072 Widauersteig
075 Kopftörl
076 Eggersteig
077 Jubiläumssteig
079 Mitterhorn-Klettersteig
081 Rothörnl
082 Wagendrischlhorn
086 Birgkarsteig
087 Kitzsteinhorn
090 Hochstaufen – Zwiesel
094 Dopplersteig
095 Mittagsschartensteig
096 Schober
097 Drachenwand
098 Brennerriesesteig
099 Sparber
100 Rinnkogel
104 Schafluckensteig
107 Hochkogel
108 Raucheck
109 Steiglkogel
111 Hoher Sarstein
117 Koppenkarstein
121 Grimming
122 Sandling
123 Grießkarsteig
124 Sepp-Huber-Steig
125 Rotgschirr
126 Kremsmauer
129 Hans-Rubenzucker-Weg
130 Warscheneck
131 Burgstall
132 Triftsteig
133 Großer Pyhrgas
134 Natterriegel – Hexenturm
139 Wasserfallweg
142 Markussteig
143 Schrabachersteig
144 Das »G'hackte«
146 Teufelsbadstubensteig
147 Wachthüttlkamm
148 Alpenvereinssteig
151 Graf-Hoyos-Steig
153 Bärenlochsteig
154 Gamsecksteig
155 Reißtalersteig
156 Gretchensteig
157 Karl-Kantner-Steig
158 Bismarcksteig
161 Preiner Wand
162 Weichtalklamm
166 Jubiläumssteig
167 Fürststeig
168 Ternitzersteig
169 Naturfreundesteig
170 Waldeggersteig
171 Wagnersteig
172 Springlessteig
175 Hanselsteig
178 Rudolf-Decker-Steig
180 Zavarovana pot
181 Uschowa-Felsentore
182 Raduha
183 Kocbekov dom
184 Ojstrica
185 Planjava
186 Turska gora
191 Kranjska koča
199 Stegovnik
200 Storžič
201 Kärntner Storschitz
203 Koschuta-Kammweg
205 Hochstuhl-Klettersteig
210 Tominšek-Steig
211 Triglav-Ostgrat
213 Komarsteig
214 Kanjavec-Nordwestwand
215 Bovški Gamsovec
217 Škrlatica
218 Kriška stena
232 Mangart
236 Kanin
237 Re di Sassonia
238 Sentiero del Centenario
239 Wischberg
244 Montasch
247 Via ferrata Norina
248 Ziffer-Weg
250 Dobratsch
253 Zabarot-Klettersteig
254 Rudl-Eller-Weg
257 Spitzkofel
258 Spitzenstein
259 Predigtstuhl
260 Mosermandl
262 Törlkopf
265 Vordere Kendlspitze
267 Kreuzspitze
268 Große Kinigat
269 Sentiero Corrado
270 Via dei Camosci
271 Austriaweg
272 Via ferrata Sartor
274 Raudenspitz
279 Kollinkofel
280 Cellonstollen
282 Steinbergerweg
286 Monte Zermula
287 Uiberlacherweg
288 Trogkofel, Rampa Sud
290 Garnitzenklamm
292 Sentiero Cimenti
293 Monte Amariana
297 Sentiero Corbellini
299 Sentiero al Cornòn
300 Monte Tinisa
302 Sentiero Barini
303 Sentiero Olivato
306 Cimon del Cavallo
308 Peitlerkofel
309 Günther-Messner-Steig
310 Sass Rigais
313 Piz Duledes
315 Oscar-Schuster-Steig
316 Maximilianweg
317 Santnerpaß
318 Sentiero delle Scalette
319 Kesselkogel
322 Campanili del Latemar
327 Lichtenfelser Steig
328 Vallon-Klettersteig
333 Sass da Rocia
337 Sentiero Pederiva
338 Ferrata Gadotti
339 Alta via Federspiel
340 Sentiero Badia
341 Alta via Bepi Zac
343 Via del Gronton
346 Via ferrata Ignoti
347 Sentiero Gusella
350 Sentiero del Cacciatore
351 Sentiero Buzzati
358 Heiligkreuzkofel
360 Tru Dolomieu
361 Via della Pace
364 Lagazuoi-Tunnel
367 Sentiero Astaldi
372 Ferrata Barbara
374 Sentiero Ra Gusela
377 Sentiero Dibona
380 Bilgeri-Gedächtnissteig
381 Heeresbergführer-Steig
382 Sentiero Bonacossa
387 Hosp-Steig
388 Sextener Rotwand
397 Cengia del Doge
410 Otto-Erich-Steig
412 Grawand
413 Göflaner See
414 Franz-Huber-Steig
415 Vellauer Felsenweg
416 Großer Ifinger
417 Verdinser Plattenspitze
419 Schwarzensteinhütte
420 Leiferer Höhenweg
421 Roënberg
424 Burrone-Giovanelli
426 Sentiero Battistin
427 Sentiero Chiesa
429 Sentiero Gabrielli
432 Sentiero Bertotti
435 Sentiero Galli
436 Sentiero Falcipieri
437 Sentiero del Sengio Alto
443 Sentiero Corne di Bes
447 Sentiero Val Sorda
448 Sentiero Susatti
450 Sentiero Camminamenti
454 Sentiero dell'Anglone
459 Sentiero Vidi
460 Sentiero Palete
461 Sentiero Benini
463 Bocchette Centrali
464 Sentiero SOSAT
469 Sentiero Bozzetto
470 Tovel-Waalwege
474 Punta Almana
476 Sentiero Curo
477 Pizzo Arera
478 Pizzo del Becco
480 Sentiero Colombano
485 Sentiero del Fiume
486 Ferrata Val Cassina
487 Direttissima
488 Sentiero Cecilia
489 Cresta Sinigaglia
491 Sentiero dei Tecett
492 Sentiero dei Pizzetti
493 Sentiero della Val Verde
494 Sentiero G.E.R.
497 Ferrata del Cinquantenario
498 Ferrata Silvano
499 Sentiero Villa
507 Piz Güglia
508 Piz Beverin
510 Lisengrat
513 Großer Mythen
514 Rigi Hochflue
518 Sustlihütte
521 Sassariente
523 Schwarzhorn
524 Römerweg
525 Aeugiweg
527 Gstellihorn
529 Leiternweg
532 Albinenleitern
534 Bisse du Ro
536 Grande Chenalette
540 Rochers de Naye
542 Pas du Roc
544 La Tournette
549 Crêtes de Flaine
550 Passage du Saix
551 Passage du Dérochoir
552 Lac Blanc
555 Mont Chétif
556 Ferrata Vofrède
558 Croix du Nivolet
573 Poingt Ravier
581 Grand Som
582 Pas de l'Echarasson
589 Ferrata degli Alpini
598 Ferrata de l'Ourson
605 Imbut – Vidal
610 Sentiero degli Alpini

MITTEL

005 Zitterklapfen
008 Kleinlitzner
010 Augsburger
015 Mindelheimer
017 Hindelanger
024 Höllentalsteig
030 Mathaisenkar-Steig
035 Wankspitz-Klettersteig
039 Zirler Klettersteig
043 Pfeiserspitze
047 Lamsentunnel
053 Klettersteig Panoramablick
054 Lehner Wasserfall
060 Höllenrachen
065 Glungezer
066 Spannagel
073 Gamsängersteig
074 Kaiserschützensteig
078 Ackerlspitze
083 Wildental-Klettersteig
084 Südwand-Klettersteig
085 Mooshammersteig
088 Gleiwitzer Höhenweg
089 Schareck
091 Watzmann-Überschreitung
092 Mannlsteig
093 Schustersteig
101 Bergwerkskogel
105 Naturfreundesteig
106 Hernlersteig
110 Linzer Weg
113 Schöberl
115 Dachstein-Überschreitung

SCHWIERIG

SEHR SCHWIERIG

EXTREM SCHWIERIG

Grün	Gesicherte Steige
Rot	Klettersteige
Blau	Alpine Routen
Schwarz	Sportklettersteige

Register

Das Register enthält die Namen aller Klettersteige, der angesprochenen Berggipfel, der Hütten, markanter Wegpunkte und der Ausgangspunkte.

Iller
Kempten
Konstanz
Bodensee
Basel
Rhein
Winterthur
Lindau
Bregenz
Oberstdorf
Zürich
St. Gallen
Olten
Zürichsee
Krottenkop 265
Säntis 2503
Rhein
Rote Wand 2704
Parseie
Aare
Biel
Zug
Walensee
Bludenz
Kuchenspitze 3148
Luzern
Schwyz
Vaduz
Glärnisch 2914
Glarus
2964 Schesaplana
Bern
Vierwaldstätter See
Reuss
Fluchthorn 3399
Lac de Neuchâtel
Fribourg
Titlis 3238
Tödi 3614
Chur
Piz Linard 3411
Davos
Brienzer See
Aare
Dammastock 3630
Thun
Interlaken
Thuner See
Piz Kesch 3418
Die Schweiz 226
Jungfrau 4158
Finsteraarhorn 4274
Lausanne
Ticino
St. Moritz
Rheinwaldhorn 3402
Genfer See
Montreux
Wildhorn 3248
Piz Platta 3392
Piz Bernina 4049
Basodino 3272
Sion
Brig
Rund um den Comer See 214
M. Disgrázia 3678
Dents du Midi 3257
Genève
Rhône
Locarno
Bellinzona
Sóndrio
Dom 4545
Domodóssola
Pointe Percée 2752
Grand Combin 4314
Matterhorn 4478
Lugano
Pizzo di Coc 3050
Saône
Chamonix
Lecco
Annecy
Monte Rosa 4634
Lago Maggiore
Como
Mont Blanc 4807
Lyon
Bérgamo
Albertville
Aosta
Lago d'Iseo
Biella
Gran Paradiso 4061
Chambéry
Bré
Isère
Ticino
Grande Sassière 3751
Rhone
Ivrea
Novara
Milano
Grande Casse 3852
Adda
Charmechaude 2082
Pointe de Charbonnel 3752
Isère
Grandes Rousses 3468
Modane
Po
Grenoble
Aiguilles d'Arves 3513
Susa
Grand Veymont 2341
Torino
La Meije 3982
Valence
Barre des Ecrins 4102
Briançon
Pinerolo
Die Westalpen 242
Po
L'Obiou 2790
Monviso 3841
Gap
Aiguille de Chambeyron 3411
Durance
Cúneo
Tête de l'Estrop 2961
Cima dell'Argentera 3297
Sisteron
Var
Punta Marguaréis 2651
Digne
Cime du Gélas 3143
Cime du Cheiron 1717
San Remo
Monaco
Var
Nice
Cannes
Mittelmeer